中国检察年鉴 1995

中国检察出版社　　北京

《中国检察年鉴》编辑部
各省、自治区、直辖市人民检察院联系人

刘友义	北京市人民检察院
周　力	天津市人民检察院
刘天明	河北省人民检察院
冯文龙	山西省人民检察院
武天舒	内蒙古自治区人民检察院
叶伟华	辽宁省人民检察院
阎学勤	吉林省人民检察院
杜锡炎	黑龙江省人民检察院
华　英	上海市人民检察院
章　琴	江苏省人民检察院
王菊芬	浙江省人民检察院
张　静	安徽省人民检察院
张时贵	福建省人民检察院
魏保根	江西省人民检察院
段　彬	山东省人民检察院
赵钟麟	河南省人民检察院
黄德新	湖北省人民检察院
佘建武	湖南省人民检察院
贡晓光	广东省人民检察院
韦乃煌	广西壮族自治区人民检察院
曹占睢	海南省人民检察院
夏黎阳	四川省人民检察院
张晓强	贵州省人民检察院
唐本政	云南省人民检察院
罗英超	西藏自治区人民检察院
柴定生	陕西省人民检察院
李春发	甘肃省人民检察院
何育秀	青海省人民检察院
赵立志	宁夏回族自治区人民检察院
张明法	新疆维吾尔自治区人民检察院

1994年3月15日，最高人民检察院检察长张思卿在第八届全国人民代表大会第二次会议上作《最高人民检察院工作报告》。

高洪海摄

1994 年 12 月 22 日至 26 日，全国检察长工作会议在成都市召开。

杨晓川摄

1994 年 5 月 11 日，第七届国际反贪污大会组委会在北京正式成立并举行第一次会议。上图左三为组委会主席张思卿，左二为组委会第一副主席曹庆泽，右一为组委会副主席兼秘书长梁国庆。

高洪海摄

1994 年 8 月 30 日，最高人民检察院副检察长、第七届国际反贪污大会组委会副主席兼秘书长梁国庆在国务院新闻办公室举行的中外记者招待会上介绍第七届国际反贪污大会的筹备情况。

肖　杰摄

1994 年 9 月 20 日至 24 日，全国检察机关第三次计划财务装备工作会议在北京召开。图为最高人民检察院副检察长陈明枢在会上讲话。

姚　燕摄

1994年10月22日至28日，最高人民检察院副检察长王文元率中国检察代表团对斯洛伐克进行了友好访问。图为斯洛伐克总统米哈尔·科瓦奇(右)会见王文元副检察长(左)并亲切交谈。

1994年10月11日至16日，全国检察机关第四次反贪污贿赂侦查工作会议在黄山市召开。图为最高人民检察院副检察长赵登举在会上讲话。

罗　辑摄

1994年8月29日至9月2日，中国检察代表团对韩国进行友好访问。图为代表团团长最高人民检察院副检察长赵虹（左）会见韩国大检察厅检察总长金道彦（右）。 **罗 辑**摄

1994年10月22日至26日，全国检察机关第二次政治工作会议在上海召开。 **胡文亚 陈 黎**摄

1994年4月10日，最高人民检察院检察长张思卿(右)和哈萨克斯坦共和国总检察长图雅克巴耶夫(左)在北京签署《中华人民共和国人民检察院和哈萨克斯坦共和国检察院合作协议》。最高人民检察院副检察长王文元(后排中)参加了签字仪式。**高洪海**摄

1994年11月17日，中国女检察官协会成立大会在北京举行。图为中国女检察官协会名誉会长陈慕华(左二)、钱正英(左一)、特邀顾问黄启璪(右一)和最高人民检察院检察长张思卿(右二)在主席台上。

高洪海摄

编 辑 说 明

一、《中国检察年鉴》是一部记载中国检察工作情况，及时反映检察工作全貌和各个年度的新发展、新成就的大型资料性年刊。年鉴以法律赋予检察机关的任务为轴心，收集了丰富、翔实的信息、数据和来自检察工作实践的第一手资料。年鉴所采用的资料都是由最高人民检察院各业务部门和省、自治区、直辖市人民检察院组织专业人员撰写和提供的，具有准确性和权威性。

二、《中国检察年鉴》从1988年创刊开始，每年编辑出版一期。《中国检察年鉴》1995年刊反映的是1994年的情况，内容包括11个部分。

三、《中国检察年鉴》收录的资料，均未包括台湾省。

四、《中国检察年鉴》收录的资料，均截止至当年12月31日。

五、《中国检察年鉴》的编辑工作，得到各省、自治区、直辖市人民检察院和最高人民检察院有关业务部门的大力支持和协助，谨在此表示衷心的感谢。

六、《中国检察年鉴》在编辑工作中的缺点和不足，恳请读者提出宝贵意见。

《中国检察年鉴》编辑部

1995年7月

目　录

第一部分
特　载

第二部分
专　文

第三部分
省、自治区、直辖市人民检察院工作报告

第四部分

检察工作概况

第五部分

检察文件选载

第六部分
案 例 选 载

第七部分
对外交流与合作

第八部分
理论研究、报刊、出版

第九部分
大　事　记

第十部分
统计资料

第十一部分
附　　录

中华人民共和国国家赔偿法

（1994年5月12日第八届全国人民代表大会常务委员会第七次会议通过　1994年5月12日中华人民共和国主席令第二十三号公布　自1995年1月1日起施行）

目　录

第一章　总　则

第一条　为保障公民、法人和其他组织享有依法取得国家赔偿的权利，促进国家机关依法行使职权，根据宪法，制定本法。

第二条　国家机关和国家机关工作人员违法行使职权侵犯公民、法人和其他组织的合法权益造成损害的，受害人有依照本法取得国家赔偿的权利。

国家赔偿由本法规定的赔偿义务机关履行赔偿义务。

第二章　行政赔偿

第一节　赔偿范围

第三条　行政机关及其工作人员在行使行政职权时有下列侵犯人身权情形之一的，受害人有取得赔偿的权利：

（一）违法拘留或者违法采取限制公民人身自由的行政强制措施的；

（二）非法拘禁或者以其他方法非法剥夺公民人身自由的；

（三）以殴打等暴力行为或者唆使他人以殴打等暴力行为造成公民身体伤害或者死亡的；

（四）违法使用武器、警械造成公民身体伤害或者死亡的；

（五）造成公民身体伤害或者死亡的其他违法行为。

第四条　行政机关及其工作人员在行使行政职权时有下列侵犯财产权情形之一的，受害人有取得赔偿的权利：

（一）违法实施罚款、吊销许可证和执照、责令停产停业、没收财物等行政处罚的；

（二）违法对财产采取查封、扣押、冻结等行政强制措施的；

（三）违反国家规定征收财物、摊派费用的；

（四）造成财产损害的其他违法行为。

第五条　属于下列情形之一的，国家不承担赔偿责任：

（一）行政机关工作人员与行使职权无关的个人行为；

（二）因公民、法人和其他组织自己的行为致使损害发生的；

（三）法律规定的其他情形。

第二节　赔偿请求人和赔偿义务机关

第六条　受害的公民、法人和其他组织有权要求赔偿。

受害的公民死亡，其继承人和其他有扶养关系的亲属有权要求赔偿。

受害的法人或者其他组织终止，承受其权利的法人或者其他组织有权要求赔偿。

第七条　行政机关及其工作人员行使行政职权侵犯公民、法人和其他组织的合法权益造成损害的，该行政机关为赔偿义务机关。

两个以上行政机关共同行使行政职权时侵犯公民、法人和其他组织的合法权益造成损害的，共同行使行政职权的行政机关为共同赔偿义务机关。

法律、法规授权的组织在行使授予的行政权力时侵犯公民、法人和其他组织的合法权益造成损害的，被授权的组织为赔偿义务机关。

受行政机关委托的组织或者个人在行使受委托的行政权力时侵犯公民、法人和其他组织的合法权益造成损害的，委托的行政机关为赔偿义务机关。

赔偿义务机关被撤销的，继续行使其职权的行政机关为赔偿义务机关；没有继续行使其职权的行政机关的，撤销该赔偿义务机关的行政机关为赔偿义务机关。

第八条　经复议机关复议的，最初造成侵权行为的行政机关为赔偿义务机关，但复议机关的复议决定加重损害的，复议机关对加重的部分履行赔偿义务。

第三节　赔偿程序

第九条　赔偿义务机关对依法确认有本法第三条、第四条规定的情形之一的，应当给予赔偿。

赔偿请求人要求赔偿应当先向赔偿义务机关提出，也可以在申请行政复议和提起行政诉讼时一并提出。

第十条　赔偿请求人可以向共同赔偿义务机关中的任何一个赔偿义务机关要求赔偿，该赔偿义务机关应当先予赔偿。

第十一条　赔偿请求人根据受到的不同损害，可以同时提出数项赔偿要求。

第十二条　要求赔偿应当递交申请书，申请书应当载明下列事项：

（一）受害人的姓名、性别、年龄、工作单位和住所，法人或者其他组织的名称、住所和法定代表人或者主要负责人的姓名、职务；

（二）具体的要求、事实根据和理由；

（三）申请的年、月、日。

赔偿请求人书写申请书确有困难的，可以委托他人代书；也可以口头申请，由赔偿义务机关记入笔录。

第十三条　赔偿义务机关应当自收到申请之日起两个月内依照本法第四章的规定给予赔偿；逾期不予赔偿或者赔偿请求人对赔偿数额有异议的，赔偿请求人可以自期间届满之日起三个月内向人民法院提起诉讼。

第十四条　赔偿义务机关赔偿损失后，应当责令有故意或者重大过失的工作人员或者受委托的组织或者个人承担部分或者全部赔偿费用。

对有故意或者重大过失的责任人员，有关机关应当依法给予行政处分；构成犯罪的，应当依法追究刑事责任。

第三章　刑事赔偿

第一节　赔偿范围

第十五条　行使侦查、检察、审判、监狱管理职权的机关及其工作人员在行使职权时有下列侵犯人身权情形之一的，受害人有取得赔偿的权利：

（一）对没有犯罪事实或者没有事实证明有犯罪重大嫌疑的人错误拘留的；

（二）对没有犯罪事实的人错误逮捕的；

（三）依照审判监督程序再审改判无罪，原判刑罚已经执行的；

（四）刑讯逼供或者以殴打等暴力行为或者唆使他人以殴打等暴力行为造成公民身体伤害或者死亡的；

（五）违法使用武器、警械造成公民身体伤害或者死亡的。

第十六条　行使侦查、检察、审判、监狱管理职权的机关及其工作人员在行使职权时有下列侵犯财产权情形之一的，受害人有取得赔偿的权利：

（一）违法对财产采取查封、扣押、冻结、追缴等措施的；

（二）依照审判监督程序再审改判无罪，原判罚金、没收财产已经执行的。

第十七条 属于下列情形之一的，国家不承担赔偿责任：

（一）因公民自己故意作虚伪供述，或者伪造其他有罪证据被羁押或者被判处刑罚的；

（二）依照刑法第十四条、第十五条规定不负刑事责任的人被羁押的；

（三）依照刑事诉讼法第十一条规定不追究刑事责任的人被羁押的；

（四）行使国家侦查、检察、审判、监狱管理职权的机关的工作人员与行使职权无关的个人行为；

（五）因公民自伤、自残等故意行为致使损害发生的；

（六）法律规定的其他情形。

第二节 赔偿请求人和赔偿义务机关

第十八条 赔偿请求人的确定依照本法第六条的规定。

第十九条 行使国家侦查、检察、审判、监狱管理职权的机关及其工作人员在行使职权时侵犯公民、法人和其他组织的合法权益造成损害的，该机关为赔偿义务机关。

对没有犯罪事实或者没有事实证明有犯罪重大嫌疑的人错误拘留的，作出拘留决定的机关为赔偿义务机关。

对没有犯罪事实的人错误逮捕的，作出逮捕决定的机关为赔偿义务机关。

再审改判无罪的，作出原生效判决的人民法院为赔偿义务机关。二审改判无罪的，作出一审判决的人民法院和作出逮捕决定的机关为共同赔偿义务机关。

第三节 赔偿程序

第二十条 赔偿义务机关对依法确认有本法第十五条、第十六条规定的情形之一的，应当给予赔偿。

赔偿请求人要求确认有本法第十五条、第十六条规定情形之一的，被要求的机关不予确认的，赔偿请求人有权申诉。

赔偿请求人要求赔偿，应当先向赔偿义务机关提出。

赔偿程序适用本法第十条、第十一条、第十二条的规定。

第二十一条 赔偿义务机关应当自收到申请之日起两个月内依照本法第四章的规定给予赔偿；逾期不予赔偿或者赔偿请求人对赔偿数额有异议的，赔偿请求人可以自期间届满之日起三十日内向其上一级机关申请复议。

赔偿义务机关是人民法院的，赔偿请求人可以依照前款规定向其上一级人民法院赔偿委员会申请作出赔偿决定。

第二十二条 复议机关应当自收到申请之日起两个月内作出决定。

赔偿请求人不服复议决定的，可以在收到复议决定之日起三十日内向复议机关所在地的同级人民法院赔偿委员会申请作出赔偿决定；复议机关逾期不作决定的，赔偿请求人可以自期间届满之日起三十日内向复议机关所在地的同级人民法院赔偿委员会申请作出赔偿决定。

第二十三条 中级以上的人民法院设立赔偿委员会，由人民法院三名至七名审判员组成。

赔偿委员会作赔偿决定，实行少数服从多数的原则。

赔偿委员会作出的赔偿决定，是发生法律效力的决定，必须执行。

第二十四条 赔偿义务机关赔偿损失后，应当向有下列情形之一的工作人员追偿部分或者全部赔偿费用：

（一）有本法第十五条第（四）、（五）项规定情形的；

（二）在处理案件中有贪污受贿，徇私舞弊，枉法裁判行为的。

对有前款（一）、（二）项规定情形的责任人员，有关机关应当依法给予行政处分；构成犯罪的，应当依法追究刑事责任。

第四章 赔偿方式和计算标准

第二十五条 国家赔偿以支付赔偿金为主要方式。

能够返还财产或者恢复原状的，予以返还财产或者恢复原状。

第二十六条 侵犯公民人身自由的，每日的赔偿金按照国家上年度职工日平均工资计算。

第二十七条 侵犯公民生命健康权的，赔偿金按照下列规定计算：

（一）造成身体伤害的，应当支付医疗费，以及赔偿因误工减少的收入。减少的收入每日的赔偿金按照国家上年度职工日平均工资计算，最高额为国家上年度职工年平均工资的五倍；

（二）造成部分或者全部丧失劳动能力的，应当支付医疗费，以及残疾赔偿金，残疾赔偿金根据丧失劳动能力的程度确定，部分丧失劳动能力的最高额为国家上年度职工年平均工资的十倍，全部丧失劳动能力的为国家上年度职工年平均工资的二十倍。造成全部丧失劳动能力的，对其扶养的无劳动能力的人，还应当支付生活费；

（三）造成死亡的，应当支付死亡赔偿金、丧葬费，总额为国家上年度职工年平均工资的二十倍。对死者生前扶养的无劳动能力的人，还应当支付生活费。

前款第（二）、（三）项规定的生活费的发放标准参照当地民政部门有关生活救济的规定办理。被扶养的人是未成年人的，生活费给付至十八周岁止；其他无劳动能力的人，生活费给付至死亡时止。

第二十八条 侵犯公民、法人和其他组织的财产权造成损害的，按照下列规定处理：

（一）处罚款、罚金、追缴、没收财产或者违反国家规定征收财物、摊派费用的，返还财产；

（二）查封、扣押、冻结财产的，解除对财产的查封、扣押、冻结，造成财产损坏或者灭失的，依照本条第（三）、（四）项的规定赔偿；

（三）应当返还的财产损坏的，能够恢复原状的恢复原状，不能恢复原状的，按照损害程度给付相应的赔偿金；

（四）应当返还的财产灭失的，给付相应的赔偿金；

（五）财产已经拍卖的，给付拍卖所得的价款；

（六）吊销许可证和执照、责令停产停业的，赔偿停产停业期间必要的经常性费用开支；

（七）对财产权造成其他损害的，按照直接损失给予赔偿。

第二十九条 赔偿费用，列入各级财政预算，具体办法由国务院规定。

第五章 其他规定

第三十条 赔偿义务机关对依法确认有本法第三条第（一）、（二）项、第十五条第（一）、（二）、（三）项规定的情形之一，并造成受害人名誉权、荣誉权损害的，应当在侵权行为影响的范围内，为受害人消除影响，恢复名誉，赔礼道歉。

第三十一条 人民法院在民事诉讼、行政诉讼过程中，违法采取对妨害诉讼的强制措施、保全措施或者对判决、裁定及其他生效法律文书执行错误，造成损害的，赔偿请求人要求赔偿的程序，适用本法刑事赔偿程序的规定。

第三十二条 赔偿请求人请求国家赔偿的时效为两年，自国家机关及其工作人员行使职权时的行为被依法确认为违法之日起计算，但被羁押期间不计算在内。

赔偿请求人在赔偿请求时效的最后六个月内，因不可抗力或者其他障碍不能行使请求权的，时效中止。从中止时效的原因消除之日起，赔偿请求时效期间继续计算。

第三十三条 外国人、外国企业和组织在中华人民共和国领域内要求中华人民共和国国家赔偿的，适用本法。

外国人、外国企业和组织的所属国对中华人民共和国公民、法人和其他组织要求该国国家赔偿的权利不予保护或者限制的，中华人民共和国与该外国人、外国企业和组织的所属国实行对等原则。

第六章 附 则

第三十四条 赔偿请求人要求国家赔偿的，赔偿义务机关、复议机关和人民法院不得向赔偿请求人收取任何费用。

对赔偿请求人取得的赔偿金不予征税。

第三十五条 本法自 1995 年 1 月 1 日起施行。

中华人民共和国监狱法

（1994年12月29日第八届全国人民代表大会常务委员会第十一次会议通过　1994年12月29日中华人民共和国主席令第三十五号公布　自公布之日起施行）

目　录

第一章　总　　则

第一条　为了正确执行刑罚，惩罚和改造罪犯，预防和减少犯罪，根据宪法，制定本法。

第二条　监狱是国家的刑罚执行机关。

依照刑法和刑事诉讼法的规定，被判处死刑缓期二年执行、无期徒刑、有期徒刑的罪犯，在监狱内执行刑罚。

第三条 监狱对罪犯实行惩罚和改造相结合、教育和劳动相结合的原则，将罪犯改造成为守法公民。

第四条 监狱对罪犯应当依法监管，根据改造罪犯的需要，组织罪犯从事生产劳动，对罪犯进行思想教育、文化教育、技术教育。

第五条 监狱的人民警察依法管理监狱、执行刑罚、对罪犯进行教育改造等活动，受法律保护。

第六条 人民检察院对监狱执行刑罚的活动是否合法，依法实行监督。

第七条 罪犯的人格不受侮辱，其人身安全、合法财产和辩护、申诉、控告、检举以及其他未被依法剥夺或者限制的权利不受侵犯。

罪犯必须严格遵守法律、法规和监规纪律，服从管理，接受教育，参加劳动。

第八条 国家保障监狱改造罪犯所需经费。监狱的人民警察经费、罪犯改造经费、罪犯生活费、狱政设施经费及其他专项经费，列入国家预算。

国家提供罪犯劳动必需的生产设施和生产经费。

第九条 监狱依法使用的土地、矿产资源和其他自然资源以及监狱的财产，受法律保护，任何组织或者个人不得侵占、破坏。

第十条 国务院司法行政部门主管全国的监狱工作。

第二章 监 狱

第十一条 监狱的设置、撤销、迁移，由国务院司法行政部门批准。

第十二条 监狱设监狱长一人、副监狱长若干人，并根据实际需要设置必要的工作机构和配备其他监狱管理人员。

监狱的管理人员是人民警察。

第十三条 监狱的人民警察应当严格遵守宪法和法律，忠于职守，秉公执法，严守纪律，清正廉洁。

第十四条 监狱的人民警察不得有下列行为：

（一）索要、收受、侵占罪犯及其亲属的财物；

（二）私放罪犯或者玩忽职守造成罪犯脱逃；

（三）刑讯逼供或者体罚、虐待罪犯；

（四）侮辱罪犯的人格；

（五）殴打或者纵容他人殴打罪犯；

（六）为谋取私利，利用罪犯提供劳务；

（七）违反规定，私自为罪犯传递信件或者物品；

（八）非法将监管罪犯的职权交予他人行使；

（九）其他违法行为。

监狱的人民警察有前款所列行为，构成犯罪的，依法追究刑事责任；尚未构成犯罪的，应当予以行政处分。

第三章　刑罚的执行

第一节　收　　监

第十五条　人民法院对被判处死刑缓期二年执行、无期徒刑、有期徒刑的罪犯，应当将执行通知书、判决书送达羁押该罪犯的公安机关，公安机关应当自收到执行通知书、判决书之日起一个月内将该罪犯送交监狱执行刑罚。

罪犯在被交付执行刑罚前，剩余刑期在一年以下的，由看守所代为执行。

第十六条　罪犯被交付执行刑罚时，交付执行的人民法院应当将人民检察院的起诉书副本、人民法院的判决书、执行通知书、结案登记表同时送达监狱。监狱没有收到上述文件的，不得收监；上述文件不齐全或者记载有误的，作出生效判决的人民法院应当及时补充齐全或者作出更正；对其中可能导致错误收监的，不予收监。

第十七条　监狱应当对交付执行刑罚的罪犯进行身体检查。经检查，被判处无期徒刑、有期徒刑的罪犯有下列情形之一的，可以暂不收监：

（一）有严重疾病需要保外就医的；

（二）怀孕或者正在哺乳自己婴儿的妇女。

对前款所列暂不收监的罪犯，应当由交付执行的人民法院决定暂予监外执行。对其中暂予监外执行有社会危险性的，应当收监。暂予监外执行的罪犯，由居住地公安机关执行刑罚。前款所列暂不收监的情形消失后，原判刑期尚未执行完毕的罪犯，由公安机关送交监狱收监。

第十八条　罪犯收监，应当严格检查其人身和所携带的物品。非生活必需品，由监狱代为保管或者征得罪犯同意退回其家属，违禁品予以没收。

女犯由女性人民警察检查。

第十九条　罪犯不得携带子女在监内服刑。

第二十条　罪犯收监后，监狱应当通知罪犯家属。通知书应当自收监之日起五日内发出。

第二节　对罪犯提出的申诉、控告、检举的处理

第二十一条　罪犯对生效的判决不服的，可以提出申诉。

对于罪犯的申诉，人民检察院或者人民法院应当及时处理。

第二十二条　对罪犯提出的控告、检举材料，监狱应当及时处理或者转送公安机关或者人民检察院处理，公安机关或者人民检察院应当将处理结果通知监狱。

第二十三条　罪犯的申诉、控告、检举材料，监狱应当及时转递，不得扣压。

第二十四条　监狱在执行刑罚过程中，根据罪犯的申诉，认为判决可能有错误的，应当提请人民检察院或者人民法院处理，人民检察院或者人民法院应当自收到监狱提请处理意见书之日起六个月内将处理结果通知监狱。

第三节 监外执行

第二十五条 对于被判处无期徒刑、有期徒刑在监内服刑的罪犯，符合刑事诉讼法规定的监外执行条件的，可以暂予监外执行。

第二十六条 暂予监外执行，由监狱提出书面意见，报省、自治区、直辖市监狱管理机关批准。批准机关应当将批准的暂予监外执行决定通知公安机关和原判人民法院，并抄送人民检察院。

人民检察院认为对罪犯适用暂予监外执行不当的，应当自接到通知之日起一个月内将书面意见送交批准暂予监外执行的机关，批准暂予监外执行的机关接到人民检察院的书面意见后，应当立即对该决定进行重新核查。

第二十七条 暂予监外执行的罪犯，由居住地公安机关执行。原关押监狱应当及时将罪犯在监内改造情况通报负责执行的公安机关。

第二十八条 暂予监外执行的情形消失后，刑期未满的，负责执行的公安机关应当及时通知监狱收监；刑期届满的，由原关押监狱办理释放手续。罪犯在暂予监外执行期间死亡的，公安机关应当及时通知原关押监狱。

第四节 减刑、假释

第二十九条 被判处无期徒刑、有期徒刑的罪犯，在服刑期间确有悔改或者立功表现的，根据监狱考核的结果，可以减刑。有下列重大立功表现之一的，应当减刑：

（一）阻止他人重大犯罪活动的；

（二）检举监狱内外重大犯罪活动，经查证属实的；

（三）有发明创造或者重大技术革新的；

（四）在日常生产、生活中舍己救人的；

（五）在抗御自然灾害或者排除重大事故中，有突出表现的；

（六）对国家和社会有其他重大贡献的。

第三十条 减刑建议由监狱向人民法院提出，人民法院应当自收到减刑建议书之日起一个月内予以审核裁定；案情复杂或者情况特殊的，可以延长一个月。减刑裁定的副本应当抄送人民检察院。

第三十一条 被判处死刑缓期二年执行的罪犯，在死刑缓期执行期间，符合法律规定的减为无期徒刑、有期徒刑条件的，二年期满时，所在监狱应当及时提出减刑建议，报经省、自治区、直辖市监狱管理机关审核后，提请高级人民法院裁定。

第三十二条 被判处无期徒刑、有期徒刑的罪犯，符合法律规定的假释条件的，由监狱根据考核结果向人民法院提出假释建议，人民法院应当自收到假释建议书之日起一个月内予以审核裁定；案情复杂或者情况特殊的，可以延长一个月。假释裁定的副本应当抄送人民检察院。

第三十三条 人民法院裁定假释的，监狱应当按期假释并发给假释证明书。

被假释的罪犯由公安机关予以监督。被假释的罪犯，在假释期间有违反法律、行政法规和国务院公安部门有关假释的监督管理规定的行为，尚未构成新的犯罪的，公安机关可以向人民法院提出撤销假释的建议，人民法院应当自收到撤销假释建议书之日起一个月内予以审核裁定。人民法院裁定撤销假释的，由公安机关将罪犯送交监狱收监。

第三十四条 对不符合法律规定的减刑、假释条件的罪犯，不得以任何理由将其减刑、假释。

人民检察院认为人民法院减刑、假释的裁定不当，应当依照刑事诉讼法规定的期间提出抗诉，对于人民检察院抗诉的案件，人民法院应当重新审理。

第五节 释放和安置

第三十五条 罪犯服刑期满，监狱应当按期释放并发给释放证明书。

第三十六条 罪犯释放后，公安机关凭释放证明书办理户籍登记。

第三十七条 对刑满释放人员，当地人民政府帮助其安置生活。

刑满释放人员丧失劳动能力又无法定赡养人、扶养人和基本生活来源的，由当地人民政府予以救济。

第三十八条 刑满释放人员依法享有与其他公民平等的权利。

第四章 狱政管理

第一节 分押分管

第三十九条 监狱对成年男犯、女犯和未成年犯实行分开关押和管理，对未成年犯和女犯的改造，应当照顾其生理、心理特点。

监狱根据罪犯的犯罪类型、刑罚种类、刑期、改造表现等情况，对罪犯实行分别关押，采取不同方式管理。

第四十条 女犯由女性人民警察直接管理。

第二节 警 戒

第四十一条 监狱的武装警戒由人民武装警察部队负责，具体办法由国务院、中央军事委员会规定。

第四十二条 监狱发现在押罪犯脱逃，应当即时将其抓获，不能即时抓获的，应当立即通知公安机关，由公安机关负责追捕，监狱密切配合。

第四十三条 监狱根据监管需要，设立警戒设施。监狱周围设警戒隔离带，未经准许，任何人不得进入。

第四十四条 监区、作业区周围的机关、团体、企业事业单位和基层组织，应当协助监狱做好安全警戒工作。

第三节 戒具和武器的使用

第四十五条 监狱遇有下列情形之一的，可以使用戒具：

（一）罪犯有脱逃行为的；

（二）罪犯有使用暴力行为的；

（三）罪犯正在押解途中的；

（四）罪犯有其他危险行为需要采取防范措施的。

前款所列情形消失后，应当停止使用戒具。

第四十六条 人民警察和人民武装警察部队的执勤人员遇有下列情形之一，非使用武器不能制止的，按照国家有关规定，可以使用武器：

（一）罪犯聚众骚乱、暴乱的；

（二）罪犯脱逃或者拒捕的；

（三）罪犯持有凶器或者其他危险物，正在行凶或者破坏，危及他人生命、财产安全的；

（四）劫夺罪犯的；

（五）罪犯抢夺武器的。

使用武器的人员，应当按照国家有关规定报告情况。

第四节 通信、会见

第四十七条 罪犯在服刑期间可以与他人通信，但是来往信件应当经过监狱检查。监狱发现有碍罪犯改造内容的信件，可以扣留。罪犯写给监狱的上级机关和司法机关的信件，不受检查。

第四十八条 罪犯在监狱服刑期间，按照规定，可以会见亲属、监护人。

第四十九条 罪犯收受物品和钱款，应当经监狱批准、检查。

第五节 生活、卫生

第五十条 罪犯的生活标准按实物量计算，由国家规定。

第五十一条 罪犯的被服由监狱统一配发。

第五十二条 对少数民族罪犯的特殊生活习惯，应当予以照顾。

第五十三条 罪犯居住的监舍应当坚固、通风、透光、清洁、保暖。

第五十四条 监狱应当设立医疗机构和生活、卫生设施，建立罪犯生活、卫生制度。罪犯的医疗保健列入监狱所在地区的卫生、防疫计划。

第五十五条 罪犯在服刑期间死亡的，监狱应当立即通知罪犯家属和人民检察院、人民法院。罪犯因病死亡的，由监狱作出医疗鉴定。人民检察院对监狱的医疗鉴定有疑义的，可以重新对死亡原因作出鉴定。罪犯家属有疑义的，可以向人民检察院提出。罪犯非正常死亡的，人民检察院应当立即检验，对死亡原因作出鉴定。

第六节 奖　惩

第五十六条 监狱应当建立罪犯的日常考核制度，考核的结果作为对罪犯奖励和处罚的依据。

第五十七条 罪犯有下列情形之一的，监狱可以给予表扬、物质奖励或者记功：

（一）遵守监规纪律，努力学习，积极劳动，有认罪服法表现的；

（二）阻止违法犯罪活动的；

（三）超额完成生产任务的；

（四）节约原材料或者爱护公物，有成绩的；

（五）进行技术革新或者传授生产技术，有一定成效的；

（六）在防止或者消除灾害事故中作出一定贡献的；

（七）对国家和社会有其他贡献的。

被判处有期徒刑的罪犯有前款所列情形之一，执行原判刑期二分之一以上，在服刑期间一贯表现好，离开监狱不致再危害社会的，监狱可以根据情况准其离监探亲。

第五十八条 罪犯有下列破坏监管秩序情形之一的，监狱可以给予警告、记过或者禁闭：

（一）聚众哄闹监狱，扰乱正常秩序的；

（二）辱骂或者殴打人民警察的；

（三）欺压其他罪犯的；

（四）偷窃、赌博、打架斗殴、寻衅滋事的；

（五）有劳动能力拒不参加劳动或者消极怠工，经教育不改的；

（六）以自伤、自残手段逃避劳动的；

（七）在生产劳动中故意违反操作规程，或者有意损坏生产工具的；

（八）有违反监规纪律的其他行为的。

依照前款规定对罪犯实行禁闭的期限为七天至十五天。

罪犯在服刑期间有第一款所列行为，构成犯罪的，依法追究刑事责任。

第七节 对罪犯服刑期间犯罪的处理

第五十九条 罪犯在服刑期间故意犯罪的，依法从重处罚。

第六十条 对罪犯在监狱内犯罪的案件，由监狱进行侦查。侦查终结后，写出起诉意见书或者免予起诉意见书，连同案卷材料、证据一并移送人民检察院。

第五章 对罪犯的教育改造

第六十一条 教育改造罪犯，实行因人施教、分类教育、以理服人的原则，采取集体教育与个别教育相结合、狱内教育与社会教育相结合的方法。

第六十二条 监狱应当对罪犯进行法制、道德、形势、政策、前途等内容的思想教育。

第六十三条 监狱应当根据不同情况，对罪犯进行扫盲教育、初等教育和初级中等教育，经考试合格的，由教育部门发给相应的学业证书。

第六十四条 监狱应当根据监狱生产和罪犯释放后就业的需要，对罪犯进行职业技术教育，经考核合格的，由劳动部门发给相应的技术等级证书。

第六十五条 监狱鼓励罪犯自学，经考试合格的，由有关部门发给相应的证书。

第六十六条 罪犯的文化和职业技术教育，应当列入所在地区教育规划。监狱应当设立教室、图书阅览室等必要的教育设施。

第六十七条 监狱应当组织罪犯开展适当的体育活动和文化娱乐活动。

第六十八条 国家机关、社会团体、部队、企业事业单位和社会各界人士以及罪犯的亲属，应当协助监狱做好对罪犯的教育改造工作。

第六十九条 有劳动能力的罪犯，必须参加劳动。

第七十条 监狱根据罪犯的个人情况，合理组织劳动，使其矫正恶习，养成劳动习惯，学会生产技能，并为释放后就业创造条件。

第七十一条 监狱对罪犯的劳动时间，参照国家有关劳动工时的规定执行；在季节性生产等特殊情况下，可以调整劳动时间。

罪犯有在法定节日和休息日休息的权利。

第七十二条 监狱对参加劳动的罪犯，应当按照有关规定给予报酬并执行国家有关劳动保护的规定。

第七十三条 罪犯在劳动中致伤、致残或者死亡的，由监狱参照国家劳动保险的有关规定处理。

第六章 对未成年犯的教育改造

第七十四条 对未成年犯应当在未成年犯管教所执行刑罚。

第七十五条 对未成年犯执行刑罚应当以教育改造为主。未成年犯的劳动，应当符合未成年人的特点，以学习文化和生产技能为主。

监狱应当配合国家、社会、学校等教育机构，为未成年犯接受义务教育提供必要的条件。

第七十六条 未成年犯年满十八周岁时，剩余刑期不超过二年的，仍可以留在未成年犯管教所执行剩余刑期。

第七十七条 对未成年犯的管理和教育改造，本章未作规定的，适用本法的有关规定。

第七章 附 则

第七十八条 本法自公布之日起施行。

全国人民代表大会常务委员会关于严惩组织、运送他人偷越国（边）境犯罪的补充规定

（1994年3月5日第八届全国人民代表大会常务委员会第六次会议通过　1994年3月5日中华人民共和国主席令第十九号公布　自公布之日起施行）

为了严惩组织、运送他人偷越（偷渡）国（边）境（以下简称偷越国（边）境）的犯罪分子，制止偷越国（边）境的违法犯罪活动，维护出入境管理秩序，对刑法作如下补充规定：

一、组织他人偷越国（边）境的，处二年以上七年以下有期徒刑，并处罚金；有下列情形之一的，处七年以上有期徒刑或者无期徒刑，并处罚金或者没收财产：

（一）组织他人偷越国（边）境集团的首要分子；

（二）多次组织他人偷越国（边）境或者组织他人偷越国（边）境人数众多的；

（三）造成被组织人重伤、死亡的；

（四）剥夺或者限制被组织人人身自由的；

（五）以暴力、威胁方法抗拒检查的；

（六）违法所得数额巨大的；

（七）有其他特别严重情节的。

对被组织人有杀害、伤害、强奸、拐卖等犯罪行为，或者对检查人员有杀害、伤害等犯罪行为的，可以依照法律规定判处死刑。

二、以劳务输出、经贸往来或者其他名义，弄虚作假，骗取护照、签证等出境证件，为组织他人偷越国（边）境使用的，依照本规定第一条的规定处罚。

单位有前款规定的犯罪行为的，对单位判处罚金，并对直接负责的主管人员和其他直接责任人员，依照本规定第一条的规定处罚。

三、为他人提供伪造、变造的护照、签证等出入境证件，或者倒卖护照、签证等出入境证件的，处五年以下有期徒刑，并处罚金；情节严重的，处五年以上有期徒刑，并处罚金。

四、运送他人偷越国（边）境的，处五年以下有期徒刑、拘役或者管制，并处罚金；有下列情形之一的，处五年以上十年以下有期徒刑，并处罚金：

（一）多次实施运送行为或者运送人数众多的；

（二）所使用的船只、车辆等交通工具不具备必要的安全条件，足以造成严重后果的；

（三）违法所得数额巨大的；

（四）有其他特别严重情节的。

在运送他人偷越国（边）境中造成被运送人重伤、死亡，或者以暴力，威胁方法抗

拒检查的，处七年以上有期徒刑，并处罚金。

对被运送人有杀害、伤害、强奸、拐卖等犯罪行为，或者对检查人员有杀害、伤害等犯罪行为的，可以依照法律规定判处死刑。

运送他人偷越国（边）境，情节轻微不需要判处刑罚的，由公安机关处十五日以下拘留，并处五千元以上五万元以下罚款。

五、偷越国（边）境的，公安机关可以处十五日以下拘留，单处或者并处一千元以上五千元以下罚款；情节严重的，处二年以下有期徒刑或者拘役，并处罚金。

六、负责办理护照、签证以及其他出入境证件的国家工作人员，对明知是企图偷越国（边）境的人员予以办理出入境证件的；边防、海关等国家工作人员，对明知是偷越国（边）境的人员，予以放行的，处三年以下有期徒刑、拘役或者管制；情节严重的，处三年以上十年以下有期徒刑。

与组织、运送他人偷越国（边）境的犯罪分子相勾结，实施前款规定的行为的，依照本规定第一条、第四条的规定处罚。

七、犯本规定规定之罪的违法所得和供犯罪使用的犯罪分子所有的或者明知他人为犯罪使用而提供其本人所有的运输、通讯工具或者其他财物，一律予以没收。

八、本规定自公布之日起施行。

全国人民代表大会常务委员会关于修改《中华人民共和国治安管理处罚条例》的决定

（1994年5月12日第八届全国人民代表大会常务委员会第七次会议通过　1994年5月12日中华人民共和国主席令第二十四号公布　自公布之日起施行）

第八届全国人民代表大会常务委员会第七次会议审议了国务院关于《〈中华人民共和国治安管理处罚条例〉的补充规定（草案）》的议案，决定对《中华人民共和国治安管理处罚条例》作如下修改：

一、第十九条第五项修改为：“捏造或者歪曲事实、故意散布谣言或者以其他方法煽动扰乱社会秩序的；”

二、第二十条第二项修改为：“违反爆炸、剧毒、易燃、放射性等危险物品管理规定，生产、销售、储存、运输、携带或者使用危险物品，尚未造成严重后果不够刑事处罚的；”

三、对第二十四条作以下修改：

（一）第一项修改为：“明知是赃物而窝藏、销毁、转移，尚不够刑事处罚的，或者明知是赃物而购买的；”

（二）第四项修改为：“利用会道门、封建迷信活动，扰乱社会秩序、危害公共利益、损害他人身体健康或者骗取财物，尚不够刑事处罚的；”

（三）增加一项规定，作为第六项：“违反社会团体登记管理规定，未经注册登记以社会团体名义进行活动，或者被撤销登记、明令解散、取缔后，仍以原社会团体名义进行活动，尚不够刑事处罚的；”

（四）增加一项规定，作为第七项：“被依法执行管制、剥夺政治权利或者在缓刑、假释、保外就医和其他监外执行中的罪犯，或者被依法采取刑事强制措施的人，有违反法律、行政法规和国务院公安部门有关监督管理规定的行为，尚未构成新的犯罪的；”

（五）增加一项规定，作为第八项：“冒充国家工作人员进行招摇撞骗，尚不够刑事处罚的。”

四、第三十一条增加一款规定，作为第二款：“非法运输、买卖、存放、使用罂粟壳的，收缴其非法运输、买卖、存放、使用的罂粟壳，处十五日以下拘留，可以单处或者并处三千元以下罚款；构成犯罪的，依法追究刑事责任。”

本决定自公布之日起施行。

《中华人民共和国治安管理处罚条例》根据本决定作相应的修正，重新公布。

附

中华人民共和国治安管理处罚条例

（1986年9月5日第六届全国人民代表大会常务委员会第十七次会议通过　根据1994年5月12日第八届全国人民代表大会常务委员会第七次会议《关于修改〈中华人民共和国治安管理处罚条例〉的决定》修正）

目　　录

第一章　总　　则

第一条　为加强治安管理，维护社会秩序和公共安全，保护公民的合法权益，保障社会主义现代化建设的顺利进行，制定本条例。

第二条　扰乱社会秩序，妨害公共安全，侵犯公民人身权利，侵犯公私财产，依照《中华人民共和国刑法》的规定构成犯罪的，依法追究刑事责任；尚不够刑事处罚，应当给予治安管理处罚的，依照本条例处罚。

第三条 在中华人民共和国领域内发生的违反治安管理行为，除法律有特别规定的以外，适用本条例。

在中华人民共和国船舶或者航空器内发生的违反治安管理行为，也适用本条例。

第四条 公安机关对违反治安管理的人，坚持教育与处罚相结合的原则。

第五条 对于因民间纠纷引起的打架斗殴或者损毁他人财物等违反治安管理行为，情节轻微的，公安机关可以调解处理。

第二章 处罚的种类和运用

第六条 对违反治安管理行为的处罚分为下列三种：

（一）警告。

（二）罚款：一元以上，二百元以下。本条例第三十条、第三十一条、第三十二条另有规定的，依照规定。

（三）拘留：一日以上，十五日以下。

第七条 违反治安管理所得的财物和查获的违禁品，依照规定退回原主或者没收。违反治安管理使用的本人所有的工具，可以依照规定没收。具体办法由公安部另行规定。

第八条 违反治安管理造成的损失或者伤害，由违反治安管理的人赔偿损失或者负担医疗费用；如果违反治安管理的人是无行为能力人或者限制行为能力人，本人无力赔偿或者负担的，由其监护人依法负责赔偿或者负担。

第九条 已满十四岁不满十八岁的人违反治安管理的，从轻处罚；不满十四岁的人违反治安管理的，免予处罚，但是可以予以训诫，并责令其监护人严加管教。

第十条 精神病人在不能辨认或者不能控制自己行为的时候违反治安管理的，不予处罚，但是应当责令其监护人严加看管和治疗。间歇性的精神病人在精神正常的时候违反治安管理的，应予处罚。

第十一条 又聋又哑的人或者盲人，由于生理缺陷的原因而违反治安管理的，不予处罚。

第十二条 醉酒的人违反治安管理的，应予处罚。

醉酒的人在醉酒状态中，对本人有危险或者对他人的安全有威胁的，应当将其约束到酒醒。

第十三条 一人有两种以上违反治安管理行为的，分别裁决，合并执行。

第十四条 二人以上共同违反治安管理的，根据情节轻重，分别处罚。

教唆或者胁迫、诱骗他人违反治安管理的，按照其所教唆、胁迫、诱骗的行为处罚。

第十五条 机关、团体、企业、事业单位违反治安管理的，处罚直接责任人员；单位主管人员指使的，同时处罚该主管人员。

第十六条 违反治安管理有下列情形之一的，可以从轻或者免予处罚：

（一）情节特别轻微的；

（二）主动承认错误及时改正的；

（三）由于他人胁迫或诱骗的。

第十七条 违反治安管理有下列情形之一的，可以从重处罚：

（一）有较严重的后果的；

（二）胁迫、诱骗他人或者教唆不满十八岁的人违反治安管理的；

（三）对检举人、证人打击报复的；

（四）屡犯不改的。

第十八条 违反治安管理行为在六个月内公安机关没有发现的，不再处罚。

前款期限从违反治安管理行为发生之日起计算，违反治安管理行为有连续或者继续状态的，从行为终了之日起计算。

第三章 违反治安管理行为和处罚

第十九条 有下列扰乱公共秩序行为之一，尚不够刑事处罚的，处十五日以下拘留、二百元以下罚款或者警告：

（一）扰乱机关、团体、企业、事业单位的秩序，致使工作、生产、营业、医疗、教学、科研不能正常进行，尚未造成严重损失的；

（二）扰乱车站、码头、民用航空站、市场、商场、公园、影剧院、娱乐场、运动场、展览馆或者其他公共场所的秩序的；

（三）扰乱公共汽车、电车、火车、船只等公共交通工具上的秩序的；

（四）结伙斗殴，寻衅滋事，侮辱妇女或者进行其他流氓活动的；

（五）捏造或者歪曲事实、故意散布谣言或者以其他方法煽动扰乱社会秩序的；

（六）谎报险情，制造混乱的；

（七）拒绝、阻碍国家工作人员依法执行职务，未使用暴力、威胁方法的。

第二十条 有下列妨害公共安全行为之一的，处十五日以下拘留、二百元以下罚款或者警告：

（一）非法携带、存放枪支、弹药或者有其他违反枪支管理规定行为，尚不够刑事处罚的；

（二）违反爆炸、剧毒、易燃、放射性等危险物品管理规定，生产、销售、储存、运输、携带或者使用危险物品，尚未造成严重后果不够刑事处罚的；

（三）非法制造、贩卖、携带匕首、三棱刀、弹簧刀或者其他管制刀具的；

（四）经营旅馆、饭店、影剧院、娱乐场、运动场、展览馆或者其他供群众聚集的场所，违反安全规定，经公安机关通知不加改正的；

（五）组织群众集会或者文化、娱乐、体育、展览、展销等群众性活动，不采取相应的安全措施，经公安机关通知不加改正的；

（六）违反渡船、渡口安全规定，经公安机关通知不加改正的；

（七）不听劝阻抢登渡船，造成渡船超载或者强迫渡船驾驶员违反安全规定，冒险航行，尚不够刑事处罚的；

（八）在铁路、公路、水域航道、提坝上，挖掘坑穴，放置障碍物，损毁、移动指示标志，可能影响交通运输安全，尚不够刑事处罚的。

第二十一条 有下列妨害公共安全行为之一的，处二百元以下罚款或者警告：

（一）设置、使用民用射击场，不符合安全规定的；

（二）未经批准，安装、使用电网的，或者安装、使用电网不符合安全规定，尚未造成严重后果的；

（三）在车辆、行人通行的地方施工，对沟井坎穴不设覆盖物、标志、防围的，或者故意损毁、移动覆盖物、标志、防围的。

第二十二条 有下列侵犯他人人身权利行为之一，尚不够刑事处罚的，处十五日以下拘留、二百元以下罚款或者警告：

（一）殴打他人，造成轻微伤害的；

（二）非法限制他人人身自由或者非法侵入他人住宅的；

（三）公然侮辱他人或者捏造事实诽谤他人的；

（四）虐待家庭成员，受虐待人要求处理的；

（五）写恐吓信或者用其他方法威胁他人安全或者干扰他人正常生活的；

（六）胁迫或者诱骗不满十八岁的人表演恐怖、残忍节目，摧残其身心健康的；

（七）隐匿、毁弃或者私自开拆他人邮件、电报的。

第二十三条 有下列侵犯公私财物行为之一，尚不够刑事处罚的，处十五日以下拘留或者警告，可以单处或者并处二百元以下罚款：

（一）偷窃、骗取、抢夺少量公私财物的；

（二）哄抢国家、集体、个人财物的；

（三）敲诈勒索公私财物的；

（四）故意损坏公私财物的。

第二十四条 有下列妨害社会管理秩序行为之一的，处十五日以下拘留、二百元以下罚款或者警告：

（一）明知是赃物而窝藏、销毁、转移，尚不够刑事处罚的，或者明知是赃物而购买的；

（二）倒卖车票、船票、文艺演出或者体育比赛入场票券及其他票证，尚不够刑事处罚的；

（三）违反政府禁令，吸食鸦片、注射吗啡等毒品的；

（四）利用会道门、封建迷信活动，扰乱社会秩序、危害公共利益、损害他人身体健康或者骗取财物，尚不够刑事处罚的；

（五）偷开他人机动车辆的；

（六）违反社会团体登记管理规定，未经注册登记以社会团体名义进行活动，或者被撤销登记、明令解散、取缔后，仍以原社会团体名义进行活动，尚不够刑事处罚的；

（七）被依法执行管制、剥夺政治权利或者在缓刑、假释、保外就医和其他监外执行中的罪犯，或者被依法采取刑事强制措施的人，有违反法律、行政法规和国务院公安部门有关监督管理规定的行为，尚未构成新的犯罪的；

（八）冒充国家工作人员进行招摇撞骗，尚不够刑事处罚的。

第二十五条 妨害社会管理秩序，有下列第一项至第三项行为之一的，处二百元以下罚款或者警告；有第四项至第七项行为之一的，处五十元以下罚款或者警告：

（一）在地下、内水、领海及其他场所中发现文物隐匿不报，不上交国家的；

（二）刻字业承制公章违反管理规定，尚未造成严重后果的；

（三）故意污损国家保护的文物、名胜古迹，损毁公共场所雕塑，尚不够刑事处罚的；

（四）故意损毁或者擅自移动路牌、交通标志的；

（五）故意损毁路灯、邮筒、公用电话或者其他公用设施，尚不够刑事处罚的；

（六）违反规定，破坏草坪、花卉、树木的；

（七）违反规定，在城镇使用音响器材，音量过大，影响周围居民的工作或者休息，不听制止的。

第二十六条 违反消防管理，有下列第一项至第四项行为之一的，处十日以下拘留、一百元以下罚款或者警告；有第五项至第八项行为之一的，处一百元以下罚款或者警告：

（一）在有易燃易爆物品的地方，违反禁令，吸烟、使用明火的；

（二）故意阻碍消防车、消防艇通行或者扰乱火灾现场秩序，尚不够刑事处罚的；

（三）拒不执行火场指挥员指挥，影响灭火救灾的；

（四）过失引起火灾，尚未造成严重损失的；

（五）指使或者强令他人违反消防安全规定，冒险作业，尚未造成严重后果的；

（六）违反消防安全规定，占用防火间距，或者搭棚、盖房、挖沟、砌墙堵塞消防车通道的；

（七）埋压、圈占或者损毁消火栓、水泵、水塔、蓄水池等消防设施或者将消防器材、设备挪作他用，经公安机关通知不加改正的；

（八）有重大火灾隐患，经公安机关通知不加改正的。

第二十七条 违反交通管理，有下列第一项至第六项行为之一的，处十五日以下拘留、二百元以下罚款或者警告；有第七项至第十一项行为之一的，处五十元以下罚款或者警告：

（一）挪用、转借机动车辆牌证或者驾驶证的；

（二）无驾驶证的人，醉酒的人驾驶机动车辆，或者把机动车辆交给无驾驶证的人驾驶的；

（三）在城市集会、游行，违反有关规定妨碍交通，不听民警指挥的；

（四）无理拦截车辆或者强行登车影响车辆正常运行，不听劝阻的；

（五）在县级以上公安机关明令禁止通行的地区，强行通行，不听公安人员劝阻的；

（六）违反交通规则，造成交通事故，尚不够刑事处罚的；

（七）驾驶未经交通管理部门检验和批准行驶的机动车辆的；

（八）驾驶机件不合安全要求的机动车辆的；

（九）饮酒后驾驶机动车辆的；

（十）指使、强迫车辆驾驶人员违反交通规则的；

（十一）未经主管部门批准，在街道上搭棚、盖房、摆摊、堆物或者有其他妨碍交通行为的。

第二十八条 有下列违反交通管理行为之一的，处五十元以下罚款或者警告：

（一）驾驶机动车违反装载、车速规定或者违反交通标志、信号指示的；

（二）非机动车驾驶人员或者行人违反交通规则的；

（三）在交通管理部门明令禁止停放车辆的地方停放车辆的；

（四）在机动车辆上非法安装、使用特殊音响警报器或者标志灯具的。

第二十九条 违反户口或者居民身份证管理，有下列第一项至第三项行为之一的，处五十元以下罚款或者警告；有第四项或者第五项行为的，处一百元以下罚款或者警告：

（一）不按规定申报户口或者申领居民身份证，经公安机关通知拒不改正的；

（二）假报户口或者冒用他人户口证件、居民身份证的；

（三）故意涂改户口证件的；

（四）旅店管理人员对住宿的旅客不按照规定登记的；

（五）出租房屋或者床铺供人住宿，不按照规定申报登记住宿人户口的。

第三十条 严厉禁止卖淫、嫖宿暗娼以及介绍或者容留卖淫、嫖宿暗娼，违者处十五日以下拘留、警告、责令具结悔过或者依照规定实行劳动教养，可以并处五千元以下罚款；构成犯罪的，依法追究刑事责任。

嫖宿不满十四岁幼女的，依照刑法第一百三十九条的规定，以强奸罪论处。

第三十一条 严厉禁止违反政府规定种植罂粟等毒品原植物，违者除铲除其所种罂粟等毒品原植物以外，处十五日以下拘留，可以单处或者并处三千元以下罚款；构成犯罪的，依法追究刑事责任。

非法运输、买卖、存放、使用罂粟壳的，收缴其非法运输、买卖、存放、使用的罂粟壳，处十五日以下拘留，可以单处或者并处三千元以下罚款；构成犯罪的，依法追究刑事责任。

第三十二条 严厉禁止下列行为：

（一）赌博或者为赌博提供条件的；

（二）制作、复制、出售、出租或者传播淫书、淫画、淫秽录像或者其他淫秽物品的。

有上述行为之一的，处十五日以下拘留，可以单处或者并处三千元以下罚款；或者依照规定实行劳动教养；构成犯罪的，依法追究刑事责任。

第四章　裁决与执行

第三十三条 对违反治安管理行为的处罚，由县、市公安局、公安分局或者相当于县一级的公安机关裁决。

警告、五十元以下罚款，可以由公安派出所裁决；在农村，没有公安派出所的地方，可以由公安机关委托乡（镇）人民政府裁决。

第三十四条 对违反治安管理的人处警告或者五十元以下罚款的，或者罚款数额超过五十元，被处罚人没有异议的，可以由公安人员当场处罚。

对违反治安管理的人的其他处罚，适用下列程序：

（一）传唤。公安机关对违反治安管理的人，需要传唤的，使用传唤证。对于当场发现违反治安管理的人，可以口头传唤。对无正当理由不接受传唤或者逃避传唤的，公安机关可以强制传唤。

（二）讯问。违反治安管理的人，应当如实回答公安机关的讯问。讯问应当作出笔录；

被讯问人经核对认为无误后，应当在笔录上签名或者盖章，讯问人也应当在笔录上签名。

（三）取证。公安机关收集证据材料时，有关单位和公民应当积极予以支持和协助。询问证人时，证人应当如实反映情况，讯问应当作出笔录。证人经核对认为无误后，应当在笔录上签名或者盖章。

（四）裁决。经讯问查证，违反治安管理行为事实清楚，证据确凿的，依照本条例的有关条款裁决。

裁决应当填写裁决书，并应立即向本人宣布。裁决书一式三份。一份交给被裁决人，一份交给被裁决人的所在单位，一份交给被裁决人的常住地公安派出所。单位和常住地公安派出所应当协助执行裁决。

（五）对违反治安管理的人，公安机关传唤后应当及时讯问查证。对情况复杂，依照本条例规定适用拘留处罚的，讯问查证的时间不得超过二十四小时。

第三十五条　受拘留处罚的人应当在限定的时间内，到指定的拘留所接受处罚。对抗拒执行的，强制执行。

在拘留期间，被拘留人的伙食费由自己负担。

第三十六条　受罚款处罚的人应当将罚款当场交公安人员或者在接到罚款通知或者裁决书后五日内送交指定的公安机关。无正当理由逾期不交纳的，可以按日增加罚款一元至五元。拒绝交纳罚款的，可以处十五日以下拘留，罚款仍应执行。

公安机关或者公安人员收到罚款后，应当给被罚款人开具罚款收据。

罚款全部上交国库。

第三十七条　裁决机关没收财物，应当给被没收人开具收据。

没收的财物全部上交国库。属偷窃、抢夺、骗取或者敲诈勒索他人的，除违禁品外，六个月内查明原主的，依法退还原主。

第三十八条　被裁决赔偿损失或者负担医疗费用的，应当在接到裁决书后五日内将费用交裁决机关代转；数额较大的，可以分期交纳。拒不交纳的，由裁决机关通知其所在单位从本人工资中扣除，或者扣押财物折抵。

第三十九条　被裁决受治安管理处罚的人或者被侵害人不服公安机关或者乡（镇）人民政府裁决的，在接到通知后五日内，可以向上一级公安机关提出申诉，由上一级公安机关在接到申诉后五日内作出裁决；不服上一级公安机关裁决的，可以在接到通知后五日内向当地人民法院提起诉讼。

第四十条　对治安管理处罚提出申诉或者提起诉讼的，在申诉和诉讼期间原裁决继续执行。

被裁决拘留的人或者他的家属能够找到担保人或者按照规定交纳保证金的，在申诉和诉讼期间，原裁决暂缓执行。裁决被撤销或者开始执行时，依照规定退还保证金。

第四十一条　公安人员在执行本条例时，应当严格遵守法纪，秉公执法，不得徇私舞弊。禁止对违反治安管理的人打骂、虐待或者侮辱。违反的给予行政处分；构成犯罪的，依法追究刑事责任。

第四十二条　公安机关对公民给予的治安管理处罚错误的，应当向受处罚人承认错误，退回罚款及没收的财物；对受处罚人的合法权益造成损害的，应当赔偿损失。

第五章　附　　则

第四十三条　本条例所说以上、以下、以内，都包括本数在内。

第四十四条　对违反交通管理行为处罚的实施办法，由国务院另行制定。

第四十五条　本条例自 1987 年 1 月 1 日起施行。1957 年 10 月 22 日公布的《中华人民共和国治安管理处罚条例》同时废止。

全国人民代表大会常务委员会关于惩治侵犯著作权的犯罪的决定

（1994 年 7 月 5 日第八届全国人民代表大会常务委员会第八次会议通过　1994 年 7 月 5 日中华人民共和国主席令第三十号公布　自公布之日起施行）

为了惩治侵犯著作权和与著作权有关的权益的犯罪，对刑法作如下补充规定：

一、以营利为目的，有下列侵犯著作权情形之一，违法所得数额较大或者有其他严重情节的，处三年以下有期徒刑、拘役，单处或者并处罚金；违法所得数额巨大或者有其他特别严重情节的，处三年以上七年以下有期徒刑，并处罚金：

（一）未经著作权人许可，复制发行其文字作品、音乐、电影、电视、录像作品、计算机软件及其他作品的；

（二）出版他人享有专有出版权的图书的；

（三）未经录音录像制作者许可，复制发行其制作的录音录像的；

（四）制作、出售假冒他人署名的美术作品的。

二、以营利为目的，销售明知是第一条规定的侵权复制品，违法所得数额较大的，处二年以下有期徒刑、拘役，单处或者并处罚金；违法所得数额巨大的，处二年以上五年以下有期徒刑，并处罚金。

三、单位有本决定规定的犯罪行为的，对单位判处罚金，并对其直接负责的主管人员和其他直接责任人员，依照本决定的规定处罚。

四、查获的侵权复制品、违法所得和属本单位或者本人所有的主要用于侵犯著作权犯罪的材料、工具、设备或者其他财务，一律予以没收。

五、犯本决定规定之罪，造成被侵权人损失的，除依照本决定追究刑事责任外，并应当根据情况依法判处赔偿损失。

六、本决定自公布之日起施行。

第八届全国人民代表大会第二次会议关于最高人民检察院工作报告的决议

（1994年3月22日第八届全国人民代表大会第二次会议通过）

第八届全国人民代表大会第二次会议批准张思卿检察长作的《最高人民检察院工作报告》。

最高人民检察院工作报告

——1994年3月15日在第八届全国人民代表大会第二次会议上

最高人民检察院检察长　张思卿

各位代表：

现在，我就1993年检察工作的主要情况和1994年的主要工作任务向大会作报告，请予审议。

过去的一年，最高人民检察院根据党的十四大和八届全国人大一次会议精神，以“严格执法，狠抓办案”的工作方针统揽各项检察活动。各级人民检察院和军事、铁路运输等专门检察院强化法律监督职能，集中力量查办贪污贿赂等大案要案，严厉打击严重刑事犯罪活动，依法查处侵犯公民民主权利和渎职犯罪案件，为维护国家稳定和社会安定，保障社会主义市场经济体制的建立和现代化建设的顺利进行，做出了积极贡献。

一、在反腐败斗争中集中力量查办大案要案，取得了一定成绩

1993年，全国检察机关共立案侦查贪污贿赂等犯罪案件56491件，其中，贪污贿赂案30877件，内有万元以上不满十万元的13148件，十万元以上不满五十万元的955件，五十万元以上不满一百万元的77件，百万元以上的57件；挪用公款案13663件，内有百万元以上的208件；偷税、抗税、骗取国家出口退税案7475件，内有百万元以上的40件；假冒商标案3436件，内有百万元以上的50件。立案查办犯有上述罪行的县处级以上干部1037名，其中厅局级干部64名，副部级干部1名。到1993年底，除正在审查起诉和罪行轻微免予起诉、不构成犯罪转有关部门处理的以外，已向人民法院起诉上述各类案犯19357名，其中县处级干部201名，厅局级16名。通过办案，追缴赃款赃物折合人民币22亿元。

1993年8月21日江泽民同志在中纪委第二次全体会议上发表重要讲话以后，各级党委、政府对开展反腐败斗争十分重视，态度坚决，行动迅速，做了大量工作。广大干部、群众响应党中央号召，积极检举、揭发贪污贿赂等犯罪分子。9至12月，检察机关受理举报线索12万多件。各级检察院坚决贯彻党中央关于反腐败的指示精神，坚持“一要坚决，二要慎重，务必搞准”的原则，逐件排查群众举报的大案要案线索，实行检察长办案责任制，加强统一指挥与协调，集中力量侦破了一批大案要案。9至12月检察机关共立案侦查贪污贿赂万元以上、挪用公款五万元以上的大案8538件，比1992年同期增加5883件；立案查办犯贪污受贿等罪行的县处级以上干部715名（其中厅局级干部61名），比1992年同期增加约6.8倍。1993年9月至今年1月，检察机关向法院起诉贪污贿赂等案犯14649名，其中县处级干部182名，厅局级14名。通过侦破大案要案和宣传法律政策，促使一批犯罪分子投案自首，9至12月有671名贪污贿赂等案犯到检察机关投案自首。

（一）查办党政机关工作人员及领导干部贪污贿赂犯罪案件情况。1993年立案侦查的贪污贿赂等案犯中，有党政机关工作人员6011名，有的是高级领导干部。如国家科委副主任李效时利用职务便利，支持北京长城机电科技产业公司的非法集资活动，收受该公司总裁沈太福贿赂4万元，还收受港商贿赂并犯有贪污罪和巨额财产来源不明罪。检察机关已侦查终结并提起公诉。在清理“长城公司”非法集资款过程中，检察机关对该公司及其分支机构职员和股民中涉嫌贪污、受贿、行贿等犯罪线索进行了调查。到1993年底，北京、辽宁、贵州、广东、甘肃、黑龙江等省市检察机关共立案侦查与“长城公司”案有关的罪案35件，收受贿赂并为该公司非法集资活动提供便利的党政机关干部、新闻记者、会计师等20余人。“长城公司”总裁沈太福犯有重大贪污、行贿罪，已被提起公诉。从办案情况看，一个地区、部门的主要领导贪污受贿、腐化堕落，这个地区和部门的犯罪情况往往比较严重。福建省检察机关在电力部闽江工程局侦破了特大贿赂犯罪窝案，该局局长和党委书记等5名局级干部及10名处级干部，利用发包工程等职务便利索取、收受贿赂达300多万元。辽宁省铁岭市检察机关去年9月在昌图县粮食系统侦破了特大贪污、贿赂、挪用公款、偷税犯罪窝案，该县粮食局长桂秉权、副局长杨茂元等人，利用职权向该县粮库推销劣质器材，从中索贿受贿，合伙贪污。检察机关已对43人立案侦查，决定逮捕25人，收缴和扣押赃款3200万元。

（二）查办司法人员索贿受贿、徇私舞弊等犯罪案件情况。1993年，检察机关共立案查办构成犯罪的司法人员1804名。有的司法人员滥用职权，贪赃枉法。如贵州省公安厅厅长、党委书记郭政民，利用职权非法批准他人办理出境通行证等，从中收受贿赂10多万元，北京市昌平县检察院检察长陈志文利用职务之便收受贿赂2万余元。湖北省高级法院审判委员会委员、刑一庭庭长李开甫收受一死刑犯亲属的贿赂1万元，答应要为该犯活动改判死缓。个别司法人员甚至与社会上的犯罪团伙相勾结，为非作歹。检察机关严肃查办这些司法人员执法犯法的犯罪案件，维护了国家法律的严肃性和公正性。

（三）查办行政执法部门工作人员索贿受贿等犯罪案件情况。据不完全统计，1993年立案侦查行政执法人员犯罪案件1000余件。一些行政执法人员滥用权力索贿受贿，不给好处不办事，甚至与犯罪分子同流合污，进行走私放私、骗取国家出口退税款等犯罪活动，使国家蒙受巨额损失。甘肃省税务局副局长王天鹏收受该省某进出口公司有关人员的贿赂，明知行贿人伪造单据骗取国家出口退税款，仍批准向该公司退税81万元，致使国家巨额款项被骗。福建漳州海关关长黄有义支持漳海公司弄虚作假，以17家“三资”企业的名义，办理免税自用钢材指标1万吨进口销售，经营额达3470万元，非法获利180万元，致使国家损失税款600多万元。检察机关依法查办行政执法人员的犯罪案件，对于维护国家行政管理秩序和保障社会主义市场经济体制的建立，具有重要意义。

（四）查办金融等经济管理部门工作人员贪污受贿等犯罪案件情况。1993年特别是下半年以后，为紧密配合贯彻中共中央、国务院关于加强宏观调控的决策，各级检察院认真查办在整顿金融秩序、加强证券市场和房地产市场管理过程中发现和揭露出来的犯罪案件。金融部门一些工作人员违章贷款、以贷谋私、索贿受贿以及挪用公款，犯罪数额一般都比较大。在1993年查办的案件中，发生在金融系统的仅百万元以上大案就有72件。中国农业银行北京信托投资公司业务部经理赵凯先后向两个公司违章贷款1亿元，从中收受贿赂130万元和“奔驰500”小轿车1辆并予以变卖。检察机关在其他经济管理部门也查办了一批大案要案。重庆市检察机关从一封举报信入手，在市、县（区）财政部门侦破了在违章拆措资金过程中收受贿赂的大案要案28件36人，其中有6名处级干部。北京市检察机关查办了中国煤炭销售运输总公司总经理郭子文贪污、受贿案，郭将本单位1934万元的外汇额度倒卖给9家企业，从中贪污、受贿达190万元。全国铁路运输检察机关共立案侦查铁路系统工作人员以车、以票谋私的贪污贿赂等罪案563件640人。如广州铁路运输检察院侦破了羊城铁路运输总公司一些工作人员利用审批安排车皮计划等职务便利收受贿赂的窝案，涉嫌受贿的20多人，行贿的16人。现已对15人立案侦查，依法扣押现金、存折、股票等270多万元，各类金器近1000克。近年来，证券、股票市场、房地产市场相继形成，在这些领域里，有的国家工作人员为了牟取私利，贪污、挪用公款从事炒股、炒房、炒地活动；一些证券、房地产开发等管理部门工作人员利用职权进行贪污受贿，或搞内幕交易、证券欺诈等犯罪活动。去年，上海、广东、广西、四川、浙江、湖南等地检察机关都在这些单位查办了一些犯罪案件。上海市检察机关查办了挪用公款炒股等罪案45件，犯罪数额达5720万元。广东省检察机关侦破了深圳工程咨询公司副总经理曾利华受贿案，该案犯利用确定开发房地产合作伙伴的职务便利，索取、收受外商、港商贿赂计人民币700多万元。检察机关依法查办金融等经济管理部门工作人员的犯罪案件，对保证国家加强宏观调控、整顿金融秩序重大决策的贯彻落实，发挥了积极作用。

（五）查办机关和企业事业单位走私、骗取国家出口退税款和假冒商标犯罪案件情况。近年来，一些企事业单位、机关、团体走私、骗取国家出口退税款、假冒商标犯罪活动滋长蔓延，屡禁不止，主要原因是有的地方领导支持、纵容，有的执法部门搞以罚代刑、放纵犯罪，这是一些地方腐败现象的突出表现。

为了解决对机关、单位走私犯罪打击不力的问题，1993年8月，最高人民检察院和最高人民法院联合下发了《关于严厉打击走私犯罪活动的通知》，要求各级检察机关根据刑事诉讼法第十三条关于“人民检察院认为需要自己直接受理的其他案件，由人民检察院立案侦查和决定是否提起公诉”的规定，对于有关部门搞以罚代刑没有依法移送司法机关追究刑事责任的重大走私犯罪案件，特别是机关单位走私的重大案件，直接立案侦查、提起公诉，并严肃查办某些领导人包庇、放纵走私的案件。1993年，最高人民检察院指挥协调有关检察院立案查办了11起机关单位走私犯罪大案。在中央有关部门的组织指挥下，检察机关与其他部门通力协作，查处了山东省乳山市商业局特大走私香烟罪案。该商业局局长刘起山勾结威海市边防分局政委范占武和业务处副处长刘宁、市公安局副局长孙锡平等进行走私活动；乳山市委书记王建智徇私舞弊，为走私分子开脱罪责，并受贿22万多元。案发后这些犯罪分子还订立攻守同盟，对抗侦查。检察机关对该案有关案犯已向人民法院提起公诉。据统计，1993年全国检察机关共起诉走私案犯322人，其中走私汽车、香烟等重大案犯214人。

骗取国家出口退税款犯罪，是近年来出现的一种新的犯罪形式。犯罪分子与税务、海关、外贸等部门的一些工作人员相勾结，伪造发票、征税证明和报关单据，骗取国家退税款。针对这种情况，检察机关严格执行全国人大常委会《关于惩治偷税、抗税犯罪的补充规定》，查办了一批包括一些机关单位犯罪在内的重大骗税案件。共立案侦查骗税罪案81件259人；立案查办参与骗税活动或在骗税活动中犯有索贿受贿、徇私舞弊、玩忽职守等罪行的国家工作人员48名；为国家追缴被骗退税款7000多万元。

近年来，假冒商标和生产、销售假冒伪劣商品犯罪活动具有量大、面广、种类多的特点，一些数额大、危害严重的假冒商标犯罪活动，多数是由企事业单位进行的。各级检察机关严格执行全国人大常委会关于惩治假冒注册商标犯罪和惩治生产、销售伪劣商品犯罪活动的法律规定，坚决查办制售假冒伪劣商品的犯罪案件，1993年立案侦查假冒商标案3436件，比上年增加10%，其中属于单位犯罪的有720件。通过办理此类案件挽回经济损失近亿元。河南省检察机关依法查办了周口地区第一兽药厂制售假药案，对收受贿赂，支持、包庇制售假药活动的6名党政领导干部和行政执法人员依法追究了刑事责任，其中沈丘县委书记刘炜东、副县长崔东华被人民法院分别判处有期徒刑八年和九年。

（六）缉捕了一批携款潜逃的重大贪污贿赂等案犯。近年来，贪污贿赂等犯罪分子携款潜逃情况突出，有的犯罪分子备有多国护照，把巨款存到国外境外，犯罪得逞或罪行败露后就外逃。针对这种情况，检察机关加强了追捕逃犯工作。据不完全统计，1993年共捕获了600余名携款潜逃的案犯，其中有19名是犯罪金额在百万元以上的重大案犯。骗取国家巨额出口退税款潜逃3年之久的深圳海城贸易公司经理文石兴，侵吞巨额公款后潜逃的深圳市原野实业股份有限公司董事长彭建东，与他人共同受贿677万元之后潜逃的深圳市计划局财贸处处长王建业等，均已被从国外境外缉捕归案。

（七）加强贪污贿赂等犯罪的预防工作。各地检察院注意以案释法，通过剖析典型案例，对国家工作人员进行法制教育和廉政教育；运用各种新闻舆论工具宣传国家法律和党的政策，增强人们的法制观念；加强反贪污贿赂的信息工作，增强检察机关发现犯罪的能力；结合办案，对有关单位管理上、制度上存在的漏洞提出检察建议，督促在执法部门和直接掌握人、财、物的岗位建立健全防范贪污贿赂犯罪的机制。

从检察机关查办案件的情况看，当前贪污贿赂等犯罪的严重性和特点突出表现为：一是犯罪数额大，重特大案件增多。二是在市场经济中具有重要职能的部门和经济建设的热点领域发案多；股票、证券市场、房地产市场等出现了一些新的犯罪形式。三是直接掌管某项具体权力的人作案的多，贪污的多是管钱管物的，受贿的多是掌管人财物权力的。四是享乐型犯罪占相当大比例，不少犯罪分子作案后大肆挥霍，花天酒地，赌博嫖娼。五是不正之风严重的地区和部门，特别是主要领导人贪污受贿腐败堕落的，发案较多，查办一人，往往带出一串。六是共同犯罪增多，内外勾结，跨行业、跨地区作案的情况突出。

从总体上说，党和国家工作人员的绝大多数是廉洁自律、勤政为民的，但是，确实存在少数严重腐败分子。对其危害性和危险性我们一定要有足够的认识，正如江泽民同志在中纪委第二次全体会议上所指出的，如果我们掉以轻心，任其泛滥，就会葬送我们的党，葬送我们的人民政权，葬送我们的社会主义现代化大业。

当前反腐败斗争形势很好，正在深入发展。存在的主要问题是：反腐败工作发展不平衡；以言代法、以权压法、阻碍司法机关查办大案要案的现象时有发生；有的单位对发现的犯罪线索，没有移送司法机关查处。从检察机关自身看，举报线索积压比较严重；有的地方检察长秉公执法的勇气不足，不敢碰硬；少数干警的执法水平还不适应斗争需要，发现犯罪和证实犯罪的总体水平仍有待提高。这些问题需要在今后的工作中逐一加以解决。反腐败、惩治贪污贿赂犯罪是一项长期的、艰巨的任务，是改革开放和发展经济的重要保证。因此，检察机关要认真履行职责，坚持不懈地把惩治贪污贿赂等犯罪的斗争深入开展下去。

二、依法严厉打击严重刑事犯罪活动，维护国家政治稳定和社会安定

1993 年，在党中央和各级党委的领导下，检察机关和公安、安全、法院、司法行政等部门一道，认真贯彻对社会治安实行综合治理的方针，坚持依法从重从快严厉打击严重刑事犯罪活动，妥善处置了一些影响较大的突发事件，维护了国家的政治稳定和社会安定。

打击严重刑事犯罪活动是维护社会安定的一个重要方面。1993 年，公安、检察、法院、司法行政等部门密切配合，针对刑事犯罪活动的突出情况，开展了多种形式的集中打击和重点整治活动。在全国范围内开展的围歼"车匪路霸"、反盗窃、打击绑架、拐卖妇女儿童犯罪和查禁卖淫嫖娼等专项斗争，云南、广西的禁毒缉枪斗争，东南沿海和沿边省区的反走私、反偷渡斗争，山西打击城乡流氓恶势力的斗争，河北打击绑架、拐卖妇女儿童犯罪的斗争，北京、上海、广东等地取缔色情活动的斗争，以及各地普遍开展的"打团伙，追逃犯、破大案"的斗争，都取得了较好的效果。

在打击刑事犯罪活动中，各级检察机关发挥职能作用，及时批捕、起诉公安机关提请批捕、移送起诉的刑事案犯。加强国家安全检察工作，批捕起诉了一批危害国家安全的犯罪分子。积极做好检察环节社会治安综合治理工作。1993 年，全国检察机关共受理公安机关、国家安全机关提请批捕的各类刑事案犯 607945 名，经审查批准逮捕 532394 名；受理公安机关移送起诉的案犯 574176 名，提起公诉 479860 名，其中重大特大案犯 129219 名。

在"严打"斗争中，检察机关把杀人、抢劫、强奸、爆炸以及持枪作案等恶性犯罪活动和带有黑社会性质的犯罪集团作为打击重点。1993 年共批捕这几类案犯 152764 名，提起公诉 137523 名。还批捕重大盗窃案犯 63670 名，起诉 48536 名；批捕毒品案犯 7677

名，起诉 6830 名；批捕组织、强迫、引诱、容留妇女卖淫的案犯 1634 名，起诉 1512 名；批捕拐卖、绑架妇女儿童的案犯 11706 名，起诉 10548 名。

1993 年，通过集中打击“车匪路霸”对铁路治安进行了整治。在围歼“车匪路霸”斗争中，各级铁路运输检察机关共受理铁路公安机关提请逮捕的各类刑事案犯 10596 名，经审查批准逮捕 9383 名。对发生在 3/4 次国际列车上的特大抢劫案，北京铁路运输检察分院提前介入公安机关的侦查活动，批捕了 103 名案犯。

1993 年发生多起劫机犯罪活动。这种犯罪行为严重危害公共安全，是依法从重从快严厉打击的对象之一。检察机关对劫机犯罪分子及时作出了批捕决定；对劫机外逃未遂的犯罪分子及时向法院提起公诉。

维护国家政治稳定和社会安定，是深化改革，扩大开放，促进发展的重要保证。目前我国社会治安总体上是稳定的，但治安形势仍然严峻。境内外敌对势力和敌对分子一直没有停止对我国进行分裂、颠覆、渗透等破坏活动和窃密活动，国内民族分裂主义分子的破坏活动和利用宗教进行非法活动突出。重大恶性刑事案件增多，暴力型犯罪增加幅度大，不少农村地区治安秩序混乱，一些城镇团伙犯罪活动严重，群众缺乏安全感。盗窃、破坏国家重要生产设施、哄抢国家资财和群众性械斗事件屡有发生。随着改革的不断深化和利益关系的调整，还会出现新的矛盾和问题。在工作中，对刑事犯罪活动打击不力的问题在一些地方依然存在。依法从重从快打击严重刑事犯罪，维护政治稳定和社会安定的任务仍十分繁重。

三、加强执法监督，在促进严格执法方面取得了新的进展

1993 年以来，最高人民检察院突出强调了狠抓严格执法的问题。各级检察机关采取具体措施，一方面狠抓自身的严格执法，加强对直接立案侦查案件的内部制约；一方面认真履行宪法和法律赋予的法律监督职责，加强对有关部门的执法监督。

（一）加强侦查监督，重点抓了有罪不究、以罚代刑的问题。各级检察机关严格履行对公安机关侦查活动实施法律监督的职责。一些地方检察机关还开展了对重大刑事案件立案情况的监督。对有关部门有罪不究、搞以罚代刑的，依法督促纠正，经提出纠正意见后仍该立不立、该移送不移送的，依法直接立案侦查、提起公诉。湖南省检察机关 1993 年直接立案侦查了有关部门有罪不究、以罚代刑的重大刑事案件 12 件 29 人，取得了良好的社会效果。在侦查监督中，检察机关对发现的有罪不究和无罪作有罪追究的情况均依法予以纠正。1993 年检察机关在审查批捕、审查起诉中追捕人犯 6534 名，追诉人犯 2720 名，对不构成犯罪和没有逮捕必要的 40439 名人犯作出了不批准逮捕的决定。对侦查活动中的违法情况提出纠正意见 8596 件次。

（二）加强刑事审判监督，重点抓了对有罪判无罪、重罪轻判等错误判决、裁定的抗诉工作。各级检察机关共对 1879 件确有错误的刑事判决、裁定提出了抗诉；对审判活动中的违法情况提出纠正意见 1765 件次。北京市人民检察院对改判无罪的铁道部运输局原局长助理魏国范受贿案，依法向北京市高级人民法院提出了抗诉。魏在任职期间受贿 3000 元及价值 2300 余元的电冰柜一台。1991 年 3 月被一审法院判处有期徒刑一年，缓刑一年。魏不服判决提出申诉，1992 年 11 月北京市中级人民法院对此案再审后宣告魏国范无罪。检察机关发现后，认为改判不当，程序违法，被告人犯有受贿罪，证据确凿，而依法提出抗诉。北京市高级人民法院审理后，撤销了无罪判决，维持一审的有罪判决。

（三）加强法纪监督，重点查办国家工作人员滥用职权侵犯公民权利和渎职犯罪案件。1993年立案查办司法人员构成徇私舞弊罪的207人，刑讯逼供罪的378人。查办非法拘禁案4363件，其中百分之九十以上是公民之间、法人之间因经济、民事等纠纷乱抓人，也有少数是司法人员和基层干部滥用职权，非法拘禁他人。天津市检察机关查办了大邱庄发生的非法拘禁致人死亡案，主犯禹作敏犯有非法拘禁、行贿等罪行，已被判处有期徒刑二十年。在1993年各级人民代表大会换届选举过程中，检察机关立案侦查破坏选举案110件。还查办非法搜查、非法侵入他人住宅、非法管制案1949件；妨害邮电通讯案和侵犯公民通信自由案133件；报复陷害案29件。依法严肃查办侵犯公民权利的犯罪案件，是保障人权的重要方面，我国在保障人权，同侵犯公民权利行为作斗争方面是卓有成效的，人权状况是好的。

1993年，检察机关立案侦查玩忽职守案3098件；重大责任事故案4605件。

（四）加强民事审判和行政诉讼活动的法律监督，重点抓了对确有错误的民事、经济和行政判决、裁定的抗诉工作，突出查办了在民事、行政审判中因审判人员徇私舞弊、索贿受贿而导致错误裁判的案件。1993年检察机关对310件裁判确有错误的民事、经济和行政案件提出了抗诉。通过对判决、裁定明显不公案件的审查，发现并立案侦查徇私舞弊、索贿受贿的审判人员44人。

（五）加强监所检察，重点查办了以钱抵刑、违法办理减刑、减期、假释、保外就医从中索贿受贿的案件，以及徇私舞弊、私放罪犯的案件。共立案查办了监所工作人员贪污、索贿受贿、徇私舞弊、私放罪犯、体罚虐待被监管人等执法犯法的犯罪案件599件，吉林省长春监狱一大队副指导员朱文甲收受29名罪犯及其家属的贿赂3万余元，并利用职权违法为这些罪犯呈报办理了减刑、假释、保外就医等。朱犯已被依法判处有期徒刑十二年。对于监所内发生的无证关押、应交付劳改而未投入劳改、应释放而未释放等违法问题，检察机关及时检察纠正。对监所活动中的违法情况提出纠正意见39342件次，有关部门已纠正17823件。纠正超期羁押问题也取得了较大成绩，对超期羁押人犯的情况提出纠正意见73416件次，有关部门已纠正34432件。

（六）加强控告申诉检察，重点抓了不服法院判决、裁定和检察机关免诉决定的申诉案件的复查工作。坚持实事求是、有错必纠的原则，对确有错误的，依法提出抗诉或予以纠正。1993年，各级检察机关共受理各类控告、申诉485851件；复查不服逮捕的申诉案63件，改变原决定12件；复查不服免予起诉决定的申诉案1995件，改变原决定776件；复查不服法院判刑的刑事申诉案217件，依照审判监督程序，提请法院重新审理并已改判21件。原蒙绥公安部队副司令李仲玉，1953年被以报复杀人罪判处死缓，后改判有期徒刑十年。李不服判决，多次提出申诉。最高人民检察院经认真复查，查清了主要事实，依法履行监督职责，向最高人民法院提出改判意见，最高人民法院责成有关法院重新审理，作出了无罪判决，使这起40年的错案得到了纠正。

检察机关通过加强执法监督，对推动有关部门严格执法，保障国家法律的统一正确实施，保护公民的民主权利和人身权利，产生了积极的作用。当前，我国司法和行政执法中有法不依、执法不严、违法不究的问题仍比较突出，严格执法的环境和条件有待进一步改善。建立社会主义市场经济体制的新形势迫切要求加强执法监督，树立国家法律的权威。因此，要进一步加强法律监督工作。

四、依法建院、从严治检，加强检察队伍建设

一年来，各级检察院坚持依法建院、从严治检的方针，加强了自身的建设，队伍的政治素质、业务素质都有了新的提高。

改进工作作风，深入实际，开展调查研究。各级检察院领导带头深入实践、深入基层，对检察工作的重点、难点和薄弱环节，对建立社会主义市场经济体制过程中检察工作遇到的新情况和新问题，开展调查研究，收获很大，使我们认识更符合实际，工作措施更有针对性。

认真抓了各级检察院的领导班子建设。1993 年通过换届，全国大多数检察院调整充实了领导班子，一批德才兼备、具有专业知识和丰富实践经验的优秀中青年干部走上领导岗位，领导班子在革命化、年轻化、知识化、专业化建设方面迈出了新步伐。

加强了思想政治工作。组织干警认真学习《邓小平文选》第三卷，用建设有中国特色社会主义理论武装头脑，增强贯彻党的基本路线的坚定性和自觉性。全系统普遍开展了严格执法教育，全心全意为人民服务的宗旨教育和廉政勤政教育。

认真开展了自身的反腐败工作。各级检察院领导干部严格对照中央关于廉洁自律的规定，进行了自查自纠；坚决纠正了少数基层检察院利用检察职权乱收费等违法现象；严肃查处了检察干警中的违法违纪案件。1993 年共查处了 568 名违法违纪的检察人员，其中构成犯罪被依法追究刑事责任的 87 人。清调了 987 名不适合做检察工作的人员。各级检察院进一步加强了勤政廉政制度建设，健全内部监督制约机制，从制度上保障检察人员秉公执法，清正廉洁。

近年来，我们一直把检察人员的教育培训作为一项战略任务来抓。1993 年重点抓了任职资格培训、晋升职务培训和知识更新培训。中央检察官管理学院培训了 78 名新上任的省、自治区、直辖市检察院和分、州、市院正副检察长，还对 202 名分、州、市院和县、区院正副检察长进行了知识更新培训。地方检察培训机构培训了 9000 余名基层检察长和各级业务骨干。

1993 年 6 月，最高人民检察院制定了《关于检察机关接受人民代表大会及其常委会监督的规定》，使检察机关接受人大及其常委会监督进一步规范化。各级检察院定期向同级人民代表大会及其常委会报告工作；认真贯彻落实人民代表大会及其常委会作出的决议，接受人大常委会对检察活动的监督；认真负责地办理人大交办的事项和人大代表的议案、建议；加强与人大代表的联系，邀请人大代表视察检察工作，虚心听取人大代表对检察工作的批评、意见和建议，不断改进工作。

在过去的一年里，广大检察人员在任务繁重、斗争艰苦的情况下，表现出了良好的精神风貌，在反腐败斗争中经受了锻炼，涌现出大批先进集体和先进个人。最高人民检察院和地方各级人民检察院表彰了 4318 个先进集体和 15550 名先进个人。

1993 年的检察工作虽然取得了一定的成绩，但也存在一些问题和不足，主要是：检察人员的执法水平和观念还不完全适应发展社会主义市场经济新形势的需要；有的地方还存在执法不严的问题，有的案件该向人民法院起诉而作了免诉处理；个别基层检察院参与地方保护，非法插手经济纠纷，越权办案、违法办案；有的检察人员甚至利用职权索贿受贿、徇私舞弊。另外，不少地方检察院办案经费紧缺，交通工具和技术装备落后，影响了查办大案要案工作的顺利进行。

各位代表：

1994年是我国推进改革的关键一年。抓住机遇，深化改革，扩大开放，促进发展，保持稳定，是今年全党全国工作的大局。检察工作必须紧紧围绕这个大局来进行，并自觉服从服务于这个大局。在1993年底召开的全国检察长工作会议上，我们分析了检察工作面临的形势，提出了《关于进一步强化法律监督职能，保障社会主义市场经济体制建立和发展的意见》，确定当前和今后一个时期检察工作的主要任务是：坚持以邓小平同志建设有中国特色社会主义理论为指导，贯彻党的十四大和十四届三中全会精神，坚持"两手抓，两手都要硬"的方针，强化法律监督职能，严格执法，狠抓办案，集中力量查办贪污贿赂等犯罪大案要案，打击各种犯罪活动，保障国家利益不受侵犯，保护公民和法人的合法权益，维护政治稳定和社会安定，为改革开放和现代化建设创造良好的法制环境，促进社会主义市场经济体制的建立和发展。

1994年，全国检察机关要着重抓好以下几项工作：

一是在反腐败斗争中，集中力量查办大案要案，坚持以查办党政领导机关、领导干部和司法部门、行政执法部门、经济管理部门及其工作人员的犯罪案件为重点，着重查办领导干部贪污受贿犯罪案件，司法和行政执法人员徇私舞弊、贪赃枉法、包庇犯罪等执法犯法案件，以及法人犯罪案件。不论涉及什么人，都坚决一查到底，决不手软。最高人民检察院和省、自治区、直辖市检察院进一步加强查办大案要案的组织指挥和督促检查，及时排查举报线索特别是大案要案线索，改变举报线索积压的状况。要一级抓一级，一级帮一级，排除干扰和阻力，把斗争一步步推向深入。

二是坚持依法从重从快方针，严厉打击严重刑事犯罪活动。对杀人、抢劫、强奸、爆炸、盗抢枪支等暴力犯罪和团伙犯罪，特别是带有黑社会性质的犯罪，依法快捕快诉，配合有关部门严厉惩处。积极参加围歼车匪路霸、反盗窃、扫"黄"、除"六害"等专项斗争。加强国家安全检察工作，严厉打击各种危害社会政治稳定的犯罪分子。同时，加强检察环节的社会治安综合治理工作。

三是加强执法监督，注意从办案中发现各种不依法办案、不严格执法的情况，及时提出纠正意见。对于司法部门和行政执法部门工作人员滥用权力，以权谋私，贪污、受贿、徇私舞弊、私放罪犯、刑讯逼供、非法拘禁、体罚虐待被监管人员、玩忽职守放纵犯罪、包庇、窝藏、知情不举、伪证等，构成犯罪的，坚决依法追究刑事责任，推动有关部门严格执法。

四是加强检察队伍建设，提高检察人员素质和执法水平。坚持依法建院，遵循宪法规定，本着立法在先的原则，积极推进检察体制改革，强化法律监督职能，保障依法独立行使检察权，建立与社会主义市场经济相适应的、具有中国特色的社会主义检察制度。根据全国人大常委会的立法规划，尽早完成《人民检察院组织法（修正草案）》、《检察官法》、《惩治贪污贿赂法》和《关于玩忽职守罪的补充规定》的起草任务，积极参加《刑法》、《刑事诉讼法》的修改工作。

各位代表，在新的一年里，最高人民检察院将领导地方各级人民检察院、专门人民检察院和全体检察人员，坚持以邓小平同志建设有中国特色社会主义理论和党的基本路线为指导，紧密地团结在以江泽民同志为核心的党中央周围，发扬成绩，克服困难，开拓进取，在建立社会主义市场经济体制中，在加强社会主义民主、完善社会主义法制中做出新的成绩。

第二部分　　专　文

学习邓小平同志关于反腐倡廉的思想

最高人民检察院检察长　张思卿

党的十一届三中全会以来，邓小平同志在带领全党全国人民探索和实践建设有中国特色的社会主义的伟大事业过程中，始终十分关注并致力解决保持党和政府廉洁、反对腐败的问题。《邓小平文选》第三卷中对反腐倡廉作了许多精辟的论述，连同邓小平同志以前著作中的有关论述，形成了一套比较完整的反腐倡廉思想。这是建设有中国特色社会主义理论的重要组成部分。认真学习和研究邓小平同志关于反腐倡廉的思想，对于我们在建立社会主义市场经济体制的新形势下，深入开展反腐败斗争，巩固和加强党同人民群众的联系，巩固党的执政地位，使我们党更好地担负起领导改革开放和社会主义现代化建设的历史重任，具有极其重要的意义。

（一）

邓小平同志在多次讲话中，深刻地分析了在党内、在国家机关中存在腐败现象的严重危害，阐述了开展反腐败斗争的重要性和紧迫性，概括起来，有以下四个方面：

一、腐败现象危害党和人民政权。邓小平同志以他特有的洞察力和战略眼光，多次告诫全党，对反腐败斗争要“提得更高一点，看得更深一点”。针对改革开放以后以权谋私、贪污受贿等腐败现象不断滋长蔓延的情况，1982 年 4 月，他严肃地指出，改革开放“不过一两年时间，就有相当多的干部被腐蚀了。卷进经济犯罪活动的人不是小量的，而是大量的。……这股风来得很猛。如果我们党不严重注意，不坚决刹住这股风，那末，我们的党和国家确实要发生会不会‘改变面貌’的问题。”（《邓小平文选》第 2 卷第 357—358 页）现在极少数国家工作人员贪污受贿、徇私枉法、弄权渎职、铺张浪费、腐化堕落，本质上是把自己所掌管的本来属于人民的权力资本化、商品化，搞权钱交易，以权谋私。检察机关近几年查办的案件的一个基本特点就是无不与权力有关，贪污的多是管钱的，受贿的多是掌权的，特别是直接掌管人财物管理权的。这些使权力“异化”的丑恶行为，严重地破坏了党和人民群众的血肉联系。邓小平同志在总结1989年政治风波的教训时曾指出，“由于腐败现象的滋生，使一部分群众对党和政府丧失了信心。”（《邓小平文选》第3卷第300页）水可载舟，亦可覆舟。失民心者失天下，千古一理。如果听任腐败现象发展蔓延，我们的党、我们的人民政权就有可能不攻自破，自我毁灭。这确实不是危言耸听。

二、腐败现象破坏改革开放，阻碍社会主义现代化建设的发展。邓小平同志深刻地洞察到这一点，把打击经济犯罪活动看作是坚持社会主义道路和实现四个现代化的一个重要保证。社会主义市场经济是在社会主义国家宏观调控下，由市场对资源配置起基础性作用。它的基本原则之一就是市场主体之间公平交易，平等竞争。而腐败现象的本质特征是权钱交易，政府机关和国家工作人员利用手中掌握的权力对市场进行不正当干预，从中吃请收礼，获取好处，索贿受贿。这样一来，市场经济的运行规则就被破坏了，公平竞争也就不存在了。腐败现象践踏市场经济的基本原则，破坏市场运行秩序，侵占市场主体利益，使市场对资源配置的基础性作用难以充分发挥出来。

腐败现象使重大改革措施难以得到顺利、正确、统一的贯彻落实。现在，股份制改革刚刚起步，就出现了分“权力股”、送干股，在证券交易活动中出现挪用公款炒股、操纵市场和内幕交易等违法犯罪现象。新税制刚刚出台，就有印制和销售假增值税发票的。特别是地方保护主义和部门保护主义作祟，以改革、开放、搞活作幌子，实施违法犯罪活动，严重影响统一大市场的形成。在这方面邓小平同志讲得最透彻，他一再告诫全党：开放、搞活政策延续多久，端正党风的工作就得干多久，纠正不正之风、打击犯罪就要干多久，这样才能保证我们的开放、搞活政策的正确执行。“如果不搞这个斗争，四个现代化建设，对外开放和对内搞活经济的政策，就要失败。”（《邓小平文选》第2卷第359页）

三、腐败现象直接给国家造成严重的经济损失。据调查，每年因公款请客送礼、贪污、挪用、偷税漏税逃税和非法截留税款等不正之风和违法犯罪活动使国家损失上千亿元。国家工作人员的贿赂犯罪都是以牺牲国家利益为代价的，个人得小利，国家吃大亏。一些国家工作人员滥用职权、玩忽职守和因官僚主义导致发生重大事故，给国家造成的经济损失也是巨大的。单位走私、贩私活动，给民族工业造成很大的冲击。

四、腐败现象败坏党风和社会风气。腐败现象是党风、社会风气不好的最集中、最严重的表现。它严重冲击党的优良传统。在一些腐败现象严重的部门和极少数国家工作人员身上，我们党在长期的革命斗争中形成的实事求是、艰苦奋斗的优良传统和作风丧失殆尽，铺张浪费、弄虚作假、形式主义、官僚主义和浮夸之风盛行，公款大吃大喝现象禁而不止。一些贫困地区，教师工资发不出，收购农产品给农民打白条子，但有些领导干部却拿巨款买高级轿车。一些行业不正之风泛滥，“靠山吃山，靠水吃水”现象不同程度地存在。比如，公安司法部门以案、以证、以牌、以户口谋私，税务部门以税谋私，工商部门以照谋私，财政金融部门以贷谋私，铁路部门以车谋私，有的垄断性行业以石油谋私、以电谋私、以钢材谋私、以酒谋私、以烟谋私，还有的滥用国家管理职能，将无偿服务变为有偿服务，乱设卡、乱收费、乱摊派。腐败现象严重毒化社会风气，导致社会道德沦丧。我们民族几千年形成的优秀文化传统和社会道德观念，由于腐败现象的严重存在，使一些人特别是一些青年人的勤俭、奉献、追求事业、助人为乐等道德观念贬值，头脑里充满尔虞我诈、唯利是图、及时行乐、消极处世等颓废观念。腐败现象所侵蚀的实质上是我们党的凝聚力和向心力，是我们的民族魂。如果说腐败对于经济建设造成的破坏不可低估的话，那么它导致的精神颓废、道德沦丧对我们民族的危害则更为严重和深远得多，甚至几代人都难以挽回。

我们必须对腐败现象滋长蔓延的严重性和危害性有足够的认识。正如江泽民同志在中纪委第二次全体会议上指出的那样："如果我们掉以轻心，任其泛滥，就会葬送我们的党，葬送我们的人民政权，葬送我们的社会主义现代化大业。我们的党、我们的干部、我们的人民，是绝不允许出现这种后果的。"

（二）

腐败现象从本质上说是剥削阶级、剥削制度的产物，同我们党和政府的性质和宗旨是不相容的。党内、政府内存在腐败现象，原因是多方面的，有社会的、历史的原因，有外来因素的影响，也有我们自身体制上、工作上的缺陷和不足。

——剥削阶级思想意识残余的侵蚀。我国现在处于社会主义初级阶段，旧中国遗留下来的封建专制、特权思想影响还比较深，封建主义残余影响尚未肃清。加之改革开放过程中，在大胆吸收和借鉴人类社会一切文明成果，包括资本主义发达国家的一切反映现代社会化生产规律的先进经营方式、管理方法的同时，资产阶级腐朽思想和生活方式乘机而入，腐蚀和冲击某些意志薄弱者的理想、信念。

——思想政治工作薄弱。这些年来，我们有些地方、有些单位党组织软弱涣散，一些基层组织名存实亡，对党员和干部的思想政治教育抓得不紧、不够，拜金主义、享乐主义和极端个人主义在一部分党员、干部中滋长。一些人经不住金钱、美色的诱惑，为了贪图个人利益，追求腐朽的生活方式，置党纪国法于不顾，甚至铤而走险，甘冒掉脑袋的风险进行贪污受贿等犯罪活动。对此，邓小平同志深刻指出：我们最大的失误是在教育方面，思想政治工作薄弱了，教育发展不够。

——体制上存在弊端。长期以来，我国实行高度集中的计划经济体制，政企不分，政府部门甚至一个人掌握着相当大的人、财、物支配权，而且缺乏有力的监督制约机制。这样，就形成了在经济运行过程中关卡太多，一些贪婪的意志薄弱者借此以权谋私，从而出现了用钱换权、花"买路钱"打通关节的腐败行为。"不给钱不办事，给了钱乱办事"的不正常现象即源于此。早在1980年，邓小平同志就指出：产生滥用权力、徇私舞弊、贪赃枉法等腐败现象的体制上的弊端，一是权力过分集中，各级领导机关，都管了很多不该管、管不好、管不了的事。二是职责权限不明，党政机构以及各种企业、事业领导机构中，长期缺少严格的从上而下的行政法规和个人负责制，缺少对于每个机关乃至每个人的职责权限的严格明确的规定，以至事无大小，往往无章可循；三是缺少正常的干部录用、奖惩、退休、退职、淘汰办法。这些情况必然要造成政府工作系统官僚主义严重，行政效率低下，也给少数人造成了以权谋私的可乘之机。

由于我国社会主义市场经济体制尚未完全建立起来，不平等的竞争环境为某些人和某些单位带来巨大的超额利润。比如，价格双轨制就会形成超额利润，包括商品价格差、外汇汇率差、信贷利率差以及原始股与上市股价差等。这些巨大的差价具有极大的诱惑力，一些拥有或接近权力、缺乏制约而又意志薄弱的人（包括一些机关、团体、企事业单位）买卖“批文”、“额度”，从中牟取暴利。在政企不分的情况下，一些国有、集体企业在纳税过程中进行截留，成为请客送礼、金钱“攻关”、挥霍享受的资金来源。减免税形成巨额利润，这中间也存在不少幕后交易。有的地方政府、部门从自身利益考虑，在实施国家优惠、特惠政策过程中，放宽条件，导致出现假外商、假合资、假校办、假福利企业，其中有不少是幕后的权钱交易造成的，如此等等。

——市场缺乏规范和秩序。腐败现象不是社会主义市场经济的必然产物。从市场经济的本质看，它要求公平交易、平等竞争。但是，仅仅依靠市场本身并不能自动形成这种公平交易、平等竞争的秩序。因此，在现代市场经济中总是要对市场行为进行严格的规范。我国社会主义市场经济处于初创期，市场法规很不完善，具有专业知识的执法干部缺乏。在这种市场经济体制尚不完善，市场秩序还不规范的情况下，更容易发生腐败。于是，在我国商品市场、金融市场、房地产市场上，就出现了欺行霸市、投机诈骗、巧取豪夺等丑恶现象。这些腐败现象是对公平交易、平等竞争原则的破坏，也妨碍市场在资源配置中基础性作用的充分发挥。

——立法不完善，法制不健全。由于立法不完善，许多应当制定的法律一时还制定不出来，致使在新形势下出现的许多新情况、新问题没有法律加以规范，一旦权力参与进去，就很容易产生腐败。邓小平同志在 1978 年就指出，“现在的问题是法律很不完备，很多法律还没有制定出来。往往把领导人说的话当做‘法’，不赞成领导人说的话就叫做‘违法’，领导人的话改变了，‘法’也就跟着改变。”（《邓小平文选》第 2 卷第 136 页）法制建设上有漏洞，容易给腐败分子钻“空子”，乘机进行非法活动。

——惩治不力。“对腐败现象警惕不足，纠正的措施也不得力。”（《邓小平文选》第 3 卷第 325 页）这是邓小平同志对腐败现象滋长蔓延原因的非常精辟的分析。他说：“这些年来党内确实滋长了过分容忍、优柔寡断、畏难手软、息事宁人的情绪，这就放松了党的纪律，甚至保护了一些坏人。”（同上，第 38 页）对腐败惩治不力，有认识上的原因。一些地方党政领导至今仍对中央惩治腐败的方针认识不够，担心查办贪污贿赂等犯罪案件会冲淡或冲击经济建设这个中心工作；少数地方领导认为反腐败碍手碍脚，把经济上不去归因于查处贪污贿赂等经济犯罪；也有的自己就不干净，害怕“拔出萝卜带出泥”，引火烧身。因而，这些地方的反腐败斗争行动迟缓，难以深入。个别党政领导甚至对中央反腐败精神阳奉阴违，表面上说一套，背地里却这个不让查，那个不让报。惩治不力也有执纪、执法环境、条件等方面的原因。同无法可依的问题相比，有法不依、执法不严、违法不究的问题更严重。一些地方和部门的党政领导违反宪法、法律和党章规定，以言代法、以权压法，对查办具体案件包括已经进入司法程序的案件干预过多、过细，使执纪、司法机关工作放不开手脚，难以依法独立行使职权，尤其是查到层次高一点的领导干部时，这个问题更突出。有些执纪执法部门秉公执纪、执法的勇气不足，有畏难情绪，不敢碰硬；有的办案经费严重不足，使一些案件“搁浅”。

——监督不力。主要表现在两个方面：一是监督权缺乏可靠的保障，监督作用发挥不出来，比如宪法和法律规定的公民享有的监督、检举国家工作人员以权谋私等违法犯罪行为的权利，得不到充分实现。二是监督机制尚待完善，监督工作没有完全形成合力，不能有效地监督国家工作人员，防止其利用自己手中的权力谋取私利甚至违法犯罪。

（三）

在改革开放的新形势下，如何深入开展反腐败斗争？邓小平同志在透彻分析腐败现象严重危害性及其产生原因的基础上，提出了“两手抓，两手都要硬”的思想，把反腐败斗争与改革开放放在同等重要的位置上。他把反对腐败、加强党风廉政建设作为建设有中国特色社会主义的重要内容，提出反腐败是一项长期的任务，不能再搞群众运动，要走依靠改革和制度的新路子，并把改革和制度都纳入法制化轨道。他在1992年视察南方时进一步明确提出：“在整个改革开放过程中都要反对腐败。对干部和共产党员来说，廉政建设要作为大事来抓。还是要靠法制，搞法制靠得住些。”（《邓小平文选》第3卷第379页）反腐败要靠法制，是邓小平同志反腐倡廉思想的核心。他不仅从宏观上勾画出反腐败斗争的总体思路，而且提出了一整套反腐败的措施。根据邓小平同志的思想，反腐败斗争应从以下几个方面着手：

一、从教育人手

邓小平同志指出，克服消极腐败现象，必须从教育入手。腐败的产生，首先是精神的堕落。中国有句古训：“物必自腐而后虫生”。列宁说得更明白：“政治上有教养的人是不会贪污受贿的”。通过教育提高党和国家工作人员整体素质，使每个党员和干部在思想道德上形成良好的修养，做到以人民的利益为最高利益，廉洁奉公、勤政为民，建立起一道以思想观念和伦理道德为基础的内心防线，这是对腐败最有力的防范。反对腐败，加强党风廉政建设，是我们党的一项长期的艰巨任务。邓小平同志在1989年同第三代领导集体谈话时，语重心长地说：“常委会的同志要聚精会神地抓党的建设，这个党该抓了，不抓不行了。”（同上，第314页）党是整个社会的表率，党的各级领导干部又是全党的表率。因此，抓反腐败，本着党要管党、从严治党的精神，要首先抓好党内的反腐败，搞好自身建设。执政党的党风建设是政府机关廉政建设的基础。在目前不正之风突出的情况下，群众的眼睛都在盯着党员和党员干部，他们改了，下面就好办。这也是关系到反腐败斗争是不是走过场的一个重要标志。我们有五千多万党员，一千多万党员干部，是中华民族的脊梁，是建设有中国特色社会主义的领导力量。抓住党员和党员干部的反腐败工作，就抓住了党内廉政建设和保持良好的社会风气的关键。所以说，党要抓，要抓党。只有这样，才能抓好反腐败斗争，搞好党风廉政建设，带动社会风气的好转，促进社会主义精神文明建设，也才能使我们的党更好地担负起领导改革开放和社会主义现代化建设的历史重任。

二、深化改革

邓小平同志认为，党和政府内腐败现象的实质是存在“政治上经济上在法律和制度之外的权力”。（《邓小平文选》第2卷第292页）解决的办法只能是深化体制改革，从制度上健全对腐败现象的监督制约和防范机制，这是釜底抽薪的根本办法。当前，深化经济体制改革，一个重要任务就是转变政府职能，实现政企分开，这样既有利于进一步解放和发展生产力，又有利于从体制上有效地防范权钱交易等腐败现象。另一个任务是建立现代企业制度，加快转换国有企业经营机制，使之成为自主经营、自负盈亏、自我发展、自我约束的市场主体。要通过规范市场行为，建立市场秩序，使各类经济主体在同一起跑线上，公平竞争；使乡镇、个体和私营企业，不致于因为购买原材料、办理运输、销售产品而采取送礼行贿等不正当手段；假冒伪劣商品难以靠非法手段进入市场，优质产品也不致于因不搞歪门邪道造成积压。同时要进一步解决严禁党政机关经商、办企业问题，杜绝权力以新的形式进入市场。

在深化经济体制改革的同时，积极稳妥地进行政治体制改革。民主政治是对国家权力的根本制约，也是反对腐败的强大力量。邓小平同志设想，通过政治体制改革，处理好人治和法治的关系，实行党政职能分开、中央与地方分权、政企分开，以此来消除现行体制存在的弊端，铲除腐败现象。政治体制改革的又一项工作是加速实行公务员制度。实行公务员制度后，党政机关等公共机构的工作职责、权限范围，公务员的选配、考核、任免、培训、奖惩等程序都有了明确规定，公务活动做到有法可依、职责分明，可以有效地防止和克服上述各种腐败现象。同时，逐步推行办事公开制度，增强依法行政的透明度，进一步密切党和政府同人民群众的联系。

三、加快立法步伐

从实践看，当前亟须加强以下几个方面的立法。

完善廉政立法。廉政立法的目的是建设廉洁政治，建立健全一套权力行使的自律和制约机制，使权力能够自我调控，并协调有序地运行，防止将商品交换原则引入党的政治生活和国家机关的政务活动中，搞权钱交易。通过系统的立法，把公务人员廉洁自律的道德观念转化为可操作的具体法律义务，规范权力行为，防止利用公共权力谋取私利。廉政法制建设要特别注意在党政领导机关和司法部门、行政执法部门、经济管理部门和直接掌握人、财、物的岗位，建立有效的约束机制，针对这些部门和岗位的特点，抓住群众反映最强烈的问题，建立和健全一套明确而具体的办事制度和办事规则，并公之于众；从直接与群众打交道的部门开始，从群众最关心和最容易舞弊的环节抓起，切实防范以权谋私，纠正部门和行业不正之风。

完善市场经济立法。如加强市场主体立法、市场秩序立法，特别是尽快制定和完善证券市场、房地产市场法律规范，防止市场主体通过行贿受贿等违法手段破坏公平竞争，谋取非法利益；完善国家宏观调控立法，防止政府管理部门滥用权力以及对企业乱收费、乱摊派等腐败现象；用立法明确一些改革中的过渡性措施，如对价格双轨制的运行，严格规范，严格管理，堵塞漏洞，使腐败分子无空可钻。

完善惩戒性立法。尽快制定反贪污贿赂法，惩治贪污、贿赂、挪用公款等违法犯罪行为，特别是对一些危害严重而现行刑事法律未规定的行为，从立法上明确规定予以惩治。同时，赋予执法机关必要的法律手段和强制措施，建立一套灵活的、操作性强的惩治腐败分子的工作程序。可考虑借鉴国外的做法，让腐败嫌疑分子承担特殊举证责任，以证明自己清白，否则，即视为有罪，如巨额财产来源不明罪等。

四、严格执法

坚持执法平等，任何犯法的人不得逍遥法外。英国思想家培根曾说过："一次不公正的审判，其恶果甚至超过十次犯罪。因为犯罪虽然是无视法律——好比污染了水流，而不公正审判则毁坏法律——好比污染了水源。"邓小平同志也多次针对反腐败"手软"问题提出严肃批评。他在 1989 年 5 月 31 日的谈话中说："腐败的事情，一抓就能抓到重要的案件，就是我们往往下不了手。这就会丧失人心，使人们以为我们在包庇腐败。这个关我们必须过，要兑现。是一就是一，是二就是二，该怎么处理就怎么处理，一定要取信于民。"（《邓小平文选》第 3 卷第 297 页）他主张法律面前人人平等，"谁也不能占便宜，谁也不能犯法。"不管谁犯了法，都要依法办理，"任何人都不许干扰法律的实施，任何犯了法的人都不能逍遥法外。"（《邓小平文选》第 2 卷第 292 页）

坚持依法从严从重的方针。1982 年 4 月，针对当时严重的贪污受贿、走私犯罪等腐败现象，邓小平同志指出："现在刹这个风，一定要从快从严从重。""对有一些情节特别严重的犯罪分子，必须给以最严厉的法律制裁。刹这股风，没有一点气势不行啊！"对于有严重问题的党员，他主张"不能松松垮垮，不能处理太轻了。"（《邓小平文选》第 2 卷第 358 页）他认为，死刑不能废除，有些罪犯就是要判处死刑。判死刑也是一种必不可少的教育手段。对经济犯罪特别严重的，使国家损失几百万、上千万的国家工作人员，为什么不可以按刑法规定判死刑？1952 年杀了两个人，一个刘青山，一个张子善，起了很大的作用，现在只杀两个起不了那么大作用了，要多杀几个，这才真正表现我们的决心。

集中力量查办大案要案。首先要从领导干部抓起，这是邓小平同志的一贯主张。他强调，越是高级干部子弟，越是高级干部，越是名人，他们的违法犯罪事件越要抓紧查处。因为这些人影响大，犯罪危害大。抓住典型，处理了效果也大，表明我们下决心克服一切阻力抓法制建设和精神文明建设。他要求高级干部在对待家属、子女违法犯罪的问题上必须有坚决、明确、毫不含糊的态度，坚决支持查办部门。1982 年，他在谈到严厉打击严重经济犯罪活动时，要求每个省里要抓几个大案。1989 年，他多次同中央负责同志谈话反复指出："惩治腐败，至少抓一二十件大案，透明度要高，处理不能迟。"（《邓小平文选》第 3 卷第 313 页）"腐败、贪污、受贿，抓个一二十件，有的是省里的，有的是全国范围的。要雷厉风行地抓，要公布于众，要按照法律办事。该受惩罚的，不管是谁，一律受惩罚。"（同上，第 297 页）

加强对法人犯罪的打击。近几年来，一些机关、团体、企事业单位犯罪的情况越来越严重，涉及的面很广。这类犯罪为了小团体利益而侵害国家利益，直接败坏一个部门的风气，是一种严重的腐败现象，危害严重。随着市场经济的发展，各类经济成份都作为市场主体从事经济活动之后，法人犯罪还会增多，并呈逐渐复杂化趋势。邓小平同志很早就注意到了这类新的犯罪动向。多次提到了一些单位犯罪，他说，经济犯罪有些是个人犯罪，有些是集体犯罪，好多钱落到了私人或者某些集体腰包；有的单位受"一切向钱看"影响，设了公司，把国家拨的经费拿去做生意了；在国内经济工作中，歪曲经济政策，利用经济管理工作中的漏洞而进行各种违法犯罪的小集团甚至企业、单位，也有所增加。他强调，对单位犯罪现象必须引起严重警惕，坚决斗争。

加强专门机关建设。反腐败要靠法制，必须有一支强大的执法机构。1978 年，邓小平同志就提出要恢复和健全政法体制，要"加强检察机关和司法机关"。（《邓小平文选》第2卷第136页）他多次指出，必须有一支足够的、合格的司法干部队伍。要大力加强政法部门的建设，提高这些部门人员的政治素质和业务素质。他还特别强调，在反腐败的问题上，党要支持执法部门依法独立行使职权，支持执法部门的工作，但不可以包办代替职能部门的工作。他说："纠正不正之风、打击犯罪活动中属于法律范围的问题，要用法制来解决，由党直接管不合适。党要管党内纪律的问题，法律范围的问题应该由国家和政府管。党干预太多，不利于在全体人民中树立法制观念。"（《邓小平文选》第3卷第163页）江泽民同志说："杀什么人、判什么人，需要由司法机关依法办事。不能以党代法，也不能以政代法。"

五、健全监督制约机制

在我国，一切权力属于人民，人民通过自己的代表机构来行使管理国家的权力。这种权力所有者与权力行使者的相对分离，使权力制约成为必要。

党内监督。中国共产党是执政党，对党的监督，实质上就是对国家决策的监督。邓小平同志50年代就曾说过："在中国来说，谁有资格犯大错误？就是中国共产党"。所以，"党要受监督，党员要受监督"。（《邓小平文选》第1卷第258页）改革开放之后，他又指出："我们要坚持共产党的领导，当然也要有监督，有制约。"（《邓小平文选》第3卷第256页）加强党内监督不是削弱党的领导，而是更好地改善党的领导，加强党的领导。如果我们党不受监督，就会犯大错误。

群众监督。邓小平同志提出，反腐败不搞群众运动，但要十分重视人民群众的监督作用。他说："对贪污、行贿、盗窃以及其他乌七八糟的东西，人民是非常反感的，我们依靠人民的力量，一定能够逐步加以克服。"（同上，第156页）他强调："要有群众监督制度，让群众和党员监督干部，特别是领导干部。凡是搞特权、特殊化，经过批评教育而又不改的，人民就有权依法进行检举、控告、弹劾、撤换、罢免，要求他们在经济上退赔，并使他们受到法律、纪律处分。"（《邓小平文选》第2卷第292页）从检察机关建立群众举报制度，开展举报工作的实践看，专门工作与群众路线相结合，将群众监督与法律监督有机地结合起来，在反腐败斗争中发挥了很大威力。

专门机关的监督。专门机关监督是克服消极腐败现象的组织保证。在我国，专门机关的监督包括党内纪律检查机关的监督，国家法律监督机关即人民检察院的监督，政府内部的监察、审计等部门的监督。这些专门机关的工作都要大力加强，同时做好这些部门的工作衔接和协调配合，各司其职，各负其责，形成完整的链条，充分发挥监督制约的整体合力。

舆论监督。公众和社会舆论的监督，对于腐败分子是一种巨大的震慑力量。要重视通过报刊、广播、电视等新闻媒介来宣传法制，弘扬正气，表达人民群众的呼声，对党政机关及其工作人员实行道义上的监督，这对于沟通政府和人民群众的联系，揭露党和国家机关工作人员中的违法违纪行为具有重大意义。应加强新闻立法，为舆论监督提供法律保障，强化法律责任，使新闻舆论工作者依法勇敢而严肃地履行监督职责。

政协和民主党派的民主监督。邓小平同志指出，"对于我们党来说，更加需要听取来自各个方面，包括各民主党派的不同意见，需要接受这个方面的批评和监督，以利于集思广益，取长补短，克服缺点，减少错误。"（《邓小平论统一战线》第156页）"对群众、对党外人士的意见不虚心去听，就很容易使自己闭塞起来，考虑问题产生片面性，这样非犯错误不可。”（《邓小平文选》第1卷第258页）通过人民政协这一广泛的爱国统一战线组织渠道来进行的民主监督，具有视野开阔、透视力强、广泛而灵活的特点，不失为反腐倡廉的一种锐利武器。

在全国检察长工作会议上的报告

最高人民检察院检察长　张思卿

（1994年12月22日）

同志们：

我们这次会议的主要任务是，以邓小平同志建设有中国特色社会主义理论为指导，根据党的十四大和十四届三中、四中全会以及中央经济工作会议、全国政法工作会议精神，总结今年工作，部署明年任务，进一步动员全体检察人员严格执法，狠抓办案，充分履行法律监督职责，更好地为改革开放和现代化建设服务。

1994年检察工作的回顾

今年以来，在以江泽民同志为核心的党中央领导下，全党全国认真贯彻“抓住机遇，深化改革，扩大开放，促进发展，保持稳定”的二十字方针，正确处理改革、发展和稳定的关系，改革开放、经济建设和各项事业都取得了新的进展。以建立社会主义市场经济体制为目标的几项重要改革措施顺利实施，加强和改善宏观调控取得成效，对外开放进一步扩大，国民经济持续快速发展。农业和农村经济继续全面发展，城乡市场繁荣兴旺，人民实际生活水平继续提高。社会主义精神文明建设和民主法制建设得到加强，反腐败各项工作不同程度地取得阶段性成果。在改革向前推进和经济快速发展的条件下保持了社会稳定。在国际关系方面，我国开展了大量的卓有成效的外交活动，国际地位和影响显著提高。

各级人民检察院和军事、铁路运输等专门检察院紧紧围绕党和国家的工作大局，坚持“严格执法，狠抓办案”的工作方针，认真履行法律监督职能，为党的中心工作服务，为改革开放和建立社会主义市场经济体制服务，抓住在反腐败斗争中集中力量查办大案要案、依法从重从快打击严重刑事犯罪和加强执法监督三个工作重点，不断研究解决工作进程中的新情况新问题，各项工作都有突破，有发展，取得了很大成绩。

一、反腐败查办大案要案工作取得了显著成果

去年底，高检院提出，要按照党中央关于反腐败斗争的部署，在查办大案要案特别是领导干部犯罪的要案，加强执法监督、严肃查办不严格执法的犯罪案件，查办法人犯罪案件，查办危害改革的新的犯罪案件等四个方面取得突破性进展。现在看，这个目标基本实现。1至11月，全国检察机关共立案侦查贪污、贿赂、挪用公

款、巨额财产来源不明罪案48349件，比上年同期增加16.3%；假冒商标、偷税、抗税、骗税等其他经济犯罪案件9319件，减少15.4%；立案侦查徇私舞弊、贪赃枉法等“侵权”、渎职犯罪案件16405件，增加8.5%；已向人民法院提起公诉26471件32800人，分别增加68%和65%；通过办案，为国家和集体挽回直接经济损失25.8亿元，增加40.2%。今年的立案数、大案数、要案数、大要案比例数、侦结起诉数、挽回损失数均超过去年同期。贪污贿赂案件免诉率有较大幅度下降，由去年的31%下降到22%。总的看，今年查办贪污贿赂等大案要案数量多、质量高、效果好。

——查办大案要案特别是领导干部犯罪的要案有新的突破。1、大案所占比例大幅度上升。共查办贪污、贿赂等经济犯罪大案24990件，比去年同期增加9.5个百分点；查办徇私舞弊、贪赃枉法等渎职犯罪大案3114件，也比去年同期有所增加。2、重点突出。共查办发生在党政领导机关、行政执法机关、司法机关和经济管理部门中的犯罪案件9252件。3、查办贿赂案件多。立案侦查的贿赂案件占贪污贿赂案件立案总数的40.7%，有些地方已超过贪污案件。这反映出反腐败斗争的锋芒更集中，也体现了我们的专门工作水平有新的提高。4、查办要案有重大进展。立案查办县处级以上干部1833人（已起诉485人），比去年同期增加86.3%，其中司局级干部80多人。很多地方都查办了一些在本地乃至全国有影响的案件。一批有影响的要案，如李效时、郭政民、阎健宏、李善有、薛景文等案件，已经起诉。这些案犯都是党政机关担任现职的主要领导干部，绝大多数是搞权钱交易，索贿受贿。这些腐败分子的犯罪活动严重危害了党的事业，他们掌握一个地区或一个部门的领导权，自身搞腐败，就不可能真抓反腐败，往往造成这个地区或部门腐败现象蔓延，毁掉一批干部，党风廉政建设搞不好，经济建设也上不去，甚至导致党的领导权的丧失。清除这些腐败分子，昭示了我们党惩治腐败的坚定决心和实际行动，对维护党和政府的形象，巩固政权，维护稳定意义重大。

——查办司法和行政执法人员中发生的犯罪案件有新的突破。1至11月，共立案侦查构成犯罪的司法人员和行政执法人员3637人，其中查办犯徇私舞弊罪的案犯428人，比上年增加1.8倍，是历年来最多的。这是今年反腐败深入的突出表现。这些犯罪人员几乎涉及所有的司法机关和行政执法机关，其中公安干警1512人，检察人员39人，审判人员179人，司法行政人员386人，工商、税务、海关等行政执法人员1491人。有的是担任重要职务的领导干部。海南省检察机关查处了为“南霸天”王英汉为首的犯罪团伙充当保护伞的澄迈县公安局局长黎文岗、副局长陈明成，鞍山市检察机关结合办理“刘氏五兄弟”犯罪团伙案件，挖出了徇私舞弊、包庇犯罪的数名公安、司法人员，都在社会上引起了很大震动。

——查办法人犯罪案件有新的突破。1至11月共立案侦查企事业单位、机关、团体法人犯罪案件963件，其中偷税案720件、骗税案13件、行贿案17件、受贿案30件、走私案6件、假冒商标、制售伪劣产品案104件。广东省佛冈县检察院立案侦查了一起迄今数额最大的法人虚开、代开增值税发票案件。现已初步查明，佛冈县物资总公司及下属五个公司于今年4月至9月间，在没有任何实质性购销活动的情况下，以“售货方”的名义，虚开、代开增值税发票9475套，价款38亿多元，税款5亿多元，合计44亿多元，收取手续费侦查监督重点抓了纠正有罪不究、以罚代刑的问题。对有罪不究、以罚代刑的重大刑事案件，依法督促纠正，对提出纠正意见后仍该立案不立案、该移送不移送的典型案件，依照刑事诉讼法第十三条的有关规定直接立案侦查，共追究了186人的刑事责任。在侦查监督中，依法严格审查公安机关提请逮捕、移送起诉的案件，对40578名人犯依法作出了不批准逮捕的决定，对6577名人犯作出追捕决定，对2425名人犯进行了追诉，对侦查活动中的违法情况提出纠正意见9775件次。各地还依法开展了对批准逮捕后执行情况及撤案情况的监督。

刑事审判监督重点抓了对重罪轻判、有罪判无罪和轻罪重判等错误裁判的抗诉工作。对确有错误的一审刑事判决、裁定，提出抗诉1520件，对已经发生法律效力确有错误的刑事判决、裁定提出抗诉474件。最高人民检察院向最高人民法院提出抗诉11件。各级检察机关还对审判活动中的违法情况提出纠正意见1865件次。进一步开展了对二审、再审和死刑复核的监督。

民事审判和行政诉讼活动监督重点抓了因审判人员徇私舞弊、索贿受贿而导致民事和行政判决、裁定明显不公案件的抗诉工作，共对335件裁判明显不公的民事、行政案件提出了抗诉；向人民法院提出改判建议717件；立案侦查在民事和行政案件审判活动中徇私舞弊、索贿受贿的审判人员51人。

监所检察重点抓了纠正不按法律规定交付执行以及在办理减刑、假释、保外就医工作中出现的以钱抵刑等违法问题。查办监管人员贪污受贿案件和徇私舞弊、私放罪犯等渎职犯罪案件614件。依法打击暴狱、组织越狱、报复杀害干警、脱逃后又流窜作案等犯罪活动，共起诉这类犯罪分子3339人。对监管改造活动违法情况提出纠正意见42459件次，发现不安全隐患38686起，经建议监管部门已解决23183起。

控告申诉检察重点抓了不服法院判决、裁定和检察机关免诉决定的申诉案件的复查工作。坚持实事求是、有错必纠的原则，对确有错误的，依法提出抗诉或予以纠正。共受理各类控告、申诉436969件；复查不服逮捕的申诉案418件，改变原决定19件；复查不服免予起诉决定的申诉案1821件，改变原决定375件；复查不服法院判决的刑事申诉案656件，对确有错误的判决提出抗诉后，法院已改判22件。

今年的执法监督工作有两个突出特点：第一是把纠正违法情况与查办司法人员的犯罪案件紧密结合，在纠正违法情况的同时，注意从执法不严、执法不公和错误的判决、裁定中，发现和查办执法人员贪赃枉法、徇私舞弊、包庇、玩忽职守放纵罪犯和刑迅逼供等犯罪案件；通过查办司法人员的犯罪案件纠正违法情况，促进严格执法。今年以来，各个业务部门都办理了一批这类案件。江西省上饶市检察院从审查一份二审判决书中，发现改小罪犯年龄，重罪轻判的情况，进而侦破了市公安局户籍警刘太寅、上饶检察分院监所处处长耿金友、地区中级法院助理审判员戈国胜、郑希勤共同徇私舞弊的案件。甘肃省检察院在受理一起民事判决申诉案件中，发现一审法院陇南地区中级法院和二审法院省高级法院数名审判人员在收受一方当事人贿赂后，枉法裁判，把一起质量责任纠纷案件变成货款纠纷案件，判决严重不公，使另一方当事人蒙受巨大经济损失。甘肃省检察院依法对陇南地区中级法院审判员王新武、省高级法院审判员丁子和以受贿罪立案侦查，并已提起公诉，最高人民检察院已就此民事案件判决向最高人民法院提出抗诉。查办这类案件既是加强执法监督、纠正执法不严、促进严格执法的有效措施，也是反腐败斗争的组成部分，对遏制司法机关工作人员中的腐败现象具有重要意义。第二是深入调查研究，摸清各个执法环节中存在的执法不严的突出问题，有针对性地进行监督。福建、河南、浙江等地开展了对贪污贿赂等经济罪犯判缓刑情况的调查，辽宁省铁岭、鞍山等地开展了对收容审查、劳动教养执法情况的调查，湖北、湖南等地开展了对适用减刑、假释、保外就医情况的调查，根据调查研究的情况和问题有的放矢地提出纠正违法的意见，都收到了很好的效果。还有些地方对调查研究发现的执法工作中存在的带有普遍性的问题，综合报告党委或有关主管部门，有的还向人大提出建议，制定地方性法规，解决执法不严的问题，有效地推动了有关部门严格执法。

四、自身建设进一步加强

各级检察院坚持“依法建院，从严治检”的方针，加强了思想教育、干部培训和组织建设，队伍的整体素质和战斗力有了新的提高。坚持把思想建设放在队伍建设的首要地位，在全系统掀起了学习《邓小平文选》第三卷的热潮，用建设有中国特色社会主义的理论和党的基本路线武装广大干警的头脑。加强领导班子建设，认真贯彻民主集中制，注意在实践中提高领导班子的综合素质，提高思想理论水平和领导艺术，大力培养和选拔优秀年轻干部。不少地方进行了检察干部人事管理制度改革，实行了岗位责任制、目标管理责任制、办案责任制、错案追究制及考任制、录用人员考试、考核等制度。加强科学管理，引进竞争激励机制，增强了检察队伍的活力。按计划、有步骤地开展了岗位职务培训、任职资格培训和各项专业培训。中央检察官管理学院、高级检察官培训中心各分部、省级培训中心共培训各级新任检察长1100余人，轮训基层检察院正副检察长、拟任地方各级检察院检察员（助检员）职务的人员以及培训增编新进人员7000余人。参加检察专业证书学习的学员有17000余人结业。对在查办大案要案等工作中取得突出成绩的单位和个人及时予以表彰。最高人民检察院先后授予叶子新、岳从昆等同志“模范检察长”、“模范检察干部”称号，通报表彰了86个先进集体、5名先进个人。认真开展了自身反腐败工作，有97%的处级干部和98%的厅级以上干部参加了以廉洁自律为专题的民主生活会，进行自查自纠。同时严肃查处了少数干警的违法违纪案件，开展了纠正行业不正之风、清理整顿所办经济实体等工作。

一年来，广大检察干警发扬艰苦奋斗的优良传统和连续作战的作风，以忠诚党的事业和对人民高度负责的精神，顽强拼搏，辛勤工作，涌现出许多先进集体和个人。我们的每项成绩都是广大干警吃苦、奋斗、奉献的结果。我代表最高人民检察院向全体检察干警及其家属表示亲切的慰问和衷心的感谢！

我们的工作取得了显著成绩，但也还存在一些问题和不足。主要是在查办大案要案方面，有些同志的认识和精神状态问题还有待于进一步解决，有案查不下去，结案缓慢，该严的严不起来的现象还没有完全改变，特别是查办领导干部犯罪的要案时，这个问题更突出；执法监督工作尤其是对民事经济审判、行政诉讼的监督仍然是个薄弱环节；对新形势下新的犯罪情况研究、掌握不够，专门工作的水平还不适应斗争的需要；技术装备、设施和经费等物质保障方面还存在不少困难；检察系统

事业，动摇政权根基。听任这种现象发展蔓延，社会就没有公道，老百姓就没有说理的地方。今年查办司法人员贪赃枉法、徇私舞弊案件，有很大发展，但任务还非常艰巨。我们要勇于排除干扰和阻力，推动这项工作取得更大突破。

当前，假冒商标、制售伪劣商品、偷税、抗税、骗税等犯罪相当严重，对发展社会主义市场经济破坏很大。对这类案件，要积极查办，依法严惩。还要注意严肃查办重大行贿犯罪案件和涉及金融诈骗、特大火灾等严重治安事故的玩忽职守犯罪案件。

第二，要切实改变要案查不下去，结案缓慢，该严的严不起来的状况。反腐败斗争要深入，查办要案是关键。各级检察机关都要敢于坚持原则，严格依法查办要案，这是加强党风廉政建设的需要，是巩固党的执政地位的需要，符合时代潮流，顺应人民心愿。当前办要案确实有很多困难，过问的多，说情的多，办案难是客观存在。越是在这种情况下，我们越是要敢于坚持原则，不能遇到困难就畏缩不前，放弃职责。我们要以对党、对人民、对法律高度负责的精神，严格依照刑法、刑事诉讼法和全国人大常委会有关惩治贪污罪贿赂罪等经济犯罪的补充规定，办好每一起要案，该立案的立案，该起诉的起诉，该抗诉的抗诉，切实体现从重从严的精神。对查办要案工作，再强调以下几点：一是加强要案线索的管理。凡是要案线索必须按规定及时报上级检察院备案，厅级以上要案线索一律报最高人民检察院备案。今后再发现有瞒案不报的，要通报批评，问题严重的要按违反纪律严肃处理。二是坚持依法初查。对要案线索，凡属检察机关管辖的，都要依法查，认真查。各地对掌握的要案线索，要作一次认真的清理，进行分类排队，对可查性大、有成案可能的，要抓紧进行初查。初查一律由检察院党组或检察长决定，秘密进行，获取一两笔可靠的犯罪证据后即可果断立案。这是近两年来斗争实践的一条重要经验，也是工作发展的客观需要。三是要坚持要案分级管理制度，认真负责地查办应该由自己办理的案件。上级检察院要加强对查办大要案的领导，一级抓一级，一级帮一级。对影响大、阻力大的案件，要直接查办或督促查办。实践证明，有些案件就是要靠上级来突破，否则就查不下去。四是检察长要亲自办案，办那些在本地区有影响的重大案件。不办案就没有发言权、主动权。要坚持领导抓、抓领导。各级检察长还要重视抓查办案件的组织指挥，加强督促检查。五是要搞准，真正做到以事实为根据，以法律为准绳，把案件办成“铁案”。

第三，要强化侦查破案工作。查办大要案重要的在于提高突破案件的能力。要进一步增强侦查意识，以搜集证据为核心开展侦查工作，重视侦查谋略和技巧的运用，重视发挥现代科学技术在获取和固定证据中的作用，不断提高侦查对策水平。运用法律规定的各种侦查手段、侦查措施，一要果断，二要用足，三要用活。还要按程序办事，文明办案。要加强贪污贿赂等大案要案侦查工作的指挥协调和督办协办，坚决克服执法办案中的地方保护主义，发挥检察机关在侦破大要案中的整体优势。

第四，加强对自侦案件的内部监督和制约。要严格执行侦查工作和审查决定逮捕、审查起诉工作分开的工作制度；审查部门要重点把好事实关、法律关，不扯皮，不迁就，不走过场，保证严格执法。同时要加强上级检察院对下级检察院办案工作的监督。

第五，要坚持不懈地抓举报、抓宣传。

反腐败斗争必须走群众路线，这在任何时候都不能丢。各级检察院都要抓住及时查处和及时反馈这两个重要环节，继续加强举报工作。要重视抓好反腐败的宣传工作，今年上海开展举报六周年纪念活动、广东举办反贪局成立五周年纪念活动、湖南和天津办报、北京举办惩治贪污贿赂展览等，都收到了很好的效果。各地要学习他们的做法和经验，采取多种形式，广泛深入地开展宣传工作，鼓舞和发动广大人民群众积极参与反腐败斗争。

第六，要加强反贪污贿赂总局建设。最高人民检察院拟设立反贪污贿赂总局。各地也要加强反贪局建设，目前尚未设立反贪局的地、市级以上检察院和大城市的城区、经济特区、经济发达地区的县、市级检察院以及铁路运输等专门检察院，都要抓紧工作，尽快建立起来。要加强侦查队伍建设、情报建设以及有关制度建设，进一步完善内部机制，提高运作效率，充实办案力量，增强快速反应能力，努力培养侦查专家和能手。要加强侦查装备和设施建设，通过办案现代化，办公自动化建设，提高侦查工作效能。争取经过五年左右的时间，把各级检察院的反贪局建设成为手段齐全、装备精良、精干高效、反应灵敏、富有战斗力的侦查机构。

第七，要打防结合，标本兼治，开展综合治理。反腐败斗争是一项系统工程，检察机关要根据办案中揭露出来的问题，运用检察职能，积极开展预防犯罪工作。要注重法制宣传教育，运用典型案件，教育广大干部增强法律意识、廉政意识，提高拒腐防变的自觉性；要分析犯罪原因，提出检察建议，推动有关部门堵塞漏洞，健全制度，加强管理。

三、打击严重刑事犯罪要真正依法从重从快，打出成效，维护稳定

当前，治安形势总的是好的，社会是稳定的，但是各种破坏和妨碍稳定的因素依然存在。以美国为首的西方国家对华政策的本质没有也绝不会改变，他们不希望看到社会主义中国强大，不会放弃对我国进行“西化”、“分化”的图谋和活动，各种敌对势力、敌对分子仍在不断变换手法进行渗透、捣乱和破坏活动。国内刑事发案特别是重大案件一直上升，重大、恶性案件时有发生。一些城市和农村地区治安混乱。明年我国面临着抑制通货膨胀、深化国有企业改革等一系列繁重任务，问题和困难还会不断暴露出来，社会不安定因素有可能继续增加。一些别有用心的人，会千方百计利用人民群众对物价上涨、腐败现象、治安不好等问题的不满情绪，制造事端。总之，维护稳定的任务还很艰巨。我们绝不可放松警惕，麻痹大意。各级检察机关一定要进一步增强敌情观念和忧患意识，始终把维护稳定作为一项重要任务，强化专政职能，加强“严打”工作，切实打出声威，打出成效。

根据党的十四届四中全会精神，把社会治安综合治理的重点放在加强基层基础建设和加强大中型企业的安全防范上，全面落实各项工作措施，务求抓出实效。要抓住“严打”这个首要环节，以打击危害大影响大的恶性犯罪，流氓恶势力和带黑社会性质的犯罪集团，负案在逃的重大案犯，车匪路霸，拐卖妇女、偷抢儿童的犯罪分子为重点，继续“破大案、打团伙、追逃犯”，坚决遏制住大案和恶性案件的上升势头，促进社会治安的持续稳定。要坚持“严打”的经验，贯彻依法从重从快的方针，坚持“两个基本”的原则，对突出的犯罪开展集中打击，对治安问题多、秩序混乱、群众缺乏安全感的地区、路段开展重点整治。针对当前少数地方治安不好的情况，要

特别强调集中打击，以集中打击带动其他综合治理措施的落实。各级检察机关要在党委的统一部署下，与有关部门密切配合，积极开展各种形式的专项斗争。

要认真贯彻“严打”精神，防止和纠正打击不力现象，批捕、起诉工作要及时、准确、有力。要把专项斗争同经常性的打击工作有机结合起来，避免时松时紧。坚持露头就打，犯罪活动在哪里冒出来就在哪里打下去，决不能容忍犯罪分子肆意横行。要密切注视本地区的社会治安动态，发挥主动性，为党委领导当好参谋助手，对突出的严重刑事犯罪活动要主动建议党委作出集中打击的统一部署。

要坚决打击各种敌对势力、敌对分子危害国家安全的犯罪活动。少数民族地区，要把依法打击搞民族分裂的犯罪活动放在重要位置，坚定地维护祖国统一和民族团结。

各级检察机关在抓好“严打”的同时，要积极参加由党委、政府组织的各项社会治安综合治理工作。注意把“严打”与预防工作，“严打”与法制宣传教育工作密切结合起来，全面落实社会治安综合治理的其它工作。

在深化改革过程中，社会矛盾会呈现出更加复杂的状况，正确处理人民内部矛盾尤其重要。对此我们要有充分的认识。对于那些由于工作中的问题和生活上的实际困难而引发的群众性上访、闹事，要在党委和政府的统一领导下，坚持教育、疏导为主的方针，多做思想工作，尽快平息事态。对于那些利用改革中出现的困难和群众的不满情绪煽动闹事，破坏改革和社会稳定的犯罪分子，要坚决依法打击。

四、执法监督工作要抓住重点，突出办案，取得新的突破

严格执法，加强执法监督是社会主义市场经济的必然要求，是检察机关的神圣职责。各级检察院要充分认识新形势下加强执法监督的重要性，把强化执法监督、维护法律尊严摆到更加突出的位置上来，把法律监督工作提高到一个新水平。

当前，加强执法监督要围绕贯彻依法从重从严打击严重经济犯罪和依法从重从快打击严重刑事犯罪这两个方针来进行。在刑事执法监督中，重点是解决对严重经济犯罪和严重刑事犯罪打击不力的问题。坚决纠正该立案不立案、以罚代刑、以劳教代刑等现象，进一步加强对批捕后执行情况的监督，继续运用刑事诉讼法第十三条的规定，抓住典型案件，直接立案侦查；坚决纠正重罪轻判、有罪判无罪、随意降格判处免刑、缓刑及通过再审程序作出错误改判等现象，该抗诉的坚决依法抗诉；坚决纠正该投劳不投劳及违法办理减刑、假释、保外就医等使犯罪分子“前门进、后门出”的现象。加强法纪检察工作，依法严肃查办刑讯逼供、非法拘禁等渎职犯罪案件。在民事经济审判、行政诉讼监督中，重点是解决裁判不公的问题。要克服困难，积极开展工作，努力使民事行政检察业务有一个大的进展。进一步发挥控告申诉检察对办案的监督制约作用，认真查办申诉案件，及时分析群众来信、来访所反映出的执法活动中存在的突出问题，研究改进的措施。

抓执法监督最主要的是抓办案，这是保证各项监督工作落到实处，促进有关部门严格执法的有效途径。要注意从执法不严、执法不公的现象中，发现和查办司法、行政执法人员的徇私舞弊、贪赃枉法等犯罪案件。要通过办案，清除司法队伍中的腐败分子，保证国家司法权真正掌握在忠于人民的人手中，同时要通过剖析典型案例，总结经验教训，找出在队伍管理及执

法活动中的漏洞，开展宣传教育，向有关部门提出改进工作的建议，推动严格执法。

五、重视研究和解决建立社会主义市场经济体制过程中检察工作遇到的新情况、新问题

以建立社会主义市场经济体制为中心的经济体制改革正在不断深化，明年经济体制改革要以国有企业改革为重点，推进社会保障体制改革和培育市场体系，巩固和完善宏观管理体制改革措施。这是推进改革的一场重大战役，需要攻克许多难关，解决许多难题。在国有企业改革过程中，会出现很多新情况、新问题，有的要涉及检察工作，如企业转换经营机制中出现的一些以侵吞、私分、挪用等手段将国有资产转为个人收入；违法拆借和非法集资活动；生产和销售假冒伪劣产品；虚开、代开增值税发票，偷税、骗税犯罪；保护外资企业合法权益和依法制裁少数外商的不法行为；利益调整、职工下岗及就业等可能引发的社会治安问题，等等。检察机关必须密切注视和研究改革过程中的新情况，新问题，增强工作的针对性、预见性，以保障重大改革措施和宏观调控措施的顺利推行。各级领导干部要善于从具体事务工作中解脱出来，正确把握形势，切实抓好大事。要及时掌握贪污贿赂等经济犯罪的变化规律，了解各项改革措施实施过程中出现的新的犯罪，研究采取打击和防范的对策。要树立全局观念，见事要快，抓得要早，使我们的工作紧跟上党和国家的重大部署，提高为经济建设服务的水平。要改进领导方法，加强调查研究。经常深入基层，深入实践，亲临办案第一线，加强对工作的分类指导和具体指导。近年来国家的立法步伐明显加快，我们要认真学习、研究、执行新的法律法规，主动地依法打击各种新的犯罪活动。

六、以加强党的建设带动队伍建设，从组织上保障检察工作的顺利开展

新形势下检察机关的繁重任务，查办大案要案的艰巨性和复杂性，党和人民对严格执法的迫切希望和要求，以及各种消极腐败现象对队伍的侵蚀，使检察队伍面临着更加严峻的考验。各级检察机关都要充分认识到当前加强队伍建设的紧迫性和重要性，全面贯彻十四届四中全会《决定》，认真落实全国检察机关第二次政治工作会议提出的各项要求，以加强党的建设带动队伍建设，不断提高队伍的政治、业务素质，提高执法水平。

要始终把思想建设放在首要地位，继续落实《中共中央关于学习〈邓小平文选〉第三卷的决定》，按照中央宣传部、中央组织部《关于学习〈邓小平文选〉第一、二卷的通知》要求，认真组织学习《邓小平文选》，用建设有中国特色社会主义理论武装全体检察人员。学习要认真研读原著，全面系统地把握理论的科学体系，把握解放思想、实事求是的科学态度和创造精神，深刻领会和把握邓小平同志反复阐述的“两手抓，两手都要硬”的基本方针和民主法制思想，尤其是关于反腐倡廉的一系列重要论述，使广大干警不断提高思想水平和理论水平，始终保持政治上的清醒和坚定。

落实党中央提出的加强党的组织建设的三项任务，核心是贯彻民主集中制原则。要切实加强检察机关上级对下级的领导，保证各项检察政令的畅通。最高人民检察院的指示和决定，上级人民检察院的指示和决定，下级人民检察院必须认真执行，不允许有令不行、有禁不止、我行我素。要在各级检察院党组、检察委员会中认真贯彻和实行民主集中制，保障重大问题、重大案件的决策民主、科学、正确。要加强

基层党组织建设，使之成为带领广大干警严格执法的战斗堡垒。要认真贯彻中央组织工作会议精神，通过教育培训、实践锻炼、加强管理等措施，全面提高现有领导干部的素质；大力培养和提拔使用德才兼备的优秀年轻干部，培养跨世纪人才。

坚持从严治检的方针，抓好自身反腐败，加强纪律作风建设。要加强全心全意为人民服务的宗旨教育、群众路线教育和廉政勤政教育，抓好领导干部廉洁自律，认真纠正越权办案、违法办案等行业不正之风。严肃查处干警违法违纪案件。今后，对检察人员的违法犯罪案件，原则上要由上一级检察院查办，对党员干部的违法犯罪案件要向同级纪委通报。

七、坚持依法建院，加强检察机关的法制建设

法制建设是建设有中国特色社会主义检察制度的重要保障。要通过完善立法，把检察工作发展中的实践成果巩固起来，不断推进检察工作的法制化进程，保障依法独立行使检察权。

要认真做好《检察官法》实施的准备工作。《检察官法》已提交全国人大常委会审议。制定和颁布这部法律，将把检察队伍管理纳入法制轨道，检察人员的录用、任职、晋升、培训、考核等都将依法进行。各级检察院要把《检察官法》实施的准备工作作为一件大事来抓。要下大力抓好培训工作，适应法律对检察官素质的要求。还要抓紧制定各项实施细则，起草《书记员条例》等配套法规、制度。

要认真执行《国家赔偿法》。制定和实施《国家赔偿法》，是加强社会主义民主法制建设的一个重要措施，对严格执法将是很大的推动，对我们的执法工作也提出了更加严格的要求。贯彻《国家赔偿法》，一是加强教育，二是严格执行，三是总结经验，建立制度。还要注意防止两种倾向，一种是因担心办错案而缩手缩脚，该办的案件不敢办，该出手的强制措施不敢出手。另一种是为避免承担赔偿义务而有错不纠。任何时候发现错案，都要本着"实事求是、有错必纠"的原则认真纠正。

要继续抓紧起草和修改《惩治贪污贿赂法》、《人民检察院组织法》等法律，积极参加刑法、刑事诉讼法的修改。

要以强化法律监督职能为目标，积极推进检察制度的改革和完善。检察制度改革要以宪法为根据，坚持立法先行，立足于我国国情，有利于严格执法，有利于增强法律监督职能。改革的重点是进一步加强和全面落实检察机关的上下级领导关系，增强监督的效能；完善反贪污贿赂工作机制；科学合理地设置内部机构，提高工作效率等。

八、紧紧依靠党委领导，自觉接受人大监督

检察工作要保持坚定正确的政治方向，必须依靠党委领导，接受人大监督，这是任何时候、任何情况下都必须始终坚持的基本原则，也是加强执法监督工作的基本保证。在加快建立社会主义市场经济体制步伐，加强法制建设，深入开展查办大案要案和执法监督工作的过程中，取得党委的领导和人大的监督与支持，尤为重要。各级检察机关都要进一步增强依靠党委领导和接受人大监督的意识，自觉地把检察工作置于党委领导和人大监督之下。

要经常向党委、人大请示报告。涉及检察工作全局的重要部署，工作中采取的重大措施，检察工作进展和队伍建设等情况，都要及时向党委、人大请示报告，取得支持。对党委、人大关于检察工作的指示和意见，要认真贯彻落实。要继续执行最高人民检察院去年下发的《关于检察机

关接受人民代表大会及其常委会监督若干问题的规定》，建立健全请示报告制度，认真接受人大常委会和有关专门委员会的执法检查，经常邀请人大代表视察、评议检察工作，虚心听取他们的意见、建议和批评，不断改进我们的工作。

要善于依靠党委领导和人大监督改善外部执法环境。对于查办大案要案工作中遇到的干扰和阻力，执法监督工作中存在的困难和问题等，可以专题向党委、人大报送有情况、有分析、有建议的报告，依靠党委、人大的支持，协调各方面关系，扫除工作中的障碍，为顺利开展执法监督创造良好的外部条件。各地要认真总结经验，不断开拓工作思路，推动工作向前发展。

同志们！1995年检察机关工作任务繁重而艰巨。让我们更加紧密地团结在以江泽民同志为核心的党中央周围，在党的基本理论和基本路线指引下，团结奋进，努力拼搏，充分发挥法律监督职能作用，为加强社会主义民主与法制建设，为建立社会主义市场经济体制，做出新的贡献！

在全国打击经济犯罪电话会议上的讲话

最高人民检察院检察长　张思卿

（1994年6月6日）

同志们：

我完全拥护党中央关于当前要加大对贪污贿赂、金融诈骗、走私等严重经济犯罪的打击力度，特别要抓紧认真查处大案要案，把反腐败斗争推进一步的指示精神。刚才任建新同志的讲话，对下一步查办贪污贿赂等经济犯罪大案要案工作作了部署，各级检察机关要积极行动起来，认真贯彻落实。

今年以来，各级检察机关紧紧围绕“抓住机遇，深化改革，扩大开放，促进发展，保持稳定”这个全党全国工作的大局，按照“严格执法，狠抓办案”的工作方针，发扬不怕疲劳、连续作战的精神，在反腐败斗争中以查办党政领导机关和司法部门、行政执法部门、经济管理部门中发生的大案要案为重点，立案、侦结、起诉了一批贪污贿赂等经济犯罪案件，特别是在查办领导干部以权谋私、贪污受贿案件，执法人员执法犯法、徇私舞弊案件和法人犯罪案件等方面，取得了新的进展。

据统计，1至4月，全国检察机关共立案侦查各类经济犯罪案件19298件，其中贪污贿赂案12239件，比去年同期增长1倍多。这两个立案数都高于历年同期水平。已逮捕经济犯罪分子7199人，侦结起诉5634件6738人。通过办案追缴赃款赃物计5亿多元。今年查办大案要案工作的主要特点：一是查办要案数增加幅度大。1至4月立案侦查犯贪污贿赂罪的县处级干部420人，比去年同期增长6倍；司局级干部23人，副军级干部1人（去年同期均没有）。向法院起诉县处级干部91人，司局级干部24人。二是大案所占比例较高。在立案侦查的贪污贿赂案件中，万元以上大案6173件，占贪污贿赂立案数的50.4%，比去年同期增加1.2倍。其中五十万元以上不满一百万元的33件,比去年同期增长1倍多;一百万元以上的22件,比去年同期增长46.7%。三是查办党政领导机关和司法部门、行政执法部门、经济管理部门及其工作人员的犯罪案件普遍有新的进展,据不完全统计,共立案侦查2904件3274人,占案件总数的15%。其中,党政领导机关工作人员979人,司法和行政执法人员1141人。四是查办法人犯罪案件在有些地方已有所突破。截至4月底,全国已立案侦查机关、团体、企事业单位偷税骗税、假冒商标和走私的法人犯罪案件40余件。

总的看,检察机关查办大案要案工作在逐步深入,取得了很大成绩。同时,我们也清醒地看到在大案要案特别是要案查办工作中还存在不少问题。主要是有的案件查不下去,结案缓慢,该严惩的没有严起来。具体表现在,查办要案发展不平衡,有的地区办大案多,办要案少,特别是查办有影响的党政领导机关的要案少;有的地方对群众反应强烈的以烟谋私、以酒谋私、走私汽车等方面的大案要案还没有大的触动;有的检察长在查处要案遇到阻力和困难时,腰杆不硬,秉公执法的勇气不足,还有瞒案不报、压案不查的情况;有的检察院受地方保护主义影响和经济利益驱动,对跨地区案件查办工作配合不积极;对以罚代刑、重罪轻判现象监督不够有力。

根据中央领导同志最近的指示精神和这次电话会议关于在今年下半年尤其是第三季度要抓紧狠狠打击贪污贿赂等严重经济犯罪的要求,检察机关近期要集中力量,突出重点,抓紧立案一批、查结一批、起诉一批大案要案,配合法院重判一批、杀一批严重犯罪分子,在全国范围内进一步造成声势,引起震动,震慑犯罪,鼓舞群众,推动反腐败斗争深入、持久、更有成效地开展下去。

今后四个月检察机关的任务十分繁重。我们要进一步加强领导,统一认识,振奋精神,迅速行动起来,狠抓落实。关键是要解决好各级检察长的思想认识和精神状态问题,要强调领导机关和领导干部的责任和作用。各级检察长要克服畏难、厌战和怨天尤人等不良情绪,认清肩负的历史责任,切实增强查办大案要案工作的坚定性和主动性。要以国家和人民的利益为重,以维护法制尊严为己任,以共产党人坚韧不拔的毅力,下决心排除一切阻力和干扰,严格执法,狠抓办案。

1、快查快结,抓紧起诉几批大案要案。对已经立案侦查的大案要案,要分类排队,确定重点,逐案定人员,排进度,列出时间表,抓紧侦查取证,及时结案。在6至9月内,每月都要相对集中地向人民法院起诉一两批案件,配合法院集中宣判,用实实在在的成果给人民群众以信心和鼓舞,真正起到使民心为之一振的效果。近期要抓紧起诉要案中的大案,主要是党政领导机关、司法部门、行政执法部门和经济管理部门中的司局级以上干部和县处级主要领导干部犯罪案件;法人走私、假冒商标犯罪案件;金融诈骗案件;伪造、倒卖增值税发票案件等。各地对近期能起诉的司局级干部犯罪案件及在全国有影响的大案,要尽快向最高人民检察院报送名单,各省级检察院也要把在本地区有影响的大案要案的起诉情况掌握起来,以利于加强指导和协调。

对已经掌握的大案要案线索,要进行一次全面认真的研究,该初查的,要抓紧开展初查,及时立案,保持斗争声威,有节奏地推动斗争一步一步向前发展。

2、要加强对查处大案要案工作的指挥

和领导。一是领导机关和领导干部要直接查办大案要案,从最高人民检察院到分、市检察院，都要按照查办大案要案分级负责制度，把属于自己管辖案件的查办工作认真负责地承担起来。领导同志要亲自组织和带头查办大案要案，落实责任制。二是要加强督促检查。对党政领导机关和司法部门、行政执法部门、经济管理部门的大案要案，尤其是领导干部犯罪要案，执法人员徇私舞弊案件和重大法人犯罪案件，上级机关要一件一件督促落实。厅级以上干部案件和全国有影响的特大案件，统一由最高人民检察院督办；县处级干部和省内有影响的重大案件，由省、自治区、直辖市检察院督办。三是要抓排除阻力和干扰。随着斗争的深入，办案的难度会增大。遇到阻力和干扰时，上级检察院要挺身而出，为下级撑腰壮胆，坚决支持，并要注意有效地保护秉公执法的干警不受打击报复。下级检察院查办确有困难的案件，上级检察院要提上来查办。对有要案线索不敢报、不敢查，工作打不开局面的地方，上级检察院要派出得力人员或工作组，直接帮助排查，推动打开局面。四是要加强对跨地区大案要案侦查工作的组织指挥。跨省、自治区、直辖市的案件由最高人民检察院负责，省、自治区、直辖市内跨地区的案件由省级检察院负责。五是要经常深入基层，调查研究，了解在建立社会主义市场经济体制的新形势下贪污贿赂等犯罪的新特点和新规律，掌握工作进程中的新情况，及时研究解决新问题，以取得工作的主动权。

3、进一步加强初查、侦查工作，提高专门工作水平。要依法开展初查。对于受理的大案要案线索，一方面要及时报告上级检察院，一方面要尽快开展初查工作。对要案线索瞒着不报、压着不查的，不管出于什么原因，对于检察长来说，都是严重的失职。今后再发现瞒案、压案情况，要追究有关领导的责任。经过初查，查实一两笔犯罪事实后，就要果断立案，果断采取一切能获取证据的法律手段。获取证据是初查和侦查工作的核心。有了确凿的证据，案件就办得扎实，也有利于排除阻力和干扰。要严格办案纪律，加强侦查中的保密工作，对给犯罪分子通风报信、充当内奸的，要严肃查处。对侦破大案要案的有功人员，要及时表彰奖励。

在查办案件过程中，对发现的国家工作人员以言代法、以权压法、妨碍公务、阻挠办案的；袒护、包庇犯罪的；作伪证的；窝藏罪犯、知情不举的；徇私舞弊的；玩忽职守放纵罪犯的，不管涉及到什么人，都要一查到底，坚决依法追究。不够犯罪的，要移送纪检、监察部门作党政纪处理。

4、严格执法，坚决贯彻从重从严精神。各级检察机关要坚决贯彻对贪污贿赂等犯罪大案要案从重从严处理的精神，严格执法，防止和纠正打击不力的现象。该初查的初查，该立案的立案，该逮捕的逮捕，该起诉的起诉，该重判的建议法院依法重判，该处极刑的建议处极刑。要继续坚持“一要坚决，二要慎重，务必搞准”的原则，切实把案件办准、办扎实。

要加强执法监督，对企事业单位、机关、团体有案不报的，对搞以罚代刑，以党政纪处分代替刑罚制裁的，都要提出纠正，经纠正不改的，可依法直接查办。对重罪轻判、有罪判无罪的，要坚持抗诉。对在办理减刑、假释、保外就医中的违法情况，特别是以钱抵刑的，要认真纠正。

5、积极配合公安机关打击金融诈骗、走私和伪造、倒卖发票等犯罪活动。这类犯罪活动对改革开放和社会主义市场经济的破坏性很大，各级检察机关要充分发挥职能作用，积极配合公安机关狠狠打击。对公安机关移送批捕、起诉的这类犯罪案件，要坚持基本事实清楚、基本证据确凿的原则，及时批捕起诉，重大案件要提前介入。对于在办理金融诈骗、走私和伪造、倒卖发票案件过程中发现的贪污受贿、偷税骗税以及玩忽职守等犯罪线索，检察机关要及时查处，构成犯罪的，要依法追究其刑事责任。

6、加强宣传，进一步发动群众。各级检察院在做好查办大案要案工作的同时，要进一步加强宣传工作，适时向社会公布查办大案要案的情况，增大透明度，让群众看到实实在在的反腐败成果，取信于民，调动群众的积极性。最高人民检察院已经制定了奖励举报有功人员的决定，近期将奖励一批举报大案要案的有功人员。各地检察院也要积极开展这项工作。

同志们！我们的任务光荣而艰巨。狠抓大案要案，对各级检察院来说，既是锻炼，又是考验。我们要发扬艰苦奋斗、连续作战、善打硬仗的作风，再接再厉，奋力拼搏，努力夺取这场斗争的新胜利！

在全国检察机关第四次
反贪污贿赂侦查工作会议上的讲话

最高人民检察院检察长　张思卿

（1994 年 10 月 16 日）

同志们：

我们这次会议是一次很重要的会议。我看了会议的主要文件，包括印发的经验材料，昨天又同各省、区、市的同志进行了座谈。总的感觉是这次会议有新意、有发展。大家围绕查办大案要案，交流了侦查工作经验，按照四中全会精神分析了斗争形势，明确了今后的工作任务。罗辑同志的工作报告、登举同志的总结讲话很好，各地介绍的经验也都很好，集中反映了各级检察机关在党中央领导下，坚持“严格执法，狠抓办案”的工作方针，反腐败查办大案要案工作取得的成绩和经验，这是我们工作不断发展的结果。反贪污贿赂是检察机关一项长期的重要任务，依法开展侦查工作是中心内容。各级检察机关都要十分重视加强侦查工作，不断总结经验，提高突破大案要案的能力，推动反腐败斗争深入发展。

下面，我讲几个问题：

一、认真学习贯彻党的十四届四中全会精神，提高认识，统一思想

十四届四中全会是一次具有全局意义的会议。会议通过的《中共中央关于加强党的建设几个重大问题的决定》，充分体现了邓小平同志建设有中国特色社会主义理论特别是党的建设的思想，贯彻了党的十四大精神，实事求是地肯定了十一届三中全会以来党的建设所取得的巨大成绩，科学地分析了党的建设面临的新形势，指出在全党贯彻落实中央关于思想建设和作风建设部署的同时，加强组织建设已经成为突出的环节，提出了坚持和健全民主集中制、加强和改进党的基层组织建设、培养和选拔德才兼备领导干部的任务，把加强党的建设提到新的伟大工程的高度。认真贯彻落实四中全会《决定》提出的各项任务，对于在新形势下加强党的建设，促进党的团结统一，提高党的领导水平和执政水平，充分调动和发挥全党、全国人民的积极性、创造性，保证十四大提出的各项任务的完成；对于坚持党的基本路线一百年不动摇，实现党的第二步和第三步战略目标，把我国建设成为社会主义现代化强国，都具有重要的现实意义和深远的历史意义。

这次会议的决定和江泽民同志在会议上的重要讲话，对进一步加强党风廉政建设，深入开展反腐败斗争提出了新的要求。《决定》明确提出，在党的建设中"要继续抓好党的作风建设，把反腐败斗争深入持久地进行下去。"江泽民同志在会议结束时的重要讲话，对深入、持久地开展反腐败斗争作了深刻论述。江泽民同志强调指出："必须加强党风和廉政建设，深入开展反腐败斗争。这是人民群众普遍关心的一个突出问题。各级党委必须进一步加强领导，按照中央的部署，把这项工作深入、持久地进行下去。"并从七个方面对这项工作提出具体要求。我们在学习贯彻四中全会《决定》和江泽民同志讲话中关于加强党风廉政建设，开展反腐败斗争的论述，加强查办大要案工作中，要始终牢牢把握以下七点：

第一，必须围绕经济建设这个中心，坚持两手抓，把反腐败同深化改革、扩大开放、促进发展、保持稳定结合起来。这实际上是正确处理部门工作同党的中心工作和全国大局的关系问题。无论是反贪污贿赂工作还是其它各项检察工作，都要紧紧围绕党和国家的中心工作，为中心工作服务。加强廉政建设、反对腐败是建立社会主义市场经济体制的必要条件和重要保证，也是关系改革事业成败，关系党和国家命运的大事。惩治贪污贿赂等经济犯罪是全党反腐败斗争的重要组成部分，是检察机关为经济建设最重要、最直接的服务。

第二，既要树立持久作战的思想，又要打好阶段性战役，一步一步把斗争引向深入。小平同志一直强调，打击经济犯罪活动是一项长期的经常的斗争，开放、搞活政策延续多久，端正党风的工作就要干多久，纠正不正之风、打击犯罪就要干多久，这样才能保证我们的开放、搞活政策的正确执行。整个改革开放过程都要反对腐败。把反腐败斗争长期、深入持久地开展下去，关键是打好阶段性战役，要一个问题一个问题地解决，一个案子一个案子去查处，一步一步地引向深入，一个阶段一个阶段地把反腐败斗争推向前进。

第三，重点抓发生在党政领导机关、行政执法机关、司法机关和经济管理部门工作人员中的犯罪案件，特别是县处级以上领导干部犯罪要案。这是我们当前查办大要案工作的重点。这四个部门及其工作人员特别是县处级以上领导干部代表了我们的政权，行使着国家管理社会的权力。马克思说过，"政府当局的存在，正是通过它的官员、军队、行政机关、法官表现出来的。如果搬开政府当局的这个肉体，它就不过是一个影子、一个想象、一个虚名。"这些部门的工作人员腐败，腐败现象就会蔓延，政权就会变质，改革开放和经济建设也难以顺利进行下去。抓住了这些部门，就抓住了主要矛盾，这些部门抓住了、抓好了，其他方面问题就比较容易解决。

第四，相信和依靠群众，把群众举报与专门机关依法查处结合起来。一方面，反腐败要靠全党动员，党政一起抓，发动人民群众同腐败现象作斗争。这是我们开展反腐败斗争的力量源泉和成功之本。要进一步加强举报工作，对群众举报的案件线索，要认真查处，一查到底，直到水落石出，并注意及时反馈，取信于民。另一方面，反腐败要靠法制，不搞群众运动。检察机关要在依靠群众的同时，大力加强侦查工作，严格执法，狠抓办案，充分发挥专门机关在查办大要案工作中的攻坚作用。

第五，集中力量查办大案要案。要继续坚持检察长亲自办案、大要案分级管辖和领导办案责任制、集中优势兵力打歼灭战等成功经验，在查办大要案方面，不断取得新的突破。对袒护罪犯、阻挠办案的，对打击报复举报人的，要依法严肃处理。

第六，从重从严惩处严重贪污贿赂等经济犯罪分子。对贪污贿赂等严重经济犯罪分子要坚决贯彻依法从重从严的方针，切实改变有案查不下去，结案缓慢，该严的严不起来的状况，真正做到小平同志所讲的，腐败的问题不管牵涉到谁，都要按照党纪、国法查处，不能有丝毫的姑息。对情节特别严重的犯罪分子，必须给予最严厉的法律制裁。

第七，坚持标本兼治，综合治理。反腐败斗争是一项系统工程，检察机关要根据办案中揭露出来的问题，运用检察职能，积极开展预防犯罪活动。查找犯罪原因，提出检察建议，推动有关部门堵塞漏洞、健全制度、加强管理。要注重法制宣传教育工作，运用典型案件，教育广大干部增强法律意识、廉政意识，提高拒腐防变的自觉性。

四中全会决定和江泽民同志的讲话，为深入开展反腐败斗争指明了方向，同时，也为我们检察机关惩治贪污贿赂等经济犯罪，查办大案要案工作提出了新的更高的要求。我们要认真学习，深刻领会，扎扎实实地抓好贯彻落实，充分发挥检察职能作用，把反贪污贿赂斗争抓紧抓好，切实抓出成效。

二、贯彻中央部署，继续抓好查办大案要案工作

今年以来，各级检察机关贯彻党中央部署，不断深入对反贪污贿赂斗争重要性的认识，以良好的精神状态和旺盛的斗志，集中力量查办大案要案，在查处四个重点部门的要案、司法人员执法犯罪案件和法人犯罪案件方面都有了新的突破，不少地方查处了在当地乃至全国都有重大影响的案件。斗争的势头是好的。我们要乘四中全会的东风，进一步振奋精神，再接再厉，巩固和发展好形势。

当前，检察机关的工作任务是非常明确的，就是要继续坚持“严格执法，狠抓办案”的工作方针，加大对贪污贿赂等经济犯罪的打击力度，集中力量查办大案要案。

（一）查办大案要案工作要突出重点。根据中央的部署和形势需要，查办大案要案的重点：一是党政领导机关、行政执法机关、司法机关和经济管理部门发生的犯罪案件，特别是县处级以上领导干部犯罪要案；二是司法和行政执法机关工作人员徇私舞弊、贪赃枉法犯罪案件；三是法人犯罪案件；四是危害改革措施实施的新的犯罪案件；五是袒护罪犯，阻挠办案，构成伪证、包庇、窝藏罪的案件和打击报复举报人的犯罪案件。这五个重点，我们曾经多次强调过，我这里重点讲一讲查处司法和行政执法人员徇私舞弊犯罪案件问题。目前，司法和行政执法机关工作人员徇私舞弊、贪赃枉法等违法犯罪现象相当严重，哪个部门都有。一些地方出现了假投案、假自首、假鉴定等“七假”、“八假”现象，有人讲法律规定的每一种从轻或减免情节，几乎都有造假、放纵罪犯的情况。不仅在处理刑事案件中有，在处理民事、经济、行政案件中都有。比如大家知道的海南“南霸天”王英汉犯罪团伙、辽宁营口的“段氏四兄弟”犯罪团伙、鞍山“刘氏五兄弟”犯罪团伙等，他们之所以能长期横行霸道、为非作歹、逍遥法外，一个重要原因就是背后有某些公安、检察、司法人员为他们撑腰，当后台；一些地方发生的颠倒黑白的经济判决，往往与某些司法人员乘机敲诈、索贿受贿有关。有个省的一起经济纠纷案件，经手的三级法院都有审判人员索贿受贿，而且数额巨大，导致判决严重不公。发生在司法活动中的腐败现象是最严重的腐败。清代进步思想家唐甄在总结历代王朝衰亡的教训时说过：“亡国之道有十焉：有法而无实，国亡；……”他把有法不依作为亡国的第一条教训，这是有道理的。司法机关、行政执法机关工作人员的徇私舞弊、贪赃枉法必然导致执法不严、执法不公，这就没有公道可言，老百姓就没有说理的地方了。特别是我们建立社会主义市场经济体制，需要加强法制建设，发挥法律在调整各种社会关系中的作用。在这种形势下，司法机关、行政执法机关工作人员中发生腐败现象的危害更大。尤为严重的是，一旦司法、执法机关中的腐败分子与党政领导机关中的腐败分子和经济活动中的腐败分子串连在一起，必然直接破坏国家对市场经济的宏观调控，导致市场对经济的调节失灵，从根本上破坏改革开放事业，动摇政权根基。我们对司法、执法机关发生的腐败现象的危害绝不可低估。去年我们提出这个问题以后，这项工作取得了新的突破，查办了一批案件，摸索了一些好的经验，不久前最高人民检察院推广了河南、辽宁等地检察机关加强执法监督，查办司法人员徇私舞弊犯罪案件的经验。我们要进一步深化对这个问题的认识，坚持把查办司法、行政执法部门工作人员徇私舞弊、贪赃枉法等犯罪案件作为反腐败，查办大案要案工作的重点，勇于排除干扰和阻力，抓住典型案件，推动这项工作取得更大突破，以保护法律的统一正确实施，维护法制权威，促进严格执法，保障社会主义市场经济顺利发展。这项工作既是当前反腐败斗争的重点，也是法律监督的重要内容，各个业务部门都有这方面的责任，都要结合本部门工作实际切实把这项工作加强起来。

还有一个问题要引起大家注意，就是在查办贿赂案件中，受贿案子查办得多，行贿案子查办得少，有的地方基本没查办。现在发现，不少犯罪分子为了牟取非法利益，搞“长期经营”，用钱铺路，在国家工作人员中寻找靠山或代言人，一拉就是一批，编织关系网，形成对自己违法犯罪活动的保护伞。海南查获一个行贿犯罪分子，他就公开说，我也不当官，我要用金钱和美女让那些共产党的干部为我办事，帮我赚钱。这样的犯罪分子，不严惩行吗？对行贿犯罪，都要依法查办，至于对具体案件的处理可根据情节区别对待，但不能不查。特别是对拉拢腐蚀国家工作人员，严重扰乱市场经济秩序的行贿犯罪，要坚决依法从严惩处。

（二）查办大案要案工作要抓住“认真查、依法查、搞准确”九个字。一是要认真查。邓小平同志讲：“腐败的事情，一抓就能抓到重要的案件，就是我们往往下不了手。……这个关我们必须过，要兑现。是一就是一，是二就是二，该怎么处理就怎么处理，一定要取信于民。”现在看，认真抓主要是要解决认识和精神状态问题。在北戴河会议上我已经突出讲过这一个问题。从这几个月的工作情况看，解决这个问题有进步，工作有进展，但有一些地方仍然存在“不可不反、不可真反、不可彻底反”的不正确认识，仍然存在有案查不下去，结案缓慢，该严的严不起来的问题，特别是领导干部犯罪的要案查不下去的问题还比较突出。这个问题要在学习贯彻四中全会和江泽民同志讲话精神中认真加以解决。各级检察机关特别是各级检察长要提高坚决贯彻执行党中央的部署的自觉性，在这一点上要形成统一认识、统一意志和统一行动，并把它作为检察机关维护中央权威、坚持全心全意为人民服务宗旨的一项重要内容。对受理的线索凡属检察机关管辖，有可查性的，都要坚决查办。不准瞒案不报、压案不办。案件查清后，该起诉的要起诉，该重判的建议法院重判。坚决杜绝不该免诉的免诉，不该撤案的撤案等问题，防止在检察环节上轻纵罪犯。二是要依法查。这主要是指提高侦查水平，运用法律武器同犯罪分子作斗争。最近几年，在斗争实践中，我们的侦查水平有了很大提高，通过突破大案要案，积累了不少成功的经验。概括起来最根本的有两条，一条就是坚持运用唯物辩证法，抓住贪污贿赂犯罪的本质特征和基本规律，开展侦查工作。贪污贿赂的本质是权钱交易，“贿随权集”。不少地方从掌权的人不正当地行使权力和行贿人获取不正当利益中，寻找突破口，破获大案要案的经验，就充分说明了这一点。另一条就是坚持把收集有效证据作为侦查工作的核心。强化侦查意识，牢固地树立证据观念，用事实和证据揭露犯罪、证实犯罪。还要讲究斗争策略，注意工作方法。三是要搞准确。我们是握刀把子的，人命关天的大事不搞准不行，搞准的目的是为了更有力地打击犯罪。查办大案要案，是清除我们党的肌体内的“毒瘤”，形象地讲是“肉里挑刺”，既要把“刺”挑出来，又不能伤及“好肉”。搞准确就是要依法办事，搞准事实，真正做到以事实为依据，以法律为准绳。

（三）查办大要案工作必须加强领导。查办大要案工作能否深入开展，关键看领导，特别是各级检察长是否真抓实干。要坚持领导抓，抓领导的成功经验。尤其在当前斗争不断深入，情况尖锐复杂，办案难度增大的情况下，更要加强对查办大要案工作的领导，发挥领导机关、领导干部的作用。领导亲自抓，就能鼓舞士气，克服畏难松劲情绪，保持队伍良好的精神状态；领导亲自抓，就能及时研究解决办案进程中遇到的重大问题，保证侦查工作的顺利进行；领导亲自抓，就能有效地协调各个职能部门和各个涉案地区的工作，形成突破案件的合力，发挥整体优势。在查办大案要案中，各级领导不仅要抓组织指挥、抓督促检查、抓排除阻力、抓落实办案责任制，还要带头办案，亲自查办那些在本地区有影响的重大案件。还是那句话，要真正做到一级抓一级，一级帮一级，层层抓落实，逐案抓落实。这样，我们的查办大案要案工作就会不断取得新进展。

（四）查办大案要案工作要不断研究和解决工作进程中遇到的新情况、新问题。在建立社会主义市场经济体制的新形势下，贪污贿赂等经济犯罪出现了更加错综复杂的情况，犯罪分子不断变化手法，新型犯罪明显增多。几乎每一项改革措施出台后，都有不法分子钻改革的空子，进行新的犯罪，如骗取国家出口退税、制售假增值税发票、金融诈骗和期货市场、证券股票市场、房地产市场发生的犯罪等等。随着改革的深化和形势的发展，犯罪活动还会出现新变化，我们的工作也会不断遇到新情况、新问题，检察工作要为发展社会主义市场经济服务，就必须注意研究这些新的犯罪问题，见事要快，抓得要早。要加强调查研究，准确捕捉犯罪的新动向，掌握特点和规律，有的放矢地采取侦查对策。这样就可以增强工作的预见性和主动性，提高检察机关服务中心工作的水平。这是推动查办大案要案工作不断前进的有效办法，要长期坚持下去。

三、加强侦查工作建设，建立健全有中国特色的反贪污贿赂侦查工作体制

反腐败要靠法制，要加强专门工作。根据法律规定，检察机关是我国惩治贪污贿赂等经济犯罪的专门机关。在实践中发展起来的反贪局是人民检察院查办贪污贿赂犯罪案件的专门机构。几年来，我们的反贪污工作不断发展，专门机构逐步建立，骨干队伍日益壮大，技术装备不断改善，立法步伐正在加快，已经初步形成具有中国特色的反贪侦查工作体制的基本框架。实践证明，这个体制是适合我国国情的，是适应斗争发展需要的，工作也是卓有成效的。我们要认真总结经验，进一步加强侦查工作建设。

坚持“两手抓，两手硬”，坚持不懈地开展反贪污贿赂斗争，是一项长期的战略性任务。完成这个任务必须加强专门工作。邓小平同志在谈到反腐败斗争时明确指出:“最重要的是要有专门的机构进行铁面无私的监督检查。”我们要按照小平同志的思想，加强专门机构建设，加强专门工作。建立健全有中国特色的反贪污贿赂侦查工作体制，要重点抓好以下几项工作：

1、加强反贪污贿赂局建设。反贪局是检察机关反贪污贿赂侦查工作的主体，要下决心建设好。目前尚未成立反贪局的地、市级以上检察院和大城市的城区、经济特区、沿海经济发达地区的县、市级检察院，都要加快建设步伐，尽快把牌子挂起来。边干边建，以干促建，在建设中发展，在发展中建设。有一点必须明确，反贪局是检察院的内部机构，必须挂检察院反贪局的牌子。反贪局的基本任务是开展对贪污贿赂案件的侦查工作，内部机构建设，干部配备，制定制度，购置装备，都要有利于加强侦查工作。反贪工作是长期的，反贪局的建设也是长期的。在这个问题上一定要有发展的眼光，既要从当前斗争需要出发，又要有长远打算，争取经过五年左右的时间，把各级检察院的反贪局建设成为反应灵敏、手段齐全、装备精良、精干高效、富有战斗力的侦查机构。

2、加强侦查装备和设施建设。“工欲善其事，必先利其器”。各级检察院一定要重视抓好侦查装备和设施建设，依靠现代科学技术来提高反贪污贿赂侦查水平和工作效能。我在全国检察机关第三次计划财务装备工作会议上说过，要把当前检察工作的重点作为装备工作的重点。反贪污贿赂侦查工作的装备建设重点是办案交通工具、通讯设施、技术设施和基础设施。大中城市、沿海地区和其它有条件的地方，要加快计算机技术在侦查工作中应用的步伐。

3、加强情报建设。情报建设是我们同贪污贿赂等经济犯罪作斗争的重要手段，是反贪污贿赂侦查工作的一项重要基础性业务建设，这项工作我们开展得不够，还处在起步阶段，今后要大力加强，积极探索和实践，逐步建成以应用现代高科技手段为基础的情报网络。目前，要搞好试点，取得经验，逐步推广。

4、加强法制建设。法制建设是建立有中国特色的反贪污贿赂侦查工作体制的重要保障。要通过完善立法，把我们近年来侦查工作建设的实践成果巩固起来，使之制度化、法律化。还要从实际出发，大胆借鉴国外境外一切有益的经验。《惩治贪污贿赂法》、《检察官法》两个草案正在加紧修改，争取早日通过，为侦查工作体制的规范化建设提供强有力的法律武器。同时还要加强制度建设，把工作中行之有效的好做法、好经验形成制度。

5、加强侦查队伍建设。我们这支侦查队伍总体上是好的，要充分肯定。几年来，在斗争艰巨、任务繁重、困难较多的情况下，顽强拼搏，团结战斗，无私无畏，秉公执法，查办了一批贪污贿赂等经济犯罪大案要案，为推进廉政建设，服务改革开放立下了汗马功劳。但也要看到队伍建设中还存在一些不容忽视的问题。我们要根据形势的发展和队伍建设的现状，采取有针对性的措施，切实抓好侦查队伍建设。党中央对我们的要求很高，人民群众对我们的期望很大；我们面临的斗争形势越来越复杂，侦查队伍也面临着腐蚀与反腐蚀斗争的严峻考验，这是我们在考虑队伍建设时必须重视的问题。尽管从现状看，侦查队伍总体上是好的，发生问题的只是极少数，但是，我们绝不可掉以轻心。我经常讲这样一句话，抓队伍建设要把没有问题当作有问题来抓，结果就会没有问题；如果满足于没有问题而不抓，结果就可能出大问题。加强队伍建设，首先要加强学习，提高我们这支队伍的政治素质和业务素质。要用邓小平同志建设有中国特色社会主义理论武装头脑，使每个干警都能够保持正确的政治方向和坚定的政治立场。要提倡干警学经济、学法律、学科技，大力提高侦查人员的业务能力。第二，要大力培养和选拔德才兼备的优秀干部。小平同志讲："人才，只有大胆使用，才能培养出来。"我们要在实践中锻炼干部，培养一大批政治坚定、作风过硬、懂经济、懂法律、熟悉检察业务、会外语、会开车、会用电脑的侦查专家。对素质较好的年轻干部，要注意培养，给他们压担子，为他们的迅速成长创造条件。对于在查办大要案中做出突出成绩的干部，要及时表彰，特别优秀的要大胆提拔，放手使用。对在办案中因秉公执法而受到不公正待遇的干部，各级检察长要主持公道。第三，要坚持"从严治检"的方针。严是对干部最大的关心和爱护。要健全制度，严明纪律，严格管理，加强监督，对违纪违法行为，必须发现一起，查处一起，决不姑息护短。要坚决克服执法不严、违法办案、滥用职权插手经济纠纷等违法违纪现象和执法中的地方保护主义。

再有一个问题我也说一下，《国家赔偿法》明年将正式实施，这是一部重要的法律，表明我们国家的法制不断完善，公民的合法权益得到更有效的保障，对严格执法将是很大的推动，对我们的执法工作也提出了更加严格的要求。我们要抓紧对积案的清理工作，为严格执行《国家赔偿法》做好准备。

在全国检察机关第二次政治工作会议上的讲话

最高人民检察院检察长　张思卿

（1994年10月26日）

同志们：

这次会议是检察机关第二次政治工作会议，也是贯彻党的十四届四中全会的专门会议。四中全会通过的《中共中央关于加强党的建设几个重大问题的决定》，是加强和改进新时期党的建设的纲领性文件，也是我们加强检察队伍建设的指导性文件。各级检察机关要认真贯彻落实四中全会精神，根据《决定》的要求，切实抓好党的建设特别是组织建设，以党的建设带动队伍建设，推动检察工作，为党和国家的中心工作服务。明枢同志和王克同志的讲话都很好，各地介绍的经验也都很好。会议开得是成功的，达到了预期的目的。

下面我讲六个问题：

一、深入学习贯彻党的十四届四中全会精神，充分认识新形势下加强检察机关党的建设的重要性和紧迫性

十四届四中全会是一次具有全局意义和长远意义的重要会议，集中研究了党的建设问题。会议作出的《中共中央关于加强党的建设几个重大问题的决定》明确指出，在当代世界风云变幻的条件下，在当代中国改革开放和现代化建设的伟大变革中，把党建设成为用建设有中国特色社会主义理论武装起来、全心全意为人民服务、思想上政治上组织上完全巩固、能够经受住各种风险、始终走在时代前列的马克思主义政党，是一项新的伟大的工程，并明确提出了党的建设特别是组织建设的主要任务、指导思想、工作方针和重大措施，形成了新形势下加强党的建设的整体部署。这个决定不仅仅是对当前工作的部署，而是长远的，是新时期建党的整体部署。全面落实四中全会《决定》提出的各项任务，对于提高党的领导水平和执政水平，推进改革开放和社会主义现代化建设，保证党和国家的长治久安，具有重大而深远的意义。

当前检察机关政治工作的主要任务，就是根据四中全会《决定》，加强检察机关党的建设。从总体上看，检察队伍是好的，检察机关党的建设的情况也是好的。几年来，各级检察机关以邓小平同志建设有中国特色社会主义理论为指针，坚持党的基本路线，紧密围绕党和国家的工作大局，认真履行法律监督职责，集中力量查办贪污贿赂等经济犯罪大案要案，严厉打击严重刑事犯罪，加强执法监督，各项工作都有了很大进展。这些都是在党的坚强领导下取得的，也是与检察机关各级党组织和广大共产党员努力奋斗分不开的。但同时也必须看到，我们的工作同党中央的要求、人民的期望和形势的需要还有差距，检察机关党的建设和队伍建设还存在一些薄弱环节和亟待解决的问题，在发展社会主义市场经济的新形势下，检察队伍还面临不少新情况新问题。这些都需要我们在四中全会精神的指引下，认真研究和解决。

从检察机关的性质和当前的工作情况看，加强检察机关党的建设具有特殊的重要意义。在会议讨论中，大家对这个问题谈得很充分，我看归纳起来可以从以下五个方面来认识这个问题：1、检察机关是人民民主专政的工具，是国家机器的重要组织部分，代表党和人民行使着广泛而重要的权力；2、坚持党的领导是检察工作的一项基本原则，也是中国检察制度最鲜明的特色；3、检察队伍是一支以共产党员为主体的队伍，各级检察长绝大多数是共产党员，抓队伍建设实质是抓党的建设，只有抓好党的建设才能抓好队伍建设；4、社会主义市场经济要求不断地加强法制建设，市场经济必须有法制来保证，对执法监督有着前所未有的必然要求；5、反腐败任务繁重而艰巨，查办贪污贿赂大案要案既要持久作战，又要打好阶段性战役，一步一步把斗争引向深入。我们要引导广大党员、广大干警从这些方面来认识加强检察机关党的建设的重要性和紧迫性。特别要从社会主义市场经济对法律监督的必然要求上来加深认识。社会主义市场经济是法制经济，要求通过法律的形式来规范市场主体、维护市场秩序、加强宏观调控、完善社会保障、促进对外开放。党的十四届三中全会《决定》明确指出："社会主义市场经济体制的建立和完善，必须有完备的法制来规范和保障。"近几年来，党中央高度重视社会主义市场经济法制建设，不仅加强了对立法工作的领导，而且加强了对执法工作的领导，反复强调要严格执法，加强和改善司法、行政执法和执法监督，依法惩治各种刑事犯罪和经济犯罪，坚决纠正有法不依、执法不严、违法不究的现象。新的历史时期为检察机关提出了新的历史性任务，就是要充分履行法律监督职责，通过维护法律统一正确实施，保证党的路线方针政策的贯彻落实，保证党中央政令畅通，保障社会主义市场经济体制的建立和发展。我们的任务更加繁重、更加艰巨、更加光荣。完成历史赋予我们的重任，切实搞好检察机关党的建设是非常重要的。我们要用四中全会精神统一全体检察人员的认识，全面贯彻落实中央关于党的建设的整体部署，在继续加强党的思想建设和作风建设的同时，突出地抓好组织建设。要从实际出发，有重点、有针对性地研究制定具体的贯彻措施，把加强党的建设的各项任务落到实处。

二、始终把思想建设放在首要地位，用邓小平同志建设有中国特色社会主义理论武装全体检察人员的头脑

思想建设是基础，主要任务是教育，根本目的是用邓小平同志建设有中国特色社会主义理论武装全体检察人员的头脑，坚持党的基本路线一百年不动摇。各级检察机关都要始终把思想建设放在首要地位，把用邓小平同志建设有中国特色社会主义理论武装全体检察人员作为一项战略性任务，长期坚持，抓紧抓好。

要在建立社会主义市场经济体制的历史性变革中保持正确的方向，正确履行职责，充分发挥服务大局的作用，就必须用伟大的理论来指导。有了理论上的清醒和坚定，才能使政治方向、理想和信念建立在科学的基础之上，才能保持政治上的清醒和坚定，从而由强大的精神力量转化为巨大的物质力量，实现由精神到物质的飞跃。小平同志在论述这个问题时讲得非常深刻："为什么我们过去能在非常困难的情况下奋斗出来，战胜千难万险，使革命胜利呢？就因为我们有理想，有马克思主义信念，有共产主义信念。"因此，他强调"党和政府愈是实行各项经济改革和对外开放政策，党员尤其是党的高级负责干部，愈要高度重视，愈要身体力行共产主义理想和共产主义道德，不能自己在精神上解除了武装。”今天我们的这个精神武器就是邓小平同志建设有中国特色社会主义的理论。用邓小平同志建设有中国特色社会主义理论武装全党，是新的伟大工程的基础性建设，是检察队伍建设的首要任务。要扎扎实实地把全系统学习理论活动深入下去。最近几年，特别是《邓小平文选》第三卷出版发行以后，各级检察院采取多种形式组织干警进行学习，收到了很好的效果，有力地推动了检察事业的发展。我们要进一步加强学习，按照党中央部署，用三年左右的时间，在全体检察人员中有计划、有步骤地开展建设有中国特色社会主义理论和党章的学习活动。要联系当前的形势和任务，联系检察工作情况，联系检人员的思想和工作实际，把理论学习引向深入。要把《邓小平文选》作为理论学习的基本教材，认真研读原著，全面系统地把握理论的科学体系，把握解放思想、实事求是的科学态度和创造精神。要深刻地领会和把握小平同志反复阐述的“两手抓，两手都要硬”的基本方针和民主与法制思想，尤其是关于反腐倡廉的一系列重要论述。通过学习，使全体检察人员都能够进一步坚定共产主义理想，搞清楚什么是社会主义，如何建设和发展社会主义，从而坚定走有中国特色社会主义道路的信念，提高坚持党的基本路线一百年不动摇的自觉性、坚定性；都能够坚持全心全意为人民服务的宗旨，密切联系群众，廉洁奉公，遵纪守法，自觉抵制拜金主义、个人主义和腐朽生活方式的侵蚀；都能够牢固树立社会主义法制观念，自觉坚持“严格执法，狠抓办案”的工作方针，坚决反对和纠正违法违纪行为，保证国家法律的统一正确实施；都能够运用科学的理论分析和解决工作中的重大问题，勤奋工作，秉公执法，在发展社会主义市场经济的伟大事业中建功立业。

要在全系统倡导学理论、学业务的良好风尚，鼓励和督促干警关心改革大局，学习新鲜知识，特别要学习社会主义市场经济的基本知识和有关政策，学习现代科技知识，学习法律知识，钻研检察业务，不断提高检察队伍的整体素质和执法水平。要在检察工作的各个业务部门都培养出一批政治坚定、作风过硬、懂经济、懂法律、熟悉检察业务、会外语、会开车、会用电脑的业务骨干，形成一支实力雄厚、适应形势发展和工作需要的检察官队伍。

三、把加强党的组织建设作为突出环节，认真落实党中央提出的三项任务

四中全会在近两年我们党关于思想建设和作风建设具体部署的基础上，着重就加强党的组织建设作出了决定，明确指出当前要把加强组织建设作为党的建设的突出环节。全会提出的加强党的组织建设的三项任务，既是历史经验的科学总结，又是时代发展的迫切要求，抓住了当前党的建设的关键问题。我们要按照《决定》的要求，认真抓好三项任务的落实。

1、要十分重视贯彻民主集中制。民主集中制是我们党和国家的根本组织制度和领导制度，是党的群众路线在组织制度上的创造性运用。我们要坚定不移地贯彻民主集中制，在任何时候、任何情况下，都决不能丢掉这个重要原则。当前，贯彻民主集中制，最重要的是全党服从中央，维护中央的权威。这是党的最高利益所在，也是全国人民最高利益所在。维护中央权威不是小事，它是关系到我们党的事业兴衰、国家统一、民族团结、事业前进的大事。只有维护中央权威，我们的社会主义事业才能取得胜利。党成为执政党以后，通过法律的形式把党的政策转化为国家的意志，通过领导立法和执法，实现党对国家的领导。从检察机关的性质、任务和工作实际看，我们执行党的路线、方针和政策，主要体现在执行法律上，维护中央权威主要体现在维护社会主义法制的尊严上。在社会主义市场经济的新形势下，这个特点尤为明显。列宁在谈到维护中央集中和权威时说，社会主义不能在违法乱纪的汪洋大海中建成，讲的也是这个道理。我们要结合检察机关的职责和工作实际，通过严格执法，狠抓办案，维护法律的统一正确实施，维护中央的权威，保证党的路线方针政策的贯彻落实。

在检察机关内部，也必须贯彻民主集中制原则。一是检察系统上下要统一步调，令行禁止。当前主要是保证党中央关于深入持久地开展反腐败斗争的统一部署的贯彻执行，坚决克服一些地方存在的“不可不反、不可真反、不可彻底反”的不正确认识，认真解决有案查不下去，结案迟缓，该严的严不起来的问题。在这个问题上，全系统要形成统一认识、统一意志和统一行动。还要注意解决令不行、禁不止的问题。现在有的检察院对上级检察院包括最高人民检察院的指示，拖着不办，顶着不办，有些问题三令五申就是制止不了，如地方保护主义、越权办案等。这些行为，既违反了法律关于上级检察院领导下级检察院、最高人民检察院领导全国各级人民检察院的规定，也违背了党的民主集中制原则，必须坚决纠正。二是各级检察院在工作中要认真贯彻民主集中制。要坚持和完善检察委员会制度，发挥检察委员会的作用；严格执行干部任免程序；坚持和完善集体领导和个人分工负责相结合的制度；加强制度建设，加强和健全党内监督，严肃党的纪律，进一步活跃党内生活，激发广大检察人员的积极性和创造性，在全系统形成又有集中又有民主、又有纪律又有自由、又有统一意志又有个人心情舒畅、生动活泼的政治局面。从实际情况看，一个班子在贯彻民主集中制中容易发生的问题，往往是干部问题，所以要严格执行干部选拔、任免、使用程序。贯彻民主集中制的关键是一把手，矛盾的主要方面是一把手，一把手的民主作风好，广泛听取群众意见，在群众意见基础上，进行正确集中，就能搞好班子团结，调动大家积极性，这个地方、单位的工作就一定活跃。如果一把手民主作风不好，这个地方的工作可能一时会有些起色，但不可能长久。所以，搞好团结、调动队伍积极性、充分发挥集体领导作用，必须贯彻民主集中制。

2、加强和改进各级检察机关党的基层组织建设。从各地和这次会议反映的情况看，检察机关基层党组织建设是比较好的，在工作中较好地发挥了战斗堡垒作用。我们要根据四中全会《决定》关于加强和改进党的基层组织建设的要求，进一步抓好检察机关党的基层组织建设。这是一项非常重要的工作。在检察系统贯彻党和国家的路线方针政策，要靠党的基层组织；教育党员，管理党员，加强党内监督，发挥党员在各项检察业务中的先锋模范作用，要靠党的基层组织；强化法律监督职能，把“严格执法，狠抓办案”的工作方针变为广大检察人员的自觉行动，也要靠党的基层组织。总之，充分发挥检察职能作用，开展各种检察业务活动，都离不开基层党组织的战斗堡垒作用和广大党员的先锋模范作用。只有基层党组织是坚强和有战斗力的，检察队伍才可能是坚强和有战斗力的。加强和改进检察机关基层党组织建设，要坚持为党的中心任务和检察机关的工作重点服务；要用改革的精神来研究新情况、解决新问题，不断改进基层党组织的活动内容和工作方法；要严格党内生活，严肃党的纪律，保持党员队伍的先进性和纯洁性；要立足于经常性工作，常抓不懈；必须以提高素质、增强党性为目标，加强和改进党员教育和管理工作。各级检察院党组和领导同志都要十分重视基层党组织建设，加强对基层党组织的指导，经常研究机关党组织的工作，了解党员的思想状况，为基层党组织开展工作创造必要的条件。各级检察院基层党组织要结合自身特点做好工作，增强凝聚力和战斗力，努力成为团结、带领广大检察人员严格执法的战斗堡垒，使各项检察任务的完成具有更加巩固的基础。在当前情况下，要研究新情况，党要管党应从基层抓起，基层党组织要把对党员的监督、管理认真抓起来，解决当前有些地方党不管党的现象。

3、培养和选拔德才兼备的领导干部。培养选拔干部是我们党新的伟大工程的一个关键工程，关系到党和国家的前途命运。我们应该从这个高度来认识和加强检察机关领导干部的培养和选拔工作。一是要全面提高现有领导干部的素质。各级检察院领导干部特别是分、市检察院以上检察长，不仅要努力成为有知识，懂业务，胜任本职工作的内行，而且首先要努力成为忠诚于马克思主义，坚持走有中国特色社会主义道路，具有出色组织才能的政治家。培养干部，提高素质，既要靠加强学习，通过教育和培训，提高马克思主义理论水平，改善知识结构；又要注重实际锻炼，在斗争实践中增知识，长才干。要通过学习和实践，使各级检察院的领导干部树立和坚定正确的世界观、人生观，更加自觉地坚持党的基本路线，坚持“严格执法，狠抓办案”的工作方针，增强工作中的原则性、系统性、预见性和创造性。二是要高度重视人才的发现和使用，抓紧选拔优秀年轻干部，努力造就一大批跨世纪担当重任的领导人才。要把选拔人才与调整充实各级检察院领导班子结合起来，按照干部队伍“四化”方针和德才兼备原则，选拔一批优秀年轻干部充实到领导班子中去。省级检察院的领导班子应该有四十岁左右的同志；分、市检察院的领导班子应该有三十岁左右的同志。我们在任的检察长，如果不重视培养接班人，在历史上也可以说是没有尽到责任。这不是一件小事，是关系到事业延续发展下去的大问题。衡量干部的德和才，主要是看工作实绩，选人用人要注意社会公论。要破除论资排辈、求全责备、迁就照顾等陈旧观念，不拘一格选拔人才。对于在查办贪污贿赂大案要案和其他各项检察工作中做出突出成绩、群众信任的优秀干部，特别是年轻干部，要大胆提拔，放手使用。检察系统在这个问题上思想要更解放一点，步子迈得更大一点，以调动更多的人为检察事业奋斗。三是要加强后备干部工作。重视摸索检察机关领导干部的成长规律，坚持干部交流、挂职锻炼等行之有效的做法，采取多种形式，加强对后备干部的培养。对素质较好的年轻干部，要给他们压担子，鼓励、引导和安排他们到基层去，到办案第一线去，特别是到条件艰苦或情况复杂的环境中去，经受考验，要为他们的迅速成长创造条件。四是要结合《检察官法》草案的研究修改工作，加快干部制度的改革，逐步形成优秀人才能够脱颖而出、富有生机与活力的用人机制。

四、加强作风建设，进一步开展自身反腐败斗争

在改革开放的新时期，检察机关的任务越来越繁重，面临的斗争形势越来越复杂，队伍面临的腐蚀与反腐蚀的考验也越来越严峻，对此决不可掉以轻心，必须警钟长鸣，大力加强作风建设，深入开展自身反腐败斗争。一是要坚持不懈地抓好全心全意为人民服务的宗旨教育和廉政勤政教育。在发展社会主义市场经济条件下，仍然要讲理想，讲大局，讲奉献，讲全心全意为人民服务，廉洁奉公，勤政为民，讲个人利益服从集体利益，局部利益服从全局利益。开展各项检察工作，都要充分地相信群众，依靠群众，发动群众，争取人民群众的理解、支持，并经常注意体察民情，了解民意，虚心听取人民群众对检察工作的意见和建议，改进我们的工作，越是在我们工作有了成绩的时候，越是要虚心听取各方面意见。“求通民情，愿闻己过”。要通过经常的教育活动，弘扬党的优良传统和作风，坚定检察人员的理想和信念，不断提高拒腐防变的能力。二是各级领导干部要带头廉洁自律，不折不扣地执行中央对领导干部提出的各项自律要求，以身作则，率先垂范。三是认真纠正检察机关存在的不正之风。坚决克服执法不严、违法办案、滥用职权插手经济纠纷等违法违纪现象。四是建立健全各项廉政勤政制度，完善内部监督制约机制，自觉接受社会监督，从制度上保障检察人员廉洁自律。五是严肃查处干警违法违纪案件。要坚持“从严治检”的方针。严，是对干警的最大关心和爱护；严，队伍才能有战斗力。松松跨跨，是带不好队伍的。对检察人员违法违纪案件，必须发现一起，查处一起，决不能姑息护短。当前，要重点查处滥用职权贪赃枉法、徇私舞弊和严重侵犯公民合法权利，群众反映强烈的案件。今后，对检察人员的违法犯罪案件原则上要由上一级检察院查办，并向同级纪委通报。有的案件最高人民检察院要直接查办。同时，各级领导同志要切实关心干警的思想、工作和生活，包括他们的家庭，把思想政治工作做细致，做深入。工作越是紧张，越要注意关心干警，积极创造条件，努力为干警办实事，解决实际困难。

五、各级检察长要做理论上的明白人、工作上的实干家

四中全会《决定》对党的高级干部提出了五条明确要求，各级检察院领导，特别是分、市检察院以上的检察长要自觉地按照《决定》的要求，加强修养，提高素质和领导水平。加强检察队伍建设，发展检察工作，检察长是关键；全面完成四中全会《决定》提出的各项任务，检察长也是关键。我们的各级检察长，特别是分、市检察院以上检察长的领导水平，尤其是政治水平如何，直接关系到检察工作的全局。所以，检察长一定要做明白人，不能“以其昏昏，使人昭昭”。首先，要做理论上的明白人。理论上的明白才是真正的明白。各级检察长要带头学习马列主义毛泽东思想，学习掌握邓小平同志建设有中国特色社会主义理论，要学得更多一些、更深一些、更好一些。要通过学习，始终保持清醒的头脑，具有高度的政治敏感性和坚定的政治信念，自觉坚持党的基本路线，经得起各种考验。还要带头学习市场经济知识，学习现代科技和现代管理知识，学点历史，开阔眼界，了解全局，解放思想，务实创新，不断提高领导能力和领导艺术，善于审时度势，驾驭检察工作的全局。第二，要做工作上的实干家。首先要抓案子，亲自办案，指导办案，督促办案，特别是要办大案要案，办那些在当地、在全国有影响的案件。检察院是法律监督机关，实现监督主要通过办案。我们衡量一个检察长、一个检察院的政绩大小、工作好坏，主要看办案，特别是大案要案。要敏锐把握、善于解决工作进程中的新情况、新问题，不断开创工作的新局面；要会带队伍、带好队伍，敢于管理、严格管理，提高检察队伍的整体素质。第三，要做贯彻民主集中制的模范。一把手要有宽阔的胸襟，讲党性、顾大局，模范地执行民主集中制。要努力维护领导集体的团结，建设一个好班子。要带头执行集体领导和个人分工相结合的制度，支持领导班子其他成员的工作，放手让他们独立负责地履行自己的职责；凡属检察工作中的重大事项、重大案件、重大问题特别是干部问题都要由集体决定，要充分酝酿、协商和讨论，倾听各方面的意见，包括反对的意见，不搞一言堂。一把手在集体领导中负有主要责任，要善于团结同志一道工作，促进领导成员精诚团结，互相信任，互相支持，互相补充，又要带头开展批评和自我批评，坚持原则，分清是非，克服缺点，改进工作。要善于引导、保护、发挥全体检察干警的积极性，坚持走群众路线，及时总结和推广来自基层的好经验。第四，要做廉政勤政的表率。各级检察长要保持和发扬党的优良传统和作风，艰苦奋斗，廉洁勤政，真心诚意为人民谋利益；要严以律己，严格执行中央关于领导干部廉洁自律的各项要求，决不能把手中的权力用作谋取个人和小团体私利的资本，坚持个人利益服从集体利益，局部利益服从全局利益，永远把党和人民利益放在第一位；要实行领导干部重大事项报告制度，加强监督。

六、要坚持思想政治工作和检察业务工作两手抓，在实践中加强和改进思想政治工作

开展思想政治工作的根本目的，是保证党的路线和各项方针政策在检察工作中得到有效的贯彻落实，保证各项检察任务的顺利完成。在实际工作中，要坚持思想政治工作和检察业务工作两手抓、两手都要硬，坚持把思想政治工作同检察业务工作紧密结合起来，防止割裂开来，出现“两张皮”。一个单位思想政治工作如何，主要是通过检察业务工作的成效来检验。思想政治工作的指导思想是为检察业务工作服务，为工作重点服务。要把思想政治工作贯穿、渗透到检察业务工作中去，根据在开展反腐败斗争、查办大案要案和其他检察业务工作中遇到的新情况、新问题，有针对性地做思想政治工作，及时消除干警中存在的模糊认识、消极情绪，鼓舞干警士气，调动一切积极因素，保障各项检察任务的完成。各级检察长和各个部门的负责同志都要一岗双责，一手抓思想政治工作，一手抓检察业务，善于运用思想政治工作来推动业务工作的开展。

当前，检察机关的任务特别是查办贪污贿赂等经济犯罪大案要案的工作十分繁重。十四届四中全会的《决定》和江泽民同志在会议上的重要讲话，对进一步加强党风廉政建设，深入开展反腐败斗争提出了新的要求，为我们的工作指明了方向。各级检察机关要认真学习，深刻领会，扎扎实实地抓好贯彻落实，切实抓出成效。要继续坚持“严格执法，狠抓办案”的工作方针，加大对贪污贿赂等经济犯罪的打击力度，集中力量查办大案要案。要重点查处党政领导机关、行政执法机关、司法机关和经济管理部门发生的犯罪案件，特别是县处级以上领导干部犯罪案件；司法和行政执法机关工作人员徇私舞弊、贪赃枉法犯罪案件；法人犯罪案件；危害改革措施实施的新型犯罪案件；袒护罪犯，阻挠办案，构成伪证、包庇、窝藏罪的案件和打击报复举报人的案件。各级检察院要以贯彻四中全会《决定》为契机，大力加强和改进思想政治工作，用强有力的思想政治工作保障和促进查办大案要案工作的深入发展。

几年来，我们的思想政治工作取得了很大成绩，广大政工干部解放思想，开拓进取，无私奉献，做了大量的工作，为各项检察业务的发展做出了重大贡献。我代表最高人民检察院向同志们表示感谢和慰问。各级检察院要进一步加强政工机构和政工队伍建设，不断完善各项政治工作制度，改进工作作风和方式方法，使我们的思想政治工作更有成效。各级检察长要更加重视思想政治工作，关心政工队伍建设，支持他们的工作，帮助他们研究和解决工作中的困难和问题。

同志们，让我们紧密团结在以江泽民同志为核心的党中央周围，以邓小平同志建设有中国特色社会主义理论为指导，贯彻党的十四大和十四届三中全会、四中全会精神，认真抓好检察机关党的建设和队伍建设，坚持“严格执法，狠抓办案”的工作方针，振奋精神，团结战斗，为改革开放和现代化建设做出新的贡献。

在全国检察长座谈会上的工作报告

最高人民检察院副检察长　梁国庆

（1994 年 7 月 10 日）

同志们：

我们这次座谈会的主要任务是，根据中央的有关指示精神，总结上半年工作，研究部署下半年任务。下面，我受思卿同志的委托代表最高人民检察院向会议作工作报告，请大家讨论。

一、上半年检察工作的基本情况

今年以来，各级检察机关认真贯彻党的十四届三中全会精神，根据 1993 年底全国检察长工作会议的部署，紧紧围绕“抓住机遇，深化改革，扩大开放，促进发展，保持稳定”这个全党全国工作的大局，坚持“严格执法，狠抓办案”的工作方针，集中力量查办贪污、贿赂、徇私舞弊等大案要案，严厉打击严重刑事犯罪，加强执法监督，各项工作都有新的进展，为维护稳定，促进改革和发展，做出了贡献。

（一）在反腐败斗争中查办大案要案工作取得了新的成果

上半年，各级检察院认真履行职能，继续集中力量查办大案要案，最高人民检察院和各省级检察院加强了督促、检查和指导，工作保持了好势头，特别是在查办领导干部犯罪案件，执法人员犯罪案件和法人犯罪案件等方面，取得了较大成绩。1 月至 5 月，全国检察机关共立案侦查贪污贿赂罪案 16107 件，比去年同期增长 92.7%，其中万元以上大案 8099 件，占 50.3%，内有五十万元以上不满一百万元的 46 件，一百万元以上的 26 件；立案侦查挪用公款、假冒商标、偷税、抗税、骗税罪案 8890 件，比去年同期增长 9.3%，其中犯罪数额五十万元以上的 261 件，比去年同期上升 1.1 倍。立案侦查“侵权”、渎职罪案 6794 件，内有重大案件 1297 件。决定逮捕各类犯罪分子 11594 人。通过办案，为国家和集体挽回直接经济损失7.5亿元。

上半年查办大案要案工作有以下几个突出特点：一是查办发生在四个重点部门的犯罪案件普遍有新的进展。1月至5月在这些部门立案查办4580人，占立案数的12%。其中党政机关工作人员1258人，司法人员917人，行政执法人员642人，经济管理人员1763人。二是要案增加幅度大。1月至5月立案侦查犯有贪污、受贿、徇私舞弊等罪行的县处级以上干部730人，比去年同期增长4.7倍，其中司局级干部32人，副军级干部1人。三是贿赂案件大幅度上升，共立案侦查6506件，比去年同期上升2.5倍。要案大多数是受贿犯罪，又多是发生在四个重点部门。查办这类案件增多，是斗争深入的重要标志，也是我们工作水平提高的表现。四是查办法人犯罪案件有了突破。至5月底，已立案查办机关、团体、企事业单位走私、偷税、骗税和假冒商标等罪案42件。五是对新改革措施实施过程中出现的新的犯罪活动及时进行了打击，批捕、起诉了一批重大金融诈骗和伪造、倒卖、盗窃增值税发票等案犯，立案侦查了利用假发票偷税、骗税等犯罪案件，为各项改革措施的顺利实施提供了法律保障。六是严肃查办了一批徇私舞弊和作伪证、隐匿罪证，包庇罪犯等干扰查办大案要案的犯罪分子。1月至5月共立案侦查徇私舞弊案153件187人，伪证和隐匿罪证案116件140人，其中相当一部分是在查办贪污贿赂等大案要案中牵连出来的。七是办案进度加快，及时向法院起诉了一批大案要案。1月至5月共起诉贪污贿赂等经济罪案7251件8674人，其中有县处级干部127人，司局级干部12人，副部级干部1人；起诉徇私舞弊等法纪罪案1669件2432人。对一些有影响的大案要案，如李效时案、衡水重大金融诈骗案、乳山重大走私案等，有关检察院都精心组织出庭工作，有的检察长亲自出庭，支持公诉，揭露犯罪。中政委6月6日电话会后，各地都相对集中地向法院起诉了一批在当地有影响、有震动的大案要案。

（二）打击严重刑事犯罪工作进一步加强

上半年，各级检察机关普遍加强了维护政治稳定和社会安定的各项工作，与公安、法院等部门密切配合，坚持依法从重从快的方针和“两个基本”的原则，严厉打击了严重刑事犯罪和境内外敌对势力、敌对分子的渗透、破坏、窃密等犯罪活动。1月至5月，全国检察机关共受理公安机关提请批捕的人犯263573名，经审查已批准逮捕224371名，对不符合逮捕条件的17139名人犯作出不批准逮捕决定；受理移送起诉的案犯248080名，经审查已提起公诉197672名，批捕、起诉人犯数分别比去年同期上升34%和34.5%；对漏捕、漏诉的人犯，依法作出追捕、追诉决定，共追捕2513名，追诉1006名。

在工作中，突出打击杀人、抢劫、强奸、爆炸、持枪作案等恶性暴力犯罪，贩毒、重大盗窃、拐卖妇女儿童犯罪以及车匪路霸、牢头狱霸、流氓团伙特别是带黑社会性质的犯罪团伙。1月至5月，共批准逮捕这几类案犯99006名，提起公诉82219名。建国以来罕见的千岛湖特大抢劫、杀人案发生后，当地检察机关迅速行动，提前介入侦查、预审活动，掌握证据，公安机关报捕当日即作出了批捕决定，起诉工作准备周密，取得了好的效果。

积极参加了全国范围的打击盗窃、破坏铁路、油田、电力、通讯设备的犯罪活动和伪造、倒卖、盗窃发票违法犯罪活动的专项斗争；很多地方的检察院还根据当地党委的统一部署，参加了当地各种类型的专项打击和重点整治活动，狠刹了犯罪分子的嚣张气焰。

今年以来，各级检察院与公安和国家安全机关密切配合，及时了解和掌握敌情、社情动态，运用检察职能，批捕、起诉了一批危害国家安全的犯罪分子，与有关部门配合依法妥善处置了一些影响稳定的事件，为维护稳定做出了积极贡献。

（三）执法监督工作取得新的进展

上半年加强执法监督工作的一个突出特点是把纠正违法与查办执法人员徇私舞弊、枉法包庇、放纵罪犯等犯罪案件结合起来。重点抓了以下几项工作：一是对有案不立、有罪不究的问题依法向有关部门提出纠正，经督促不纠正的，根据刑事诉讼法第十三条的规定，对典型案件直接立案侦查，追究了185人的刑事责任。二是抗诉工作继续加强，对重罪轻判、有罪判无罪等错误的刑事判决、裁定，按上诉程序提出抗诉595件，按审判监督程序提出抗诉183件，最高人民检察院向最高人民法院提出抗诉10件。三是及时检察纠正判决后不交付执行以及在办理减刑、假释、保外就医工作中出现的以钱抵刑等违法情况。四是排除困难和阻力，对100多件明显不公的民事、经济、行政判决、裁定提出了抗诉。

（四）队伍建设有了新的进步

各级检察院坚持“依法建院，从严治检”的方针，进一步加强了队伍建设。通过举办领导干部读书班、研讨班等形式，各级领导带头并组织干警认真学习《邓小平文选》第三卷，学习中央关于改革开放的方针、政策，学习社会主义市场经济的基本理论和现代科学技术，用建设有中国特色社会主义理论武装头脑，增强了为经济建设服务的主动性。最高人民检察院于3月下旬召开了全国检察机关第二次纪检监察工作会议，根据中纪委第三次全体会议精神，对自身反腐败和廉政勤政建设提出了新的具体要求。各级检察机关进一步开展了自身反腐败工作，认真解决存在的问题，严肃查办少数检察人员的违法违纪案件，同时加强了宗旨教育、严格执法教育、纪律教育，抓紧建章立制，促进了队伍廉政勤政建设。领导机关、领导同志转变作风，深入基层调查研究，加强了对下级工作的领导和指导。许多检察院制定和试行了岗位责任制、办案责任制、目标管理责任制以及考任制等，激发了干警的积极性。在增编补员工作中，改革进人办法，实行考试与考核相结合，保证了新增检察人员的素质。教育培训工作以在职人员的岗位培训、领导干部任职资格培训为重点，也取得了新的进展。上半年最高人民检察院共奖励、表彰在查办大案要案等工作中做出显著成绩的32个先进集体和6名先进个人；地方各级检察院奖励、表彰了202个先进集体和498名先进个人。

法律政策研究、信息调研、宣传和理论研究，以及技术、装备、后勤管理等工作也有新的发展。

总的来看，上半年各级检察院贯彻最高人民检察院的工作部署是认真的，工作抓得是紧的，广大干警付出了艰辛的努力，许多检察长顶着压力，以顽强的精神坚决排除阻力和干扰，促进了查办大案要案等各项工作的深入开展。这是主要方面。但工作中也存在一些问题，主要是有的要案查不下去，结案缓慢，该严办的没有严起来。有的地区办要案少，查办有影响的要案更少；有的对要案线索没有依法进行初查，瞒案不报、压案不办的情况在一些地方仍然存在；有的查办领导干部、执法人员犯罪的案件不突出，查办法人犯罪案件不积极；一些地方对群众反映强烈的以烟谋私、以酒谋私、以油谋私等方面的案件还没有大的触动；有的检察院在协查跨地区案件方面配合不够；检察政令不畅的问题也有待进一步解决。

还需指出的是，经中央批准下发的《关于进一步强化法律监督职能，保障社会主义市场经济体制的建立和发展的意见》，是当前和今后一个时期检察机关贯彻党的十四届三中全会精神的指导性文件，少数地方对结合实际贯彻这一文件精神重视不够，需继续抓好落实。

二、下半年工作的意见

最近，中央办公厅、国务院办公厅发出了关于在反腐败斗争中注重抓好经济犯罪大案要案查处工作的通知。中央政法委员会和中央社会治安综合治理委员会已经分别召开会议，对打击贪污贿赂等经济犯罪、集中开展“严打”斗争、整治农村社会治安工作作了具体部署。下半年检察机关的主要任务，就是要按照“严格执法，狠抓办案”的工作方针，把中央的精神贯彻落实到各项检察工作中去，更好地为全党全国工作大局服务。

（一）查办大案要案工作要取得更大的突破

当前查办大案要案工作已进入一个新的阶段，一批隐藏深、职务高的犯罪分子逐渐暴露出来，办案工作难度增大，斗争更加复杂艰巨。在这种形势下，要使斗争继续深入，关键是各级检察长要振奋精神和勇于排除阻力与干扰。关于下一步工作，思卿同志在中政委召开的全国打击经济犯罪电话会议上的讲话，已提出明确要求，各级检察机关要狠抓落实。下半年尤其是第三季度，要集中力量，抓紧立案一批、查结一批、起诉一批大案要案，配合法院重判一批、杀一批严重犯罪分子，在全国范围内进一步造成声势，引起震动，震慑犯罪，鼓舞群众，推动反腐败斗争深入发展。要继续以查办发生在党政领导机关和司法部门、行政执法部门、经济管理部门中的犯罪案件为重点，力争在查办领导干部犯罪的要案、执法人员犯罪案件和法人犯罪案件方面取得更大的突破。具体要抓好以下几点：

第一要敢查。敢查首先要求领导干部振奋精神，敢于碰硬。只有领导的精神振奋起来了，才能找到有效地排除阻力和干扰、突破案件的办法。6月初电话会后，很多领导同志的精神振作起来了，查办有影响的案件也增多了，就是很好的例证。各级检察长都要认清在反腐败斗争中肩负的重大责任，以对党对人民高度负责的态度，认真对待查办大案要案工作。斗争越复杂、越艰难，领导机关、领导干部越要勇于担负起责任。我们既要看到困难，也要看到成绩，看到有利因素，坚定信心，提高斗争的勇气，不畏权势，秉公执法，不管遇到什么样的阻力和干扰，也不管阻力来自何方，干扰有多大，都要以坚韧不拔的毅力，把查办大案要案工作抓出成效。在工作中，要加强对要案线索的管理和初查。凡要案线索必须按规定及时向上级检察院报告、备案，省级检察院要把本地区县（处）级与厅（局）级干部的案件线索掌握起来，厅以上干部的案件线索一律报最高人民检察院备案。构成犯罪属检察机关管辖的要案线索，都要坚决依法进行初查，不得转送其他部门处理。发现其他部门对构成犯罪的要案作党政纪处理的，要报告党委，主动协调，依法立案查办。要案的初查，按照分级负责制，由主管检察院检察长批准或党组决定。有要案线索而不初查的，最高人民检察院和省级检察院都要派出得力人员加强督促帮助。

第二要会查。会查就是依法查，提高斗争水平和斗争艺术。一是初查要讲究方式方法，秘密进行，防止犯罪嫌疑人串供、毁证、逃跑或自杀，避免其他副作用。二是要选准突破口，查实一两笔犯罪事实后，即应依法果断立案，及时采取强制措施。三是初查和侦查工作都要注意依法搜集证据，侦查时要善于灵活综合运用各种法定侦查手段。抓证据，是制服罪犯的有力武器，也是争取各方面支持的有效办法。四是要主动争取上级检察院的领导和支持。下级检察院遇有困难，要及时向上反映，不要观望，不能压着、拖着。上级检察院要切实加强督促、检查、指导，对下级检察院查办要案工作，要态度鲜明地予以支持，该撑腰的撑腰，该协调的协调，该派人帮助的要及时派人帮助。下级检察院办不了的案件，可提上来办。五是要善于依靠党委的支持，帮助排除阻力和干扰。要案线索经初查后依法应当立案的，要将事实和有关证据一并向同级党委主要领导同志报告，同时向上级检察院报告。六是要加强对跨地区大案要案侦查工作的统一指挥和协调，搞好协同作战。对上级检察院的指令必须及时、准确地贯彻执行，不允许顶着不办。

第三要抓紧处理。对已经立案侦查的大案要案，特别是厅以上干部犯罪的要案要集中力量，逐案定人员、排进度，抓紧侦查取证工作，快结快诉。下半年尤其在近几个月，各省、自治区、直辖市检察机关，每月都要相对集中地向法院起诉一两批案件，配合法院集中宣判。重大案件要选派经验丰富、熟悉案情的人员出庭公诉，有的案件可派参加侦查的检察人员一起出庭。近期要抓紧起诉发生在重点部门中的司局级以上干部和县处级主要领导干部犯罪案件；法人走私、假冒商标、偷税骗税犯罪案件；金融诈骗案件；伪造、倒卖增值税发票案件等。认定大案要案的事实和证据，要以法定的犯罪构成要件为准，不去纠缠细枝末节，比如，赃款赃物的去向，能查清当然好，但一时查不清，而证据充分的，也要依法结案起诉；主要犯罪事实已查清，某些次要的事实一时难以查清的，不应影响结案。

第四要贯彻依法从重从严精神。对贪污贿赂等严重犯罪分子该逮捕的要逮捕，该起诉的要起诉，该重判的要建议法院重判，该处死刑的要建议处死刑。对法人犯罪案件，既要追究有关直接责任人员的刑事责任，也要追究法人组织的刑事责任。免予起诉和撤案都要严格执行已有规定，实行备案审查，加强上级对下级的监督。对领导干部特别是厅以上干部犯罪案件、执法人员犯罪案件和法人犯罪案件的免予起诉和撤案，更要从严掌握。对随意适用刑法第五十九条规定减轻处罚，或随意改变立案和定罪判刑标准的，要敢于监督。对于“窝案”和一案多罪的“群案”，要全面查办，彻查到底，注意把案件办完整。对于有关国家工作人员包括一些领导干部阻挠办案的，或制造伪证、隐匿罪证，袒护包庇犯罪的，或窝藏罪犯，徇私舞弊，玩忽职守放纵罪犯的，要充分运用1982年3月8日全国人大常委会《关于严惩严重破坏经济的罪犯的决定》中的有关规定，一并严肃查办。这既是为查办贪污贿赂等大案要案创造好的执法环境所必需，也是体现从重从严的重要方面。

工作中，要讲辩证法，抓住重点，推动一般。在集中力量查办发生在四个重点部门的案件的同时，要注意查办改革措施出台后出现的各种新类型的犯罪案件，积极查办国有资产流失严重和亏损严重的企业中的犯罪案件。

（二）坚持依法从重从快方针，加大“严打”力度

当前我国政治稳定，社会安定，经济发展，人民生活不断改善，这是总的方面。但影响稳定的因素还很多，有些地区社会治安状况不好，刑事犯罪相当突出，甚至比 1983 年“严打”前还要严重得多，复杂得多。各级检察长对面临的治安形势要保持清醒的头脑，增强忧患意识，进一步做好维护稳定工作。关于打击刑事犯罪工作，5 月底召开的全国第三次刑事检察工作会议已作了具体安排，总的是要抓住重点，集中打，狠狠打，打出声威，加大打击力度。

一是要集中打击。对治安问题突出的地区，由党委统一部署开展集中打击，重点整治，这是近年来打击刑事犯罪工作的一条成功经验。上个月中央社会治安综合治理委员会召开的会议，决定从现在起，用今明两年的时间，在全国范围内集中开展整治农村治安的斗争。关于全国集中开展“严打”斗争，最近中央还要作出统一部署，这都是维护稳定的重大举措。各级检察机关要继续参加各种集中打击行动，与其他政法部门密切配合，打好总体战。要象 1983 年开展“严打”那样，严厉打击各种严重危害社会治安的犯罪活动，促进治安状况的好转。各地还要注意分析治安形势和危害稳定的各种因素，掌握犯罪新动向，及早发现问题，向党委提出具体建议，做到什么问题开始冒头就及时解决什么问题，哪些方面的犯罪突出就集中打击，哪些地方的治安混乱就重点整治，防止犯罪活动形成气候。

二是要抓住重点打。不同时期、不同地区，打击的重点可以有所不同，确定重点的依据主要是看哪类犯罪对社会的危害程度大。当前，要突出打击各类犯罪团伙特别是严重危害一方的流氓犯罪团伙的骨干分子；杀人、抢劫、持枪作案的犯罪分子和重大盗窃犯罪分子；金融诈骗、走私、贩毒犯罪分子；破坏油田、通讯、水利、电力设施的犯罪分子；拐卖妇女、儿童的人贩子和强迫、引诱、容留和介绍妇女卖淫的犯罪分子；负案在逃的犯罪分子。

三是要狠狠打。“严打”的关键是严。对严重刑事犯罪要坚持依法从重从快方针，严刑厉科，从严惩治，该捕的要捕，该重判的重判，该杀头的要杀头，绝不手软。在检察环节，一定要依法快捕、快诉，做到及时、准确、有力地打击犯罪。要把“两个基本”原则落到实处，对一人犯数罪和共同犯罪的案件，主要犯罪事实已查清，主要案犯已捕获，按照法律有关犯罪构成的规定，认定基本犯罪事实的证据充分的，该起诉的就要依法及时起诉，不能因为次要罪行一时未查清、其他案犯一时未抓获归案而拖延办案期限，影响打击效果。要把“严打”斗争同反腐败结合起来，同查办徇私舞弊、枉法包庇、放纵严重刑事犯罪分子的案件结合起来，这样才能真正做到打击有力。

（三）执法监督要突出重点，进一步抓出成效

第一，执法监督工作要围绕查办大案要案和“严打”来开展。当前在打击严重经济犯罪和严重刑事犯罪这两方面执法不严现象较为突出，如该立不立、该捕不捕、有罪不究、以罚代刑、降格处理；对一些大案要案不该免予起诉的作了免予起诉或重罪作了轻判；判刑后实际执行少，有的判决后不按规定交付执行，或在执行过程中违法办理减刑、假释、保外就医，其中有的是搞以钱抵刑。这些现象，严重破坏了法律的严肃性和公正性，制约对犯罪的打击力度，损害司法机关在人民群众中的

威信。群众对此反映强烈。我们的执法监督工作主要是解决对严重经济犯罪打击不力、"严打"不严的问题，切实保障打击经济犯罪体现从重从严，打击刑事犯罪体现从重从快。

第二，执法监督的各个环节要抓住重点：

——法纪检察要重点查办国家工作人员特别是执法人员贪赃枉法、徇私舞弊、刑讯逼供等犯罪案件。查办法纪犯罪案件，既是反腐败的重要内容，又是保障严格执法的重要方面。要大力加强这项工作，为打击经济犯罪和刑事犯罪创造良好的执法环境。

——侦查监督要坚持把解决有罪不究、以罚代刑的问题作为重点，发现有关部门对重大刑事案件该立案不立案，或以罚代刑的，要及时督促纠正，经督促仍不纠正的，要依照刑事诉讼法第十三条的规定，直接立案侦查，提起公诉。发现漏捕、漏诉的，要追捕、追诉。

——刑事审判监督要重点抓好抗诉工作。对有罪判无罪、重罪轻判等错误裁判，依法该抗诉的坚决抗诉，不要受所谓"改判率"的束缚。下级检察院抗诉有理的，上级检察院要给予有力支持。既要重视上诉程序的抗诉，也要重视审判监督程序的抗诉。

——执行监督要重点检察纠正判刑后不按规定交付执行以及办理减刑、假释、保外就医工作中出现的以钱抵刑等违法情况。注意纠正超期羁押，违法私放罪犯出狱、出所等现象。各地要对判刑后不交付执行和办理减刑、假释、保外就医等工作中的违法情况开展一次普遍的检查，年底前报最高人民检察院。

——民事行政检察要加强对确有错误的民事、经济和行政判决、裁定的抗诉工作。结合抗诉依法查办从中发现的审判人员贪赃枉法、徇私舞弊、索贿受贿的犯罪案件。

——要把办理申诉案件作为执法监督的一项重要内容，注意通过受理群众来信来访，分析各种执法不严的现象；坚持实事求是，有错必纠的原则，认真办理不服免予起诉、不服判刑的申诉案件。

第三，执法监督工作要通过办案来实现。办案是最有效的监督手段。各项业务工作、执法监督的各个环节既要注意发现和纠正执法不严的现象，更要重视从执法不严的现象中发现和坚决查办执法人员的犯罪案件。纠正违法和查办案件结合起来，就能增强监督工作的有效性，使严格执法落到实处。

第四，执法监督工作还要在监督别人和监督自己两方面双管齐下。自身正才能腰杆硬，监督别人才能理直气壮。法律监督机关要特别重视依法办事，依法办案，加强自身队伍建设，这是严格执法的保障。应当充分看到，检察队伍面临着新的形势，正经受新的考验。检察人员既是反腐败的主力军，又是被腐蚀的目标。近年来一些检察人员被金钱、色情腐蚀，索贿受贿、贪赃枉法等严重违法犯罪的现象时有发生，要引起我们的高度警惕。必须强调，对检察队伍要依法管，严格管。要始终保持队伍的政治坚定性，进一步发扬优良传统。认真抓好自身反腐败工作，加强内部制约，防止和减少出现违法违纪问题。要严肃办案纪律，严格保密。这一点对各级领导干部也十分重要。要坚决保护、大力表彰秉公执法的检察人员。要加强学习，上下都要形成浓厚的学习风气。既要学理论，又要学法律，强调学习我们不熟悉的、立法机关制定公布的新的法律，还要学市场经济和科技知识，不断提高队伍的整体素质和执法水平。下半年要专门召开政工会议研究队伍建设问题，这里就不多讲了。

三、加快改革步伐，不断提高执法水平

检察机关重建十多年来是在改革中前进的，检察工作是在改革中逐步发展的。特别是十四届三中全会以后，根据党中央关于改革、完善司法制度的精神，各级检察机关进一步加强了自身的改革和建设，包括“严格执法，狠抓办案”工作方针的确定，执法监督工作的加强，刑事诉讼法第十三条的充分运用，加强大案要案侦查工作的统一指挥和协调等，都使检察工作有了新的发展。

改革是一项长期的任务，完善有中国特色的检察制度是个长期的过程，需要不断地探索。但应看到，目前我国经济体制、政治体制改革不断深入，一系列新的改革措施已陆续出台。为了适应新形势，我们也必须加快检察工作改革的步伐。

1、积极参与有关立法工作。八届全国人大常委会的立法规划正在抓紧实施，一批同检察工作关系密切的法律将逐步制定，《刑法》、《刑事诉讼法》等法律的修改工作也在抓紧进行。检察工作的改革与完善将集中地体现在这些法律和检察机关体制改革方案中。我们要积极参与有关法律的制定和修改的讨论，特别是最高人民检察院和省级检察院要高度重视这项工作，对与检察权、检察工作关系重大的法律问题，要加强调研论证，主动提出立法建议和法律修改意见。

2、完善反贪污贿赂工作机制。一是要抓紧《惩治贪污贿赂法》的起草工作，通过立法增强必要的反贪手段，完善反贪工作程序。二是进一步完善跨地区大案要案侦查工作的统一指挥协调机制，建立案件协查工作制度，以及境外取证、个案协查制度。三是建立起有效的贪污贿赂犯罪预防机制，把预防工作提高到一个新的水平。

3、增强法律监督效力。要研究如何更好地发挥检察人员在法庭上的作用；探索对公安机关、安全机关侦查活动监督和人民法院审判活动监督的有效措施，增强对有案不立、有罪不究的监督手段，提高对包括刑事、民事、经济、行政案件错误的判决、裁定抗诉的效力；要研究对死刑复核的监督程序。完善检察机关直接受理的刑事案件的范围和免予起诉工作制度。

4、研究加强上级检察院领导下级检察院的具体措施，使法律规定的上级领导下级的关系，在业务工作及检察官的任免、机构设置、编制管理等方面真正得到体现和落实。加速机构改革，理顺内外关系。《人民检察院组织法》正在抓紧修改。最高人民检察院机构改革方案已报中央编委，待中央编委和最高人民检察院联合发文后再组织实施。要进一步完善检察机关的工作制度，如检察委员会议事规则，列席审判委员会制度，大案要案管理制度等。

5、实行检察官制度。八届全国人大常委会第七次会议初步审议了《检察官法》（草案），委员们普遍认为制定这一法律是十分必要的。从现在起，就要根据《检察官法》的要求，逐步建立检察官资格、任免、衔级、培训、考核、晋升、交流、奖惩等制度。各级检察院都要抓紧做好《检察官法》实施的准备工作。不断完善人事管理制度，录用人员实行考试与考核相结合的办法，确保进人素质。要建立健全内部管理制度，如检察长责任制、办案责任制、岗位责任制等。《国家赔偿法》将于明年1月1日起实施，检察机关要按照该法的有关规定，建立内部的错案追究制度。通过建立这些制度，逐步形成优者晋、平者让、庸者下和功者奖、过者罚、劣者出的竞争激励机制，使能者居其位，为优秀人才脱颖而出创造条件，保障严格执法。

6、重视科学技术在检察工作中的应用，运用现代科学技术手段，加强物质装备建设，改善办案条件，加快办公现代化建设的步伐。

检察工作改革是政法工作改革的重要组成部分，是涉及全局的大事。各级检察院领导都要重视、关心。改革必须有领导、有计划、有步骤地进行。重大改革措施要由最高人民检察院统一部署，具体业务工作制度，各地可结合实际积极探索。

要正确把握改革的原则。检察工作改革要以邓小平同志关于建设有中国特色社会主义的理论为指导，坚持从中国实际出发；要严格遵循和执行宪法和现行法律，如果需要修改法律，应当通过立法程序来进行。改革的目的是要增强法律监督职能，任何削弱检察权的主张都是不符合实际的。对其他部门涉及检察工作的改革，各地要及时报告最高人民检察院，不能各行其是，更不能违法办事。要加强理论研究，凡列入改革的项目都要充分论证，稳妥进行。各级领导要亲自动手和组织开展检察理论研究，并加强改革方面的宣传工作。

同志们，当前检察机关面的任务十分繁重。我们要在以江泽民同志为核心的党中央领导下，振奋精神，开拓进取，扎扎实实做好工作，继续为改革开放和经济建设做出新的贡献。

关于加强法人犯罪检察工作的意见

——1994年3月7日在全国检察机关查办大要案工作电话会议上的讲话

最高人民检察院副检察长　梁国庆

同志们：

我就加强法人犯罪检察工作讲三点意见。

一、要提高认识

党的十四届三中全会通过的《中共中央关于建立社会主义市场经济体制若干问题的决定》中强调："要依法严肃查处包括法人违法犯罪在内的大案要案。"实践证明惩治法人犯罪是建立和完善社会主义市场经济体制的必然要求，也是新形势下检察工作的一项光荣任务。

第一，严肃查办法人犯罪案件，切实维护市场秩序。随着社会主义市场经济体制的确立与发展，作为市场经济活动的主体，各种类型的法人在市场的调控管理、生产经营等方面发挥了积极性、主动性和灵活性，为社会生产力的发展开辟了广阔的前景。同时，在新体制磨合的过程中，法人自律机制、监督机制不健全，一些法人为了追求更大经济利益，不惜冒违法犯罪的风险。行贿受贿、走私、骗税、偷税抗税、假冒商标、制售伪劣商品等违法犯罪活动十分严重，对社会主义市场法律秩序的破坏很大。以走私为例，1986—1990年全国海关查获的法人走私案件违法违纪数额为13.39亿元；1993年上半年查获的法人走私货物、物品价额达14亿元；某省1993年1—6月查办50起走私汽车案件，缉获1724辆，均系法人所为。去年检察机关立案侦查假冒商标案3436件，比上年增加10%，其中属于法人犯罪720件，占21%。

第二，坚决同法人犯罪作斗争，保障严格执法。法人犯罪较之自然人犯罪具有更大的社会危害性。一些企事业单位、机关、团体利用其雄厚的资本、掌握的权力或者其他特殊条件，有组织、有计划地进行违法犯罪活动，往往是跨部门、跨地区、甚至跨国作案，犯罪数额巨大，给国家和人民造成重大损失。它们打着改革、开放、搞活的幌子，相互勾结实施犯罪，并有掩盖罪行的对策和反侦查的措施。法人违法犯罪大都有人支持，党政领导和有关部门事先纵容，事后包庇，有案不办，以罚代刑是普遍的。因此依法查办法人犯罪案不但是维护市场秩序的客观需要，也是今后严格执法的重要内容。当前的突出问题，一是多数法人犯罪案件没有受到严肃追究；二是即使查办了也往往只追究直接负责的主管人员和其他直接责任人员，法人组织很少被追究刑事责任和判处刑罚，纵容包庇法人犯罪的党政领导等国家工作人员没有被严肃查处，查办机关法人则更难。

第三，依法惩治法人犯罪，促进反腐败斗争深入开展。法人犯罪不但破坏社会主义市场经济秩序，破坏社会主义经济基础，阻碍社会生产力的发展，它的危害还在于腐蚀干部，败坏党风和社会风气，是当前存在的严重腐败现象之一。山东省乳山市商业局特大走私案就是商业局长勾结威海市边防局、乳山市公安局有关领导，以武装为掩护，在当地党政领导支持下进行的。走私单位大肆行贿，有关国家工作人员徇私舞弊、收受贿赂，执法部门与走私单位共同对抗查究，在全国造成了恶劣的影响。此案共涉及被告人多名，一审已判处四人死刑，其中三人立即执行。由此可见，法人犯罪一般都是群体犯罪，既有法人又有自然人，涉案人员很多，又是综合犯罪，伴有收受贿赂、贪污侵吞，枉法包庇、徇私舞弊等罪行；有党政领导、执法部门掩饰包庇，搞权钱交易，互相利用，互相包庇，关键是地方利益、部门利益作祟。各级检察机关要坚决贯彻中央的决定，充分发挥法律监督职能作用，严肃依法查处法人犯罪案件。如果不对单位定罪处（罚金）刑，不让有关人员坐牢，法人犯罪是刹不住的。

二、要依法查办

法人作为民事法律的概念，是指按照法定程序设立，拥有独立支配的财产，有一定组织机构，能独立地享有权利和承担义务的社会组织。法人包括“企业、事业法人”和“机关、社会团体法人”两类。在我国现行法律中涉及法人犯罪时，表述为“企业事业单位、机关、团体”犯罪，当前人们有时称法人犯罪，有时又称单位犯罪。当然，企业事业单位、机关、团体并不全都是法人，但主要是法人。

我国法律对于法人犯罪的规定可在宪法中找到根据，现行刑法中涉及到有偷、抗税（121条）、挪用国家救灾、抢险、防汛、优抚、救济款物（126条）和假冒商标等规定。由于只规定追究直接责任人员的刑事责任，而没有引起足够的重视。1987年颁布的《中华人民共和国海关法》明确规定了法人为犯罪主体，即企事业单位、国家机关、社会团体犯走私罪的，由司法机关对其主管人员和直接责任人员依法追究刑事责任；对该单位判处罚金。到目前为止，我国已有七个法律中有单位（包括法人）犯罪的规定，通过立法规定法人犯罪的条文日渐增多，为查处法人犯罪案件提供了法律依据。检察机关对法人犯罪的检察，包括对公安、安全机关侦查的案件批捕、起诉，也包括直接立案侦查。就直接立案侦查的范围，可从以下几个方面来考虑掌握：(1) 法律规定和按照管辖分工应由人民检察院直接立案侦查的案件，如法人贿赂犯罪，骗税、偷税、抗税犯罪和假冒注册商标犯罪案件等。(2) 检察机关查办国家机关工作人员职务犯罪牵连出的法人犯罪案件，应一并查办；(3) 依据刑事诉讼法第十三条第二款规定，对于已构成犯罪，应当追究刑事责任而没有追究，或者有关部门作了其他处理的，如法人走私犯罪案件，检察机关要依法立案侦查。机关法人犯罪案件应当是查办的重点，要积累经验，敢于查办。

查办法人犯罪案件，要严格掌握法律规定的条件。构成法人犯罪一是法人以自己的名义实施的犯罪行为，法人组织是行为的主体；二是在法人意志直接支配下实施的犯罪行为，直接负责的主管人员和其他直接责任人员的个人意志，成为法人意志；三是通过其法定代表人或其他有关人员组织实施，为法人谋取利益的行为。只要具备了上述条件，同时触犯了刑律的，就应当追究犯罪法人和有关人员的刑事责任。

在办案中，既要查明法人直接负责的主管人员和其他直接责任人员具体实施的犯罪行为，又要查明法人的犯罪行为。在制作法律文书时，要将法人组织列为被告人，又要将直接负责的主管人员和其他直接责任人员列为被告人；分别叙述法人组织的犯罪行为和有关人员具体实施的犯罪行为；分清法人和有关自然人各自应负的法律责任，避免出现在侦查终结报告、起诉书中只有有关人员实施犯罪的情节、证据、罪责而反映不出法人组织本身犯罪情节、证据、罪责的情况。

三、要注意总结

查办法人犯罪案件是一项新的检察业务工作。去年以来，我们强调严格执法，查办了一批法人犯罪案件，但经验不多，需要通过不断实践，逐步完善查办法人犯罪案件的具体工作程序制度，今年在这方面要有新的突破。

查办法人犯罪案件，要建立备案制度。对法人犯罪的立案侦查，应当层报省、自治区、直辖市人民检察院备案，其中查办机关法人犯罪案件时，要层报省级检察院批准，报最高人民检察院备案。各省级检察院要逐月向最高人民检察院报告查办法人犯罪案件工作情况，上级检察机关要加强指导和协调。

查办法人犯罪案件，要坚持党内报告制度。法人犯罪案件，特别是机关法人犯罪案件社会影响大，对涉及县处以上干部的，应当按规定向党委报告，争取党委的支持和指导，要加强与党的纪检部门、行政监察部门、法人主管部门的协调配合，及时通报情况，积极、稳妥地查办法人犯罪案件。

地方各级检察机关在查办法人犯罪案件过程中，要注意积累案例，及时总结经验，积极探索依法查办法人犯罪案件的有效办法，工作中遇到的问题要层报最高人民检察院。最高人民检察院要加强调查研究，对有关问题及时作出司法解释或具体规定。

同志们，随着立法的发展，惩办法人犯罪方面的法律将逐步完善，法人犯罪的检察工作亟待加强和规范，请各级领导高度重视，积极开展这项工作，切实为经济建设做贡献。

认真学习贯彻党的十四届四中全会精神
加强检察机关党的建设

——1994年10月22日在全国检察机关第二次政治工作会议上的讲话

最高人民检察院副检察长　陈明枢

同志们：

我们这次会议是在党的十四届四中全会胜利闭幕不久召开的。刚才，王克同志对近几年来的政治工作作了总结，讲的很好，很全面。现在，我代表最高人民检察院党组就认真学习贯彻党的十四届四中全会精神，进一步加强检察机关党的建设，做好政治工作，讲几点意见，请大家讨论。

一、认真学习四中全会精神，深刻认识加强检察机关党的建设的重要性

党的十四届四中全会是在我国加快改革开放和社会主义现代化建设的关键时刻召开的。全会通过的《中共中央关于加强党的建设几个重大问题的决定》，是集中全党同志智慧制定的新时期加强党的建设的纲领性文件。《决定》在邓小平同志建设有中国特色社会主义理论特别是党的建设理论指导下，科学地分析了党的建设面临的形势和任务，指出当前在继续抓好党的思想建设和作风建设的同时，特别要把组织建设作为突出环节，抓紧抓好，要坚持和健全民主集中制，加强和改进党的基层组织建设，培养和选拔德才兼备的领导干部，努力把党建设成为用建设有中国特色社会主义理论武装起来、全心全意为人民服务、思想上政治上组织上完全巩固、能够经受住各种风险、始终走在时代前列的马克思主义政党。《决定》对于在新形势下加强党的建设，充分调动和发挥全党、全国人民的积极性、创造性，保证十四大提出的各项任务的完成，对于坚持党的基本路线一百年不动摇，充分发挥党的领导作用，保证党和国家的长治久安，都具有重要现实意义和深远的历史意义。对于搞好检察机关党的建设，加强检察机关的政治工作，履行法律监督职能，保证国家法律统一正确实施，维护国家的稳定和发展，同样具有重要的指导意义。

各级检察机关和全体党员干警，特别是各级党员领导干部要认真学习《决定》和江泽民总书记的重要讲话，学习中纪委四次全会精神，深刻领会精神实质，坚决贯彻执行，一方面在检察机关认真落实全会提出的各项任务，另一方面是要通过履行法律监督职能，保证中央政令的畅通，维护中央权威，促进全会精神的贯彻落实。最高人民检察院已经下发了通知，对学习贯彻四中全会精神作了具体部署。学习要联系当前的形势和检察任务，联系检察机关党建工作的实际，首先要解决认识问题，即要充分认识加强检察机关党的建设的重要性、必要性和紧迫性。

第一，检察机关的性质和任务决定了

必须加强党的建设。人民检察院是人民民主专政的工具，是国家法律监督机关，是开展反腐败斗争的重要部门，肩负着惩治贪污贿赂等经济犯罪，打击各种刑事犯罪，维护社会稳定，维护法律统一正确实施，保障改革开放和建立社会主义市场经济体制的重任。这就决定了检察机关必须置于党的绝对领导之下，必须加强党的建设，以保证党的路线方针政策在检察机关得到坚决贯彻执行，保持各项检察活动坚定正确的政治方向。

第二，检察队伍中共产党员占多数这一特点也决定了必须加强党的建设。各级检察机关都建有党的组织，检察队伍中近70%是共产党员，各级领导干部和工作骨干基本上都是党员。党员和党员领导干部政治业务素质的高低、先锋模范作用发挥得如何，决定着检察机关的政治方向、执法水平和工作成效。因此，必须以加强党的建设带动队伍建设，推动各项检察工作开展。

第三，检察机关党的建设现状要求进一步加强党的建设。几年来，各级检察机关认真贯彻中央的指示精神，不断探索具有检察特色的党建工作的新路子，在党的思想、作风和组织建设方面都取得了很大成效，为各项检察工作的开展，提供了重要的思想保证和组织保证。同时，也要看到，我们的党建工作还不能完全适应纷繁复杂的国际国内形势和越来越繁重艰巨的检察任务的需要，主要是：在履行法律监督职能对保证中央的政令畅通、维护中央权威的重要性的认识上，还要大大提高；随着队伍的发展壮大，党员特别是新党员增多，教育和管理的任务比过去更加繁重；有些检察院对党建工作重视不够，治党不严，在思想上、作风上、组织上不同程度地存在着一些问题；社会上一些消极因素和腐败现象也在侵蚀着我们的党员和干部队伍，有些人经不起考验，甚至走上犯罪道路，党员和领导干部违法违纪呈上升趋势。这些都必须通过加强党的建设，从根本上加以解决。

总之，在新的形势下，加强检察机关党的建设尤为必要，非常迫切。各级检察机关特别是领导干部一定要充分认识到这一点，增强抓好党的建设的紧迫感和自觉性。

今后一个时期检察机关党的建设的任务是，认真贯彻执行党的十四届四中全会《决定》，在全面贯彻落实中央关于思想建设和作风建设部署的同时，特别要加强组织建设，坚持和健全民主集中制，加强和改进党的基层组织建设，大力培养和选拔德才兼备的领导干部，加强党对检察工作的领导，保障完成各项检察任务。

二、认真贯彻民主集中制

民主集中制是我们党和国家的根本组织制度和领导制度，法律监督机关必须坚决贯彻这项制度。认真贯彻民主集中制，维护中央的权威，严明政治纪律，有利于体现人民群众的根本利益和愿望，有利于党的路线方针政策的正确制定和执行，也有利于正确履行法律监督职能，保证各项检察任务的顺利完成。各级检察机关要在领导干部和全体党员干警中认真进行民主集中制的教育，按照《决定》的要求，更加自觉地贯彻民主集中制。

（一）充分履行法律监督职能，维护中央权威

我国正在进行的广泛而深刻的社会变革，要求作为领导这一伟大变革的执政党——中国共产党，必须更好地坚持和健全民主集中制，必须保持全党政治上、思想上、组织上的高度统一和行动上的高度一致，维护党中央的权威。党要领导好这

场社会变革，需要制定一系列体现广大人民意志和利益的路线方针政策，并且通过领导立法和执法以法律的形式把它变为人们的行为准则。社会主义市场经济，从一定意义上说就是法制经济，更需要以完备的法制来规范和保障。检察机关充分发挥法律监督职能，维护法律在全国统一正确实施，坚决纠正经济活动和其他活动中有法不依，执法不严，违法不纠，滥用职权，以及为谋求部门和地区利益而违反法律等现象，打击各种犯罪活动，就是维护中央的权威，就是保证中央政令的畅通，就是保障社会主义市场经济体制的建立和发展，就是为党的中心工作服务。各级人民检察院一定要坚持“两手抓，两手都要硬”的方针，强化法律监督职能，严格执法，狠抓办案，依法严肃查处包括法人犯罪在内的大案要案，打击各种犯罪活动，加强执法监督，坚决突破地方保护主义和部门保护主义的樊篱，维护法律的尊严。通过法律监督，使党和国家的各级组织和全体党员干部增强法制观念，模范地遵守宪法和法律，健全法制，推动和保障民主集中制的贯彻执行。

（二）在检察工作中认真贯彻民主集中制

检察机关是国家的重要执法机关，党和人民赋予了我们很大的权力，尤其要认真贯彻民主集中制，充分发扬民主，坚持正确集中，以避免或减少失误，正确行使职权。

首先，要发展民主，充分发挥全体党员、干警的积极性，增强决策的民主化。发展民主是多层次、多方面、多途径的。要以强化法律监督职能，完成检察任务为目的，以引导、保护、发挥积极性为出发点，紧密结合检察机关的各级党组织、各个机构的职能和党员的权利、义务及干警的职责开展。要鼓励党员、干警解放思想，实事求是，勇于探索，坚持原则，敢讲真话。从领导机关的决策到基层检察院的工作部署，从干部的选拔任用到对领导干部的评议、监督，都要充分发扬民主。各级检察院的党组会、检察委员会、院务会、检察长办公会等都要充分发扬民主，听取不同意见，以增强决策的科学性和可行性。领导机关和领导干部更要注意发扬民主，坚持从群众中来，到群众中去，集中起来，坚持下去的群众路线，充分尊重广大干警的首创精神，及时总结来自基层和实践的丰富经验。在作出重要工作决定时，要注意广泛听取各方面的意见，特别是下级检察院的意见。要切实保障党章规定的基层党组织和党员的权利，创造条件，提供比较宽松的环境，不断疏通和拓宽发扬民主的渠道。防止压制民主、打击报复现象的发生。

其次，加强民主基础上的集中，保证正确决策和决策的顺利执行。检察机关作为党领导下的司法机关，按照下级服从上级，全党服从中央的原则，必须始终保持与党中央在政治、思想、组织、行动上的高度一致，认真贯彻党的路线方针政策，保证中央的政令在检察系统畅通无阻。要增强全局观念，正确处理局部利益同整体利益、眼前利益同长远利益的关系；要增强组织观念，切实遵守个人服从组织、少数服从多数的原则，坚决执行集体的决定，不同意见可以保留，可以反映，但必须执行，决不能把个人凌驾于组织之上；要增强纪律观念，严格执行党的纪律和检察工作纪律，做到令行禁止；要严格执行宪法和《人民检察院组织法》关于最高人民检察院领导地方各级人民检察院和专门人民检察院的工作，上级人民检察院领导下级人民检察院的工作的规定，对最高人民检察院决定了的事情，地方各级人民检察院和专门人民检察院都要认真去办，对上级检察院的决定，下级检察院要认真执行。要树立全国、全系统“一盘棋”的思想，对外地要求协查案件的，要积极配合协助。

现在一些地方还存在组织纪律性差、有令不行、有禁不止的现象，对上级检察院包括最高人民检察院的某些指示，不重视或阳奉阴违，顶着不执行，有的还参与搞地方保护主义，有的受利益驱动，越权办案，违法办案，不配合甚至阻挠外地政法机关前来办案，影响很坏。对这些问题，最高人民检察院三令五申明文禁止，但有的还是充耳不闻，我行我素。这种违背民主集中制原则和宪法、法律的行为，必须坚决纠正；对情节严重，造成严重后果的，要绳之以党纪国法。

第三，坚持集体领导和个人分工相结合，提高领导班子的整体效能。凡属检察工作的总体部署和重大决策，大案要案、疑难案件和有争议案件的查处，重要干部的推荐、任免和奖惩以及其他重大事项，都要由党组或检察委员会、院务会、检察长办公会集体讨论决定。领导成员要敢于负责，既要根据集体的决定和分工，充分发挥主观能动性，切实履行自己的职责，又要有全局观点，关心全局工作，积极参与集体领导，反对本位主义，不能遇事推诿，避免互相扯皮。党组书记、检察长在集体领导中负有主要责任，要带头执行民主集中制，做出表率。领导成员之间要真诚团结，互相信任、支持、谅解，互相帮助克服缺点错误，互相学习，优势互补，不断提高领导水平。

（三）加强民主集中制的制度建设，强化监督约束机制

坚持和健全民主集中制，需要完备的具体制度来规范和保障。江泽民同志最近指出：“要加强民主集中制建设，解决这方面的问题，根本的是靠加强制度建设。”检察机关要根据四中全会《决定》的要求，按照党要管党，从严治党，从严治检，严明纪律，维护中央权威，保障党员、干警合法权利，发挥党员干警积极性、创造性的原则，认真制定和完善关于加强民主集中制、关于干部任免程序、关于办事规则、关于接受人大监督、关于领导干部重要事项报告制度等规定，还要继续完善纪检监察条例、党员干警违纪处理办法等，从制度上保障民主集中制的贯彻执行。

三、加强和改进党的基层组织建设

党的基层组织是党的全部工作和战斗力的基础，担负着直接联系群众、宣传群众、组织群众、团结群众，把党的路线方针政策落实到基层的重要责任。检察队伍建设的加强，法律监督职能的强化，“严格执法，狠抓办案”方针的贯彻执行，都要依靠基层党组织战斗堡垒作用和广大党员先锋模范作用的充分发挥。各级检察院必须把加强基层党组织建设作为重要的基础工作来抓，切实抓好。

近几年来，特别是去年5月检察机关党建工作研讨会以来，各级检察院重视抓基层党组织建设，取得了很大成绩。目前，检察机关的基层党组织比较健全，绝大多数能够认真履行党章规定的职责，团结带领广大干警开拓创新，艰苦奋斗，较好地完成了各项检察任务。广大共产党员在反腐败斗争和其他检察工作中，冲锋陷阵，不畏险难，清正廉明，秉公执法，发挥了模范带头作用。但是，按照新形势的要求，检察机关基层党组织建设还存在许多不相适应的地方，对检察工作的开展没有充分发挥应有的保障作用，主要表现是：一些基层党组织还不能紧密结合业务，开展

有效的思想政治工作；有的基层党组织不敢抓，不敢管，对党员缺乏严格的教育管理，对党员领导干部缺乏有效的监督；还有的基层党组织规章制度不健全或流于形式。一些党员不能以党员的标准严格要求约束自己，不起模范作用，甚至违法乱纪。这些问题必须引起高度重视，认真加以解决。

要根据邓小平同志关于加强党的建设的理论，按照四中全会《决定》提出的党的基层组织建设的方针和措施，重视搞好基层党组织建设。各级检察院党组要加强对基层党组织的指导，经常研究机关党组织的工作和分析党员的思想状况，为基层党组织开展工作创造必要的条件。领导干部要以普通党员身份参加基层党组织的活动，自觉接受基层党组织和广大党员的监督。要及时调整、充实、健全组织机构，搞好班子建设，改进工作方法，增强基层党组织的凝聚力、吸引力，充分发挥保证作用。

检察机关党的基层组织的主要任务是：认真组织党员带头学习政治理论，特别是要学好邓小平同志建设有中国特色社会主义理论和党章；围绕党的中心工作和检察任务，宣传教育党员群众，配合行政领导，抓好经常性的思想政治工作，保证党的路线方针政策的贯彻执行，完成各项工作任务；对党员领导干部和党员在履行法律监督职责中是否发挥表率作用、先锋模范作用进行监督；组织党员积极参加各种精神文明建设活动；加强对机关工会、共青团、妇女组织等群众组织的领导，活跃机关文化生活；加强纪律检查；做好新党员的发展工作。

要以提高素质、增强党性为目标，加强和改进党员教育管理工作。按照四中全会的要求，从现在起，用三年的时间，要在全体党员中有计划、有步骤地开展一次建设有中国特色社会主义理论和党章的学习活动。通过学习要着重解决好三个问题：第一，树立共产主义理想，坚定走有中国特色社会主义道路的信念，提高坚持党的基本理论和基本路线的自觉性，模范执行党的各项政策。第二，坚持全心全意为人民服务的宗旨，密切联系群众，廉洁奉公，秉公执法，敢于碰硬，自觉抵制拜金主义、个人主义和腐朽生活方式的侵蚀。第三，按照党章规定认真履行义务，正确行使权利，立足本职，胸怀全局，奋发有为，建功立业。各级检察院的学习活动要按照地方党委和最高人民检察院的部署进行。

要严格组织生活，严肃党的纪律，加强党员管理。建立健全各项规章制度，规范和约束党员干警的行为。坚持“三会一课”制度。要提高组织生活会的质量，生活会要定期开，有准备地开，有重点地解决问题；要开展批评和自我批评，勇于暴露思想，敢于开展批评，虚心听取意见，认真研究改进措施；会后及时反馈，抓紧落实，加强追踪监督检查。要加强对流动党员的教育管理，根据办案和其他检察活动的需要，长期独立活动有三名以上党员的办案组、工作组，应建立临时党小组或党支部。大力开展争先创优活动，及时表彰和宣扬先进党组织和优秀党员的事迹。同时，要严肃查处党员中的违法违纪案件，对滥用职权，执法犯法，情节严重的，一定要严加惩处。依照党章规定妥善处置不合格党员。

重视做好组织发展工作，按照坚持标准、保证质量、改善结构、慎重发展的方针发展党员，重视培养、吸收业务骨干和优秀知识分子入党，改善党员队伍的文化、年龄结构。

四、重视培养和选拔德才兼备的领导干部

培养和选拔德才兼备的检察领导干部是加强党的干部队伍建设的重要组成部分，是关系检察工作全局的战略问题。充分履行法律监督职能，关键在于各级检察院领导干部。目前，全国范围的领导班子换届工作已基本完成，绝大多数检察院领导班子在革命化、年轻化、知识化、专业化方面又迈出了新的步伐，但还存在一些问题，主要是一些检察院领导班子缺额较多，个别主要领导不够理想，不适应完成日益繁重的检察任务的需要；有一批班子成员已经到了或即将到离退休年龄，而尚没有合适的接替人选；一些检察院领导班子结构不够合理、年轻干部偏少的问题还比较突出；一些检察院班子还比较软弱，有的不够团结。这就要求我们必须抓紧落实《决定》提出的两项重大而紧迫的战略任务：一是必须全面提高现有领导干部的素质，把各级领导班子建设成为坚决贯彻党的基本路线、全心全意为人民服务、具有在新形势下领导检察工作能力的坚强领导集体；二是必须抓紧培养和选拔优秀年轻干部，努力造就一批能够跨世纪担当检察工作重任的领导人才。

（一）充实加强领导班子，改善整体结构

凡是班子存在缺额或班子成员老化、年轻干部偏少的检察院，都要积极物色人选，协同地方党委认真考察，尽快配齐，以免影响工作。在这方面，上级检察院要切实负起责任，摸清底数，采取措施，限期解决。根据任务的要求，有些检察院的副职争取多配一两个。对不适应形势发展和工作需要的领导干部要建议党委及时予以调整，对不称职又调不出去的应予免职或降职使用，把德才兼备的优秀年轻干部充实到班子中去。对一些年龄大、资历老的中层干部，可在职级上做些适当调整，把行政职务腾出来，让给优秀年轻干部。近一两年内分市检察院、两三年内省级检察院，都要配有三十岁左右和四十岁左右的领导干部，不断完善班子的年龄、文化、专长等结构，促进新陈代谢，提高领导班子的战斗力。

（二）切实加强对各级领导干部的培养教育，不断提高素质

各级领导干部都要认真学习马克思列宁主义、毛泽东思想，特别是要学好邓小平同志建设有中国特色社会主义理论和党的路线方针政策，学习法律和经济知识，不断提高领导水平，特别是政治水平和为党的中心工作服务的本领。要坚决克服忙于事务、陷于文山会海、忽视和放松学习的倾向，坚持不懈地抓好对各级领导干部的培养教育。要根据领导岗位的不同要求，制定切实可行的教育和培训规划，分期分批进行培训，对学习情况认真考核，把考核结果作为提拔使用的重要依据之一。还要根据领导干部各自的实际情况，缺什么补什么，提高单体素质。从外系统调任检察机关领导职务的同志，要边干边学，努力提高检察业务水平，尽快进入角色；长期在检察机关或其他政法部门工作的同志，要了解经济，关心大局，解放思想，开阔思路；缺乏领导驾驭全面工作能力的同志，要通过到党政机关挂职锻炼等形式来弥补这方面的不足。

（三）抓紧培养选拔大批优秀年轻干部，加强和改进后备干部工作

不断实现新老干部的交替与合作，是检察事业发展的重要保证。经过这些年的努力，我们在培养选拔任用年轻干部方面迈出了较大步伐。但总的看，还不够理想，随着大批老同志退出或即将退出领导岗

位，一些地方领导干部青黄不接的现象还比较严重，多数情况不是因为没有人才，而是真正的人才没有很好的发现，或发现了有意识的培养不够，没有果断地起用。因此，要高度重视人才的发现和培养使用，认真研究探索检察机关领导干部的成长规律，采取多种形式，抓紧培养选拔大批优秀年轻干部。要破除论资排辈、求全责备、迁就照顾等陈旧观念，按照干部队伍“四化”方针和德才兼备原则，不拘一格选拔人才。对那些政绩突出、群众信任、秉公执法、特别优秀的干部特别是年轻干部，要采取小步快跑、破格提拔等措施，大胆重用。对政治合格、思想敏锐、政绩突出但有一些缺点、毛病的干部，把问题对他谈清楚，也要敢于提拔使用，并帮助其克服改正。重视少数民族干部和妇女干部的选拔和培养。对工作平庸、缺乏魄力的干部，不能委以重任。对那些个人主义严重、思想品质不好、弄虚作假、跑官要官的人决不能提拔。严格执行干部人事工作纪律，坚决防止用人上的不正之风。

要加强后备干部工作，取得党委和组织部门的支持，实行滚动式管理，劣汰优进，及时补足数量，因人制宜落实离岗培训、岗位轮换和到下级检察院、党政机关挂职锻炼等培养措施，促其健康成长。严格执行干部离退休制度，认真做好离退休干部工作。

五、以四中全会精神为强大动力，做好其他各项政治工作

我上面讲的几个问题，也是今后一个时期政治工作的主要内容。下面我再讲几项具体工作。

（一）加强队伍的教育和管理

随着改革开放的深入和经济建设的持续、迅速发展，各种大案要案、新类型案件和复杂、疑难案件将不断发生，案件数量可能继续增加，而我们的办案人员却增加有限，并且干警受社会上种种消极腐败因素的影响腐蚀也会大大增多，将要经受更加严峻的考验，因此，必须全面加强队伍建设，不能头痛医头、脚痛医脚，要标本兼治，着眼于提高干警素质，在提高战斗力上下功夫。而提高素质，提高战斗力，主要靠加强学习教育和管理。

学习教育的内容很多。中心内容是学习和掌握邓小平同志建设有中国特色社会主义理论，用这个理论武装全体干警的头脑。同时还要结合开展以下几方面的教育：理直气壮地进行革命化教育，使干警牢记为人民服务的宗旨，始终保持坚定正确的政治方向；要结合实际，认真贯彻《爱国主义教育实施纲要》，开展爱国主义教育，使干警热爱祖国，热爱检察事业；开展时事政策教育，使干警的思想跟上形势的发展；认真学习社会主义市场经济基本理论、基础知识和现代科技知识，学习新的法律、法规，学习检察业务，认真实施干部培训新的五年规划，提高业务素质；反复进行严格执法教育，使干警养成言必讲法，行必依法的职业习惯，树立忠于法律，依法办事，公正廉明的职业道德，形成严谨细致的工作作风。

开展思想教育，必须坚持领导“一岗双责”，各部门齐抓共管，逐步形成思想教育网络。要结合检察特点，形式多样，讲求实效。要改进教育方式方法，通过制作电教片、编写英雄谱、组织先进事迹报告团、举办展览及利用各种新闻媒介，进行全方位、多角度、生动活泼、形式多样的立体化宣传，大张旗鼓地宣传检察工作的成绩和各项工作中涌现出的先进集体、先进个人的模范事迹，弘扬敢于碰硬、秉公执法的精神，增强干警的职业光荣感、荣誉感和使命感，激发工作热情。当前，要认真准备，开好“双先表彰会”。要采取措施，把思想政治工作延伸到工作时间以外，延伸到干警家属中，筑起拒腐防变的第二道防线。可参照精神文明建设“五个一工程”，结合检察工作实际，开展一些专题活动，比如，要求省级检察院每年推荐一个成功侦破的复杂的大要案例、一份优秀公诉词、一本标准案卷、一部好的电教片、一篇有创见有说服力有一定理论水平的好文章等，进行交流与宣传，以带动和促进全系统干警素质的提高。开展健康有益的文体娱乐活动，寓教于乐，陶冶干警的情操，占领思想阵地。明年初要组织全系统的文艺调演和征集、演唱检察官之歌等活动。

要建立健全规章制度，从严管理队伍。在增编进人工作中，要严格把关，坚持公平竞争、择优录用的原则，严密组织，保证进人质量。建立辞退制度，继续清理调出不适合做检察工作的人员。

关于贯彻中政委今年第六次会议纪要精神，集中一段时间对政法队伍进行教育整顿的问题，各级检察院从现在开始到春节前，要结合开展一年一度的执法执纪大检查，对检察队伍集中进行一次教育整顿，重点解决在执法活动和纪律、作风、廉政方面存在的突出问题。这项工作，最高人民检察院有个专门通知，请各地按照当地党委的统一部署和最高人民检察院通知的要求，尽快作出具体安排，加强领导，一级抓一级，务必抓好落实，取得成效。

（二）做好机构改革和干部人事管理制度改革工作

今明两年检察机关改革的任务很重。加快机构改革和干部人事管理制度改革是一项重要内容。各级检察院要结合学习上海等地的经验，认真总结几年来的成功做法，继续坚持和完善已有的改革措施，按照中央的统一部署，坚持党管干部和按照法定程序任免干部的原则，进一步加大改革的力度。

一要认真贯彻实施即将出台的检察机关机构改革方案，解决检察系统在机构设置等方面存在的不相适应的问题，完善内设机构。

二要做好实施《检察官法》的准备工作，主要是开展检察官任职资格培训，争取明年底完成。

三要采取措施，逐步建立科学的干部分类管理制度，对检察业务人员、行政人员、司法警察、专业技术人员、工勤人员，根据其不同的工作特点，采取不同的管理办法。有计划地开展岗位职务培训，使任职人员胜任本职工作。

四要加强规范化管理，建立和完善以岗位责任制为主要内容的考核、监督机制。认真学习贯彻《国家赔偿法》，建立和推行错案追究制。

五要建立公开、平等、竞争、择优的用人机制，逐步形成能者上、平者让、庸者下、功者奖、过者罚、劣者出的局面，使优秀人才脱颖而出。

六要逐步建立和完善对秉公执法的干警的保护机制。要认真执行《检察官法》关于检察官的身份保障规定，加大协管干部力度，遇有秉公执法的干警受不公正对待时，要报告党委、人大和有关部门，主持公道，予以保护。事迹突出、特别优秀的，还应商地方党委，大胆提拔重用。对挟嫌报复检察干警，情节严重的，要予以追究。

（三）加强反腐败工作和勤政廉政建设

检察机关是法律监督机关，既要监督别人严格执法，又要加强自我监督。不能只查别人，不查自己。正人必先正己，己不正焉能正人？所以，必须坚持不懈地开展为检清廉和纪律作风教育，使干警忠于职守，勤政廉政。要按照中央和中纪委二、三、四次全会关于反腐败斗争的统一部署和把司法部门作为重点之一的要求，加强自身反腐败工作。抓好领导干部廉洁自律和纠正行业不正之风，严肃查处干警违法违纪案件，认真落实反腐败斗争的三项任务。特别是要重点查处与检察职权相关联的案件：一是利用检察职权贪赃枉法、索贿受贿、敲诈勒索等案件；二是滥用检察职权非法拘禁、刑讯逼供等侵犯公民权益的案件；三是领导干部违法违纪案件和群众反映强烈、在当地造成恶劣影响的重大案件。对违法违纪案件，发现一起，坚决查处一起，绝不能宽容放纵，更不能大事化小，小事化了，包庇袒护。同时，对有令不行、有禁不止的典型，对不坚持原则，有案不查，瞒案不报，造成严重后果或严重失职的典型，也要严肃查处，以教育大家。

另外，还要强调一个问题，现在一些检察院在国家行政机关、企事业单位设置了检察室，基本上是人家的人，又管理不善，派出检察院无力领导，出了不少违法乱纪的事，不起什么好作用，有损检察机关的形象，对这类检察室，要按照最高人民检察院的多次部署，坚决撤销。

（四）加强政工机构和政工队伍建设

检察机关的政治工作部门是检察院党组的政治工作机构，在新的形势下，只能加强，不能削弱。

各级检察院党组要加强对政治工作的领导，重视、支持政工部门的工作。要把思想政治工作纳入各级检察院的重要议事日程，列入各级领导干部的岗位职责，作为考核政绩的重要内容之一。上级检察院政工部门要加强对下级检察院政工部门的业务指导，及时沟通信息，加强工作联系。

要进一步建立健全政工机构，加强政工干部队伍建设。政工机构的主要负责人和政治协理员必须由副检察长级干部担任。要选好配强政治工作人员，下决心选调一些党性强、业务熟、敢于坚持原则、作风严谨的同志充实政工部门；在保持队伍基本稳定的前提下，适当开展政工部门和业务、综合部门间的干部交流、岗位轮换，吸收一些具有一定法律知识和检察业务实践经验的干部，以逐步改善政工干部队伍结构，更有效地开展工作。要重视政工部门的业务建设，不断提高政工干部的政治和业务素质。要关心、体贴政工干部，在提职晋级、任命法律职称、深造提高等方面都要做到与业务部门的干部一视同仁，最大限度地调动其积极性，提高工作效率。

政工机构和政工人员是管理检察干警的部门和干部，一定要不断加强自身建设，从严要求自己，努力学习，熟悉业务，不断提高素质，在各方面都做出表率。要进一步解放思想，转变观念，认真调查研究在建立社会主义市场经济体制的新形势下检察队伍中出现的新情况、新问题，及时提出对策和措施。要努力改进工作作风和方式、方法，围绕党的工作大局，联系检察工作、检察队伍实际，扎扎实实地开展工作，不搞形式主义，增强工作的预见性、计划性、针对性、创新性和实效性。要建立健全并贯彻落实各项政治工作制度，推进政治工作的科学化、规范化进程。

这次会议还有一项重要任务，是讨论修改《人民检察院政治工作纲要》。最高人民检察院提请会议讨论的这个《纲要》稿，根据邓小平同志建设有中国特色社会主义理论和党的十四届四中全会精神，结合检察机关和检察工作实际，明确提出了检察机关政治工作的主要任务、基本原则和重大措施，是加强和改进新时期检察机关政治工作的一个纲领性文件。希望大家认真讨论，把它修改好。

同志们！党的十四届四中全会提出了在新形势下进一步加强党的建设的任务，检察机关一定要认真贯彻中央的战略部署，切实抓好本系统党的建设和其他各项政治工作，保障和推动检察工作的全面开展，在以江泽民同志为核心的党中央领导下，认真履行法律监督职能，为改革开放和社会主义现代化建设做出新的更大的贡献！

在最高人民检察院机关纪念“七一”全体党员干部大会上的讲话

最高人民检察院副检察长　陈明枢

（1994 年 7 月 1 日）

同志们：

今天我们全院党员、干警在这里隆重集会，庆祝中国共产党成立七十三周年，同时表彰先进基层党组织、优秀党员和廉洁拒贿表现突出的同志。我代表院党组，向受表彰的集体和个人表示热烈的祝贺！向辛勤工作在各个岗位上的全体党员、干警和职工致以崇高的敬意！

中国共产党是用马克思列宁主义、毛泽东思想武装起来的政党，是中国工人阶级的先锋队，是中国各族人民利益的忠实代表。七十三年来，中国共产党团结和领导全国各族人民，战胜种种艰难险阻，从根本上改变了中国人民的地位、中国历史的方向和中国社会的面貌，取得了新民主主义革命和社会主义建设的伟大胜利。十一届三中全会以来，我们党在邓小平同志建设有中国特色社会主义的理论指导下，领导人民全面开创了改革开放和现代化建设的新局面。在党的领导下，我国的人民检察制度不断发展和完善，法律监督职能不断强化，检察机关在国家政治生活和民主法制建设中日益发挥着不可替代的作用，在斗争中我们越来越感到，中国共产党成为中国革命和建设的领导核心，是我国社会历史发展的必然，是人民在长期实践中做出的正确选择。检察事业的不断发展壮大，必须坚持坚定正确的政治方向，一刻也离不开党的领导。检察机关和检察工作，必须坚定不移地坚持党的领导，认真贯彻执行党的基本路线和各项方针、政策。全体党员、干警在思想上、政治上、行动上要同党中央保持高度一致，自觉执行党的决定，严守党的纪律。要不断加强检察机关党的建设，坚持党要管党，从严治党，充分发挥党组织的政治核心作用、基层党组织的战斗堡垒作用和共产党员的先锋模范作用，带领广大群众团结奋斗，围绕

“抓住机遇，深化改革，扩大开放，促进发展，保持稳定”这一全党工作的大局开展各项检察工作，更好地为党的中心工作服务。

刚才宣布表彰的2个先进党总支、3个先进党支部、39名优秀党员和5名廉洁拒贿表现突出的同志，是我院54个基层党组织、874名共产党员的先进代表。这些先进基层党组织的共同特点是，党支部（党总支）的战斗堡垒作用强、有战斗力，党员先锋模范作用突出，思想政治工作细致扎实，密切联系群众，各项任务完成得出色。这些优秀党员的共同特点是，努力学习马列主义、毛泽东思想和邓小平同志建设有中国特色社会主义的理论，带头贯彻执行党的路线、方针、政策，在政治上同党中央保持高度一致；模范地履行党员的各项义务，积极完成党组织交给的任务；顾全大局，不计较个人得失；事业心强，认真完成本职工作，成绩显著；党性强、作风正，清正廉洁，在社会主义精神文明建设中发挥先锋模范作用。希望全院各基层党组织和全体党员向他们学习，以他们为榜样，认真学习邓小平同志建设有中国特色社会主义的理论，学习党的基本知识，当前要着重学好江泽民同志“学习，学习，再学习”的文章，牢记全心全意为人民服务的宗旨，锤炼为人民服务的品格，练好为人民服务的本领，带领干部、群众坚持“两手抓，两手都要硬”和“严格执法，狠抓办案”的方针，圆满完成党和国家交给我们的各项任务。也希望受表彰的先进集体和个人，要谦虚谨慎，戒骄戒躁，视荣誉为动力，再接再厉，做出新的更大的成绩。

下面，我根据思卿同志的意见，就下一步机关工作，特别是如何全力以赴抓好查办大案要案工作，讲一些认识和意见。

一、抓住机遇，迎接挑战

当前，我国改革开放和社会主义现代化建设事业已进入一个新的发展时期，改革和发展都取得了很大进展，政治稳定，经济形势很好。加快建立社会主义市场经济体制，各项改革全面推进，进展顺利。6月上旬我跟思卿同志到江苏吴江市参加全国农村社会治安综合治理工作会议，顺便到苏南一些地市进行了参观考察，深为苏南蓬勃发展的经济形势和两个文明建设取得的优异成绩所鼓舞。无锡市二年国民生产总值就翻了一番。张家港市经济发展快，市容美观，人均收入已达二千多元。不足千人的一个村，办了好几个大工厂，年产值好几个亿。那里的干部群众市场经济意识极强，充分利用天时、地利等各方面的优势，不放过任何发展的机会。他们的普遍做法是，坚持发展集体经济，先富带后富、帮后富，走共同富裕的道路；坚持“两个文明”一起抓，注意抓市政建设，动员全社会力量搞好社会治安综合治理。结果，经济发展了，社会安定了，干部群众劲头越来越大，想大干、创新业、开拓务实，敢为他人先。苏南的发展体现了有中国特色社会主义的优越性，说明了“两个文明”一起抓的重要性，显示了邓小平同志建设有中国特色社会主义理论的巨大威力。

改革的不断深化，开放的日益扩大，经济的迅猛发展，对上层建筑的各个领域都提出了相应的要求，其中对加强法制建设，从重从严打击经济犯罪，维护社会治安的要求更为迫切。从目前的情况看，经济犯罪现象还非常严重，犯罪数额越来越大，作案手段不断翻新；社会治安形势极为严峻，城市、农村的治安问题都比较突出，已成为影响社会稳定的重要因素，成为广大群众最为关注的“热点”问题之一。这些问题不抓紧解决，将会极大地危害经济建设。

现在有的地方群众对党和政府有意见，有的地方群众缺乏安全感，甚至有的地方投资环境受到影响，都无不与此有关。所以，我们在看到国家整个政治、经济形势是好的、是鼓舞人心的同时，一定要看到前进中出现的问题，居安思危，要有忧患意识，认清自己肩负的责任，做好工作，迎接挑战。

在最高人民检察院和全国各级检察机关广大干警的共同努力下，检察工作取得了很大的成绩。特别是去年8月以来，乘中央加强反腐败斗争的东风，在"严格执法，狠抓办案"的工作方针指导下，广大干警精神振奋，集中力量查办贪污贿赂、徇私舞弊等犯罪大案要案，严厉打击刑事犯罪，加强执法监督，各项工作都有新的进展，为维护稳定，促进改革和发展做出了贡献。今年以来，各级检察机关在去年查办大案要案取得了阶段性成果的基础上，发扬连续作战的精神，继续以查办党政领导机关、司法部门、行政执法部门、经济管理部门中发生的大案要案为重点，立案、侦结、起诉了一批大案要案。特别是在查办领导干部贪污受贿案件，司法、行政执法人员徇私舞弊案件和法人犯罪案件等方面，成绩比较显著。1—5月，全国检察机关共立案侦查贪污贿赂等经济犯罪案件25481件，其中贪污贿赂案16107件，贪污贿赂万元以上大案8099件。立案查处犯贪污、贿赂、徇私舞弊等罪行的县处级以上干部730人，其中司局级干部32人，副军级干部1人。为推动各地查办大案要案工作的开展，我院于3月份召开了全国检察机关查办大案要案工作电话会议，又派出10余个办案组分赴12个省、市具体督办案件，随后又派出9个由检察长或厅长带队的工作组，深入基层，深入办案第一线，调查了解查办大案要案工作中遇到的新情况和新问题，加强了对全局工作的指导。但是，当前经济犯罪大案要案的查处工作还存在一些问题。今年1至4月，全国检察机关立案侦查的贪污贿赂案件比去年开展反腐败斗争后的9至12月下降了14%。特别是在要案的查处方面，问题比较突出。有的地方要案查不下去，结案缓慢，该严的没有严起来。有的地方查办要案少，与经济发达程度呈反差现象。有的地方对要案线索没有依法进行初查。对厅以上干部要案线索瞒案不报，压案不办。一些地方对群众反映强烈的以烟谋私、以酒谋私、走私汽车等方面的大案要案还没有大的触动，同群众的要求和实际存在的问题相比，有较大差距。个别地方免予起诉、撤案过多。存在这些问题的原因是多方面的，最重要的是一些领导干部的思想认识问题尚未真正解决，对反腐败抱着"不可不反、不可真反、不可大反"的敷衍应付态度，有的混淆严重犯罪与"敢闯、敢干"的界限，对犯罪分子同情袒护。有的检察院的领导精神状态不佳，在遇到阻力和困难时，腰杆子不硬，秉公执法的勇气不强，斗争艺术不高，也是一个重要原因。

对当前反腐败斗争特别是我们在查办大案要案中取得的成绩及遇到的困难和问题，中央心中是有数的，是非常重视的，对我们的工作是非常支持的。中央领导同志经常过问查办大案要案的情况，指示"现在对经济犯罪要很好地抓一下，要抓一批大案要案进行处理，6、7、8、9月，要狠狠抓一下"。中政委于5月27日召开今年第四次会议专门听取检察机关查办经济犯罪大案要案情况的汇报，6月6日，又召开了全国打击经济犯罪电话会议，对下一步查办贪污贿赂等经济犯罪大案要案工作作了具体部署。中纪委也召开电话会议，进一步部署反腐败、查办大案要案工作。在江苏吴江召开的全国农村社会治安综合治理工作会议上，对查办大案要案工作又提出了要求。6月9日，中央办公厅、国务院办公厅发出通知，要求反腐败斗争要继续按照中央的部署，深入、持久、更有成效地进行下去。要注重抓好经济犯罪大案要案的查处工作，加大对严重经济犯罪分子的打击力度，今年下半年特别是第三季度，要集中力量，突出重点，加速查处若干批经济犯罪的大案要案；要严格执法，严肃纪律，排除干扰；务必保证办案经费，为查办大案要案提供必要的物质条件。最近，中央又组织了20个调查组，到中央国家机关和各地检查贯彻落实中纪委三次全会精神、开展反腐败斗争情况。我们最高人民检察院也抽出了7位同志参加中央调查组。中央连续作出的这一系列部署和提出的各项措施，对各级领导机关和领导干部触动很大，引起了社会各界和广大群众的震动，对我们查处经济犯罪的职能机关是很大的支持和鼓舞。现在出现的势头很好。各级党委都行动起来了，纷纷召开各种会议、派出检查组到所属各地市、各部门检查落实中央最近反腐败部署情况，有的省委书记，一个地区一个地区地亲自听取检查查办大案要案的情况，一些难办的案子现在突破了，过去决心不大的现在下定决心了。新的大案要案线索不断被揭露出来。联想到去年开始机构改革以来，各部门都在减人，而中央却为我们增加编制，我们确实应深刻体会到中央对我们的关怀和对反腐败、查办经济犯罪大案要案以及维护社会治安工作的重视，一定要加倍努力，把各项工作做好。目前，检察机关面临的机遇非常好。我们一定要看到这个机遇，要珍惜这个机遇，用好这个机遇，抓好办案工作，加强自身建设。最高人民检察院各部门、各位同志都要进一步行动起来，按照中央的部署，努力工作，用严格执法，狠抓办案，抓紧查处一批大案要案的实际行动来促进反腐败斗争的深入开展，保障社会主义市场经济体制的建立和发展，决不辜负中央的期望和人民和重托。当然，在下一步的工作中，我们还会遇到各种各样的困难，但困难在任何工作中、任何部门都会遇到，还是那句老话：没有困难还要我们共产党员干什么？所以，我们不能天天喊困难，不能在困难面前裹步不前。在这方面，要多向地方搞经济工作的同志学习，向人民群众学习，遇到困难要想办法克服，迎难而上，勇于进取。特别是各级领导同志要进一步振奋精神，在查办大案要案中，增强党性修养，敢于坚持原则，敢于斗争，善于斗争，克服畏难消极情绪，认清肩负的重大责任，以对党对人民高度负责的态度，以共产党人坚韧不拔的毅力，下决心排除阻力和干扰，及时、有力地打击犯罪分子。

二、从全局出发，团结奋斗，积极参加查办大案要案工作

关于检察机关贯彻落实中央关于今年下半年尤其是第三季度要抓紧狠狠打击贪污贿赂等严重经济犯罪的指示精神，思卿同志在中政委召开的电话会议上已经作了部署。总的要求是，近期要集中力量，突出重点，抓紧立案一批、查结一批、起诉一批大案要案，配合法院重判一批、杀一批严重犯罪分子，在全国范围内进一步造成声势，引起震动，震慑犯罪，鼓舞群众，推动反腐败斗争深入、持久、更有成效地开展下去。最高人民检察院机关各部门和全体干警要认真贯彻落实思卿同志的讲话精神，加强领导，统一认识，振奋精神，迅速行动起来，积极投入到督办和查办大案要案工作中去。各部门特别是领导同志要树立全局观念和“一盘棋”思想，自觉服

从反腐败、查办经济犯罪大案要案这一当前检察工作的大局，及时抽调和组织得力的力量冲上办案第一线。在前一段工作中，各个部门在这方面做得还是很好的，业务厅、局全力以赴，日夜奋战，许多业务厅打破了分工界限，根据党组的安排，或分片或包案，哪里有大案要案，就到哪里去督办，政工、综合、后勤部门也都动了起来，认真做好保障、服务工作，甚至直接投入办案。这些好的做法要继续坚持。下一步最高人民检察院不但要直接查办省部级以上干部和中央国家机关厅局级干部犯罪案件，而且要统一督办各地厅级干部犯罪案件和全国有影响的特大案件，任务特别繁重。所以，今天在这里先给各部门、各位同志打个招呼，请做好准备，届时办案需要从哪里抽人，各部门领导要积极配合，抽到谁谁就去，不能讲价钱，一定要以大局为重。

三、每个干警都要竭尽全力，勤奋工作，经受考验

当前的好形势对检察机关履行职责，打击经济犯罪，发展壮大自己，是一个好的机遇，对我们每个干警的锻炼成长也是一个很好的机遇。特别是参加查办大案要案，对我们同志培养提高的作用是很大的。我们平时总讲，衡量一个人要看德、能、勤、绩，关键是看政绩，从目前的情况看，要能办大案要案，大案要案办好了，就是一项重要政绩。当然，不是人人都要直接去办案，为办案保障工作、服务工作做的好，同样也是政绩。现在我们机关有一种倾向，一些同志总喜欢攀比，攀比并不是比贡献、比工作成绩、比奉献多少，而是比资历、比学历、比年龄，甚至比院龄，自己的要求达不到时，就闹情绪，这不好。我们每个人对人对己都要一分为二，要多比贡献，少比待遇，工作要向上攀，待遇要往下比，知足者常乐，同志之间要互相帮助、互相理解，工作要争着抢着干，涉及利益问题时，要互谅互让。现在查办、督办大案要案的任务越来越繁重，案件就是命令，各个部门、各位同志都要全力以赴，克服困难，按领导要求，哪里有案子就冲到哪里，力争在办案工作中大显身手。前一段很多同志在这方面表现都很好，特别是业务厅的同志更是突出。象罗辑等贪污贿赂检察厅的同志，一心扑在办案上，不分白天黑夜连轴转。何晔晖、王鸿翼、陈燕麟等同志为督办大案要案，长期在外，家里很多事都顾不上管。一些新调来的同志都是这样，做得都很突出，这里就不一一列举了。前一段留在家里的同志也很辛苦，表现也很好，通过勤奋工作，较好地保障了查办大案要案工作的开展。由于还要抽出一些人去办案，下一步留在家里的人可能更少了，相应地工作量就要增大，所以，在家里的同志也不轻松，也要一个人顶两个人用，竭尽全力，做好机关日常工作、综合分析工作和后勤保障工作。

四、领导要认真负责，身体力行，带领广大干警做好各项工作

要做好最高人民检察院的各项工作，包括查办大案要案工作，院领导当然要以身作则，厅、处领导也很关键。各位厅、处负责同志要加强学习，不断提高思想水平，胸怀全局，在工作中身体力行，认真负责，敢抓敢管，团结和带领队伍迎着困难上。总的来说，我们厅、处负责同志基本上是这样做的。但也有一些同志精神状态不是很好，作风托拉，工作效率不高，有个外单位征求意见的文件，周转了近两个月，超过规定时限一倍，才送到院领导手里；有的班子不够团结，工作不协调；有的领导只栽花不摘刺，对一些歪风邪气不敢抓不敢管；有的对下面的请示，或敷衍应付，或一拖再拖。这种状态一定要自觉改变。一方面，厅、处级领导同志要带头转变作风，勤政廉政，对干警予以正确引导，不断提高工作效率；另一方面，要改革和完善干部管理制度，逐步建立起能者上、平者让、庸者下、功者奖、过者罚、劣者出的竞争激励机制，对不称职的同志要及时调整撤换，使能者居其位，为优秀人才脱颖而出创造条件。

最后我要强调的一点就是，最高人民检察院是全国检察机关的领导机关，广大党员、干警一定要从严要求自己，树立良好的机关作风。要坚持为人民服务的宗旨，发扬党的优良传统和作风，在依法建院，从严治检，在勤政廉政和团结协作方面作出表率，这是领导全国各级检察机关完成查办大案要案等各项检察任务的重要保证。要牢固树立为基层服务的思想，想基层之所想，急基层之所急。现在，有的同志不注意这点。接待下面来的同志、答复下面请示的问题，口气大、语气硬，甚至带有训斥的口吻；有的下去工作，在基层开小会，不跟省检察院打招呼、通气，给人家的工作带来被动。这决不是小事，而是事关最高人民检察院作风和声誉的大事，一定要注意克服。要多为下级检察院出主意，想办法，帮助解决困难，为下级检察院树立一个良好的领导机关的形象。今年下半年，最高人民检察院机关在党的建设、机关作风建设、政治理论学习和廉政建设等各个方面，都要取得新的明显的进步。

同志们！在今天这个庆祝党的生日的庄严时刻，我们倍感肩负的任务光荣而艰巨。狠抓经济犯罪大案要案，深入开展反腐败斗争，是新时期纯洁党的队伍、加强党的领导、巩固国家政权的迫切需要。我们要发扬艰苦奋斗、连续作战、善打硬仗的作风，抓住机遇，迎接挑战，经受考验，再立新功，以实际行动纪念党的生日，为党旗增光添彩！

在全国监所检察派出机构工作座谈会上的讲话

最高人民检察院副检察长　王文元

（1994年11月7日）

同志们：

全国监所检察派出机构工作座谈会开了五天，今天就要结束了。这次会议主要是研究监所检察派出机构建设和工作的问题。召开这样一个专题座谈会，我觉得十分必要。会议开始时，陈大豪同志作了工作报告，刚才又对这次座谈会进行了小结，我都同意。会上，大家总结交流了派出机构建设和派驻检察工作的经验，讨论修改了《人民检察院派驻监管场所检察院（室）条例（讨论稿）》，以及《先进派驻检察室（院）和优秀驻场检察人员评比办法》。通过座谈讨论，大家统一了认识，明确了今后一段时期派驻检察工作的努力方向。由于与会同志的共同努力，会议开得很好，达到了预期的目的。

这次会议是对派出机构工作的一次全面总结。1984年中央5号文件指出要“加强对劳改、劳教单位的检察”，各级检察机关都加强了这项工作，并开始向监管改造场所派驻机构。由于各级检察院领导的重视，各级监所检察部门的努力，派出机构建设和派驻检察工作都取得了很大成绩，现已对95%左右的劳改、劳教场所和看守所实现了派驻检察，并且有了一支政治、业务素质较好，相对稳定的派驻检察干部队伍。这些同志常年在边远偏僻地区，不辞辛劳、勤奋工作，做出了很大成绩。他们认真履行对刑事判决、裁定的执行和监管改造机关的活动是否合法实行监督，及时发现和纠正违法行为，依法办理监管改造场所发生的各类犯罪案件，认真受理被监管改造人员的控告、申诉，有效地保障了劳改、劳教工作方针、政策的正确执行，保障了国家法律、法规在监管改造场所的正确统一实施。按照监所检察经常化、制度化、规范化的要求，加强了派驻检察机构的建设。特别是近两年来，各级监所检察部门认真贯彻中央关于反腐败的精神和最高人民检察院“严格执法，狠抓办案”的工作方针，加强执法监督，严肃查办了一批监管改造场所发生的贪污、受贿、“侵权”、渎职犯罪案件，对于维护法律的尊严，促进监管改造机关的秩序和依法文明管理，发挥了重要作用。在这里，我代表张思卿检察长和最高人民检察院向战斗在驻监管场所检察院、检察室的广大干警表示深切的感谢和问候。

监所检察派出机构建设虽然取得了很大成绩，但离“九检”会议提出的要求还有很大差距，还有很多问题需要我们去研究解决。有些应建的派出机构至今还没有建立起来；还有一部分虽然建立了机构，但由于配备力量不足，适应不了工作的需要；相当多的派出检察院、室经费严重缺乏，交通工具、通讯设备缺乏，无办公、住宿用房等，也严重地影响到工作的开展。因此，各级检察院的领导同志要进一步提高对监所检察派出机构建设重要性和必要性的认识。据我了解，世界上各个国家对于监所实行监督这是共同的。监督的方式大致是两种类型：一是巡回检察。绝大多数国家采取这种方式。检察官定期或不定期地到监所去进行巡回检察。检察官有权找任何犯人谈话，视察任何场所。犯人也有权要求会见检察官。在监所里，检察部门设有专门的箱子，犯人有什么申诉、控告、意见，除了直接约见检察官外，还可以把意见投到箱子里，检察官在巡回检察时开箱取出。二是驻所检察。在监狱、看守所、劳教所设有派驻检察机构。我国是采取派驻检察的方式。检察官驻在监狱、看守所里，在那里办公，可以巡视一切场所，随时见到犯人，便于及时发现问题，提出纠正意见。这两种方式，应该说各有利弊。驻场所检察的方式是利大于弊，现在我们需要的是兴利除弊。外国广泛应用的那种巡回检察的方式，检察官不驻在监狱里，发现有违法行为时就进行查办。这样，可以避免人情干扰，但是确实不够深入。派驻检察毛病容易出在什么地方呢？我们的检察官天天和监管干警在一起，特别是现在驻在监所里的检察干部的工作条件、甚至某些生活条件都要靠监管机关提供，有时会出现监督不力的问题。我们和公安看守所、监狱劳改劳教场所的关系，应该是既要讲配合，又要强调监督。检察机关作为国家的法律监督机关如果不依法履行执法监督的职责，那么驻监所的检察官就没有尽到应尽的义务，也就失去了存在的意义。监督工作一定要到位，这是我们的职责，否则就是失职。配合工作不要越位，因为监狱、看守所、劳改队、劳教所是公安部门、司法部门主管的单位，我们只能协助，不能喧宾夺主，这个关系要处理得当。从上述情况可以看出，我们的驻所检察比外国的巡回检察优越，是我们搞好监所检察的组织保证。因此各级检察院要把监所派出机构的建设放到重要的议事日程上来研究。当前，监所检察派驻机构建设问题，应当抓好三件事。一是要采取有力措施，限定时间，把应建未建的派出机构建立起来，落实“九检会议”提出的到1995年全部实现驻场所检察的任务；二是要按照最高人民检察院提出的派出检察院、室配备干部的标准，在近年的增编指标中调剂配齐干部；三是按我国现行“分灶吃饭”的财政体制，积极向有关财政部门反映派驻机构的困难，争取为他们解决必需的工作和生活条件。上级检察院也要积极向同级政府财政申请一点经费补助，解决派出机构的困难，最高人民检察院补助各省的经费要有计划地每年拿出一部分解决一、二个派出机构的困难问题。

下面，我就当前监所检察工作讲几点意见：

一、要进一步贯彻落实“严格执法，狠抓办案”的工作方针

“严格执法，狠抓办案”，是去年最高人民检察院确定的工作方针。经过一年多来的实践证明，这个工作方针是完全正确的。一年多来，各级检察机关的监所检察部门，认真贯彻这一方针，以办案为龙头带动执法监督的全面开展，取得了明显成效，查办了一批监管改造场所发生的贪污、贿赂、“侵权”、渎职犯罪案件，以及被监管改造人员又犯罪案件；检察纠正监管改造机关及其工作人员的违法行为，有力地维护了法律的尊严。但是，当前监管改造场所在执法中还存在一些不容忽视的问题。一是以钱抵刑，收受贿赂违法为罪犯办理减刑、假释、保外就医。监所里执法人员中发生的经济案件，大致有两类：一类是直接监管改造犯人的工作人员贪赃枉法、徇私舞弊；一类是劳改企业在生产经营中发生的经济案件。对这两类案件，都要严肃查办。但是，我们思想上必须明确一个问题，更重要的是要查办执法人员徇私舞弊、贪赃枉法、私放罪犯，收受贿赂违法为罪犯办理减刑、假释、保外就医等案件。因为这类案件，影响到判决的正确执行，影响到执法的公正。二是体罚虐待罪犯时有发生。这种情况，一般而言监狱发生得比较少些，看守所发生得比较多些。我们一定要坚持严格执法、文明执法。三是对罪犯实行超时间、超强度的劳动。有劳动能力的罪犯都必须劳动。他们之所以走上犯罪道路，其中相当一部分是因为好逸恶劳，贪图享受，想不劳而获。我们就是要通过劳动改造他们这种恶习，同时让他们学得一技之长，在回归社会之后，有谋生之道。但是，不能把劳动作为一种惩罚手段。同时，还要注意劳动安全和劳动保护。如果在这些方面发现问题，应及时向有关部门提出纠正意见。四是没有按规定落实被监管改造人员的生活、医疗费标准。我认为，要把犯人改造成为新人，必须保证他们吃得饱，睡得下，有病得到必要的治疗，不打骂、虐待，这是最基本的也是最起码的要求。监所检察如果发现问题，要提出检察建议，督促他们改进，造成严重后果的，要依法追究。各级监所检察部门要继续认真贯彻“严格执法，狠抓办案”的工作方针，充分履行法律监督职责，坚决查处各类犯罪案件和纠正各种违法行为，以保障党的劳改、劳教工作方针、

政策和国家法律、法规的贯彻落实。

二、要充分发挥监所检察在反腐败斗争中的职能作用

去年以来，中央提出开展反腐败斗争，现在已经取得了阶段性成果。各级检察机关在反腐败斗争中把查办贪污、受贿等经济犯罪作为一项十分重要的工作来抓，惩办了一批犯罪分子，在反腐败斗争中作出了积极的贡献，得到了广大人民群众的赞誉和支持。各级监所检察部门按照最高人民检察院的部署，严肃查办了监管改造场所发生的贪污、贿赂、挪用公款、徇私舞弊等犯罪案件，坚决纠正监管改造机关向被监管改造人员及其家属乱收费等行为，有力地打击了犯罪分子，促进了监管改造机关的廉政建设和依法文明管理。但是，当前监管改造场所一些腐败现象仍然存在，突出表现是：个别监管改造机关，在罪犯及其家属中乱收费，乱集资，并以收费、集资多少决定给予罪犯表扬、记功或其他形式的奖励；极少数干警收受贿赂，私放罪犯，违反规定为不具备条件的罪犯办理减刑、假释、保外就医；还有一些监管干警为在押的经济罪犯传递信件、通风报信，严重干扰了查办案件工作的正常进行。因此，各级监所检察部门在今后一个时期内，要把反腐败作为中心工作，继续抓紧，切实抓出成效。对利用职务之便贪污、受贿的犯罪要坚决依法查办；对为在押犯传递信件、通风报信干扰办案的，要严肃查处；对判决已发生法律效力的经济罪犯，要监督有关部门将罪犯投入劳改，不得任其逍遥法外，充分发挥监所检察在反腐败斗争中的作用。

三、要依法保护被监管改造人员的合法权益

罪犯也是人，是犯了罪的人。那些初犯，他们恶习不深，其中不少是一时失足，误入歧途的人。依照法律规定，应剥夺罪犯部分权利的必须剥夺，但未被剥夺的权利应受到法律的保护。根据我国法律的有关规定，罪犯享有申诉权、控告权、人格不受侮辱和人身安全、合法财产不受侵犯等合法权利。侵犯他们这些合法权益，也是一种违法行为，情节严重构成犯罪的，要依法查办。这充分体现了我国是一个法制的、文明的国家。我国各级司法机关对罪犯的合法权益的保护是十分重视的，绝大部分看守所、劳改、劳教机关及其工作人员是依法办事的，各级检察机关监所检察部门对保护罪犯的合法权利方面是尽职尽责的，对于体罚虐待等侵犯人权的犯罪依法查处。但是，有个别监管改造单位，忽视了对罪犯的合法权益的保护。根据我国法律的规定，监所检察不但要监督执行机关对罪犯依法执行刑罚，而且要依法维护罪犯的合法权利。这是我国社会主义性质所决定的，是民主与法制的要求。我国对罪犯实行惩罚与改造相结合的方针，最终目的是要通过组织他们学习、劳动，改造他们的思想，矫正以往的恶习，使他们成为自食其力、遵纪守法的新人。因此，监所检察要把维护罪犯的合法权益当作一项重要工作来抓，发现侵权行为要及时提出纠正，对体罚虐待情节严重的，要坚决依法惩办，认真履行法律赋予我们的职责。另外，劳改和劳教应该严格加以区别，劳教人员不是罪犯，对劳教人员，应给他们更多的学习文化、学习生产技能、学习法律知识的机会。我们不能把劳教人员同罪犯混同起来，把劳教所办成“二劳改”。

四、要加强安全防范检察，严厉打击又犯罪活动

监管改造场所是犯人生活、学习、劳动的场所，这些地方是否安全稳定，直接影响到对罪犯的改造效果，也影响到社会

治安。但是近年来，监管改造场所事故、事件不断发生。监管改造场所的安全防范，主要是靠监管机关。但是监所检察部门也有协助、督促他们做好这项工作的责任。一是要配合监管机关严厉打击又犯罪活动，对于暴狱、劫狱、报复杀害干警的重大案件，要提前介入，从重从快依法给予打击；二是要协助监管机关加强干警的教育，提高警惕性，增强责任感，加强对罪犯的管理；三是对经费确实困难的场所，要主动地帮助他们向政府有关部门呼吁，改善监管条件，加强警戒设施；四是加强安全防范的检察，特别是对易发生事故的时间、部位、人员要加强检察。对发现的事故隐患和苗头，要及时向监管机关通报，督促他们采取有效的防范措施，把事故消灭在萌芽状态。对因渎职、玩忽职守造成的重大事故，要依法严肃查办，并教育广大干警引以为戒。

同志们，今天我就讲这些。大家回去后，要把会议精神向院领导同志传达，并研究贯彻落实的措施，争取明年监所检察各项工作迈上一个新台阶。

在全国检察机关第四次反贪污贿赂侦查工作会议上的总结讲话

最高人民检察院副检察长　赵登举

（1994年10月16日）

同志们：

我们这次会议今天就要结束了。会议认真学习了党的十四届四中全会精神，听取了罗辑同志关于“三侦”会以来反贪污贿赂工作情况的报告，分析了反贪污贿赂工作的新情况、新特点，交流了反贪污贿赂侦查工作的新经验，讨论了《关于加强跨省市、跨地区贪污贿赂等重大罪案侦查指挥与侦查协作的意见》、《关于反贪情报工作的若干设想》等文件，提出了进一步加强贪污贿赂等经济犯罪侦查工作的意见。大家一致认为这次会议开得很好，主题明确，经验丰富，内容充实，比以前几次有很大的进步、有新意、有发展，必将推动反腐败查办大要案工作再上一个新台阶。现在，我根据会议上大家讨论的问题讲几点意见：

一、认清形势，把握大局，把反腐败斗争查办大要案工作深入持久地开展下去

检察机关查办贪污贿赂等经济犯罪的工作，从党和国家的工作全局来讲，是部门工作，必须紧紧围绕党的中心工作，为中心工作服务。做检察工作的同志必须关心大局，正确把握形势，这样才能增强主动性，把工作做好。今年以来，全党全国人民认真贯彻“抓住机遇，深化改革，扩大开放，促进发展，保持稳定”的二十字方针，正确处理改革、发展、稳定的关系，使改革和经济建设保持了良好的发展势头。经济体制改革取得了明显进展，财税、金融、外汇、外贸、投资、价格和流通体制等各项改革顺利实施，向建立社会主义市场经济体制迈出了决定性一步。加强宏观调控，调整结构，抑制通货膨胀，使工农业生产都有很大发展。同时，在改革大步推进和经济快速发展的情况下，保持了社会稳定。不久前，党的十四届四中全会胜利召开，通过了《关于加强党的建设几个重大问题的决定》，这是我们党和国家政治生活中的一件大事。会议明确提出了加强党的建设的几个重要问题，特别是对新形势下坚持和健全民主集中制，加强和改进党的基层组织建设，培养和选拔德才兼备领导干部等作了战略部署。会议强调，要继续抓好党的作风建设，把反腐败斗争深入持久地进行下去，不断取得新的进展。江泽民同志在会议结束时的讲话中指出，必须加强党风和廉政建设，深入开展反腐败斗争，并从七个方面为深入开展反腐败斗争指明了具体方向。这必将进一步推动全党统一思想，保持一个全党抓反腐败的大气候，给我们查办大案要案创造了一个很好的环境。

反腐败斗争的总的形势是好的。去年8月中纪委二次全会以后，在党中央正确领导下，各级党委对开展反腐败斗争的认识越来越深刻，决心越来越大。人民群众被广泛发动起来，纷纷踊跃举报贪污贿赂等各种腐败犯罪分子。在反腐败斗争中，检察机关查办贪污贿赂等经济犯罪大要案工作取得了重大进展。一是查办党政领导机关、行政执法机关、司法机关和经济管理部门案件明显增多。今年1至8月立案侦查发生在"三机关一部门"的贪污贿赂等经济犯罪案件5611件。二是查办要案大幅度上升。1至8月，立案侦查县处级以上干部犯罪案件1267人，比去年同期增长2倍多，其中厅局级干部60名，在这类案件中，相当一部分是掌握实权，担任实职的党政机关领导干部。三是大案比例增加。1至8月，立案侦查万元以上贪污贿赂大案14068件，占贪污贿赂案件立案总数的51.5%，首次超过立案总数的一半。其中，贪污贿赂百万元以上的52件。四是侦查水平大大提高，在检察机关查办的案件中，许多窝案、串案都是通过深挖、扩大线索查办的。中政委"6.6"电话会议以来，检察机关在各级党委的领导下，加大了对贪污贿赂等经济犯罪打击力度，依法查办了一批，起诉了一批，与法院配合重判了一批，杀了一批重大经济犯罪分子，收到了很好的社会效果。总的看，反贪污贿赂斗争在一步步深入，一步步发展。但也确实存在一些问题，个别地方的党政领导对反腐败查办大要案工作有错误认识，阻碍、干涉检察机关查办案件的情况时有发生。从我们自身看，主要是：第一，有的地方的检察长缺乏严格执法秉公办案的勇气，特别对要案，畏难情绪大，缩手缩脚，知难而退。有案查不下去，结案缓慢，该严的没有严起来的状况还没有从根本上改变。第二，对新形势下新的犯罪情况掌握、分析得不够，一些新经验、新对策没有及时总结推广。第三，侦查水平与新形势下深入、持久开展反腐败查办大要案工作还不够适应，有待进一步提高。第四，侦查技术装备、设施和经费等物质保障不足，在一定程度上影响了案件的查办工作。第五，越权办案，违法插手经济纠纷的现象在一些地方仍然时有发生。这些都需要我们在以后的工作中切实加以解决。

深入开展反腐败斗争，惩治贪污贿赂等经济犯罪是建立社会主义市场经济体制，实现社会主义现代化的前提条件和重要保障。反贪污贿赂斗争是长期的、艰巨的。我们要认真贯彻十四届四中全会精神，按照全国检察长座谈会的部署，坚持两手抓，把反腐败同深化改革、扩大开放、促进发展、保持稳定结合起来，坚持“严格执法，狠抓办案”的工作方针，集中精力查办大案要案。查办的重点：一是党政领导机关、行政执法机关、司法机关和经济管理部门的犯罪案件，特别是县处级以上的领导干部犯罪案件；二是司法和行政执法机关工作人员徇私舞弊、贪赃枉法的犯罪案件；三是法人犯罪案件；四是危害改革措施实施的新型犯罪案件；五是袒护罪犯、阻挠办案，构成伪证、包庇、窝藏罪的案件和打击报复举报人的犯罪案件。对于行贿犯罪，也要一件一件依法查清，当然在具体案件的处理上可以区别对待。对拉拢腐蚀国家工作人员，严重扰乱市场经济秩序的犯罪案件，要坚决依法从严惩处。

二、研究新情况，总结新经验，不断提高侦查水平

随着社会主义市场经济体制的建立和改革措施的出台，贪污贿赂犯罪出现了一些新情况、新问题、新特点。为了更加有效地开展侦查工作，惩治犯罪，就要不断发现、研究新情况、新问题，总结新经验。

当前的贪污贿赂犯罪，除了其固有的特点、规律以外还表现出了一些新特点。一是犯罪分子具有更大的贪婪性和冒险性。思卿检察长经常引证《资本论》中的一句话，大意是价值交换、追逐利润是市场经济的天然属性，小利小干，大利大干，无利不干。有百分之二十的利润，就铤而走险，为了百分之百的利润，就敢践踏一切人间法律，有百分之三百的利润，就敢犯任何的罪行，甚至冒绞首的危险。这种唯利是图的观念渗透到政治思想领域，进入到社会和经济管理领域，就会不断诱发经济犯罪大案要案。二是随着改革措施的不断出台，钻改革空子，新的犯罪手段、犯罪形式不断出现。三是从发案部位上讲，经济热点部位和管理经济的宏观调控部门，司法、行政执法部门都是罪犯的主攻目标，成为犯罪的多发部位。过去向管计划、批项目的人行贿的多，现在是向对市场、资金流转等有管理职能的人员行贿的增多了。四是犯罪手段的技术性、专业性增强，利用电脑犯罪和有组织犯罪增多。五是贿赂犯罪由当时取利变成了“感情投资”，搞长期经营。一些犯罪分子用钱铺路，在国家工作人员中寻找靠山或代言人，编织关系网，形成对自己违法犯罪活动的保护伞。六是跨地区、跨部门犯罪增多。七是赃款、赃物流向多样化。把赃款转移境外，或用赃款搞投资做生意，炒股、炒地、炒房的多了，“洗钱”开始成为掩盖赃款性质的重要手段。我们一定要盯住这些犯罪特点，把握它的规律，跟踪其发展变化趋势，始终掌握斗争的主动权，采取有效措施，遏制、打击犯罪。

近几年来反贪污贿赂工作有了很大发展，创造积累了许多经验，这次会上介绍的经验都很好，概括起来有这么几条：

第一，突出重点，明确主攻方向，集中精力查办大案要案。这是几年来我们一直坚持的一条成功的基本经验。贪污贿赂等经济犯罪大案要案是腐败现象的集中表现，查办这些案件对推动反腐败斗争的深入开展，给人民群众以信心，具有很大的作用。查办大案要案必须加强领导，大力加强监督检查。各级检察院在实践中注意了从领导精力、力量配备、物质保障等方面保证查办大要案工作。上级检察机关注意从总体上把握工作进程，采取派下去、提上来等办法指导监督和督促查办大要案，帮助排除办案中遇到的阻力干扰，支持下级院秉公执法。实践证明，集中精力查办大案要案，工作就主动，就有起色，有发展。坚持这一条就把握住了侦查工作的主攻方向，就抓住了主要矛盾，就能打出声威。

第二，坚持群众路线与专门工作相结合。依靠群众、走群众路线，是检察工作的优良传统。我们开展反腐败斗争查办大案要案，只有得到人民群众的理解、支持和参与，才能不断深入发展。近几年来，检察机关大力开展群众举报工作，这是新形势下检察机关坚持群众路线与专门工作相结合的一个创举，促进了社会主义民主政治建设，成为人民群众与职务犯罪作斗争的有力武器和重要手段。群众举报也为我们提供了源源不断的犯罪线索，使侦查工作有了坚实的群众基础。同时，各地在加强专门工作方面进行了有益的探索，在发现线索，研究犯罪特点和规律，有针对性地采取侦查策略和措施方面，在加强秘密调查，追捕逃犯，引渡逃犯，追缴赃款赃物等方面都有了新进展。

第三，依法放开初查。初查是立案前审查的重要方法之一。依法放开初查是最高人民检察院党组针对前一段初查工作中存在的问题，经过慎重研究提出来的，是查办要案的一项重要措施，也是我们开展侦查工作的一个重要观念变革。过去有不少同志把立案前的审查仅仅理解为书审、接谈审，只限于举报的范围内，这是片面的。我们要转变对初查的观念。初查能不能放开，说到底是敢不敢严格执法的问题。举报线索没有经过初查就报告、请示，很可能使得多数举报线索未经调查就被否定了，还可能造成泄密，影响案件的侦查。今年以来，各地的实际情况表明，凡是对初查束缚过多，缩手缩脚的地方，查办要案的成果就不大；相反，很多地方坚决执行“依法放开初查”的规定，对于要案线索，经过检察长批准或党组决定就依法开展初查，通过打外围战，迂回包抄，秘密调查等方法，综合运用各种侦查手段和强制措施，迅速突破了一批案件，很快打开了局面。目前，这一措施从法律和实践上已与许多党委和政府领导同志取得了共识，得到了支持。

第四，加强查办重大案件的统一协调和指挥。近年来，最高人民检察院和一些省级检察院成立了重大案件指挥中心。对跨省、自治区、直辖市的案件由最高人民检察院负责，对省、自治区、直辖市内跨地区的案件由省级检察院负责，加强了统一协调和指挥，强化了上级检察院对下级检察院的领导，统一步调，上下一盘棋，充分发挥检察机关在查办大要案工作中的整体优势。这几年我们运用这一措施，成功地侦破了沈太福案、李善有案等一批涉及多省、市的贪污、受贿、骗税、伪造增值税发票等重大窝案、串案和集团性犯罪案件。

第五，坚持具体问题具体分析，灵活运用斗争策略。具体问题具体分析是马克思主义哲学活的灵魂。在侦查破案中，每个案件都有各自的特殊性，作案人的身份、主观心态和所处的社会环境不同，案件的性质、作案的手段以及反侦查能力等也各不相同。这就要求我们在侦查破案工作中必须坚持具体问题具体分析，根据不同情况，采取不同的侦查对策，讲究侦查谋略和技巧。无论采取何种侦查策略，都要牢牢把握收集和获取证据这个核心。侦查过程中的一切活动都必须围绕证据这个核心来进行，各种侦查手段、强制措施的出手，都必须服从获取证据工作的需要。大胆、及时、灵活地运用各种侦查手段，把各种法定侦查手段用足、用活。灵活运用侦查策略，还要注意结合党和国家在一个时期内重大改革措施的实施，善于发现新的犯罪手段，及时研究新的对策，予以打击，不使其蔓延。这样，既能促进党和国家的中心工作，又抓住了契机，减少侦查工作中的干扰和阻力，大大提高办案效率。

三、进一步加强反贪污贿赂侦查工作

查办贪污贿赂大案要案是反腐败斗争的重点，也是检验反腐败斗争深入发展的主要标志。而查办大案要案的核心在于侦查工作。检察机关的反贪污贿赂侦查工作，应当朝着专业化、正规化和现代化方向发展，形成有中国特色的反贪侦查工作体制。这就要求我们不断增强侦查意识，强化侦查手段，提高侦查水平，加强基础建设、机构建设和队伍建设。当前要突出抓好以下几点：

1. 加强初查。首先要提高对要案初查重要意义的认识，注意总结新鲜经验。几年来查办贪污贿赂犯罪案件的实践表明，初查是立案的前奏，也是全面开展侦查工作的基础。初查成功与否，直接影响到案件能否最终侦破。我们在初查要案方面取得了一定的经验，但是应当看到犯罪分子已经有了一些反初查的对策。道高一尺，魔高一丈，我们要不断完善已有的经验，总结出新的对策。一要加强案件线索的管理。要案线索必须按规定及时向上级检察院报告、备案，省级检察院要把本地区县（处）级与厅（局）级干部的案件线索掌握起来，厅以上干部的案件线索一律报最高人民检察院备案。属检察机关管辖的要案线索，都要坚决依法进行初查，不得压着不办，也不得直接转送其他部门处理。二要坚决执行最高人民检察院关于“依法放开初查”的规定。对要案的初查，按照分级管辖的规定，由检察长批准或党组决定。有的案件，下级检察院查办确有困难的，上级检察院也可以提上来初查，获取一定证据后再交由下级检察院立案侦查。

2. 充分发挥强制措施在侦查工作中的作用。强制措施是开展侦查工作的重要法律武器，运用得好，可以保证侦查工作的顺利进行；运用得不好，就可能影响侦查工作的开展，以致给案件的处理带来麻烦，留下这样或那样的“后遗症”。因此，侦查工作必须重视依法用好强制措施。在侦查工作中要有诸葛亮“七擒七纵”的胆略，该抓的一定要抓，该放的要及时放，该改变强制措施的立即改变。拖拖拉拉，犹犹豫豫，只能贻误战机。在采取强制措施方面，要树立新的观念，一定要认识到捕不能代替侦查，放不是侦查终结，改变措施不是让步，这样才能把法律规定的强制措施用活、用好。强制措施要与搜查、冻结、查封等其他侦查手段的使用配合好，以获取更多的证据。另外，运用强制措施防止潜逃，是当前侦查工作中值得重视的问题。近年来，贪污贿赂等经济犯罪案犯潜逃的情况比较突出，并且有增多的趋势。这种情况不仅直接影响了案件的侦查，而且给社会带来了严重的犯罪隐患。各地必须切实重视这一问题，采取有力措施，防止案犯潜逃。一方面要有超前控制意识。即初查前就应针对可能出现的情况，制定出控制案犯的预案，对有潜逃迹象，构成犯罪的人犯要及时采取强制措施。另一方面要充分发挥最高人民检察院和省级检察院的统一指挥协调作用。各地检察机关要紧密配合，同时密切与公安、边防等相关部门的联系，形成布控网络，加强对在逃犯的追捕。各地对潜逃、脱逃的案犯要一律发出通缉，并层报最高人民检察院指挥中心备案。采取强制措施必须严格依法办事。国家赔偿法现已颁布，并且将于明年1月1日起施行，这对我们的执法水平也是一个新的考验。各级检察机关都应当认真学习、研究这部法律，提高严格依法办事的自觉性。要继续坚持“一要坚决、二要慎重、务必搞准”的原则。在侦查工作中，无论是对人犯拘留、逮捕，还是对有关财产采取查封、扣押、冻结、追缴等措施，都必须依照有关法律规定严格审批，防止错拘、错捕、错封、错缴。对于在押人犯需延长羁押期限的，必须按法定程序报批。

3. 加强情报工作。随着反贪污贿赂斗争不断向纵深发展，情报工作越来越重要。开展情报工作，不仅对于侦破案件具有重要作用，而且对于在宏观上进行犯罪预防，也是一项非常重要的措施。但是目前情报工作还是一个薄弱环节，远远不能适应形势发展的需要。情报工作的落后已经直接影响到了案件的侦查。许多基本的信息资料还不掌握，往往是来了一件案子，有关的人和事的背景情况不了解，难以采取行动。等到了解清楚了，时机也可能错过了，甚至消息都走漏了。因此，在今后一个时期，各级检察机关要把情报工作作为侦查工作的一项基础建设，切实抓好。情报工作怎么搞，我看主要是抓三个方面：一是收集社情动态，特别是经济动态情况，分析、研究改革措施出台和法律、经济政策变化下经济犯罪出现的新形势、新特点，为侦查工作提供宏观对策；二是收集、提供有关的背景资料，使其成为排除案外干扰的对策基础；三是收集、提供具体案件线索和侦查方向，保证个案对策的准确性。情报工作是一项专门工作，情报的收集、管理、分析、使用都有很强的专业性。因此要搞好试点，积累经验，积极地有计划、分步骤实施。目前首先应做好开辟信息源和建立信息库这两项基础性工作。最高人民检察院已经决定在北京等大城市、特区城市和沿海开放城市进行检察信息系统建设试点。这些地方检察机关的反贪部门要与技术部门密切配合，争取尽快实现情报的计算机管理，把反贪污贿赂情报网络建立起来。

4. 加强反贪污贿赂局建设。检察机关设立反贪局这一专门机构，是落实邓小平同志关于“惩治腐败，要认真做几件大事”的重要指示而采取的重大步骤，得到了党中央、全国人大常委会和国务院的支持。五年来的实践证明，建立反贪局是成功的。反贪局在反腐败斗争中发挥了重要作用。各级检察机关要进一步加强反贪局的建设，完善内部机制，提高运转效率，充实办案力量，增强快速反应能力。国家编委已原则同意最高人民检察院建立反贪污贿赂总局，这样可以进一步理顺关系，上下一致，便于加强领导。此外，最高人民检察院党组还考虑，要在省以上检察机关建立直属特别侦查队伍，以进一步加强直接侦办要案的工作。

要大力改善和加强侦查技术装备。经过几年来的努力，反贪部门的侦查技术装备有了较大改观，沿海经济发达地区提高更大。但是从总体上讲，我们的技术装备还比较落后，特别是在经济持续发展、高科技产品不断涌现、罪犯作案手段更趋狡猾的今天，远不能适应反贪斗争的需要。对此，各级检察机关必须重视起来，切实采取措施加以解决。当前应当重点解决办案急需的交通、通讯、计算机、摄像、录音等装备。要把有限的经费用在刀刃上，根据本地区的实际情况，提出目标，制定规划，争取几年能够上一个台阶。

5. 抓好队伍建设。抓队伍建设，最为根本的是坚持用邓小平同志建设有中国特色社会主义理论武装头脑，不断提高理论水平和思想水平。只有这样，我们才能在事关大局、事关政治方向、事关根本原则的问题上，始终保持清醒和坚定。各级检察机关都要认真总结前一段理论学习的好经验，继续抓好学习活动。要在认真研读邓小平同志的原著，全面系统地把握理论的科学体系上下功夫，在坚持解决思想、实事求是的科学态度和创造精神上下功夫，在运用理论研究解决当前重大问题上下功夫，提高执行党的基本路线的自觉性和坚定性。

要不断提高整个侦查队伍的业务素质。当前，我国法制建设日益完善，新的法律规定越来越多；同时，随着社会主义市场经济的发展，经济生活日趋复杂。这就使得反贪侦查工作的专业性越来越强。提高侦查干部的业务素质已成为一项十分紧迫的任务。按照思卿检察长的指示，从现在起就要有计划地着手培养一批精通法律、懂经济、掌握外语、能够使用电脑、会开车的侦查专家。提高业务素质的关键是加强学习。各级检察机关都应形成积极学习的好风气，努力为干部创造学习机会和条件。

我们的反贪队伍是有战斗力的，确实为查办大要案出了大力，功不可没。要爱护这支队伍的积极性。大力表彰和宣传先进，对办案有功和工作突出的人员，该立功的立功，该晋级的晋级，并使这项工作经常化。对于那些因秉公执法，敢于办案而受到不公正待遇的干警，上级检察机关要采取措施保护他们。在生活上要关心干警，尽可能地解决他们的实际困难。

反贪队伍处于反腐败斗争的第一线，必须时刻警惕犯罪分子糖衣炮弹的攻击和社会上不正之风的侵袭。因此，抓队伍建设，要突出强调一个“严”字，慈不掌兵，治军要严，“严”才是对干部最大的关心和爱护。要健全完善侦查工作的各项制度，建立严密的监督机制，加强侦查工作各项环节上的内部制约，防止出现问题。要严肃纪律，对于我们内部出现的违法违纪问题，各级领导绝不能护短包庇，要发现一起，严肃处理一起，以保持反贪队伍的纯洁性和战斗力。

同志们，我相信，在党的十四届四中全会精神的指引下，随着“严格执法，狠抓办案”方针的进一步贯彻落实，随着新鲜经验的总结推广和我们侦查水平、对策水平的提高，有明年在北京召开的第七届国际反贪污大会的推动，检察机关的反贪污贿赂斗争一定会取得新的更大的胜利。

在全国检察机关查办徇私舞弊案件现场会上的讲话

最高人民检察院副检察长　赵　虹

（1994年5月12日）

同志们：

这次查办徇私舞弊案件现场会是经最高人民检察院领导研究决定召开的。会议的中心议题是学习和推广河南省检察院查办徇私舞弊案件的经验，研究加强这项工作的措施，以推动整个法纪检察工作的深作就能很快开创新局面。

三、制定措施，加强领导，狠抓落实

要使今年查处徇私舞弊案件工作有一个突破性进展，推动法纪检察工作开创新局面，很关键的问题是抓落实。抓落实，就是在任务清楚、重点明确的基础上，拿出措施来，拿出方法来，努力完成任务，实现既定目标。这方面需要注意以下几个问题：

一是要有部署、有检查，做到心中有数。要落实办案责任制，对查办徇私舞弊案件要定人员，排进度，要结果。要一级抓一级，上级帮下级，层层抓落实，关键抓分、州、市检察院。对各地查办徇私舞弊案件的进展情况，最高人民检察院法纪检察厅要加强督促检查，及时过问进展情况，积极推广办案经验。各省级检察院也要做好定期总结、综合分析、上报情况等工作。

二是要加强领导，排除阻力。查办徇私舞弊案件难度大，阻力多，克服这些困难和阻力，主要靠领导。各级检察院的领导对这项工作要提高认识，在予以重视的同时，还要敢于碰硬，带头碰硬，为办案人员作出榜样。有些阻力大的案件，检察长、主管检察长要亲自查办。要把抓查办徇私舞弊案件作为检验各级检察院领导反腐败的决心和切实担负起职责的一条重要标准。上级检察院要支持下级检察院依法办案，对基层检察院查办确有困难的案件，分、州、市检察院，甚至省检察院，要派出得力人员或办案组指导办案或直接办案。要充分利用全党反腐败的有利时机，积极争取党委的领导和支持，依靠党委排除阻力。要与纪检、监察部门密切配合，形成合力，协同作战。

三要及时总结和推广办案经验。对于那些敢于办案、善于办案，成绩显著的单位，要及时总结推广他们的经验，对于侦破案件的有功人员要及时予以表彰、奖励；对于那些精神不振、畏首畏尾、工作没有起色的单位要及时予以帮助，督促其查找原因，总结教训，制定措施，尽快把工作抓上去。要注意在办案中发现人才，选拔干部。

四是要及时解决好法律政策界限问题。查办徇私舞弊案件遇到的法律政策界限问题比较多，如犯罪主体不断扩大，立案标准不好掌握等等。在这次会议上，大家讨论了最高人民检察院研究室、法纪检察厅草拟的《关于办理徇私舞弊案件适用法律若干问题的解释》（征求意见稿）。会后，将继续加快这方面的工作。最高人民检察院要进一步加强调查研究，各地也要及时报送有关材料的意见，上下共同努力，力争尽早解决问题。

五是要在人、财、物方面给以保障。各级检察院要重视法纪部门建设，首先要在办案力量上给予保证。人员要配齐，人员要顶用。同时，在办案经费和交通工具方面也要予以扶持，做好办案的后勤保障工作。办徇私舞弊大案要案应象办贪污贿赂大案要案一样，必须提供有效的保障。

总之，查办徇私舞弊案件是法纪检察工作的重中之重，一定要抓出成效来。从我们掌握的情况看，各地都有案件线索。现在的关键问题就是看领导重视不重视，敢不敢下决心去碰硬，敢不敢严格执法，切实履行职责，能不能采取有效措施去查办。河南的经验，黑龙江、辽宁、四川等省的经验都说明了这个问题。我相信，通过这次会议，全国查办徇私舞弊案件的工作一定会有一个突破性进展，法纪检察工作也将会跃上一个新的台阶。

据的基础上，及时立案，该采取强制措施的果断采取强制措施，以便迅速突破案件；对有案不办或“无案可办”的地方，上级检察院应派出得力人员，深入下去排查线索，推动办案；各级检察机关的领导要像周口分院检察长张军同志那样带头办案，带头碰硬，排除阻力，克服困难，发挥领导的表率作用；对于其中的大案要案和有影响的案件，领导要亲自挂帅，组织力量，予以突破。最高人民检察院强调检察长要亲自办案，这当然包括查办徇私舞弊大案要案。对徇私舞弊案件线索，要一件一件逐案查清楚，不能轻易放过。对于徇私舞弊大要案件，上级检察院应派人协助，给予具体指导。必要时对一个地区有很大影响的案件，上级检察院也可以直接查办。要注意分析徇私舞弊案件的新情况、新特点，要在深入侦查等环节上狠下功夫，要善于综合运用各种法定侦查手段，把密侦、拘捕、搜查等手段灵活运用起来，致力于突破此类案件的“立案难，取证难、处理难”的难点，不断提高侦破案件特别是侦破大案、要案、难案的能力。

第二，要以查办徇私舞弊案件为龙头，带动法纪检察工作的全面开展。突出重点，并不意味着查办其它案件就可以放松。我们在重点查办徇私舞弊案件的同时，也要注意查办其它案件特别是其中的大案要案。五类案件仍然是重点。在五类案件当中，司法人员犯罪的案件应该重点查办。司法机关是人民民主专政的工具，司法人员是否秉公执法，直接影响党和国家的形象。依法查办这类人员的职务犯罪，具有法纪检察的本质属性。近年来刑讯逼供、非法拘禁以及玩忽职守和重大责任事故等犯罪案件发案数长期居高不下，严重地侵犯了公民的权利，给国家和人民的生命财产造成了无法弥补的损失。应当引起严重关注的是，司法人员由于受地方保护主义的影响，非法插手经济纠纷，滥用强制措施扣押人质为当地企业追款讨债的现象频繁发生，屡禁不止，不仅侵犯了公民的人身权利，而且还破坏了社会主义经济秩序，影响了社会的稳定。对这类案件，要抓住典型，严肃查办，特别是发生在检察机关内部的案件更不能姑息迁就。最高人民检察院、最高人民法院、公安部多次发出通知，明令禁止插手经济纠纷，严禁越权办案，各级检察机关必须认真贯彻执行。对于坚持搞地方保护主义、继续越权办案、违法办案的人员及有关领导干部，情节严重构成犯罪的，要坚决严肃处理。要树立全国一盘棋的执法观念，强化检察机关上下级的领导关系，同时还要强调检察机关之间的联系与协作，加强协调，相互支持，密切合作。要顾全大局，令行禁止，维护法律的统一和尊严。切不可为地方利益而破坏国家的法制原则。

第三，要在查办大案和要案上多下功夫。大案要案社会影响大，群众关注，特别是徇私舞弊大案要案，其犯罪行为严重损害党的形象和威望，破坏党和群众的关系，是腐败现象的典型表现。对这些案件依法严肃查办后，能够引起震动，产生巨大反响，有利于调动群众同犯罪作斗争的积极性，在一定范围内产生较好的执法环境，形成有利于同这类犯罪行为作斗争的整体效应。而且大案要案法律政策界限也容易分清。集中力量查办大案要案，这是一条成功的经验，也是最高人民检察院一直强调的重要的业务策略思想。各地在办理各类法纪案件中要注意抓大案、要案，特别是在办理徇私舞弊案件中更要抓住大案、要案不放，一抓到底。一个地方一年抓住二、三件或更多的大案、要案，查办徇私舞弊案件的工作乃至整个法纪检察工内部有令不行、有禁不止的现象仍然存在，少数干警执法不严、执法犯法的现象时有发生。对这些问题，我们在今后工作中要采取有效措施，认真加以解决。

1995年检察工作的主要任务

根据党中央关于明年工作的部署，1995年检察工作的主要任务是：以邓小平同志建设有中国特色社会主义理论和党的基本路线为指导，紧紧围绕“抓住机遇，深化改革，扩大开放，促进发展，保持稳定”这个全党全国工作大局，深入贯彻党的十四大和十四届三中、四中全会以及中央经济工作会议、全国政法工作会议精神，坚持为改革开放和经济建设服务的指导思想，坚持“严格执法，狠抓办案”的工作方针，突出抓好查办贪污贿赂等大案要案工作，依法从重从快打击严重刑事犯罪活动，进一步加强执法监督，抓好党的建设带动队伍建设，积极推进检察体制改革和法制建设，充分发挥检察职能，维护法律统一正确实施，维护中央权威，维护社会稳定，促进党风廉政建设和民主法制建设，保障社会主义市场经济体制的建立和发展。

《1995年检察工作计划要点》已对各项工作作了具体安排，不久前召开的几个专业会议对有关工作作了具体部署，我这里主要强调几个关系到明年检察工作全局的问题：

一、深入贯彻十四大和十四届三中、四中全会精神，严格执法，狠抓办案，保证国家政令畅通，维护中央权威，为建立社会主义市场经济体制服务

党的十四大确立了我国经济体制改革的目标是建立社会主义市场经济体制，三中全会确定了社会主义市场经济体制的基本框架，四中全会作出了加强党的建设的几个重大问题的决定。这几次会议对于我国实现三步走的战略目标，沿着建设有中国特色社会主义道路不断前进，坚持党的基本路线一百年不动摇，都具有非常重要的意义。落实这几次会议提出的各项工作是全党全国的长期任务。检察机关贯彻这几次会议的重要精神，根本任务有两条：一是坚定不移地坚持为经济建设服务，为建立社会主义市场经济体制服务的指导思想，把依法查办贪污贿赂等经济犯罪案件，严厉打击严重刑事犯罪活动作为最重要、最直接的服务。二是把维护法律的统一正确实施和维护中央权威紧密结合起来，通过加强法律监督保证中央政令畅通和党的路线、方针、政策的贯彻落实。完成这两项任务，必须继续坚持“严格执法，狠抓办案”的工作方针。

“严格执法，狠抓办案”的工作方针是在八届全国人大一次会议后，最高人民检察院根据形势的发展，适应建立社会主义市场经济体制和加强社会主义民主法制建设的需要，总结检察工作的实践经验，结合检察机关职能提出来的。经过两年来的实践，“严格执法，狠抓办案”已经成为广大检察干警的共识和统一行动，也得到了各级党委、人大和政府的赞同。各地普遍认为，这个方针反映了法律规定的检察职能的本质要求，明确了新时期检察工作的基本任务，标志着检察机关执法思想的成熟。在“严格执法，狠抓办案”的方针指导下，我们查办大案要案工作以及各项检察业务都有了很大发展，较好地发挥了检察机关在维护政治稳定、社会安定，促进廉政建设，保障社会主义市场经济体制的建立和发展中的职能作用。法律是党领导制定的，集中体现了党和人民的意志，是党的路线、方针、政策的定型化。坚持“严格执法，狠抓办案”的工作方针，保证

国家法律的统一正确实施，维护社会主义法制的尊严，是检察机关维护中共权威的重要内容和实际行动。各级检察机关要进一步深化对“严格执法，狠抓办案”工作方针的认识，切实按照这一方针创造性地开展工作，总结经验，找出问题，分析形势，提出努力的方向和具体措施，完成新时期检察事业的各项任务。

二、反腐败查办大案要案要切实贯彻依法从重从严精神，推动斗争深入发展

十四届四中全会《决定》明确指出，要把反腐败斗争深入持久进行下去。江泽民同志在会议上的重要讲话对深入持久地开展反腐败斗争作了深刻论述，并从七个方面提出了具体要求。各级检察机关要按照四中全会《决定》和江泽民同志讲话的要求，进一步加强查办大要案工作，推动反腐败斗争深入发展。我们要清醒地认识当前反腐败斗争的形势和问题，既要看到党中央对深入开展这项斗争是坚决的，各级党委抓得是紧的，整个反腐败斗争大气候是好的，反腐败斗争已经取得了明显的阶段性成果，也要看到斗争的长期性和复杂性，工作越深入，任务越艰巨。从当前的办案情况看，各地都还有一批大要案线索待查，一些已经暴露出来的深层次问题还没有突破，有些地方对群众反映强烈、举报线索较多的经济热点部位触动不大，少数利欲熏心之徒仍在铤而走险，新的犯罪不断发生。据一些地方统计，在今年查办的案件中，去年8月以后作案的占百分之七八十。特别要指出的是，当前仍有少数地方的领导干部对反腐败斗争的认识还没有到位，“不可不反、不可真反、不可彻底反”的错误认识依然存在，在一些案件的处理上“从重从严”的方针没有得到真正贯彻落实。这些问题不解决，反腐败斗争不可能深入，已经取得的成果也难以巩固。各级检察机关和全体检察人员都要把思想统一到邓小平同志“两手抓，两手都要硬”的方针上来，统一到中央关于反腐败斗争的部署上来，统一到国家法律规定上来，坚持既要牢固树立持久作战的思想，又要打好阶段性战役，一步步地把斗争引向深入的战略方针，扎扎实实抓办案，集中力量查办大案要案。

第一，办案要突出重点。江泽民同志提出，反腐败要坚持抓党政领导机关、行政执法机关、司法机关和经济管理部门，抓县处级以上领导干部。根据中央的部署和形势的需要，检察机关在反腐败斗争中查办大要案的重点：一是党政领导机关、行政执法机关、司法机关和经济管理部门发生的贪污、贿赂等经济犯罪案件，特别是县处级以上领导干部犯罪要案；二是司法和行政执法机关工作人员徇私舞弊、贪赃枉法犯罪案件；三是法人犯罪案件；四是危害改革措施实施的新的犯罪案件；五是袒护罪犯、阻挠办案构成伪证、包庇、窝藏、妨碍公务等犯罪的案件和打击报复举报人的犯罪案件。

要重视抓好查办司法人员中发生的贪赃枉法、徇私舞弊案件。当前司法机关工作人员徇私舞弊、贪桩枉法等违法犯罪现象相当严重，几乎每个司法部门都有，包括我们检察机关；现在发现法律规定的每一种从轻、减轻或者免除处罚情节都有造假、放纵犯罪的情况；处理刑事案件中有，处理民事、经济、行政案件中也有。这些腐败现象危害极大，不仅直接侵犯公民、法人组织的合法权益，放纵犯罪分子，助长社会恶势力的滋生蔓延，而且直接败坏党和政府的声誉，破坏民主法制建设，破坏国家对市场经济的宏观调控，践踏市场经济公平竞争的基本规则，导致法律对市场经济的调节失灵，从根本上破坏改革开放

第三部分　省、自治区、直辖市人民检察院工作报告

北京市人民检察院工作报告（摘要）

——1994年4月11日在北京市第十届人民代表大会第二次会议上

北京市人民检察院检察长　何访拔

（1994年4月14日北京市第十届人民代表大会第二次会议通过）

1993年，全市各级检察机关，认真贯彻党的十四大精神和十四届三中全会决定，以"严格执法，狠抓办案"的方针统揽全局，强化法律监督职能，各项检察工作都取得一定成绩，为维护首都的政治稳定和社会安定，保障改革开放和现代化建设的顺利进行做了应做的工作。

一、认真落实党中央关于反腐败斗争的统一部署，坚决惩治贪污贿赂等经济犯罪

1993年，全市各级检察机关继续把惩治贪污贿赂犯罪作为检察工作的重点，集中力量查办大案要案，特别是发生在党政领导机关、司法部门、行政执法部门和经济管理部门中的案件，全年共立案侦查贪污贿赂等各类经济犯罪案件844件941人。在已办结的案件中，决定提起公诉413件471人，决定免予起诉202件226人。在立案侦查的案件中，有重大案件204件、特大案件113件，县处级以上干部犯罪的要案59件。通过办案，追缴赃款及赃物折款共计4123万元。

第一，查办了一批犯罪数额巨大的贪污、受贿和挪用公款案件。一年中，查办案件的总数与上一年基本持平，但十万元以上的特大案件比上年增加36%。其中百万元以上的特大案件有13件，比上年增加10件；五十万元以上不满百万元的特大案件有10件，比上年增加6件。一年内查办这么多特大案件，是历年来没有过的。1993年年初发现的北京长城机电科技产业公司总裁沈太福在非法集资活动中贪污、行贿案，是一起轰动全国的特大案件。我们在最高人民检察院直接指挥下，抽调20多名干警组成专案组查办此案，经过6个多月艰苦细致的工作，终于查明沈太福个人及伙同他人贪污、行贿的犯罪事实，并依法提起公诉。市中级人民法院一审和市高级人民法院二审均认定沈太福贪污300万元，行贿25万余元，判处其死刑，并已交付执行。海淀区人民检察院立案侦查的某信托投资公司信托业务部经理赵凯，利用

发放贷款权力索取、收受现金130万元和“奔驰500”型轿车一辆的特大受贿案和西城区人民检察院立案查办的某信托投资公司处长胡聪，利用发放贷款权力受贿136万元案，都已提起公诉。第二，从党政领导机关、司法部门、行政执法部门和经济管理部门挖出了一大批贪污、受贿等经济犯罪分子。共立案侦查发生在党政领导机关的贪污、贿赂案件127件，比上年增长31％；发生在司法部门和行政执法部门的37件，比上年增长105％。其中，共有县处级干部48人，司局级干部10人，副部级干部1人。在查证沈太福行贿的罪行时，发现国家科委副主任李效时有受贿问题，即抓住这一线索深入查证。经过多方工作，查明了李效时受贿和贪污的犯罪事实，依法提起公诉。现市中级人民法院一审判决认定，李效时利用职务便利支持北京长城机电科技产业公司非法集资活动，从中受贿4万元，收受其他单位和个人贿赂的现金及实物共折合人民币1.2万余元，贪污2万元，判处李效时有期徒刑二十年。煤炭部中国煤炭销售运输总公司总经理郭子文（正局级）伙同他的女儿、女婿利用职务便利拆借本单位资金、倒卖本单位外汇额度，索取贿赂207万余元。去年我们查办的有一定影响的案件，还有国家工商管理总局广告司原司长金瑰琪受贿案、机械工业部第一装备司原副司长林昭奎受贿案等，上述案件均已提起公诉。第三，在金融系统查办了一批贪污、受贿、挪用公款的犯罪分子。共立案查办发生在金融系统的经济犯罪案件37件，比上年增长了1.5倍，其中百万元以上的案件就有4件。市人民检察院立案侦查的中国银行北京分行业务部汇款科复核员李静勾结无业人员利用职务倒卖中行北京分行监管的美元26.5万余元的案件，也已提起公诉。第四，查办了一批假冒商标、偷税抗税和骗取国家出口退税的案件。共立案侦查假冒商标案33件。有些案件，如假冒“夏仕莲”商标（香皂）案、假冒“皮尔·卡丹”商标（服装）案、假冒“长城”商标（水泥）案，查处之后产生了较大社会反响。立案侦查偷税、抗税和骗税案29件。第五，预防贪污贿赂犯罪的工作有所加强。1993年，市和一些区县人民检察院都设立了专门从事预防贪污贿赂犯罪的工作机构。全市检察系统共与48个国营大中型企业组成了“廉政共建单位”。

为深入开展惩治贪污贿赂犯罪的斗争，主要采取了以下措施：第一，统一思想认识，调动广大干警的积极性。1993年年初，全市检察机关及时传达贯彻最高人民检察院关于加强反贪工作的电话会议和全国检察长座谈会精神，统一思想，提高认识，发扬连续作战的作风，积极办案。8月份，江泽民同志在中纪委第二次全会上发表重要讲话后，我们坚决贯彻党中央的统一部署，进一步动员全体干警振奋精神，积极投入惩治贪污贿赂犯罪的斗争，使整个队伍保持了高昂的士气。第二，努力拓宽案件来源，积极寻找案件线索。进一步完善了举报制度，在《北京日报》上重新公布了全市各检察院的举报电话。全年共受理举报3855件，比上年上升了24.4％，根据举报线索立案的贪污贿赂案占立案总数的51％。对一些涉及面广的案件线索，市人民检察院统一组织初查。通过这些工作，保证了案件的及时查办。第三，加强领导，统一指挥，集中力量查办大案要案。各级检察长都实行办案责任制，加强领导，统一指挥，协调办案。对犯罪数额在百万元以上的案件由市人民检察院和分院检察长分工包案，组织精干力量进行查办。市人民检察院反贪领导小组深入基层逐案听取汇报，帮助解决具体问题。检察院内部各个部门互相配合，充分发挥各自的职能作用，保证了这项重点工作顺利开展。第四，强化干警的侦查意识，积极主动地深挖犯罪。在办案中发现线索，一追到底。1993年立案侦查的贪污贿赂案件中，有34%是深挖出来的“案中案”。郭子文受贿207万余元的特大案件，是从其受贿8000元的一个线索步步深挖查出来的；赵凯受贿案、胡聪受贿案都是从调查其他案犯时发现的蛛丝马迹中深挖出来的。

二、依法从重从快严厉打击严重刑事犯罪活动，维护首都的政治稳定和社会安定

1993年，全市各级检察机关加强了打击刑事犯罪和社会治安综合治理工作，认真贯彻依法“从重从快”方针，始终保持严打势头，全年共批准逮捕10310人；决定提起公诉10720人。

在“严打”斗争中，重点打击了杀人、抢劫、强奸、爆炸以及持枪作案等恶性犯罪活动和犯罪团伙。共批准逮捕重大案犯1727名，特大案犯394名；起诉重大案犯1729名，特大案犯288名。与公安机关、法院协同作战，先后开展了打击流氓团伙、打击拐卖人口、反盗窃、打击制毒贩毒、围歼“车匪路霸”、打击破坏电力设备以及取缔色情活动等专项斗争。各级检察机关在保证办案质量的前提下依法快捕、快诉，并且配合法院召开公判大会，这对震慑犯罪、弘扬法制、教育群众都起了积极作用。各级检察机关还狠抓了检察环节上社会治安综合治理措施的落实。积极参加对治安混乱、问题较多地段、地区的重点治理，将打击犯罪与重点治乱结合进行；积极开展多种形式的法制宣传；对发案单位管理上的漏洞及时提出检察建议；对预防和减少未成年人犯罪进行调查研究，积极开展帮教工作；加强对免予起诉人员考查帮教等。还特别注意了正确处理新形势下人民内部矛盾，妥善处理群众上访和影响较大的突发事件，化解矛盾，防止激化。

三、依法查处“侵权”、渎职等法纪案件，保护公民的合法权益

1993年，各级检察机关共立案侦查各类法纪案件136件192人。截至年底，已办结113件160人，其中决定起诉40件53人，免予起诉62件91人，通过办案，为国家挽回经济损失1000余万元。在法纪检察工作中，我们集中力量查办大案要案，共查处大案要案23件；配合反腐败斗争，下大力查处了一批执法人员徇私舞弊和刑讯逼供的案件，全年共查办24件；查处了一批“人质型”非法拘禁案，共查办60件；对于已经受理、但经调查不够追究刑事责任而未予立案的400多件案件，也以严肃认真的态度会同或转请有关部门作了妥善处理。

四、加强执法监督，维护国家法律统一正确实施

第一，加强侦查监督。把防错防漏作为重点，对公安、国家安全部门提请逮捕的案件严格审查，全年共对194名人犯作出不批准逮捕的决定，追捕案犯8名。对重大刑事案件提前介入。还在调查研究的基础上，制定了《关于加强审查逮捕案件跟踪的通知》，对批捕决定的实施情况进行监督，加大了侦查监督的力度。第二，加强审判监督。在审查起诉环节上严格把关，全年追诉各类案犯126名。重点抓了二审审判监督，共办理二审案件317件，审结306件，其中，我们的意见被法院采纳的占80%以上。特别加强了抗诉工作。对于确有错误的判决、裁定，坚决依法提出抗诉。共提出抗诉17件，法院已审结7件，其中改判5件，发回重审1件。第三，加强监所检察。按照最高人民检察院关于监所工作要经常化、制度化、规范化的要求，我们在全市监管场所已全部设置了检察室，派员常驻监管场所，深入检察。着重对在押人犯的羁押期限进行了全面检查，在摸清底数的基础上，会同有关部门认真解决。各级检察机关还对监外五类人员监管情况认真考察，努力促进犯人改造，维护社会安定。第四，加强民事审判和行政诉讼活动的检察。这是一项新的工作，各级检察机关积极探索，认真办案。全年共受理民事、行政申诉案106件，办结57件，其中提出抗诉1件，其余56件予以协调解决。

各级检察机关还加强了内部制约，严格执行侦捕、侦诉分开的制度。侦查监督部门和审判监督部门对经济和法纪检察部门提请逮捕和移送起诉的案件，严格审查把关。一年中，对自侦案件审查之后共批准逮捕491人，不批准逮捕18人，努力做到不枉不纵，确保案件质量。

五、坚持依法建院、从严治检的方针，加强检察队伍建设

各级检察机关坚持依法建院、从严治检的方针，加强自身建设。认真进行了整纪纠风、反腐倡廉和严格执法的教育。各级领导带头，严格对照中央关于廉洁自律五条规定自查自纠。全市检察系统共立案查处违法违纪干警5名。将利用职权收受贿赂的昌平县人民检察院原检察长陈志文、原办公室主任徐俊玲逮捕法办；将23名不适合做检察工作的人员调出了检察机关。进一步加强了廉政勤政制度建设，健全了内部监督的机制。加强领导班子建设。加强了对在职干部的培训。首次公开向社会招考工作人员，在检察机关人事制度改革方面做了一些探索。大力开展了争先创优活动。通过以上工作，干警的政治素质和业务素质有较大提高，保证了各项任务的顺利完成，实现了各项工作超上一年的目标。

1994年是推进建立社会主义市场经济体制改革的关键一年，新的形势对检察工作提出了更高的要求。据此，确定今年检察工作的主要任务是：以邓小平同志建设有中国特色社会主义理论为指导，坚决贯彻党的十四届三中全会精神，认真贯彻执行稳定是压倒一切的战略思想，坚持“两手抓，两手都要硬”的方针，强化法律监督职能，严格执法，狠抓办案，集中力量查办大案要案，严厉打击各种犯罪活动，全力维护首都政治稳定和社会安定，保障首都现代化建设顺利进行和提前三年实现小康目标。全年工作的总要求是，继续用“严格执法，狠抓办案”的方针统揽全局，统筹兼顾，突出重点，各项工作都要向前迈大步。反腐败斗争要在集中力量查办大案要案、尤其是查处领导干部犯罪的要案；查办不严格执法的违法犯罪案件；查办法人犯罪案件三个方面有新的突破。严厉打击严重刑事犯罪的斗争要加大打击力度，打出气势，竭尽全力维护首都的稳定。

为完成全年任务，达到工作总要求，我们提出今年的工作要点是：

一、坚决惩治贪污贿赂等经济犯罪分子，推动反腐败斗争不断深入。坚持集中力量查办大案要案，重点查办发生在党政机关、司法部门、行政执法部门和经济管理部门工作人员中的犯罪案件，努力为反腐败斗争多做贡献。进一步加强举报工作，拓宽案件来源；增强侦查意识，深挖犯罪；实行领导办案责任制；坚决贯彻“一要坚决，二要慎重，务必搞准”的原则，严格区分罪与非罪界限；进一步抓好预防犯罪工作。

二、坚决打击敌对势力的破坏活动，依法从重从快严厉打击严重刑事犯罪分子。

重点打击杀人、抢劫、强奸、爆炸、持枪作案等恶性犯罪活动和各种犯罪团伙，特别是带有黑社会性质的犯罪团伙和各种流氓恶势力；积极配合公安机关、法院开展“挖团伙、打流窜、追逃犯、破大案”的统一行动和专项斗争；加强国家安全检察工作，注意掌握境内外敌情动态，做好应付突发事件的准备工作；正确处理人民内部矛盾；积极参加社会治安综合治理。

三、强化执法监督。继续加强侦查监督和审判监督。对重大刑事犯罪开展立案监督。进一步加强二审审判监督，特别要加强抗诉工作。加强法纪检察、监所检察和民事行政检察。

四、加强检察机关的自身建设，提高检察队伍的政治素质和业务素质。

天津市人民检察院工作报告（摘要）

——1994年3月5日在天津市第十二届人民代表大会第二次会议上

天津市人民检察院检察长　张德铨

（1994年3月7日天津市第十二届人民代表大会第二次会议通过）

1993年，我市各级检察机关在市委和最高人民检察院的领导下，在市人大及其常委会的监督和市政府的支持下，以邓小平同志建设有中国特色社会主义理论为指导，认真贯彻执行党的基本路线和市人大十二届一次会议的各项决议，坚持为经济建设服务的指导思想，严格执法，狠抓办案，加大打击严重贪污贿赂犯罪和严重刑事犯罪的力度，认真履行法律监督职责，各项工作都取得了新进展。

一、深入开展反贪污贿赂犯罪斗争，集中查处大案要案，促进廉政建设和经济发展

我们坚持把惩治贪污贿赂犯罪作为检察机关第一位工作，积极办案，加大打击的力度，查处贪污贿赂等严重经济犯罪工作取得了明显成绩。全年共受理贪污、贿赂、挪用公款等经济罪案1758件，立案侦查836件，其中大案473件，要案23件，大案要案占立案总数的59.3%，是历年来最高的。已侦查终结696件761人，向人民法院提起公诉271件308人。通过办案，追缴赃款和赃物折款计人民币2800多万元。

1、把查办贪污贿赂大案要案作为一项政治任务，增强责任感和紧迫感。我们认真学习、深刻理解党中央关于“两手抓，两手都要硬”的方针，充分认识反腐败是深化改革、加快经济发展的重要保证，依法严惩贪污贿赂等严重经济犯罪是检察机关为经济建设最重要、最直接的服务，明确提出了积极办案、办大案、办好案的要求。8月份，我们认真贯彻党中央和市委反腐败斗争工作部署，把集中查办一批大案要案作为政治任务，各级领导把主要精力放在抓大案要案上，层层发动，落实措施，精心组织。市检察院多次专门研究分析反贪污贿赂工作形势，及时提出阶段性要求。各区县检察院认真组织，充实力量，广大干警办案热情空前高涨，全市检察系统形成了集中力量打击贪污贿赂等严重经济犯罪的新局面，查处案件数量逐月增加，下半年立案侦查大案要案比上半年上升了84.8%。

2、加强举报宣传的力度和声势，发动和依靠群众揭露打击犯罪分子。为深入开展反贪污贿赂犯罪斗争，我们采取措施，加大举报宣传的力度和声势。通过举办举报宣传周、电台热线答疑、印发宣传材料、重新公布举报电话、深入重点单位工作、奖励举报有功人员等多种形式，发动群众举报犯罪，激发了群众的举报热情，举报数量大幅度上升。全年共受理举报4559件，举报大案要案线索806件。根据举报立案侦查贪污贿赂等经济罪案491件。

3、认真排查大案要案，重点查处"一机关、三部门"工作人员犯罪案件。我们始终抓住大案要案不放，把斗争锋芒对准贪污、贿赂、挪用公款等严重经济犯罪分子。各级检察长亲自抓大案要案，及时分析形势，组织协调力量，掌握办案进度，制定侦查方案。市检察院建立了定期排查大案要案联合办公制度，加强业务指导，及时解决基层办案中的疑难问题。一些区县检察院在排查线索的基础上，还结合各自实际，集中开展侦破战役，取得了良好的战果。

在查办大案要案工作中，我们按照中央的要求，把查处党政领导机关、司法部门、行政执法部门和经济管理部门工作人员的犯罪案件作为重点，共立案查处这些部门工作人员犯罪案件98件，占立案总数的12%，其中属于党政领导机关的23件，司法机关9件，行政执法部门11件，经济管理部门55件。

4、积极查办假冒商标和偷税抗税犯罪案件。我市检察机关认真贯彻全国人大常委会《关于严惩生产销售假冒伪劣商品犯罪的决定》和《关于惩治假冒注册商标犯罪的补充规定》，把查处假冒商标犯罪作为一项重要任务。1993年共受理假冒商标案61件，立案侦查40件，比1992年上升42.9%。按管辖，移交外地检察机关立案查处14件。为国家和集体挽回经济损失2000多万元。通过办案查获假冒他人注册商标标识274万套（件），捣毁生产、制造假冒商品黑窝点及非法印制假标识的印刷点50余个。

各级检察机关还认真贯彻全国人大常委会《关于惩治偷税、抗税犯罪的补充规定》，加强了对偷税抗税犯罪案件的查办工作。1993年共立案侦查偷、抗税案116件，其中偷税万元以上的104件，是1992年度的1.6倍。还协助税务机关依法治税，维护税收秩序，为国家追缴税款1700多万元。

5、正确执行政策，严格依法办案，保证案件质量。为了准确有效地打击贪污贿赂等经济犯罪，我们要求全市检察机关坚持"一要坚决，二要慎重，务必搞准"的原则，把积极办案、敢查敢办与实事求是、做过细工作统一起来，确保案件的质量。工作中我们主要抓了三个方面：一是树立正确执法思想。坚持以"三个有利于"作为衡量行为是非的根本标准，认真学习研究新制定的法律法规、经济政策和深化改革的重大举措。正确执行法律政策，力争取得办案最佳法律效果和社会效果。二是把好立案关。重证据，重调查研究，坚持实事求是，正确区分罪与非罪的界限。对看准了的坚决查办，看不准的不轻易作犯罪处理，使办理的每起案件都事实清楚，证据确凿，经得起历史检验。三是依法行使免予起诉权。严格执行案件免予起诉处理的法定条件，实行免予起诉案件备案审查制度，推广了对免予起诉案件试行辩护的做法，有效地保证了免予起诉案件质量。

工作中，我们要求检察干警努力做到从经济建设出发，为经济建设着想，加快办案进度，避免因办案周期过长影响企业的生产。办案中注意维护企业的声誉，积极帮助企业依法治厂，完善经营管理制度，堵塞漏洞，消除隐患，预防和减少犯罪的发生。全市检察机关通过办案，为企业挽回经济损失6700多万元。

从1993年查处的案件看，贪污贿赂犯罪有以下几个特点：1、犯罪数额越来越大，重特大案件明显增多。2、内外勾结，共同犯罪突出。3、作案手段日趋狡猾诡秘，以权钱交易为特征的贿赂犯罪花样翻新，反侦查的伎俩也越来越多。4、犯罪多发部位向在发展市场经济过程中负有重要管理职能的行业扩展。个别领导干部弄权渎职，也给贪污、受贿、挪用公款等经济犯罪以可乘之机。5、现行犯罪比例较大。上述情况说明，贪污贿赂犯罪还相当严重，反贪污贿赂犯罪斗争的任务仍然十分艰巨。我们要树立长期作战思想，继续集中力量查办大案要案，推动反贪污贿赂犯罪斗争不断深入发展。

二、坚持依法从重从快方针，严厉打击严重刑事犯罪，维护社会稳定

我们始终把维护社会稳定作为检察工作的一项主要任务。坚持依法从重从快方针，毫不放松地抓紧抓好严厉打击严重刑事犯罪工作，加大严打力度，提高严打效果。各级检察机关积极参加全市统一组织的反盗窃、打击拐卖妇女儿童、查禁卖淫嫖娼、围剿"车匪路霸"等犯罪活动的专项斗争，与公安、法院密切配合，保持严打态势，为我市加快改革和经济发展创造稳定的社会治安环境。1993年共受理公安机关提请逮捕人犯7528人，比1992年上升21%；经审查批准逮捕人犯6449人，上升21.1%。受理公安机关移送起诉7729人，比1992年上升20.7%；经审查提起公诉6823人，上升20%。工作中，我们抓了以下三个环节：

一是抓严打方针的贯彻落实。我们在检察干警中反复、深入、持续不断地开展教育，强化严打意识，防止和克服松懈、麻痹思想。同时，对贯彻落实依法从重从快方针措施的情况，经常进行检查，发现问题，及时改进。工作中，我们始终把打击的重点对准杀人、放火、抢劫、强奸、重大盗窃等严重刑事犯罪分子和犯罪团伙。对重特大案件坚持提前介入，优先审理，快捕快诉，不在检察环节贻误战机。

二是抓侦查监督、审判监督。对公安机关报捕和移送起诉的案件，坚持复核主要证据，依法及时批捕、起诉。发现漏捕、漏诉的，及时追捕、追诉。1993年共追捕人犯18名，追诉人犯13名。对不具备法定逮捕条件和主要事实不清、证据不足的，决定不捕521人。依法对人民法院确有错误的判决和裁定提出抗诉9件，法院已改判2件。一些区县检察院对批捕后执行情况实行了跟踪监督，收到良好效果。

三是抓综合治理。我们认真贯彻市人大常委会《关于加强社会治安综合治理的决定》，积极落实检察环节综合治理的各项措施。结合办案，共向有关单位发出检察建议1631件次，帮助企业改章建制785项。在581个企业、街道、学校建立了综合治理联系点。对免予起诉人员及缓刑、管制、假释、保外就医、剥夺政治权利人员落实监改情况，实行了月回访、季考察制度，发现失控漏管，及时提出建议。积极开展多种形式的法制宣传。进一步加强了对未成年人犯罪案件的批捕、起诉工作。根据形势的发展，积极探索检察机关参与社会治安综合治理的新形式、新途径，制定了检察机关参与社会治安综合治理量化管理办法。

目前我市社会治安情况，总的看是好的，是稳定的。但是，由于多种因素的影响，刑事犯罪案件仍呈上升趋势，社会治安形势还比较严峻。我们要充分发挥人民民主专政工具的重要职能作用，与公安、法院等部门密切配合，毫不放松地坚决依法打击各种危害社会稳定的严重刑事犯罪，为改革开放和现代化建设创造良好的治安秩序和稳定的社会环境。

三、加强法纪检察，突出查办“三类”案件，促进社会主义民主和法制建设

依法查处侵犯公民民主权利、人身权利和渎职犯罪，是法律赋予检察机关的一项重要任务。我们充分认识新形势下做好法纪检察工作，对推动反腐败斗争、加强社会主义民主法制建设的重要性，增强责任感和紧迫感，加强领导，积极办案，查处各类法纪案件取得明显进展。1993年共受理各类法纪案件260件，立案侦查175件，比1992年上升17.4%，是立案最多的一年，其中重特大案件45件，比1992年上升12.5%。通过办理法纪案件，为国家和集体挽回经济损失389万余元，比1992年增加一倍。

按照法律规定，检察机关管辖着十五类法纪案件。1993年，我们根据最高人民检察院部署，重点查处徇私舞弊、刑讯逼供、非法拘禁三类案件。这些案件大多发生在党政领导机关、司法、行政执法等部门，突出查办这类案件是贯彻落实中央反腐败工作部署的重要措施。各级检察机关紧紧把握查处重点，采取有效措施，在突破案件上下功夫。对有影响的重特大案件，检察长和分管检察长亲自参加和组织指挥查办。1993年共查办徇私舞弊、刑讯逼供、非法拘禁案36件，比1992年增长90%。1993年，我们还与公安机关密切协作，依法查处了大邱庄禹作敏等人的犯罪案件，维护了社会主义法制的尊严。

法纪案件多与职务、工作相联系，往往责任分散，因果关系复杂，查处难度大。我们坚持以事实为根据、以法律为准绳和“一要坚决，二要慎重，务必搞准”的原则，严格区分罪与非罪的界限，注意分清行为的性质，弄清是弄权渎职，还是工作失误；是民事、经济纠纷，还是刑事犯罪。深入细致地调查研究，查清事实，准确定性，切实做到不枉不纵，保证案件质量。对不构成犯罪的案件及时移送有关部门处理，并协助有关单位总结经验，完善规章制度，扩大办案社会效果。

四、全面开展其它各项检察工作，认真履行法律监督职能

监所检察加强了对刑事案件判决、裁定执行情况和监管改造场所执行法律政策情况的监督。对监管改造场所的违法情况，提出检察建议和纠正意见187件。配合监管改造部门打击“牢头狱霸”，依法保护被监管人员的合法权益，协助有关部门维护了监管改造场所的正常秩序。针对我市久拖不决案件比较突出的问题，进行了专门调查，写出了专题报告，引起领导的重视，及时转发政法各部门，使部分问题得到解决。

控告申诉检察重点抓了上访老户和缠诉案件的息诉工作。1993年共接待群众来信来访6421件次，复查各类申诉83件，依法纠正20件。及时妥善处理了52起集体上访和告急案件。

民事行政检察克服困难，积极办案。1993年共受理不服人民法院终审判决、裁定的各类民事行政申诉案41件，已办结34

件。

五、以廉政建设为重点，努力提高检察队伍的整体素质

各级检察机关认真贯彻党中央和市委关于反腐败的工作部署，组织干警认真学习邓小平同志端正党风，加强廉政建设，反对腐败的一系列重要论述，学习江泽民同志在中纪委二次全会上的重要讲话，充分认识开展自身反腐败的重要性，广大干警廉洁自律意识明显增强。认真清理和纠正检察工作中的不正之风，严肃查处了少数干警违法违纪案件。同时，加强了队伍的思想、作风和业务建设，严格要求，严格管理，严格训练，干警的政治、业务素质和执法水平逐步提高。

1993年，我市各级人大及其常委会对检察工作给予了有力监督和支持。市人大和许多区县人大组织了对检察机关查办经济犯罪案件情况的检查评议，听取检察机关开展反腐败斗争，查办大案要案情况汇报。一些市和区县人大代表对加强检察工作提出许多很好的意见和建议。市人大常委会主任会议成员在聂壁初主任的率领下，还专门到市检察院检查指导工作。各级人大的监督、支持，对我们做好检察工作，正确履行法律监督职责，严格执法，起到了很大的推动作用。

江泽民同志最近指出，抓住机遇，深化改革，扩大开放，促进发展，保持稳定，是全党工作的大局，各方面的工作都要服从和服务于这个大局。市委六届二次全体(扩大)会议要求各方面工作都要站在全面贯彻执行党的基本路线的高度，纳入全市加快发展的轨道，为经济发展创造条件，多做贡献。这些都对检察工作提出了更新、更高的要求。我们决心在市委领导下，在市人大及其常委会的监督下，认真贯彻执行这次大会通过的各项决议，以邓小平同志建设有中国特色社会主义理论和党的十四届三中全会精神为指导，坚持“两手抓，两手都要硬”的方针，严格执法，狠抓办案，强化法律监督，加大反贪污贿赂犯罪和严打的力度，加强队伍建设，搞好各项检察工作，维护社会稳定，为建立社会主义市场经济体制，加快我市经济发展，做出新的贡献！

河北省人民检察院工作报告（摘要）

——1994年3月1日在河北省第八届人民代表大会第二次会议上

河北省人民检察院检察长　刘宗欣

（1994年3月3日河北省第八届人民代表大会第二次会议通过）

一、1993年全省检察工作的主要情况

一年来，全省检察机关坚持以邓小平同志建设有中国特色的社会主义理论为指导，贯彻落实党的十四大和八届全国人大一次会议精神，坚决贯彻执行党中央关于开展反腐败斗争的指示，坚持“两手抓，两手都要硬”的方针，强化法律监督职能，严格执法，狠抓办案，自觉地服从和服务于改革开放和经济建设这个中心，较好地完成了各项工作任务，取得了新的成绩，为维护全省政治稳定和社会安定，推进社会主义民主与法制建设，保障改革开放和现代化建设的顺利进行，促进社会主义市场经济体制的逐步建立和发展，做出了积极贡献。

(一)坚决贯彻执行党中央关于开展反腐败斗争的指示，惩治贪污贿赂等经济犯罪取得了明显成绩

1993年，全省检察机关把惩治贪污贿赂等经济犯罪作为工作重点，严格执法，狠抓办案，增强打击力度。特别是江泽民总书记在中纪委二次全会上发表重要讲话后，全省各级检察机关坚决贯彻执行党中央关于开展反腐败斗争的指示和省委、最高人民检察院的部署，贯彻落实省人大常委会关于深入开展反腐败斗争，加强廉政建设的决议，态度坚决，行动迅速，积极投入反腐败斗争，集中力量查办大案要案，取得了明显成绩。全省检察机关共受理贪污贿赂等经济犯罪案件4669件，立案侦查2714件，其中大案要案1488件，占立案总数的54.8%，比1992年度增加43.5%，是近几年来比例最高的。在立案侦查的案件中，贪污贿赂案1475件，内有万元以上不满十万元的514件，十万元以上不满五十万元的37件，五十万元以上的4件；挪用公款案627件，内有五十万元以上不满一百万元的8件，一百万元以上的6件；偷税、抗税、骗税案394件，内有一百万元以上的5件；假冒商标案176件，内有一百万元以上的3件。立案查办了县处级干部犯罪要案26件。在反腐败斗争中，我们着重抓了以下几项工作：

——统一思想，提高认识，增强惩治贪污贿赂等经济犯罪的责任感、紧迫感。1993年初，针对有的检察机关，特别是有的领导同志的思想不能完全适应建立社会主义市场经济体制新形势的要求，怕抓打击贪污贿赂等经济犯罪会影响经济建设，不敢大胆办案的情况，省检察院及时派工作组深入到石家庄、唐山、保定、邢台、邯郸等地进行调查研究，在此基础上召开全省市、分院主管检察长座谈会，统一对打击犯罪与经济建设辩证统一关系的认识，提高贯彻“两手抓，两手都要硬”方针的自觉性，强调严格执法，狠抓办案，使惩治贪污贿赂等经济犯罪工作出现了办案数量逐月增多的局面。8月，省检察院召开了市、分院检察长座谈会，认真总结1至7月反贪污贿赂工作，对后几个月的反贪污贿赂工作进行了部署。要求全省检察机关认真学习贯彻江泽民总书记在中纪委二次全会上的重要讲话精神，从改革事业成败、党和国家命运的高度充分认识反腐败斗争的重要性，把惩治贪污贿赂等经济犯罪作为检察机关的一项重大政治任务进一步抓紧抓好。全省各级检察机关在干警中普遍进行了反腐败斗争的形势教育，增强了狠抓办案，特别是抓大案要案的使命感，紧张地投入了战斗。

——突出重点，集中力量查办大案要案。全省各级检察机关始终把查办大案要案，特别是发生在党政领导机关和司法部门、行政执法部门、经济管理部门工作人员中的大案要案作为推动反腐败斗争深入开展的重点来抓。在办案力量不足、办案经费紧缺的情况下，打破处、科、室界限，集中优势兵力，加强办案力量，从物力、财力、技术装备上实行倾斜，实行检察长办案责任制，加强统一指挥和协调，迅速侦破了一批大案要案。全省检察机关共立案侦查“一机关三部门”工作人员贪污贿赂等经济犯罪案件259件，比1992年度增加1.4倍，其中突破了一批有影响、危害严重

的大案要案。有力地推动了反腐败斗争的深入开展。

——加强对重大贪污贿赂等经济犯罪潜逃案犯的缉捕工作，震慑了犯罪，促进了斗争的深入。在办案中，我们加强了追捕逃犯工作。1993年，全省检察机关共抓获重大贪污贿赂等经济犯罪潜逃案犯35人，是1992年度的2.5倍。

——巩固和完善举报制度，进一步拓宽案件来源渠道。一年来，全省各级检察机关进一步完善了举报制度。5月召开了全省检察机关举报工作会议，强调抓好“及时查处”、“迅速反馈”两个环节。8月份，为贯彻中央关于反腐败斗争的部署，加强举报工作，各级检察机关普遍召开了新闻发布会，重新公布了举报电话，建立健全了检察长接待日制度，为群众举报创造条件。全省各级检察机关受理的举报大幅度上升，8至12月共收到举报8999件（属于检察机关管辖的5366件），占全年受理举报总数的68.8%，比1992年度同期增加1.95倍。立案查办的26件要案中，有12件是群众举报的。

——坚决贯彻执行“一要坚决，二要慎重，务必搞准”的原则，严格执法，狠抓办案质量。在办案中，全省检察机关坚决贯彻执行“一要坚决，二要慎重，务必搞准”的原则，在“准”字上狠下功夫，反复强调在查办案件中一定要认真扎实地查清事实，切实做到证据充分、确凿；一定要运用好政策法律，使认定的每一个事实、情节都有充分的政策法律依据；一定要严格按照法律程序办案，采取每项措施，都要在法律规定的范围内进行。为了保证办案质量，我们强调要严格区分罪与非罪的界限，对于确实构成犯罪的案件，坚决查办，敢于冲破阻力，排除干扰，一查到底；对于情况复杂，一时看不准或各方面争议较大的案件，采取审慎的态度，调查研究后再做处理；对于经过侦查不构成犯罪或不应以犯罪追究的，及时做出撤销案件或不起诉处理。在办案工作中，认真坚持案件备案审查、重大疑难案件的请示报告和对重点案件进行抽查等制度，加强对办案质量的检查监督。同时，针对社会主义市场经济条件下贪污贿赂犯罪出现的新情况、新问题，对如何执行法律和政策问题，在深入调查研究的基础上，制定了《关于在办案中正确区分罪与非罪界限的意见》，会同省高级人民法院下发施行，对提高办案质量起到了重要作用。

——加强督促检查，推动反贪污贿赂斗争深入发展。我们在办案工作中，既强调充分发挥各级检察院和广大检察干警的工作积极性和创造性，又大力加强上级检察院对下级检察院的督促检查。9月以后，省检察院正副检察长带领5个工作组，先后三次深入各市、分院，对两次排查出的185件大案要案和33件大案要案线索，进行督办、指导，加快了侦查、起诉进度，9至12月将侦查终结的133件150人向人民法院提起公诉。

（二）严厉打击严重刑事犯罪活动，维护了全省政治稳定和社会安全

在打击严重刑事犯罪活动中，坚持依法从重从快方针和“基本事实清楚，基本证据确凿”的原则，提前介入公安机关对重特大刑事案件的侦查、预审活动，及时批捕、起诉公安机关提请批捕、移送起诉的严重刑事案犯。1993年，全省检察机关共受理公安机关提请逮捕的各类刑事案犯20693名，审结19628名，其中批准逮捕19092名；受理公安机关移送起诉的刑事案犯19260名，审结16841名，提起公诉16297名。

在“严打”斗争中，我们重点打击杀

人、抢劫、强奸、爆炸以及持枪作案等恶性犯罪和带有黑社会性质的团伙犯罪，1993年共批准逮捕这几类案犯5344名，提起公诉4720名。同时，按照党中央、省综治委、最高人民检察院的部署，与公安、法院等有关部门密切配合，积极参加反盗窃、围歼“车匪路霸”、“打拐禁娼”等专项斗争和对治安混乱、问题较多的地区、地段、路段的重点治理活动，共批准逮捕重大盗窃案犯2228名，提起公诉1290名；批准逮捕拐卖妇女儿童案犯781名，提起公诉579名；批准逮捕卖淫嫖娼案犯44名，提起公诉51名。

（三）认真查办“侵权”、渎职犯罪案件，维护了公民合法权利，维护了国家机关的正常活动，促进了廉政勤政建设

全省检查机关进一步重视和加强了法纪检察工作，坚持“抓办案，办大案，办好案”的指导思想，加强领导，集中力量狠抓办案，重点查办徇私舞弊、刑讯逼供、非法拘禁、玩忽职守、重大责任事故五类犯罪案件，突出查办大案要案和司法人员、行政执法人员犯罪案件，有力地推动了法纪检察工作的开展，取得了较好的成绩。1993年，全省检察机关共受理各类“侵权”、渎职案件2626件，立案侦查1057件，其中查办大案要案207件。在立案侦查的案件中，五类重点案件748件，占立案总数的70.8%；犯罪主体属于国家工作人员的439人，其中司法人员徇私舞弊、刑讯逼供、非法拘禁等犯罪的59人，比1992年增加2.28倍。

（四）加强执法监督，在促进严格执法方面取得了新的进展

——加强侦查监督，重点抓了有罪不究、以罚代刑等问题。全省各级检察机关依法严格履行对公安机关侦查活动实施法律监督职责，一些地方检察机关还开展了对重大刑事案件立案情况的监督，对有关部门有罪不究，搞以罚代刑的，依法督促纠正。1993年，全省检察机关通过对公安机关提请逮捕和移送起诉、免予起诉案件认真审查，对230名刑事案犯作出追捕决定，对104名案犯进行追诉。同时，对不构成犯罪或虽构成犯罪但依法不需要逮捕的536人，依法作出不批准逮捕决定；对不构成犯罪不应受刑事追究的81人，依法作出不起诉决定；对侦查活动中的违法行为提出纠正意见252件次。

——加强刑事审判监督，重点抓了对重罪轻判案件的抗诉工作。1993年全省检察机关对43件确有错误的判决、裁定，依法提起抗诉；对审判活动中的违法行为提出纠正意见53件次。

——加强执行监督，重点抓了对刑事判决、裁定不按法律规定交付执行和监管改造场所干警贪污、受贿、体罚虐待被监管人员及徇私舞弊、私放罪犯等犯罪案件的查处。查处监管改造干警犯罪案件3件，办理“两劳”人员犯罪案件61件81人。

——加强控告申诉检察，重点抓了不服法院判决、裁定和检察机关免予起诉决定的申诉案件的复查工作。1993年全省检察机关共查办各类控告、申诉案件546件，其中不服法院判决、裁定和检察机关免予起诉决定的申诉案件224件，纠正81件。

——加强民事行政检察，重点抓了对民事和行政判决、裁定确有错误的案件的抗诉工作，查办因审判人员徇私舞弊、索贿受贿而导致错误裁判的案件。1993年全省检察机关共受理不服法院判决和裁定的民事、行政申诉案件274件，立案审查83件，提起抗诉5件，建议法院纠正52件，已纠正36件。同时，还立案侦查审判人员在审理民事案件中徇私舞弊、索贿受贿的犯罪案件5件。

（五）积极参加社会治安综合治理，预防和减少犯罪

全省检察机关结合办理各类犯罪案件，积极开展多种形式的法制宣传；注意发现发案单位管理工作中存在的隐患，及时提出检察建议，促进建立健全规章制度，堵塞漏洞；对免予起诉人员加强帮教工作；加强和改进对未成年人犯罪案件的批捕、起诉和调查研究工作，预防和减少未成年人犯罪。一年来，全省检察机关为发案单位挽回直接经济损失 10180.5 万元；向发案单位提出检察建议 5189 条；帮助 470 个企业堵塞漏洞，建章立制，完善管理；有 139 个企业在检察机关协助治理下，实现了扭亏增盈。

（六）根据党中央反腐败斗争的指示精神，狠抓了从严治检，检察队伍得到了加强

——狠抓了领导班子建设。以三级检察长换届和部分地市合并为契机，调整充实了领导班子，一批德才兼备、符合“四化”标准的年轻干部走上领导岗位，领导班子年龄结构、知识结构和专业结构有了新的变化，保持了队伍稳定和工作的连续性。

——认真开展了检察机关自身的反腐倡廉工作。严格对照中央关于廉洁自律的五条规定和省委提出的“十不准”，在各级党委的统一领导下，开展了自查自纠活动，制定了《检察人员办案守则》，强化了监督约束机制；坚决制止和纠正了利用职权乱收费、乱罚款等不正之风和越权办案、插手经济纠纷等问题；认真清理整顿了检察机关所办的公司；查处检察干警违法违纪案件 29 件 30 人，对不适合做检察工作的人员已清理调出 32 名。

——广泛开展了“两争一树”和创建无违纪院活动，弘扬正气，表彰先进。1993 年，全省检察机关有 56 个先进集体和 392 名先进个人受到立功奖励。

——加强了干警的教育培训工作。对县区检察院检察长换届中从外单位选任的同志，进行了上岗培训；全省有 1400 名检察干警参加了九三级法律大专专业证书班学习，干警的文化水平和业务素质有了新的提高。

二、1994 年全省检察工作的主要任务

1994 年全省检察工作的主要任务是：在省委、最高人民检察院和各级党委的领导下，在人大及其常委会的监督和政府的支持下，坚持以邓小平同志建设有中国特色社会主义理论为指导，认真贯彻党的十四届三中全会、省委四届七次全会精神和党中央关于开展反腐败斗争的指示，认真贯彻全国、全省政法工作会议、检察长工作会议精神，坚持“两手抓，两手都要硬”的方针，进一步强化法律监督职能，严格执法，狠抓办案，集中力量查办贪污贿赂等犯罪大案要案，严厉打击严重刑事犯罪活动，严肃查处“侵权”、渎职犯罪案件，全面开展各项检察业务，深化改革，强化服务，全力维护全省政治稳定和社会安定，为社会主义市场经济体制建立和发展服务，为我省改革开放和建设经济强省创造良好的法制环境。主要任务和目标是：第一，把惩治贪污贿赂等职务犯罪作为第一位的任务抓紧抓好，促进反腐败斗争的深入。第二，坚持依法从重从快打击严重刑事犯罪活动，维护全省政治稳定和社会安定。第三，把查办“侵权”、渎职犯罪案件作为反腐败斗争、保护人权和推动严格执法的一项重要工作来抓。第四，加强执法监督工作，推进严格执法，维护国家法律的统一正确实施。第五，大力加强检察队伍的思想建设、组织建设、制度建设和作风建设。

山西省人民检察院工作报告（摘要）

——1994年3月1日在山西省第八届人民代表大会第二次会议上

山西省人民检察院检察长　左　祥

（1994年3月4日山西省第八届人民代表大会第二次会议通过）

1993年，全省检察机关在最高人民检察院和各级党委的领导下，在各级人大及其常委会的监督下，在各级人民政府的支持下，认真贯彻了党的十四大、十四届三中全会和八届全国人大一次会议精神，牢固树立检察工作为改革开放和经济建设服务的指导思想，坚持“两手抓，两手都要硬”的方针，用“严格执法，狠抓办案”统揽检察工作的全局，采取了一系列强化法律监督的措施，使各项检察工作都取得了新的进展，为保障我省改革开放和经济建设的顺利进行，维护政治稳定和社会安定，促进廉政建设，做出了积极贡献。

一、坚决贯彻党中央反腐败的英明决策，深入开展反贪污贿赂斗争

1993年，特别是8月21日江泽民总书记在中纪委第二次全体会议上发表关于开展反腐败斗争的重要讲话以后，我省各级检察机关按照省委和最高人民检察院的部署，把查处贪污贿赂等经济犯罪案件特别是查处大案要案，摆在检察工作的首位，精心组织，集中力量查办了一批贪污贿赂等经济犯罪案件，取得了一定的成绩，发挥了检察机关在反腐败斗争中的职能作用。1993年，全省检察机关共立案侦查贪污贿赂等经济犯罪案件1987件2282人，现已结案1351件1571人，已向法院提起公诉467件543人。追缴赃款赃物总计人民币3000多万元。

——侦破了一批大案要案。1993年，全省检察机关共立案侦查县处级以上领导干部犯罪要案52件53人，比1992年增加了27%。其中有厅级干部犯罪案件4件4人。同时，在查处万元以上大案方面也取得了新进展。共立案侦查万元以上案件1284件，占立案总数的64%，比1992年增加了48%。其中一万元以上不满五万元的936件，五万元以上不满十万元的179件，十万元以上不满五十万元的137件，五十万元以上不满一百万元13件，一百万元以上的19件。

——查处“四个重点部门”的贪污贿赂等经济犯罪案件取得了较大进展。1993年，全省检察机关共立案侦查发生在党政领导机关、司法部门、行政执法部门和经济管理部门工作人员中的贪污贿赂等经济犯罪案件334件，占立案总数的16.8%。其中，查处党政领导机关的经济犯罪案件95件。

——查办了一批偷税、抗税、骗税和假冒商标等经济犯罪案件。1993年，全省各级检察机关积极参加“打假”、治税等专项斗争，同有关部门密切配合，有力地打击了扰乱税收秩序、侵害消费者权益、严重破坏市场机制正常运行的犯罪活动。全省检察机关共立案侦查偷税、抗税犯罪案件472件，其中十万元以上的34件；假冒商标犯罪案件104件。骗取国家出口退税款犯罪，是近年来在国家税收出现和外贸体制改革后的一种新的犯罪形式。1993年全省检察机关共立案侦查犯罪分子与海关、税务、外贸等部门的一些腐败分子相勾结，骗取国家出口退税款犯罪案件18件，追回被骗税款1100万元

——追捕了一批负案在逃的重大经济犯罪分子。近三年来，在我省检察机关立案侦查的经济犯罪案件中，有48名犯罪分子负案在逃，其中绝大多数是携款潜逃。全省检察机关采取了各种追捕措施，现已抓回逃犯28名，为国家和集体挽回经济损失250万元。

在开展反贪污贿赂斗争中，我们突出地抓了以下三个方面的工作：

一是采取果断措施，迅速扭转全省经济犯罪案件立案大幅度下降的局面。1993年头两个月，由于多种因素的影响，全省检察机关仅立案77件，比1992年同期下降了60.3%。其中万元以上的案件只立了43件，比1992年同期下降了39.4%。全省134个检察院中，竟有84个没有立案侦查一起经济犯罪案件。一方面腐败现象在滋长蔓延，一方面我们的办案数量大幅度下降，形成了很大的反差。面对这一严峻形势，省检察院及时向省委和最高人民检察院作了报告，同时果断地采取了五条措施：抓调查研究，吃透情况，取得指导工作的主动权；抓统一认识，克服畏难松劲情绪；抓各级检察长，充分发挥“火车头”的作用；抓薄弱环节，分类指导，解决办案中的实际问题；抓严格执法，保证办案质量。从而较快地扭转了全省经济犯罪立案大幅度下降的被动局面。到7月底，未立案的检察院都已立案，全省立案数、大案要案数呈逐月上升的趋势。

二是及时传达学习和贯彻党中央反腐败的重要指示，引深反贪污贿赂斗争。1993年8月21日以来，省检察院先后召开了全省分、市院检察长紧急会议和全省检察机关反贪污贿赂工作汇报会，研究采取了一系列坚决有力的措施，引深反贪污贿赂斗争。(1)组织广大检察干警认真学习江总书记的重要讲话，深刻领会精神实质，用党中央反腐败斗争的指示统一大家的思想，使广大检察干警增强了使命感、责任感和紧迫感，为反贪污贿赂斗争的深入开展奠定了思想基础。(2)充实和加强举报工作力量，及时向社会公布举报电话，认真受理人民群众举报。(3)把多办案、办大案，特别是查办要案作为衡量反腐败工作成绩的主要标准。进一步重视和加强了大案要案的初查工作，合理调配使用力量，采取集中优势兵力打歼灭战的办法，突破重点案件。1993年，省检察院直接抽调力量，立案侦查有影响的大案要案14件17人。(4)各级检察长以身作则，一方面带头查办大案要案，另一方面注意充分发挥领导班子的整体作战功能，对于重大问题的决策和大要案件的侦破工作，坚持集体研究决定，以避免和减少失误。(5)进一步强化了上级检察院对下级检察院的领导，逐步提高了全省检察系统开展反贪污贿赂斗争的统一指挥和协同作战的能力。(6)加强了与纪检、监察、法院、公安等部门的联系，互通情况，协调行动。(7)始终坚持严格执法，严格区分罪与非罪的界限，正确处理打击与保护的关系。在办理案件中，要注意维护企业和法人的合法权益，取得打击犯罪，保护改革，促进经济发展的社会效果。

三是适时公布了一批大案要案，鼓舞

群众，推动反贪污贿赂斗争的深入开展。在全省检察机关反贪污贿赂斗争取得较大进展的情况下，省检察院于1993年12月13日召开了新闻发布会，通报了8月21日以来全省检察机关开展反贪污贿赂斗争的进展情况，公布了20起贪污贿赂犯罪的大案要案，在社会上引起了强烈反响，进一步激发了人民群众同腐败分子作斗争的积极性，增强了全省检察干警深入开展反贪污贿赂斗争的信心与决心。

二、严厉打击严重刑事犯罪活动，维护政治稳定和社会安定

1993年，我省检察机关继续把维护政治稳定和社会安定作为一项重要任务来抓，坚决贯彻依法“从重从快”的方针，与人民法院、公安机关密切配合，严惩严重破坏社会治安的严重刑事犯罪分子，努力为我省的改革开放和经济建设创造安定的社会环境。1993年，全省检察机关共受理公安机关提请逮捕案犯15965人，经审查，批准逮捕13795人；共受理公安机关移送起诉案犯14773人，经审查，已提起公诉12299人。在严厉打击严重刑事犯罪活动方面，我们主要抓了以下三项工作：

——积极参加专项斗争，解决社会治安的突出问题。从1993年3月开始，全省检察机关按照全省的统一部署，积极投入到围歼“车匪路霸”的专项斗争中去，取得了一定的成效。截止年底，共受理公安机关提请逮捕的“车匪路霸”案犯265件796人，依法批准逮捕246件728人，使猖獗一时的“车匪路霸”犯罪势头得到有效遏制。7月以来，全省检察机关又积极参加了集中整治农村社会治安、打击流氓犯罪团伙的专项斗争。7月至9月，全省检察机关共批捕各类刑事犯罪分子4843人，提起公诉3784人，取得了较好的社会效果。

——突出打击重点。严惩严重危害社会治安秩序和人民群众生命财产安全的严重刑事犯罪活动。全省检察机关始终把斗争的锋芒指向杀人、抢劫、强奸、爆炸、持枪作案、流氓滋扰、重大盗窃及盗窃破坏工农业生产设施和物资等七类严重刑事犯罪分子，特别是那些内外勾结、称霸一方、带有黑社会性质的流氓犯罪团伙。在办案中，各级检察机关坚持对重大刑事案件提前介入，遵循“基本事实清楚、基本证据确凿”的原则，抓住战机，快捕快诉，充分体现从重从快的精神。1993年，全省检察机关共批捕七类严重刑事犯罪分子4827人，提起公诉3775人。有力地打击了严重刑事犯罪分子的嚣张气焰。

——结合办案，积极参加社会治安综合治理。各级检察机关通过出庭支持公诉，揭露犯罪，教育群众，张扬法制。1993年，全省检察机关对6640件刑事犯罪案件派员出庭支持公诉，发表公诉词5548篇。针对发案单位存在的问题，发出《检察建议书》1253件。对免予起诉人员实行公开宣布免予起诉，共发表免予起诉词1048件篇，并对免予起诉人员普遍进行了回访考察。对被管制、剥夺政治权利、缓刑、假释、保外就医人员的执行情况，多次进行了检察。不少检察院开展了预防犯罪对策的调查研究和法制宣传教育工作。

三、充分发挥法纪检察职能，依法查处侵犯公民民主权利、人身权利和渎职犯罪案件。

1993年，我省检察机关始终把查处“侵权”、渎职等犯罪案件摆在检察工作的重要位置，进一步加强了法纪检察工作。全省检察机关共立案侦查“侵权”、渎职等犯罪案件1046件，依法决定逮捕案犯224人，向法院提起公诉337人。通过办案，为国家和集体挽回经济损失159万元。在查处“侵权”、渎职等犯罪案件中，我们主要抓了以下四项工作：

——重点查办了群众反映强烈的司法人员和行政执法人员徇私舞弊、刑讯逼供、非法拘禁犯罪案件。全省检察机关共立案侦查这三类案件 206 件，占法纪案件立案总数的 19.7%。如临猗县公安局局长宁海德徇私舞弊、忻州市公安局局长沈玉根包庇诈骗犯等案件及时查处后，收到了良好的社会效果。

——积极查处重大责任事故案件。我省是能源重化工基地，煤炭生产是我省经济的支柱型产业。但是，由于有些地方不重视安全生产，近年来煤矿重大责任事故不断发生，不仅造成人员伤亡，而且经济损失严重，影响生产的发展。全省检察机关始终把查处重大责任事故案件作为法纪检察的一项重要工作来抓。全省检察机关共立案侦查重大责任事故案件 442 件。

——认真查处商贸活动中的玩忽职守案件。全省检察机关共立案侦查此类案件 142 件。这些案件给国家和集体造成直接经济损失 1350 万元。

——严肃查处破坏选举案件。1993 年，全省各级人大进行换届选举，我省检察机关对此十分重视，依法查处破坏选举犯罪案件 14 件，保障了选举工作的顺利进行。

四、严格执法，全面开展检察业务，强化法律监督职能

严格执法是法制建设的中心环节。强化法律监督，促进严格执法，是法律赋予检察机关的根本职责。1993 年，我省检察机关按照“严格执法，狠抓办案”的工作方针，紧紧抓住不严格执法的突出问题和典型案件，开展了法律监督工作。

——以纠正“打击不力”为重点，认真开展侦查监督和审判监督工作。全省检察机关在严厉打击严重刑事犯罪活动的同时，不断增强监督意识，在审查批捕、审查起诉和出庭支持公诉各个环节上，认真履行侦查监督和审判监督职能。一是对侦查活动中存在的该报捕的不报捕、以罚代刑等问题进行监督纠正。检察机关共追捕各类刑事犯罪分子 169 人；对构成犯罪应当追究刑事责任，但被做劳教、治安处罚或其它处理的 95 名刑事犯罪分子，依法进行了追诉。二是对确有错误的判决和裁定提出抗诉 80 件，其中已审结 19 件，改判 10 件 10 人。三是对侦查和审判活动中的违法行为发出《纠正违法通知书》168 份，提出口头纠正意见 1068 次。

——以办理监管改造场所犯罪案件和纠正违法为重点，开展监所检察工作。全省检察机关共起诉被监管人员又犯罪案件 60 件 75 人，办理被监管人员及其家属控告申诉案件 72 件 72 人，立案侦查监所干警犯罪案件 12 件 13 人。对超期羁押人犯的问题进行检察。对监管改造场所在办理减刑、假释、保外就医中出现的乱收费等违法情况，进行了专题调查，针对性地提出了检察建议，使这一问题及时得到了纠正。

——以查处控告申诉案件为重点，开展控告申诉检察工作。全省检察机关共接待群众来访 1522 人次，受理群众来信 6196 件，查处各类控告申诉案件 398 件，办理重婚案件 33 件，妥善处理群众集体上访和矛盾可能激化案件 47 件。全省检察机关积极开展文明接待活动，已有 85%的控告申诉举报接待室基本达到了最高人民检察院规定的文明接待室的标准。河津县、临汾市检察院的控告申诉举报接待室被最高人民检察院授予全国检察系统“文明接待室”称号。

——以狠抓民事和行政判决、裁定明显不公案件的抗诉工作为重点，开展民事行政检察工作。全省检察机关依法受理不服民事、经济、行政判决、裁定案295件。经审查，提出抗诉12件，法院均裁定再审，现已改判2件。

——以开展法医鉴定和文件检验为重点，开展检察技术工作。全省检察机关共检验各类案件3356件，现场勘验884次，文证审查217件，其中改变原鉴定结论34件，出具各类法律文书1428件，为正确定性处理案件提供了科学依据。

五、坚持从严治检方针，加强检察队伍建设

1993年，我省各级检察机关继续深入开展具有检察特色的思想政治工作，坚持依法建院，从严治检的方针，进一步加强了自身的思想建设、组织建设和作风建设。

——坚持从严治检，加强检察队伍自身的反腐败工作。在省检察院的统一部署下，全省检察机关处以上干部，严格按照党中央“五条”、省委、省政府“十不准”和“检察人员纪律”，认真进行了自查自纠。全省检察机关共处理干警违法违纪案件5件5人，其中依法追究刑事责任2人。同时，根据有关规定，对检察机关存在的乱收费和经办公司等问题，进行了清理整顿。

——积极协助地方党委做好检察长换届工作。省检察院和各分、市检察院主动配合党委，按照“四化”标准和德才兼备的原则，选拔了一批政治上比较成熟，文化素质较高，年富力强的同志，充实到各级检察院的领导班子。顺利完成了全省检察长换届工作，实现了新老班子的交替。

——大力开展“争先创优”活动。广大检察干警在任务繁重、斗争艰苦的情况下，发扬了顽强拼搏、无私奉献的革命精神，在反腐败斗争中经受了锻炼和考验。涌现出了一批秉公执法、清正廉明的先进集体和先进工作者。1993年，全省有43名检察干警和19个集体受到最高人民检察院、省委、省政府的表彰；有66个先进集体和243名先进工作者受到省检察院的表彰。

——多形式、多渠道地开展检察干部教育和培训工作。我省检察机关进一步加强了学历教育，因地制宜地开展了各种类型的短训和岗位职务培训。全省有500余名干警参加了法律大专自学考试，有1300余名干警参加了第二期检察专业证书学习。全省检察机关共举办各种类型的业务培训班、讲座60次，培训干警1800余名。进一步改善了检察队伍的知识结构，提高了检察干警的业务素质。

1994年是我国加快改革、加快发展的至关重要的一年。改革开放的新形势对检察工作提出了更高的要求。我们要继续坚持以邓小平同志建设有中国特色的社会主义理论为指导，认真贯彻党的十四大和十四届三中全会精神，坚持“两手抓，两手都要硬”的方针，强化法律监督职能，继续用“严格执法，狠抓办案”的工作方针统揽各项检察工作。在反腐败斗争中，要继续集中精力查办大案要案，特别是领导干部犯罪的要案；要继续坚持依法“从重从快”的方针，严厉打击各种严重刑事犯罪活动，努力维护政治稳定和社会安定；要加强执法监督，严肃查处不严格执法的犯罪案件；要依法查办法人犯罪案件；要进一步提高检察队伍的政治、业务素质，搞好自身的反腐败工作，为兴晋富民，保障和促进我省经济建设迈上新台阶，做出新的贡献！

内蒙古自治区人民检察院工作报告（摘要）

——1994年4月23日在内蒙古自治区第八届人民代表大会第二次会议上

内蒙古自治区人民检察院检察长　张鹤松

（1994年4月26日内蒙古自治区第八届人民代表大会第二次会议通过）

自治区八届人大一次会议以来，全区检察机关在党的基本路线指引下，坚决贯彻执行“两手抓，两手都要硬”的基本方针，用“严格执法，狠抓办案”统揽检察工作，进一步强化法律监督职能，集中力量查办贪污贿赂等经济犯罪大案要案，严厉打击严重刑事犯罪活动，依法查处侵犯公民民主权利和渎职犯罪案件，为维护全区政治稳定和社会安定，保障改革开放和经济社会发展，做出了积极的贡献。

一、在反腐败斗争中集中力量查办大案要案，取得了一定成绩

查办贪污贿赂等经济犯罪大案要案，是惩治腐败的重要任务。1993年全区检察机关共立案侦查贪污贿赂等经济犯罪案件856件，其中，贪污贿赂案493件，内有万元以上大案189件，占38.3%，比1992年增加了7.9个百分点；挪用公款案245件，内有十万元以上的26件；偷税、抗税、骗取国家出口退税案99件；假冒商标案8件。立案查办犯有上述罪行的县处级干部16名，厅局级干部1名。截至年底，已向人民法院起诉上述各类案犯416名，为国家和集体挽回经济损失4885万元。

1993年8月中央作出深入开展反腐败斗争决定以后，全区检察机关按照自治区党委和最高人民检察院的部署要求，广泛深入地发动群众，大力开展举报宣传，造成了强有力的舆论声势。广大干部群众积极检举、揭发贪污贿赂等犯罪分子。8月至12月，全区各级检察机关共受理举报线索3852件，占全年总数的72.4%，是前七个月的2.6倍。根据群众举报侦破的贪污贿赂犯罪案件占立案数的61.3%。

按照党中央的要求，检察机关以查办党政领导机关、司法部门、行政执法部门和经济管理部门及其工作人员中的犯罪案件为重点，本着“一要坚决，二要慎重，务必搞准”的原则，集中优势兵力，加强统一指挥，逐件排查群众举报的大案要案线索。8月份以来，先后排查了三批大案要案共293件，其中，一万元至五万元的163件，五万元至十万元的55件，十万元至五十万元的47件，五十万元至一百万元的5件，一百万元以上的6件。在这些案件中有要案17件。到春节前侦终235件，向法院分批起诉重特大贪污贿赂等案犯238人。慑于强大的反腐败斗争声势和法律的威严，1993年下半年有24名贪污贿赂等经济犯罪分子到检察机关投案自首。

（一）查办党政领导机关工作人员中贪污贿赂犯罪案件情况。1993年立案侦查的贪污贿赂等案犯中，有党政机关工作人员29名。查办发生在党政领导机关工作人员中的贪污贿赂犯罪案件，特别是领导干部犯罪要案，社会影响大，政治效果好，人民群众由此看到党和政府坚决惩治腐败的决心。

（二）查办司法人员和行政执法人员中贪污贿赂、徇私舞弊等犯罪案件情况。1993年全区检察机关共立案查办构成犯罪的司法人员和行政执法人员39名，虽然为数不多，但他们滥用职权徇私舞弊、贪赃枉法，严重损害了司法机关和行政执法机关的形象，破坏了国家法律的严肃性、公正性，人民群众对此反映强烈。查处此类案件得人心，顺民意。

（三）查办金融等经济管理部门工作人员贪污贿赂等经济犯罪案件情况。全区检察机关认真贯彻中央加强宏观调控和整顿金融秩序的重大决策，1993年共立案查处金融系统贪污贿赂等犯罪案件89件，占全区查办经济案件数的10.4%；万元以上大案58件，占全区大案总数的19.8%；犯罪金额1800多万元，约占全区查办案件总案值的34%。检察机关依法查办金融等经济管理部门工作人员的犯罪案件，对整顿金融秩序，促进经济发展，发挥了积极作用。

（四）查办发生在企事业单位中贪污贿赂等经济犯罪案件情况。1993年检察机关深入到一些管理混乱、群众反映强烈的企事业单位，侦破了一批给国家造成严重损失的贪污贿赂案件。

（五）查办偷税、抗税、骗税和假冒商标、生产销售伪劣产品案件情况。1993年全区检察机关严格执行全国人大常委会《关于惩治偷税、抗税犯罪的补充规定》，全年共立案查处偷税、抗税、骗税罪案99件，为国家追缴税款145.5万元。全区各级检察机关还与工商、税务、公安等部门通力配合，坚决查办各种制售假冒伪劣商品的犯罪活动，维护了消费者的合法权益和正常市场经济秩序。

从全区检察机关查办案件的情况看，当前我区贪污贿赂等经济犯罪的严重性和特点突出表现为：一是直接掌管某项具体权力的部门和垄断性行业发案较多，特别是在市场经济中具有重要职能的部门和经济建设的热点领域更是贪污贿赂犯罪易发部位；二是重特大案件增多，案值越来越高，而且绝大多数犯罪分子是在近几年严厉打击贪污贿赂等经济犯罪和惩治腐败的大气候下顶风作案的，他们疯狂侵吞国家钱财，作案后往往大肆挥霍；三是跨地区作案、内外勾结共同作案明显增多，约占全部案件总数的五分之一，而且多种犯罪相交织，自然人犯罪与法人犯罪相牵连，往往查一案带一串；四是作案手段越来越诡秘狡猾，作案后携款潜逃时有发生，据统计全区仍有35名重特大案犯携款在逃，给国家和集体造成很大损失。

二、依法严厉打击严重刑事犯罪活动，努力维护全区政治稳定和社会安定

1993年全区各级检察机关坚持依法从重从快的方针，严厉打击严重刑事犯罪活动，认真落实社会治安综合治理措施，维护了全区政治稳定和社会安定。1993年共受理公安机关、国家安全机关提请批捕各类刑事案犯9379人，经审查批准逮捕8282人；受理公安机关移送审查起诉的案犯9948人，到年底审结8628人，提起公诉7913人。

打击严重刑事犯罪活动是维护政治稳定和社会安定的一个重要方面。1993年检察机关把杀人、抢劫、强奸、爆炸等严重危害社会治安秩序和人民群众生命财产安全的刑事犯罪作为打击重点，全年共批捕这几类案犯2308人，提起公诉2215人。同时还积极参加了反盗窃、禁毒、“打拐”、查禁卖淫嫖娼等专项斗争。共批捕这几类犯罪分子4217人，起诉3305人。其中批捕重大盗窃案犯1465名，起诉1076名；批捕毒品案犯80名，起诉87名；批捕拐卖妇女、儿童案犯60名，起诉75名。

各级检察机关进一步加强了检察环节上的社会治安综合治理工作。结合办案积极开展多种形式的法制宣传；发动群众揭发、检举犯罪；针对发案单位管理工作中存在的隐患，及时提出检察建议，促进规章制度的建立健全，帮助堵塞漏洞；加强对免予起诉人员的帮教工作，改进对未成年人犯罪案件的批捕、起诉工作，预防和减少未成年人犯罪；认真接待来信来访，积极协助有关部门妥善处理上访事件，消除不安定因素。

三、加强执法监督，促进严格执法

1993年以来，各级检察机关既抓自身严格执法，加强自侦案件的内部制约，又认真履行宪法和法律赋予的监督职能，大力加强对有关部门的执法监督。

（一）加强侦查监督和审判监督。各级检察机关严格履行对公安机关侦查活动和人民法院的审判活动实施法律监督的职责，重点抓了有罪不究、以罚代刑问题和对有罪判无罪、重罪轻判等错误判决、裁定的抗诉工作。1993年全区检察机关在审查批捕和审查起诉中，共追捕人犯41名，追诉30名，不批捕人犯704名。对侦查活动中的违法情况提出纠正意见513次。对80件确有错误的刑事判决、裁定提出了抗诉，对审判活动中的违法情况提出纠正意见609次。

（二）加强法纪检察。1993年全区各级检察机关共受理侵犯公民民主权利和渎职犯罪案件731件，立案侦查282件，其中重特大案件45件，涉及县处级干部3名，司法人员48名。查办这类案件，直接关系到保护公民的民主权利和人身权利，关系到维护政法队伍的形象和党与政府的威望。

（三）加强监所检察。重点查办以钱抵刑、违法办理减刑、假释、保外就医从中索贿受贿的案件，以及徇私舞弊、私放罪犯的案件。1993年共立案查办了监管改造场所工作人员贪污受贿、徇私舞弊、体罚虐待被监管人等执法犯法的犯罪案件6件9人。对监管活动中的违法情况提出纠正意见856件（次）；查办被监管改造人员又犯罪案件96件105人，维护了监管改造场所的正常秩序。

（四）加强了民事行政、控告申诉等各项检察工作。1993年在民事行政检察工作中重点抓了对民事和行政判决、裁定确有错误案件的抗诉工作。共受理案件344件，立案245件，提出抗诉5件，提出改判建议27件。共受理各类申诉案件1141件，复查申诉案件77件，复查后维持原处理决定34件，改变原决定14件，建议复议8件，提出抗诉1件。

四、坚持“依法建院，从严治检”方针，加强检察队伍建设

1993年各级检察机关坚持“依法建院，从严治检”的方针，不断加强队伍的思想建设、作风建设和组织建设，进一步提高了干警的政治素质和业务素质，增强了队伍的战斗力。

认真抓好盟、市检察院和基层检察院的领导班子建设。1993年我们积极配合地方党委、人大进行盟市、旗县检察长换届工作，按照德才兼备的原则，大胆选拔了一批既有专业知识又有实践经验的优秀中青年干部、少数民族干部和妇女干部充实领导班子，使各级院领导班子在革命化、年轻化、知识化、专业化方面取得了新的进展。同时，进一步加强了各级领导班子的思想作风建设。1993年各级检察院领导深入基层，调查研究，并亲自指挥对大要案件和复杂疑难案件的查处工作，提高了科学决策、驾驭全局的能力。

进一步加强思想政治工作。1993年自治区检察院召开了全区检察机关第二次政治工作会议，对新形势下加强思想政治工作进行了研究部署。各级检察机关坚持用邓小平同志建设有中国特色社会主义的理论武装干警头脑，认真组织干警学习《邓小平文选》第三卷和党的十四届三中全会文件，学习江泽民同志在中纪委二次全会上的讲话。对干警进行形势任务教育，全心全意为人民服务的教育，严格执法教育和马克思主义民族理论、党的民族政策教育，提高了干警的思想理论水平，为完成各项检察工作提供了强有力的思想保证。

认真开展自身反腐败工作。1993年各级检察院领导干部对照中央关于廉洁自律的规定，进行了自查自纠，并坚决纠正了个别基层检察院利用职权乱收费和越权办案等违法现象，严肃查处了检察干警中的违法违纪案件，1993年全区共查处了17名违法违纪的检察人员，清调了33名不适合做检察工作的人员，纯洁了检察队伍，提高了检察人员秉公执法、廉洁自律的自觉性。

加强教育培训工作。1993年重点进行了岗位职务培训和专业证书教育。选派25名盟、市、旗、县新任检察长到中央检察官管理学院学习，举办了14期培训班和9个专业证书教学班，培训干警800多人，检察队伍的文化素质和专业水平都有了新的提高。

加强特约检察员工作。1993年我们组织特约检察员开展专题调查研究，参加有关案件的审查、复查、调查和讨论，及时征求特约检察员对检察工作的意见。特约检察员尽职尽责，发挥了参政议政作用、民主监督作用和联系群众与社会的桥梁纽带作用。

全区检察机关认真执行最高人民检察院《关于检察机关接受人民代表大会及其常委会监督的规定》，主动争取人大常委会对检察工作的监督，不断改进工作，收到了较好的效果。特别是在反腐败斗争中，自治区检察院就全区查办大要案件情况向自治区人大八届四次常委会作了专题报告，人大常委会及时作出了《关于加强人民检察院查办贪污贿赂等大要案件工作的决议》，对检察机关查办大案要案给予了强有力的支持。

1994年是贯彻党的十四大和十四届三中全会精神，加快建立社会主义市场经济体制的关键一年。党中央和八届全国人大二次会议强调指出，抓住机遇，深化改革，扩大开放，促进发展，保持稳定，是今年全党全国工作的大局。检察机关要自觉服从服务于这个大局。为此，我们确定今年全区检察工作的主要任务是：坚持以邓小平同志建设有中国特色社会主义的理论为指导，贯彻党的十四大、十四届三中全会、自治区党委五届八次全委（扩大）会议和全国检察长工作会议精神，强化法律监督职能，严格执法，狠抓办案，集中力量查处大案要案，特别是领导干部犯罪案件，不严格执法的违法犯罪案件和法人犯罪案件，打击各种犯罪活动，保护公民合法权益，维护政治稳定和社会安定，为我区改革开放和现代化建设创造良好的法制环境，保障社会主义市场经济体制的建立和发展。

辽宁省人民检察院工作报告（摘要）

——1994年3月3日在辽宁省第八届人民代表大会第二次会议上

辽宁省人民检察院检察长　杨业勤

（1994年3月6日辽宁省第八届人民代表大会第二次会议通过）

在过去的一年里，全省检察机关认真贯彻党的十四大和十四届三中全会精神，认真落实省委、最高人民检察院的工作部署和省八届人大一次会议的决议，采取一系列措施强化法律监督职能，以“严格执法，狠抓办案”的方针统揽各项检察工作，集中力量查办贪污贿赂等经济犯罪大案要案，严厉打击严重刑事犯罪活动，依法查处侵犯公民民主权利和渎职犯罪案件，加强对执法工作的监督，取得了新的成绩。

一、积极参加反腐败斗争，查处了一批贪污贿赂等经济犯罪案件

1993年，全省检察机关把查处贪污贿赂等经济犯罪案件，作为检察工作的第一重点，看作是为经济建设最直接、最重要的服务，积极办案，大胆办案，特别是办好大案要案，使反贪污贿赂工作取得了较大成果。全年共受理贪污、贿赂等经济犯罪案件4996件，比上年上升了30.9%，从中立案侦查2299件，上升了20.7%。其中贪污贿赂犯罪案件为1211件，内有万元以上不满十万元的598件，十万元以上不满五十万元的51件，五十万元以上不满一百万元的5件，一百万元以上的2件；挪用公款犯罪案件为583件，内有五十万元以上的27件；立案查处了犯有上述罪行的县处级以上干部77名（其中厅局级3名），比上年上升了89.7%。全年向审判机关起诉经济罪犯955名。通过办理上述案件，追缴赃款赃物折合人民币11135万余元，比上年上升了44.14%。

8月21日江泽民同志在中纪委第二次会议上代表党中央作出反腐败斗争的重大部署后，省检察院于8月31日召开全省三级检察长工作会议，传达贯彻党中央的指示和最高人民检察院的部署，号召全省检察干警迅速投入反腐败斗争。强调把查处发生在党政机关、司法部门、行政执法部门、经济管理部门中的贪污贿赂案件作为办案工作的重点，集中精力办好大案要案。大力加强了举报工作。4个月中，全省检察机关受理举报线索总数达到了11237件，比前8个月的总和上升了130%，比上年同期增加4.5倍。其中，举报领导干部和重点部门人员犯罪的线索明显增多，为检察机关查处案件提供了充足的案源。落实检察长办案责任制和分级负责制，加强统一指挥和协调，集中力量侦破一批大案要案。4个月中，共立案侦查贪污贿赂万元以上、挪用公款5万元以上的大案418件，比上年同期上升了32.28%；查处县团级以上干部犯罪案件59件，比上年同期增加15倍。许多检察院的检察长带头吃住在机关和发案地，率领检察干警加班加点，不分昼夜地侦查破案。经过全省检察干警的艰苦努力，斗争出现了良好开端，取得了初步成果。

1. 查办了一批党政机关工作人员特别是领导干部贪污受贿等犯罪案件。全省检察机关共查处这类人员犯罪案件 251 件，比上年上升了 72%。在这些案犯中，有的是利用手中掌握的各种审批权谋取私利，收受贿赂，中饱私囊；有的是凭借行政权力参与房地产、股票、证券等交易，从中受贿索贿，捞取个人好处；有的是在引进外资、与外商洽谈生意中，以损害国家和地方利益为代价，收取贿赂，损公肥私；有的为获取一己私利，滥用职权、胡作非为。

2. 查办了一批司法人员执法犯法、贪污受贿、徇私舞弊等犯罪案件。1993 年，全省检察机关增强了执法监督的力度，在经济检察方面，侧重查处了司法人员贪赃枉法、索贿受贿犯罪案件。在法纪检察方面，侧重查处了司法人员徇私舞弊、刑讯逼供、非法拘禁等犯罪案件。共立案查办构成各类犯罪的司法人员 102 名，比 1992 年上升了 64.2%。此外，还严肃查处了一批司法干警刑讯逼供案件，对于其中 19 件情节恶劣、后果严重，构成犯罪的案件，依法追究了刑事责任。

3. 查办了一些行政执法人员利用管理、征收、罚没、监督、审批、仲裁、缉查、处分等各种权力敲诈勒索服务、管理对象，索贿受贿，执法犯法的案件。共立案侦查 98 件，比上年上升 20.43%。

4. 查办了一批发生在经济管理部门工作人员中的贪污、贿赂等犯罪案件。全省各级检察机关紧密配合党中央、国务院关于加强宏观调控的决策，对于在整顿金融秩序过程中发现和揭露出来的贪污、贿赂等犯罪案件，都依法进行了查处。全年共查办发生在金融系统的案件 240 余件，占立案总数的 10%以上，居各行业之首。据不完全统计，全省检察机关立案查处各类各级银行行长、副行长、营业部主任、副主任已达 30 余名。股票证券市场建立以来，由于体制原因和管理问题，其中存在很多漏洞，给某些管理人员从事犯罪活动提供了可乘之机。各级检察院也随之加强了对这一领域的监督工作。

5. 在企业中挖出了一批侵吞巨额公有财产的“蛀虫”。近年来，全省检察机关把挖“蛀虫”作为惩治腐败的重要内容之一，对各类人员贪污犯罪案件进行了查处。

6. 加大了查处涉税犯罪和假冒商标犯罪案件的力度。全年共受理偷税、抗税、骗取国家出口退税犯罪线索 2437 件，立案查处 392 件，其中十万元以上的大案为 30 件。全年通过查处犯罪案件，协税护税，共为国家挽回流失税款 9127 万元。全省各级检察院积极参加打假斗争，全年共查处假冒商标犯罪案件 134 件，比上年上升了 143.6%。

二、依法严厉打击严重刑事犯罪活动，维护了我省的政治稳定和社会安定

1993 年，全省各级检察机关遵照中央和省委的统一部署，紧密配合公安机关、审判机关和司法行政部门，继续坚持依法从重从快的方针，严厉打击了各种严重刑事犯罪活动。全年共批准逮捕各类刑事案犯 25459 人，决定起诉 23213 人。在“严打”斗争中，坚持了以下几点：

一是突出了打击重点。重点打击杀人、抢劫、强奸、爆炸以及持枪作案等恶性犯罪活动和带有黑社会性质团伙犯罪活动，保证在审查批捕、审查起诉环节体现从重从快。近年来，带有黑社会性质的团伙犯罪在我省不断发生，已成为当前社会治安中一个不容忽视的问题。各地检察院都把办理此类案件作为重点，选派精干人员审查批捕、审查起诉和出庭支持公诉，认真履行法律监督职责，坚持追捕、追诉漏犯，做到除恶务尽。一年来，全省共批准逮捕带有黑社会性质的流氓集团犯罪成员 274 人。

二是从重从快打击严重刑事犯罪分子。对于群众关注、社会反响强烈的重特大案件，坚持提前介入公安机关的侦查、预审活动，及早熟悉案情、掌握证据，在法定的时限内，从快批捕，从快起诉，将重大案犯迅速交付审判。全年全省检察机关共提前介入重特大刑事案件 1750 人次，为从重从快打击严重刑事犯罪分子发挥了积极的作用。

三是积极参加各种专项打击和专项治理活动。紧密配合公安机关，开展了围歼“车匪路霸”的斗争和以“打团伙、追逃犯、破大案”为主要内容的春季攻势，从快批捕、起诉打击对象，使一大批积案得到处理，一批在逃犯被缉拿归案，受到法律制裁。认真贯彻全国人大常委会关于禁毒、“打拐”、打击卖淫嫖娼的三个决定，共批捕上述人犯 113 人，起诉 108 人。

四是在开展“严打”斗争的同时，积极参加社会治安综合治理。紧密结合办案活动和检察职能，落实了检察环节上的各项综合治理措施。积极开展多种形式的法制宣传；针对在办案中发现的隐患，及时提出检察建议，促进改章建制，堵塞漏洞，加强防范；对由检察机关作出免予起诉决定的人员特别是青少年组织帮教；加强和改进对未成年人犯罪的批捕、起诉工作，预防和减少未成年人犯罪；在办案和处理来信来访中妥善处理各种矛盾，排解纠纷，消除了一些不安定因素。

三、强化执法监督工作，维护了国家法律的正确统一实施

1. 加强侦查监督，重点解决有罪不究，以罚代刑问题。各地检察院对公安机关的侦查活动坚持提前介入和跟踪监督制度，对有罪不究，以罚代刑的，依法督促纠正，该立案的建议立案，该追捕的追捕，该追诉的追诉。一年来，共追捕人犯 369 人，追诉漏犯 147 人。纠正侦查活动中的违法现象 578 人次。同时，对 2755 名不构成犯罪的人犯作出了不批准逮捕的决定，保证不枉不纵，公正执法。

2. 加强刑事审判监督，重点解决有罪判无罪，重罪轻判和轻罪重判问题。一年中，对认为法院确有错误的 67 件判决依法提出了抗诉。鞍山市检察院对海城市法院一审判决的梁恩海流氓、伤害案提出了抗诉。对于刑事审判中的倾向性问题，予以宏观监督，提出严格执法的检察建议。各级检察院还纠正审判活动中的违法现象 196 人次。

3. 加强监所检察，重点解决监管场所发生的违法违纪问题。全年共进行执法检察 8297 次，发现各类违法问题 3925 件，提出纠正 2663 件，已纠正 1827 件。侧重对刑事判决、裁定、劳动教养决定执行情况予以检察监督。对于以钱抵刑和索取贿赂而为在押犯和在教人员办理减刑、假释、保外就医的违法现象坚持予以纠正，构成受贿和徇私舞弊犯罪的，坚持依法查办。

4. 加强控告申诉检察，重点抓了不服法院判决、裁定和检察机关免予起诉决定的申诉案件的复查工作。全年共办理各类控告申诉案件 1112 件。其中对不服免予起诉、不捕、不诉决定的 188 件案件进行了复查，改正 84 件，维持 104 件。办理不服人民法院发生法律效力的刑事判决和裁定案件 12 件，其中建议改判 5 件，向法院提出抗诉 1 件。

5. 加强民事审判和行政诉讼活动的

法律监督，重点抓了对确有错误的民事、行政判决和裁定的审查和抗诉工作。全年共受理案件315件，立案审查171件。

四、坚持从严治检方针，加强检察队伍自身建设

1993年，全省各级检察院根据“依法建院，从严治检”的方针，在建设一支政治强、业务精、纪律严、作风硬的检察队伍上继续狠下功夫。重点抓了四件事：一是抓好各级检察院的领导班子建设。1993年初全省三级检察院的领导班子换届后，我们在组织建设的基础上，强调要侧重抓好思想建设和作风建设，要求新的一届领导班子锐意进取、开拓创新，明确任期目标，带领广大检察干警把检察事业推向前进。二是加强思想政治工作。认真组织检察干警深入学习邓小平同志建设有中国特色的社会主义理论，增强贯彻党的基本路线的坚定性和自觉性，普遍开展严格执法教育，全心全意为人民服务的宗旨教育，引进竞争激励机制，开展争先创优活动，最大限度地调动全体检察干警的积极性，保障了各项检察业务工作的完成。三是狠抓了自身反腐败。中纪委二次会议后，省检察院立即决定，在全省检察机关开展两条战线的斗争，既发挥检察机关在反腐败中的骨干作用，又抓好检察机关内部的反腐败，加强检察队伍的廉政建设。各级检察院领导干部严格按照中央关于廉洁自律的规定，开展了自查自纠，坚决制止纠正了各种违纪违法现象，严肃查处了违法违纪的检察人员，对31名不适合做检察工作的人员进行了清调。针对发现的问题，进一步完善了廉政制度。经过教育整改，全省检察机关违法违纪案件明显下降。四是加强了干部教育培训工作，检察队伍的文化素质和专业水平都有了新的提高。

1994年，经济体制改革要实行全面推进和重点突破，改革开放和现代化建设步伐将大大加快。我们清醒地意识到，在新的一年里，查处贪污贿赂等经济犯罪的工作任务将更加繁重，打击严重刑事犯罪活动将要付出更艰辛的劳动，在强化执法监督工作方面，也需要拿出更大的勇气和更多的精力。由此，今年我们确定的全省检察工作的指导思想是：以邓小平同志建设有中国特色的社会主义理论和党的十四届三中全会精神为指针，贯彻落实全国、全省政法工作会议和全国检察长工作会议精神，坚持“两手抓，两手都要硬”的方针，适应建立社会主义市场经济体制的要求，强化法律监督职能，继续用“严格执法，狠抓办案”的方针统揽各项检察业务，突出办好贪污贿赂等经济犯罪大要案，严厉打击各种刑事犯罪活动，维护政治稳定和社会安定，为保卫和促进辽宁的改革开放，实现“第二次创业”的宏伟目标做出新的贡献。工作的具体目标是：查处贪污贿赂等经济犯罪案件，特别是大案要案要有新的进展，力争取得更加明显的阶段性成果。严厉打击严重刑事犯罪，是我们工作的另一个重点，我们将始终抓紧不放松。同时注意正确处理新形势下的人民内部矛盾问题，全力维护社会稳定。进一步增强执法监督工作的力度，严肃查办司法工作人员徇私舞弊、贪赃枉法、索贿受贿、刑讯逼供等犯罪案件，大胆监督纠正各种有法不依、执法不严、违法不究的现象。以惩治贪污贿赂犯罪和“严打”为重点，以法律监督为主线，统筹抓好各项检察业务，全面发挥职能作用，推动检察工作全面进展。抓住经济体制改革契机，搞好检察机关内部的改革，加强检察队伍建设，以利于更充分地发挥法律监督职能作用，富有成效地开展工作。

吉林省人民检察院工作报告（摘要）

——1994年2月25日在吉林省第八届人民代表大会第二次会议上

吉林省人民检察院检察长　李向武

（1994年2月27日吉林省第八届人民代表大会第二次会议通过）

过去的一年，全省检察机关坚决贯彻党的十四大和八届人大一次会议精神，认真执行党中央关于反腐败的战略部署，按照“严格执法，狠抓办案”的工作方针，采取具体措施强化法律监督职能，查办大案要案工作取得了较大的成绩，执法监督有了新的突破，各项检察业务也都有了新的发展。

一、坚决贯彻党中央的战略部署，在反腐败斗争中集中精力查办大案要案

1993年，全省检察机关继续把惩治贪污贿赂等犯罪作为检察工作的重点，做到思想上不动摇，工作上不松劲，把精力集中到查办大案要案上来。共受理贪污贿赂等经济犯罪案件2790件，立案查处1973件，其中贪污贿赂案件980件，大案624件，县处级以上干部犯罪案件44件，已结案1788件，向人民法院提起公诉547件；共受理侵犯公民民主权利和渎职犯罪案件957件，立案查处561件，其中徇私舞弊案件14件，刑讯逼供案件12件，非法拘禁案件92件，玩忽职守案件171件，重大责任事故案件200件。通过办案，为国家和集体挽回经济损失1.1亿元。

8月21日，江泽民总书记在中纪委第二次全体会议上发表重要讲话以后，全省检察机关按照省委常委扩大会议和最高人民检察院的部署，积极投身于反腐败斗争，并采取了一系列措施。一是加强统一指挥和协调。从省检察院到各基层检察院都成立了查办大案要案指挥协调中心，做好大案要案的排查，掌握查办的进展，保证工作情况上报下达。二是实行检察长包案、办案责任制。据不完全统计，全省299名正副检察长中，有128名亲自包查大案要案。省检察院及市、州、分院的正副检察长还采取分片包案的方法，带领工作组多次深入各地，指导案件的查处和工作的开展。三是加强举报宣传，发动群众举报。仅8月份以后，共举行新闻发布会14次，发表广播电视讲话48次，进行法律咨询5000多人（次），散发宣传材料10余万份，收到了很好的效果。一年来，共接到群众举报6914件，是去年同期的1.6倍。在法律的震慑和舆论的压力下，有58名犯罪分子主动投案自首。四是与纪检、监察、工商、税务、海关等部门密切配合，互通情况，及时移送案件，形成打击的合力。五是积极追捕逃犯。全省检察机关把缉捕畏罪携款潜逃的犯罪分子作为查办大案要案的重要措施来抓，共捕获携款外逃的犯罪分子45人。通过集中精力查办大案要案，推动了反腐败斗争的深入开展。

——重点查办了发生在党政领导机关

工作人员中的贪污贿赂等犯罪案件。共侦破涉及党政领导机关工作人员犯罪案件141件，其中厅级干部1人，县处级干部43人。这些人受个人享乐主义、拜金主义和封建特权思想的侵蚀，把党和人民赋予的权力商品化，进行权钱交易，严重腐化堕落。

——认真查办了司法人员和行政执法人员的犯罪案件。共侦破此类案件134件。在这些人中，有的敲诈勒索、索贿受贿，有的贪赃枉法、徇私舞弊，不仅破坏国家法律、法规的统一正确实施，玷污法律的尊严，而且严重损害司法机关、行政执法机关乃至党和政府的形象与威信。

——依法查办了在建立新的经济体制、整顿金融秩序过程中发现和揭露出来的犯罪案件。去年以来，全省检察机关紧密配合贯彻党中央、国务院关于加强宏观调控的决策，对于在建立新的经济体制、整顿金融秩序过程中发现和揭露出来的贪污、贿赂、挪用公款等犯罪案件，及时果断地予以查办。共侦破此类案件173件，其中发生在金融系统的就有145件。

——加大了对骗取国家出口退税犯罪的打击力度。骗取国家出口退税犯罪，是近年来在国家税收和外贸体制改革后出现的一种新的犯罪形式，犯罪分子与海关、税务、外贸等部门的一些工作人员相勾结，伪造出口单据，利用国家奖励出口政策，从国库中骗取巨额款项。去年以来，全省检察机关共侦破此类案件8件，其中百万元以上的6件，涉及被骗税款总额达1200万元。

——加强了打击假冒商标犯罪活动。全省检察机关与有关部门通力合作，把生产销售危害人民健康的假冒伪劣商品构成犯罪的案件，以及犯罪数额巨大的案件，作为查办的重点，共受理此类案件51件，立案查处43件，其中十万元以上的重大案件8件。

二、继续坚持“从重从快”方针，严厉打击严重刑事犯罪活动

1993年，全省检察机关与法院、公安、国家安全、司法等政法机关一道，加强了打击刑事犯罪和社会治安综合治理工作。一年来，共受理公安机关提请逮捕人犯17939人，经审查批准逮捕15659人；受理公安机关移送起诉案件12148件18135人，经审查提起公诉10110件14507人。

1、牢牢把握打击重点。对于杀人、抢劫、强奸、爆炸以及持枪作案等恶性犯罪，特别是带有黑社会性质的犯罪团伙，坚持“基本事实清楚，基本证据确凿”的原则，及时批捕起诉。共批捕这几类案犯7953人，提起公诉9941件13771人。为了保证“从重从快”方针的落实，全省检察机关普遍坚持了提前介入制度，对于重特大案件，共提前介入公安机关的侦查活动和预审活动1171次，作到了不梗塞，不积压。

2、积极参加专项斗争和重点治理。根据中央和省委的有关部署，先后参加了围歼“车匪路霸”、反盗窃、查禁卖淫嫖娼及打击毒品犯罪等专项斗争。加强了领导力量，增加了办案骨干，与有关部门搞好配合与协作。为了巩固斗争的成果，还狠抓了检察环节上社会治安综合治理其他措施的落实，积极参加对治安混乱、问题较多的地区、地段、路段的重点治理活动，把打击犯罪与重点治乱结合起来；积极开展多种形式的法制宣传，对办案中发现的有关单位管理工作中存在的隐患，及时提出“检察建议”，促进建立健全规章制度，堵塞漏洞；加强和改进对未成年人犯罪案件的批捕、起诉工作，预防和减少未成年人犯罪。一年来，共与200余个发案单位建立了“检民共建联系点”，有针对性地发出

“检察建议”1700余份，帮教失足青少年97人。

3、坚决打击危害国家安全的犯罪活动。

4、认真办理走私犯罪案件。一个时期以来，我省边境地区走私活动严重。针对这种情况，全省检察机关按照“两高”下发的《关于严厉打击走私犯罪活动的通知》要求，根据各级党委、政府的统一部署，积极行动，主动出击，共受理公安机关提请逮捕的走私犯罪案件7件12人，经审查批准逮捕7件12人，并根据《刑事诉讼法》的有关规定，直接立案查处与走私犯罪有关的贪污、贿赂案件5件12人。

三、在“严格执法，狠抓办案”上下功夫，发挥法律监督的整体功能

——在侦查监督方面，重点抓了有罪不究、以罚代刑的问题。延边、通化等地检察机关还开展了对重大刑事案件的立案监督，对有罪不究、以罚代刑的重大刑事案件，经提出“检察建议”后仍不查办的，依法直接立案侦查。同时，进一步强化了追捕追诉制度。一年来，对公安机关侦查活动中的违法问题共提出纠正意见172件（次），依法追捕犯罪分子280人，追诉77人，并对1078人作出不批准逮捕决定，对77人作出不起诉决定。

——在审判监督方面，重点抓了对确有错误的刑事判决、裁定，特别是对该杀不杀、重罪轻判、有罪判无罪案件的抗诉，进一步强化了二审和再审案件审查制度，并加强了出庭支持公诉，特别是对自侦案件的出庭支持公诉工作。一年来，对人民法院审判活动中的违法问题共提出纠正意见140件（次），办理二审案件159件，对43件案件依法提起抗诉。

——在民事行政监督方面，重点抓了民事和行政判决、裁定明显不公案件的抗诉工作，突出查办了因审判人员徇私舞弊、索贿受贿而导致错判的案件。一年来，共受理299件，立案复查215件，向人民法院提出抗诉31件，建议改判31件，立案侦查审判人员徇私舞弊、索贿受贿案件4件。

——在执行监督方面，重点开展了对监管改造场所在办理减刑、假释、保外就医中出现的乱收费甚至以钱抵刑等违法问题的调查，有针对性地提出纠正意见686件（次）。进一步加强了对超期羁押现象的监督，使残刑一年以上犯人留所服刑问题在我省得到了较好的解决。同时，还严肃查处监管改造场所工作人员贪污受贿、私放罪犯、体罚虐待等犯罪案件11件，批捕重新犯罪分子23人，起诉176人。

——在控告申诉检察中，重点办理了不服人民法院判决、裁定和检察机关免予起诉决定的申诉案件，坚持实事求是、有错必纠的原则，对确有错误的，坚决依法纠正。共受理2182件，经审查纠正49件。在工作中，还自觉地把保护公民合法权益、维护社会稳定作为根本任务，共受理群众来信来访15347件，协助有关部门处理集体上访107件、老户上访2039件，及时消除各种不安定的因素。

——在内部监督方面，以确保办案质量为前提，一是加强调查研究，注意把握新时期法律和政策的关系，严格区分罪与非罪的界限，每办一起案件，都力争把工作做细，把证据搞扎实，把案情搞准；二是加强执法检查，特别是上级检察院对下级检察院的执法检查，发现问题，及时纠正，避免出现执法不严的问题；三是健全内部监督制约机制，坚持侦、捕、诉分开，从办案的各个环节入手，建立制度，完善程序，强化督办；四是从严掌握免予起诉案件，正确行使免予起诉权，把免予起诉率严格控制在40%以下；五是建立错案追究制度，增强办案人员的责任感，约束干警的不法行为。

此外，全省各林区检察机关针对我省毁林犯罪活动猖獗的情况，按照省政府的部署，与有关部门密切配合，积极参与了集中打击统一行动。一年来，共审查批捕毁林案犯554人，比上年增加两倍，审查起诉293人，有效地遏制了毁林犯罪发展蔓延的势头。在反腐败斗争中，还查办发生在林业系统内部的贪污贿赂等犯罪案件52件，为林区的廉政勤政建设作出了应有的贡献。

四、加强自身反腐败工作，努力建设一支政治强、业务精、纪律严、作风硬的检察队伍

1、用建设有中国特色社会主义的理论武装头脑，坚持为社会主义市场经济服务的思想不动摇。全省检察机关把用建设有中国特色社会主义的理论武装干警头脑，作为新形势下思想政治工作的中心环节和政治理论教育的首要任务来抓，普遍开展了严格执法教育、全心全意为人民服务宗旨教育和廉政勤政教育等。《邓小平文选》第三卷出版以后，又进一步理论联系实际，把“两手抓，两手都要硬”的方针和反腐败的指示精神贯彻落实到检察工作中去，较好地克服了松劲和畏难情绪，增强了为建立和发展社会主义市场经济体制服务的自觉性和坚定性，并把查办案件、打击犯罪作为最重要、最直接的服务手段，作为最行之有效的服务方法。凡是有利于经济发展的，就大胆保护，大力支持，大力促进；凡是破坏、阻碍和影响经济发展的，就严厉打击，坚决禁止，严格限制。

2、把各级领导班子建设作为队伍建设的关键，努力提高凝聚力和战斗力。去年，省检察院协助地方党委的组织部门，顺利地完成了检察长换届工作，实现了新老班子交替。为了保证各级领导班子建设，一方面狠抓了思想、组织和作风建设，认真坚持民主集中制和集体领导与分工负责相结合的原则，并按照领导干部廉洁自律的五条规定，深入开展自查自纠活动；另一方面对新上任的20名检察长进行了专门培训，进一步提高他们的政治和业务水平。同时，还加强了对青年后备干部的培养，采取压担子、岗位轮换、挂职锻炼等方法，培养和提高他们的实际工作能力及组织领导才能。

3、把教育培训工作作为一项长期的战略任务认真抓好，逐步提高检察干警的文化素质和业务水平。重点抓了任职资格培训、晋升职务培训和知识更新培训。一年来，全省有157名干警接受了高级检察官函授培训，有385名干警接受了专业证书培训，还有407名新录用的干警接受了上岗前培训。省检察院及市、州、分院还结合工作实际，有计划地举办各类专业培训14次，培养了一批侦查、批捕及出庭公诉的业务骨干。此外，培养基地和师资队伍建设也在加快，各项培训制度都在进一步健全和完善中。

4、把自身反腐败工作提到应有的高度，切实加强廉政勤政建设。去年初，根据形势和任务的需要，省检察院重新修改下发了《吉林省检察机关廉政勤政制度》，以此来保障检察干警廉洁自律。中央关于反腐败的部署以后，又及时印发了《关于坚决制止利用检察职权乱收费、乱罚款的通知》，对已经发现少数基层检察院存在的乱收费、乱罚款等问题，严令禁止，已经收罚的，立即退还。并规定检察干警一律不准在经济实体中兼职、当顾问，不准搞第二职业，不准当经纪人、经商。还坚决清理、整顿了检察机关所办的公司。加强了纪检、监察工作，保证各项纪律、制度落到实处，并大力宣传以十四大代表、全国“十佳检察官”于旭东为代表的先进集体和先进个人，弘扬廉洁自律、严格执法的精神；严肃查处发生在检察队伍中的以案谋私、贪污贿赂、徇私舞弊等违纪违法案件。

今年是全面贯彻党的十四大和十四届三中全会精神，加快建立社会主义市场经济体制，加快改革、加快发展的非常重要的一年。在年初召开的市、州、分院检察长工作会议上，我们认真分析了检察工作面临的形势，提出了关于进一步强化法律监督职能、保障社会主义市场经济体制建立和发展的意见，确定了当前和今后一个时期检察工作的指导思想，即认真贯彻党的十四届三中全会精神，坚持“两手抓，两手都要硬”的方针，严格执法，狠抓办案，集中精力查办贪污贿赂等经济犯罪大案要案，坚决打击敌对势力和各种犯罪活动，严肃查办“侵权”、渎职犯罪案件，通过进一步强化法律监督职能，保障公民的合法权益，保障社会主义市场经济体制的建立和发展，为实现我省经济上新台阶和建设发达的边疆近海省，创造安定的政治和社会环境。

黑龙江省人民检察院工作报告（摘要）

——1994年2月27日在黑龙江省第八届人民代表大会第二次会议上

黑龙江省人民检察院检察长　于万岭

（1994年3月1日黑龙江省第八届人民代表大会第二次会议通过）

一、1993年全省检察工作基本情况

1993年全省检察机关在最高人民检察院和省委的领导下，在各级人大常委会的监督和政府的支持下，认真贯彻党的十四大、十四届三中全会精神和党中央关于开展反腐败斗争的指示精神及省八届人大一次会议关于省检察院工作报告的决议，积极参加反腐败斗争，严厉打击贪污贿赂、徇私舞弊等腐败犯罪分子和严重刑事犯罪分子，加强检察队伍的自身建设，较好地完成了反腐败斗争的阶段性任务，其他各项检察工作也都取得了新的进展。

（一）各项检察业务工作的主要成绩

1、严厉惩治贪污贿赂等经济犯罪，有力地促进了反腐败斗争的深入和发展。全省检察机关共受理各类经济案件6039件，立案3777件；侦结3478件，侦结率为82.2%；共挽回经济损失9544.8万元，比上年增加3358.86万元。

——坚决贯彻党中央关于反腐败斗争的统一部署，始终把查办贪污贿赂案件、四个重点部门的犯罪案件和大案要案作为重点，取得了显著成效。在立案侦查的经济犯罪案件中，贪污贿赂案件1877件，占立案总数的49.69%。立案查办万元以上案件1818件，比上年上升46.97%，其中侦破百万元以上特大案件9件（挪用公款6件、贪污3件）。立案查办县处级以上要案

63 件（厅级干部 3 件），比上年上升 57.5%。立案查办四个重点部门的犯罪案件 158 件。

——认真落实中央加强宏观调控、整顿金融秩序的决策，严厉打击干扰破坏社会主义市场经济秩序的经济犯罪。共立案查办偷、抗税案 700 件，挽回流失税款 1485.19 万元；立案查办假冒商标案件 76 件，比上年上升 22.58%；立案查办挪用公款案件 1058 件，比上年上升 15.13%；立案查办发生在金融系统中的贪污、受贿、挪用公款等经济犯罪案件 62 件。同时，还注意发现经济活动中的新型犯罪活动，查处了一批制售伪劣商品、骗取出口退税、挪用公款“炒股”和巨额财产来源不明案件。

——党中央部署反腐败斗争之后，全省检察机关加大打击贪污贿赂等经济犯罪力度，办案数量猛增，为反腐败斗争取得阶段性成果做出了贡献。9 月至 12 月，全省共立案侦查各类经济犯罪案件 1436 件，相当于前 8 个月总和的 61.34%。其中，万元以上案件 724 件，相当于前 8 个月总和的 66.18%；县处级以上的要案 33 件，相当于前 8 个月总和的 110%。及时起诉惩处了一批腐败犯罪分子，9 月至 12 月，共向法院起诉经济案犯 351 人，相当于前 8 个月总和的 36.79%。

2、坚持严厉打击严重刑事犯罪活动，继续保持了“严打”的声威和效果。全省检察机关共受理提请批捕人犯 22424 人，经审查批捕 19333 人；受理移送起诉、免予起诉 28030 人，经审查起诉 19273 人。

——突出打击重点，坚持提前介入，坚决打击严重危害社会治安和人民生命、财产安全的暴力犯罪以及惯犯、累犯、黑社会性质的团伙犯罪。全省共批捕重特大案犯 7233 人，起诉 4830 人，在批捕和起诉两个环节中共提前介入 6703 人，占重特大案犯的 55.57%。

——积极参加打击刑事犯罪的“春季攻势”、“百日攻坚战”、“反盗窃”、围歼“车匪路霸”等专项斗争，认真落实检察环节上的各项综合治理措施，发挥了检察机关维护社会治安稳定的职能作用。

——加强刑事侦查、审判监督工作，对有罪不究、以罚代刑等违法情况及时提出纠正意见，对重罪轻判、有罪判无罪的案件依法提出抗诉。共对 1731 名和 197 名人犯分别作出不批捕、不起诉决定；纠正漏捕 162 人、漏诉 109 人；对确有错误的刑事判决、裁定提出抗诉 48 件。

3、进一步加强了法纪检察工作。全省检察机关共受理各类法纪案件 1847 件，立案 978 件，其中重特大案件 149 件，比上年上升 21.14%。侦结 923 件，侦结率为 84.9%。

——以查办“五类”案件为重点，以徇私舞弊案件为重中之重，取得了历史上的最好成绩。共立案查办徇私舞弊、刑讯逼供、非法拘禁、玩忽职守和重大责任事故案件 852 件，占立案总数的 87.12%，比上年增长 6.54 个百分点。其中，查办徇私舞弊案件 26 件，比上年上升 62.5%。

——排除干扰和阻力，侦破了一批群众反映强烈的公安、司法人员的犯罪案件，共立案 148 件，比上年上升 64.44%。

4、监所检察工作。依法全面开展各项监所检察业务，共检察纠正监管改造场所各种违法问题 3654 件（次），纠正率达 81.4%。其中，纠正违法减刑、假释 128 件，提前解教、减期 59 件，保外就医 43 件，以及 10 余种乱收费项目。重点解决了人犯超期羁押问题。办理被监管人员再犯罪案件 160 人，被监管人员及其家属申诉控告案件 182 件；查办监管改造场所干警经济、法纪犯罪案件 20 件。

它摆在思想建设和政治理论教育的重要
位，作为思想政治工作的中心环节。看
学习和掌握“两手抓，两手硬”的方针
于民主与法制思想及反腐败的一系列
述，坚定广大干警反腐败的决心，推进
政建设的深入开展。同学习党的十四届
中全会《决定》结合起来，了解和掌握
会主义市场经济的本质特征、运行机制
策措施，使检察工作更好地服务于经济
设。

（二）坚持严格执法，狠抓办案的工
方针，进一步强化法律监督职能

集中力量查办大要案，深入持久地
展反腐败斗争。进一步提高对反腐败斗
重要性的认识，树立长期作战的思想。
中力量查办大要案，重点查办发生在党
领导机关、司法部门、行政执法部门和
济管理部门工作人员中的犯罪案件。在
办要案上有新的突破，对于涉及领导机
和县处级以上的领导干部犯罪要案，发
一件，坚决查办一件。对于机关、团体
事业单位行贿、受贿、偷税、抗税、骗
和制售假冒伪劣商品等犯罪活动，选择
型，重点突破。继续加大举报宣传力度
时做好举报反馈工作，兑现奖励政策。
强侦查工作的统一指挥和协调，加强情
网络建设，做好犯罪携款潜逃的预防和
捕工作。

严厉打击严重刑事犯罪，维护社会
定与安定。继续贯彻从重从快的方针，
持“两个基本”的原则，对重特大刑事
件提前介入，及时批捕、起诉，遏制重
大案件上升势头。在党委的领导下，积
参加专项斗争，认真落实检察环节上的
项综合治理措施。

加强执法监督，保障法律的统一和
确实施。把侦查监督拓展到立案环节，
强对有案不立、立案不当的监督，及时

5、控告申诉、举报工作。全省控告申诉检察部门和举报中心，充分发挥“窗口”和“桥梁”作用，共受理群众来信来访14307件（人）次，处理集体上访64件（次），共受理申诉案件1509件，复查341件，改变原处理决定52件；共受理群众举报案件线索12984件，比上年上升50.89%。其中，贪污贿赂案件线索9055件，比上年上升53.71%；县处级以上要案线索622人，比上年上升1.81倍。

6、民事行政检察工作。这项工作是一项新开展的工作，在办案方面取得较大进展，共受理申诉案件404件、立案131件、抗诉23件，分别比上年上升1.34倍、2.08倍、6.67倍。发出检察建议或改判建议58件，比上年上升10.6倍。

全省检察技术工作和农林、铁路检察工作也都取得了新的成绩，其他综合部门也都为保障和促进各项业务工作的开展发挥了积极作用。

（二）1993年全省检察工作的主要做法

1、坚持正确的政治方向，不断深化检察工作为经济建设服务的指导思想

一年来，我们始终强调，全省各级检察机关必须保持正确的政治方向，坚持党的“一个中心，两个基本点”的基本路线，为党的中心工作服务。党的十四大之后，建立和发展社会主义市场经济体制成为全党的中心任务，在这种新形势下，省检察院按最高人民检察院的要求，坚持用邓小平同志具有中国特色的社会主义理论武装头脑，把严格执法，狠抓办案，强化法律监督职能作为为经济建设服务的关键环节，使检察工作指导思想在实践中不断深化、发展。各级检察院注意正确处理打击与服务的关系；执行法律与执行政策的关系；突出工作重点与统筹兼顾的关系，紧紧抓住办案这个关键环节，较好地发挥了检察机关的职能。

2、坚持严格执法，狠抓办案的方针，强化检察机关的各项法律监督职能

我们按照最高人民检察院的要求，本着“严格执法，狠抓办案，强化法律监督”的工作总体思路，坚持把办案放在各项检察业务工作的首位，把监督贯穿始终，使全省检察工作出现了全面发展的好形势。突出重点，狠抓办案：一是抓住重点不放松；二是抓案源；三是抓侦查；四是抓办案的责任制；五是抓指导；六是抓服务和后勤保障。严格执法，强化监督：一是强化监督的意识；二是强化依法履行监督的职责；三是强化了对公安、司法人员的监督；四是强化监督制度建设；五是强化内部制约。

3、坚持“两手抓”，努力提高干警的两个素质

在工作布局和领导力量的使用上，我们始终坚持了“两手抓”的思想，把各项业务工作与队伍自身建设放在同等的位置来抓。一方面抓好贪污贿赂等经济犯罪大案要案的查处工作，另一方面抓好自身的反腐倡廉工作，使我们的队伍经受住了新的考验，得到了新的提高。在班子建设上，主要是加强思想建设，进一步提高了班子的理论思维和应用能力；加强班子作风建设，按照中央和省委提出的十三个不准的要求进行了自查自纠，并认真整改，起到了模范带头作用；加强组织建设，对不齐不力、不团结的班子进行坚决的调整，做到了重大问题都经过民主讨论，集中研究决定，增强了班子的凝聚力和战斗力。在队伍建设上主要做好“四项”工作。一是做好思想政治工作，经常对广大干警开展形势教育、理想教育、廉政建设、职业道德教育，增强了从事检察事业的荣誉感和

责任感。二是做好干部培训工作
法律专业证书、法律大专、法律
科学员2450名，使全省检察干警
学历以上的占干警总数的74.5%
展了岗位培训。省检察院和各分
院共举办35期业务培训班，培训
三是重视纪律整顿，对少数干警
案件严肃查处，对乱收费、乱罚
进行了纠正和清理。四是积极开
动，省检察院机关开展的“争上
流、做奉献”活动，推动了全
学”、“双比”活动和精神文明活
涌现出一大批单位和个人的先进
省已有61%的检察院被评为“精
进单位”。

4、加强调查研究，提高决策

我们坚持把调查研究作为一
工作，坚持深入实际，实事求是
现和解决工作中出现的新情况、新
持在调研基础上推行科学决策、民
普遍加强了对调研工作的领导，
部门的职能，使调研部门集中精
研，发挥决策参谋和重大疑难问
作用。重视调研成果的转化和应
出每一项大的工作部署前，省检察
市检察院都及时组织有关部门进
提出对策，以此部署和指导工作
察工作中的重点、难点、薄弱环
检察院注意精心确定调研课题，
进行调研。多数检察院结合省检
的调研工作要点落实了定题目、定
时间的责任制。全省共撰写各种
3288篇，其中，省级以上采用4

5、加强领导，掌握工作主动

全省各级检察机关把各项检
牢地置于党的领导之下，在反腐
不断增强党的观念，认真执行向
汇报工作的制度和要案报告制度

察系统跨入省文明单位建设先进系统行列。积极开展争先创优活动、“双先”评比活动，大力培养、树立先进典型。搞好基础建设工作，为了适应检察工作侦查办案的需要积极改善交通、通讯和侦查技术装备的状况，强化物质保证和后勤服务工作。

四、切实加强领导，适应建立社会主义市场经济体制的需要

加强上级检察院对下级检察院的领导，积极主动地接受党委领导、人大的监督。负责地帮助下级检察院解决业务工作特别是办案工作中遇到的困难，支持下级检察院秉公执法，保证法律监督上下一贯，步调一致。坚持在党委领导下依法独立行使检察权，积极主动地争取当地党委的领导，依靠党委排除各种干扰和阻力。更加自觉地接受人大的监督，建立健全并认真落实报告制度，积极接受人大常委会的执法检查，认真承办人大交办的事项。要争取政府及有关部门的支持与配合，积极地有效地开展检察工作。

通过深化改革来强化对检察工作的领导。今年重点在以下领导机制上予以充实完善，并使之有新的提高与发展，主要有：充分体现民主，保障决策正确的决策机制；以责任制为重点的落实机制；完善内外监督体系，防止职权滥用的制约机制；优胜劣汰的竞争机制；奖勤罚懒的激励机制；包括思想政治工作、行政后勤服务等在内的保障机制。实现领导管理的科学化、规范化、制度化，保证和促进各项检察工作的稳步发展。

改进领导方法，合理安排工作布局。既突出检察工作的重点，围绕中心工作搞好服务，又做到“两手抓，两手都要硬”，使检察工作建立在相适应的思想政治工作和物质保证的基础之上，健康顺势的发展。同时，大力加强调查研究工作，摸索新规律，提出新对策，总结新经验。采取有力措施，促进调研成果的转化，推动检察工作的开展。

上海市人民检察院工作报告（摘要）

——1994年2月21日在上海市第十届人民代表大会第二次会议上

上海市人民检察院检察长　倪鸿福

（1994年2月23日上海市第十届人民代表大会第二次会议通过）

1993年，上海市检察机关坚持以邓小平同志建设有中国特色的社会主义理论为指导，紧密围绕经济建设这个中心，坚持“两手抓”、“两手都要硬”的方针，积极贯彻党中央反腐败斗争的部署和最高人民检察院“严格执法，狠抓办案”的要求，认真履行法律监督职责，充分运用侦查、批捕、起诉等检察职能，坚持不懈地惩治贪污贿赂犯罪，严厉打击严重刑事犯罪活动，加强同“侵权”、渎职犯罪的斗争，强化执法监督，各项检察业务和检察队伍建设都取得了新的进展。

一、坚决惩治贪污贿赂等经济犯罪，促进反腐败斗争的深入开展

1993年，检察机关紧密依靠各级党政组织和广大人民群众，集中精力查处贪污贿赂大案要案。特别是党中央对加强反腐败斗争作出新的部署以来，各级检察机关围绕实现反腐败斗争阶段性成果的目标，把查案直接同落实中央的战略部署结合起来，进一步调整工作部署，充实力量，精心组织，积极办案，有力地推动了反贪污贿赂斗争的深入发展。全年共查获贪污贿赂等经济罪案1189件，其中大案要案935件，比上年增加69.7%，犯罪总金额达2.53亿元，是上年的4.3倍，追回赃款赃物价值9209万元，挽回其他经济损失8977万元，分别比上年增加2倍和2.3倍。

一年来反贪斗争有以下几个主要特点：

第一，群众举报热情不断高涨。党中央惩治腐败的重大部署，极大地鼓舞了人民群众同贪污贿赂犯罪作斗争的信心。各级检察机关抓住有利时机，积极宣传发动群众，加强举报工作，群众举报的犯罪线索不断增加。全年共受理举报11544件。受理的举报中署名举报占39.5%。举报党政机关、司法部门、行政执法部门和经济管理部门工作人员犯罪的线索明显增多。检察机关根据单位和群众举报，查获的贪污贿赂罪案占立案总数的60%，比上年有所增加。

第二，查获的贪污贿赂大案要案明显增多。各级检察机关坚持从领导精力、侦查力量、后勤保障等各个环节上确保大要案的侦破。一年中共侦破贪污贿赂万元以上、挪用公款五万元以上的大案900件，处级以上干部犯罪的要案35件，合占立案总数的78.6%，比上年增加27.7个百分点。其中贪污贿赂五万元以上、挪用公款十万元以上的特大案280件，同比增加3倍，内有贪污贿赂五十万元至一百万元的3件，一百万元以上的7件，挪用公款1千万元以上的5件。在查获的要案中，有副局级干部1名，正处级干部10名，副处级干部24名。

第三，在党政机关、司法部门、行政执法部门和经济管理部门中查获了一批罪案。根据党中央反腐败的部署，我们把查处党政机关、司法部门、行政执法部门和经济管理部门中的贪污贿赂罪案作为重点，发现线索，及时查处。全年共立案143件，占立案总数的12%。其中党政机关7件，司法部门9件，行政执法部门40件，经济管理部门87件。经审查决定逮捕人犯75名。这类犯罪分子在国家工作人员中尽管只占很小一部分，但严重损害党和政府的形象，扰乱国家机关的正常工作秩序，社会危害性大，严肃查处这些犯罪案件对推进廉政建设，密切党和政府与人民群众联系有着十分重要的意义。

第四，突破了一批经济热点部门中的贪污贿赂罪案。在社会主义市场经济体制建立过程中，本市的金融、证券、外汇、房地产等要素市场发展很快。为了保障这些市场的正常运转和健康发展，全市检察机关及时地认真查处发生在这些领域中的贪污贿赂等经济罪案。全年在金融证券部门查获贪污贿赂等经济罪案87件，总案值5991万元。在外汇调剂市场查获贪污贿赂等经济罪案64件，总案值1500万元。在房地产市场查获贪污贿赂等罪案54件，总案值597万元。对上述市场中暴露出来的犯罪及时进行打击，遏制其蔓延势头，对改善上海的投资环境，保护和发展改革开放的成果，建立和完善社会主义市场经济体制起到了良好的作用。

第五，追捕了一批携巨款潜逃的重大罪犯。针对经济罪犯携巨款潜逃突出的情况，本市检察机关加强了侦缉追捕工作。1993年共捕获负案在逃的重大案犯21名，总案值达1834万元。

第六，加强了对贪污贿赂罪案的审查起诉工作。一年中，共向法院提起公诉贪污、贿赂等经济案犯614件680人。其中大案要案487件，占总数的70.6%。特别是8月以来，结合贯彻中央、市委反腐败斗争战略部署，我们集中起诉了四批262名重大贪污贿赂等经济罪犯，总案值4698万元。通过公开报道，向人民群众和社会各界报告反贪工作成果，扩大反贪斗争的社会影响。

第七，加强了对贪污贿赂犯罪的预防工作。进一步建立和完善了预防贪污贿赂犯罪的专门工作机构，建立了38个各种类型的基层预防网络。对40余件重大案件开展个案预防，提出检察建议，督促协助有关单位堵漏建制，落实预防措施。

二、严厉打击严重刑事犯罪，维护社会治安稳定

1993年，本市各级检察机关与政法各部门密切配合，对严重危害社会安定的杀人、抢劫、强奸、爆炸、盗抢枪支等严重刑事犯罪和带有黑社会性质的犯罪集团，坚持提前介入，依法从重从快予以打击。全年共受理公安机关提请批捕人犯12302名，已审结11597名，批准逮捕10897名，其中重点打击对象4437名，占批捕总数40.7%。受理公安机关移送审查起诉11580名，已审结10956名，其中提起公诉10245名。针对一个时期抢劫出租车司机钱财、私种罂粟、破坏电力通讯设备、卖淫嫖娼等突出治安问题，积极协同政法各部门及时开展专项打击和治理。根据全市统一部署，在反盗窃、反劫车、打流窜、打击"车匪路霸"、"打非扫黄"等专项斗争中，参与集中统一行动，共批捕6841名，组织集中专项起诉共832件1265名。对震慑犯罪，保障治安形势持续稳定起了积极作用。各级检察机关还认真贯彻执行中央的指示和全国人大常委会《关于加强社会治安综合治理的决定》，进一步加强检察工作各个环节上的社会治安综合治理工作。一年中，以案论法，宣传法制300余场次；针对治安管理、防范中的漏洞，提出检察建议419份；积极探索办理未成年人刑事案件的特点，有针对性地采取措施，改进工作，增强办案效果；制定了对未成年人犯监管改造活动检察工作细则，加强对违法犯罪青少年的教育、感化、挽救工作；对1400余名免予起诉人员进行回访考察，对3900余名监外罪犯的执行情况开展检察，督促落实帮教措施。同企事业单位开展"共建文明"活动，提供法律咨询，促进依法管理。会同有关部门对治安问题突出地区和单位进行重点治理，为稳定社会，减少犯罪作出了努力。

三、认真查处"侵权"、渎职犯罪案件，依法保障公民合法权益，维护国家机关的正常活动

1993年，全市检察机关共受理"侵权"、渎职案件654件，立案侦查279件，同比增加64.1%，为国家和集体挽回直接经济损失938万元。在立案侦查的案件中，徇私舞弊、刑讯逼供、非法拘禁、玩忽职守和重大责任事故等五类重点案件同比上升63.3%。其中"人质型"非法拘禁案25件；金融系统工作人员玩忽职守案8件；公安干警徇私舞弊、刑讯逼供案6件。我们还加强了对重大责任事故案件的查处工作，全年共立案94件，同比上升44.6%。在查案的同时，注意以案论法，宣传法制，对增强公民法律意识和自我保护意识，促进安全防范工作起了积极作用。

四、积极查处偷抗税和假冒商标等犯罪案件，维护国家税收和市场经济秩序

1993年，本市检察机关进一步加强对偷抗税和假冒商标犯罪的打击力度，全年共查处偷抗税罪案473件，追缴税款2086万元。工作中，一是突出抓大案，全年查获偷税10万元以上的特大案50件，比上年上升72.4%，其中个人偷税最大的达227万元。二是坚决查办法人偷税案件。全年共查办这类罪案14件，是1992年查获的4.7倍。三是针对行业特点开展专项斗争和专项治理。结合办案进行税法宣传教育63次，同时还帮助有关行业建立和健全制度，促进税务管理。四是会同税务机关整顿税收秩序，对一些拒不纳税的“钉子户”，责令其补交税款及滞纳金。各级检察机关加强“打假”工作，重点查办假冒商标、生产和销售伪劣商品犯罪情节严重，犯罪数额巨大，社会反映强烈的重大案件，以及制销假冒伪劣商品的犯罪团伙。全年共立案查处假冒商标罪案80件，比1992年增加60%，其中大案48件，占60%。非法经营额达2900余万元。取缔和捣毁制假“窝点”56个。查获的假冒商标罪案中，涉及到轿车、汽车配件、家用电器、自行车、药品、饮料、医用器材等20个种类39种商品。查办这类案件对保障消费者合法权益，维护市场经济秩序发挥了积极作用。

五、加强执法监督，积极开展对侦查、审判活动和监管改造场所执法活动的检察

1993年，本市检察机关把执法监督摆到更加突出的位置。一是加强侦查监督和审判监督。全年追捕、追诉漏网罪犯182名，对事实不清、证据不足的退回补充侦查776件，向公安、法院提出书面和口头纠正违法意见88件（次），对不构成犯罪或没有逮捕必要以及其他不需要追究刑事责任的决定不批准逮捕700名，不起诉14名，对法院判决不当的提出抗诉22件。二是加强了监所检察。全年共对监管改造场所提出纠正违法意见391件（次），组织专门力量，针对监管改造场所执法活动和执行刑事判决、裁定中的突出问题开展专题调查。及时提出纠正意见，促进执法部门严格执法，依法办事。三是积极开展民事行政检察。全年对当事人不服人民法院民事、行政判决、裁定的申诉共立案88件，对明显不当的判决、裁定提起抗诉6件，提出书面纠正意见8件。四是认真做好控告申诉检察工作。共受理不服刑事判决、裁定的申诉29件，复查后向法院提出纠正建议的6件。受理不服免予起诉决定的申诉111件，在已审结的61件中作出纠正决定的29件。五是加强了办案工作的内部制约，对检察机关自行侦查的案件，完善和健全了侦捕、侦诉分开并强化制约的制度，刑事检察部门对自侦部门移送审查批捕、起诉的案件，审查后作出不批捕的45名，追捕追诉人犯7名。

六、加强检察队伍建设，促进检察机关自身勤政廉政

1993年，各级检察机关坚持“从严治检、依法建院”的方针，一手抓业务、一手抓队伍，努力使队伍建设迈上一个新的台阶。

加强了政治理论教育，坚持用邓小平同志建设有中国特色社会主义理论武装干警头脑，并以此作为思想政治工作的中心环节和政治理论教育的首要任务来抓，努力提高检察人员的政治素养和理论水平。增强贯彻执行党的基本路线的自觉性和坚定性。

进一步加强了领导班子建设。1993年，我们顺利完成了市、区、县检察院检察长换届工作，保持了各项工作的连续性、稳定性和开拓性。一年来，各级领导班子认真贯彻执行党的基本路线，执行民主集中制的原则，不断改进领导方法和领导作风，带领广大干警真抓实干，推动了各项检察业务的开展。

以创建文明单位为抓手，进一步推动精神文明建设。深入扎实地开展争先创优活动，激发广大干警奋发向上，顾全大局，顽强拚搏，无私奉献的精神风貌。全年本市检察系统评出先进集体85个，个人立功115名，单项表彰30个集体和42名个人。4个集体和4名个人受到了最高人民检察院的表彰和奖励，20个区、县检察院中有18个被评为“文明单位”，闸北区检察院、市检察院分院被评为市级“文明单位”。

积极探索干部人事管理制度改革。各区、县检察院建立了岗位目标责任制度，实行科学管理，提高工作效率。有11个区、县检察院试行干警“换岗、待岗、试岗”的制度。有的区、县检察院还开展了“主办检察官责任制”、“错案追究责任制度”等方面的探索。干部培训工作重点抓了任职资格培训、晋升职务培训和知识更新培训。同时，抓好学历教育，使检察干部中具有大专以上学历的占74.1%。

继续加强自身的廉政建设。根据中央、最高人民检察院和市委加强廉政建设的部署和要求，结合检察工作实际，本市各级检察机关分别召开民主生活会和处以上干部民主评议会，对照中央有关规定认真进行了自查自纠。市检察院制定颁布了《上海市检察干警廉政守则》，重新公布了廉政监督电话，强化了干警的廉政意识，开展了执法执纪大检查，对查出的问题进行严肃处理。

七、自觉服从党委领导，接受人大监督

工作中，我们坚持重要情况、重大案件及时向党委报告，取得党委对我们工作的支持和指导。认真贯彻执行市人大常委会《监督司法工作条例》，坚持执行向人大及其常委会报告工作的制度。认真处理人大及其常委会转办、交办的案件以及人大代表的有关提案、建议和批评，及时回复处理结果，主动邀请人大代表、政协委员来检察院视察，认真听取评议意见，切实改进工作，提高执法水平。

今年是上海加大改革力度，保持经济快速发展和社会持续稳定的重要一年，是实现邓小平同志提出“一年一个样，三年大变样”的决定性一年。本市检察机关必须认清面临的形势和艰巨任务，增强责任感和紧迫感。上海检察工作今年的主要任务是：坚持以邓小平同志建设有中国特色社会主义的理论为指导，认真贯彻党的十四届三中全会精神和市委六届二次会议精神，毫不动摇地坚持党的“一个中心，两个基本点”的基本路线，始终不渝地贯彻检察工作为经济建设服务的指导思想，坚持“两手抓，两手都要硬”的方针，强化法律监督职能，严格执法，狠抓办案，坚持不懈地开展反贪污贿赂斗争，严厉打击严重刑事犯罪活动，认真查办“侵权”、渎职犯罪案件，全面开展各项检察业务，为维护政治安定，社会稳定，保障改革开放和经济建设的加速发展，促进社会主义市场经济体制的建立和完善做出新的努力。

江苏省人民检察院工作报告（摘要）

——1994年2月27日在江苏省第八届人民代表大会第二次会议上

江苏省人民检察院检察长　张品华

（1994年3月2日江苏省第八届人民代表大会第二次会议通过）

省八届人大一次会议以来，全省检察机关坚持党的基本路线，认真贯彻党的十四大和十四届三中全会精神，自觉适应加快改革开放和建立社会主义市场经济体制的新形势，充分发挥和不断强化检察职能，严格执法，狠抓办案，依法坚决打击严重经济犯罪和严重刑事犯罪活动，积极为改革开放和经济建设服务，各项检察工作取得了新的成绩和进展。

一、集中力量查办贪污、贿赂等经济犯罪大案要案，推动反腐败斗争深入开展

1993年，我省检察机关把反贪污贿赂作为检察工作的重点。特别是党中央作出反腐败斗争新的重大部署以后，各级检察机关雷厉风行地投入这一斗争，集中力量查办大案要案，通过惩治贪污贿赂等犯罪，推进了反腐败斗争的深入开展，为我省改革开放和经济建设提供了法律保障和服务。全省全年共立案侦查贪污贿赂等经济犯罪案件2841件，比上年增加7.1%。立案案件中，大案要案1314件，占立案数的46.3%，是历年来比例最高的。查办县处级以上干部犯罪的要案23件26人。向人民法院提起公诉1668人。为国家和集体挽回直接经济损失9465万元。

在工作中，我们把重点放在查办党政机关、司法部门、行政执法部门和经济管理部门工作人员中发生的贪污、贿赂等犯罪案件，特别是其中的大案要案。

（一）查办了一批党政机关工作人员犯罪案件。1993年，全省检察机关立案侦查贪污贿赂等经济犯罪的党政机关工作人员191人，其中包括一些县处级以上干部。党政干部犯罪案件虽然数量不多，但危害相当严重，它不仅直接损害党和政府与人民群众的血肉联系，而且会助长不正之风，诱发更多的犯罪。

（二）严肃查办了司法人员、行政执法人员犯罪案件。1993年，我们共立案侦查经济犯罪的司法人员29人。在工商、税务、海关等行政执法部门，也查办了一批贪污贿赂等犯罪案件。

（三）在金融等经济管理部门侦破了一批犯罪案件。1993年，我省各级检察机关坚决贯彻中央关于加强宏观调控的决策，紧密配合整顿金融秩序、加强证券和房地产市场管理等工作，对揭露出来的贪污、受贿和挪用公款炒股、炒房、炒地、炒期货等犯罪案件，及时依法查办。全省共在金融系统查获各类犯罪108件122人。各地检察机关还在供销、物资、粮食等其他经济管理部门侦破了一批案件。

（四）坚决打击假冒商标、偷税抗税和骗取国家出口退税等犯罪活动。假冒商标、偷税抗税骗税等犯罪活动对社会主义市场经济体制的建立和发展危害极大。1993年，全省立案查处假冒商标案252件，是1992年的1.67倍。其中非法经营额十万元以上的57件，一百万元以上的3件。骗取国家出口退税款是一种新的犯罪形式，1993年我省共发现和立案查处此类案件14件。

从我省检察机关查办的经济犯罪案件情况看，当前贪污贿赂等犯罪确实相当严重。这类案件的主要特点：一是犯罪数额越来越大。1993年，平均每案犯罪额达3.5万元，比1992年增加40%，仅立案查处十万元以上的贪污贿赂案就达39件，一百万元以上的挪用公款案有6件。二是共同犯罪较多，内外勾结作案突出。立案案犯中，共同犯罪的720人。三是年轻人作案的多，作大案的多。立案案犯中，25岁以下的就有232人，有的刚走上工作岗位就贪污巨款，有的获取大量赃款后肆意挥霍享乐。四是犯罪分子携款潜逃的情况突出。1993年发现的携款潜逃案犯93人，有的携款金额达数十万元。

二、严厉打击严重刑事犯罪活动，维护政治稳定和社会安定

1993年，全省检察机关为维护社会稳定，保障我省的改革开放和经济建设在良好的治安环境下顺利进行，继续贯彻依法从重从快的方针，严厉打击严重刑事犯罪活动。特别是在6至9月全省开展的“夏季严打”斗争中，各级检察机关认真履行刑事检察职能，与公安、法院等机关密切配合，严惩了一批重大、特大刑事犯罪分子。全年共受理公安机关提请批捕的刑事案犯32722人。经审查，批准逮捕28708人，比1992年增加17.3%；受理公安机关移送起诉的刑事案犯31157人，经审查，向人民法院提起公诉28063人。

在这一工作中，我们始终把打击的重点放在严重危害社会治安秩序和人民群众生命财产安全的犯罪上，对杀人、抢劫、强奸、重大盗窃、流氓团伙及“车匪路霸”、“江匪水霸”等严重刑事犯罪分子，严惩不贷。1993年全省共起诉重、特大刑事案犯8903人。为了从速惩处严重刑事犯罪，各级检察机关提前介入公安机关的侦查和预审活动，提前审核基本事实和证据，提出取证建议，坚持基本事实清楚、基本证据确凿、不纠缠细枝末节的原则，确保了在检察环节不贻误战机。全省检察机关提前介入公安机关侦查的各类刑事案件1211件，参与勘查现场1294次，参与预审和案件讨论2354次，提出取证建议2082条。

1993年，全省检察机关还积极参与社会治安综合治理，努力扩大“严打”斗争的社会效果。一是积极配合法院组织一定规模的公审和公判大会，加强法制宣传，充分揭露和震慑犯罪，教育群众。二是针对治安问题突出的地区和地段，配合有关部门，大力开展专项打击和专项治理工作。三是建立治安联系点，整顿治安秩序，落实防范措施。四是加强对青少年犯的教育、挽救、感化工作。五是加强对监外执行罪犯和免诉人员的考察和帮教工作。六是结合办案认真负责地开展检察建议活动，督促治安状况较差、问题严重的单位落实整改措施，预防和减少犯罪。

三、加强执法监督，保障国家法律的统一正确实施

1993年，我省各级检察机关切实履行执法监督职责，加强对公安机关侦查活动和人民法院刑事审判活动的监督，认真开展监所检察工作和民事行政检察工作，取得了新的成绩。

（一）加强侦查监督和刑事审判监督。1993年，全省检察机关坚持以事实为根据、以法律为准绳，严格审查提请批捕和移送起诉的案件，认真区分罪与非罪、此罪与彼罪的界限，防止错漏，纠正违法。既依法惩处犯罪，又保障无罪的人不受刑事追究。在对公安机关提请批捕的人犯中，决定不批捕3005人，决定追加逮捕90人，追加起诉90人。在刑事审判监督中，我们着重加强了抗诉工作。年初，省检察院对抗诉工作专门进行了调查，提出了改进措施，加强了对抗诉案件的指导和审查，坚决支持下级检察院提出的正确抗诉意见。1993年全省检察机关共依法向人民法院提起抗诉53件，使一些判决不当的案件得到了纠正。

（二）加强监所检察工作，对刑事判决、裁定、劳动教养决定的执行情况和监管教育改造活动依法实行监督。1993年，全省检察机关重点检察纠正不按法律规定交付执行、以钱抵刑和办理减刑、假释、保外就医乱收费等违法情况，共向有关部门提出纠正违法意见11413次。各地检察机关还依法立案查办了17名监管改造场所工作人员贪污、受贿、私放罪犯、体罚虐待被监管人等犯罪案件。

（三）加强民事行政检察工作，依法履行对民事、行政审判的法律监督职责。全年共受理公民、法人不服人民法院已生效民事、经济、行政判决、裁定的申诉案件702件，立案审查163件，提出抗诉16件，仅省检察院提出抗诉的就有7件。向审判机关提出再审建议或纠正违法通知45件。在办理民事行政抗诉案件时，我们还注意发现和查办审判人员徇私舞弊、收受贿赂、枉法裁判等犯罪案件。

四、认真查办“侵权”、渎职犯罪案件和控告、申诉案件，维护公民的合法权益和国家机关的正常活动

1993年，全省共立案侦查侵犯公民民主权利和渎职犯罪案件618件，比1992年增加5.5%，为国家和集体挽回经济损失9500余万元。立案案件中，重特大案件128件，比上年增加9.4%，县处级干部要案2件。在这一工作中，我们以查办徇私舞弊、刑讯逼供、非法拘禁、玩忽职守、重大责任事故案件为重点，推动法纪检察的不断深入。值得注意的是，人质型非法拘禁案件仍很突出，为了债务纠纷，债权人非法绑架、拘禁人质事件屡有发生。1993年全省共受理此类案件100件，立案查处53件，解救人质87人。全省检察机关共立案侦查玩忽职守、重大责任事故等渎职犯罪案件350件，比上年增加15.9%。

1993年，全省检察机关把受理和查处控告申诉案件，作为维护公民合法权益的一个重要方面，打击犯罪，保护无辜，伸张正义，取信于民，较好地发挥了控告申诉检察工作的作用。共受理人民群众来信来访36940件，比1992年增加35.3%。特别是控告检举各类犯罪的群众举报，十分踊跃，仅受理首次举报就有20890件，比1992年增加63.9%，检察机关已审查处理17709件。不少大案要案、串案窝案，都是根据群众举报侦破的。在申诉检察工作中，全省检察机关坚持实事求是、有错必纠的原则，共立案复查各类申诉案件564件，重点复查了不服检察机关作出的不捕、不诉和免诉决定的申诉案件，对其中处理不当的依法作了纠正。1993年，全省检察机关共处理集体上访74件，告急信访81件，分别不同情况多方做工作，稳定了上访者情绪，平息了事态。

五、加强检察队伍建设，提高干警的政治和业务素质

1993年，全省各级检察院坚持一手抓业务、一手抓队伍的方针，“依法建院，从严治检”，取得了新的进步。首先组织干警认真学习党的十四大和十四届三中全会精神，学习《邓小平文选》第三卷，用建设有中国特色社会主义的理论武装检察人员的头脑，提高贯彻执行党的基本路线的自觉性，增强新形势下做好检察工作的责任感和使命感，保持检察工作正确的政治方向。其次积极开展具有检察机关特点的思想政治工作，深入进行职业道德、职业责任和职业纪律教育，进行严格执法、全心全意为人民服务的教育，大力开展争先创优活动，表彰先进，引导干警艰苦奋斗，勇于奉献。省检察院先后组织开展了“严打”斗争、反腐败斗争中的先进评比表彰活动，发出向身患癌症仍无私奉献、勤奋工作的海门县检察院办公室主任季忠同志学习的通知。无锡市检察机关还开展了“讲奉献、比贡献、创一流”系列教育活动。

1993年，我们认真抓了自身的反腐败。一是部署和督促各级检察机关的领导干部，特别是处以上干部，遵照中央廉洁自律的五条规定、我省的三条补充规定和中央政法委“十不准”的要求，召开民主生活会，逐条对照，检查纠正。对广大检察干警，着重进行反腐败的正面教育，抓了“三整顿、三严格”，即：整顿思想，严格教育；整顿作风，严格管理；整顿纪律，严格要求。在此基础上，各级、各部门普遍建立和完善了廉政勤政的各项规章制度。二是认真清理和纠正了利用检察职权乱收费的问题，对全省检察机关所办的公司和经济实体进行了全面的清理和整顿，分别采取了停办、划转等措施。三是严肃查处了检察队伍中的违法违纪案件，全年共对17名违法违纪检察干警作了处理。1993年底，我们还对全省检察机关执法执纪的情况进行了一次全面的检查，对发现的问题，及时作了整改。

1993年，我省的检察工作，取得了一定的成绩。我们的体会主要有以下几条：

（一）为经济建设服务是检察工作必须坚持的指导思想。

（二）严格执法、狠抓办案是推进各项检察业务不断发展的正确指导方针。

（三）坚持党的领导是检察工作的一条重要原则。

（四）自觉接受人大及各方面的监督是公正执法的保证。

（五）坚持检察机关与群众路线相结合是做好检察工作的有效方法。

1994年，是我国改革开放关键性的一年。社会主义市场经济体制的建立和完善，必须有完备的法制来规范和保障。检察机关作为国家的法律监督机关，在维护法律的统一正确实施，使我国的执法状况与建立社会主义市场经济体制的需要相适应方面，负有重大的责任，面临的任务更加繁重和艰巨。当前，反腐败斗争在党中央和省委的领导和部署下，已经取得了阶段性的成效。但是，腐败作为一种社会历史现象将长期存在，反腐败斗争是长期的、复杂的。目前，执法不严、打击不力的问题在我省一些地方仍不同程度地存在，有些经济犯罪案件，查处的阻力较大，群众对反腐败仍存有种种疑虑，检察机关在反对腐败、惩治贪污贿赂的斗争中任重道远。在社会治安方面，虽然总体上是稳定的，但不安定因素仍大量存在，社会治安状况不好仍然是群众普遍关注的问题。依法从重从快严厉打击严重刑事犯罪活动，仍然是检察机关的一项重要任务。

1994年，我省各级检察机关将认真贯彻落实党的十四大和十四届三中全会精神，认真贯彻落实全国检察长工作会议和省委八届七次全委（扩大）会议精神，以邓小平同志建设有中国特色社会主义理论为指导，坚持“两手抓、两手都要硬”的方针，强化法律监督职能，严格执法，狠抓办案，集中力量查办大案要案，打击各种犯罪活动，保护公民的合法权益，维护政治稳定和社会安定，保障社会主义市场经济体制的建立和发展。在今年工作的指导思想上，省检察院要求全省检察机关坚持五个不动摇：一是坚持检察工作为建立和发展社会主义市场经济体制服务的思想不动摇；二是坚持用严格执法、狠抓办案统揽检察工作全局的思想不动摇；三是坚持强化法律监督职能，坚决维护法律统一正确实施的思想不动摇；四是坚持依法治贪，巩固和扩大反腐败成果的思想不动摇；五是坚持从严治检，加强自身队伍建设的思想不动摇。在具体工作中，重点在三个方面要深入一步：(1)在反腐败斗争中继续集中力量查办大案要案，特别是查处领导干部犯罪的要案；(2)加强执法监督，严肃查办不严格执法的违法犯罪案件；(3)依法查办法人犯罪案件。

浙江省人民检察院工作报告（摘要）

——1994年3月2日在浙江省第八届人民代表大会第二次会议上

浙江省人民检察院检察长　葛圣平

（1994年3月5日浙江省第八届人民代表大会第二次会议通过）

1993年，全省检察机关坚持以经济建设为中心，贯彻“两手抓、两手都要硬”方针，以严格执法、狠抓办案统揽检察工作，突出查办大案要案，加强执法监督，检察工作取得了新的成绩。

一、突出查办贪污贿赂等经济犯罪大要案，加强反腐败斗争

全省检察机关认真贯彻党中央决策，紧紧依靠党的领导和人民群众的支持，集中力量查办大案要案，加强对贪污贿赂等经济犯罪的打击，态度坚决，工作扎实，注重质量，斗争取得了初步的成效。主要表现在：

——立案查办的大案要案明显增加。1993年，全省共立案侦查贪污贿赂等经济犯罪案件1958件，内大案要案1219件，占立案总数的62.3%，比1992年上升18.6%；十万元以上特大案件152件，比上年增加1倍。大案要案比例数和特大案件数是历年来最高的。通过办案，为国家和集体挽回经济损失6574万余元。

——查办发生在党政机关、司法部门、行政执法部门和经济管理部门工作人员中的贪污贿赂等犯罪案件有明显进展。共立案侦查上述四个重点部位贪污贿赂等经济案犯366名，占立案总数的16.3%。其中万元以上重大案犯156名，内党政机关工作人员56名，司法人员23名，行政执法人员17名，金融部门工作人员60名；科局级干部99名，县处级以上干部9名。

——一批严重破坏社会主义市场经济秩序的重大犯罪案件及时得到查处。配合贯彻中央关于加强经济宏观调控的决策，各级检察机关依法立案侦查了一批在整顿金融秩序中揭露出来的贪污贿赂和挪用公款等犯罪案件，其中重特大案件60件，比上年上升62.2%。为维护正当、公平竞争，各级检察机关还进一步加强了对假冒商标、偷税抗税犯罪的打击，立案侦查假冒商标犯罪案件108件，比上年上升10.2%，偷税抗税犯罪案件235件，内重特大案件183件。

——群众举报积极性进一步得到了激发和调动。到年底，共受理群众举报15292件，内贪污贿赂案件线索9013件，分别比上年上升31.9%和35.4%。同时还震慑和分化瓦解了一些经济犯罪分子，全省共有84名贪污贿赂等经济案犯向检察机关投案自首。

全省检察机关着重抓了以下五个方面：

1、加强领导，不断统一思想认识。突出解决了两个问题。一是增强斗争的信心和决心。1993年初，少数单位和检察干部对惩治贪污贿赂等经济犯罪工作一度出现畏难情绪。省检察院在3月、4月份及时组织力量，深入基层对工作中遇到的新情况新问题开展广泛的调查，剖析原因，研究对策，并在5月召开全省反贪污贿赂工作座谈会，着重解决干部中存在的上述思想认识问题，引导干部认清形势，振奋精神，坚定信心，狠抓办案特别是大案要案。二是进一步明确工作指导思想。根据党中央关于加强反腐败斗争的决策部署，省检察院先后召开检察长座谈会和查办贪污贿赂等经济犯罪大案要案电话会议，教育和引导干部增强全局观念，坚持为党的基本路线和经济建设中心服务不动摇；把严格执法，狠抓办案，突出查办大案要案作为服务于经济建设的最基本、最重要的手段；坚决贯彻“一要坚决，二要慎重，务必搞准”的原则，加强调查研究，正确区分罪与非罪界限，切实搞准案件，扩大办案社会效果。并鲜明地提出了“狠抓办案，突出要案，严格执法，保证质量”的工作部署。广大检察干部对惩治贪污贿赂等经济犯罪工作的重要性、紧迫性的认识有了进一步提高，责任感和使命感增强，工作的积极性、主动性得到了较好的发挥。

2、集中力量狠抓大要案的查办。主要采取了以下措施：(1)坚持检察长抓办案。省检察院三位正副检察长分工负责直接抓全省有影响的大案要案。各地也都坚持大案要案分别由正副检察长分工负责亲自查办。一年来，全省各级检察长直接参与了635件大案要案的查办。(2)分阶段排出大案要案名单，定人定案，加强检查督促和指导，抓紧侦查和审查起诉。省检察院先后排出三批共115件全省重点抓的贪污贿赂大案要案，到年底，上述三批重点抓的大案要案，已侦查终结103件，有72件已向法院提起公诉。(3)加强侦查破案工作，深挖犯罪。特别注意通过查办一般案件，揭露查办党政机关等内部案件特别是大案要案。(4)加强追捕逃犯的工作。对作案后携款潜逃的案犯，快速查证，及时追捕，共抓获了30余名，其中贪污受贿10万元以上的特大案犯9名。(5)建立查办大要案的责任制和激励机制。各级检察长对本单位、本地的查办大案要案工作直接负责，下级检察院对上级检察院负责，上级检察院在下级检察院工作遇有困难时，主动给予指导帮助。省检察院制订下发了《对侦破贪污贿赂等大案要案有功集体和个人记功表彰的规定》，及时表彰和奖励查办大案要案的有功集体和个人。

3、加强群众举报工作。全省检察机关借举报中心成立五周年之际，有组织地开展了举报宣传月活动，加强对举报工作的宣传。同时，加强对举报线索的筛选，抓住重点举报线索，快速查证和突破，共立案侦查了445件大案要案。全省立案查处的9起处级以上干部犯罪要案，大多是依靠群众举报突破的。全省检察机关还重视对举报人和被举报人合法权益的保护，查处打击报复举报人案件14件，查处借举报诬告陷害他人的案件13件。

4、依靠党委加强领导和人大监督，密切与有关部门的协作配合。各级检察机关主动加强向党委的请示报告，依靠各级党委，统一认识，排除办案中遇到的干扰阻力，解决办案经费等实际困难。各级人大及其常委会对反腐败工作十分重视。检察机关主动接受人大监督，争取支持。省检察院召开了部分全国和省人大代表座谈会，听取人民代表对加强反腐败斗争的意见。9月又向省人大常委会作了惩治贪污贿赂等经济犯罪和执法监督情况的专题汇报。下半年，各地检察机关普遍开展了接受人大司法评议和执法执纪大检查，针对自查中发现的问题和人大代表的评议意见，认真落实整改，对人大要求检察机关抓紧查办的案件，由检察长直接督促查办。各级检察机关还普遍加强了与纪委、监察和兄弟司法部门等的联系，主动沟通情况，协调动作，加强配合，形成合力。

5、严格依法办事，确保办案质量。各级检察机关认真贯彻执行宪法、法律，严格依法办案，文明办案。坚决贯彻“一要坚决，二要慎重，务必搞准”的原则，坚决、准确地惩治犯罪。同时，注意讲究方法策略，结合办案认真做好为发展经济服务的其他具体工作。对严重经济犯罪特别是重点部门中的案件和大案要案，敢于坚持原则，敢于碰硬，敢于和善于排除干扰阻力，坚决查办；同时又注意把办案工作做细致做扎实。在对案件的定性处理上，坚持以事实为依据，以法律为准绳，该定的定，不该定的不定，该依法从重的坚决从重，该依法从宽的依法从宽。在法律政策的把握上，既严格依照法律，又贯彻改革的政策。对执法办案中遇到的新情况新问题，注意加强调查研究，慎重对待和处理，既坚决打击以各种形式出现的犯罪，又满腔热情地支持改革中出现的新生事物，保护生产力的发展和干部群众的积极性。

二、坚持依法从重从快打击严重刑事犯罪，维护社会稳定

全省检察机关坚持把严厉打击严重刑事犯罪活动作为维护社会稳定，保障改革开放和现代化建设顺利进行的一项重点工作来抓，认真贯彻执行依法从重从快的方针，坚持不懈地抓好对各类严重刑事犯罪的打击。共受理公安机关移送批捕的各类刑事案犯27330人，依法批准逮捕24109人；受理移送起诉的各类刑事案犯27126人，依法起诉22943人。依法批捕、起诉的刑事案犯分别比1992年上升21.1%和14.6%。

1、坚持提前介入，依法快捕快诉现行重特大刑事案犯。对杀人、抢劫、强奸、流氓、爆炸等现行重特大刑事犯罪和暴力恶性案件，坚持快速反应，提前介入，牢牢把握“两个基本”，依法快捕快诉。一年中，全省检察机关共提前介入重特大现行犯罪案件3310件次，一批情节恶劣、社会影响大的现行严重刑事罪犯从重从快得到惩处。

2、积极参加“三打一禁”专项斗争。根据省八届人大常委会第四次会议关于坚决打击严重刑事犯罪的决议和省社会治安综合治理委员会作出的在全省范围开展以打击团伙犯罪为重点的“三打一禁”专项斗争的工作部署，省检察院及时下发通知，对检察机关参加这场斗争提出了具体要求。各地检察机关按照当地党委和上级检察院的统一部署，迅速行动，积极投入这场斗争。在工作中，重视加强调查摸底，突出打击重点，掌握好政策法律，对集中移送审查批捕和审查起诉的案件，加班加点，突击审查，坚持在“快”和“准”两方面同时下功夫。“三打一禁”斗争第一、二仗，共依法批捕各类刑事案犯18137人，提起公诉16815人，在检察环节上保证了斗争的健康发展。

3、加强对走私、偷渡等犯罪活动的打击。共依法批捕、起诉走私案犯32人，内重特大案犯13人。针对我省少数地方偷渡犯罪较为严重的情况，根据全省反偷渡工作会议精神，积极协同公安机关抓好对这类犯罪活动的打击。省检察院还由分管副检察长带队深入到丽水、青田等地，进行调查指导。

4、积极参加社会治安综合治理。全省检察机关认真贯彻惩办与宽大相结合，打击少数、教育挽救多数的政策，对严重刑事犯罪特别是首犯、主犯和惯犯，坚决依法从重从快惩处，对犯罪轻微的初犯、偶犯和青少年犯，注重教育挽救；发挥检察建议作用，提出检察建议386件次，帮助发案单位整改堵漏，健全制度，预防犯罪；加强对免予起诉罪犯的回访考察，帮助落实监督帮教措施，促进免予起诉人员认罪服法；对群众加强法制宣传教育，及时消除不安定因素，维护社会稳定。

三、认真查办“侵权”、渎职犯罪案件，保护公民合法权益和国家利益

全省检察机关把查办“侵权”、渎职犯罪案件，作为加强反腐败斗争、密切党和人民群众血肉联系的重要内容和措施，认真对待，切实重视。全省共受理各类法纪案件2393件，从中立案侦查427件，内重特大犯罪案件64件；通过办案，共为国家和集体挽回经济损失271万余元。

1、重点查办执法人员的犯罪案件。共立案侦查司法和行政执法人员贪赃枉法、徇私舞弊、刑讯逼供等犯罪案件16件20人，其中执法人员徇私舞弊案件7件9人，是近几年来最多的。

2、重视查处发生在经济活动中的“侵权”、渎职犯罪案件。全省共立案侦查发生在商贸活动中的非法拘禁犯罪案件50件，发生在生产、经营和建设过程中的重大责任事故案件146件，玩忽职守犯罪案件48件，内重特大案件44件。在查办上述犯罪案件时，检察机关重视剖析原因，总结教训，提出防范意见，帮助和促进有关单位和部门加强防范。

3、积极查办破坏选举的犯罪案件，保障换届选举工作的顺利进行。在1993年的人大代表换届选举中，全省检察机关把发挥检察职能、保障换届选举工作的顺利进行作为一项重要政治任务，主动加强与有关部门联系，及时掌握破坏选举的违法犯罪情况，对构成犯罪的，依法立案查办；对一般违法案件，查清后及时移送有关部门处理。全省共受理和初查各类破坏选举案件77件，从中立案侦查犯罪案件16件。

四、加强执法监督，维护社会主义法制

维护国家法律的统一正确实施是检察机关的重要职责。1993年，全省检察机关适应建立社会主义市场经济体制对法制的要求，认真贯彻“有法可依，有法必依，执法必严，违法必究”的原则，重视通过开展各项检察业务工作，加强对执法活动的法律监督。

对侦查机关侦查活动的法律监督，以开展对批捕案犯实际执行情况实行跟踪监督为突破口，重点加强了对有罪未究等问题的检察监督。向公安机关提出纠正违法意见343件次，依法增捕案犯198人，增诉 199 人，对 1734 人作了不批准逮捕、对 71 人作了不起诉的处理决定。对检察机关自侦案件的制约监督也有了加强。经刑检部门审查把关，增捕、增诉经济和法纪犯罪案犯 5 人，不批准逮捕 25 人，不起诉 11 人。

对审判机关审判活动的法律监督，重点加强了依法抗诉工作。对刑事审判，监督抗诉的重点是有罪判无罪、重罪轻判、轻罪重判等案件，共向法院依法提出抗诉 87 件。对民事、经济和行政审判，监督抗诉的重点是判决、裁定确有错误的案件，共受理 297 件，审查立案 54 件，向法院提出抗诉 4 件，建议法院改判 25 件，法院已改判 3 件。

对监管改造机关监管改造活动的法律监督，重点加强了向被监管人员及其家属乱收费、以钱抵刑，监管改造人员索贿受贿，在办理减刑、假释、保外就医等执行活动中徇私舞弊、私放罪犯，以及监管改造人员体罚虐待人犯等问题的检察监督。共向监管改造部门提出纠正违法意见 4781 件次，制止和纠正了乱收费现象；纠正监外罪犯执行中的违法现象 407 人次。同时，立案侦查监管改造人员贪污贿赂、体罚虐待人犯等犯罪案件 15 件。依法批捕、起诉重新犯罪的“两劳”人员 138 名，及时有力地打击了被监管人员的又犯罪活动。

控告申诉检察，重点加强了刑事申诉案件的复查工作。共处理不服检察机关免予起诉、不立案、不批捕、撤案等申诉案件 443 件，其中不服免予起诉 373 件，经复查改变原决定 52 件；处理不服法院刑事判决、裁定的申诉 500 件。较好地发挥了控告申诉检察对内制约和对外监督的职能作用。

五、加强检察队伍建设，促进严格执法

全省检察机关坚持一手抓业务，一手抓队伍，进一步加强检察队伍建设。绝大多数检察干部经受住了市场经济和繁重任务的考验和锻炼，始终保持旺盛的斗志，坚持原则，秉公执法，乐于奉献，表现出良好的精神风貌，涌现了一批先进集体和个人，保障和促进了检察机关执法工作的开展。突出抓了三个方面：

1、加强各级领导班子建设。1993 年全省有 7 个市、分院检察长和 87 个基层检察院检察长进行换届选举。省检察院和各市、分院积极协同党委认真抓好检察长人选的物色、考察和培养工作，配合人大搞好换届选举。在换届选举工作结束后，又根据党委的统一部署，集中一段时间抓了领导班子的自身建设。通过换届，各级检察院领导班子得到了加强。

2、加强检察机关自身的廉政建设。各级检察机关以高度的政治责任感和自觉性，认真开展了自身的反腐败工作。上半年主要抓了干部的纪律作风整顿。下半年全省检察机关把加强自身反腐败作为贯彻实施中央加强反腐败斗争部署的一个重要方面来抓。省检察院研究提出了检察机关加强自身反腐败的具体意见，并制订了十条廉政措施，组织检察机关处级以上领导干部对照中央、省委、省检察院关于廉洁自律的规定，开展了自查自纠，制止了个别基层检察院的乱收费现象，对去年发现的 13 起检察干部违法违纪案件，逐一作了认真查处。

3、加强业务建设。在抓好检察电大教育、检察专业证书教育的同时，重点加强了对干部的业务培训。省检察院先后对控告申诉、民事行政检察、检察技术部门的业务骨干进行了短期业务培训。在全省举办了公诉人论辩对抗赛，开展了第三次优秀公诉人评选活动。各地也采用多种形式，提高干部的业务素质和岗位技能。

1994年是国民经济继续保持良好发展势头的一年，也是推进改革的关键一年。抓住机遇，深化改革，扩大开放，促进发展，保持稳定，是今年工作的大局，检察机关要服从、服务于这个大局。全省检察工作的指导思想和主要任务是：以邓小平同志建设有中国特色社会主义的理论和党的基本路线为指导，全面贯彻党的十四大和十四届三中全会精神，坚持“两手抓、两手都要硬”的方针，进一步解放思想、实事实是，严格执法，狠抓办案，集中力量查办大案要案，打击各类犯罪活动，保障公民合法权益，为加快建立社会主义市场经济体制，保持国民经济持续、快速、健康发展，维护社会政治稳定，促进社会全面进步做出新的贡献。着重要抓好以下工作：

1、继续集中力量突出查办大案要案，尤其是要案，深入开展反腐败斗争。同贪污贿赂等腐败现象作斗争是长期的任务。从已揭露的案件来看，当前贪污贿赂等经济犯罪仍十分严重。检察机关要按照中央、省委的统一部署，认真贯彻“两手抓、两手都要硬”方针，坚持长期作战，扎实工作，不断把斗争推向深入。今年反腐败斗争的重点，是继续集中力量狠抓大案要案尤其是领导干部犯罪要案的查办，争取有新的突破。对发生在党政领导机关、司法部门、行政执法部门和经济管理部门中的犯罪案件特别是大案要案，要发现一起，坚决依法查处一起，决不手软。同时，要坚持贯彻“一要坚决，二要慎重，务必搞准”的原则，提高办案质量，切实搞准案件，使办案取得更好的政治、经济和社会效果。

2、坚持“严打”方针，严厉打击严重刑事犯罪活动。要进一步增强政治敏感性，坚决贯彻依法从重从快方针，坚持不懈地严厉打击各种严重刑事犯罪活动，积极参与社会治安综合治理，正确处理人民内部矛盾，及时消除不安定因素，努力为改革开放和经济建设创造一个安定的社会环境。同时要加强国家安全检察工作，坚决打击反革命犯罪和境内外敌对势力、敌对分子的渗透、颠覆和破坏活动，维护政治的稳定。

3、进一步加强执法监督。要突出抓好对司法和行政执法人员以权谋私、贪赃枉法、徇私舞弊等不严格执法的违法犯罪案件的查办。对执法机关在执法中的违法问题，要敢于坚持原则，依法监督。加强执法监督，检察机关自身首先要过得硬。要更好地坚持严格执法，文明执法，对自身办案中出现的违法问题要从严查处。

4、大力加强队伍建设。要认真学习《邓小平文选》第三卷，用邓小平同志建设有中国特色社会主义理论武装干部的头脑，进一步提高贯彻执行党的基本路线和为经济建设服务的自觉性和坚定性，着力提高检察干部的政治、业务素质，继续加强自身反腐败工作，努力建设一支政治强、业务精、作风硬、纪律严的检察队伍，促进检察工作的发展。

安徽省人民检察院工作报告（摘要）

——1994年4月10日在安徽省第八届人民代表大会第二次会议上

安徽省人民检察院检察长　刘　生

（1994年4月12日安徽省第八届人民代表大会第二次会议通过）

1993年，全省检察机关在省委和最高人民检察院的领导下，在省人大及其常委会的监督下，坚持党的基本路线，贯彻“严格执法，狠抓办案”的工作方针，认真履行法律监督职责，集中力量查办贪污贿赂大案要案，严厉打击严重刑事犯罪活动，加强执法监督，各项检察工作都取得了新的成绩。

一、坚决贯彻党中央关于反腐败斗争的部署，集中力量查办贪污贿赂大案要案，取得了初步成效

1993年以来，特别是江泽民总书记在中纪委二次全体会议上的重要讲话发表后，全省检察机关充分发挥检察职能作用，集中力量查办了一批大案要案。全年共受理贪污、贿赂等经济犯罪案件4161件，立案侦查2236件，其中贪污、贿赂案1048件，内含大案要案487件；挪用公款案776件，内含十万元以上的64件；偷税抗税案187件，内含十万元以上的11件；假冒商标案190件，内含十万元以上的17件。通过办案，为国家和集体挽回经济损失3725万元。中纪委二次全会后，成效尤为明显。9至12月，共立案侦查贪污贿赂犯罪案件522件，其中大案要案260件，各占全年的49.8%和53.4%。

按照中央的要求，检察机关重点查办了发生在党政机关、司法部门、行政执法部门和经济管理部门中的贪污、贿赂等经济犯罪案件。一是查办党政机关工作人员犯罪案件。共查处机关工作人员案犯171名，其中县处级以上领导干部犯罪的26名，分别比1992年上升52.7%和125%。1993年省检察院及合肥市检察机关从省直机关查办贪污、贿赂等经济案件45件50人，内含县处级干部9件9人。二是查办司法人员犯罪案件。共查处司法人员案犯55人，比1992年上升66.7%。这些司法人员经受不住金钱的诱惑，贪赃枉法，索贿受贿，或徇私舞弊，包庇罪犯。三是查办行政执法人员犯罪案件。共查处工商、税务、海关等行政执法人员犯罪案61件。这些人员滥用职权，索贿受贿，不给好处不办事，给了好处乱办事，给大好处办坏事，甚至与犯罪分子同流合污，共同犯罪。四是查办金融等经济管理部门工作人员犯罪案件。共查处发生在经济管理部门中的贪污贿赂等经济犯罪案件222件，其中发生在金融系统中的184件195人。金融系统发生的案件大多是以贷谋私、索贿受贿，以及挪用公款炒房炒地做生意，从中渔利，而且往往犯罪金额巨大，造成的损失严重。

检察机关在有关部门密切配合下，依法查处了一批假冒商标、偷税抗税等扰乱社会主义市场经济秩序的犯罪案件。检察机关通过办理偷税抗税案件，为国家追缴税款2544万元。

在反贪污贿赂斗争中，检察机关的主要做法是：

（1）切实加强对反贪污贿赂斗争的领导。针对去年初办案数大幅度下降的情况，省检察院及时召开全省反贪电话会议，要求各地进一步加强领导，加大打击经济犯罪的力度。中纪委二次全会后，再次召开全省反贪电话会议，及时传达贯彻中央关于反腐败的重要指示，提出了查办贪污贿赂案件8个方面的重点。10月份召开了分、市检察院查办大案要案汇报会，检查各地查办大案要案和检察长带头办案的情况。与此同时，省及各分、市检察院多次派员分赴各地检查、指导查办大案要案工作。（2）集中力量查办贪污贿赂大案要案。各级检察长带头办案，亲自组织指挥侦破了870多件大案要案。被评为全国优秀检察官的泗县检察长祝建华，1993年共参与办案37件。各级检察院在人员、经费、交通和通讯等方面优先保证办理大案要案的需要。上级检察院进一步加强了对下级检察院侦破大案要案工作的领导，支持下级检察院依法办案。（3）积极围绕党和政府的中心工作，努力为经济建设服务。全省检察机关认真贯彻党中央关于减轻农民负担的指示精神，及时查处了一批严重侵犯农民利益的犯罪案件。坚决贯彻中央关于加强宏观调控的决策，依法查办了一批在整顿金融秩序中发现的犯罪案件。认真贯彻省委关于“双清”工作的部署，积极配合有关部门开展“双清”工作，从中发现犯罪线索，挖出一批“蛀虫”，及时收回了一批挪借公款。（4）深入开展举报工作。在举报中心成立五周年之际，全省检察机关通过各种渠道，采取多种形式，开展了举报系列宣传活动。8月15日，全省检察机关开展举报宣传日活动，当天即受理举报824件。认真贯彻了《安徽省保护公民举报条例》，积极开展保护、奖励举报人工作。（5）重视加强预防犯罪工作。省检察院及一些分、市检察院已设立预防犯罪机构，并配备了专职人员。各地从实际出发，积极开展预防犯罪工作。省检察院还制定了《关于加强对贪污贿赂犯罪预防工作的意见》。

二、依法严厉打击严重危害社会治安的刑事犯罪活动，维护我省的政治稳定和社会安定

1993年，全省检察机关共受理公安机关提请逮捕的各类刑事案犯21531名，其中批准逮捕19611名；受理公安机关移送起诉、免予起诉案犯22162名，提起公诉15435名，免予起诉3094名。在“严打”斗争中，检察机关注意突出打击重点，把斗争锋芒重点指向杀人、抢劫、强奸、爆炸等严重暴力犯罪和带有黑社会性质的犯罪团伙。共批准逮捕这几类案犯6380名，提起公诉4061名。检察机关认真贯彻“严打”方针，及时提前介入公安机关的重特大刑事案件的侦查、预审活动，1993年在批捕、起诉环节上共提前介入255件487人。全省检察机关积极参加了当地党委、政府统一部署的各项专项斗争。共批捕“车匪路霸”4296名，起诉2190名；批捕盗窃案犯6009名，起诉3273名；批捕拐卖、绑架妇女、儿童案犯568名，起诉469名。检察机关还十分重视抓好检察环节上各项综合治理措施的落实，在社会治安综合治理中发挥了较好的作用，进一步扩大了检察机关办案的社会效果。

三、认真开展执法监督，维护法律的正确实施

全省检察机关认真贯彻最高人民检察

院“严格执法，狠抓办案”的工作方针，针对当前存在的有法不依、执法不严、违法不究的问题，认真履行了法律监督职责，切实加强了对有关部门执法活动的监督。

1、加强了侦查监督。检察机关在批捕、起诉过程中，注意严格把关，深挖余罪漏犯。对1020名人犯作出了不批准逮捕的决定，对49名人犯作出了不起诉的决定，对284名人犯进行了追捕，对70名人犯予以追诉，对侦查活动中的违法问题提出纠正意见44件次。对公安机关侦查的重大刑事案件的立案活动开展了监督工作：通过调查，发现在处理赌博、卖淫、嫖娼、走私等案件中存在以罚代刑、打击不力的问题，及时提出纠正意见。省检察院在调查研究基础上，提出了加大打击走私犯罪力度的建议。有的检察院对公安机关处理的部分治安案件进行了调卷审查；有的直接立案侦查了建议公安机关立案而未立案的重大刑事案件。

2、加强了刑事审判监督。重点抓了对有罪不判、重罪轻判案件的抗诉工作。共对68件确有错误的刑事判决、裁定提出抗诉，法院已审结17件，其中改判12件。

3、加强了法纪监督。共受理“侵权”、渎职案1860件，立案侦查588件。重点查办了徇私舞弊、刑讯逼供、非法拘禁、玩忽职守和重大责任事故案件，共查办这五类案件412件、占立案总数的70.1%。查处重特大“侵权”、渎职案71件。

4、加强了民事行政审判监督。共受理各类不服民事、行政判决、裁定的申诉案218件，立案审查61件，提出检察建议要求法院自行纠正的28件，法院已采纳21件；提出抗诉1件。注意抓了因审判人员索贿受贿、徇私舞弊导致错判的案件。

5、加强了监所检察。全省检察机关对监管改造场所乱收费等严重违法问题开展调查研究，并提出纠正意见，推动了乱收费问题的解决。加强了对监管改造场所工作人员职务犯罪案件的查处工作。对于监管改造场所内发生的无证关押、应交付劳改而未投入劳改、应释放而未释放等违法情况提出纠正意见488件次，有关部门已纠正264件次。

6、加强了控告申诉检察。共受理控告申诉案20362件，已审查处理19716件。其中不服逮捕的申诉案256件，改变原决定的5件；复查不服免予起诉决定的申诉案364件，改变原决定的69件。

四、加强检察队伍建设，不断提高干警的政治素质和业务素质

全省检察机关进一步加强了队伍的思想建设、组织建设、业务建设和自身廉政建设，检察干警的政治、业务素质有了明显提高。经过换届选举，全省检察机关的领导班子在革命化、年轻化、专业化、知识化建设方面迈出了新的步伐。各地组织广大检察干警深入学习《邓小平文选》第三卷和党的十四大文件，普遍开展全心全意为人民服务的宗旨教育，严格执法教育，勤政廉政教育，进一步提高了干警的政治素质。省检察院举办了县（区）检察院新任检察长培训班，对新上岗的检察长进行了业务培训。省及分、市检察院均采取多种形式，对干警进行了业务培训。继续开办检察专业证书班、电大法律大专班、法律自考本科班，检察队伍的业务素质有了进一步提高。根据中央关于领导干部廉洁自律的要求，检察机关县处级以上干部认真开展了自查自纠工作，并制定了廉洁自律的措施。狠抓了对少数检察院存在的乱收费问题的清退工作。坚持“从严治检”方针，严肃查处16名检察干警违法违纪案件，清调了37名不适合做检察工作的人员。

全省检察机关认真贯彻最高人民检察院《关于检察机关接受人民代表大会及其常委会监督的规定》，自觉地接受各级人大及其常委会的监督，定期向同级人大及其常委会报告工作。认真贯彻人大及常委会的决议。负责地办理人大交办的事项和人大代表的议案、建议。加强了与人大代表的联系，邀请他们视察工作，虚心听取对检察工作的批评、意见和建议。省检察院研究制定了《贯彻最高人民检察院〈关于检察机关接受人民代表大会及其常委会监督的规定〉的意见》。各级人大及其常委会监督、支持检察工作，帮助检察机关解决困难，排除干扰。

1994 年全省检察工作总的指导思想是：坚持以邓小平同志建设有中国特色社会主义的理论和党的基本路线为指导，深入贯彻党的十四大、十四届三中全会、全国八届人大二次会议和省委五届十次全体扩大会议精神，坚持"两手抓，两手都要硬"的方针，强化法律监督职能，严格执法，狠抓办案，集中力量查办贪污贿赂大案要案，严厉打击各种刑事犯罪活动，维护政治稳定和社会安定，为改革开放和现代化建设的顺利进行创造良好的法制环境，保障社会主义市场经济体制的建立和发展。为此，我们将着重做好以下几项工作：(1) 深入开展惩治贪污贿赂犯罪斗争。着重在查处大案要案特别是要案、贪污贿赂案件特别是贿赂案件、法人犯罪案件和不严格执法的违法犯罪案件上实现新突破。认真贯彻江泽民同志在中纪委三次会议上的重要讲话，深入开展反腐败斗争；进一步加强对反贪污贿赂斗争的领导，做到一级抓一级，一级帮一级，一级支持一级；集中力量查办发生在重点机关、重点部门中的案件，特别是其中的大案要案；进一步加强举报工作；切实加强对贪污贿赂案件的侦查工作；继续坚持"一要坚决，二要慎重，务必搞准"的原则，积极开展预防犯罪工作。(2) 继续坚持依法从重从快的方针。重点打击严重暴力犯罪和团伙犯罪，特别是带有黑社会性质的犯罪团伙；积极参加当地统一部署的各项斗争和重点治乱工作；进一步加强对重、特大刑事犯罪案件的提前介入工作；努力提高出庭支持公诉水平；积极参加社会治安综合治理活动。(3) 进一步加强执法监督，促进严格执法。侦查监督重点抓有罪不究、以罚代刑问题；刑事审判监督重点抓对有罪不判、重罪轻判、轻罪重判等错判案件的抗诉；民事行政审判监督重点抓对民事行政判决、裁定确有错误案件的抗诉；法纪监督重点抓对徇私舞弊、刑讯逼供、非法拘禁等案件的查处；监所检察重点抓以钱抵刑，违法办理减刑、假释、保外就医从中索贿受贿，以及私放罪犯、体罚虐待被监管人等案件；控告申诉检察重点抓不服法院判决、裁定和检察院免予起诉决定的刑事案件申诉复查。(4) 坚持"从严治检"方针，进一步加强检察队伍建设。切实加强各级检察院的班子建设；认真开展有检察特色的思想政治工作；继续加强对检察干警的教育培训；切实抓好自身廉政建设；开展争先创优活动，评选全省十佳检察官和优秀检察官；不断改进和加强检察工作。

福建省人民检察院工作报告（摘要）

——1994年4月14日在福建省第八届人民代表大会第二次会议上

福建省人民检察院检察长　郑义正

（1994年4月16日福建省第八届人民代表大会第二次会议全体会议通过）

过去的一年，我省各级检察机关，认真贯彻党的十四大和十四届三中全会精神，遵照省八届人大一次会议精神和决议，以“严格执法，狠抓办案”的方针统揽检察工作全局，强化法律监督职能，各项检察业务都有新的进展。

一、集中力量，查办贪污贿赂大案要案

1993年，特别是8月江泽民同志在中纪委二次全会上发表重要讲话以后，各级检察机关坚决贯彻党中央和省委的统一部署，积极投入反腐败斗争，采取一系列措施，加大打击力度，依法查办了一批贪污贿赂等犯罪大案要案，取得了新的成绩。全省检察机关共立案侦查贪污贿赂等犯罪案件1876件。其中，万元以上大案1119件，比上年上升34.5%，内有十万元以上不满五十万元的114件，五十万元以上不满一百万元的22件，一百万元以上的13件；县处级以上干部犯罪要案52件，比上年上升3.7倍。大案要案占立案总数的62.4%，这是历年来比例最高的。至1993年底，已侦查终结1522件，涉及人犯1786名，除正在审查起诉和罪行轻微免予起诉以外，已向法院起诉案犯770名。通过办案，为国家、集体挽回直接经济损失7531万元。

1993年反腐败斗争，惩治贪污贿赂犯罪的特点是：

1、集中力量查办大案要案。侦破了一批数额特别巨大的经济犯罪案件。如省外贸中心集团矿化部一科科长张建平贪污美元274万多元、人民币64万多元，挪用公款17万多美元的特大案，是我省建国以来最大的贪污案，提起公诉后，法院已判处张建平死刑。立案查办犯有贪污贿赂罪的县处级干部47名，厅局级干部5名，是历年来最多的。从办案情况说明，如果一个部门的主要领导干部贪污受贿、腐化堕落，这个部门的犯罪情况往往比较严重。因此，我们始终坚持把查处大案中的要案、要案中的大案作为重中之重，一抓到底。

2、狠抓发生在党政领导机关、司法部门、行政执法部门和经济管理部门的犯罪案件。1993年在这四个重点部门查办贪污贿赂等犯罪案件756件，其中党政领导机关126件；司法和行政执法部门180件；经济管理部门450件。查办这些案件，对党政机关廉政建设和维护国家法律的严肃性具有重要意义。

3、依法直接查办单位、行政执法人员重特大走私案件。1993年，检察机关根据刑诉法第十三条的规定和最高人民检察院、最高人民法院联合下发《关于严厉打击走私犯罪活动的通知》要求，直接查办

了4件重特大走私案件。检察机关依法直接查办这些走私案件，对遏制机关单位参与走私活动，推动有关执法部门严格执法，起到了积极的作用。

4、坚持依靠群众与专门工作相结合。1993年全省检察机关受理群众举报线索15349件，属检察机关管辖的线索11921件，署名举报增多，可查性增强。全省立案侦查的贪污贿赂等犯罪案件，来自举报的占69.2%。各级检察机关坚持“一要坚决，二要慎重，务必搞准”的原则，综合灵活运用各种法律手段，深挖大案要案。检察机关加强了追捕逃犯工作，1993年全省共捕获了61名负案潜逃的经济案犯，其中犯罪金额在五十万元以上的重大案犯10名，内有一百万元以上4名。有122名贪污贿赂等案犯受到法律威力的震慑，到检察机关投案自首。

5、检察长带头办案。我们实行了检察长带头办案和分级负责办理大案要案的制度。省检察院检察长重点抓五十万元以上的大案和厅级干部的要案；分、市检察院检察长重点抓十万元以上不满五十万元的大案和处级干部的要案；县、区检察院检察长重点抓五万元以上不满十万元的大案。1993年全省有174名正副检察长直接指挥和参与查办贪污贿赂等犯罪案件674件。各级检察长还通过亲自接待来访批阅来信，发现了一批重大案件线索。在带头办案的实践中，提高了领导民主决策、科学决策的水平和驾驭全局的能力。

1993年，全省检察机关查办了偷税抗税骗税罪案286件，假冒商标罪案87件，为国家和集体挽回直接经济损失1300多万元。

二、维护稳定，严厉打击严重刑事犯罪活动

1993年，检察机关与公安、法院、司法行政等部门密切配合，针对刑事犯罪活动的突出情况，开展了多种形式的集中打击和重点整治活动。

1、及时批捕、起诉公安机关提请批捕、移送起诉的刑事案犯。1993年受理公安机关提请逮捕人犯16220名，经审查批准逮捕14395名，比1992年上升10.9%；受理公安机关移送起诉和免予起诉案犯15327名，已提起公诉12062名，比1992年上升6.4%，免予起诉1290名。

2、重点打击杀人、抢劫、强奸、爆炸以及持枪作案等恶性、暴力刑事犯罪和带有黑社会性质的犯罪集团。1993年批准逮捕严重暴力犯罪案犯5150名，已提起公诉4137名，比1992年上升29.8%和27.1%；批准逮捕犯罪集团成员549名，已提起公诉322名，分别比1992年上升9.8%和14.6%。

3、积极参加围歼“车匪路霸”、反盗窃、反偷私渡、查禁卖淫嫖娼等专项斗争和专项治理。各级检察机关认真贯彻中央和省委关于围歼“车匪路霸”专项斗争的指示精神，派出调查组，领导带队，深入重点地区、路段，调查摸底，配合有关部门进行围歼打击。1993年批捕、追捕“车匪路霸”案犯1516名，分别比1992年上升15.6%和17.6%。沿海地区检察机关加强对偷私渡犯罪活动的打击，批捕偷私渡犯罪案犯101名，起诉161名（含上年积存数），其中批捕组织偷私渡案犯（即“蛇头）91名，起诉101名（含上年积存数）。还惩办了一批贩运毒品、淫秽物品和拐卖、绑架妇女儿童及引诱、容留妇女卖淫等犯罪分子，批捕此类案犯391名，起诉439名（含上年积存数）。

4、加强对重特大刑事犯罪案件的提前介入。在审查批捕环节上提前介入重特大刑事案件2733件，在审查起诉环节上提前介入1808件，分别比上年增加2.25倍和2.5倍。提前介入侦查、预审活动，不仅提高了批捕、起诉工作的效率和质量，而且使检察人员深入实际，及早了解、掌握案情，依法收集证据，密切了与公安等侦查机关的协作配合，加强了对侦查活动的监督。

5、加强检察环节上的社会治安综合治理工作。主要是：通过出庭支持公诉，运用典型案例开展法制宣传等活动，增强干部群众的法制观念；通过办案，对发案单位存在的隐患积极提出“检察建议”；加强对劳改劳教人员和免予起诉人员的教育改造，落实对免予起诉、刑满释放和解除劳教人员的帮教措施，定期或不定期进行回访考察；同重点厂矿、学校或乡村建立综合治理联系点，了解社会动向，开展群防群治；认真贯彻全国人大常委会通过的《未成年人保护法》，改进未成年人犯罪案件的批捕、起诉工作，加强对青少年犯罪的预防和失足青少年的教育、挽救工作；认真处理群众来信来访，积极、主动协助有关部门及时妥善处理集体上访、闹事案件，消除各种不安定因素。

三、履行职责，狠抓严格执法

1993年，我们突出强调了狠抓严格执法的问题，一方面狠抓自身的严格执法，加强对直接立案侦查案件的内部制约；一方面认真履行宪法和法律赋予的法律监督职责，加强对有关部门的执法监督。

1、加强侦查监督。重点抓了有罪不究，以罚代刑的问题。严格履行对公安机关侦查活动实施法律监督的职责，对发现的有罪不究和无罪作有罪追究的情况依法予以纠正。1993年检察机关在审查批捕、审查起诉中，追捕漏网的犯罪分子223名，追诉人犯29名，对没有逮捕必要或不构成犯罪的792人作出了不批捕的决定，对不应追究刑事责任的66人作出了不起诉决定。对侦查活动中的违法情况提出纠正意见314件次。部分检察院开展了对重大刑事案件的立案情况的监督，对构成犯罪该立不立、该报捕不报捕而作以罚代刑处理的案件，依法督促纠正。

2、加强刑事审判监督。重点抓了对重罪轻判、有罪判无罪等错判案件的抗诉。省检察院专门派员对个别地方多起判无罪案件作了调查，该抗诉的已向法院提出抗诉。1993年，检察机关对法院确有错误的刑事判决、裁定提出抗诉50件；对审判活动中的违法情况提出纠正意见46件次。

3、加强法纪监督。重点查办国家工作人员滥用职权侵犯公民权利和渎职犯罪案件。1993年立案侦查徇私舞弊、刑讯逼供、非法拘禁、玩忽职守以及重大责任事故等五类案件352件，占法纪案件立案数的81.3%。

4、加强监所检察。重点查办了监管改造场所干警贪污、受贿、体罚虐待、私放罪犯、玩忽职守等执法犯法的犯罪案件。加强了对刑事判决、裁定执行情况的监督，纠正无证、违法收押收容70人，违法释放61人，应释放而未释放18人；纠正减刑、假释、加期、保外就医不当23人。对监管改造活动中的违法情况和超期羁押人犯的情况提出纠正意见，并针对一些监管改造场所向被监管改造人员及其家属乱收费的问题，开展调查，摸清情况，纠正制止。同时，与监管改造部门相配合，坚决打击反改造尖子和“牢头狱霸”，起诉重新犯罪的劳改犯和在劳教期间犯罪的劳教人员共178名。

5、加强民事行政检察。重点抓了对确有错误的民事、经济和行政判决、裁定的抗诉工作。1993年检察机关受理此类申诉案件541件，从中立案审查121件，已审结115件，其中报上级检察院提请抗诉33件，向法院提出抗诉24件，法院已再审改判10件。同时，严肃查办了在民事行政审判中因审判人员徇私舞弊、索贿受贿而导致错判的案件。

6. 加强控告申诉检察。重点抓了不服免予起诉决定和刑事判决、裁定的申诉案件的复查工作。1993年共受理属检察机关管辖范围内的首次申诉552件，直接答复276件，经审查立案复查刑事申诉案件182件，已纠正38件。其中，复查不服免予起诉决定的申诉案151件，改变原决定32件；复查不服法院判刑的刑事申诉案3件，提请法院重新审理并已改判1件。

四、从严治检，加强队伍建设

一年来，各级检察院坚持依法建院、从严治检的方针，狠抓自身建设，队伍的政治素质和业务素质都有了新的提高。

加强检察机关自身反腐败工作，着重采取五条措施：一是严格对照中央廉洁自律的五条规定，领导干部认真开展了自查自纠活动。二是坚决查处发生在检察队伍中的违法违纪案件，绝不护短。1993年共查处32件，其中构成犯罪的3件。三是坚决制止和纠正利用检察职权乱收费等违法现象。四是认真清理、整顿检察机关所办的公司。五是认真贯彻中央政法委《关于政法部门严肃纪律严格执法的通知》精神，进一步建立健全各项廉政勤政制度，加强纪检、监察工作，完善内部监督制约机制。

加强思想政治工作。组织干警认真学习《邓小平文选》第三卷，用建设有中国特色社会主义理论武装头脑，学习社会主义市场经济体制的理论知识，增强贯彻党的基本路线的坚定性和自觉性。在全系统开展了严格执法教育、检察人员纪律教育、全心全意为人民服务的宗旨教育和廉政勤政教育。宣传检察人员秉公执法、廉洁奉公、无私奉献的先进模范事迹，表彰在开展各项业务尤其是在办案第一线涌现出来的先进集体和先进个人。并通过实行检察长岗前、岗位培训制度，组织检察专业证书学习，举办各种业务培训班等多种渠道和形式，加强干部的教育和培训。

1993年完成了全省基层检察院的换届选举工作，一批德才廉备、具有专业知识和实践经验的优秀中青年干部当选为检察长，调整充实了基层检察院的领导班子。

1993年根据最高人民检察院的要求，以发展乡镇检察室为重点，巩固、完善税务检察室，严格管理，健全制度，加强了基层建设。

五、执行《规定》，自觉接受人大监督

1993年，各级检察机关认真贯彻执行最高人民检察院《关于检察机关接受人民代表大会及其常委会监督的规定》，自觉把工作置于国家权力机关的监督之下。一是继续坚持全面工作定期报告、重要工作专题报告、人事任免事前报告、重大案件及时报告等行之有效的制度。1993年省人大常委会召开的主任办公会议、第四次常委会，分别听取了我省检察机关惩治贪污贿赂犯罪情况的汇报，并对发挥检察机关的职能作了强调，这对我们更加自觉地坚持“严格执法，狠抓办案”的方针起了重要的指导和推动作用。部分检察院还建立了代表名册和联系代表制度，把联系人民代表的活动列入工作计划，具体安排，落到实处。二是检察长列席人大常委会议，坚决执行人大及其常委会的决议和决定；认真接受人大常委会的执法检查，精心组织，扎实进行，对检查中发现的问题及时采取措施，认真整改。三是认真负责办理人大代表的意见和人大交办的事项。对人大代表的《议案》、《建议、批评、意见》和人大常委会交办的案件及其他工作，指定专人负责，认真办理，及时反馈。我们在接受人大及其常委会的监督中，深深体会到监督就是支持，只有在国家权力机关的监督下，检察机关才能正确有效地履行检察职能，充分发挥法律监督作用。

1994 年全党全国工作的大局是抓住机遇，深化改革，扩大开放，促进发展，保持稳定。检察工作必须自觉地服从和服务于这个大局。在年初召开的全省检察长工作会议上，我们确定了今年的主要任务是：坚持以邓小平同志建设有中国特色社会主义理论为指导，认真贯彻党的十四届三中全会精神和中央有关反腐败斗争的指示，坚持“两手抓、两手都要硬”的方针，强化法律监督职能，严格执法，狠抓办案，集中力量查办贪污贿赂等犯罪大案要案、法人犯罪案件和不严格执法的违法犯罪案件，严厉打击严重刑事犯罪活动，严肃查办侵犯公民权利、渎职犯罪案件，全面开展各项检察业务，积极参加社会治安综合治理，维护政治稳定和社会安定，为我省改革开放和现代化建设创造良好的法制环境，促进社会主义市场经济体制的建立和发展。

1、在反腐败斗争中，继续集中力量查办大案要案。把查办党政领导机关、领导干部和司法部门、行政执法部门、经济管理部门及其工作人员的犯罪案件作为重点，着重查办领导干部贪污受贿犯罪案件，司法和行政执法人员执法犯法案件以及法人犯罪案件。要把大案中的要案和要案中的大案作为重中之重，认真查办。不论涉及什么人，都要坚决一查到底，决不手软。要及时排查举报线索特别是大案要案线索。重视综合灵活运用各种法定侦查手段，努力在收集证据和突破案件上下功夫。省检察院和分、市检察院进一步加强查办大案要案的组织指挥和督促检查，一级抓一级，一级帮一级，排除干扰和阻力，把斗争一步步推向深入。

2、坚持依法从重从快方针，严厉打击严重刑事犯罪活动。重点打击杀人、抢劫、强奸、爆炸、盗抢枪支等暴力犯罪和团伙犯罪，特别是带有黑社会性质的犯罪，依法快捕快诉，配合有关部门严厉惩处。积极参加“打团伙、破大案、追逃犯”斗争和围歼“车匪路霸”、反盗窃、打拐禁娼、反偷私渡等专项斗争和重点治理活动。加强国家安全检察工作，严厉打击各种危害社会政治稳定的犯罪分子。同时，加强检察环节的社会治安综合治理工作。

3、加强执法监督，纠正不严格执法的问题。注意从办案中发现各种不依法办案、不严格执法的情况，及时提出纠正意见。重点查办司法和行政执法人员滥用权力、贪赃枉法、徇私舞弊、刑讯逼供、非法拘禁、体罚虐待被监管人员、玩忽职守放纵犯罪、包庇、窝藏、知情不举、作伪证等，构成犯罪的坚决依法追究刑事责任。

4、加强检察队伍建设，提高检察人员素质和执法水平。要认真学习《邓小平文选》第三卷，用建设有中国特色社会主义理论武装头脑，不断提高检察干警的自身素质。要认真严肃对待检察队伍存在的腐败现象，坚决查处检察人员违法违纪案件。同时，坚持“依法建院，从严治检”的方针，对广大检察人员进行理想、信念、宗旨的再教育，进行遵纪守法，严格执法和文明办案的教育，进行检察人员纪律和职业道德的教育。建立健全并实行检察人员廉政勤政的具体规定、办案责任制以及加强内部监督制约机制等各项规章制度。

江西省人民检察院工作报告（摘要）

——1994 年 2 月 27 日在江西省第八届人民代表大会第二次会议上

江西省人民检察院检察长　阙贵善

（1994 年 3 月 1 日江西省第八届人民代表大会第二次会议通过）

省八届人大一次会议以来，全省各级人民检察院紧紧围绕经济建设中心，适应建立社会主义市场经济体制的要求，用“严格执法，狠抓办案”统揽各项检察工作，深入开展反贪污贿赂斗争，集中力量查办大案要案，严厉打击严重刑事犯罪，依法查处侵犯公民民主权利和渎职犯罪案件，加强执法监督，工作取得了新的成绩。

一、全力以赴投入反腐败斗争，集中力量查办大案要案

1993 年初，由于多种因素的影响，我省检察机关受理群众举报、查办贪污贿赂等经济犯罪案件数量下降幅度较大，与社会上腐败现象的严重状况形成反差。针对这种情况，最高人民检察院提出了“严格执法，狠抓办案”的要求，随后专门召开了反贪污贿赂工作电话会议和全国检察长座谈会，要求各级人民检察院继续把惩治贪污贿赂等经济犯罪作为工作重点，把精力集中到查办大案要案上。我省检察机关迅速贯彻落实，6、7 月份受案、立案增多。8 月份中共中央作出反腐败斗争部署以后，全省检察机关在各级党委的领导下，雷厉风行，精心组织，全力以赴投入这场斗争。各级人民检察院发挥职能作用，充分依靠群众举报，紧紧把握反腐败斗争重点，坚持“一要坚决，二要慎重，务必搞准”的原则，实行要案分级负责制，加强督促检查和统一指挥协调，在较短时间内侦破、起诉了一批有影响的贪污贿赂大案要案，取得了明显成效。全年共立案侦查贪污贿赂犯罪案件 1044 件，其中 8 月以后立的 635 件；查办大案要案 461 件，其中 8 月以后查办的 291 件；全年共起诉经济案犯 346 人。

反腐败查办大要案工作取得成效，具体表现在：

——查处县处级以上干部要案有突破。共立案查处 45 人，比上年增加 2.7 倍，其中副厅级干部 1 人。

——突出查办了一批发生在重点部门的犯罪案件。各级检察机关在反腐败斗争中牢牢把握重点，对重点部门的案件集中办案力量查办。全年立案查办党政机关、司法部门、行政执法部门和经济管理部门的贪污贿赂案犯共 320 人，占贪污贿赂案犯的 25.5%。

——查处贪污贿赂大案比例上升。立案查办万元以上的大案 416 件，比上年增加 93.5%，占贪污贿赂案件立案总数的比例由上年的 22%上升到 40%。其中，五万元以上不满十万元的 35 件，十万元以上不满五十万元的 13 件，五十万元以上不满一百万元的 2 件。

——群众举报热情高涨。共收到群众举报贪污贿赂等违法犯罪线索7218件，比上年增加130%。检察机关所立案件中，70%来自群众举报，成案率提高。举报质量的提高，推动了大案要案的查处，大案要案的及时查处，又维护了群众的举报热情，形成举报促办案，办案促举报的良性循环。通过查处大案要案和宣传法律政策，还促使了34名贪污贿赂等经济案犯到检察机关投案自首。

全省各级人民检察院在集中力量查办贪污贿赂大要案的同时，还立案查办挪用公款、偷税抗税犯罪案件622件；认真贯彻全国人大常委会《关于惩治假冒注册商标犯罪的补充规定》和《关于惩治生产、销售伪劣商品犯罪的决定》，立案查处假冒商标犯罪案件73件。通过办理贪污贿赂等各类经济犯罪案件，共为国家和集体挽回经济损失3776.9万元，比上年增加1.36倍，是历年挽回经济损失最多的一年。

当前贪污贿赂等经济犯罪的主要特点：一是犯罪数额越来越大，重大、特大案件成倍增加。二是涉及一些党政机关的领导干部，这些干部手中都握有一定的权力，例如基建工程发包，土地批租等，极少数意志薄弱者在金钱的诱惑下，搞权钱交易，沦为罪犯。三是从发案的部位看，发生在银行系统、基建部门等行业的案件较多；经济建设的热点部位，包括证券市场、房地产市场等，出现了一些新的犯罪形式。四是犯罪分子往往内外勾结，互相牵连，共同作案，常常一挖就是一串，一端就是一窝，特别是一些国家工作人员包括个别领导干部，与社会上犯罪分子狼狈为奸，坑国家，损集体，其危害更大。五是以机关、团体、单位名义走私贩私、假冒商标、偷税抗税等法人犯罪案件逐渐增多，有发展的趋势，查处这类案件难度很大。六是贪污贿赂等经济犯罪给国家、集体带来巨大的经济损失，严重损害党和政府形象，干扰改革开放措施的落实，影响市场经济体制的建立和完善。有些案件甚至到了不查不足以平民愤，不查不足以聚人心的程度。检察机关及时查处这些案件，对维护社会安定和加强廉政建设，保障社会主义市场经济的健康顺利发展是非常必要的。反腐败查办大案要案，是一项长期的、艰巨的任务，检察机关要树立长期斗争的思想，坚持不懈地抓下去。

二、从重从快打击严重刑事犯罪活动，维护社会稳定

一年来，全省检察机关在各级党委的领导下，与公安、法院等部门密切配合，充分发挥审查批捕、审查起诉的职能作用，坚决贯彻依法从重从快的方针，坚持不懈地开展“严打”斗争，加强打击刑事犯罪活动和社会治安综合治理工作。共受理公安机关提请批捕的案件7593件15091人，经审查，批准逮捕7112件14128人，其中重特大案犯2674人；共受理公安机关移送起诉、免予起诉案件8029件14829人，经审查，向法院起诉6476件11316人。

——在打击刑事犯罪活动中，各级人民检察院突出打击重点，对严重危害社会秩序和群众生命财产安全的杀人、抢劫、爆炸、强奸、持枪作案等重特大案件提前介入，坚持“基本事实清楚，基本证据确凿”，快捕快诉，共批捕和起诉重点案犯7166人和5697人；对群众反映强烈的一些地区、一些路段的“车匪路霸”问题，组织了专门力量配合公安机关开展专项打击，摧毁犯罪团伙300余个，批捕犯罪分子近2000人，初步扭转了重点地区、重点路段社会治安的非正常状况；同时继续深入开展了“反盗窃”、“打拐”、禁娼等专项斗争和专项治理，批捕重大盗窃犯634人。

——全省各级人民检察院在坚持“严打”的同时，认真落实各项综合治理措施。一是配合法院搞好公开审判，出庭支持公诉5423次，发表公诉词4382篇，揭露犯罪，弘扬法制，教育群众；二是加强了少年犯罪检察工作。一些检察院成立了专门的少年犯罪检察机构，制定适应少年犯罪案件特点的办案制度和规定，把感化、教育、挽救的方针具体落实到检察工作中；三是对免予起诉人员开展了回访考察活动，落实帮教措施，对监外罪犯的执行情况依法进行检察；四是认真处理群众来信来访和集体上访事件，注重解决纠纷，化解矛盾；五是在治安问题突出的地方和单位建立联系点52个，提供法律服务；六是结合办案，积极开展调查研究，搞好检察建议，消除治安隐患，做好预防犯罪工作；七是开展了多种形式的法制宣传，并与华东六省市举办法纪检察工作十年回顾巡回展，我省参观人数达2万人，收到良好法制效果。

当前我省社会治安形势总的情况是稳定的，但也要清醒地看到，新形势下还存在着影响政治稳定和社会安定的问题。维护社会稳定的任务仍然十分繁重，全省检察机关务必保持清醒头脑，与公安、法院等部门密切配合，强化人民民主专政职能，继续严厉打击危害国家安全和社会治安的各种犯罪活动，坚决防止执法不严和打击不力的现象，正确处理人民内部矛盾，大力推进社会治安综合治理，维护好政治稳定和社会安定，为改革开放和现代化建设创造良好的治安秩序和稳定的社会环境。

三、强化执法监督，促进严格执法

1993年，针对执法活动中存在的有法不依、执法不严、违法不究等问题，我们突出强调了狠抓严格执法，强化法律监督。各级人民检察院采取具体措施，一方面狠抓自身的严格执法，一方面认真履行宪法和法律赋予的监督职责，从抓典型案件入手，强化了对执法活动的监督。主要抓了以下工作：

——加强对国家工作人员的法律监督。全省各级人民检察院把法纪检察列为工作重点之一，突出对徇私舞弊、非法拘禁、刑讯逼供、玩忽职守等重点案件的查办。一年来，共查办各类法纪案件600余件。查办徇私舞弊和非法拘禁案件是法纪检察的难点，去年取得新的突破，共立案查办徇私舞弊案件7件、非法拘禁案件141件，徇私舞弊案件比上年增加75%。

——加强侦查监督。一年来，全省各级人民检察院通过审查批捕、审查起诉工作，认真履行侦查监督职责，追捕209人，追诉52人。去年下半年，根据全国检察长工作会议的精神，全省各级检察院依照刑事诉讼法第十三条的规定，对有关部门有罪不究、以罚代刑，经提出建议仍不纠正的典型案件，直接进行立案侦查、起诉，共查处了盗窃、抢劫等严重刑事犯罪案件10件，追究犯罪分子20余人。

——认真开展审判监督。各级人民检察院加强了刑事审判监督，对72件确有错误的刑事判决、裁定提出了抗诉；对28件不服法院判决的申诉案件进行了立案复查，其中一部分案件经法院重审得到纠正。还加强了对民事、行政审判的监督工作，在加快民事行政检察机构队伍建设的同时，重点抓了民事、行政判决、裁定明显不公案件的抗诉，全省共受理不服法院民事、行政判决、裁定的申诉408件，立案审查68件，抗诉8件。

——搞好执行监督和监管改造场所执法活动的监督。依法查办监管人员贪污受贿、体罚虐待被监管人及玩忽职守、私放罪犯等案件12件14人；纠正无证关押等违法情况337件次；对办理减刑、假释、保外就医等工作开展了监督，并提出了一些纠正乱收费的措施；推进了看守所检察工作的规范化和劳改劳教检察工作的经常化、制度化。

——加强内部制约。为了保证检察机关自身严格执法，各级人民检察院从两个方面加强了内部制约：对自侦案件侦查、预审与审查批捕、起诉分开；对不服免予起诉的申诉由控申部门复查。针对刑事案件和贪污贿赂案件免予起诉率一度偏高的问题，省人民检察院先后两次组织人员对50多个检察院的免予起诉、不捕、不诉等案件进行检查，纠正免予起诉不当案件13件，并采取相应措施，保证免予起诉案件质量。

四、坚持从严治检，加强队伍建设

一年来，全省各级人民检察院在抓好业务工作的同时，坚持从严治检，加强队伍建设，努力建设一支政治强、业务精、纪律严、作风硬的检察队伍。

——加强思想政治工作。各级人民检察院在队伍建设中，坚持用邓小平同志建设有中国特色社会主义理论武装头脑，增强贯彻党的基本路线的坚定性和自觉性。针对检察队伍中存在的问题，开展了建设有中国特色社会主义理论的教育；秉公办案、严格执法的教育；艰苦奋斗、无私奉献的教育和全心全意为人民服务的教育，为做好各项检察工作提供了思想保证。

——狠抓自身反腐败。各级人民检察院认真开展了反腐倡廉的教育。1993年8月以后，各级人民检察院集中抓了自身反腐败教育，按照中央和省委反腐败斗争的部署，副处级以上干部都认真进行了自查自纠；对乱收费问题认真进行了清理，清理整顿全系统自办的各种经济实体；清理调整了不适合在检察岗位工作的人员44人，严肃查办处理违法违纪干警15件17人。各级人民检察院还进一步完善了各项勤政廉政制度，健全内部监督机制，从制度上保障检察人员廉洁自律。

——加强检察纪律建设。5月份，各级人民检察院普遍开展了勤政廉政教育；8月份，进行了严格执法的整顿；9月份起，认真开展了执法执纪大检查，对自身执法不严、以权谋私、越权办案以及免予起诉不当、超期羁押等问题进行了认真的查摆和整改。一些检察院还制定了接受人民代表大会及其常委会监督的制度。

——把干部教育培训当作一项战略任务来抓。省人民检察院成立了中国高级检察官培训中心江西分部，先后培训出高层次的检察专业人员175人；全省检察人员大专以上文化程度的已达到38%，另有39.2%的人员取得专业证书。检察干警的业务素质得到进一步提高。

——加强检察机关内部管理和基层基础建设。普遍推行了目标管理责任制，健全完善了奖惩制度；按照最高人民检察院关于“整顿、完善、发展”的要求，加强了检察派出机构的建设；特约检察员工作继续健康发展；对司法警察实行了警衔制管理；办案经费、交通工具、办公设施和技术装备在各级党委和政府的关心支持下有了一定的改善。

1993年，全省广大检察干警，发扬了顽强拚搏、无私无畏、连续作战的革命精神，在履行法律监督职责和反腐败斗争中经受了锻炼和考验，涌现了一大批先进集体和先进个人。全省受到各类表彰的集体有304个，个人有1178人。其中有3个集体和3人受到了最高人民检察院的表彰；有60个集体和221人受到各级党委、政府的表彰。

1994年，是我国加快改革、加快发展

的至关重要的一年，改革开放的新形势对检察工作提出了更高的要求。年初我们召开了分、市检察院检察长会议，分析了检察工作面临的形势，学习、讨论了最高人民检察院《关于进一步强化法律监督职能，保障社会主义市场经济体制建立和发展的意见》，确定了当前和今后一个时期检察工作的主要任务：坚持以邓小平同志建设有中国特色社会主义理论为指导，贯彻党的十四大和十四届三中全会精神，坚持“两手抓，两手都要硬”的方针，强化法律监督职能，严格执法，狠抓办案，集中力量查办贪污贿赂等犯罪大案要案，打击各种犯罪活动，保障公民合法权益，维护政治稳定和社会安定，为我省改革开放和现代化建设创造良好的法制环境，保障社会主义市场经济体制的建立和发展。

新的一年里，我们要在已经取得成绩的基础上，扎扎实实把工作推向前进。在深入开展反腐败斗争方面，我们将继续集中力量查办大案要案，重点查办党政机关、司法部门、行政执法部门和经济管理部门工作人员中的贪污、贿赂等经济犯罪案件。在惩治腐败的同时，要加强防腐败教育，选择发案突出的行业或单位，解剖典型案例，研究防范对策，提出检察建议，搞好法律宣传，做好预防和减少贪污贿赂犯罪的工作。同时，要继续坚持依法从重从快严厉打击严重刑事犯罪活动；加强执法监督，严肃查办执法犯法的各种犯罪案件；还要注意依法查办法人犯罪的案件。继续坚持依法治院，从严治检的方针，在改革中加强检察机关的自身建设，进一步提高检察队伍的整体素质和战斗力。

山东省人民检察院工作报告（摘要）

——1994年3月3日在山东省第八届人民代表大会第二次会议上

山东省人民检察院检察长　赵长风

（1994年3月5日山东省第八届人民代表大会第二次会议通过）

过去的一年，全省各级检察机关以邓小平同建设有中国特色社会主义的理论和党的十四大精神为指导，紧紧围绕经济建设这个中心，认真履行法律监督职能，严格执法，狠抓办案，全面开展各项检察工作，为维护社会稳定，促进经济发展和廉政建设，做出了积极的贡献。

一、在反腐败斗争中集中力量查办大案要案，取得了明显成效

在工作中，我们始终坚持用党中央、省委关于反腐倡廉的一系列指示来统一思想认识，严格执法，狠抓办案，突出查办大案要案，取得了明显的成效。1993年，共受理各类经济犯罪案件6034件，立案查办贪污贿赂等经济罪案3720件，逮捕案犯1105人，起诉1073人。共查办各类大案要案1769件，比上年增加了82%，占立案总数47.6%，比上年增加了21个百分点，是历年来比例最高的。在查办的各类大案要案中，贪污贿赂万元以上的大案946件，比上年增加了71.7%。其中数额在万元以上至五万元的855件，五万元以上的52件，十万元以上的35件，五十万元以上的4件。立案查办县处级干部要案40件，比上年增加了81.8%。通过办案，追缴赃款赃物折合人民币1亿多元，是上年的1.7倍。1993年，江泽民总书记在中纪委第二次全体会议上发表重要讲话和省委深入开展反腐败斗争加强党风廉政建设工作会议以后，我们检察机关认真贯彻了中央、省委反腐败斗争的部署，按照中央确定的反腐败重点，突出查办党政机关、司法部门、行政执法部门和经济管理部门中发生的犯罪案件，集中力量，迅速侦破了一批大案要案。8至12月共立案侦查各类经济罪案2192件，超过前7个月的立案总数，比上年同期增加了1倍多。查办大案要案1094件，是前7个月的1.6倍，比上年同期增加了2.2倍。其中，县处级干部要案34件，比上年同期增加了2.7倍。一是认真查办了党政机关工作人员中的犯罪案件。共查办178件191人，其中8至12月查办123件126人。二是严肃查办了司法人员、行政执法人员中的贪污、受贿、徇私舞弊等犯罪案件。共查办137件142人。三是及时查办了金融系统等经济管理部门中发生的贪污、受贿、挪用公款等犯罪案件。特别是去年下半年以后，为紧密配合贯彻党中央、国务院关于加强宏观调控的决策，我们对整顿金融秩序、加强管理中发现和揭露出来的经济犯罪案件，依法积极查办。共立案侦查471件503人。其中挪用公款五十万元以上的12件，一百万元以上的9件，五百万元以上的3件。四是坚决打击了假冒商标和偷税抗税犯罪活动。各级检察机关严格执行全国人大常委会关于惩治假冒注册商标犯罪和惩治生产、销售伪劣商品犯罪活动的法律规定，与有关部门通力配合，加强“打假”工作，坚决查办了制售假冒伪劣商品构成犯罪的案件。共立案侦查假冒商标罪案414件，其中假冒商标十万元以上的49件，五十万元以上的1件，一百万元以上的4件；立案侦查偷税抗税案件486件，其中十万元以上的20件，五十万元以上的3件。五是全省检察机关特别是沿海地区检察机关把打击走私犯罪活动作为反腐败的重要内容，按照全国、全省“打私”会议和“两高”《关于严厉打击走私犯罪活动的通知》精神，在省委、省政府的领导下，提前介入重大走私案件的侦查预审活动，及时做好批捕起诉工作。去年共受理公安机关提请逮捕走私案件31件71人，批准逮捕26件62人，依法向人民法院提起公诉20件46人。同时带出了一批行贿受贿、玩忽职守等犯罪案件。

从我们查办案件的情况看，当前贪污贿赂等经济犯罪活动有以下几个特点值得重视：一是现行犯罪突出，边打边犯，顶风而上。去年查办的贪污贿赂、挪用公款大案要案中，现行作案的占77%。二是犯罪数额大，重特大案件增多。犯罪分子占有欲恶性膨胀，侵吞国家、集体财产的胃口越来越大，表现出极大的贪婪性和冒险性。1993年查办十万元以上的贪污贿赂案件比1992年增加了1.1倍，贪污数额最大的达60多万元；一百万元以上的挪用公款案件增加了4.5倍，数额最大的达630万元。三是犯罪带有明显的行业和职业特点。贪污、挪用犯罪多是管钱的，受贿犯罪多是掌握人、财、物权力的，特别是直接掌管某项具体权力的人作案较多。四是相互勾结作案，侵吞国家、集体财产，导致企业严重亏损甚至濒临倒闭的现象增多。往往是在一个单位查处一案，就能挖出一窝一串。五是犯罪分子攫取钱财后大肆挥霍，有的携巨款潜逃。六是证券股票市场、房地产市场等经济热点部位出现了一些新的犯罪形式。

针对经济犯罪比较严重的状况，我们在反腐败斗争、查办大案要案工作中，主要坚持了以下几点：

（一）坚持依靠群众，积极开展举报工作。1993年，全省检察机关通过多种形式，广泛宣传党和国家惩治腐败、加强廉政建设的方针政策，重新公布或增设了举报电话，制定和完善了保护、奖励举报人制度，加强了举报工作。加大了举报宣传力度，注重宣传实效，激发群众的举报热情，受理了一大批贪污贿赂等经济犯罪线索。全年共受理群众举报27142件，比上年增加40%，其中8至12月受理18406件，比上年同期增加1.8倍。同时，通过宣传党和国家的政策，选择宽严典型进行公开处理，促使137名有经济违法犯罪问题的人投案自首。

（二）加强对查办大案要案工作的组织领导。各级检察机关普遍注意在领导精力、工作安排、力量使用、经费开支等方面突出这个重点，保证这个重点。坚持了检察长办案责任制，实行统一指挥与协调，一级抓一级，层层抓办案。省检察院和分、市检察院加强了对各地查办大案要案情况的控制，对有影响的大案要案，检察长亲自指挥和参与查办。加强了督促检查和分类指导，对工作开展比较好的，及时总结推广典型经验；对行动比较迟缓的，帮助分析原因，研究改进措施，加大工作力度；对下级检察院办理确有困难的案件，上级检察院派人参与办理或直接查办，帮助排除阻力，支持办案。

（三）严格执行法律政策，讲究斗争策略和工作方法。各地在办案中，认真贯彻"一要坚持，二要慎重，务必搞准"的原则，正确区分罪与非罪的界限。坚持以事实为根据，以法律为准绳，重证据，重调查研究，严格依法办事。既不违背法律规定自立标准，乱开"口子"，放纵宽容构成犯罪的腐败分子，又不刮风赶浪头，混淆罪与非罪的界限。对政策法律界限不清和重大疑难案件，坚持请示报告，妥善处理，并注意不断改善执法活动，讲究工作方法，既坚决依法查办经济犯罪，又防止简单粗糙；既做到严肃执法，又维护发案单位的正常工作秩序，保证办案的良好政治效果、经济效果和社会效果。

（四）坚持党委领导，接受人大监督。各级检察机关在开展反腐败斗争中，坚决贯彻党中央提出的查办大案要案在党委统一领导下进行的原则，坚持经常主动地向党委汇报重要情况，反映工作中存在的实际困难和问题，通过扎实有效的工作争取党委的领导和支持。同时，各级检察机关还自觉地接受各级人大及其常委会的监督，认真贯彻执行了最高人民检察院《关于检察机关接受人民代表大会及其常务委员会监督若干问题的规定》，经常汇报工作情况，得到了各级人大及其常委会的有力监督和支持。

二、严厉打击严重刑事犯罪活动，维护政治稳定和社会安定

1993年以来，我们继续坚持把"严打"斗争和社会治安综合治理作为维护社会稳定，保障改革开放和经济建设顺利进行的另一项重要工作来抓，坚决贯彻依法"从重从快"的方针，严厉打击各种严重刑事犯罪活动。共受理公安机关提请逮捕人犯26365人，批准逮捕23156人，分别比上年增长4.4%和4.5%；受理公安机关移送起诉案犯25359人，经审查已向人民法院提起公诉20443人。我们重点抓了以下工作：一是对杀人、抢劫、强奸、爆炸、重大盗窃等恶性刑事犯罪案件和带有黑社会性质的犯罪团伙，坚持提前介入，依法快捕快诉，不在检察环节上贻误战机。全年共批捕重特大刑事案犯11154人，占批捕人犯总数的48.2%。二是积极参加了党委、政府统一组织的围歼“车匪路霸”、反盗窃、查禁卖淫嫖娼等专项斗争和重点治理，保护了国家、集体和个人的财产安全，惩治了社会丑恶现象。去年共批捕盗窃、卖淫嫖娼等犯罪分子9714人，起诉8314人。三是针对一些地方盗抢、哄抢铁路、厂矿、油田物资，破坏盗割通讯、电力、交通设备等犯罪活动，我们与有关部门一起，及时进行集中打击和治理，维护了企业的生产秩序。四是认真履行侦查监督和审判监督职能，促进了严格执法。通过审查批捕、审查起诉和出庭支持公诉等检察活动，共纠正漏捕案犯151人，漏诉案犯87人；抗诉45件。对侦查、审判活动中的违法行为，及时提出了纠正意见。五是积极开展综合治理，认真落实检察环节上的综合治理措施，注意调查研究刑事犯罪的规律、特点及打击治理的对策，对消除不安定因素，预防和减少犯罪，发挥了积极作用。

三、加强法纪监督，全面开展民事行政、监所、控告申诉等项业务工作

——配合反腐败斗争，加强了法纪检察工作，重点查办了国家工作人员中发生的“侵权”、渎职等犯罪案件。1993年，全省检察机关共受理2832件，立案侦查1134件。其中重特大案件226件，徇私舞弊、刑讯逼供、非法拘禁、玩忽职守、重大责任事故五类重点案件820件。各地在办案中，突出查办了影响恶劣、群众反映强烈的司法人员和行政执法人员徇私舞弊、刑讯逼供案件；商贸活动中的非法绑架、扣押“人质”的非法拘禁案件；经济流通、管理部门中的玩忽职守案件以及工矿企业单位造成严重后果的重大责任事故案件。通过办案，维护了国家机关的正常活动，促进了社会主义民主与法制建设。

——加强了监所检察，认真检察纠正监管改造场所的各种违法行为，特别是以钱抵刑、乱收费等违法情况，保障国家法律和党的劳改劳教方针政策的正确实施，促进了严格执法和文明管理。1993年，共提出纠正违法意见1239件次，配合监管改造部门排查处理“牢头狱霸”411名，查办监管人员贪污、受贿、徇私舞弊等犯罪案件10件。

——民事审判、行政诉讼检察工作，突出重点，积极办案，全年共受理不服民事、经济、行政判决、裁定的申诉案件447件，其中立案44件，提出改判建议35件，抗诉3件。

——认真接待、妥善处理公民的来信来访，严肃查处了控告申诉案件。共受理各类控告申诉37107件次，立案查处345件，其中纠正55件；妥善处理告急信访和集体上访742件次，解决“老上访户”225件。

四、加强队伍建设，狠抓廉洁自律

一年来，我们坚持了“依法建院，从严治检”的方针，继续把队伍建设作为一项紧迫的战略任务来抓。协助党委完成了三级检察长的换届工作，加强了领导班子的思想、组织和作风建设。各级检察机关在积极参加反腐败斗争的同时，加强了自身廉政建设，按照中央、省委关于清正廉洁的规定，认真开展了自查自纠活动。坚决纠正了少数单位越权办案、插手经济纠纷和乱收费、集资的问题，清理、整顿了所办公司。对发生的9起检察干警违法违纪案件，严肃认真地进行了查处。扎扎实实开展了具有检察特点的思想政治工作，举办了新上任的县、区检察院检察长培训班，加强了干警的岗位职务培训，队伍的政治、业务素质有了新的提高。

广大检察干警在任务繁重、工作条件比较艰苦的情况下，表现了很好的精神风貌，发扬了顽强拼搏、无私奉献的革命精神，在反腐败斗争中受到了锻炼，经受了市场经济条件下秉公执法的严峻考验，涌现了一批先进集体和先进个人。

当前我省的政治经济形势很好。省六次党代会提出的奋战17年实现社会主义现代化的宏伟蓝图和分三步走的构想，鼓舞人心，催人奋进。今年是深化改革非常重要、极其关键的一年，改革开放的新形势对检察工作提出了更高的要求，我们继续坚持以邓小平同志建设有中国特色社会主义的理论为指导，坚持"两手抓，两手都要硬"的方针，把维护社会政治稳定放在首位，在查办贪污贿赂等大案要案、不严格执法的违法犯罪案件和法人犯罪案件上再深入一步，用严格执法，狠抓办案来统揽检察工作全局，扎扎实实地把工作推向前进，为改革开放和经济建设创造良好的社会环境和法制环境。

河南省人民检察院工作报告（摘要）

——1994年3月3日在河南省第八届人民代表大会第二次会议上

河南省人民检察院检察长　李学斌

（1994年3月6日河南省第八届人民代表大会第二次会议通过）

1993年，在邓小平同志建设有中国特色社会主义理论和党的十四大精神指引下，紧紧围绕经济建设这一中心任务，突出地开展了惩治贪污贿赂等经济犯罪和严厉打击严重刑事犯罪的斗争，依法查处侵犯公民民主权利和渎职犯罪案件，积极开展执法监督，为维护我省政治稳定和社会安定，促进我省社会主义市场经济体制的逐步建立和发展，做出了积极贡献。

一、坚决贯彻党中央、省委关于深入开展反腐败斗争的指示精神，集中力量查办了一批大案要案

1993年，全省检察机关共受理贪污、贿赂等经济犯罪案件7874件，立案侦查4949件，其中，查办贪污、贿赂案2363件，查办挪用公款案1170件。在查办的2270件经济犯罪大案中，万元以上不满五万元的1591件，五万元以上不满十万元的394件，十万元以上不满五十万元的247件，五十万元以上不满一百万元的21件，一百万元以上的17件。通过办案，为国家和集体挽回经济损失9614万余元。

1993年8月21日，江泽民同志在中纪委二次全会上发表重要讲话以后，省委、省政府对反腐败斗争进一步加强了领导，全省各级检察机关及时调整工作部署，发动广大干部、群众举报贪污、贿赂等经济犯罪分子，集中主要力量侦破大案要案。8至12月，共受理群众举报经济犯罪案件线索11026件次，比1992年同期增长204%；立案侦查贪污贿赂万元以上、挪用公款五万元以上大案667件，比1992年同期增长129%；立案查处有贪污、贿赂等经济犯罪问题的县处级以上干部37名。在法律的震慑和政策的感召下，有19名经济犯罪分子向检察机关投案自首。通过查办大案要案，推动了反腐败斗争的深入开展。

在反贪污贿赂斗争中，检察机关集中主要力量，重点查办发生在党政领导机关和司法部门、行政执法部门、经济管理部门工作人员中的犯罪案件。极少数党政领导干部凭借手中执掌的权力进行犯罪活动，其社会危害性大，给党和政府在人民群众中造成的不良影响更大。检察机关把查办这类案件作为重点，坚持严格执法，不论涉及到什么人，都一查到底。1993年立案侦查的贪污贿赂等经济犯罪案件中，涉及党政机关工作人员162人。在公安、法院等部门的配合和支持下，共立案侦查构成各类犯罪的司法人员、行政执法人员392名，其中贪污受贿的127名，徇私舞弊的75名，私放罪犯的7名。为贯彻党中央、国务院关于加强宏观调控，整顿金融秩序的重大决策，对于从金融、财政等经济管理部门发现和揭露出来的贪污、贿赂、挪用公款等犯罪案件，及时组织查办。1993年共立案查处这类案件493件，其中发生在金融系统的就有434件。

同时，还立案查办了一批严重危害社会主义市场经济秩序的偷税、抗税、骗税和假冒商标等犯罪案件。全省检察机关严格执行全国人大常委会《关于惩治偷税、抗税犯罪的补充规定》，共立案查处11起骗税罪案，涉及犯罪分子31人。立案查办偷税抗税案720件。为坚决贯彻全国人大常委会关于惩治假冒注册商标犯罪和惩治生产、销售伪劣商品犯罪活动的法律规定，各级检察机关与有关部门通力合作，积极开展“打假”工作，重点打击制售危害人民健康和生命安全的假冒伪劣药品、食品以及破坏农业生产的假冒生产资料犯罪。一年来，共查办假冒商标犯罪案件618件，查获犯罪金额899万元。

在公安部门的大力配合下，1993年，共追捕55名携款潜逃的重大贪污贿赂案犯。

为了推动反腐败斗争的不断深入，根据一些重大案件越来越复杂的实际情况，检察机关在查办案件特别是在查办大案要案中采取了四项措施：一是及时用中央关于开展反腐败斗争的指示精神统一广大干警的认识，根据本地实际，认真研究贯彻意见。二是办理重大案件，及时向党委报告，在党委统一领导下，与有关部门紧密配合，各级检察长深入第一线直接指挥和参与办案。三是坚持群众路线与专门工作相结合，发动群众，依靠群众，推动反贪污贿赂斗争深入开展。为了方便群众举报，各级检察院重新公布了举报电话号码，利用新闻媒介宣传群众，鼓舞群众举报。全年共受理群众举报经济犯罪案件线索17064件次，比1992年上升26%，检察机关通过举报立案侦查的案件占立案总数的80%。四是坚持“一要坚决，二要慎重，务必搞准”的原则，加快办案进度，保证办案质量。我们反复强调，越是在举报线索多、办案难度大的情况下，越要严格依法办案，使案件经得起历史的检验。1993年8月份以后，为保证反腐败斗争阶段性成果目标的实现，各级检察院定期排查大案要案线索，对立案侦查的大案要案，加强领导，限期办结。省检察院从9月到12月共排出大要案98件，直接由省检察院组织力量查办或督促、协助下级检察院查办，到1993年底，侦结80件。各地也都按照省检察院的要求，先后排查出320件大案要案，到1993年底，侦结250件，使一批危害严重的腐败分子及时受到法律惩处。

二、依法严厉打击严重刑事犯罪活动，维护我省政治稳定和社会安定。

全省检察机关坚持把“严打”斗争和参加社会治安综合治理，作为另一个重点工作来抓。1993年，共受理公安机关、国家安全机关提请批捕的人犯45623名，经审查，依法批准逮捕37497名；受理公安、国家安全机关移送起诉的案犯35811名，经审查，向各级人民法院提起公诉29001名。在打击严重刑事犯罪斗争中，我们主要抓了以下几项工作：

第一，坚持依法“从重从快”的方针，严厉打击严重危害社会治安秩序和人民群众生命财产安全的刑事犯罪分子。把杀人、抢劫、强奸、爆炸、盗抢枪支作案等重大案件和带有黑社会性质的犯罪集团、犯罪团伙，作为打击的重点。对重特大案件，坚持提前介入公安机关的侦查、预审活动，及时掌握案情，做到快捕快诉。一年来，共批捕这几类重点打击对象13643名，提起公诉11608名，分别占批捕、起诉总数的36.3%和40%。

第二，积极参加了社会治安专项斗争和专项治理。根据省委、省政府的统一部署，与公安、法院等部门密切配合，开展了以打击“车匪路霸”、打击团伙犯罪、打击拐卖妇女儿童、查禁卖淫嫖娼、整顿公共复杂场所秩序为内容的“三打一禁一整顿”活动。一年来，共批捕“车匪路霸”案犯1692名，批捕拐卖妇女儿童案犯946名，批捕重大盗窃案犯4115名。同时，还与各级公安、法院等部门密切配合，针对刑事犯罪活动中的突出问题，进行小范围的专项治理和专项打击，为遏制犯罪分子的嚣张气焰作了积极努力。

郑州铁路运输检察机关在依法查办以票谋私、以车谋私和生产经营中的贪污、贿赂等经济犯罪案件的同时，配合铁路公安、法院等部门，积极参加“挖团伙、打流窜、追逃犯、破大案”斗争和围歼“车匪路霸”斗争，对维护铁路沿线的治安秩序，保护旅客的生命财产和铁路运输安全，起到了积极作用。

第三，结合办案，认真做好检察环节上的各项综合治理工作。一是做好青少年犯罪的教育、感化和挽救工作。全省已有165个基层检察院设立了少年犯罪起诉组，专门审查处理少年犯罪案件；注重对少年犯罪的调查研究，提出预防和减少犯罪的对策。二是坚持对免予起诉的案件，公开宣布免予起诉决定，协助所在单位建立帮教小组，并定期回访考察；同时抓好在社会上服刑的假释、缓刑、保外就医、监外执行等人员的检察监督，帮助有关部门落实帮教和考察措施。三是针对发案单位在管理上存在的问题，提出检察建议，帮助堵漏建章，预防犯罪。四是结合办案，开展法制宣传。在出庭公诉工作中，既充分揭露、证实犯罪，又注意以案释法，教育群众。

三、加强执法监督，保障国家法律的统一正确实施

针对法制建设中存在的有法不依、执法不严的状况，1993年以来，全省检察机关认真履行宪法和法律赋予的职责，进一步增强监督意识，注意从办案中发现各种不依法办事、不严格执法的问题，及时提出纠正意见，严肃查办执法犯法的犯罪案件，促进了有关部门的严格执法，维护了国家法律的尊严。

在侦查监督中，重点开展了对刑事犯罪有罪不究、以罚代刑等不严格执法的监督工作。通过审查批捕和审查起诉，依法对不够法定逮捕条件的4927人作出不批捕决定，对不构成犯罪的304人作出不起诉决定，使无罪的人不受法律追究；同时依法追捕漏犯1720人，追诉452人，使犯罪分子受到应有的惩罚。对一些公安机关该立案而未立案或以罚代刑的重大刑事案件，经建议有关部门仍不查办的，检察机关根据刑事诉讼法的有关规定，自行补充侦查，或者直接立案侦查，提起公诉。各级检察院还注意发挥检察技术在侦查监督中的作用，一年来，对公安机关的刑事证据进行文证审查2315件，其中发现问题退回补充鉴定的222件，自行补充鉴定改变原结论的223件。

在刑事审判监督中，重点加强了对有罪判无罪、重罪轻判的监督。一年来，全省检察机关对刑事审判活动中的违法情况提出纠正意见424件次；对法院的刑事判决和裁定，检察机关认为确有错误的105起案件依法提出了抗诉。

在法纪检察中，除突出查办徇私舞弊案件外，还立案侦查刑讯逼供、非法拘禁、玩忽职守、重大责任事故等侵犯公民民主权利和渎职罪案2061件，其中重特大案件311件，涉及县处级干部9名。通过查处"侵权"、渎职等法纪案件，保护了公民的民主权利和人身权利，推进了民主政治建设与法制建设，促进了企业的科学管理与安全生产。

在民事行政检察中，重点解决在民事、经济、行政审判中判决明显不公的问题。一年来，全省检察机关共受理不服法院民事、经济、行政判 决或裁定的申诉案件2025件，经审查立案921件，提出抗诉42件，提请抗诉158件，向法院提出检察建议333件，法院再审改判124件。同时，还依法查处4起审判人员徇私舞弊案件。

在监所检察中，重点开展对监管场所个别工作人员不按法律规定乱收费、以钱抵刑和为在押犯办理减刑、假释、保外就医中索贿受贿、徇私舞弊、私放罪犯等违法犯罪问题的法律监督。共对违法办理减刑、假释、保外就医等问题提出纠正意见3268次；纠正应收监而未收监、应投劳而未投劳688人；立案查处监管干警贪污受贿、私放罪犯、体罚虐待人犯等犯罪案件97件111人。检察机关通过执法监督，维护了监管改造秩序，促进了对罪犯、劳教人员依法文明管理，保护了被监管人员的合法权益。

在控告申诉检察中，坚持实事求是、有错必究的原则，对不服公安机关以罚代刑或该立案而不立案、有罪不究的35起控告案件进行了查处，依法逮捕罪犯14人；对不服检察机关不批捕、不起诉和免予起诉处理决定的340起申诉案件认真进行了复查，依法改变原处理决定54案；对刑满释放人员不服法院判决、裁定的11起申诉案件进行了复查，建议改判2件，法院均已改判。

四、以开展自身反腐败为重点，加强检察队伍建设

1993年，全省检察机关认真抓了自身的反腐败工作。首先，各级检察院的领导干部严格对照中央、省委关于廉洁自律的规定进行自查自纠。对查出来的问题，分别情况进行了处理。其次，检查清理了乱收费、乱罚款问题。1993年8月份以后，省检察院先后三次发出紧急通知，严禁检察机关以任何名义收费、罚款，对不合理收费和违法罚没款收入坚决清退，对占用的赃款赃物，一律移送、上交。其三，对基层检察室进行了清理、整顿，撤销了设置不当或作用发挥不好的检察室，重点加强了税务检察室和乡镇检察室。其四，严肃查处了一批检察干警违法违纪案件，对7名触犯刑律的，依法追究了刑事责任。同时，在各级组织、人事部门帮助下，清调了不适合做检察工作的人员。在自身反腐败中，我们把查处违法违纪案件同宣传先进典型、扶持正气结合起来，大力表彰廉洁奉公、艰苦奋斗、严格执法的先进单位和模范干警。淮阳县检察院副检察长黄增灵同志被最高人民检察院授予“模范检察干部”称号，省检察院在全体检察干警中开展了向黄增灵学习的活动。同时，对全省检察系统 57 个先进集体和 124 名先进个人进行了表彰。

为了巩固自身反腐败的成果，重视抓了制度建设，强化内部监督制约机制，从制度上保障检察人员廉洁自律，秉公执法。省检察院在调查研究的基础上，先后作出了《关于进一步加强检察队伍建设的决定》、《关于检察机关自觉接受人大及其常委会监督的决定》、《检察机关领导干部廉洁自律“十不准”》等规章制度。省检察院还专门发出通知，要求全省各级检察机关认真贯彻执行省人大常委会制定的《河南省执法机关实施罚款没收财物条例》（试行)、《河南省司法机关罚没收费行为若干规定》，并结合检察工作实际制定了《关于赃款赃物管理暂行办法》。这些制度的建立和落实，对规范全省检察干警的执法活动起到了积极作用。

五、1994 年检察工作意见

根据党中央、省委和最高人民检察院总的工作部署和要求，当前和今后一个时期全省检察工作的主要任务是：坚持以邓小平同志建设有中国特色社会主义理论为指导，贯彻党的十四大和十四届三中全会精神，坚持“两手抓，两手都要硬”的方针，强化法律监督职能，严格执法，狠抓办案，集中力量查办贪污贿赂等犯罪大案要案，打击各种犯罪活动，保障公民合法权益，维护政治稳定和社会安定，为改革开放和现代化建设创造良好的法制环境，保障社会主义市场经济体制的建立和发展。围绕这一总的任务。1994 年全省检察机关要坚持一手抓好检察业务工作，一手抓好检察队伍建设。抓好检察业务工作，就是要强化法律监督职能，从改革、发展和稳定的全局高度来认识和把握各项检察业务工作。对改革中出现的新生事物要予以保护；对破坏改革开放、危害社会主义市场经济健康发展的违法犯罪，不论以什么形式出现，都要坚决惩治；对人民内部矛盾要正确处理，运用法律保障社会主义市场经济体制的建立和发展。抓好检察队伍建设，就是要努力提高检察机关的整体素质，牢固树立检察工作为经济建设服务的思想。严格要求，严格训练，严格管理。提高法律监督能力，提高执法水平，逐步把检察队伍建设成为政治强、业务精、纪律严、作风硬，党和人民信赖的队伍。

湖北省人民检察院工作报告（摘要）

——1994年3月2日在湖北省第八届人民代表大会第二次会议上

湖北省人民检察院检察长　　钟澍钦

（1994年3月5日湖北省第八届人民代表大会第二次会议通过）

1993年，全省检察机关认真贯彻党的十四大精神，积极落实党中央关于加强反腐败斗争的指示，以"严格执法，狠抓办案"的方针统揽各项检察工作，强化法律监督职能，集中力量查办贪污贿赂犯罪大案要案，严厉打击严重刑事犯罪活动，依法查处侵犯公民民主权利和渎职犯罪案件，加强执法监督，取得了新的成绩。

一、积极开展反贪污贿赂斗争，狠抓大案要案，取得明显成绩

全省检察机关继续坚持把反贪污贿赂斗争作为检察工作的重点，加强侦查工作，贯彻依法从严从重的方针，查处各类严重经济犯罪案件，不断把斗争推向深入。中央作出加强反腐败斗争的指示和江泽民同志在中纪委二次全会上作重要讲话后，各级检察机关加强工作力度，把查办大案要案作为反腐败斗争取得明显阶段性成果的具体标志。全年共受理贪污贿赂等经济犯罪案件7441个，立案侦查3255件，已侦查终结2851件，为国家和集体挽回经济损失1.2亿元。

——突出查处贪污贿赂犯罪案件。贪污贿赂犯罪是最严重的腐败现象。全省各级检察机关把反贪污贿赂作为打击严重经济犯罪的第一位工作。全年立案查处贪污案件1108件，贿赂案件395件，占查处的各类经济犯罪案件总数的46.2%。

——狠抓大案要案。全年共立案侦查万元以上的大案1919件，占立案总数的59%，比上年上升47%。其中一万元以上不满十万元的1682件，十万元以上不满五十万元的187件，五十万元以上不满一百万元的24件，一百万元以上的26件。立案侦查县处级以上干部犯罪案件63件，是上年的4.3倍，其中副厅级干部1人。8月至12月，共立案侦查贪污贿赂一万元以上、挪用公款五万元以上的犯罪案件526件，比上年同期上升3倍，向人民法院提起公诉大案要案犯罪分子159名。

——把握重点，严厉查处党政机关、司法部门、行政执法部门和经济管理部门的犯罪案件。全年共立案查处这四个方面的案件443件，其中党政机关工作人员贪污贿赂的86件，司法人员、行政执法人员索贿、受贿、徇私舞弊的99件，经济管理部门贪污、贿赂、挪用公款的258件。省和武汉市检察院重点查处发生在省直部门的贪污贿赂犯罪案件。全年在省直部门立案侦查19件21人，其中处级以上干部10人。

——查办了一批骗取国家出口退税犯罪案件和偷税、抗税犯罪案件。骗取国家出口退税犯罪，是在国家税收和外贸体制改革后出现的一种新的犯罪形式。全年共立案侦查骗税案20件，金额达9.5亿元，犯罪分子已骗取国家出口退税款4000余万元。还立案侦查偷税抗税案359件397人，比上年上升4.1%。

——认真查处假冒商标犯罪案件。全省各级检察机关与有关部门通力合作，加强“打假”工作，重点查办生产、销售危害人民群众身体健康的假冒伪劣药品、医疗器械、烟、酒、食品和生产销售假冒、伪劣出口商品构成犯罪的案件。全年共立案侦查假冒商标犯罪案158件，其中非法经营额在一百万元以上的2件。

——加强检察宣传，发动群众举报。1993年是我省检察机关建立公民举报制度五周年，贯彻省人大常委会通过的《关于保护公民举报权利的若干规定》一周年，全省检察机关大力开展宣传活动，重新公布举报电话，在重点乡镇、街道增设举报箱，或设点巡回受理，方便群众举报。通过宣传发动，群众举报热情明显高涨。全年共受理群众举报11673件，比上年上升42%，举报质量有了提高。举报线索占检察机关自侦案件来源的80%以上。

一年来，我们在检察工作中，始终注重用党的路线、方针、政策统一和提高广大检察干警的思想认识，增强干警的工作责任感、使命感。中央关于加强反腐败斗争的指示下达后，全省检察机关及时调整工作部署，把查处党政机关、司法部门、行政执法部门和经济管理部门中工作人员的贪污贿赂犯罪作为打击重点，尤其是这些部门的大案要案，抓住不放，一查到底。全省检察机关坚持上下结合，全省一盘棋，打总体战。一些有影响的跨县、市的大要案件，由省和分、市、州检察院统一组织协调，各有关检察院积极支持协助，得到及时查处。我们还积极依靠党委的领导，人大、政协的监督和政府的支持，十分注意将重大工作部署、重大情况和问题及时向党委、人大、政协和政府报告和通报。9月中旬和11月中旬，省检察院两次向省人大常委会报告举报工作和查处大要案情况，9月下旬和10月下旬，两次向省政协常委会和有关部门报告在反腐败斗争中查处贪污贿赂等经济犯罪案件情况，使党委、人大、政协、社会各界人士了解检察机关在反腐败斗争中的工作进程，取得领导、监督和支持，不断推动斗争深入进行。

二、依法严厉打击严重刑事犯罪活动，维护政治稳定和社会安定

全省检察机关继续坚持把依法严厉打击严重刑事犯罪作为检察工作的又一个重点，维护我省社会治安的基本稳定。全年受理公安机关提请批捕人犯31298人，已审结31170人，其中决定批准逮捕25909人；受理公安机关移送审查起诉27485人，经审查决定起诉24520人。

——坚持不懈地开展严厉打击严重危害人民群众生命财产安全的刑事犯罪活动。对杀人、抢劫、强奸、爆炸以及持枪作案等恶性犯罪，坚持依法从重从快惩处的方针和犯罪的“基本事实清楚、基本证据确凿”的原则，及时批捕、起诉。全年共批捕这几类案犯8499名，提起公诉8230名。

——积极参加统一行动和各类专项斗争。全省检察机关配合公安、法院在全省范围内开展了围歼“车匪路霸”、反盗窃、除“六害”等集中打击行动和专项斗争，狠狠打击犯罪分子的嚣张气焰。全年共批捕“车匪路霸”案犯2721人；批捕盗窃案犯10143人；批捕卖淫嫖娼案犯63人。起诉这几类案犯12190人。

——坚持实行对公安机关侦查、预审重大、特大犯罪案件提前介入制度，及时了解案情，抓紧核实罪证，保证依法从重从快方针落到实处。全年在侦查环节提前介入2138件次，在预审环节提前介入519件次。

——严厉打击被监管改造人员越狱、暴狱、脱逃、报复伤害监管干警等重新犯罪活动，配合监管部门坚决打击“牢头狱霸”。全年批捕重新犯罪37件49人，起诉重新犯罪299件380人。

——加强社会治安综合治理，努力落实检察环节的各项综合治理措施。结合办案开展对社会治安情况的专题调查，分析研究犯罪的原因、特点和规律，提出对策，预防和减少犯罪；运用检察建议向发案单位提出切实可行的改进意见，帮助建章建制，堵塞漏洞；配合有关部门做好违法犯罪青少年的教育、感化、挽救工作，固定专人审理未成年人犯罪案件，既注意打击犯罪，又注意挽救失足者；对免予起诉人员实行定期回访考察；加强对被管制、缓刑、假释、保外就医人犯的执行情况的检察，帮助有关单位落实帮教措施和监督考察措施；采取各种形式开展法制宣传教育，尤其重视利用出庭支持公诉机会，揭露犯罪，张扬法制，教育群众。全年共出庭支持公诉12450件，发表公诉词11238篇。

三、全面履行法律监督职能，促进严格执法

1993年初，最高人民检察院提出了“严格执法，狠抓办案”的工作思路，全省检察机关认真贯彻执行，一方面狠抓自身的严格执法，一方面认真履行法律监督职责，加强执法监督，维护国家法律的统一正确实施，保护公民民主权利和人身权利，促进社会主义民主和法制建设。

——加强侦查监督和审判监督。在侦查监督中，一是认真把好审查批捕、审查起诉关，对依法不应该逮捕或无逮捕必要的1569名人犯作出不批捕决定，对于不构成犯罪或者依法不应追究刑事责任的50名被告人作出不起诉决定。对侦查活动中的违法行为提出纠正意见208件次。二是注意深挖漏罪漏犯。对依法应该逮捕而公安机关未提请逮捕的392名人犯作出追捕决定，对应该提起公诉而公安机关未移送起诉的161名案犯进行追诉。三是对有罪不究、以罚代刑的，依法监督纠正，经提出纠正意见后仍不查办的，根据刑诉法第十三条的规定，检察机关依法直接立案侦查，提起公诉。全年共直接立案侦查刑事犯罪案件6件10人。审判监督重点抓了对定性定罪不准、有罪判无罪、量刑畸轻畸重等错判案件的抗诉工作。全年共对105件认为确有错误的刑事判决、裁定提出抗诉；对审判活动中的违法行为提出纠正意见57件次。

为强化内部制约机制，严格执法，保证办案质量，进一步加强了对检察机关自侦案件批捕、起诉的监督。自侦部门办理的贪污、贿赂等经济犯罪案件和玩忽职守等渎职犯罪案件，刑检部门依法严格审查批捕和审查起诉。1993年刑检部门审结的自侦案件的批捕率为95.5%，起诉率为87.1%。

——法纪监督紧紧围绕反腐败斗争，大力查处“侵权”、渎职犯罪案件。全年共受理法纪案件2439件，立案侦查561件。在法纪监督中，一是突出查办徇私舞弊犯罪案件。把查处公安司法人员徇私舞弊案件作为工作重点。全年共受理徇私舞弊案39件，立案侦查5件。二是认真贯彻执行最高人民检察院和公安部《关于加强检察、公安机关在查办刑讯逼供案件中密切配合的通知》精神，认真查办公安司法人员刑讯逼供案件。全年共立案侦查刑讯逼供案8件。三是坚决查办情节严重的非法拘禁案件。全省检察机关把依法查办公安司法人员滥用职权、任意侵犯公民人身权利，情节严重的非法拘禁案件作为严格执法、惩治腐败的重要环节。全年共立案侦查公安司法人员越权插手经济纠纷、非法拘禁人质的案件11件。四是认真查办经济管理部门中的玩忽职守案件。全年共受理玩忽职守案347件，立案侦查145件，其中重大案49件，特大案27件。五是查办重大责任事故案件。全年共受理重大责任事故案764件，立案侦查141件。

——积极开展对民事和行政诉讼活动的法律监督。认真受理当事人不服人民法院已经发生法律效力的民事、经济、行政判决裁定的申诉案件，重点办理因审判人员贪污受贿、徇私舞弊、枉法裁判造成不公的案件和诉讼标的巨大的经济纠纷案件，以及当地社会影响大的案件。全年共受理民事、行政申诉案399件，已向法院提出抗诉6件。

——加强监所劳改监督。重点检察对刑事判决、裁定不按法律规定交付执行、以钱抵刑和违犯法律规定为在押犯办理减刑、假释、保外就医等问题，以及徇私舞弊、私放罪犯等犯罪案件。全年共立案查办了监管改造场所工作人员贪污、索贿受贿、徇私舞弊、私放罪犯、体罚虐待被监管人等执法犯法的犯罪案件13人。对于监管改造场所内发生的无证关押，应交付劳改而未投入劳改，应释放而不及时释放等违法问题，及时检察纠正。对监管改造活动中的违法情况提出纠正意见811人次。认真审查被监管改造人员及其家属提出的申诉，对确有冤错的，依法检察纠正，切实维护被监管改造人员的合法权益。

——控告申诉检察重点办理不服法院判决、裁定和检察机关免予起诉决定的申诉案件的复查工作。坚持依法办案、实事求是、有错必纠的原则，对确有错误的，依法提出抗诉或予以纠正。全年共受理各类控告、申诉30505件；受理不服逮捕的申诉案181件，立案复查24件；受理不服免予起诉决定的申诉案364件，立案复查141件；受理不服法院判刑的刑事申诉案808件，立案复查66件。

——刑事侦查技术工作努力为反贪污贿赂斗争、“严打”斗争提供服务，共办理法医鉴定、文检痕检、会计鉴定、理化检验、摄像、照像、现场勘验5835件次。

四、加强检察队伍建设，适应形势发展和工作任务的要求

——组织干警认真学习《邓选》三卷，用建设有中国特色社会主义理论武装干警，增强贯彻党的基本路线的坚定性和自觉性。广大检察人员在任务繁重、斗争艰苦的情况下，表现出了好的精神风貌，在“严打”和反腐败斗争中经受了锻炼，涌现出了一批先进集体和先进个人。全年有161个先进集体和510名先进个人分别受到最高人民检察院、省检察院和当地党委表彰。

——按照最高人民检察院的指示和省委15号文件精神，全省各级检察院开展了严格执法的教育，全心全意为人民服务的宗旨教育，廉政勤政教育，针对存在的问题，普遍进行了队伍整训，并且根据省人大常委会的统一部署，开展了执法检查，收到了好的效果。

——认真开展自身的反腐败工作。全省检察机关县处级以上干部对照中央的五条规定进行了检查，建立和完善了廉政、勤政制度。认真清理、煞住了乱收费、经商办企业等不正之风问题。严肃处理检察队伍中的违法违纪人员。对发生在检察队伍中的违法违纪案件，发现一件及时查处一件，共处理26名利用检察职权违法乱纪的检察人员。对60名不适合做检察工作的人员清调出检察机关。

——努力做好干部考核和培养工作。1993年省和地、市、州及基层检察长换届，各地检察院在党委领导下配合组织部门做了大量的干部考核、选拔配备工作。继续加强了干部学历、资格、业务培训教育工作。到1993年底，全省检察干警中具有大专以上学历的占56.5%。

1994年是我国深化改革、加快发展至关重要的一年。省委提出，今年是我省的改革年、奋进年、落实年、廉政年、安全年。新的形势对检察工作提出了更高的要求。我们要在过去工作的基础上，扎扎实实地把工作推向前进。今年全省检察机关的主要任务是：坚持以邓小平同志建设有中国特色社会主义理论为指导，贯彻党的十四届三中全会和省六次党代会精神，坚持“两手抓，两手都要硬”的方针，强化法律监督职能，严格执法，狠抓办案，集中力量查办贪污贿赂犯罪等大案要案，严厉打击各种犯罪活动，保护公民合法权益，维护政治稳定和社会安定，为我省改革开放和现代化建设创造良好的法制环境，保障社会主义市场经济的建立和发展。

湖南省人民检察院工作报告（摘要）

——1994年3月2日在湖南省第八届人民代表大会第二次会议上

湖南省人民检察院检察长　张树海

（1994年3月4日湖南省第八届人民代表大会第二次会议通过）

1993年，省检察院根据省人大八届一次会议对检察工作提出的要求，领导全省各级人民检察院认真履行国家法律监督机关的职责，严格执法，狠抓办案，重点惩治贪污贿赂犯罪和严厉打击严重刑事犯罪，全面开展各项检察业务，为维护社会稳定，促进改革开放和社会主义市场经济发展做出了自己的努力。

一、惩治贪污贿赂等经济犯罪的力度加大，反腐败查办大案要案取得成绩

全省检察机关坚持把打击贪污贿赂等严重经济犯罪作为检察工作重点来抓，坚定不移地贯彻“一要坚决，二要慎重，务必搞准”的原则，集中力量查办大案要案，坚决打击贪污贿赂犯罪。1993年，省人大和全国人大八届一次会议后，省检察院即根据会议要求，针对一季度立案查办贪污贿赂等经济犯罪案件大幅度下降的情况，及时组织力量深入基层调查研究，分析原因，并于5月初召开全省反贪污贿赂斗争电话会议，提出主动出击，“挖洞寻蛇打”，多办案，办大案的对策。7月份，省检察院又根据最高人民检察院“严格执法，狠抓办案”的工作方针，适时调整工作部署，进一步强调积极办案，突出查办大案要案。4至7月立案查处贪污贿赂案件1018件，扭转了一季度案件下降的局面。8月中央部署反腐败斗争后，省检察院先后召开两次地、市、州检察院检察长会议和全省检察机关查办大案要案工作会议，部署查办大案要案工作，加大对贪污贿赂等经济犯罪的打击力度，研究解决工作中的重大问题。各级检察机关坚决执行党中央的统一部署，按照最高人民检察院、省检察院的要求，积极行动，狠抓落实，精心组织。全省各级检察长坚持直接指挥和参与查办大案要案，普遍加强了办案力量。各级检察机关深入开展了宣传发动工作，公布了举报电话，人民群众举报经济犯罪的热情高涨。全省检察机关1993年共受理贪污贿赂等各类经济犯罪线索7789件，其中群众举报6779件，占87%；立案侦查3128件，其中大要案件1610件，占51.5%，是历年来比例最高的；决定逮捕经济案犯838人，比1992年增加30.5%；向人民法院提起公诉987人；为国家和集体挽回直接经济损失8225.79万元。主要特点是：

1. 集中力量侦破了一批影响大、危害严重的贪污贿赂等犯罪大案要案。全年共立案侦查贪污贿赂五万元、挪用公款十万元以上特大经济犯罪案566件，其中十万元至一百万元的253件；一百万元以上的27件；查办县处级以上干部犯罪案件60人，其中副厅级干部2人。省检察院在组织全省检察机关查办大案要案工作的同时，直接查办各类经济犯罪案件线索17件，其中立案侦查重特大案6件，内有要案4件。

2. 按照党中央的要求，重点查办了发生在党政机关、司法部门、行政执法部门和经济管理部门工作人员中的贪污贿赂等犯罪案件。全年立案侦查构成贪污贿赂等经济犯罪的党政机关工作人员398人、构成犯罪的司法人员23人、构成犯罪的行政执法人员136人、构成犯罪的经济管理部门工作人员1265人。

3. 坚决贯彻中央关于加强宏观调控的决策，全省依法查处金融系统贪污、贿赂万元以上、挪用公款5万元以上大案214件，查办在加强证券市场、房地产市场管理过程中发现和揭露出来的贪污、贿赂、挪用公款等犯罪案件107件。全省检察机关还立案查处了骗取国家出口退税款一百万元以上的案件6件；假冒商标、生产销售伪劣商品案件160件。

二、继续坚持严厉打击严重刑事犯罪，加强了侦查监督、审判监督和执行监督

全省检察机关把严厉打击严重刑事犯罪作为检察机关的另一个工作重点，坚持依法从重从快方针，对杀人、抢劫、强奸、爆炸以及持枪作案等恶性犯罪案件和带黑社会性质的犯罪集团案件，主动提前介入，及时审查、批准逮捕、提起公诉。全年共受理公安机关提请逮捕的各类刑事案犯27154名，批准逮捕23199名，其中重特大案犯8184名，占35.3%；受理公安机关移送审查起诉案犯26520名，提起公诉20759名。在"严打"斗争中，各级检察院切实加强侦查监督、审判监督和执行监督，有效地纠正和防止了对犯罪打击不力的现象。

1. 对有关部门有罪不究、以罚代刑的重大刑事案件，由检察机关直接立案侦查、依法查办。有罪不究、以罚代刑的案件虽然发生在少数地方和个别单位，但严重损害了政法机关的形象，是执法不严的突出表现。1993年全省检察机关依照刑诉法第十三条的规定直接立案查办这类案件12件29人，在全国是查得最多的省份之一，得到了最高人民检察院的肯定。

2. 认真审查把关，追捕、追诉了一批漏网罪犯。各级检察机关通过对公安机关提请逮捕和移送审查起诉案件的严格审查，对公安机关该提请批捕而未提请批捕的251人作出逮捕的决定，对该起诉而未移送起诉的165人予以起诉。

3. 准确抗诉了一批判决、裁定畸轻畸重的刑事案件。全省提出抗诉115件，法院已审结52件，改判了30件，其中原判无期、死缓，经抗诉后改判死缓或死刑立即执行的9件。

4. 对劳改、劳教、看守所等监管改造场所执法活动开展监督，严厉打击“牢头狱霸”等被监管人员的重新犯罪活动，依法查办监管干部体罚虐待、私放罪犯、贪污受贿等犯罪案件。共批准逮捕犯罪的劳改、劳教人员122名，起诉336名，立案查办犯罪的监管干部26名。同时对超期羁押人犯和收押、释放、减刑、假释工作中乱收费、以钱抵刑等违法问题进行了检察、纠正。

三、依法查办公职人员侵犯公民民主权利、人身权利和渎职犯罪案件，保护国家和人民利益

全省检察机关坚持“有案必办”的原则，在党委、人大和上级检察机关的领导、支持下，依法查办了一批情节恶劣、后果严重、影响极坏的大案要案。全年共受理“侵权”、渎职案件线索3006件，立案侦查1101件，其中重特大案件326件，县处级以上干部11名，司法人员60名。通过办案为国家和集体挽回直接经济损失3180余万元。

1. 严肃查办了国家工作人员特别是司法人员滥用职权刑讯逼供、非法拘禁的犯罪案件。全年共立案侦查上述案件204件，依法逮捕案犯69名。

2. 严肃查办了国家工作人员包庇罪犯、徇私舞弊的犯罪案件。共查处上述案件9件，逮捕案犯6名。

3. 严肃查办了国家工作人员严重官僚主义、弄权渎职的玩忽职守、重大责任事故案件。全年共查处上述案件488件。

4. 严肃查办非法扣押“人质”、暴力讨债的犯罪案件。全年共立案侦查由经济纠纷等引起的扣押“人质”的非法拘禁案件178件；解救人质621名。

四、积极主动开展了对民事、经济、行政审判活动的依法监督，检察技术等工作有新的发展

全省检察机关对下级人民法院已经发生法律效力但确有错误的民事、经济、行政判决、裁定依法提出抗诉。其中，县（市）区检察院提请地、市、州检察院抗诉的53件，地、市、州检察院提请省检察院抗诉的55件。经审核，地、市、州检察院已对县级法院一审生效判决、裁定确有错误的21案向中级法院提出抗诉，省检察院已对中级法院生效判决、裁定确有错误的16案向省高级人民法院提出抗诉。受理抗诉的法院已裁定指令原审法院停止原判决、裁定执行并另组合议庭再审9件，原审法院已再审改判5件。开展对法院民事、经济、行政审判活动监督，共为国家、集体和个人挽回经济损失达1000万余元。

各级检察院重视科学技术在办案中的作用。全年对6840件刑事、经济、“侵权”、渎职等罪案的证据进行了技术检验鉴定或现场勘查，共为5312案提供了证据，为440案提供了侦查方向，改变原错误鉴定结论140件。

各级检察院坚持实事求是，有错必纠的原则，切实加强控告申诉检察，认真查办了不服司法机关决定特别是检察机关免予起诉的申诉案件。共立案查处申诉案件877件，已办结343件，对135件确有错误的案件作了纠正。

五、队伍建设进一步加强，认真开展了自身反腐败工作

全省检察机关切实加强了思想政治工

作。一是认真组织干警学习党的十四大文件和建设有中国特色的社会主义理论，增强责任感、使命感。二是加强各级领导班子建设。三是深入开展了争先创优活动。四是加强了对干警的业务培训。五是加强了检察派出机构建设。

认真开展了检察机关自身的反腐败工作。各级检察院对乱收费进行了全面清理纠正；全省副处级以上检察干部进行了廉洁自律情况的自查自纠。各级检察机关认真清理了所创办的公司、经济实体。

今年是改革的重要一年。新的形势对检察工作是新的考验，我们将坚持以邓小平同志建设有中国特色社会主义理论为指导，贯彻党的十四届三中全会精神，用“严格执法，狠抓办案”的工作方针统揽各项检察活动。(1) 努力保持反腐败查办大要案的好势头，把反贪污贿赂斗争进一步引向深入。集中力量突出查办发生在党政机关、司法部门、行政执法部门和经济管理部门工作人员中的严重贪污贿赂等犯罪案件，尤其是涉及领导机关和县处级以上党政领导干部犯罪的要案。坚决依法查办机关、团体、企事业单位行贿、受贿、骗税、走私、假冒商标等法人犯罪案件。(2) 采取有力措施强化“严打”斗争，依法从重从快惩处严重刑事犯罪分子。加强侦查监督，重点解决有罪不究、以罚代刑的问题；加强刑事审判监督，重点解决有罪判无罪、量刑畸轻畸重的问题。(3) 加强法纪检察，依法严肃查办“侵权”、渎职犯罪案件。(4) 加强检察机关自身建设，不断提高检察队伍的政治素质和业务素质。

广东省人民检察院工作报告（摘要）

——1994年2月22日在广东省第八届人民代表大会第二次会议上

广东省人民检察院检察长　王　骏

（1994年2月26日广东省第八届人民代表大会第二次会议通过）

1993年，我省各级检察机关认真贯彻党的十四大和十四届三中全会精神，坚持为建立社会主义市场经济体制服务的指导思想，严格执法，狠抓办案，强化法律监督职能，切实加强惩治贪污贿赂等经济犯罪工作，依法严厉打击各种犯罪活动，积极参加社会治安综合治理，与此同时，坚持不懈地抓好检察队伍的自身建设，各项工作取得了新的发展。

一、坚决贯彻党中央关于加强反腐败斗争的指示精神，集中力量查办贪污贿赂等犯罪大案要案

1993年，我省各级检察机关继续把惩治贪污贿赂犯罪作为打击经济犯罪的第一位任务，集中力量查办大案要案。全省共受理贪污、贿赂等经济犯罪案件4246件，立案侦查1670件1930人，其中，万元以上大案1249件，比上年增加27.7%，大案数占立案总数的74.8%；已侦查终结1146件1391人，向人民法院提起公诉513件

621人，挽回经济损失1.36亿元。去年8月以来，根据党中央加强反腐败的指示精神，及时调整工作部署，加强领导，充实办案力量，这5个月的立案数量和大要案比例均有较大幅度的提高，作为阶段性成果比较明显。

1、发动群众举报了一批涉嫌贪污贿赂犯罪的案件线索。各级检察机关通过报刊、电台、电视台等舆论宣传工具，公开揭露了一批典型案例，以案论法，广泛宣传党和政府惩治腐败的决心和检察机关查处贪污贿赂罪案的举措，动员群众举报。同时，重新公布举报电话，增设举报信箱，开展基层巡回接访活动，及时查证线索，奖励举报有功人员，并依法查办乘机诬告陷害他人的案件。因此，广大人民群众举报热情空前高涨，举报数量大增。去年8至12月，全省共受理举报13245件，是历年来受理举报最多的一个时期。

2、立案侦查了一批贪污贿赂数额巨大的案件。在这场反腐败斗争中，检察机关始终把目标瞄准贪污、受贿数额巨大的严重犯罪分子，以显示党和政府惩治腐败的决心和威力。去年8至12月，全省立案侦查贪污贿赂等经济犯罪案件905件1036人，比头7个月分别增加18%和15.9%，比上年同期分别增加1.2倍和1.1倍。其中万元以上大案677件，比头7个月增加18.4%，比上年同期增加1.2倍。属十万元至五十万元的155件，五十万元至一百万元的32件，一百万元以上的29件。

3、重点查办了一批党政机关、司法部门、行政执法部门和经济管理部门工作人员贪污受贿等犯罪案件。去年8至12月，全省检察机关立案侦查上述四个部门工作人员涉嫌贪污贿赂等经济犯罪案件373件394人，其中县处级干部19名。检察机关严肃查办此类案件，深得广大群众的拥护。

4、追捕了一批逃犯归案。去年8月份以来，我省各级检察机关采取一系列措施，缉获负案潜逃的重特大贪污贿赂等经济犯罪分子49名，仅深圳市检察机关就追捕了逃犯23名，有的是从境外追捕归案的。

5、敦促了一批贪污贿赂犯罪人员投案自首。我省各级检察机关借助广泛开展反腐败斗争的强大声势，因势利导，运用正反两方面的典型案例，大力宣传“坦白从宽，抗拒从严”的政策，积极争取发案单位主管领导和涉嫌犯罪人员的亲友做工作，敦促有贪污贿赂犯罪行为的人员自首坦白。去年8月份以来，全省有161名贪污贿赂等经济犯罪人员到检察机关投案自首，主动退赃，争取从宽处理。

6、起诉了一批案犯。去年后5个月，全省检察机关侦查终结贪污贿赂等经济犯罪案件945件1083人，经审查，已提起公诉338件416人，3次配合法院集中宣判的经济犯罪分子109名。

在办案过程中，各级检察机关坚持“一要坚决，二要慎重，务必搞准”的原则，严格执法，严格掌握使用限制人身自由的强制措施，防止以捕代侦，侦查取证工作重证据，重调查研究，把主要犯罪事实查清楚，事关定性定罪的关键证据搞准、搞充分，以事实为根据，以法律为准绳，把好案件质量关。查明确实构成犯罪的，该立案的立案，该逮捕的逮捕，该起诉的起诉。对法律政策界限不明确的行为和工作上的失误，采取了十分慎重的态度，不轻易作犯罪认定，以保证无罪的人不受刑事追究。

在狠抓办案的同时，注意把惩治贪污贿赂犯罪分子与建立反腐保廉机制相结合，不断拓展预防犯罪工作。据不完全统计，全省各级检察机关共向发案单位提出检察建议1087项（次），与707个单位开展了廉政共建活动，同714个单位建立了定期联系制度，帮助他们建立廉政机制，增强预防犯罪的能力。

二、坚持依法从重从快严厉打击严重刑事犯罪活动，维护国家政治稳定和社会安定

继续坚持从重从快的方针，与公安、法院、司法等部门密切配合，严厉打击严重刑事犯罪活动，重点打击杀人、抢劫、爆炸、持枪作案等恶性暴力犯罪分子，以及重大盗窃、流氓团伙和带有黑社会性质的犯罪团伙，维护了我省社会治安大局的基本稳定。去年，全省检察机关共受理公安机关提请批捕刑事案犯35629名，经审查，批准逮捕33399名，比上年增加14.7%。受理公安机关移送起诉刑事案犯36098名，经审查，已提起公诉28792名，比上年增加4.6%，决定免予起诉1311名。其中，批捕杀人、爆炸、放火、投毒、抢劫、强奸、重大盗窃、流氓团伙等几类案犯18896名，占批捕总数的51.37%；共起诉上述几类案犯16132人，占起诉总数的54.5%，使那些重大的犯罪分子受到及时有力的打击。

积极参与公安机关开展打击刑事犯罪的专项斗争，对治安混乱、问题较多的地区、地段、路段开展重点治理活动，切实解决影响社会治安秩序稳定的突出问题。去年4、5月间，按照省委、省政府开展全民禁毒禁赌行动月的统一部署，各级检察机关根据全国人大常委会《关于禁毒的决定》和省人大常委会《关于在全省继续深入开展禁毒禁赌工作的决议》，依法严厉打击制贩毒品、赌博犯罪分子，先后共批捕赌博案犯60名，制造、贩运毒品案犯1001名，对遏制毒祸赌害的蔓延起了一定的震慑作用。在打击黑社会犯罪团伙和“车匪路霸”等专项斗争中，各级检察机关充分运用法律武器，及时批捕、起诉那些持械绑架勒索、抢劫财物的犯罪分子，配合法院公开宣判处理。

切实履行法律监督职责，依法开展对公安机关的侦查监督和对人民法院的审判监督，维护法律的统一和正确实施。对公安机关提请批捕、移送起诉的案件，经审查，不批准逮捕791名，追加逮捕案犯292名，决定不予起诉94名，追加起诉案犯42名；对侦查活动中的违法行为提出纠正意见110件（次）。在出庭支持公诉过程中，对错误的刑事判决、裁定提出抗诉47件，对审判活动中的违法行为提出纠正意见47件（次）。

贯彻“打防结合、标本兼治”的方针，积极参与社会治安综合治理，落实检察环节的各项综合治理措施。一是巩固往年建立的综合治理联系点，帮助有关单位落实防范措施，预防和减少犯罪。二是调查了解社会治安动态，主动向党委和政府提出整顿治理的意见和建议，消除各种不安定因素。三是认真贯彻执行《未成年人保护法》，在办理青少年犯罪案件时，有针对性地进行法制教育，促使他们悔过自新，依法从宽处理，凡是决定作免予起诉处理的，都同他们所在学校、街道或农村管理区共同研究，落实帮教措施。

三、依法查处侵犯公民人身权利、民主权利和渎职犯罪案件，维护社会主义民主和法制

加强法纪检察工作，重点查办了徇私舞弊、刑讯逼供、非法拘禁、玩忽职守和重大责任事故等严重侵犯公民人身权利和民主权利，造成国家和人民生命财产重大损失的案件。去年共受理侵犯公民人身权利、民主权利和渎职犯罪等法纪案件1841件，比上年增加17.8%，立案侦查373件514人，其中大要案74件74人；侦查终结

357件498人，已提起公诉137件201人，免予起诉200件268人。在反腐败斗争中，对司法人员和行政执法人员徇私舞弊、弄权渎职等犯罪案件认真进行查处，全年共立案查处涉嫌犯罪的司法人员56名。针对当前在解决经济纠纷过程中，非法扣押人质现象比较突出的情况，立案侦查了60件“人质型”非法拘禁案件，解救被非法拘禁人员136人，取得了良好的社会效果。同时，根据群众举报，办理一般违法案件953件，做了大量纠正违法的工作，防止矛盾激化192起。

四、积极开展监所检察、控告申诉检察、民事行政检察、铁路运输检察等各项工作，发挥了法律监督的职能作用

我省各级检察机关加强了对监狱、看守所、劳改、劳教场所执行法律情况的监督，主动配合监管场所打击“牢头狱霸”和在押人员又犯罪活动，支持监管改造场所依法文明管教，提高监管改造质量。对一些在看守所关押时又犯罪的未决犯，提起公诉时建议法院实行数罪并罚，对96名在关押场所又犯罪的服刑人员提起公诉，再次判处刑罚，打击了犯罪分子抗拒改造的嚣张气焰，并协同监管改造场所对在押人员进行法制教育，促使他们认罪服法，服从管教，稳定了监管场所的改造秩序。对监管改造活动中的违法行为，及时提出检察建议，共纠正违法行为2969起，立案侦查监管干部涉嫌贪污、受贿、徇私舞弊、私放罪犯，虐待人犯等犯罪案件14件16人。对监管场所乱收费的问题进行了专门调查，向有关部门提出了纠正意见。

控告申诉检察工作，去年大力开展了文明接访活动，认真办理公民的控告、申诉案件，确保公民行使控告、申诉权利。全省检察机关共受理公民控告、申诉25192件；接待来访4477人次，直接办理的信访案件663件；复查不服不批准逮捕、不服不起诉、不服免予起诉的申诉案件84件，已办结48件，对处理不当的21件案件作了撤案处理或变更原决定。各地继续坚持巡回接访、定点接访和检察长接访等制度，及时发现和处理告急上访、集体上访、多次上访660多件，妥善调解可能引起矛盾激化的群众纠纷，消除了不安定因素，维护了社会的稳定。

民事行政检察工作，去年共受理不服人民法院已生效的判决、裁决的民事行政诉讼申诉案件582件。经审查，对法院判决、裁定正确的，耐心劝导申诉人息诉服判；对法院判决、裁定确有不当的66件案件，重新复查、复核事实证据，已向法院提出再审建议38件，提出抗诉2件，积极维护当事人的合法权益。

广州铁路运输检察机关密切配合铁路公安、法院等部门，严厉打击以“车匪路霸”为重点的刑事犯罪，查办铁路员工“以车谋私”、“以票谋私”的贪污贿赂等经济犯罪案件。共批准逮捕刑事犯罪分子1126名，起诉1190名；立案侦查贪污贿赂等经济犯罪案件57件，其中大要案29件，有效地维护了铁路运输的安全和秩序。

五、加强检察队伍自身廉政建设，提高检察干警的整体素质

去年，我省有129个市、县、区院完成了检察长换届工作。这129位新任检察长平均年龄46岁，具有大专文化程度的占76%，思想、文化、业务素质比较高。省检察院对新当选的县级检察长和新任副检察长进行了岗位培训，加强了检察机关领导班子建设。

我省各级检察机关坚持从严治检的方针，深入开展了以严格执法、廉政勤政为主要内容的反腐保廉教育，提高了全体检察人员严格执法和遵纪守法的自觉性。各级检察长和处以上干部带头廉洁自律，根据党中央、省委和最高人民检察院的要求，以及省检察院制定的12条反腐保廉措施，进行了对照检查，自查自纠，对检查出来的问题及时进行了整改。有9名违法违纪的检察干警受到党纪、政纪处分，1名触犯刑律的检察人员已被判处刑罚。

经过实践的检验，我省绝大多数检察人员是秉公执法，勤政廉政的，这支队伍是一支党和人民可以信赖的、有战斗力的队伍。据不完全统计，去年，全省检察干警拒收贿赂、谢绝送礼的有1100多人(次)，拒收款物共值8万多元；1名检察干部被高检院授予全国“十佳检察官”称号，3名检察干部受到最高人民检察院的通报表扬，1名干警被授予省“五一”劳动奖章，1个单位被评为全省精神文明建设先进单位，另有416个单位和1602名检察人员分别被记功和被授予先进集体、先进个人称号。

1994年，我们决心在省委和最高人民检察院的领导下，在人大的监督和政府的支持下，继续坚持检察工作为经济建设服务的指导思想，坚持“两手抓，两手都要硬”的方针，坚持严格执法，强化法律监督职能，加强惩治贪污、贿赂、徇私舞弊等职务犯罪工作，集中力量查办大要案，巩固发展反腐败斗争所取得的阶段性成果，坚持严厉打击严重的刑事犯罪和反革命犯罪活动，全面开展各项检察工作，为社会主义市场经济体制的建立和发展提供一个良好的法制环境，为促进我省的经济发展，维护政治稳定和社会安定做出更大的成绩。

广西壮族自治区人民检察院工作报告（摘要）

——1994年1月23日在广西壮族自治区第八届人民代表大会第二次会议上

广西壮族自治区人民检察院检察长　韦家能

（1994年1月25日广西壮族自治区第八届人民代表大会第二次会议通过）

1993年，我区各级检察机关在区党委和最高人民检察院的领导下，在各级人民代表大会及其常务委员会的监督和政府的支持下，认真执行党中央关于反腐败斗争的战略部署，按照“严格执法，狠抓办案”的工作方针，采取一系列强化法律监督职能的具体措施，集中精力查办贪污贿赂等犯罪大案要案，坚持严厉打击严重刑事犯罪，积极参加社会治安综合治理，加强法纪检察、监所检察、民事行政检察、控告申诉检察、刑事技术检察等各项业务，使法律监督工作有了新进展。

一、集中精力查办贪污、贿赂等犯罪大案要案，为建立社会主义市场经济体制服务

为了加强反贪污贿赂斗争，1993年3、4月间，自治区检察院带头，并号召各级检察院大兴调查研究之风，重点调查在建立社会主义市场经济体制形势下贪污贿赂等经济犯罪的新情况以及金融系统、房地产市场、铁路系统等部门贪污贿赂犯罪的规律和特点，调查反贪污贿赂工作进程中的困难和突出问题，以及司法部门、行政执法部门不严格执法问题的表现，提出要严格执法，积极办案，集中力量查办大案要案。同时，自治区检察院和各分、市检察院注意分析斗争形势，从总体上把握工作进程，有针对性地组织工作组，到基层检察院督办大案要案，加强具体指导。8月21日，江泽民同志在中纪委第二次全体会议上发表重要讲话后，各级检察机关坚决贯彻执行党中央的统一部署，积极投入反腐败斗争，集中力量查办了一批影响大、危害严重的大案要案。全年全区检察机关共受理各类经济犯罪案件2341件，立案侦查854件，其中贪污贿赂案417件，挪用公款案217件，偷税抗税案173件，假冒商标案32件。查处县处级以上干部犯罪案件12人。已向法院提起公诉197件241人。为国家和集体挽回经济损失计人民币4816万元。

我区检察机关查办大案要案的主要做法：

(一)斗争锋芒始终对准严重的贪污贿赂等经济犯罪大案要案。1993年全区共立万元以上贪污案142件，其中五万元以上不满十万元的17件，十万元以上18件；立万元以上贿赂案47件，其中五万元以上不满十万元的4件，十万元以上8件；立万元以上挪用公款案161件，其中十万元以上不满五十万元的30件，五十万元以上不满一百万元的5件，一百万元以上8件。

(二)重点查办党政领导机关、司法部门、行政执法部门和经济管理部门工作人员发生的犯罪案件。1993年查办的大案要案犯罪人员中，党政机关工作人员57人，司法、行政执法人员18人，经济管理部门工作人员23人，占大案案犯数的28%。

(三)打击骗取国家出口退税和假冒商标犯罪行为。1993年我区检察机关把查办骗税案件作为一项重要工作来抓，共立案侦查骗税案11件24人，查获用于骗税的假发票金额达2.6亿元，骗取国家退税款1996万元，已追回退税款576万元，其中我区检察机关追回234万元，避免损失300多万元。假冒伪劣商品严重危害消费者合法权益，甚至危害群众的生命安全。为此，我区各级检察机关与有关部门通力合作，加强“打假”工作，查办了一批假冒“大力神”口服夜、“百年乐”、南方黑芝麻糊、桂林“西瓜霜”、龙山三蛇酒、“红塔山”香烟、挪威和芬兰产的复合肥等名优商标的案件，全年全区共立假冒商标案32件，比1992年增加33.3%。

(四)依靠群众，走群众路线，鼓励群众举报。中纪委第二次全体会议作出反腐败部署后，我区各级检察院都重新公布了举报电话号码，对群众举报的线索，组织专门力量认真筛选，该立案的迅速立案侦查。1993年9月至12月，全区检察机关共受理群众举报的经济案件线索2992件，相当于1至8月举报线索的1.9倍。自治区检察院举报中心9至12月共受理群众举报经济案件线索674件，是1至8月的3.2倍。通过这些举报，检察机关侦破了一批经济犯罪案件。在全区9至12月立案侦查的经济罪案中，有80%来自群众举报。

二、严厉打击严重刑事犯罪活动，维护国家政治稳定和社会安定

1993年，我区各级检察机关坚持把“严打”和参加社会治安综合治理作为维护社会稳定，保障改革开放和现代化建设顺利进行的一项重要工作来抓，取得了新的成绩。全年全区检察机关共受理公安机关提请批捕的人犯20830名，审结19809名，审结率为94.9%，其中批准逮捕18758

名，受理移送起（免）诉12173件20312人，审结11004件17722人，审结率88.3%，起诉10048件15840人，免予起诉936件1837人。

在严厉打击严重刑事犯罪活动中，各级检察机关主要抓了以下几项工作：

（一）坚持不懈地开展严厉打击严重危害社会治安秩序和人民群众生命财产安全的刑事犯罪活动，对杀人、抢劫、强奸、爆炸以及持枪作案等恶性犯罪案件和团伙犯罪案件，坚持了依法从重从快方针和基本事实清楚、基本证据确凿的“两个基本”的原则，及时批捕起诉。全年全区检察机关共批捕这几类案犯5182名，提起公诉4294名。

（二）积极配合公安机关、人民法院、开展围歼“车匪路霸”、反盗窃、查禁卖淫嫖娼等专项斗争和专项治理。根据中央、自治区社会治安综合治理委员会的统一部署和最高人民检察院的要求，各级检察院依法快捕、快诉了一批危害严重的“车匪路霸”，初步扭转了一些重点地区、重点路段的非正常状况。全年还批捕重大盗窃犯1386人，起诉1181人，批捕卖淫嫖娼方面的犯罪案犯113人，起诉99人。结合广西边境贩枪、贩毒严重的特点，批捕制造、贩卖毒品案犯251人，非法制造、贩卖枪枝弹药案犯93人，共起诉两类案犯336人。

（三）加强侦查监督和刑事审判监督，重点抓了有罪不究、以罚代刑、重罪轻判、有罪判无罪的问题。全年全区检察机关在侦查监督中，提前介入公安机关重特大案件的侦查活动719件，对87名人犯作出追捕决定，对32名人犯进行追诉，对不构成犯罪的1051人，也依法作出了不批捕决定。在审查批捕和审查起诉环节，对5042名案犯退回补充侦查，对侦查活动中的违法行为提出纠正意见72件次。在审判监督中，对77起检察机关认为确有错误的刑事判决、裁定提出抗诉，法院已审结16件，其中改判13件。对审判活动中的违法行为提出纠正意见22件次。

三、积极开展各项检察业务，全面加强执法监督

一是加强法纪检察，重点查办司法人员和行政执法人员徇私舞弊、刑讯逼供、非法拘禁、国家工作人员玩忽职守和重大责任事故等案件。1993年，全区检察机关共受理各类法纪案件1280件，立案侦查215件，其中重特大案件31件，侦查终结197件。在立案侦查的案件中，司法人员徇私舞弊、刑讯逼供案8件。全区检察机关还立案侦查玩忽职守案38件，其中重特大案17件。

二是加强监所检察，重点查办不按法律规定交付执行、以钱抵刑等违法犯罪案件，检察纠正了一些监管改造场所乱收费的违法情况。1993年初，我区各级检察机关对监管改造场所在办理减刑、假释、保外就医等监管工作中出现的乱收费甚至以钱抵刑等严重违法情况开展了调查。自治区检察院组织人员调查了13个劳改劳教场所和20多个看守所，有针对性地提出检察建议，引起有关部门领导的重视，促使了“乱收费”问题的解决。全年全区检察机关还立案查办了一批监管改造场所工作人员贪污、贿赂、“侵权”、渎职等犯罪案件；决定起诉又犯罪案犯153人。

三是加强控告申诉检察。全年全区检察机关共受理公民首次控告检举违法犯罪案件15507件，申诉案件4643件，已处理18937件。其中，复查不服检察机关处理决定的申诉144件，纠正41件；复查不服法院刑事判决、裁定的申诉24件，建议法院复议或提起抗诉4件；查办其他控申案15件，纠正7件，为化解矛盾，预防犯罪，稳定社会，发挥了积极作用。

四是加强民事行政检察，重点抓了民事和行政判决、裁定明显不公案件的抗诉工作。全年全区检察机关共受理不服法院判决、裁定的民事、经济、行政申诉案件225件。对法院判决、裁定明显不公的民事、经济和行政申诉案件，各分、市检察院向自治区检察院提请抗诉7件，经审查已提出抗诉4件，提出检察建议14件，法院已采纳5件。

五是加强刑事技术检察。全年全区检察机关共做检验鉴定4106件，文证审查811件，现场勘验1111次，提供定案证据3075件，提供侦查方向324件，改变原结论53件，保证了办案的合法、准确和及时。

四、加强自身建设，不断提高检察队伍的政治素质和业务素质

1993年以来，全区各级检察机关根据“依法建院，从严治检”的方针，坚持一手抓业务工作，一手抓自身建设，两者相互促进，使广大检察干警在任务繁重、困难很多的情况下，表现出很好的精神风貌，发扬了顽强拼搏、无私无畏、不怕疲劳、连续作战的优良传统和革命精神，为取得检察工作的新成绩做出了贡献。

一是认真组织检察干警特别是领导干部学习邓小平同志关于建设有中国特色社会主义理论和社会主义市场经济理论，学习中央关于反腐败的一系列重要指示，联系实际，把“两手抓，两手都要硬”的方针和反对腐败的指示精神落实到检察工作中。

二是严格检察纪律，加强自身廉政建设。1993年6、7月间，根据全国检察长座谈会的部署，各级检察机关开展了一次严格执法的整顿和教育。下半年，结合自查自纠、执法执纪检查活动，各级检察院对检察机关存在的不严格执法、执法犯法以及其他不正之风进行了严肃的检查整顿。同时建立和完善检察机关各项勤政廉政制度，加强纪检、监察工作，从制度上保障了检察人员的廉洁自律。全年全区检察机关共查处检察人员违法违纪案件26件。

三是干部教育和培训工作稳步发展。各级检察机关采取各种形式对干部进行了培训，自治区检察院举办了两期有100多名基层检察院正副检察长参加的培训班。同时，在全区检察系统开展了评选优秀公诉人活动，促进了出庭公诉水平的提高。

1994年我们要着重抓好以下几项工作：

一是要认真组织全体干警学习《邓小平文选》第三卷，用建设有中国特色社会主义理论武装头脑。要通过学习，进一步增强人民民主专政的观念，增强反腐倡廉的观念，增强贯彻执行党的基本路线的自觉性和坚定性。

二是要坚持严格执法，狠抓办案的工作方针，推动检察业务全面开展。1、要进一步加强对贪污贿赂等经济犯罪、严重危害社会治安的刑事犯罪以及“侵权”、渎职犯罪的打击力度。2、要坚持依法独立行使检察权，克服各种畏难松劲情绪和糊涂认识。3、要严格执行法律和政策。认真执行“一要坚决，二是慎重，务必搞准”的原则，严格依照现行法律规定办案，该严则严，该宽则宽。

三是要加强专门工作建设。主要是提高发现犯罪、揭露犯罪和证实犯罪的能力。还要切实提高出庭公诉水平。尤其要提高贪污贿赂等职务犯罪案件的出庭公诉水平。

四是要坚持“严打”斗争，维护国家政治稳定和社会安定。要继续坚持依法从重从快的方针，重点打击杀人、抢劫、强奸、爆炸、盗抢枪支等暴力犯罪和团伙犯罪，打击贩毒、贩枪犯罪。积极配合公安机关、人民法院，开展各类专项斗争和重点治理活动，把专项打击与重点治乱结合起来，搞好社会治安综合治理。

五是要加强检察队伍建设，努力建设一支政治强、业务精、纪律严、作风硬的检察队伍。要加强领导班子建设，加强检察纪律建设，进一步搞好自身反腐败工作。同时，还要加强干部教育培训工作。

海南省人民检察院工作报告（摘要）

——1994年3月3日在海南省第一届人民代表大会第二次会议上

海南省人民检察院检察长　秦醒民

（1994年3月5日海南省第一届人民代表大会第二次会议通过）

1993年，我省各级检察机关，认真贯彻省委和最高人民检察院的工作部署，认真贯彻省第一届人民代表大会第一次会议精神，切实履行检察机关“打击犯罪，保护人民，监督执法，服务经济”的基本职责，坚持“严格执法，狠抓办案”的工作方针，紧紧抓住反贪污贿赂斗争和严厉打击严重刑事犯罪这两个工作重点，加强执法监督工作和检察队伍建设，各项工作都取得了新进展。

一、坚决贯彻党中央和省委关于反腐败斗争的统一部署，集中力量查办贪污贿赂大案要案

1993年，全省各级检察机关共受理贪污贿赂等经济犯罪案件527件，立案侦查177件，其中贪污89件，贿赂17件，挪用公款49件；万元以上大案134件，占立案总数的75.7%，高于全国平均数29个百分点。万元以上大案中，五十万元以上不满一百万元的5件，百万元以上的9件。查处县处级以上干部犯罪要案7人。此外，还立案查处偷税、抗税案13件，假冒商标案5件。已向法院提起公诉129人。为国家、集体挽回经济损失计人民币7424万多元，比1992年上升76.7%。总的看，我省检察机关“反贪”斗争的指导思想是明确的，取得的成绩也是较为显著的。特别是江泽民同志在中纪委第二次全体会议上发表重要讲话后，省委召开常委扩大会议对反腐败斗争进行了部署，形成了很好的反腐败大气候。省检察院党组根据省委和最高人民检察院的部署，先后多次召开专门会议，研究反腐败斗争。总的思路是：检察机关开展反腐败斗争，要同时在两条战线作战：面向社会，坚决惩治贪污贿赂等经济犯罪分子，加大打击的力度，遏制住腐败现象蔓延的趋势；面向内部，加强廉洁自律教育，下大力气纠正行业不正之风，严肃查处以权谋私的腐败分子，纯洁检察队伍。根据这一思路，我们及时对全省检察机关的反腐败斗争作了具体部署，全省各级检察机关迅速行动，认真贯彻中央反腐败指示精神，按照省委和省检察院的部署要求，集中精力查办大要案，掀起了一个办案高潮。8月份以后的立案数与上半年相比，有较大幅度的上升。8月至12月五个月的受理数比前七个月多159件，立案数比前七个月多29件，查办大案数比前七个月多30件。查处了一批有影响的特大案件。

在抓好立案查处工作的同时，各级检察机关把结案工作作为体现查办大要案件取得阶段性成果的一重要方面，及时侦结、起诉了一批案件，并配合法院公开处理了一批案犯。

总结一年来的反贪工作，特别是8月份以后这一阶段的工作，我们主要有以下一些做法：

（一）切实加强了对反贪工作的领导和指导。1993年初，省检察院即派出4个工作组，分别由党组成员带队，深入基层检查指导。第二季度又组织4个办案组协助基层检察院清积案、立新案。4月召开了全省检察长座谈会，贯彻最高人民检察院加强反贪斗争电话会议精神，省检察院下发了关于加强反贪工作的通知，月底又召开了全省举报工作会议。7月召开全省第二次检察工作会议，作出了《关于进一步加强反贪污贿赂工作，为发展特区社会主义市场经济服务的决定》和《关于在全省检察系统开展“四明”执法活动的决定》。8月下旬召开了加强反贪工作紧急电话会议，迅速传达中央反腐败指示精神，并结合海南实际，提出了开展反腐败斗争的九条具体措施：要求各级院重新公布举报电话；实行12小时接待群众举报制度和检察长接待日制度；成立了全省查办大案要案指挥协调中心；创办《反贪快讯》；全省划分东、中、西三个战区，组织专门力量，分战区进行办案指导；强调各级检察长带头办案，办大案要案，等等。据统计，全省25个检察院中，这段时间检察长亲自查办贪污贿赂等案件31件，参与办案59件，起到了很好的表率作用。11月，我们又分别召开了东、中、西三个片会，要求全省各级检察机关务必抓紧年底前两个月的工作，集中力量再侦结一批，起诉一批，并配合法院再公开审理一批案件，以确保阶段性成果的体现。

（二）采取有力措施，发动群众举报。1993年初，省检察院与海南法制报社联合举办了“反贪污贿赂法律知识有奖竞赛活动”，取得了较好的社会效果。8月以后，全省各级检察机关在贯彻落实中央反腐败指示精神过程中，积极配合党委和政府，开展了较大声势的宣传发动工作，各地利用报刊、电台、电视等舆论宣传工具，公开披露了一批典型案例；检察长发表电视、广播讲话；与此同时，重新公布举报电话，增设了举报箱，有的县、市检察院还派出巡回宣传车深入乡村、厂矿和农场，广泛发动群众举报贪污贿赂等经济犯罪，调动了群众的举报热情。8月份以后的五个月共受理788件，比上年同期增长92.7%，比当年头七个月还多379件，这是我省检察机关举报中心成立以来，受理举报最多的一个时期。并且呈现出署名举报多，举报大案要案线索多，举报重点部门多，可查性大的“三多一大”的特点。

（三）突出重点，集中力量查办重点部位的犯罪案件。各级检察机关按照中央的要求，把打击的重点放在查处发生在党政机关、司法部门、行政执法部门和经济管理部门工作人员的贪污贿赂等犯罪案件上。8月份以后的五个月中，全省检察机关共立案侦查发生在上述部位的贪污贿赂罪案44件，占立案总数的25%。立案侦查司法人员刑讯逼供、私放罪犯和国家工作人员玩忽职守案件14件20人。这些案件的查处，影响大，震动大，法制效果和社会效果好，进一步显示了党和政府惩治腐败的决心。

（四）不失时机追赃，竭尽全力为国家

挽回经济损失。各级检察机关在查处贪污贿赂犯罪时，克服困难，不失时机地抓紧追赃。1993年共追缴赃款赃物折合人民币7424万元，是建省以来检察机关挽回经济损失最多的一年。

总之，去年以来，特别是八月份以来，我省检察机关惩治腐败，查处大要案工作开展得是主动的，抓得也是紧的，斗争正健康有序地深入发展。从检察机关查办案件情况看，我省发生的贪污贿赂等经济犯罪案件主要有以下一些特点：一是贪污贿赂等经济犯罪案值越来越大。这几年我省检察机关立案查处的万元以上大案所占比例都在70%以上，居全国的前列，反映了犯罪分子极大的贪婪性。二是犯罪分子顶风作案的多。去年立案查处的案件中，有70%的案犯是当年作案、边打边犯的，在一定程度上说明了犯罪分子的猖獗性。三是贿赂犯罪的形式，既有“你知我知”隐蔽性的，也有打着市场经济幌子，以公开、半公开形式出现的。一些人利用手中权力谋取私利，不给钱不办事，甚至巧立名目公开索贿受贿。四是发生在经济热点部位的犯罪案件增多，且犯罪手法不断翻新。一些不法分子钻改革开放和新旧体制转换的空子，利用管理机制尚不健全实施犯罪。如有的证券部门的工作人员利用股票交易“时间差”、“价格差”进行贪污；有的挪用公款从事炒股、炒地、炒房，牟取暴利等。这些新情况、新问题，给检察机关的执法活动增加了难度，也提出了更高的要求。五是贪污贿赂犯罪分子往往是五毒俱全，一人犯数罪的多。他们既贪污又挪用，有的还索贿受贿。有的获取巨款后，大肆挥霍享乐，赌博嫖娼，花天酒地，使国家财产受到严重损失。

二、坚持不懈地严厉打击严重刑事犯罪活动，维护海南特区社会稳定

1993年以来，我省各级检察机关，坚持把“严打”斗争和参加社会治安综合治理，作为维护特区社会稳定，保障特区改革开放和现代化建设顺利进行的一项重要工作来抓，取得了新的成绩。1993年全省各级检察机关共受理公安机关提请逮捕案犯2578人，决定逮捕2239人；受理公安机关移送起诉案犯2659人，经审查后已提起公诉2301人。

在“严打”斗争中，我们坚持依法从重从快方针，重点打击杀人、抢劫、强奸、爆炸以及持枪作案等恶性犯罪案件和带有黑社会性质的犯罪集团，及时批捕、起诉。全年共批捕重、特大案犯519人，占批捕总数的23.2%。为了在检察环节上体现从重从快方针，我省各级检察机关坚持对重、特大案件提前介入制度：一是参与现场勘查、尸体检验等活动；二是参与对被告人的预审和对重要证人的询问；三是参加侦查部门对一些重大疑难案件有关性质、证据等问题的讨论。据统计，在批捕阶段，全省共提前介入重、特大案件247人，在起诉阶段提前介入81人。

在批捕、起诉工作中，我们加强了侦查监督和审判监督。加强侦查监督，重点抓了有罪不究、以罚代刑的问题。加强刑事审判监督，重点抓了有罪判无罪、重罪轻判和轻罪重判等错判案件的抗诉工作。一年来，检察机关在侦查监督中，对104名不符合法定逮捕条件的人作出不批捕决定，对64名罪该逮捕而公安机关未报捕的人犯，作出追加逮捕决定；对104件422人主要犯罪事实不清、证据不足的案件，退回侦查机关补充侦查；对侦查活动中的违法行为，及时提出书面或口头纠正意见。在刑事审判监督中，对23人作出了不起诉决定；对14名罪该起诉而未移送起诉的人犯决定追加起诉；对35件确有错误的刑事判决、裁定提出抗诉，法院已审结11件，其中已改判6件10人。

积极参加专项斗争和专项治理。全省各级检察机关与公安、法院互相配合，从本地实际出发，先后参加了“挖团伙，打流窜，追逃犯，破大案”统一行动和反盗窃、围歼“车匪路霸”、打拐禁娼等专项斗争。对治安混乱、问题较多的地区、地段进行专项治理，有效地维护了海南社会稳定，保卫了我省重大节庆期间的安全。

认真把好批捕、起诉关，确保办案质量。一是进一步建立健全各种办案制度，从抓制度入手，保证案件质量。二是加强对新情况、新问题的调查研究，正确区分罪与非罪的界限。如针对一些地方退查案件多、无罪判决案件多、免诉案件质量不高等问题，进行调查研究，提出改进办法，加强对重点案件和重点单位的检查。海南分院召开了辖区疑难刑事案件研讨会，较好地解决了办理疑难案件中遇到的问题。三是狠抓出庭公诉工作，公诉人的论辩能力和出庭公诉的整体水平都有了提高。

在开展“严打”斗争的同时，各级检察院狠抓了检察环节上社会治安综合治理各项措施的落实。办案中注意发现有关单位管理工作中存在的隐患，及时提出检察建议，帮助有关单位堵塞漏洞，减少犯罪；结合检察业务，积极开展多种形式的法制宣传；对免予起诉人员和监外执行刑罚的罪犯，实行回访、考察帮教制度，防止重新犯罪，减少社会不安定因素；及时处理来信来访，认真做好教育疏导工作，防止矛盾激化，及时消除各种不安定因素；与有关部门建立综合治理联系点和开展廉政共建活动；在反贪污贿赂部门建立预防机构，把预防贪污贿赂等经济犯罪工作摆上重要日程，研究和落实从根本上遏制腐败现象发生的措施和办法。

当前，我省社会治安从总体上看是好的。但我们也要清醒地看到，我省的社会治安形势仍然是严峻的。严重刑事犯罪活动呈增多趋势，持枪杀人、抢劫等严重暴力案件仍很猖獗。因此，依法从重从快严厉打击严重刑事犯罪不能有丝毫放松，“严打”斗争的任务仍然十分繁重。我省各级检察机关要充分发挥人民民主专政工具的重要职能作用，与公安、法院等部门密切配合，坚持“严打”方针，努力维护我省的政治稳定和社会安定。

三、严肃查处“侵权”、渎职等犯罪案件，全面开展各项检察业务

——法纪检察工作。全省各级法纪检察部门，认真贯彻执行“严格执法，狠抓办案”的方针，积极配合反腐败斗争，突出查办徇私舞弊、刑讯逼供、非法拘禁和玩忽职守、重大责任事故等“侵权”、渎职犯罪案件。1993年共受理上述案件212件，比1992年增长24.7%，立案侦查41件58人，其中重特大案件19件，要案4人。为国家挽回直接经济损失229万元。

——监所检察工作。全省各级监所检察部门，把执法监督放在首位，受理罪犯重新犯罪案件34人，并已向法院依法提起公诉。共依法纠正劳改劳教监管场所违法行为2726人（次）。发现和防止监管改造场所不安全隐患77起。办理被监管人员及其家属的控告申诉案件43件。

——控告申诉检察工作。继续开展文明接待活动，坚持检察长接待群众来信来访制度，案件复查工作进一步得到加强。全年共受理控告案件2527件，已处理（直接受理、答复本人和转有关部门）2253件。受理申诉案件525件，已处理516件。

——民事、行政检察工作。在完善机构、充实力量、理顺关系的同时，积极开展办案工作。全年共受理民事行政诉讼监督案件55件，对其中确有错误的判决、裁定，依法向法院提出了抗诉，有的案件已得到改判。这项工作虽然起步晚，但在市场经济条件下，这种监督的作用将会越来越大。

——检察调研、信息工作。针对全省检察机关调研、信息工作比较薄弱的情况，我们从提高认识入手，采取有力措施，使这两项工作有了较大改进。召开了我省首次检察调研工作座谈会，提出了加强调研工作的任务、要求和措施。省检察院创办了《检察新时代》刊物，为加强调研工作开辟了新园地。省检察院还举办了首期检察信息培训班，开展信息先进单位、优秀信息员评比活动。由于我们重视抓了这项工作，全省检察机关调研风气正在形成，信息工作也得到了进一步的加强。

四、坚持“从严治检”方针，狠抓检察队伍建设

全省各级检察机关，认真组织学习党的十四大和十四届三中全会精神，学习《邓小平文选》第三卷，用邓小平同志建设有中国特色的社会主义理论武装广大干警头脑。特别是贯彻党中央反腐败斗争的指示精神，在加强队伍自身反腐败工作的同时，深入开展反贪斗争，使队伍经受了考验和锻炼。在队伍建设方面，我们主要抓了以下工作：一是召开了全省检察机关政工会议，回顾总结了几年来的思想政治工作，部署了今后政治工作的任务。二是顺利完成了换届选举工作，各级检察长平均年龄下降，文化和专业程度都有较大提高。三是经最高人民检察院和省委批准，在全省开展《检察官条例》试点工作。四是认真贯彻全省第二次检察工作会议作出的《关于在全省检察系统开展“四明”执法活动的决定》（即执法要严明，执法要开明，执法要廉明，执法要文明），广大干警廉政勤政、遵纪守法的自觉性和执法水平有了提高。五是在干警中认真开展了反腐倡廉的教育，处以上干部按照中央规定的五条要求，认真进行自查自纠。六是加强了干警的培训工作，省检察院有关业务部门共举办6期培训班，培训干部266名。有10名干部参加中央检察官管理学院培训，有240名干部参加检察专业证书班学习。

1994年是我国加快改革之年，也是充满希望之年。我们海南大特区改革的力度将更大，发展的任务将更重。新形势对检察工作提出了更高的要求。关于1994年的检察工作，今年元月上旬，我们召开了全省检察长工作会议，认真总结了工作，分析了形势，统一了思想，明确了任务。总的指导思想是：在新的一年中，全省各级检察机关要认真贯彻党的十四大和十四届三中全会精神，认真贯彻落实省一届人大二次会议精神，认真学习《邓小平文选》第三卷，坚持以邓小平同志建设有中国特色社会主义理论为指导，坚持“两手抓，两手都要硬”的方针，进一步强化法律监督职能，严格执法，狠抓办案，坚决打击各种犯罪活动，为我省的改革开放和现代化建设创造良好的法制环境，保障社会主义市场经济体制的建立和发展。

要深入开展反腐败斗争，集中力量查办大案要案。我省各级检察机关要坚持把惩治贪污贿赂等经济犯罪作为检察机关对经济建设最重要、最直接的服务，树立长期作战的思想，重点查办发生在党政机关、司法部门、行政执法部门和经济管理部门及其工作人员中的贪污贿赂等经济犯罪案件，要在查办大案要案方面有新的突破。要严肃查办法人犯罪案件，对机关、团体、企事业单位行贿、受贿、走私、偷税、抗税、骗税和假冒注册商标等犯罪活动，要选择典型，重点突破，依法追究。同时，要注意深挖和查处与法人犯罪有关的国家工作人员贪污、受贿、徇私舞弊、玩忽职守等职务犯罪。结合我省的特点，我们还要认真查办发生在土地转让中的贪污贿赂犯罪案件，特别是大案要案；认真查办挪用公款炒地、炒股、炒房等犯罪活动，推进我省反腐败斗争的深入。

要继续坚持依法“从重从快”的方针，严厉打击严重刑事犯罪活动。在市场经济条件下，政治稳定和社会安定是推动改革和发展的重要保证和必要条件。当前，我省的社会治安仍很严峻，我省各级检察机关要继续严厉打击严重刑事犯罪活动，坚持依法“从重从快”方针和“两个基本”的办案原则，快捕快诉，绝不在检察环节上贻误战机。密切配合公安、法院，积极参加以打击涉枪犯罪活动为重点的全省统一行动，以及各地根据实际情况组织的专项斗争和重点治乱工作。要结合办案，推动检察环节上的各项社会治安综合治理措施的全面落实，并根据中央《关于实行社会治安综合治理领导责任制的若干规定》，制定实施细则，使各级检察院的领导干部切实承担起保一方平安的政治责任。

要加强执法监督，全面开展各项检察业务。在狠抓自身严格执法的同时，加强对其他部门的执法监督，要通过查办不严格执法的案件和纠正违法活动，推动和促进有关部门严格执法，维护国家法律的统一和正确实施。

要进一步加强检察队伍建设，重点抓好《检察官条例》试点工作和“四明”执法活动的深入开展，不断提高广大干警的政治素质和业务素质，努力建设一支政治强、业务精、纪律严、作风硬的检察队伍，为加快发展我省社会主义市场经济和现代化建设做出新的贡献。

四川省人民检察院工作报告（摘要）

——1994年1月22日在四川省第八届人民代表大会第二次会议上

四川省人民检察院检察长　龚读纶

（1994年1月24日四川省第八届人民代表大会第二次会议通过）

四川省第八届人民代表大会第一次会议以来，全省各级检察院认真贯彻党的十四大精神和中央反腐败指示，严格执法，狠抓办案，强化各项法律监督职能，查办贪污贿赂大案要案、打击各种犯罪活动，取得了显著成绩。

一、突出查办大案要案，坚决打击各种犯罪活动

（一）以查办大案要案为重点，深入开展惩治贪污贿赂犯罪斗争。1993年以来，全省各级检察院加强了对大案要案的查办。特别是1993年8月，中央发出了进一步抓紧抓好反腐败斗争并在年内取得阶段性成果的指示以后，我们赓即在全省检察机关作了紧急动员部署。并采取了一系列措施：实施检察长办案责任制，省、市两级检察院检察长分片定案下基层抓大案要案的查办，加强统一指挥协调；作好内部动员，省、市、县三级检察长分别在党内领导干部中通报反贪污贿赂斗争的情况；在全省开展“反腐倡廉百日宣传活动”，再次公布各级检察院举报中心电话，动员群众举报；注意政策策略，坚决、慎重、搞准案件，确保反贪污贿赂斗争健康发展。到1993年底，全省各级检察院共受理贪污贿赂等经济罪案的举报20446件，比1992年上升59.9%。共立案侦查贪污、贿赂、挪用公款等经济罪案4472件，其中万元以上大案2445件，占立案总数54.7%，比1992年上升43.8%；查办县处级干部犯罪要案69人（其中厅级干部2人），比1992年上升27.7%。查办大案中，五万至十万元案280件，比1992年上升76.1%；十万至五十万元案233件，增加1.5倍；五十万至一百万元案27件，上升92.8%；一百万元以上案23件，增加10.5倍。通过办案为国家和集体挽回经济损失1.5亿元。在法律和政策的感召下，有100名犯罪分子投案自首。全省各级检察院查办各部门案件的主要情况是：

1、立案侦查党政机关工作人员犯罪案件631人，占立案总人数12%，比1992年上升16.8%。

2、立案查办司法人员贪污贿赂等经济罪案61人，比1992年上升84.4%。

3、立案侦查构成犯罪的行政执法人员115人。

4、立案查处金融系统贪污贿赂等经济罪案近400件。受贿人员主要是利用自身的特权把国家的资金违章拆借、放贷出去，从中收受贿赂，扰乱国家正常的金融秩序，造成巨额资金无法收回。

5、在一些企业中也查出了一批大案要案。

6、全年立案查办偷税抗税案338件，其中十万元以上大案20件，比1992年上升66.7%，百万元以上2件。

立案查办假冒商标案181件，比1992年上升33%。其中犯罪金额在一百万元以上的案件7件。

1993年反贪污贿赂斗争取得的成绩，主要是8月以来党中央作出进一步抓紧抓好反腐败斗争的指示深得党心民心；各级党委重视、加强了对查办大案要案的领导；广大群众热情支持、踊跃举报犯罪；全省广大检察干警秉公执法，奋力拼搏的结果。这同上半年一度时间举报下降、立案下降的情况形成鲜明对比。我们要从中吸取经验教训，深入持久地把反腐败斗争抓下去，任何时候都不能松懈。

（二）积极开展严厉打击严重刑事犯罪斗争，维护政治稳定和社会安定。1993年，全省各级检察院积极配合公安、法院，有计划、有重点地在全省范围内开展了“反盗窃”、“打抢劫”、围歼“车匪路霸”、打拐禁娼、扫“黄”除“六害”等专项斗争。尤其是8月以来，在省委的统一部署和领导下，检察机关积极参加全省“严打”斗争的统一行动，批捕、起诉的案件大幅度增加。全年共受理公安机关提请批捕的人犯62072人，已审结57537人，其中批准逮捕53317人，比1992年上升40.2%。受理公安机关移送起诉、免予起诉56250人，已审结50483人，其中提起公诉48183人，比1992年上升15.3%。

在“严打”斗争中，全省各级检察院始终把杀人、抢劫、强奸、流氓、拐卖妇女儿童以及持枪作案等严重暴力性犯罪和团伙犯罪列为打击的重点。特别是对影响大、社会危害严重的恶性案件，优先安排力量，提前介入，抓紧办理，及时审查批捕、审查起诉。全年共批准逮捕重特大刑事犯罪分子16104人，占捕人总数30.2%。

（三）严肃查办侵犯公民民主权利和渎职犯罪案件。全年立案侦查"侵权"、渎职犯罪案件897件，其中重大案件104件，特大案件53件，分别比1992年上升33.3%和29.2%。立案查办司法人员徇私舞弊、刑讯逼供、非法拘禁等犯罪57人。

二、强化监督意识，加强执法监督

1993年以来，全省各级检察院认真贯彻党的十四大和全国人大八届一次会议精神，切实履行法律监督职责，各项执法监督工作取得新进展。

加强侦查监督，主要是通过审查批捕、审查起诉职能对侦查活动进行监督，防错、防漏。1993年全省各级检察院对没有逮捕必要或没有构成犯罪的4343人，作出了不批捕决定，对不应追究刑事责任206人，依法作出不起诉决定；审查中及时追捕漏网的犯罪分子540人，追诉355人；对公安机关侦查活动中发生的违法情况提出纠正意见331件（次）。加强审判监督，各级检察院对人民法院审判活动中发生的违法情况，提出纠正意见64件（次）；对审查认为人民法院确有错误的判决、裁定提出抗诉112件，法院已审结28件，其中已改判17件。加强监所检察，强化执行监督。1993年初针对一些监管场所不严格执法，以钱抵刑，乱收费的问题进行了专题调查。调查报告反映的问题引起省人大和全国人大常委会的重视，推动了司法机关纠正乱收费的不正之风。加强了对减刑、假释、保外就医的执行监督，及时检察纠正违法问题，发现犯罪及时查办。全年监所检察共立案查办监管干警贪污、贿赂、体罚虐待、私放罪犯等犯罪案件33件38人。同时打击了劳改人员、劳教人员的犯罪活动，全年批准逮捕61人，提起公诉916人，维护了监管改造秩序。加强控告申诉检察，复查申诉案件，做到有案必办，有错必纠。全年共立案查办属检察机关管辖的申诉案件585件，经过审查维持226件，纠正73件，建议法院复议10件，抗诉1件。办理这些案件既加强了检察机关内部的监督制约，又维护了法律的严肃性。为了提高接待群众工作质量，全省检察机关开展了文明接待活动，已验收文明单位53个，决定授予"文明接待室"32个，其中成都市检察院和巴中市检察院的接待室被最高人民检察院授予"文明接待室"的称号。加强民事行政检察，依法对法院已生效的、确有错误的民事、行政判决、裁定提出抗诉。坚持"积极、认真、稳妥"的方针，一手抓基础工作，一手抓办案，通过办案开展监督。全年受理不服法院已生效的民事、行政判决、裁定申诉1258件，已办结1038件，立案371件，其中建议法院纠正75件，向法院提起抗诉18件，到年底已改判3件，维护了当事人的合法权益。

加强铁路检察工作。在反贪污贿赂斗争中，成都铁路局检察分院和6个分局检察院围绕整顿路风，把查处以车、以票谋私作为工作重点，集中精力查办大案要案。全年立案查办贪污贿赂等经济罪案70件，其中大案要案29件，占41.4%，为国家挽回损失131万余元。在"严打"斗争中，两级铁路检察院积极参加各项专项斗争和治理，重点打击了一批"车匪路霸"，维护了铁路秩序。全年共批准逮捕刑事案犯1206人，提起公诉1103人。

三、反腐倡廉，搞好检察队伍建设

去年以来，在建立社会主义市场经济体制的新的形势下，全省各级检察院加强了思想政治工作。认真组织干警学习党的十四大、八届人大一次会议文件和江总书记一系列讲话精神，用邓小平同志建设有中国特色社会主义理论统一思想认识；教育干警严格执法，遵守纪律，反腐倡廉，纠正行业不正之风。全省广大检察干警在任务繁重、条件艰苦的情况下，斗志昂扬，公而忘私，艰苦奋斗，顽强拼搏，表现了检察干警的良好风貌。

根据中央指示和省委的部署，我们加强了自身的反腐倡廉工作。针对我们队伍中存在的执法不严，违法不究，越权办案以及乱收费等问题，全省检察机关在去年7、8月份集中进行了一次严格执法的教育和整顿；9月以后，县处以上领导干部进行了廉洁自律检查，同时在本系统进一步纠正不正之风。在反腐倡廉中，我们根据最高人民检察院有关规定，结合实际制定了检察机关、检察人员两个“八不准”的纪律，要求全省检察干警遵守执行。

党的十四届三中全会通过的《中共中央关于建立社会主义市场经济体制若干问题的决定》指出：要加强法律制度建设，要加强廉政建设，坚持不懈地进行反腐败斗争。中央政法会议指出，要在加快建立社会主义市场经济体制改革步伐中，维护国家的政治稳定和社会安定。1994年全省检察工作的任务是：坚持以建设有中国特色社会主义理论为指导，贯彻党的十四届三中全会精神，坚持“两手抓，两手都要硬”的方针，强化法律监督职能，严格执法，狠抓办案，集中力量查办贪污贿赂等大案要案，打击各种犯罪活动，保护公民合法权益，维护政治稳定和社会安定，为改革开放和现代化建设创造良好的法制环境，保障社会主义市场经济体制的建立和发展。

要深入持久地开展反腐败斗争，集中力量查办党政机关、司法部门、行政执法部门以及经济管理部门发生的大案要案，查办法人进行贿赂、骗税、假冒商标、走私等犯罪；坚持不懈地严厉打击严重刑事犯罪活动，积极参加“严打”专项斗争和治理；继续加强对“侵权”、渎职犯罪的查处。

要以“严格执法、狠抓办案”的方针统揽整个检察工作，加强各项法律监督职能。侦查监督要加强对有罪不究，以罚代刑案件的监督；审判监督要提高公诉水平，增强抗诉力度；执行监督要加强对办理减刑、假释、保外就医案件和超期羁押的检察，发现违法、枉法构成犯罪的案件要坚决查办；民事、行政监督既要对人民法院已生效的确有错误的民事、行政判决、裁定依法抗诉，又要重视查办审判人员贪赃枉法构成犯罪的案件。还要搞好内部的双重制约，保证案件质量。

要继续搞好检察队伍的自身建设，提高执法人员的政治素质和执法水平。认真学习《邓小平文选》第三卷，增强坚持党的基本路线，坚持“两手抓”，坚持反腐败斗争的坚定性和自觉性。搞好各级检察院领导班子的思想作风建设，增强凝聚力和战斗力。继续进行反腐倡廉教育，纠正各种不正之风。继续完善目标责任制和办案责任制，积极探索检察干部人事制度的改革措施，激励检察干警奋发工作的热情。继续搞好业务培训，提高执法水平。依法建院，从严治检，严格执法，严格纪律。

要自觉、主动地接受人大及其常委会的监督，严格依法办事。依法定期向人民代表大会及其常务委员会报告工作，充分尊重审议意见。认真接受人大常委会的执法检查和办理人大交办的案件。积极负责地办理人大代表的议案和建议、批评、意见。加强与本地人大代表的联系，虚心听取他们对检察工作的建议、批评和意见，不断改进检察工作。

贵州省人民检察院工作报告（摘要）

——1994年1月25日在贵州省第八届人民代表大会第二次会议上

贵州省人民检察院检察长　胡克惠

（1994年1月28日贵州省第八届人民代表大会第二次会议通过）

一、深入开展严惩严重经济犯罪的斗争

1993年，全省检察机关紧紧围绕保护改革开放，促进经济发展为中心，继续以反贪污贿赂为重点，积极开展严惩严重经济犯罪的斗争，做了大量工作，取得了新的进展。尤其是去年8月，党中央作出了加强反腐败斗争的英明决策，最高人民检察院对深入开展反贪污贿赂斗争进行了一系列的部署以后，全省各级人民检察院抓住这一有利时机，加大打击力度，积极查办了一批贪污贿赂等严重经济犯罪案件。全年共受理各类犯罪案件线索2365件，初查1179件，立案侦查1554件。在立案侦查的案件中，贪污案675件，贿赂案101件，挪用公款案505件，偷税抗税案163件，假冒商标案74件，其他案件16件；贪污贿赂案件占立案总数49.94%。所立案件，现已侦查终结的有1495件1822人，依法逮捕的有715人，免予起诉的有522件603人，依法提起公诉的有500件614人。通过办案，为国家和集体挽回经济损失5895万余元。

1993年全省检察机关查处的贪污贿赂等严重经济犯罪案件，有以下几个明显特点：

一是大案要案多，占立案总数的比重高。全年共查处万元以上大案952件，其中一万元不满五万元的747件，五万元不满十万元的110件，十万元不满50万元的82件，五十万元不满一百万元的9件，一百万元以上的6件；查处县处级以上干部犯罪要案18件。其中，省检察院立案查处的原省政协常委、省国际信托投资公司董事长（正厅级）闫健宏贪污、受贿、挪用公款案；省公安厅原厅长郭政民受贿案；贵州航空公司原总经理马永兴（副厅级）受贿案，是我省检察机关第一次查处的这样高级别的干部犯罪案件。1993年，查处的大案要案970件，占全部立案总数的62.4%，比1992年查处大要案的比例34.5%增加了27.9个百分点，是历年来的最高比例。

二是金融部门、管钱管物部门发生的大案突出。全年在这些部门立案查处的五万元至一百万元的贪污贿赂、挪用公款犯罪案件达35件，占查处的贪污贿赂、挪用公款五万元以上大案的17%，其中挪用公款一百万元以上的6件大案，有3件就发生在金融部门。

三是司法部门、行政执法部门发生的贪污贿赂等犯罪案件增多。全年共查处司法部门、行政执法部门人员贪污贿赂等经济犯罪案件31件。这些案件的查处，严肃

了法纪，教育了广大执法干部，鼓舞了群众。

全省检察机关查办经济犯罪案件之所以取得了突破性进展，一是得力于党中央关于开展反腐败斗争的正确决策，二是依靠各级党委、人大、政府的重视和支持，三是有人民群众的广泛参与和积极举报，四是与各级纪检监察、审计、税务、公安、法院等部门和发案单位通力协作，五是得到了新闻舆论界的大力支持和配合。同时，广大检察干警日夜奋战，力排阻力和干扰，采取多种有力措施，加大打击贪污贿赂等经济犯罪的力度，作出了艰辛的努力。在这方面，我们主要采取了以下措施：

（一）突出打击重点，积极查办大案要案。全省检察机关紧紧围绕党中央确定的反腐败斗争重点，把主攻方向对准发生在党政领导机关、司法部门、行政执法部门和经济管理部门中的极少数贪污贿赂等严重经济犯罪分子，多办案，办大案，办典型案，全年共查处上述“一机关三部门”中的经济犯罪案380件，并选择时机将有关典型案例公之于众，向人民群众昭示了我们反腐败的决心和态度，得到了社会各界的广泛支持。

（二）深入发动群众，大力加强举报工作。1993年以来，特别是8月江总书记在中纪委全会上发表重要讲话以后，各级检察院进一步加强了举报工作，采取重新公布举报电话，延长举报接待时间，召开新闻发布会，发布电视讲话，深入重点单位宣传动员，奖励举报有功人员等方式，热情鼓励人民群众踊跃举报，并及时认真处理。特别是对县处级以上干部的要案线索，坚持由各级检察长亲自批办，督促反馈，以取信于民。在1993年立案查处的1554件案件中，62.9%以上是群众举报的。仅从8月20日至12月底，就接受群众举报经济犯罪案件线索达3263件，月平均815件，相当于前八个月月平均265件的3倍多。举报的万元以上大案线索885件，为查办贪污贿赂犯罪案件提供了大量案源。

（三）加强组织指挥，检察长带头查办大案要案。针对1993年一季度一些检察院办案数下降较多的情况，省人民检察院先后组织百余名干部深入基层开展严格执法的调查研究，帮助指导基层检察院深化认识，积极开展反贪污贿赂犯罪斗争。8月中旬后，全省检察机关进一步加强了对反贪污贿赂犯罪斗争的组织领导，省人民检察院于8月17日召开电话会议，再次进行了部署，省检察院和9个分、州、市检察院相继成立了“查处贪污贿赂等重大经济罪案指挥协调中心”，检察长挂帅，统一抽调力量，统一指挥协调查办大要案件。各级检察长身先士卒顶压力，排干扰，深入斗争第一线，亲自指挥和参加办理大要案件，有的坐阵指挥，分析案情，制定侦查方案，有的带领干警追捕罪犯，有的参与搜查和调查取证，有的亲自审讯被告人等，与广大干警挑灯夜战，甚至通宵达旦地工作，鼓舞了广大干警办案的积极性，促进了反贪污贿赂犯罪斗争的深入开展。据不完全统计，1993年全省各级检察长亲自组织指挥和直接参与办理的大要案件达190余件。

（四）严格执法，确保办案质量。全省检察机关在办案中，十分强调办案质量，严格要求各级办案人员在反腐败斗争中，态度要坚决，头脑要冷静，正确处理好打击与服务的关系；改革开放、搞活经济与反腐倡廉的关系；正确区分罪与非罪的界限，坚持以事实为根据，以法律为准绳的原则，力求做到办理的每一起案件事实清楚，证据确凿充分，定性准确，适用法律得当，经得起历史的检验。很多基层检察院还制定了“错案责任追究制”，在案件的初查、立案、决定逮捕、审查起诉等各个环节上加强了监督制约，严格办案程序，对防止错案的发生起到了积极的作用。对涉及政策、法律界限不清的案件，及时请示汇报，不轻易作结论，力求把案件办准，办扎实。

（五）紧紧依靠党委领导，自觉接受人大监督，加强与有关部门的密切配合。为了有效地开展反贪污贿赂犯罪斗争，争取党委、人大、政府的支持，在斗争中，全省检察机关做到及时将最高人民检察院和省人民检察院的工作部署向当地党委、人大、政府等领导机关报告，主动提出贯彻落实的措施和意见，得到领导机关的大力支持。全省检察机关还及时就一些专项工作向人大进行报告，主动向人大代表介绍检察机关开展反贪污贿赂犯罪斗争情况和查办大要案件的情况，自觉接受人大的监督。与此同时，全省检察机关还加强了与纪检监察、公安、法院、海关、税务、审计、银行等部门的密切配合，形成全社会反贪污贿赂犯罪斗争的合力，促进了反贪污贿赂斗争深入发展。

二、认真抓好刑事检察工作

1993年，全省检察机关对严重刑事犯罪分子的打击继续坚持了依法从重从快的方针，坚持了基本事实清楚，基本证据确凿的原则，坚持了对重特大案件提前介入的制度，积极参加党委、政府统一组织的专项斗争，及时批捕起诉了一大批严重刑事犯罪分子，为维护社会稳定尽职尽责。全年共受理公安机关提请批准逮捕人犯22089名，已审结20705名，其中批准逮捕19199名；受理公安机关移送审查起诉、免予起诉的案犯20657名，审结17537名，其中提起起诉16052名，免予起诉1399名。

在严厉打击严重刑事犯罪的斗争中，全省检察机关一是突出打击重点，严厉打击了杀人、抢劫、强奸、爆炸等严重危害社会治安的犯罪，共批准逮捕这几类案犯4765名，提起公诉3016名。二是继续开展了清理批捕在逃人犯的工作，全年共清理出在逃人犯1827名，为全省开展“追逃犯、打流窜”的专项斗争提供了决策依据。三是在开展对毒品犯罪和卖淫嫖娼的犯罪调查的基础上，积极配合公安机关、人民法院开展了禁毒、禁娼、“打拐”和打击“车匪路霸”等专项斗争，批准逮捕上述几类案犯2529名。根据全国打击走私工作会议精神和最高人民检察院的部署，省人民检察院还直接依法查处了2起走私犯罪案件。四是加强了侦查监督和审判监督工作，对公安机关提请批准逮捕的案犯，经审查有1506名不符合法定逮捕条件，作出了不批准逮捕决定；对公安机关未提请批准逮捕的案犯，经审查有161名符合法定逮捕条件，作出了逮捕决定；对公安机关移送起诉、免予起诉的案犯，经审查有82名不符合法定起诉、免予起诉的条件，作出了免予起诉、起诉决定；对公安机关未移送起诉和免予起诉的案犯，经审查有50名符合法定起诉、免予起诉的条件，作出了起诉、免予起决定；在审查批准逮捕和审查起诉中，对主要犯罪事实不清，证据不足的2696件作出了退回补充侦查的决定。对公安机关侦查活动中的违法情况提出纠正意见254件次。对罪该提请逮捕而没有提请逮捕的案件，退回补充侦查后不再提请逮捕的案件，实行了跟踪监督制度，体现了监督的及时性和有效性。在加强审判监督方面也依法履行了监督职能，对人民法院确有错误的判决、裁定，提出了抗诉53件。对审判活动中的违法情况提出口头和书面纠正意见24次。五是结合办案，认真做好检察环节上的综合治理工作，在办案中加强了以案释法，增强法制效果，注重预防犯罪工作，加强了对青少年罪犯的教育、感化和挽救，使社会治安综合治理工作落到实处。省人民检察院被评为全省综合治理达标红旗单位和法制宣传成绩显著单位。

三、全面推进其他检察工作

——法纪检察工作坚持把查处徇私舞弊、玩忽职守、非法拘禁、刑讯逼供、重大责任事故等"侵权"、渎职案件作为重点，着重查办了发生在党政机关、司法机关和行政执法人员中的徇私舞弊、玩忽职守等案件。全年共受理各类"侵权"、渎职案件1868件，初查1151件，立案侦查662件。在立案侦查的案件中，重特大案件105件。徇私舞弊案5件；刑讯逼供案21件；非法拘禁案246件；玩忽职守案51件；重大责任事故案185件。这五类案件占立案总数的76.7%。

——监所检察工作把严格执法，加强法律监督作为重点，依法纠正了监管改造活动中的违法行为673起；及时消除了291起事故隐患；妥善处理了人犯被超期羁押的问题；对402名被监管人员的重新犯罪活动进行了打击；直接查处了少数监管工作人员中出现的贪赃枉法、贪污贿赂、玩忽职守、私放罪犯等违法犯罪案件7件。同时，还与公安、劳改等部门配合，制止纠正了一些监管改造场所中出现的乱收费等违法情况。

——控告申诉检察工作在加强举报工作的同时，认真做好接待人民群众来信来访和刑事申诉案复查工作。并在全省检察机关开展了"文明接待室"的评比活动，镇宁、遵义两县人民检察院在参加全国检察机关"文明接待室"的评比中受到了最高人民检察院的表彰。全省检察机关继续坚持检察长接待来访、批办重要来信制度。仅省检察院三位正副检察长亲自批处的人民来信就达751件（次）。全年共受理群众来信来访29106件（次），处理集体上访和告急信访53件，复查刑事申诉案179件，依法予以纠正10件，提起抗诉3件。

——民事行政检察工作切实履行法律监督职能，大力抓好民事行政审判监督程序的抗诉工作。全年共受理公民、法人和其他组织不服人民法院已经发生法律效力的民事、经济、行政判决、裁定的申诉案件881件，立案审查307件，审查终结245件，已向人民法院提出抗诉12件，提出检察建议62件。下级检察院提请上级检察院抗诉的42件，作其他处理的129件。在1993年工作中，检察机关还认真查处了司法人员在民事行政诉讼活动中的违法犯罪案件5件。全省民事行政检察部门在搞好诉中监督和诉前服务工作中，与全省50多个企业建立了工作联系制度，为企业提供了有效的法律服务。

四、加强检察队伍建设和自身廉洁工作

为适应新形势下严格执法的需要，各级检察院加强了思想政治工作和队伍建设。特别是党中央作出关于反腐败斗争的英明决策后，在积极参与全社会反腐败的同时，狠抓检察机关自身的反腐倡廉。副处级以上干部严格按照中央提出廉洁自律五条规定的"十一个不准"，开展了自查自纠；按照最高人民检察院和省委政法委关于"坚决制止乱收费、乱罚款"的通知精神，清理退回不合理收费，清理了部分检察机关所开办的各类公司和经济实体。对发生在检察队伍中的29件违法乱纪等案件，严肃进行了查处。省检察院对五起严重违法违纪的典型案例进行了通报。全省检察机关还积极主动配合各级党委、人大，顺利进行了各级检察长的换届选举工作，调整充实了各级检察院领导班子，并及时举办了新任检察长培训班，提高了新班子

的适应能力。与此同时，全省检察机关还借助反腐败的斗争实践，考察和检验干部，大力弘扬勤政廉政，拒腐倡廉，无私奉献的浩然正气。据不完全统计，在1993年一年中，全省各级检察院共拒收贿赂和礼金共20余万元，有276个集体，1047名检察干警受到上级检察机关和当地党政领导机关的表彰。榕江县人民检察院检察长黄波光荣地被评为全国优秀检察官。各级检察院还广泛开展争先创优活动，评选出100名先进个人和20个先进集体，省人民检察院将在1994年全省检察长会上集中进行表彰。

五、1994年的主要工作任务

根据全国政法工作会议和全国检察长会议提出的要求，全省检察机关将在新的一年里，坚持以邓小平同志建设有中国特色社会主义理论为指导，继续贯彻落实党的十四大和十四届三中全会精神，适应建立社会主义市场经济体制的要求，用“严格执法，狠抓办案”的工作方针统揽各项检察业务，强化法律监督，加强人民民主专政职能，坚决打击敌对势力和各种严重刑事犯罪活动，集中力量查办贪污贿赂等大案要案，严肃查办“侵权”、渎职犯罪案件，切实保护公民合法权利，积极查办法人犯罪案件；全面开展各项检察业务，继续加强检察队伍建设，积极参与社会治安综合治理，维护政治稳定和社会安定，为改革开放和现代化建设创造良好的法制环境。

云南省人民检察院工作报告（摘要）

——1994年3月4日在云南省第八届人民代表大会第二次会议上

云南省人民检察院检察长　和占钧

（1994年3月7日云南省第八届人民代表大会第二次会议通过）

1993年，我省检察机关认真贯彻党的十四大和全国人大八届一次会议精神，以及省人大八届一次会议关于省检察院工作报告的决议，坚持为社会主义经济建设和改革开放服务的指导思想和“一手抓改革开放，一手抓打击犯罪活动”的方针，坚决执行党中央关于深入开展反腐败斗争的重大决策和全国人大有关惩治贪污贿赂等经济犯罪的法律规定，认真履行检察机关法律监督职责，严格执法，狠抓办案，坚决惩治贪污贿赂等经济犯罪活动，严厉打击各种严重刑事犯罪活动，在上年的基础上各项检察业务取得了较好成绩。

一、坚决贯彻党中央关于反腐败斗争的决策，运用法律武器，集中力量打击贪污贿赂等经济犯罪活动

1993年，我省各级检察机关继续把打击贪污贿赂等经济犯罪作为工作重点，特别是中纪委二次全会后，检察机关立即行动，坚决贯彻党中央的部署和江泽民同志提出的“集中力量查办一批大案要案”，“务必在近期内取得明显的阶段性成果”的指示，在省委和各级党委的统一领导下，雷厉风行，精心组织，加大反贪污贿赂斗争的力度，集中力量狠抓办案特别是大案要案。1993年共受理各种经济犯罪案件2804件，立案侦查1348件。在立案侦查的案件中，贪污案584件，占43.32％；贿赂案127件，占9.42％；挪用公款案306件，占22.7％；假冒商标案111件，占8.23％；偷税抗税骗税案181件，占13.43％。万元以上的大案和县处级以上干部犯罪的要案共749件，占立案总数的55.6％，大案要案所占比例较1992年上升了23.3个百分点。已办结1285件、1524人，向法院提起公诉551件、657人，免予起诉496件、581人。为国家和集体挽回经济损失3907万元，比1992年增加41.8％。

（一）认真学习中央、省委的一系列指示，不断加深对反腐败斗争重大深远意义的认识。中央关于加强反腐败斗争的指示下达后，省检察院通过召开电话会议及分、州、市检察院检察长会议，进行传达部署，组织检察干警特别是领导干部，反复认真学习江泽民同志重要讲话和中纪委二次全会精神以及省委的有关指示，深刻领会反腐败斗争的重大深远意义及指导思想、方针政策、原则；统一对前几年反贪污贿赂工作的基本估价，澄清和解决一些模糊认识和少数干警中一度存在的消极、埋怨、畏难情绪。全省广大检察干警以坚强的意志、坚定的决心和高昂的热情、旺盛的斗志投入反腐败斗争。反贪污贿赂工作沿着正确的方向不断深入和发展。

（二）坚持群众路线，加强举报工作，依靠和发动群众深入开展反贪污贿赂斗争。省检察院于8月召开了全省检察机关举报工作会议，并采取了广泛宣传举报工作，再次向社会公布举报电话和举报地址；增加检察长接待群众举报日次数；及时向举报人反馈查处情况和结果；强化对举报线索的筛选、查处、督办、保密工作等六项措施。从而激发了群众的举报热情，出现了群众举报逐月、逐季大幅度上升的良好势头。据统计，全年共收到群众举报贪污贿赂等经济犯罪线索3248件，其中8—12月2294件，比前7个月的954件上升了2.4倍。举报线索的质量和成案率也有明显提高。检察机关立案侦查的贪污贿赂等经济犯罪案件中，有53％，其中包括许多大案要案的线索，都是来自于群众的举报。为了鼓励、支持和保护群众对违法犯罪行为的举报热情，检察机关坚持兑现奖励举报有功人员的政策；对确属打击报复举报人的案件坚决进行查处，以保证举报工作的健康、顺利发展。

（三）集中力量，突出重点，查办大案要案。遵照中央反腐败斗争以党政领导机关、司法部门、行政执法部门、经济管理部门为重点，集中力量查办一批大案要案的指示，全省检察机关精心部署，大力开展案件查处工作，采取了以下措施：一是排查大要案。1993年下半年对案件线索先后进行两次全省性的排查，对排查出来的大要案件，逐案研究，组织力量，分期分批突破；二是对查办大要案件实行“定领导，定人员，定方案，定时限和保证办案经费”的四定一保”办案责任制；三是对影响大、危害严重和有干扰，难度大的大案要案，由检察长亲自组织指挥和直接参与查办；四是建立督办、催办和案件上报备案制度，使上级机关随时掌握大要案件的办理情况和进度；五是加强与公安、法院和纪检、监察等有关部门的协作配合；六是针对近年来经济犯罪跨省作案、作案后携款潜逃者增多的情况，省检察院加强了对查办大要案件的统一指挥和工作协调。通过采取这些措施，有效地增强了查处大案要案工作的力度，提高了办案效率。1993年检察机关共立案侦查万元以上的贪污贿赂等经济犯罪大案737件，其中十万元以上不满五十万元的75件；五十万元以上不满一百万元的11件；一百万元以上的13件。下半年立案侦查825件，比上半年立案523件增加了57.7％。在立案侦查的1348件案件中，属于党政领导机关、司法部门、行政执法部门、经济管理部门工作人员的犯罪案件有410件，占立案总数的30.41％。

在重点查处贪污、贿赂案件的同时，各级检察机关还与有关部门密切配合，查处了一批重、特大假冒商标和偷税抗税骗税案件。1993年检察机关共立案查处假冒云南名优卷烟以及假冒、伪劣名酒、食品、农药、化肥等大案83件，比1992年上升84.4％。查处偷税抗税骗税大案181件，比1992年上升45.5％。通过查处这些案件，有力地打击了罪行严重的犯罪分子，维护了市场经济秩序和税收征管工作，维护了国家和人民利益。

（四）严格执法，正确执行法律和政策，切实保证办案质量。各级检察机关坚持“一要坚决，二要慎重，务必搞准”的原则。在办理具体案件时，注意深入调查研究，查清事实情节，依据有关法律，严格区分罪与非罪界限，正确定性、定罪。为确保办案质量，坚持实行大要案件分级分工查处；侦查与批捕、起诉分开，加强内部制约；凡大要案件，一律经由检察委员会集体讨论决定；对一时拿不准的案件不急于处理，加强请示报告等行之有效的制度与做法，力求把每个案件办好、办扎实，做到不错不漏、不枉不纵，并注意掌握斗争策略，体现宽、严政策。同时，在工作中认真贯彻“三个有利于”的原则，既注重办案的政治效果、经济效果，更注重办案的社会效果，使检察工作更好地为经济建设服务。1993年办案工作尽管任务重、时间紧、难度大，但办案质量总的来看还是好的，没有发现大的偏差和失误。对前几年的个别错案，一经发现，本着严肃认真态度，坚持“有错必纠”原则，实事求是地依法作了纠正。

二、严厉打击严重刑事犯罪活动，保障社会安定和国家安全

1993年，全省检察机关共受理公安、安全机关提请批捕的人犯30297名，经审结后批准逮捕26758名；受理移送起诉的案犯30874名，免予起诉案犯608名，经审查提起公诉25518名，决定免予起诉1399名。

根据我省刑事犯罪的情况和特点，我们主要抓了以下工作：

（一）突出重点，依法从重从快严厉打击危害严重的刑事犯罪活动。把斗争锋芒始终指向杀人、抢劫、强奸、爆炸等持枪作案、团伙作案以及带有黑社会性质的犯罪活动。1993年共批准逮捕上述严重刑事犯罪分子14304名，起诉13649名，分别占批捕、起诉人犯总数的53.46％和51.01％。对重特大案件，采取提前介入、优先办理、快捕快诉等措施，加强办案力度，提高办案效率，充分发挥法律武器的威力，狠狠打击严重刑事犯罪分子的嚣张气焰。

（二）坚持不懈地严厉打击毒品犯罪活动。毒品犯罪一直是我省刑事犯罪的一个突出方面。1993年，我省检察机关共批捕毒品案犯3209名，起诉3271名。同时，组织力量，积极参加了“6·26”、“10·26”两次全省性的严惩严重毒品犯罪，销毁毒品和广泛宣传有关法规的禁毒大行动，集中打击了一大批毒品犯罪分子。

（三）坚决打击危害国家安全的敌对分子的犯罪活动。检察机关对受理的国家安全机关提请批捕和移送起诉的特务、间谍等反革命案犯认真审查，及时依法决定批捕和决定起诉。加强了涉外刑事案件的审查批捕和审查起诉工作，有效地维护了国家安全和边境的稳定。

（四）积极参加各项专项斗争、专项治理和重点地区的治乱工作。各级检察院在当地党委、政府统一领导下，积极参加了“一打两禁”(打击拐卖妇女儿童、禁娼、禁毒)、反盗窃、反走私、围歼“车匪路霸”等全国、全省性以及一些地区性的专项斗争，有力地打击了这些严重危害社会治安秩序的犯罪活动。积极参加了处置突发事件的工作和对社会治安混乱地区的治乱工作，维护了社会的稳定。

各级检察机关结合办案和各项检察业务工作，认真贯彻《云南省社会治安综合治理条例》，按照打防结合、标本兼治的方针，积极参与社会治安的综合治理工作，通过广泛深入开展群众性的法制宣传教育，积极开展“检察建议”活动；对免予起诉人员进行回访考察，对监外服刑人犯执行情况进行监督检查；认真及时处理群众“告急”信访案件等工作，提高广大群众特别是青少年的法制意识和守法观念，及时正确处理各种人民内部矛盾，减少影响社会稳定的不安定因素，预防违法犯罪案件的发生。

三、认真履行检察职责，切实加强执法监督工作

（一）加强侦查监督。严格按照“以事实为根据，以法律为准绳”的原则，认真做好审查批捕、审查起诉工作，除罪该批捕、起诉的坚决依法批准逮捕、决定起诉以外，1993 年，依法对 2079 名人犯作出了不批准逮捕的决定，对 203 名人犯作出了不起诉的决定。同时，对 269 名漏捕的人犯作出了追捕的决定，对 171 名漏起诉的人犯作出了追诉的决定。对发现侦查活动中的违法行为提出纠正意见 94 件次。各级检察院还通过坚持提前介入，案件跟踪监督等措施，加强了对重特大案件的侦查监督工作。

（二）加强刑事审判监督。各级检察院通过出庭支持公诉、审查法院判决裁定等工作，依法监督法院的审判活动。1993 年，全省检察机关对 125 件认为确有错误的刑事判决、裁定提出了抗诉，现法院已改判 37 件。对发现审判活动中的违法行为提出纠正意见 113 件次。

（三）加强法纪监督。重点加强了对徇私舞弊、刑讯逼供、非法拘禁、玩忽职守、重大责任事故等五类案件特别是司法人员、行政执法人员“侵权”、渎职犯罪案件的查处。1993 年，全省检察机关共立案侦查法纪案件 366 件，其中五类重点案件 300 件，占 81.97%。有效地维护了国家法律的尊严和公民的民主权利与人身权利。

（四）加强民事、行政审判监督。现全省已有 13 个分、州、市检察院和 29 个县级检察院成立了民事、行政检察机构，并对上岗人员进行了业务培训。1993 年全省共受理不服法院判决、裁定的民事（经济）、行政申诉 310 件，决定复查 51 件，已办结 31 件。

（五）加强执行监督。监所检察工作始终把对刑事判决、裁定的执行情况和对监管改造场所执行政策法律的情况的监督，摆在工作的首位。1993 年重点加强了对不依法执行、违法执行的检察监督。发现和纠正监管改造活动中的违法情况 599 次。同时，对“牢头狱霸”等重新犯罪活动，依法予以打击，维护监管改造场所的秩序。并注意依法保护被监管人员的合法权益。此外，还依法查处了监管人员贪污受贿、“侵权”、渎职、徇私舞弊等案件 13 件 18 人。

四、加强检察机关的队伍建设和廉政建设

（一）加强了思想政治工作，使广大检察干警的思想跟上深化改革、扩大开放，建立市场经济体制发展变化的形势，不断提高在新形势下贯彻党的基本路线和为经济建设服务的自觉性和主动性。广大检察干警在各项检察工作特别是查处大案要案的工作中，精神振奋，克服困难，秉公执法，连续作战，为完成党和国家赋予检察机关的艰巨而光荣的任务做出了积极的贡献，涌现出一大批先进人物和先进集体。1993年，仅受到最高人民检察院和省检察院表彰的就有34个先进集体和244名先进工作者。通海县检察院法纪科长岳从昆同志去年8月在执行公务时光荣献身，已被省人民政府批准为革命烈士。

（二）狠抓检察队伍自身廉政建设。在组织干警认真学习中央、省委和最高人民检察院有关反腐败的重要指示的基础上，严格按照中央关于廉洁自律的五条规定，在各级检察院领导干部中开展了自查自纠活动。对自查出的问题，已按照有关规定分别作了处理。对检察队伍中的违纪违法人员本着“从严治检”的原则认真严肃地进行了查处。同时，对检察机关所办的公司进行了清理整顿。对乱收费、乱罚款的问题，也认真进行了清理。

（三）加强领导班子建设和干部培训。顺利完成了省检察院、11个分、州、市检察院和128个县级检察院的检察长换届选举工作。换届后的领导班子平均年龄下降，文化程度提高，结构更趋合理，新当选的检察长进行了岗位职务培训。同时，根据形势和任务的需要，采取多种形式，加强了干部培训工作，检察干警的业务素质和战斗力有了新的提高。

1994年是深化改革、加快经济发展的非常重要、极其关键的一年，已经和将要出台一系列改革措施。新的形势对检察工作提出了新的、更高的要求。今年我省检察工作的任务是：坚持以邓小平同志建设有中国特色社会主义理论为指导，深入贯彻党的十四大和十四届三中全会精神，坚持党的基本路线和检察工作为经济建设和改革开放服务的政治方向，坚持实事求是的思想路线，坚持“两手抓，两手都要硬”的方针，强化检察机关法律监督职能，严格执法，狠抓办案，深入开展反贪污贿赂斗争，严厉打击严重刑事犯罪活动，积极参加社会治安综合治理，使我省检察工作有一个新的发展，为维护社会政治稳定，保障改革开放和现代化建设的顺利进行做出新的贡献。

为认真做好今年我省检察工作，要着重抓好三个方面：

第一，要紧密围绕经济建设这个中心，服从和服务于抓住机遇，深化改革，扩大开放，促进发展，保持稳定这个大局，把检察工作自觉地置于各级党委的领导和各级人大的监督之下，牢牢把握好检察工作的政治方向，使检察工作始终沿着正确的方向前进和发展。

第二，在工作上要着重抓好“两打两建一加强”。“两打”即：一是继续深入开展反贪污贿赂斗争，突出重点部门，狠抓大案要案，层层落实领导责任制，提高侦查水平，保证办案质量。凡是构成犯罪的案件，不论涉及到谁，都要一查到底，决不手软。对利用举报诬告陷害他人的案件也要依法查处，保护无辜者不受追究。二是继续依法从重从快严厉打击严重刑事犯罪活动，坚持不懈地打击毒品犯罪活动，积极参加对突出治安问题的专项打击，搞好综合治理。“两建”即：一是以领导班子为重点，以思想作风建设和廉政建设为主要内容，抓好检察队伍的自身建设，从严治检，提高检察队伍的整体素质，努力建设一支政治强、业务精、纪律严、作风硬的检察队伍。二是以加强和改善办案手段和工作条件为重点，在各级政府和有关部门的关心支持下，抓好各级检察院特别是基层检察院的基础建设。“一加强”即：切实加强调查研究，领导带头，深入实际，围绕党的中心和检察工作的重点、难点、薄弱环节和工作开展与执法活动中遇到的新情况、新问题，开展调查研究，摸索新规律，研究新对策，严格区分罪与非罪的界限，不断提高执法水平。同时在调查研究的基础上，按照建立社会主义市场经济体制的需要，从履行法律监督职能，强化监督手段，完善监督制度，增强监督效能以及进一步理顺上下领导关系、内部机构设置等方面，积极探索和推进检察工作的改革，使检察工作更好地适应深化改革、加快发展的新形势。

西藏自治区人民检察院工作报告（摘要）

——1994 年 5 月 20 日在西藏自治区第六届人民代表大会第二次会议上

西藏自治区人民检察院副检察长　兰日丰

（1994 年 5 月 24 日西藏自治区第六届人民代表大会第二次会议通过）

过去的一年，在邓小平同志建设有中国特色社会主义理论和党的十四大精神指引下，我区各级人民检察院在区党委和最高人民检察院的领导下，坚决贯彻党中央反腐败斗争指示精神，坚持“严格执法，狠抓办案”的工作方针，严厉打击少数分裂主义分子和严重刑事犯罪分子，集中力量查办一批贪污贿赂等经济犯罪大案要案，依法查处“侵权”、渎职犯罪案件，加强执法监督和检察队伍的自身建设，为维护祖国统一，增进民族团结，保持社会稳定，保障改革开放和社会主义市场经济体制的建立，推进社会主义民主和法制建设，做出了新的成绩。

一、依法严厉打击少数分裂主义分子和严重刑事犯罪分子

自治区六届人大一次会议以来，各级人民检察院发挥人民民主专政工具的职能作用，始终把依法严厉打击少数分裂主义分子和严重刑事犯罪分子作为首要任务。共受理公安机关、国家安全机关提请批捕各类刑事犯罪案犯 758 人；审查批捕 728 人；受理公安、安全机关移送起诉 527 件 635 人；审查起诉 502 件 611 人。

从批捕起诉的情况看，分裂与反分裂斗争形势仍然严峻。我们针对这些情况：

一是坚决贯彻依法从重从快的方针，坚持按“基本事实清楚，某本证据确凿”就要快捕快诉的原则办理。重点打击了反革命犯罪和杀人、抢劫、盗窃、强奸、走私、贩毒、盗窃枪支弹药等严重刑事犯罪分子。

二是提前介入公安机关对重特大刑事案件的侦查预审活动，及时批捕起诉严重刑事案犯。

三是在批捕起诉环节上严格把握事实证据关，不枉不纵，保证办案质量。

四是加强出庭公诉工作，运用事实证据揭露、证实犯罪，用法律武器严惩犯罪分子。

五是在各级党委的统一领导下，积极参加反盗窃等专项斗争和社会治安综合治理。开展多种形式的法律宣传，办案中注意发现有关单位管理中存在的隐患，及时提出“检察建议”,促进建立健全规章制度，堵塞漏洞，预防和减少犯罪。检察机关还及时向最高人民检察院反映敌社情动态，为开展国家安全检察提供情况。努力维护政治稳定和社会安定。

二、严格执法，狠抓办案，集中力量查办贪污贿赂大案要案

1993年8月，党中央作出进一步开展反腐败斗争的决定，江泽民同志在中纪委第二次全体会议上发表了重要讲话。我区各级党委、政府十分重视，广泛深入进行动员。人民群众积极响应党的号召，检举揭发贪污贿赂等经济犯罪分子。各级人民检察院坚决贯彻党中央指示，坚持“一要坚决，二要慎重，务必搞准”的原则，迅速采取了以下做法：

一是提高认识，统一思想。区检察院9月份召开了分(市)检察院检察长工作会议，认真落实最高人民检察院在成都召开的西南片会议精神，在充分认识反腐败斗争的严重性、紧迫性的基础上，统一了思想，明确了任务，振奋了精神，决心狠抓大案要案的查处工作。

二是实行办案责任制。检察长以身作则亲自组织指挥和协调办案工作，并参加查办大案要案。各级领导有计划地率工作组深入重点地区督促检查，检察机关全力以赴，集中力量查办大案要案，各业务部门互相配合抽人参加办案。

三是加强了反贪污贿赂等斗争的宣传举报工作。自治区检察院发布了《关于严惩贪污贿赂等经济犯罪分子的公告》,通过新闻媒介进行广泛宣传，各分（市）、县检察院也通过电视广播、街头咨询或召开新闻发布会等形式，大力宣传反腐败斗争的意义。建立检察长接待日制度，充实了控告举报部门力量。重新向社会公布了34门举报电话，设置了53个举报箱。

四是加强了初查和个案侦查工作。各分（市）检察院为适应工作需要相继成立了反贪污贿赂工作局。各级检察院对手中案件线索进行了全面清理、排查，加快了初查和侦破工作的进度。

五是克服困难，力排干扰和阻力。各级检察机关克服了办案人员少，交通工具落后，办案经费不足等种种困难。在调查取证，追捕逃犯等工作中历尽艰辛，以实际行动抵制了以言代法、以权压法，干扰执法的不正之风。全区各级检察院拒腐拒贿13人(次),拒贿物品折合人民币1.1万元，顶住了请客送礼、说情等歪风对执法的干扰。

六是自觉坚持向党委、人大汇报工作的制度,加强与有关部门的联系与配合,得到了党委的领导，人大的监督和纪检、监察、公安、国家安全、法院等部门的大力支持，保证了查办大案要案工作的顺利进行。有力地推动了反腐败斗争深入开展。

(一)初查了一批举报线索,立案侦查了一批大案要案。共受理各类举报线索408件（次)，比1992年增加274%。对这些案件线索经过筛选，检察机关进行初查的有92件,占受理数的22.4%。在初查基础上，决定立案侦查77件83人，其中万元以上大案有40件42人,涉及县(处)级以上干部要案9件10人。大案要案比1992年增加2倍，是历年来最多的。目前已起诉21件23人，免予起诉13件13人，结案率为44.1%。通过办案为国家集体挽回经济损失459.7万元。

（二）重点查办了发生在党政机关、司法部门、行政执法部门和经济管理部门工作人员中的贪污贿赂等经济犯罪案件。在立案侦查的案件中，属党政机关的31件34人，司法部门1件1人，行政执法部门17件20人，经济管理部门28件28人。

（三）惩处了一批贪污贿赂犯罪分子。在党委领导、人大监督和有关方面的支持下，检察机关查办大案要案工作有新进展。昌都分院查办的八宿县委常委、纪委书纪阿旺班久等人贪污邦达机场材料款29万余元，主犯已被判处有期徒刑14年。进展较快的拉萨市检察院立案数是上年的8倍，他们在办理涉及政法部门要案的同时，深入银行、石油等经济管理部门，共挖出犯罪线索12件，立案侦查5件5人，万元以上大案4件4人，已全部起诉到法院，其中判死缓1人，无期徒刑1人。

（四）依法查处偷税抗税等其他经济犯罪案件。我们贯彻全国人大《关于惩治偷税、抗税犯罪的补充规定》和惩治假冒注册商标、生产销售伪劣商品犯罪活动的法律规定，积极查办了偷税、抗税案件，与公安、工商等有关部门配合开展了“打假”斗争。

从已办案件的情况看，当前我区贪污贿赂等经济犯罪的突出特点：一是犯罪数额越来越大，十几万几十万的大案增多；二是党政机关、经济管理部门中的国家工作人员作案占的比例较大；三是利用职权，搞权钱交易，直接管钱管物的人作案突出；四是犯罪手段狡猾多变，作案后携款潜逃，毁灭罪证，态度恶劣等，给查办工作增加了许多困难。

三、依法查处侵犯公民民主权利和渎职犯罪案件

针对少数国家工作人员执法犯法，徇私舞弊，严重破坏社会主义法制，玩忽职守给国家集体财产造成严重损失的突出问题，1993年以来，我区各级检察机关，重点查办了徇私舞弊、刑讯逼供、非法拘禁、玩忽职守等大案要案，在依法查处“侵权”、渎职案件中抓出了成效。法纪检察受理案件线索114件137人，立案侦查20件29人，立案数比1992年上升50.9%，逮捕犯罪分子13人，办结13件14人，结案率为75%。通过查处法纪案件，维护了公民民主权利和人身权利，促进了民主法制建设，维护了法律的尊严。

四、加强执法监督，全面开展各项检察业务

加强侦查监督。对侦查部门移送的案件，经过严格审查，不批准逮捕的30人。重点抓了有罪不究的问题。各级人民检察院共追捕追诉漏捕、脱逃等犯罪分子19人。

加强审判监督。对法院审判活动中定性和适用法律明显不当的，依法提出抗诉15件24人，法院改判7件14人。

加强监所检察。根据最高人民法院、最高人民检察院、公安部、司法部《关于严格执行刑事案件办理期限，切实纠正超期羁押的通知》，检察机关和主管单位共同对看守所在押人犯进行了清理。发文禁止在全区劳改、劳教及羁押场所乱收费和纠正个别看守所擅自对犯人家属收“探视费”的错误做法。进行安全防范检查，对在押人犯脱管的问题提出“检察建议”。邀请卫生和财政部门视察并解决了看守所人犯生活、医疗、卫生等方面的问题，体现了政府对人犯实行人道主义政策。认真办理劳改、劳教及公安机关移送在押犯重新犯罪的案件14件36人，已起诉9件22人，免予起诉1件8人。维护了监管改造秩序。

加强控告申诉检察。坚持实事求是，有错必纠的原则，重点复查了不服法院判决、裁定，不服检察机关批捕和免予起诉的案件，共受理各类申诉156件（次），立案复查不服免予起诉19件，办结13件，改变原处理决定4件。

区检察院和拉萨市检察院的民事行政检察机构开始建立，初步开展了民事行政审判监督工作，为依法开展民事行政检察工作做了准备。

五、依法建院，从严治检，加强检察队伍建设

在建立社会主义市场经济体制的新形势下。为提高干警的适应能力，全区各级人民检察院坚持“依法建院，从严治检”的方针。认真组织干警深入学习邓小平同志建设有中国特色社会主义理论，学习十四大、十四届三中全会决定和区党委四届四次、五次全委（扩大）会议精神，开展“换脑筋、找差距”大讨论，使检察工作服从服务于经济建设这个中心，自觉执行党的基本路线。开展反分裂斗争、勤政廉政、全心全意为人民服务宗旨的教育，抵制拜金主义、享乐主义和极端个人主义等腐朽思想的侵蚀。加强各级领导班子的建设，通过换届选举配齐了各级检察长，一批中青年骨干充实领导班子，走上了领导岗位。加强了在职人员的业务培训，1993年举办了《法律（检察）专业证书》班，选送58名干警到区内外各级各类大专院校学习。认真抓了自身反腐败工作。县处级以上干部按照中纪委提出的“五个方面”、“十二个不准”对照检查，区检察院还从反分裂斗争中的政治立场表现，严格执法和遵纪守法等十个方面进行自查自纠，严肃查处检察人员中的违法违纪案件10件11人。针对存在的问题进行整改，制定了廉政勤政措施。通过抓教育，抓管理，抓纪律，各级领导班子的总体素质有所提高，干警文化、业务素质偏低的状况有所改善。广大干警在任务繁重，条件艰苦的情况下，表现出了很好的精神风貌，发扬了顽强拼搏、无私奉献、连续作战的精神，在反分裂和反腐败斗争中经受了锻炼和考验。涌现出一批秉公执法、清政廉洁的先进典型。1993年受区检察院表彰的先进集体17个，先进个人38名。

党的十四大和十四届三中全会关于建立社会主义市场经济体制和加强社会主义法制建设，对检察工作提出了更高的要求。最高人民检察院《关于进一步强化法律监督职能，保障社会主义市场经济体制建立和发展的意见》，确定了当前和今后一段时期检察工作的主要任务，我们将认真贯彻执行。我区各级检察院将自觉服从服务于“抓住机遇，深化改革，扩大开放，促进发展，保持稳定”的大局，认真执行区党委四届五次全委（扩大）会议和六届人大本次会议的各项决议，坚持“两手抓，两手都要硬”的方针，做好以下各项工作。

——继续坚持把依法严厉打击少数分裂主义分子和严重刑事犯罪分子作为首要任务，坚持从重从快的方针和“两个基本”的原则，保证在检察环节上不贻误战机。同时要更加重视预防犯罪和社会治安综合治理工作，标本兼治，努力实现长治久安。

——按照中纪委三次全委会议和江泽民同志在会议上的讲话要求，继续在反腐败斗争中集中力量查办大案要案，重点查处“一机关三部门”贪污贿赂大案要案（包括法人犯罪案件），特别是领导干部犯罪要案。不论案件涉及到什么人，都要坚决一查到底，决不手软，防止虎头蛇尾。同时对已经立案的大案要案，加快侦破工作进度，选准时机，公布于众，取信于民。决心在反腐败斗争的主战场上抓出新的阶段性成果。

——我们将继续加强对“侵权”、渎职案件的查处，特别对那些执法执纪人员徇私舞弊、贪赃枉法、知法犯法的案件要坚决查处，决不手软。

——我们要进一步加强检察机关的法律监督职责，对公安、安全机关的侦查活动、法院的审判活动和监管改造场所的执法活动要加强监督，以保证国家法律的正确实施。

——我们要继续坚持“依法建院、从严治检”，加强检察队伍建设，正人先正己，树立干警良好的形象，努力提高检察人员政治、文化、业务素质。

陕西省人民检察院工作报告（摘要）

——1994年3月1日在陕西省第八届人民代表大会第二次会议上

陕西省人民检察院检察长　张文宣

（1994年3月3日陕西省第八届人民代表大会第二次会议通过）

一

1993年，我省各级检察机关以党的十四大、八届全国人大一次会议精神为指导，以“严格执法，狠抓办案”统揽全局，大力加强执法监督，集中精力查办大案要案，积极参加反腐败斗争，严厉打击严重刑事犯罪活动，全面开展检察业务，各项工作都取得了新的成绩。

（一）坚决查办贪污贿赂等经济犯罪案件，推动了反腐败斗争的深入发展

1993年，特别是党中央作出深入开展反腐败斗争的重大决策以后，全省检察机关认真学习江泽民总书记在中纪委第二次全体会议上的重要讲话，坚决贯彻落实省委和最高人民检察院关于深入开展反腐败斗争的部署，迅速行动，精心组织，积极办案，集中精力查办大案要案，全力以赴投入反腐败斗争，惩治贪污贿赂等犯罪工作取得了显著成绩。全省检察机关共受理贪污贿赂等经济犯罪案件线索3078件，比1992年上升30.5%。立案侦查1442件，其中万元以上的832件，比上年增长50.5%；五十万元至一百万元的22件，比上年增长3.4倍。在立案侦查的案件中，贪污贿赂案件756件，其中万元以上的案件315件；挪用公款案件385件，其中重特大案件95件；偷税抗税案件186件，其中重特大案件12件，假冒商标案件85件，其中重特大案件16件。为国家和集体挽回经济损失2391.75万元。同时，立案侦查徇私舞弊、刑讯逼供、私放罪犯及玩忽职守等法纪案件601件858人。

在工作中，我们始终把斗争锋芒对准严重的贪污、贿赂、挪用公款、徇私舞弊、骗取国家出口退税和假冒商标等犯罪活动。重点查办党政机关、司法部门、行政执法部门和经济管理部门工作人员中发生的案件。

——坚决查办了党政机关工作人员犯罪案件。我省检察机关把查办党政机关干部犯罪案件作为反腐败斗争的重点，发现一件，坚决查办一件。共立案侦查构成犯罪的国家机关工作人员302人，其中处级干部15人，厅局级干部3人。

——严肃查办了司法人员、行政执法人员徇私舞弊、索贿受贿等犯罪案件。去年我省检察机关在查办此类犯罪方面，取得了突破性的进展。全年共查办构成犯罪的司法人员、行政执法人员95人。通过查办这类案件，推动了严格执法，维护了社会主义法制的权威。

——果断地查办了经济管理部门贪污、贿赂、挪用公款等犯罪案件。去年，我省检察机关紧密配合贯彻党中央、国务院关于加强宏观调控措施的决策，对于在整顿金融秩序过程中发现和揭露出来的贪污贿赂、挪用公款等犯罪案件，及时果断地予以查处。全年查办的金融系统工作人员经济犯罪案件比其他系统、行业都多。通过查办这类案件，促进了国家加强宏观调控和整顿金融秩序重大决策的贯彻落实。

——认真查办了骗取国家出口退税款犯罪案件。骗取国家出口退税犯罪，是国家税收和外贸体制改革后，出现的一种新的犯罪形式。犯罪分子与税务、外贸、海关的有关人员相勾结，从国库骗取大量款项。这种犯罪其所以得逞，往往是一些行政执法人员收受贿赂后，为不法分子提供各种条件和方便而造成的。去年我省检察机关十分重视查处这种新出现的犯罪活动。通过打击骗税犯罪，遏制了此种犯罪发展蔓延的势头。

——积极查办了一批假冒商标犯罪案件。全省检察机关同工商、技术监督等部门通力合作，开展了打击假冒商标的犯罪斗争。全年共立案侦查假冒商标案件85件，其中十万元以上的16件，分别比上年上升73.5%和300%。为国家挽回经济损失158万元，维护了市场经济秩序，保护了消费者的利益。办案中，注意发现和查处一些单位工作人员从中得到好处，支持、纵容犯罪分子的行为，对构成犯罪的，坚决予以查处。

从检察机关查办案件的情况看，当前贪污贿赂等腐败现象确实相当严重，这类犯罪的主要特点：一是犯罪数额大，重大特大案件成倍增长；二是边打边犯，顶风作案突出；三是贪污的多是管钱的，受贿的多是掌握人财物等权力的，特别是直接掌管某项具体权力的人作案的多；四是发生在银行系统、基建行业、司法部门的案件较多；五是团伙犯罪增多，内外勾结，跨行业、跨地区作案的情况突出；六是贪污贿赂、骗税、徇私舞弊、玩忽职守、包庇、伪证等多种犯罪交织在一起，一案多罪、一案多人、一人多罪的情况较多。

(二)积极投入严厉打击严重刑事犯罪活动的斗争，努力维护了社会的稳定

1993年，我省检察机关坚持“严打”方针不动摇，继续把依法从重从快打击严重刑事犯罪活动作为维护社会稳定，保障改革开放和现代化建设顺利进行的一项重要工作来抓。全年共受理公安、安全机关提请逮捕各类人犯15996人，已审结14721人。其中，批准逮捕13537人。受理公安、安全机关移送起诉、免予起诉9162案15778人，已审结8229案13937人。其中，起诉7732案12767人。

1、坚持把杀人、抢劫、强奸、爆炸等严重危害社会治安的七类犯罪作为打击重点，特别是其中的惯犯、累犯和犯罪团伙。共批捕上述案犯4819人，起诉4818人。

2、积极参加专项斗争。我省检察机关

按照省委、省人大的部署，积极参加了“打击拐卖妇女儿童”、“取缔卖淫嫖娼”、“围歼车匪路霸”、“反盗窃、查走私等专项斗争。依法从重从快批捕起诉了一批严重刑事犯罪分子。其中，批捕重大盗窃案犯1242人，起诉1111人；批捕拐卖妇女儿童案犯474人，起诉440人；批捕卖淫嫖娼方面的案犯15人，起诉11人。

3、坚持对重大案件提前介入，坚持“两个基本”的原则，及时批捕、起诉。对重大案件提前介入公安机关侦查和预审，及早熟悉案情，掌握证据，大大缩短了审查批捕、起诉的时间。办案中坚持“两个基本”，不纠缠细微末节，保证了及时有力地打击犯罪。

4、结合办案，积极开展社会治安综合治理。我省检察机关在严厉打击严重刑事犯罪活动的同时，认真落实检察环节上的综合治理措施。各地的主要做法是：结合办案，注意对本地社会治安存在的突出问题进行调查分析，积极与有关部门配合，开展预防犯罪工作；加强对免予起诉人员的帮教、回访和考察；认真处理“告急”信访，疏导、缓解矛盾；利用出庭公诉、新闻发布会、座谈会、广播电视、法律服务等形式，宣传法制，预防犯罪，均收到好的效果。

（三）进一步加强执法监督，促进了严格执法

1993年，我省检察机关进一步履行法律监督职能，把严格执法摆到检察工作的重要位置上，强化法律监督意识，大力纠正执法不严的问题。全省检察机关在审查批捕公安机关提请逮捕人犯中，追捕217人，依法对不需要逮捕的1184人作了不批准逮捕决定；对70人不予起诉，追诉57人；对公安机关侦查活动中的违法情况提出纠正意见81件（次）。对法院有罪判无罪，重罪轻判的案件，依法予以抗诉50件；对人民法院审判活动中的违法情况提出纠正意见53件（次）。对已发生法律效力、确有错误的民事、行政、经济案件的判决和裁定开展了监督。共受理这类申诉案件240件，立案75件，提起抗诉6件，向法院提出检察建议28件。对监管改造场所违法情况提出纠正3926件（次），查办劳改、劳教人员犯罪案件104件171人，查办监管改造场所干警和武警贪污、受贿、“侵权”、渎职案件19件28人。有力地促进了监管单位的廉政建设和监管改造秩序的好转。

（四）狠抓自身反腐败工作，加强了廉政勤政建设

我省检察机关在抓紧查处贪污贿赂等经济犯罪大案要案的同时，按照省委和最高人民检察院的要求，认真抓了队伍自身的反腐败工作。

全省检察机关的党组成员和副处级以上干部，对照中央提出的五条规定及省检察院四条纪律要求，通过召开民主生活会等形式，逐条进行对照检查。个别干部在公务活动中接受礼金、公款出国旅游等问题，及时自觉进行了检查纠正。纠正了利用检察职权乱收费、乱罚款的不正之风。清理整顿了所办的经济实体。查处了少数干警违法违纪的问题。

我省检察机关在抓自身反腐败，加强廉政建设的同时，开展了勤政建设。进行了全心全意为人民服务的宗旨教育和职业纪律、职业道德、职业责任的教育，建立健全工作制度，落实工作责任，制订考核办法。增强了干警廉洁自律、秉公执法的自觉性，工作效率显著提高。

二

1993年，我省检察机关在加强执法监

督，参加反腐败斗争，严厉打击严重刑事犯罪等工作中之所以能取得显著成绩，是全省检察干警在党委的领导、人大的监督和政府的支持下艰苦奋斗，共同努力的结果。回顾一年来的工作，我们主要做法和体会是：

（一）用“严格执法，狠抓办案”统揽全局，是开创执法监督工作新局面的正确方针

党的十四大提出了建立社会主义市场经济体制。市场经济要有健全的法制作保证。检察机关在保障严格执法方面负有重要责任。我们按照最高人民检察院提出的“严格执法，狠抓办案”的工作方针，组织全省检察机关认真学习贯彻十四大精神，学习邓小平同志关于加强法制，反对腐败，坚持“两手抓，两手都要硬”等重要论述，学习江泽民同志在中纪委第二次全体会议上的重要讲话，适时提出了“严格执法，狠抓办案，积极参加反腐败斗争”的工作思路。这一工作思路提出后，受到了各级党委、人大的支持，得到了全省检察机关的拥护并迅速转化为自觉的行动。无论反贪、刑检、法纪，还是监所、民事行政、控告申诉，都突出了办案，加强了执法监督，狠抓了对有法不依、执法不严、违法不纠的突出问题和典型案件的查处，增强了执法监督的威慑力，开创了执法监督工作的新局面。

（二）集中力量查办大案要案，是赢得群众信任和支持，掌握斗争主动权的关键

贪污贿赂等大案要案和各种不严格执法的案件，是腐败现象的集中表现。查处这类案件，既是反腐败的重要内容，也是严格执法的重要标志。对于推动反腐败斗争的深入，给人民群众以信心，具有很大的作用。1993年，全省检察机关都加强了对查处大案要案工作的领导。一是统一抽调力量，集中优势兵力，实行“三定一保”的办案责任制，对大案要案进行重点突破；二是检察长亲自组织、指挥和直接办理；三是上下配合，形成合力，一查到底。由于措施得力，很快突破了一批贪污贿赂等大案要案。我们体会到，集中力量查办大案要案和查办不严格执法的违法犯罪案件，就能抓住要害，打得准，打得狠，消除群众的顾虑，赢得干部、群众的信任和支持，掌握斗争的主动权，充分发挥检察机关在反腐败和维护法制中的重要作用。

（三）坚持依靠群众与专门工作相结合，是打击犯罪的法宝

打击犯罪不搞群众运动，但要相信和依靠群众，走群众路线。检察机关发现犯罪，获取证据，惩治犯罪，都离不开人民群众的支持。我省检察机关在反腐败斗争中，重新公布了举报电话，建立健全了举报受理、分流、办理、反馈等各项制度，加强了举报工作，通过新闻发布会，广播电视，选择典型案例公开报道，走上街头作法制宣传，深入到重点单位和部门作法制报告等形式，发动群众投入反腐败斗争。去年我们立案查处的案件中，有80%以上来自群众举报，事实说明，坚持依靠群众与专门工作相结合，就能有效地同犯罪分子作斗争。

（四）坚持调查研究，加强督促检查，是指导工作的有效方法

1993年，我省检察机关围绕严格执法，狠抓办案，积极开展反腐败斗争，为经济建设服务的主题开展了一系列的调研活动。省检察院先后三次组织力量，由院领导带队，去10个地、市、37个县、区调查研究，检查指导，狠抓落实。通过调查研究，把握了检察工作的态势，及时解决反腐败斗争中抓重点查办大案要案、严格执法降低免予起诉率和撤案率等突出问题，总结推广了好的经验和做法。分、市检察院检察长也经常深入基层调查研究，检查指导查办案件，帮助基层排忧解难，支持干警秉公执法，保证了检察工作健康发展。为了保证反腐败斗争取得阶段性成果，省检察院和分、市检察院普遍加强了对办案工作的领导、督促和检查。省检察院不仅加强宏观指导，阶段性地进行态势分析、检查督促、小结部署，而且直接排查了一批大要案。10个分、市检察院也都排查了一批大案要案，并组织精兵强将办案，加强督促检查和组织协调工作，确保了任务的完成。我们感到，坚持调查研究，加强督促检查，是我们指导工作行之有效的好方法。

（五）自觉依靠党委领导，主动接受人大监督，是充分发挥检察机关职能作用的重要组织保证

检察机关依靠党委领导，接受人大监督，是依法独立行使检察权的重要保证，也是我们一贯坚持的根本原则。在反腐败斗争中，按照党委和上级的部署，从自己的职能出发，加强执法监督，狠抓办案，主动向党委和人大报告工作进展情况，接受党委的领导和人大的监督，得到了党委、人大的大力支持。地（市）县（区）党委十分重视检察工作，加强了对检察工作的领导，大力支持检察机关依法办案。党委领导同志帮助排除阻力，克服困难，保证了检察工作的顺利开展。各级人大听取检察机关工作汇报，组织人大代表视察反腐败斗争工作，监督检察机关严格执法，帮助排忧解难。地、县政府在财政困难的情况下，设法为检察机关解决经费，保证了重点案件办理工作的正常进行。由于党委的领导和重视，人大的监督和政府的支持，使检察机关较好地发挥了职能作用。

三

1994年，我省的检察工作，要认真贯彻省委八届二次全委会和全省政法工作会议精神，落实全省分、市院检察长工作会议上提的任务和措施，在去年工作的基础上要有更高、更新的要求。主要是在反腐败斗争中继续集中力量查办大案要案，特别是查处领导干部的要案；加强执法监督，严肃查处不严格执法的违法犯罪案件；依法查办法人犯罪案件。同时，要继续坚持严厉打击严重刑事犯罪，维护政治稳定和社会安定。在这几个方面深入一步，有所发展。努力维护政治稳定和社会安定，扎扎实实地把各项检察工作推向前进。一是坚持严格执法，狠抓办案的工作方针，推动各项检察业务的全面开展；二是严惩贪污贿赂等经济犯罪，推动反腐败斗争的深入开展；三是严厉打击严重刑事犯罪活动，维护政治稳定和社会安定；四是加强执法监督，使各项检察业务不断改进发展和创新；五是加强自身建设，进一步提高干警素质和战斗力。

甘肃省人民检察院工作报告（摘要）

——1994年4月5日在甘肃省第八届人民代表大会第二次会议上

甘肃省人民检察院检察长　李德奎

（1994年4月9日甘肃省第八届人民代表大会第二次会议通过）

省八届人大一次会议以来，全省各级人民检察院认真学习贯彻党的十四大和八届全国人大会议精神，按照最高人民检察院的部署，严格执法，狠抓办案，强化监督，真抓实干，集中力量查办贪污贿赂等经济犯罪大案要案，严厉打击严重刑事犯罪活动，依法查处"侵权"、渎职犯罪案件，加强执法监督，为维护我省政治稳定和社会安定，促进改革开放和经济发展做出了积极的贡献。

一、深入开展惩治贪污贿赂等经济犯罪的斗争，集中力量查办了一批大要案件

1993年，全省检察机关坚持把惩治贪污贿赂犯罪作为第一位的工作，重点查办了发生在党政领导机关、司法部门、行政执法部门和经济管理部门的贪污贿赂等经济犯罪案件，集中侦破了一批大要案件，有力地推动了反腐败斗争的深入开展。全年共受理贪污贿赂等经济犯罪案件1491件，经审查立案684件826人。其中，贪污贿赂案390件，挪用公款案149件，偷、抗、骗税案95件，假冒商标案38件。在决定立案侦查的案件中，大案要案337件446人，占立案总数的49%和案犯总数的54%，比1992年分别上升33.2%和27.4%。其中，犯罪金额五万元至十万元的58件，十万元至五十万元的56件，五十万元至一百万元的8件，一百万元以上的3件；侦破要案34件，涉及县处级干部32人，副地级干部2人。通过办案共为国家和集体挽回经济损失2100多万元。

1993年8月，党中央作出进一步开展反腐败斗争的决定后，省检察院根据省委和最高人民检察院的安排，就全省检察机关查办大案要案工作作了部署，省委及时批转了省检察院的贯彻意见。各地检察机关态度坚决，行动迅速，很快形成反腐败斗争的声势。各地检察机关抓住有利时机，及时调整工作步骤，强化上级检察院对下级检察院查办大要案工作的领导，实行检察长办案责任制，集中精力突破了一批大案要案。为全省反腐败斗争取得阶段性成果发挥了重要的职能作用。

（一）查处了一批党政机关工作人员特别是领导干部的犯罪案件。全年共查处此类案件55件，占立案总数的8.1%。从所查办的案件看，一些党政机关干部，包括有的领导干部，受拜金主义、享乐主义和极端个人主义的思想侵蚀，以权谋私，进行权钱交易。这类案件所占比例虽小，但危害很大，它不仅败坏党风，损害党和政府与人民的血肉联系，而且对社会风气具有很大的腐蚀作用。各级检察机关查处这些重点部门发生的犯罪案件意义重大。

（二）查处了一批司法部门、行政执法部门工作人员索贿受贿、贪赃枉法等犯罪案件。全年共立此类案件17件，其中司法部门7件，行政执法部门10件。当前，少数执法人员利用手中的权力，贪赃枉法、徇私舞弊、索贿受贿，严重妨害司法公正。严肃查处此类案件，就能维护国家法律的尊严，纯洁执法队伍，深得广大人民群众的拥护和支持。

（三）查处了一批金融系统工作人员贪污、贿赂、挪用公款等犯罪案件。全年共立案查处54件，占立案总数的8%。以贷谋私、收取回扣、违章贷款、索贿受贿以及挪用公款从事非法牟利活动等，是当前金融系统经济犯罪的突出特点。这些案件犯罪数额都比较大，有的与法人犯罪交织在一起，给改革开放和经济建设造成严重危害。认真查办金融部门发生的经济犯罪案件，有力地促进了党和政府加强宏观调控、整顿金融秩序重大决策的贯彻落实。

（四）查处了一批国有和集体企业及事业单位工作人员的犯罪案件。全年共立案查处557件，占立案总数的81.4%。当前少数国有、集体企业经营人员违法犯罪问题比较突出，积极查办这类案件，挖出隐藏在企业内部的“蛀虫”，是检察机关对经济建设最直接最有效的服务。

（五）查处了一批假冒商标犯罪和偷、抗、骗税犯罪案件。共立案查处假冒商标罪案38件，是历年查处最多的。查处偷税、抗税、骗税罪案98件。一些犯罪分子利用国家税制和外贸体制改革过程中管理上出现的漏洞偷税、抗税、骗税，危害严重。严厉打击这类犯罪，对维护社会主义市场经济秩序和消费者利益，保证国家税收具有重要的作用。

（六）起诉了一批大要案件。根据党中央和省委关于反腐败斗争要取得阶段性成果的要求，去年10月以后我们集中抓了大要案的侦结起诉工作。截止年底，共侦结、起诉244件314人，其中大案要案86件112人；已有7名罪犯被法院判处死刑，5名判处无期徒刑。通过侦破、起诉、判处这些重大案犯，有力地震慑了犯罪分子。

（七）缉捕了一批畏罪潜逃的重大案犯。仅1992年以来，我省共有58名案犯携款潜逃。为了追捕逃犯，省检察院及时发出通知，要求各地检察机关对近年来潜逃的案犯认真排摸，严密组织追捕。截止1993年底，已抓获27名逃犯。

从查办案件的情况看，当前我省贪污贿赂等经济犯罪出现了一些新的特点：一是犯罪分子表现出极大的贪婪性，犯罪金额越来越大，重特大案件增多；二是发案部位转向市场经济活动中调控职能作用增大的部门，尤其是国家专营行业的一些工作人员，利用职权贪污受贿的犯罪呈上升趋势；三是“串案”、“窝案”等团伙犯罪增多，跨地区、跨部门、跨行业共同犯罪增多，法人犯罪增多；四是大要案不仅发生在工矿企业集中、经济比较发达的大、中城市，而且在贫困地区也出现了严重的贪污贿赂犯罪；五是犯罪分子作案手段诡秘，具有一定的反侦查能力，破案难度增大；六是从犯罪主体看，购销人员、财会人员犯罪居多，年龄趋于年轻化。

二、严厉打击刑事犯罪活动，维护社会治安的稳定

在过去的一年里，全省检察机关加强与公安、法院的配合，坚持依法从重从快的方针，严厉打击严重刑事犯罪活动，积极参加各种专项斗争和社会治安综合治理。坚持对重特大案件提前介入，及时批捕、起诉了公安机关提请批准逮捕和移送起诉的严重刑事案犯。全年共受理公安机关提请逮捕的人犯12599名，审结12060

名，其中批准逮捕11261名；受理公安机关移送起诉案犯12003名，审结10865名，提起公诉10111名。在严厉打击刑事犯罪斗争中，我们重点抓了以下几项工作：

——把握重点，严厉打击杀人、抢劫、强奸、重伤害等严重危害社会治安的暴力犯罪。共批捕这类案犯2101人，重特大案犯1283人，分别占批捕人数的18.7%和11.4%。在办理这些案件中，检察机关坚持“基本事实清楚、基本证据确凿”的原则，在保证办案质量的前提下，力求快捕、快诉，加大打击力度，不在检察环节上贻误战机。

——坚决贯彻全国人大常委会《关于禁毒的决定》，严厉打击制、贩、运毒品犯罪活动。全年共批捕毒品案犯1062人，占捕人总数的9.4%，比1992年437人增加了1.4倍，是近年来批捕毒品罪犯最多的一年。为了充分体现从重从快的方针，省检察院提出对毒品犯罪被告人一般不作免诉处理的原则，有力地打击了毒品犯罪的嚣张气焰。

——开展专项斗争，打击盗窃犯罪和拐卖妇女儿童犯罪，保护人民财产安全和公民人身安全。全年共批捕盗窃案犯5513人，占捕人总数的49%，比上年上升19.6%，其中重大盗窃犯1336人，特大盗窃犯245人，分别比上年上升39.9%和27.6%；批捕拐卖妇女儿童案犯79人。严厉打击这类犯罪分子，维护了社会秩序，震慑了犯罪，群众拍手称快。

——切实履行侦查监督和审判监督职能，保证严格执法。各级检察机关对有罪不究和提请批捕、移送起诉经审查无罪的，依法予以纠正，全年不批准逮捕799人，不起诉82人；追加逮捕人犯84人，追加起诉犯罪分子21人。对有关执法部门有罪不究、以罚代刑经提出意见仍不纠正的，检察机关依法直接立案侦查，决定逮捕，提起公诉，推动严格执法。各级检察机关还注意对侦查活动中的违法行为及时提出纠正意见，纠正侦查机关违法案件37件76人次。

审判监督重点抓了对有罪判无罪、重罪轻判和轻罪重判等错判案件的抗诉工作。全省各级检察机关去年共对58件认为确有错误的刑事判决提出了抗诉，法院已审结18件，改判8件。各级检察院还对审判活动中的违法行为及时提出纠正意见。

三、认真查处“侵权”、渎职案件，积极开展其他各项检察业务

1993年各级检察机关认真贯彻全国法纪检察工作会议精神，积极查处“侵权”、渎职犯罪案件。全年共受理各类法纪案件679件，立案侦查174件，其中大案要案23件，比上年上升35%；特大案件8件。各级检察机关重点查办了影响恶劣、群众反映强烈的徇私舞弊、刑讯逼供、非法拘禁、玩忽职守和重大责任事故等五类重点案件，共立案132件，占立案总数的75.9%。其中，追究司法人员26人。在查处“侵权”、渎职案件的同时，各地检察机关注意在法纪罪案中发现和查处贪污贿赂犯罪，扩大办案效果。通过对大案要案和重点案件的查处，带动了法纪检察工作的全面开展，有力地打击了犯罪，保护了公民的民主权利和人身权利。

监所检察工作坚持“一手抓执法监督、一手抓办案”的指导思想，及时检察纠正了部分监管场所发生的各种违法问题；积极查处了监管改造场所发生的各类犯罪案件。一年来共办理在监管改造场所发生的各类犯罪案件137件243人；向监管改造单位发出书面检察建议103人（次），提出口头检察建议829人（次）；纠正超期羁押问题。维护了监管改造秩序。

民事行政检察工作去年有较大的发展。全省各级检察院健全机构，培训干部，克服困难，积极办案，加强了对民事审判和行政诉讼活动的监督。全年共受理不服法院判决的民事行政案件168件，经审查立案54件，已提请抗诉7件。在对民事、行政诉讼活动的监督中，提出检察建议13件，有3件被法院采纳，改变了原审判决。

控告申诉检察工作在及时处理群众来信来访的同时，把办好各类控告申诉案件作为严格执法、强化监督职能的重点工作来进行。全年共办理控告申诉案件352件，其中，复查刑事申诉案件102件，依法纠正24件。根据最高人民检察院的要求，在全省开展了文明接待活动，取得了较好效果。张掖分院控申接待室还被最高人民检察院授予“全国文明接待室”称号。

认真做好检察环节的综合治理工作。各级检察院利用出庭支持公诉，参加法庭调查和辨论，发表公诉词等方式揭露犯罪，宣传法制。全年共出庭支持公诉5533次，发表公诉词5137份。对发案单位存在的隐患积极提出整改意见和检察建议。不少检察机关经常派出干警深入煤矿、电力、建筑等事故多发单位，举办学习班，进行安全教育，加强对重大责任事故的预防工作。各级检察院还加强了对免予起诉人员的考察、教育；建立了综合治理联系点，加强了对未成年人犯罪的预防、教育、挽救工作；开展对诱发犯罪原因的社会调查和专题研究，提出了预防对策，取得了较好的效果。

四、认真开展执法检查，纠正执法不严的问题

根据省人大常委会的安排和最高人民检察院的要求，去年检察机关重点检查了对《刑法》、《刑事诉讼法》、全国人大常委会《关于惩治贪污罪贿赂罪的补充规定》和《关于禁毒的决定》等有关法律的执行情况。

各级检察院把执法检查作为提高执法水平、总结和考核执法活动的大事，以反贪污贿赂和打击严重刑事犯罪为重点，采取“条块结合、各负其责，密切配合、齐抓共管”的方法，做到了全面检查与重点抽查相结合；查阅案卷与会议座谈相结合；个人审查与集体把关相结合；自查自纠与专门检查相结合。为了保证执法检查的实际效果，省检察院于八月初组成五个工作组，由院领导带队深入基层进行督促检查。从检查情况看，各级检察院所办案件绝大多数事实清楚，证据充分，定性准确，程序合法。但也存在一些问题，主要是：个别案件存在错捕、错诉和漏捕、漏诉的问题；个别案件定性不准、免予起诉不当，有的将罪该起诉的作了免予起诉处理，有的将不构成犯罪的作了有罪处理；侦查监督和审判监督工作仍比较薄弱。

对于执法检查中发现的问题，属于检察机关自身执法不严的，绝大多数已得到纠正，属于有关部门的问题，及时提出了纠正建议。我们还要求全省各级检察机关要把各项工作自觉置于人民群众的监督之下，定期向党委和人民代表大会及其常委会报告工作，认真负责地办理党委、人大交办的事项和人大代表的议案、建议，加强与人大代表的联系，虚心听取他们的批评、意见，使检察机关接受人大监督进一步规范化，更好地保证国家法律的统一正确实施。

五、加强队伍建设，提高执法水平

一年来，各级检察院坚持依法建院、从严治检的方针，按照建设一支政治强、业务精、纪律严、作风硬的检察队伍的要求，加强了队伍的思想、组织、制度和作风建设。

一是加强了思想政治工作。各地检察机关把学习政治理论与开展反腐败斗争，加强队伍建设与抓好各项业务工作紧密结合起来，组织全体干警认真学习党的十四大、十四届三中全会精神和《邓小平文选》第三卷，用建设有中国特色的社会主义理论武装广大干警的头脑。特别是通过对邓小平同志“两手抓，两手都要硬”的一系列论述的学习，克服了思想上的片面性，较好地处理了严格执法与狠抓办案，打击犯罪与服务经济的关系。提高了贯彻党的基本路线的自觉性，增强了深入开展反腐败斗争的信心，为全面履行法律监督职责奠定了良好的思想基础。二是切实加强了各级领导班子的建设。全省三级检察长的换届工作顺利完成，一批熟悉法律、政策和检察业务的优秀中青年干部走上了领导岗位。各级检察院的领导班子认真执行民主集中制原则，注意发挥班子的整体效能，带动广大干警积极开展工作。同时，按照“四化”方针和德才兼备的原则，还积极进行了后备干部的选拔和培养，干部队伍建设进一步加强。三是加强了干部的教育培训工作。岗位培训重点抓了干部职务培训和法律（检察）专业证书教育。举办了基层正副检察长培训班、新进干部培训班和刑事、税务、控告申诉等检察业务培训班，有 174 人接受了培训。有 957 名干部参加法律（检察）专业证书学习。检察队伍的整体文化素质和专业水平都有了新的提高。四是围绕严格执法，搞好自身反腐败工作。按照党中央、省委和最高人民检察院关于廉洁自律的规定，全省检察机关县、处级以上干部集中进行了对照检查和自查自纠；坚决制止纠正了极少数检察院乱收费等违纪现象；加强内部纪检、监察工作，共查处本系统干警违法违纪案件 10 件 13 人，清调了 24 名不适合做检察工作的人员。各级检察院进一步加强勤政廉政制度建设，健全内部监督制约机制，从制度上保证检察人员廉洁自律。五是认真开展了特约检察员工作。

1993 年，广大检察干警在任务繁重、条件困难的情况下，发扬了忠于职守、无私奉献、艰苦奋斗、连续作战的革命精神，在工作中涌现出了一大批先进集体和先进个人。甘南州院副检察长刘锦汉同志被评选为全国优秀检察官，有 4 个集体、36 名干警受到省委的表彰奖励，有 37 个单位和 61 名干警被评为全省检察系统先进集体和先进工作者。

1994 年是我国深化改革、加快发展的极其重要的一年。改革开放的新形势对检察工作提出了更高、更新的要求。去年年底召开的全国检察长工作会议，根据党的十四大和十四届三中全会精神，提出了关于进一步强化法律监督职能，保障社会主义市场经济体制建立和发展的意见，确定了当前和今后一个时期检察工作的主要任务。今年年初全省检察长工作会议对我省今年的检察工作又进行了全面部署。我们要求全省各级检察机关要认真贯彻，抓好落实，继续坚持严格执法，狠抓办案的工作方针，争取在打击贪污贿赂等职务犯罪、查办大要案，特别是查办要案中的大案有新突破；在严格执法、强化法律监督方面有新进展；在加强队伍建设、廉洁自律、秉公执法方面有新提高。

一是用严格执法统揽检察工作全局。抓住机遇，深化改革，扩大开放，促进发展，保持稳定，是今年全党工作的大局。检察工作要紧紧围绕这个大局，自觉服从这个大局，积极查办贪污贿赂等经济犯罪大要案，严厉打击各种犯罪活动，维护政治稳定和社会稳定，为改革开放和现代化建设创造良好的法制环境，促进社会主义市场经济体制的建立和发展。二是继续深入开展反贪污贿赂斗争，把惩治贪污贿赂等职务犯罪，作为检察机关开展反腐败斗争的长期任务，以查办发生在党政领导机关、司法部门、行政执法部门、经济管理部门及其工作人员的犯罪案件为重点，集中力量，着重查办领导干部贪污受贿犯罪案件，司法和行政执法人员徇私舞弊、贪赃枉法、包庇犯罪等执法犯法案件，以及法人犯罪案件，推动反腐败斗争取得新的阶段性成果。三是坚持“严打”斗争，严厉打击严重刑事犯罪活动。重点打击在我省反映突出的杀人、抢劫、强奸、重伤害、贩毒、重大盗窃、拐卖妇女儿童等严重犯罪活动。积极参加围歼“车匪路霸”、反盗窃、扫“黄”、除“六害”等专项斗争。积极开展国家安全检察工作。认真搞好检察环节的社会治安综合治理工作。四是加强执法监督，认真查办不依法办案，不严格执法的犯罪案件。对司法部门、行政执法部门工作人员滥用职权，以权谋私，贪污、受贿、徇私舞弊、私放罪犯、刑讯逼供、非法拘禁、玩忽职守等构成犯罪的，坚决查办，依法追究刑事责任，树立法律监督的权威。五是进一步加强各级检察院领导班子的建设，积极做好后备干部的选拔和培养；重点抓好干部任职资格培训，晋升职务培训；加强经济理论、经济法规和新的改革政策的学习；坚决查处干警中发生的各种违法违纪事件，搞好自身反腐败工作。

新的一年里，全省检察机关在省委和人大的领导、监督下，将继续发扬成绩，克服困难，勤奋工作，开拓进取，在建设社会主义市场经济体制的伟大事业中，在加强社会主义民主法制建设中做出新的成绩。

青海省人民检察院工作报告（摘要）

——1994年3月3日在青海省第八届人民代表大会第二次会议上

青海省人民检察院检察长　张济民

（1994年3月5日青海省第八届人民代表大会第二次会议通过）

1993年的主要工作

1993年，我省检察机关在党的十四大和十四届三中全会精神指引下，认真贯彻落实省委、最高人民检察院的安排部署和省八届人大一次会议审议批准的工作任务，以“严格执法，狠抓办案”统揽检察工作全局，坚持不懈地开展反贪污贿赂斗争，严厉打击严重刑事犯罪活动，认真查办“侵权”、渎职犯罪，积极开展其他各项检察业务工作，为我省政治稳定、社会安定、民族团结、经济发展做出了新的成绩。

（一）深入开展反腐败斗争，积极查办贪污贿赂大要案件

各级检察机关坚持把惩治贪污贿赂等经济犯罪作为检察工作的重点和中心，作为为改革开放和经济建设最重要最直接的服务，思想上不动摇，工作上不松劲，狠抓案件的查处工作。1993年共受理贪污贿

赂等经济犯罪案件举报线索429件，立案侦查211件，其中贪污贿赂罪案147件，占立案总数的69.7%，万元以上大案124件。在立查的贪污贿赂等经济犯罪案件中，一至五万元的96件，六至十万元的16件，十一至五十万元的8件，五十万元以上的4件。县处级以上干部犯罪要案15件，其中厅级2件。大案要案比1992年上升27.5%。到1993年底，已侦查终结158件191人，依法决定逮捕经济案犯92人，向人民法院提起公诉85人，免予起诉48人。尚有53件正在侦查中。通过办案，追缴赃款、赃物折价和非法所得以及为国家、集体挽回经济损失共1000余万元。

江泽民总书记1993年8月份在中纪委第二次全体会议发表重要讲话后，全党动员，党政一起抓，人民群众积极响应，形成了有利的反腐败大气候。各级检察机关在狠抓自身反腐败的同时，把查办贪污贿赂等大要案件作为一项重大的政治任务，采取了一系列措施，实行检察长办案责任制，加强统一指挥和协调，逐个排查群众举报的大案要案线索，迅速侦破了一批大案要案。在1993年立案侦查的贪污贿赂等经济罪案中，9至12月立案的占全年立案总数的54%，15件县处级以上领导干部犯罪的要案有11件是9至12月立查的。9至12月还对19件厅级干部的举报线索进行了初查，对不构成犯罪的转有关部门处理，有的澄清了事实，有的还正在初查。

1993年还加强了对假冒商标、偷税、抗税和骗税案件的查处工作。

（二）严厉打击严重刑事犯罪活动，维护我省的政治稳定和社会安定

1993年，全省检察机关继续坚持“严打”方针，积极参加社会治安综合治理，维护我省政治稳定和社会安定，全年共受理公安机关提请批捕人犯3451人，审结3321人，占受理数的96.2%。受理公安机关移送起诉和免予起诉的案犯3496人，审结2970人，占受理数的84.9%，其中提起公诉2735人，免予起诉192人，不起诉43人。

——对杀人、抢劫、强奸、爆炸、制贩盗抢枪支等恶性案件和重大犯罪团伙，坚持依法从重从快方针和“两个基本”的原则，及时提前介入，快批捕，快起诉。全年批捕这几类案犯1319名，提起公诉1152名。

——积极配合公安机关开展禁毒、禁娼，打击“车匪路霸”等专项斗争和专项治理。共受理这类案犯120名，批捕113名，起诉91名。

——加强了侦查监督和审判监督。1993年，对184名人犯作出不批捕决定；对20名人犯进行了追诉；对侦查活动中的违法行为提出纠正意见5件（次）；对18件认为确有错误的判决、裁定依法向人民法院提出了抗诉。

（三）加强法纪检察，全面开展各项检察业务

全省检察机关认真贯彻全国法纪检察工作会议精神，加强了对“侵权”、渎职案件的查处。全年共受理各类“侵权”、渎职案件线索195件，立案侦查52件，其中重特大案件7件。在办案中，把重点放在查办刑讯逼供、非法拘禁、徇私舞弊和玩忽职守、重大责任事故等犯罪案件上。共查办公安、司法人员和企业保卫人员犯罪案件13件24人。

在突出重点同时，全面开展了其他各项检察业务。监所检察工作加强了监管改造场所执法活动和刑事判决、裁定执行情况的监督，依法查处监管人员贪污受贿、体罚虐待被监管人员和私放罪犯等案件9件，依法惩处犯人又犯罪案件15件28人，

维护了监管改造场所的正常秩序。控告申诉检察部门共受理群众举报 849 件，要案线索 151 件，受理来信来访 2167 件（次），处理 2162 件（次），立案查处各类申诉案件 57 件。民事行政检察工作已步入轨道，对不服人民法院判决、裁定的民事、行政和经济案件已开展了抗诉工作。

（四）搞好自身反腐败，加强队伍建设

1993 年，在各级党委和人大的重视、支持下，顺利实现了县级院检察长的换届，大部分班子有朝气、有活力，工作有成效。干部培训工作得到了加强，开办了检察专业证书班。全省检察干警深入开展学习党的十四届三中全会《决定》和《邓小平文选》第三卷，认真学习中央关于开展反腐败的指示，按照省委和最高人民检察院的统一部署，采取有力措施，深入开展自身反腐败斗争。各级检察院对照中央提出的廉洁自律的五条规定、省委的十条规定和最高人民检察院的四条要求，召开民主生活会，进行了认真地自查自纠。按照中政委和最高人民检察院的要求，对利用检察职权乱收费、乱罚款等问题，进行了清理整顿。对检察机关自办和挂靠的各类经济实体作了撤销和脱钩处理。对 15 名违法违纪的检察干警作了党政纪处理，保持了检察队伍的整体素质。

1993 年工作的主要做法

（一）以“严格执法，狠抓办案”的工作方针统一全省检察干警的思想和行动

最高人民检察院于 1993 年 4、5 月份，提出了“严格执法，狠抓办案”的总体工作思路。我们结合青海的实际，要求全省各级检察机关积极贯彻这一工作方针，严格执法，狠抓办案，强化法律监督职能。第二季度立查案件数比第一季度上升 34.9%。第三季度，根据全国检察长座谈会、最高人民检察院西北片会和中纪委二次全会精神，认真落实中央关于开展反腐败斗争的部署，要求各级检察院在搞好自身反腐败的前提下，集中优势兵力，排查案件线索，迅速开展了查办大要案件的工作。

（二）积极办案，集中力量查办大要案件，依法妥善处理小案

为了贯彻落实中央关于在反腐败斗争中查办一批大案要案的部署和最高人民检察院关于“严格执法，狠抓办案”的工作方针，全省各级检察机关继续把集中力量查办大案要案作为检察工作的中心环节来抓。在强调积极办案的前提下，要求集中优势力量，优先办理大案要案。在没有大要案的情况下，要重视小案的查办，并从查办小案中发现大案要案。9 至 12 月四个月立查的大案要案数占全年大案要案数的 54%，大于前八个月的总和，比 1992 年同期增加了 2.8 倍，大案要案比例高于以往任何一年。实践说明，严格执法，狠抓办案，集中力量查处大要案，依法妥善处理小案，带动各项检察业务开展，整个检察工作就会出现新的局面。

（三）发动群众举报，坚持依靠群众与专门工作相结合

1993 年 8 月份以后，全省检察机关通过发表电视谈话、新闻发布会、重新公布举报电话和在报刊、广播中开辟专栏等形式，向社会各界通报检察机关开展反贪污贿赂斗争的成果和查办大案要案的情况，曝光了一批有影响的大要案件，极大地调动了人民群众的举报热情。9 月至 12 月，全省检察机关共收到各类举报线索 561 件，占全年举报数的 66.1%。现在，检察机关立查的贪污贿赂、“侵权”、渎职等案件，70%以上来自群众举报。

（四）检察长带头办案

在 1993 年的工作中，省检察院和州、

分、市检察院领导，深入到基层检察院，排查线索，分析案情，督办案件，具体指导，真抓实干，有效地推动了案件的办理。许多基层检察院的检察长，即是指挥员，又当侦察兵，带领干警，同心协力，查办了一批大要案件。省检察院为了发挥总体作战的能力，成立了重大贪污贿赂罪案侦查指挥中心，统一协调、指挥全省检察机关侦查大案要案的工作。

（五）开展调查研究，做到心中有数

建立和发展社会主义市场经济体制的新形势，给检察工作提出了新的更高的要求，为适应不断变化的客观形势，省检察院和州、分、市检察院针对检察工作的重点、难点、薄弱环节和工作进程中的突出问题，深入基层，调查研究，提出对策，做到较准确地区分罪与非罪的界限，对指导工作起了重要作用。

1994 年工作的基本部署

1994 年我省检察工作的任务是：以党的十四届三中全会和省委八届二次全委会议精神为指针，落实全国政法工作会议和全国检察长工作会议精神，强化法律监督职能，严格执法，狠抓办案，深入开展反腐败斗争，集中精力查办贪污贿赂等大案要案，严厉打击各种刑事犯罪活动，保护公民合法权益，维护青海的政治稳定和社会安定，为社会主义市场经济体制的建立和发展创造良好的法制环境。

（一）以严格执法、狠抓办案的工作方针统揽各项检察工作。当前法制建设中有法不依、执法不严、违法不究的问题还相当严重；以言代法、以权压法、以罚代刑的现象以及地方保护主义、部门保护主义干扰执法的问题时有发生；少数执法人员执法犯法，徇私舞弊，贪赃枉法，影响极坏；群众对社会治安不好，打击不力的问题很有意见；种种不严格执法的现象，严重侵犯了公民的合法权益，损害了法制的统一和权威。因此，作为行使法律监督职能的检察机关，必须切实履行自己的职责，坚定不移地坚持“严格执法、狠抓办案”的工作方针，下大气力纠正不严格执法的问题。

（二）集中力量查办大案要案，推动反腐败斗争不断深入。查办发生在党政领导机关、司法部门、行政执法部门和经济管理部门工作人员中的犯罪案件，是这场反腐败斗争的重点。而查处县处以上特别是重点部门的领导干部万元以上的犯罪案件，则是重中之重，要发现一件，坚决查办一件，不论涉及到什么人，都要一查到底。同时，要严肃查办发生在机关、团体、企事业单位的行贿、受贿、走私、偷税、抗税、骗税、假冒商标、生产销售伪劣商品等违法犯罪案件，要选择典型，重点突破，依法追究。并注意深挖与法人犯罪相关的国家工作人员贪污、受贿、挪用公款、徇私舞弊、玩忽职守等职务犯罪和不严格执法构成犯罪的案件。

（三）坚持“严打”方针，增强打击力度，严厉打击严重刑事犯罪活动。要继续坚持依法从重从快的方针，提高“严打”的水平和效果。对杀人、抢劫、强奸、爆炸、盗抢枪支等暴力犯罪；对“车匪路霸”、盗窃团伙、流氓团伙，特别是带有黑社会性质的犯罪；对制贩毒品、淫秽物品犯罪和拐卖、绑架妇女、儿童犯罪；对盗窃破坏重要生产资料和通讯、电力、交通设备等犯罪，在坚持“两个基本”的原则下，要提前介入，快批捕，快起诉，及时打击。

（四）加强法纪检察和执法监督。法纪检察工作的重点是，查办影响恶劣、群众反映强烈的司法人员和行政执法人员徇私舞弊、刑讯逼供、非法拘禁等犯罪案件。进一步加强执法监督：一是加强侦查监督，对有罪不究、以罚代刑的重大刑事案件，要提出检察建议或依法直接立案侦查；二是加强刑事审判监督，对重罪轻判、有罪判无罪和认为确有错误的判决、裁定要依法提出抗诉；三是加强民事行政检察，对在民事和行政审判活动中索贿受贿、贪赃枉法导致错判的审判人员要依法查处，对民事和行政判决、裁定明显不公的要依法提出抗诉；四是加强监所检察，重点查办不按法律规定交付执行、以钱抵刑的违法犯罪案件和监管人员贪污、受贿、"侵权"、渎职犯罪案件，及时检察纠正在办理减刑、假释、保外就医工作中出现的乱收费等违法情况，坚决打击"牢头狱霸"哄监闹事等再犯罪活动。

（五）进一步鼓励群众举报。要采取多种形式，鼓励、方便群众举报。对每一起案件线索，都要认真对待，严格管理。凡属检察机关管辖的，都要及时查处，及时反馈。对其中涉及领导干部和重点部门的大要案线索，要由各级检察长直接掌握并组织查办。及时奖励举报有功人员，严肃查处打击报复举报人的案件。

（六）加强检察队伍建设。我们必须继续抓好检察队伍自身的反腐败工作，组织全省检察干警深入学习《邓小平文选》第三卷和十四届三中全会《决定》以及中央关于政法干部廉洁自律的规定，建立各项勤政廉政制度，搞好队伍建设，适应反腐败斗争的需要，从思想上、组织上保障检察机关反贪污贿赂工作的顺利开展。同时，要加强上级检察院对下级检察院的领导，按照最高人民检察院《关于检察机关接受人民代表大会及其常委会监督的规定》，更加自觉地把接受人大及其常委会的监督工作规范化、制度化。

宁夏回族自治区人民检察院工作报告（摘要）

——1994年4月15日在宁夏回族自治区第七届人民代表大会第二次会议上

宁夏回族自治区人民检察院检察长 马钊

（1994年4月16日宁夏回族自治区第七届人民代表大会第二次会议通过）

一、坚决贯彻党中央、区党委关于反腐败斗争的统一部署，集中力量查办贪污贿赂等犯罪大案要案

1993年，全区检察机关共受理群众举报贪污贿赂等经济犯罪线索611件，比1992年上升22.7%。立案侦查247件，比1992年上升11.3%。在立案侦查的案件中，贪污贿赂案154件，比1992年上升22.2%；万元以上大案88件；挪用公款案65件；偷税、抗税案件16件；假冒商标案件5件。立案查处犯有上述罪行的县处级干部8人。全年共向人民法院起诉上述各类案犯117人；免予起诉87人，比1992年下降24.3%。通过办案，追缴赃款赃物折合人民币477.64万元。

1993年8月中纪委第二次会议之后，在各级党委的统一领导下，在各级人大及其常委会的监督支持下，全区各级检察机关态度坚决，行动迅速，采取了一系列措施。加强举报工作，向社会重新公布举报电话；大力开展宣传活动，召开新闻发布会，作反腐败斗争形势专题报告，发动广大干部群众积极举报；加强对要案线索的初查工作；加强上级检察院对下级检察院查办大案要案工作的领导，强化侦查工作的统一指挥和协调配合；实行检察长办案责任制，排除办案中的干扰、阻力。查办大案要案工作取得一定成绩，全区各地出现了深入开展反腐败斗争的好势头。一是受理举报线索大幅度增长；二是举报重点突出；三是侦破案件多，立案数增加，查处的大案要案多。检察机关集中力量查办大案要案，推动了反腐败斗争的深入开展。

(一)查办了一批党政机关工作人员特别是领导干部贪污受贿等犯罪案件。如银川市劳动就业局局长、党支部书记陈凤歧，从1992年12月到1993年4月，与银川市财政局农财科科长孟宪肃、银川市劳动就业服务局待业保险科科长滕立祥等人共同策划，利用职权分别从本单位及下属单位挪用公款10万余元，转到陈凤歧儿子个人开的玉祥电器商行，用于个人做计算机生意，从销售联想286微机中获纯利4.6万元。陈凤歧从中分得8000多元，其余由孟宪肃等人私分。1993年6月至7月，陈凤歧还利用职权，从银川市劳动就业局给区药材公司康华医药经营部贷款10万元，将月息1%的贷款利息6000元据为己有。经查实，陈凤歧共贪污公款1万余元，挪用公款7万余元，受贿4000元，非法所得6万余元(已起诉)。虽然以上犯罪分子在党政干部中只占极少数，但影响很坏，危害极大，它不仅直接败坏党风，损害党和政府与人民群众的血肉联系，而且严重影响了社会风气，影响着社会的稳定。因此，反腐败必须从领导机关、领导干部抓起，把查办党政机关领导干部的案件作为重点，发现一件，坚决查办一件。

(二)查办了一批司法人员、行政执法人员贪污贿赂犯罪案件。如同心县公安局予旺派出所户籍警张耀权、河西派出所内勤杨志福收受贿赂案。1991年11月至12月，张耀权利用职务之便，先后六次给铁路十七局三处职工非法办理非农业户口迁移证12份，收受贿赂4.1万元。杨志福也利用同样手段，非法办理非农业户口迁移证5份，收受贿赂2.15万元。行政执法部门的典型案件有：银川市工商局机动车辆交易管理站会计兼出纳董凤兰(女)贪污公款13.9万余元案；平罗县税务局市场税务所助征员马绍新贪污税款3.2万余元案等。检察机关查办司法人员和行政执法人员执法犯法案件，对维护国家法律的严肃性和公正性，维护国家行政管理秩序、保护社会主义市场经济体制的建立，纯洁执法队伍，具有重要的意义。

(三)查办了一批发生在金融等经济管理部门工作人员中的贪污贿赂等犯罪案件。1993年下半年以来，我区检察机关认真贯彻党中央、国务院关于加强宏观调控措施的决策，紧密配合金融系统对金融秩序的整顿，对发现和揭露出来的贪污、贿赂、挪用公款等犯罪案件，及时果断查办，是历年来查办金融系统案件最多的一年。检察机关查办金融等经济管理部门工作人员的犯罪案件，有力地促进了国家加强宏观调控、整顿金融秩序重大决策的贯彻落实。

(四)查办了一批犯罪数额巨大的重大案件，严厉打击了假冒商标犯罪活动。1993年，我区检察机关查办万元以上大案所占比例高达35.6%，是历年来最高的。其中五万元以上不满十万元的14件，十万元以上的18件。我们宁夏虽属不发达的边远少数民族地区，但生产假冒商品的犯罪活动也时有发生，并出现了增长势头。为了维护消费者的利益，保护正常竞争，保障社会主义市场经济体制的建立，我区检察机关严格执行全国人大常委会关于惩治假冒注册商标犯罪和惩治生产、销售伪劣商品犯罪活动的法律规定，加强“打假”工作，取得了突破性进展。

当前反腐败斗争形势很好，正在深入发展，但也还存在不少问题。主要是：有的地方、部门的领导对“两手抓，两手都要硬”的方针缺乏正确理解，因而反腐败工作发展不平衡；有的单位对发现的犯罪线索，没有移送司法机关查处。从检察机关自身看，有的检察机关秉公执法的勇气不足，不敢碰硬，存在畏难情绪，缩手缩脚，行动迟缓，措施不够有力；少数干警执法水平还不适应斗争需要，发现犯罪和证实犯罪的总体水平仍有待提高。不少地方检察院办案经费紧缺，交通和技术装备落后，也阻碍了查办大案要案工作的顺利进行。这些问题和困难要在今后工作中加以解决。总之，我们要肯定成绩，看到问题，总结经验，保持清醒的头脑，继续下功夫把反腐败斗争搞得更好。

二、依法严厉打击严重刑事犯罪活动，维护政治稳定和社会安定

过去的一年里，在各级党委的领导和人大及其常委会的监督支持下，我区检察机关与其他政法机关一道，加强了打击刑事犯罪和社会治安综合治理工作，开展了各种形式的“严打”斗争，妥善处置了影响较大的事件，维护了我区的政治稳定和社会安定。1至12月，全区检察机关共受理公安机关提请批捕人犯3824名，批准逮捕3287名；受理公安机关移送起诉案犯3841名，已提起公诉3047名。

严重刑事犯罪活动近年来一直是社会热点问题之一。对此，我们高度重视，始终把严厉打击严重刑事犯罪工作作为检察机关的又一项重要任务来抓，与公安、法院等政法机关密切配合，针对刑事犯罪活动中的突出问题，开展了多种形式的集中打击和重点整治活动。各级检察机关充分发挥职能作用，坚持依法从重从快方针和“基本事实清楚，基本证据确凿”的原则，提前介入公安机关对重特大刑事案件的侦查、预审活动，及时批捕、起诉公安机关提请批捕、移送起诉的严重刑事案犯，做到快捕快诉。在两个阶段的集中统一行动中，全区检察机关共批捕人犯2321人，提前介入重特大案件68件158人。

在开展“严打”斗争的同时，各级检察院狠抓了检察环节上社会治安综合治理其他措施的落实。积极参加对治安混乱、问题较多的地区、地段、路段进行重点治理活动，把打击与治乱结合起来；通过出庭公诉、公开免予起诉、到中小学讲法制课等形式以案说法，宣传法制；办案中注意发现有关单位管理中存在的隐患，及时提出检察建议，督促整改，堵塞漏洞；重视和改进对未成年人犯罪案件的审理工作，注意体现“教育、感化、挽救”方针等等。通过这些工作，在消除各种不安定因素，预防和减少犯罪，维护社会治安等方面取得了良好的社会效果。

当前，我区社会治安总体上是稳定的，但治安形势仍然严峻。敌对势力和敌对分子正在加紧破坏活动；重大恶性刑事案件增多；一些地方治安混乱，问题突出；深化改革涉及到利益关系的调整，会出现新的矛盾和问题，不安定因素可能增多；在工作中，对刑事犯罪活动打击不力的问题在一些地方依然存在。因此，维护稳定的任务十分繁重。我们要充分发挥人民民主专政工具的重要职能作用，与公安、法院等部门密切配合，坚决依法打击各种危害国家安全的反革命犯罪和严重刑事犯罪，正确处理人民内部矛盾，努力维护国家政治稳定和社会安定，为改革开放和现代化建设创造良好的治安秩序和稳定的社会环境。

三、加强执法监督，促进严格执法

（一）加强侦查监督，重点抓有罪不究、以罚代刑的问题。我区各级检察机关依法严格履行对公安机关侦查活动实施法律监督的职责，在审查批捕和审查起诉活动中，共对35名人犯作出追捕决定，对17名人犯进行追诉。同时，对侦查活动中违法情况及时提出纠正意见。

（二）加强刑事审判监督，重点抓对有罪判无罪、重罪轻判和轻罪重判等错判案件的抗诉工作。1993年，全区检察机关共对12件确有错误的刑事判决提出抗诉，同时对审判活动中的违法情况及时提出纠正意见。

（三）加强法纪监督，重点查办在我区影响恶劣、群众反映强烈的刑讯逼供、徇私舞弊、非法拘禁、玩忽职守和重大责任事故“五类”案件，特别是其中的大案。1993年，全区检察机关共立案查处法纪案件71件，其中重特大案件7件。

（四）民事行政检察、监所检察、控告申诉检察工作得到进一步加强。

检察机关通过加强执法监督，对推动有关部门严格执法，保障国家法律的统一正确实施，保护公民的民主权利和人身权利，都产生了积极的作用。当前，建立社会主义市场经济体制的新形势迫切要求加强执法监督，树立国家法律的权威。因此，要进一步加强法律监督工作。

四、坚持从严治检方针，加强检察队伍建设

一年来，各级检察院在抓好业务工作的同时，加强了自身的思想建设、组织建设、制度建设和作风建设，坚持从严治检的方针，努力建设一支政治强、业务精、纪律严、作风硬的检察队伍。特别是认真抓了各级检察院的领导班子建设。1993年通过换届，全区大多数检察院调整充实了领导班子。换届后的检察长年龄较上任检察长平均下降4.05岁，专业知识、文化程度都有所提高。

加强了思想政治工作。认真组织干警学习党的“十四”大精神和《邓小平文选》第三卷，用邓小平同志建设有中国特色社会主义的理论武装头脑，增强贯彻党的基本路线的坚定性和自觉性。全区检察机关普遍开展了严格执法的教育，全心全意为人民服务的宗旨教育，廉政勤政教育。许多检察院把思想政治工作纳入岗位目标进行考核，进一步加强了思想政治工作。

认真开展了自身反腐败斗争。各级检察院领导干部严格对照中央关于廉洁自律的规定，开展了自查自纠。在此基础上，又认真组织开展了一年一度的执法执纪大检查。

加强了各项勤政廉政制度建设，健全内部监督制约机制，从制度上保障检察人员廉洁自律。

近年来，我们一直把检察干部教育培训工作作为一项战略性任务来抓，加强了对在职人员的业务培训。1993年，重点抓了任职资格培训、晋升职务培训和知识更新培训，检察队伍的文化素质和专业水平有了新的提高。

积极开展争先创优活动。我区各级检察院在完成工作任务中对表现突出的集体和个人，及时进行评选、推荐和表彰奖励。据不完全统计，1993年全区共表彰先进集体49个，先进个人173名；有41名同志被评为优秀党员、民族团结进步先进个人等，受到地方党委、政府的表彰；在全国检察系统开展的“十大杰出检察官”评选活动中，银川市新城区检察院副检察长李华德同志被评为全国优秀检察官。通过表彰树立先进典型，弘扬了正气，激励了士气，促进了队伍的思想作风建设。

我区各级检察机关认真执行最高人民检察院制定的《关于检察机关接受人民代表大会及其常委会监督的规定》，自觉接受国家权力机关的监督，定期向同级人民代表大会及其常务委员会报告工作；认真贯彻落实人民代表大会及其常委会作出的决议，接受人大常委会的执法监督；认真负责地办理人大交办的事项和人大代表的议案、意见和建议；加强与人大代表的联系，虚心听取人大代表对检察工作的批评、意见和建议，不断改进工作，促进了检察事业的发展。

根据党的十四届三中全会精神和八届全国人大二次会议精神，当前和今后一个时期检察工作的主要任务是：坚持以邓小平同志建设有中国特色社会主义理论为指导，贯彻党的十四大、十四届三中全会和八届全国人大二次会议精神，坚持“两手抓，两手都要硬”的方针，强化法律监督职能，严格执法，狠抓办案，集中力量查办贪污贿赂等犯罪大案要案，打击各种犯罪活动，保障公民合法权益，维护政治稳定和社会安定，为改革开放和现代化建设创造良好的法制环境，保障社会主义市场经济体制的建立和发展。我们要在过去工作的基础上，扎扎实实地把工作推向前进。要继续集中力量查办大案要案，特别是领导干部犯罪的要案。对揭露出来的问题，要认真查处，一个问题一个问题地解决，一个案子一个案子去查处，不论案件涉及到什么人，都坚决一查到底，决不手软。对于袒护罪犯构成犯罪的，要绳之以法。一定要牢固树立持久作战的思想，一个阶段一个阶段地把工作推向前进，决不能让腐败行为有“宽松的环境”，决不能让腐败分子为所欲为，逍遥法外。同时，要继续坚持依法严厉打击严重刑事犯罪活动；加强执法监督，严肃查办执法犯法的各种犯罪案件；依法查办法人犯罪案件。坚持依法建院、从严治检方针，进一步加强检察机关自身建设，使检察队伍的整体素质和战斗力提高一步，在建设社会主义市场经济体制的伟大事业中做出新的贡献。

新疆维吾尔自治区人民检察院工作报告（摘要）

——1994年2月27日在新疆维吾尔自治区第八届人民代表大会第二次会议上

新疆维吾尔自治区人民检察院检察长　米吉提·库尔班

（1994年3月2日新疆维吾尔自治区第八届人民代表大会第二次会议通过）

在过去的一年里，自治区检察院领导全区各级人民检察院，认真贯彻党的十四大和自治区八届人大一次会议精神，以维护自治区的政治稳定和社会安定，服务改革开放和经济建设为基本任务，严格执法，狠抓办案，集中力量查办贪污贿赂等大案要案，严厉打击严重刑事犯罪活动，全面开展各项检察工作，在维护自治区的政治稳定和社会安定，保障改革开放和经济建设中发挥了重要作用。

一、坚决开展反腐惩贪斗争，集中查办大案要案

1993年受理贪污贿赂等经济犯罪案件2161件，立案侦查933件，其中，贪污贿赂案633件，大案要案434件。已审结621件，提起公诉336件424人。为国家和集体挽回经济损失3006.95万元。

1、统一思想，明确认识，精心部署。1993年年初我们对反腐惩贪工作进行了全面安排和部署，8月以后，检察机关认真贯彻中央反腐败指示精神，深入学习，统一思想，提高认识。进一步提高了对腐败现象的严重性、危害性和危险性以及开展反腐败斗争的必要性、紧迫性和长期性的认识。明确越是改革开放越要反腐惩贪，从而增强了使命感和责任感，以战斗的姿态投入到反腐惩贪斗争中。各级领导带头，干警奋力拼搏，上下一心，真抓实干，突出重点，狠抓办案，坚决果断地查办了一批大案要案，反腐惩贪斗争取得了突破性进展。

2、集中精力查办大案要案。查办大案要案是反腐败斗争深入的主要标志，是检察机关开展反腐惩贪斗争的重要内容。我们根据中央的决策和最高人民检察院的要求，牢牢把握主攻方向，突出打击重点，集中主要精力，狠抓大要案的查处，迅速突破了一批大案要案。立案侦查的贪污贿赂等经济犯罪大案要案占立案总数的46.5%，其中，十万元以上五十万元以下的大案72件，五十万元以上一百万元以下的大案10件，一百万元以上的大案8件。办理贪污案数额最大的189万元，受贿案数额最大的21.5万元。查处县处级干部犯罪30人。工作中，检察机关把斗争的锋芒始终指向党政领导机关、司法部门、行政执法部门、经济管理部门工作人员中的贪污贿赂等经济犯罪案件，特别是县处级以上干部中的犯罪案件。全区各级检察机关都加强了对查办大案要案工作的领导，采取一系列措施，实行大案要案由领导负责，专人承办，责任到人，限期办结，狠抓落实。各级检察长精心指挥，亲自挂帅，真抓实干，直接掌握大要案线索，亲自办案，掌握工作主动权。广大检察干警在斗争中，发扬艰苦奋斗，连续作战的作风，放弃节假日休息，自觉加班加点，努力拼搏，敢于碰硬，办理大案要案数比上年增加60.74%。同时认真查办了一批假冒商标、偷税抗税等严重破坏社会主义经济秩序的犯罪案件，立案侦查假冒商标案件51件100人，其中五十万元以上的4件。查处偷税抗税案件55件69人。

3、开展宣传，发动群众，狠抓举报。在开展宣传工作中，充分利用新闻媒介和印发宣传材料、设法律咨询点、开辟宣传专栏、典型案例报道等多种形式，宣传检察机关的性质、职能和作用；宣传检察机关反腐惩贪、打击严重刑事犯罪、开展执法监督工作。我们组织全区16城市检察机关开展了反腐惩贪宣传周活动，同时在电视台播放了反腐惩贪内容的电视剧和专题片；召开新闻发布会，公布了一批大案要案。通过宣传，进一步增强了检察工作的透明度和人民群众对国家工作人员的监督意识，群众通过各种形式纷纷向检察机关举报犯罪，一些犯罪分子主动到检察机关投案自首。同时，我们加强了举报的宣传和初查工作，受理群众举报5039件，较上年增加24.35%。8月中旬以后，全区各级检察机关重新向社会公布了举报电话号码、举报人须知、检察机关受案范围、重点查办的机关和部门，建立了二十四小时值班制度，受理群众的举报，开展文明接待活动，严格保密制度，赢得人民群众对举报工作的支持，举报数量猛增，仅9至12月受理举报线索是上年同期的1.66倍。为取信于民，检察机关加强了对举报线索的初查工作，为反腐惩贪工作提供了一大批案件。

4、严格执法，保证案件质量。检察机关在查办案件中，始终坚持“一要坚决，二要慎重，务必搞准”的原则，在“准”字上下功夫。加强侦查工作，运用各种法定的侦查措施和手段，获取证据。办案以事实为根据，以法律为准绳，定性不拔高，定案不凑数，做到案件事实清楚，证据确实充分，定性正确，程序合法，正确执行法律和政策，严格区分罪与非罪的界限，注意区分新形势下经济行为与经济犯罪的界限。对确属构成犯罪的，不论是什么人，都坚决依法处理。对罪该起诉的，依法坚决起诉。

5、坚持检察工作为经济建设服务。我们把检察工作同党的中心任务紧密结合起来，坚定地贯彻“两手抓、两手都要硬”的方针，把坚决准确地查办案件，打击犯罪作为检察机关为经济建设最重要、最直接的服务。并围绕社会主义市场经济问题，在全疆检察系统开展讨论，提出了办案中注意的问题，效果良好。我们在开展检察工作中注意正确处理打击与服务的关系，注意办案的政治效果、经济效果和社会效果。通过办案，为企业清除“蛀虫”，保护和促进企业的发展，把为改革开放和经济建设服务真正落到实处。

二、严厉打击严重刑事犯罪分子，维护稳定

依法严厉打击严重危害社会治安的严重刑事犯罪活动，保卫国家安全，维护社会政治稳定，是法律赋予检察机关的重要职责。发挥检察机关人民民主专政的职能作用，坚持依法从重从快的方针，坚定不移地开展打击严重刑事犯罪活动，对维护自治区的政治稳定起了重要作用。受理公安机关提请逮捕人犯11071人，已审结10549人，其中批准逮捕9469人；受理公安机关移送起诉、免予起诉13068人，已审结11085人，其中提起公诉10109人，免予起诉777人。

严厉打击严重刑事犯罪活动，巩固人民民主专政。1993年，我区总的形势很好，社会治安基本平稳，但严重影响社会稳定的因素仍然存在。我们在严峻复杂的治安形势面前，始终保持清醒的头脑，牢固树立稳定压倒一切的指导思想，依法严厉打击了阴谋颠覆人民民主专政政权，推翻社会主义制度，分裂祖国统一，破坏民族团结的反革命分子。在检察环节上，做到只要犯罪事实清楚，证据确凿，构成犯罪的，就坚决及时依法批捕、起诉，交付审判，狠狠地打击了反革命分子的嚣张气焰。

坚决开展“严打”斗争，突出打击重点。检察机关严厉打击了严重危害社会治安的杀人、抢劫、强奸、爆炸和制贩毒品等犯罪分子，特别是惯犯、累犯和犯罪团伙，取得显著成绩。批准逮捕这几类案犯2459人，提起公诉2300人，批捕重特大案犯较上年增加11.96%。工作中，坚持依法从重从快的方针，坚持“两个基本”，及时批捕、起诉。坚持对重特大案件实行提前介入制度，在审查批捕、审查起诉环节上提前介入276件次。加强出庭公诉工作，一年中，出席法庭支持公诉4721件，占法院开庭审理数的99.87%。在法庭上有力地揭露和控诉犯罪，宣传法制，教育群众，做到了在检察环节上及时、有力地打击严重刑事犯罪分子。

加强侦查监督和审判监督工作。在审查批捕和审查起诉中严格把关，防错防漏。检察机关在侦查监督中，对1014名人犯作出不批捕决定，对93名人犯作出追捕决定，对51名人犯进行追诉，使无罪者不受法律追究，使犯罪者难逃法网。对侦查活动中的违法行为提出纠正意见140件次。在审判监督中，对确有错误的刑事判决、裁定依法提出抗诉，重点抓了对重罪轻判、有罪判无罪案件的抗诉，提出抗诉107件，抗诉工作有新进展。

检察机关积极开展综合治理工作，落实检察环节上的各项综合治理措施。在依法严惩犯罪的同时，注意通过办案，大力开展法律宣传，发现有关单位在财会制度、企业管理、治安防范、内部管理中的漏洞，提出检察建议，帮助堵漏建制。有重点、有步骤地对免予起诉人员进行帮教和回访考察，社会效果良好。不少地方结合办案，开展社会治安情况的专题调查，提出对策，预防和减少犯罪。加强对犯罪的青少年进行教育、感化、挽救工作，坚持做好未成年人犯罪的检察工作。

三、严格执法，强化监督

我们把严格执法摆到当前检察工作的中心位置上来，把各项检察工作都纳入严格执法的轨道，抓住强化法律监督职能，严格执法，狠抓办案这根主线，通过办案，坚决纠正有法不依，执法不严，违法不究的现象。同时，进一步完善内部监督制约机制，加强对自身执法的监督，维护了社会主义法制的尊严。

1、加强法纪检察。宪法规定要依法保障公民的民主权利和人身权利。检察机关把法纪检察工作摆到重要的位置，不断深化认识，加强领导，突出重点，狠抓办案。对于侵犯公民民主权利和人身权利的犯罪案件，一经发现，严肃查办。受理“侵权”、渎职等法纪案件894件，立案侦查268件，为国家挽回直接经济损失92.58万元。重点查办了影响恶劣、群众反映强烈的司法人员和行政执法人员徇私舞弊、刑讯逼供、非法拘禁、玩忽职守以及重大责任事故等案件。检察机关通过办案，查处犯罪，密切了党和各族人民的联系，推进了社会主义民主和法制建设。

2、加强监所检察。检察机关加强了对刑事判决、裁定执行情况和监管改造场所执法情况的监督，保障了国家法律和改造罪犯方针政策的正确实施。严厉打击了被监管改造人员的重新犯罪活动，依法起诉重新犯罪分子334名。开展了经常性执法检察，及时纠正监管改造活动中的违法行为，提出口头、书面纠正意见750件；及时查办了在办理减刑、假释、保外就医工作中出现的乱收费、索贿受贿等违法犯罪；重视解决久押不决的问题。依法查处了监管改造场所干警的犯罪案件。

3、加强民事行政检察。重点抓了民事和行政判决、裁定明显不公案件的抗诉工作。受理民事行政案件791件，经审查，立案326件，向法院提出抗诉31件，提出改判建议48件。工作中，严格按照办案程序，坚持原则，依法办案，民事、行政检察工作在原有基础上有了进一步拓展。

4、加强控告申诉检察。检察机关以为群众排忧解难、办实事为己任，高度重视办理公民的控告申诉案件。制定了文明接待公约，普遍开展了文明接待活动，坚持了检察长亲自接待重大来访和批阅重要来信制度。受理来信来访6172件次，审查处理1215件。认真查办不服法院判决、裁定和检察机关免予起诉的申诉案件。发挥了控告申诉检察监督制约的重要作用。

我们在加强执法监督工作的同时，把抓检察机关本身不严格执法的问题摆在重要的位置，加强了内部监督和制约。教育广大检察干警增强法律意识，树立严格执法的观念。我们向各地检察机关转发了最高人民检察院《关于重申严禁检察机关越权办案，违法办案的通知》，要求认真贯彻执行。建立办案责任制。坚持开展了一年一度的执法执纪大检查，制定了《新疆维吾尔自治区检察人员办案纪律》，要求全体检察人员遵照执行，严肃查办违纪者。

四、加强了检察队伍自身建设

全区各级检察机关坚持把加强队伍建设、提高干部素质、增强队伍的战斗力作为一项重要任务来抓，加强思想政治工作和领导班子建设，加强队伍的纪律作风和组织建设，重视教育和培训工作，干警的政治素质和业务水平有了进一步提高。

加强领导班子建设。自治区人民检察院和分、州、市检察院积极协助各级地方党委和人大，完成了111个检察院检察长的换届选举工作，顺利实现了新老交替，新一届领导班子更加年轻化、专业化。同时，加强后备干部建设，注意少数民族干部的培养、选拔和使用。抓好学习和教育，提高干警的政治理论素养。全区检察机关认真组织广大检察干警学习《邓小平文选》第三卷和党的十四大、十四届三中全会《决定》，用建设有中国特色社会主义理论武装全体检察干警的头脑，指导工作，提高执行党的基本路线的自觉性和为经济建设服务的本领，提高执法水平。坚持从严治检的方针，加强了自身廉政建设。全区各级检察机关认真执行最高人民检察院《关于贯彻中发（1993）9号文件，进一步开展自身反腐败斗争的实施意见》，加强对自身反腐败斗争的领导，自治区人民检察院成立了反腐败廉政办公室。各地检察机关都按照要求认真安排部署了自身反腐败斗争，严格对照中央关于廉洁自律的五条规定和自治区制定的八条规定，在各级检察院县处以上干部中开展了自查自纠活动。根据自治区党委的要求，认真开展了治理“三乱”工作，按照最高人民检察院《关于坚决制止利用检察职权乱收费、乱罚款的通知》精神，坚决制止和纠正了利用职权乱收费、乱罚款等不正之风。认真清理整顿了检察机关所办的公司。加强了对干警的纪律教育，严肃查处了干警违纪案件。加强干部教育培训工作，重点抓了岗位职务培训和学历教育工作。开办了全区检察系统法律（检察）专业干部大专培训班，招收学员607人，干部教育和培训工作稳步发展。

五、积极、主动接受人大及其常委会的监督

检察机关自觉地把检察工作置于人大及其常委会的监督之下，积极、主动争取人大及其常委会的支持和帮助，制定了《检察机关接受人民代表大会及其常委会监督的规定》，使检察机关接受监督不断向规范化发展。我们认真做好一年一度的工作报告和经常性的专题报告，邀请人大代表评议和视察检察工作，高度重视人大代表和委员对检察工作提出的意见、要求和建议，积极加以改进，认真办理各级人民代表大会交办的事项，及时答复人大代表的提案。事实表明，各级党委的领导、人大的监督和政府的支持是开展检察工作的重要保证。

当前，我区和全国一样，经济发展，政治稳定，民族团结，社会进步，各方面都呈现出新的发展态势。今年是改革的重要一年，随着三中全会《决定》的贯彻，各项改革开放措施陆续出台，新的形势对检察工作是新的考验。在刚刚结束的全疆检察长工作会议上，我们分析了我区检察工作面临的形势和任务，确定1994年我区检察工作的主要任务是：在自治区党委及最高人民检察院的领导下，在自治区人大及其常委会的监督下，贯彻党的十四届三中全会、自治区党委四届六次全委（扩大）会议精神和党中央反腐败的指示，坚持党的“一个中心，两个基本点”的基本路线，牢固树立为经济建设服务的指导思想，坚持严格执法，狠抓办案的工作方针，忠实履行法律监督职责。集中力量查办贪污贿赂等大案要案，坚决打击分裂国家、破坏民族团结的犯罪和严重刑事犯罪活动，严肃查办“侵权”、渎职犯罪案件，全面开展各项检察业务，加强队伍建设。维护我区政治稳定和社会安定，保障社会主义市场经济体制的建立和发展，为进一步深化改革开放和现代化建设创造稳定的社会环境和良好的法制秩序。

第四部分　检察工作概况

【综述】 1994年，全国各级人民检察院和军事、铁路运输等专门检察院，紧紧围绕党和国家的工作大局，坚持"严格执法，狠抓办案"的工作方针，认真履行法律监督职能，各项检察业务都有了进一步的发展。为维护法律的统一正确实施，保持社会稳定，促进党风廉政建设和社会主义民主法制建设，保障改革开放和社会主义现代化建设的顺利进行，做出了积极贡献。

1994年，全国检察机关共立案侦查各类经济、法纪案件77956件，结案79812件，批准逮捕各类人犯629331人，向人民法院提起公诉385271件610495人，决定免予起诉各类案犯67661人，对人民法院确有错误的刑事、民事、行政判决、裁定提出抗诉2813件。

一、集中力量查办贪污贿赂等犯罪大案要案，深入开展反腐败斗争。1994年，各级人民检察院用邓小平同志"两手抓，两手都要硬"的方针统一认识和行动，认真贯彻党中央关于深入开展反腐败斗争，加大打击经济犯罪力度的部署，把查办发生在党政领导机关、行政执法机关、司法机关和经济管理部门中的犯罪案件作为重点，坚持依法从重从严的方针和"一要坚决，二要慎重，务必搞准"的原则，发动和依靠人民群众，实行领导办案责任制、大要案分级办理制度，主动与纪检监察、公安、法院等部门密切配合，加强协作，集中力量查办大案要案，取得了显著成绩。全年共立案侦查贪污贿赂犯罪案件36471件，挪用公款、巨额财产来源不明案13617件，假冒商标、偷税、抗税、骗取国家出口退税款等其他经济犯罪案件10224件；立案侦查徇私舞弊、玩忽职守等"侵权"、渎职犯罪案件17644件。在立案侦查的案犯中，有党政领导机关工作人员3098人，行政执法机关工作人员1468人，司法机关工作人员2539人，经济管理部门工作人员3791人。共向人民法院提起公诉32150件39802人。通过办案，为国家和集体挽回直接经济损失34亿元。全年立案数、大案数、要案数、大要案比例数、侦结起诉数、挽回经济损失数均超过往年。(一)查办大案数大幅度上升。1994年查办贪污贿赂等各类经济犯罪大案28626件，比1993年增加28%。(二)查办县处级以上领导干部犯罪要案有重大进展。各级人民检察院把查办领导干部犯罪要案作为反腐败斗争深入发展的关键，在实践中不断提高思想认识，着重解决敢查敢办、敢于斗争的精神状态问题；对要案线索依法开展初查，获取证据适时立案，果断采取强制措施；加强对办案工作的统一指挥和协调，上级帮下级，一级抓一级，层层抓落实，逐案抓落实。1994年共立案查办犯贪污受贿等罪行的县处级干部1827人，司局级干部88人。一批有影响的要案已经起诉，有的已判决。如贵州国际信托投资公司原董事长阎健宏案、海南省政府原副秘书长李善有案等。(三)加大了查办司法和行政执法人员徇私舞弊等犯罪案件的工作力度。1994年，全国检察机关共查办构成徇私舞弊等犯罪的司法和行政执法人员4007人，其中领导干部110人，是历年来最多的。这是1994年反腐败斗争深入的一个突出表现。（四）坚决打击了直接危害经济体制改革的各种新的犯罪活动。各级检察机关密切注视国家经济体制改革重大措施实施过程中出现的新情况新问题，突出查办了税制改革中出现的伪造、倒卖、虚开、代开增值税发票以及利用假发票进行偷税、骗税的犯罪案件；国有企业改革过程中侵吞国家资财的犯罪案件；伪造、擅自制造他人注册商标标识，制售盗版音像、图书等侵犯知识产权的犯罪案件；经济领域热点部门如金融证券市场、期货市场、房地产市场等发生的犯罪案件；制售假种子、假农药等犯罪案件和棉花经销过程中掺杂使假的犯罪案件。1994年共查办上述案件3154件，其中涉及增值税发票的案件814件。（五）查处了一批法人犯罪案件。1994年，检察机关认真执行全国人大常委会有关惩治法人犯罪的法律规定，立案查处法人走私、偷税、骗税、假冒商标、制售假冒伪劣产品等犯罪案件1081件。（六）严肃查办了伪证、包庇、窝藏等犯罪案件和打击报复举报人的犯罪案件。（七）坚持不懈地抓举报，依靠和发动群众开展反腐败斗争。1994年，检察机关共受理群众举报贪污贿赂等经济犯罪线索18万多件，从中立案侦查4.9万件，占经济犯罪案件立案总数的81%。最高人民检察院和一些地方检察机关先后颁布实施了奖励举报有功人员的制度，据不完全统计，共奖励821名。（八）进一步加强了对贪污贿赂等犯罪的预防工作。

从查办案件情况看，当前以“权钱交易”为基本特征的贪污贿赂犯罪，出现了一些新特点：一是犯罪分子具有更大的贪婪性和冒险性。二是一些犯罪分子钻改革开放的空子，新的犯罪手段、犯罪形式不断出现。三是经济热点部位和管理经济的宏观调控部门、司法和行政执法部门发案增多。四是一些犯罪分子用钱铺路，在国家工作人员中寻找靠山编织关系网。五是犯罪手段的技术性、专业性增强，利用电脑犯罪和有组织犯罪增多。六是大案背后往往隐藏着要案。七是跨地区、跨部门犯罪增多。八是赃款赃物流向多样化，一些犯罪分子把赃款转移境外，或用赃款炒股、炒地、炒房。

二、严厉打击严重刑事犯罪，努力维护社会稳定。1994年，全国检察机关与公安、国家安全、法院、司法行政等部门密切配合，贯彻依法从重从快方针，坚持不懈地把“严打”作为社会治安综合治理的首要环节，加大了对严重刑事犯罪的打击力度。同时依法打击了各种危害国家安全的犯罪活动。各级检察机关坚持重点打击严重危害社会治安的刑事犯罪，对杀人、抢劫、强奸、爆炸、持枪作案等暴力犯罪，重大盗窃犯罪，金融诈骗犯罪，毒品犯罪，特别是带黑社会性质的集团犯罪，坚持“基本事实清楚，基本证据确凿”的原则，坚持提前介入制度，依法快捕快诉，从严惩处；积极参加各种专项斗争和重点整治工作，充分发挥职能作用，及时批捕、起诉重大盗窃案犯，盗窃、破坏铁路、油田、电力、通讯设备案犯，制造、贩卖、传播淫秽物品和制售非法出版物的案犯及走私案犯等，注意防止和纠正打击不力现象，保证了各专项斗争的顺利进行。

三、加强执法监督，促进严格执法。1994年，全国各级检察机关发挥法律监督职能作用，围绕贯彻依法从重从严惩治严重经济犯罪和依法从重从快打击严重刑事犯罪这两个方针，针对一些地主存在的有法不依、执法不严、违法不究的突出问题，把纠正违法与查处司法人员犯罪案件结合起来，下大力加强了执法监督工作。对侦查活动的监督，重点纠正有罪不究、以罚代刑的问题，积极开展了对重大刑事案件立案情况的监督。对刑事审判活动的监督，重点抓了对重罪轻判、有罪判无罪等错误裁判的抗诉工作。普遍加强了出庭支持公诉工作，同时注意从确有错误的判决、裁定中发现和查办司法人员徇私舞弊、包庇放纵罪犯等犯罪案件。法纪检察工作，在重点查办徇私舞弊案件的同时，还立案侦查了刑讯逼供、非法拘禁、玩忽职守、重大责任事故等案件。对监管改造场所执法活动的监督，重点纠正不按法律规定交付执行以及在办理减刑、假释、保外就医工作中出现的以钱抵刑等违法问题。查办监管人员徇私舞弊、私放罪犯和贪污受贿等犯罪案件。对民事审判和行政诉讼活动的监督，重点抓了对明显不公的民事、行政判决、裁定的抗诉工作，同时查处了审判人员徇私舞弊、索贿受贿犯罪案件。各级人民检察院坚持和不断完善侦查工作与审查决定逮捕、审查起诉工作分开，由两个部门分别办理的制度；坚持实事求是、有错必纠的原则，认真做好申诉案件复查工作，对确有错误的依法纠正；逐步建立了办案责任制、错案责任追究制等制度。加强了上级人民检察院对下级人民检察院办案工作的监督。

四、依法建院，从严治检，进一步加强自身建设。1994 年，全国各级检察机关坚持把思想建设放在检察队伍建设的首要地位，认真组织学习《邓小平文选》第三卷，用建设有中国特色社会主义理论和党的基本路线武装广大干警头脑，树立正确的世界观、人生观、价值观；加强领导班子建设，认真贯彻民主集中制，重视在实践中提高领导班子的综合素质，提高思想理论水平和领导艺术，大力培养和选拔优秀年轻干部。加强科学管理，引进竞争激励机制，增强了检察队伍的活力；按计划、有步骤地开展检察人员培训工作。认真开展自身反腐败工作，各级人民检察院都召开了廉洁自律专题民主生活会，进行自查自纠。开展了纠正行业不正之风，清理整顿所办经济实体等工作。严肃查处了 567 名违法违纪干部。最高人民检察院还对在查办大案要案等工作中取得突出成绩的 142 个先进集体和 7 名先进个人进行了通报表彰。

（最高人民检察院办公厅
王蜀青）

【刑事检察】 1994 年，全国检察机关与公安、国家安全、法院、司法行政等部门密切配合，依法严惩了一批严重危害社会治安的犯罪分子，维护了国家的政治稳定和社会安定。据统计，全年共受理公安、国家安全机关提请批准逮捕的人犯 688771 名，经审查已批准逮捕 598633 名；受理移送起诉的人犯 669111 名，经审查已提起公诉 570693 名。批捕和起诉人犯数分别比 1993 年增加 12.4％和 18.9％。

1、重点打击严重危害社会治安的刑事犯罪。1994 年，各级人民检察院继续贯彻依法从重从快方针，坚持不懈地把“严打”作为社会治安综合治理的首要环节，加大了对严重刑事犯罪的打击力度。在“严打”斗争中，始终把斗争锋芒对准杀人、抢劫、强奸、爆炸、持枪作案等暴力犯罪，重大盗窃犯罪，金融诈骗犯罪，毒品犯罪，特别是带黑社会性质的集团犯罪，坚持“基本事实清楚，基本证据确凿”的原则，坚持提前介入制度，依法快捕快诉，从严惩处。全年共批捕上述案犯 247435 名，起诉 232216 名。

2、积极参加各种专项斗争和重点整治

工作。各级人民检察院充分发挥职能作用，及时做好批捕、起诉工作，注意防止和纠正打击不力现象，保证了各种专项斗争的顺利进行。全年共批捕盗窃案犯 277477 名，盗窃、破坏铁路、油田、电力、通讯设备的案犯 4477 名，制造、贩卖、传播淫秽物品和制售非法出版物的案犯 990 名，走私案犯 413 名，已起诉这几类案犯 267412 名。很多检察机关还积极参与了对治安秩序混乱的重点地区、场所和路段的重点整治工作，配合公安等部门，打掉了一批犯罪团伙，摧毁了一批犯罪窝点。

3、重视做好整治农村社会治安工作。各级人民检察院认真贯彻全国农村社会治安综合治理工作会议精神，组织干警深入农村，依靠群众，配合有关部门依法打击为害一方的流氓团伙、地痞恶霸，批捕、起诉了一批横行乡里、祸害百姓的严重犯罪分子，促进了农村的稳定。

4、积极开展国家安全检察工作。各级检察机关认真贯彻《国家安全法》，注意研究和及时反映隐蔽敌情动态。坚持与公安和国家安全机关密切配合，打击境外敌对势力的渗透、破坏和窃密活动。

5、加强对贪污贿赂等经济犯罪大案要案的审查批捕、起诉和出庭支持公诉工作。1994 年，全国检察机关共批捕贪污、贿赂等经济犯罪大案要案人犯 10384 名，起诉 11239 名，分别比 1993 年增加 46%和 94%；批捕徇私舞弊等渎职犯罪大案要案人犯 926 名，起诉 873 名，分别比 1993 年增加 22%和 19.9%。贯彻依法从重从严精神，严格控制贪污贿赂案件的免诉率。1994 年贪污贿赂案件的免诉率由 1993 年的 31.4%下降到 22.5%。普遍加强了贪污贿赂等大案要案的出庭支持公诉工作，取得了良好的社会效果。

6、加强以刑事立案监督为重点的侦查活动监督工作。各级检察机关对侦查活动的监督，重点纠正有罪不究、以罚代刑的问题。对有关部门有罪不究、搞以罚代刑的，依法督促纠正，对提出纠正意见仍该立案不立案、该移送不移送的重大案件，依照刑事诉讼法第十三条的有关规定直接立案侦查。1994 年，全国检察机关依照这一条款直接立案侦查的案件有 540 件。在立案监督中，发现执法人员索贿受贿、徇私舞弊而贪赃枉法的，坚决予以查处。在侦查监督中，检察机关依法严格审查公安、国家安全机关提请逮捕、移送起诉的案件，注意防错防漏，不枉不纵，对 45835 名人犯依法作出了不批准逮捕的决定，对 7187 名人犯作出追捕决定，对 2833 名人犯进行了追诉，对侦查活动中的违法情况提出纠正意见 11047 件次。同时，各级刑事检察部门还依法开展了对批准逮捕后执行情况及撤案情况的监督。

7、狠抓以重罪轻判、有罪判无罪等错误裁判的抗诉为重点的刑事审判活动监督工作。1994 年，全国检察机关对认为确有错误的一审刑事判决、裁定提出抗诉 1693 件，对已经发生法律效力的，认为确有错误的刑事判决、裁定提出抗诉 533 件。对审 判活动中的违法情况提出纠正意见 2228 件次。同时，在刑事审判活动监督中，注意从确有错误的判决、裁定案件中发现和查办司法人员徇私舞弊、包庇放纵罪犯的犯罪案件。

8、落实社会治安综合治理措施。各级检察机关认真贯彻全国人大常委会《关于加强社会治安综合治理的决定》，坚持标本兼治，打防结合，落实检察环节的各项社会治安综合治理措施。坚持综合治理联系点等行之有效的做法，积极开展未成年人犯罪的检察工作，加强检察建议及法制宣传的实际效果，对预防和减少违法犯罪，起到了积极作用。

（最高人民检察院刑事检察厅
穆红玉）

【贪污贿赂检察】 1994年，全国各级检察机关集中力量查办贪污贿赂等犯罪大案要案，深入开展反腐败斗争，取得了显著成绩。

1994年全国检察机关共受理贪污、贿赂、挪用公款案102112件，比1993年增长10.8%；立案侦查50074件，其中贪污贿赂万元以上、挪用公款五万元以上大案23977件（内有百万元以上罪案367件），比1993年增长31.8%；立案侦查犯贪污贿赂、挪用公款罪行的县处级干部1636人，厅局级干部76人，省军级干部1人。通过办案，挽回经济损失24亿余元。1994年是全国检察机关惩治贪污贿赂等经济犯罪工作深入发展的一年。主要表现在：查处大案要案特别是要案工作有了新的突破；查办重点部门的犯罪和危害改革开放的新形式犯罪进展明显；侦查水平、办案质量有了新的提高；各项业务建设进一步拓展；办案工作的主要指标均超过往年。

一、进一步贯彻落实党中央关于深入开展反腐败斗争的指示，突出查办大案要案

各级检察机关把查办党政领导机关、司法机关、行政执法机关和经济管理部门发生的贪污贿赂大案要案作为工作重点。全年共立案侦查"三机关一部门"中的贪污、贿赂、挪用公款案犯7965人。其中处级以上领导干部475人。在查办大案要案工作中，各级检察机关把查办领导干部犯罪要案，尤其是担任现职领导干部犯罪要案作为反腐败斗争深入开展的关键。侦破了一批在本地乃至全国有影响的案件。据不完全统计，全年查办在一个地区和一个部门担任现职的领导干部300余人。在领导干部犯罪要案的初查工作中，各级检察机关坚决贯彻最高人民检察院关于要案初查放开的规定，把它作为敢于碰硬的重要一环来抓，加速了要案的突破，有力地推动了查办要案工作的开展。在初查工作中，各地重视讲究策略和技巧，掌握证据适时立案，果断采取强制措施，使要案初查成案率大大提高。在查办大案要案工作中，检察长亲自办案，领导机关率先垂范，直接查办大案要案，带动查办工作的开展。贵州、天津等省、市人民检察院的检察长都亲自办理了几起很有影响的要案。最高人民检察院和全国各省级人民检察院都带头直接办案，切实把属于自己管辖的案件管起来。通过办案加强指导，大大推动了查办大案要案工作的进程。

二、配合国家重大改革措施出台，积极开展打击新形式犯罪

1994年，全国各级检察机关紧密配合国家股份制改革、财税、金融、外贸体制改革等，加强了对妨碍改革的新形式经济犯罪活动的打击。针对金融领域犯罪严重、手段翻新的情况，加强了对金融领域犯罪的集中打击。全年共查办金融系统一百万元以上的贪污贿赂等经济犯罪案件301件，查办各类银行的领导干部109人。各级检察机关还重点查办了股票证券市场和房地产市场管理过程中发现和揭露出来的犯罪案件。同时，注意在打击骗取出口退税、虚开代开增值税专用发票、侵犯知识产权、制售伪劣产品、棉花掺杂使假等犯罪活动的专项斗争中，深挖贪污贿赂等犯罪案件。依法查办这些犯罪案件，促进了国家重大改革措施的顺利实施。

三、积极开展抓捕逃犯和案件协查工作，加速大案要案的侦查、结案

1994年，全国检察机关进一步加强了

对贪污贿赂等犯罪分子携款潜逃的追捕工作。完善潜逃、脱逃案犯备案制度，采取集中行动和平时抓捕相结合的办法，开展抓捕工作。全年共抓获贪污贿赂等经济犯罪逃犯500余名。各地检察机关还十分重视反贪污贿赂侦查工作的协作与配合，充分发挥检察机关在查办大案要案工作中的整体优势。抓捕逃犯工作的有效开展和案件协查工作的加强，促进了查办大案要案工作的顺利进行。

四、加强侦查工作，提高侦查水平

一是围绕侦查目的的实现，综合运用各种侦查措施和手段，并注意用足用活。二是在侦破大案要案，特别是要案工作中，注意运用侦查谋略，讲究侦查技巧。三是注意发挥视听技术在侦查工作中的作用，运用视听技术进行侦查取证、固定证据、保全证据。四是采取措施，提高深挖大案要案的能力，从小案中挖大案要案，从一案挖“窝案”、“串案”。五是重视对侦查经验的总结推广、侦查水平的提高和反贪污贿赂侦查工作专门人才的培训。1994年10月，最高人民检察院召开了全国检察机关第四次反贪污贿赂侦查工作会议。会议分析了当前反贪污贿赂工作新情况、新特点，交流了反贪污贿赂工作的新经验，讨论了《关于加强跨省市、跨地区贪污贿赂等重大罪案侦查指挥与侦查协作的意见》、《关于反贪污贿赂情报工作的若干设想》、《关于加强检察机关反贪污贿赂部门侦查技术装备建设的意见》、《关于加强对贪污贿赂等大案要案及线索备案和管理工作的意见》等文件。1994年5月，最高人民检察院举办了第四期侦查骨干研讨班，一些地方检察机关也举办了类似的培训班。

五、预防贪污贿赂犯罪工作有了新的进展

1994年，全国各级检察机关围绕查办大案要案，进一步加强对贪污贿赂犯罪的预防工作，在加强法制宣传、摸索预防工作的基本路数方面，有了新的进展，取得了一定的成效。上海市、广东省检察机关积极探索预防工作的路子和方法。广州市检察机关先后与全市96个企、事业单位建立共建关系，重点抓健全各项规章制度、完善监督制约机制，形成社会预防网络。安徽省检察院与省纪委联合举办了两期全省国有大型企业厂长、经理“市场经济与反腐倡廉”研讨班，效果较好，受到省委的充分肯定。深圳市检察院针对股票经营活动中违法犯罪严重的情况，在调查研究的基础上，提出了规范股票市场管理，预防违法犯罪的意见，受到了有关部门的重视。海南省检察机关在开展多种形式的反贪宣传、法律咨询的同时，摄制了反腐倡廉的社会公益广告，在电视台播放后，社会反映很好。吉林、北京等地检察机关结合办案，对发案单位在管理、制度上存在的漏洞及时提出检察建议，防止和减少贪污贿赂犯罪的发生。

六、重视抓侦查制度建设，促进查办大案要案工作的开展

1994年，全国各级检察机关注意抓好侦查制度建设，特别是查办大案要案制度、侦查管理制度建设，以规范侦查办案工作。四川、甘肃、山西、福建、湖南、海南等省还制定了《法律文书制作规则》、《文书资料管理办法》、《内勤管理制度》等，为侦查制度正规化建设积累了经验。

1994年全国检察机关打击偷税、抗税、骗取国家出口退税和假冒注册商标、生产和销售伪劣产品等经济犯罪也取得了新的成果。全年全国检察机关共受理涉税犯罪案件33511件，立案侦查7795件，侦查终结7507件，分别比1993年增长224%、5%和6%。其中立案侦查偷税案件5517

件，抗税案件653件，骗取国家出口退税款案件105件，利用发票犯罪案件1520件，犯罪数额在十万元以上的重大案件942件。为国家挽回经济损失11.35亿元，是1993年的5.18倍，为保障国家税制改革的顺利实施，做出了积极贡献。1994年全国检察机关共受理假冒注册商标、生产和销售伪劣产品犯罪案件2505件，立案侦查1460件。通过办案为国家挽回经济损失8537.3万元。1994年下半年，针对侵犯知识产权犯罪活动严重的情况，全国各级检察机关根据最高人民检察院的部署，加大打击这类犯罪活动的力度，积极查办制造销售盗版图书、音像及电子产品的案件，取得了初步成效，维护了中外知识产权所有者的合法权益。

（最高人民检察院贪污贿赂检察厅
陈波　张雪昆　王光月）

【法纪检察】 1994年，全国检察机关共受理法纪案件46810件，立案侦查17644件，与1993年相比分别上升了1.39%和7.66%。通过办案，为国家和集体挽回经济损失28935.6万余元。检察机关在查办"侵权"、渎职案件中有以下几个特点：

第一，重特大案件立案查办数增长的幅度较大。全年共立案查办重特大案件3377件，比1993年上升19.4%。其中重大案件2447件，特大案件930件。在重特大案件中，徇私舞弊重大案件103件，特大案件29件，与1993年相比重特大案件总数增加一倍多；玩忽职守重大案件1129件，特大案件568件，分别比1993年上升27%和30.3%；重大责任事故重大案件713件，特大案件127件，分别比1993年上升2.6%和21%。

第二，查办徇私舞弊案件取得了较大进展。全年共受理徇私舞弊案件1482件，立案629件，分别比1993年增长107%和133%。为了加大查办徇私舞弊案件的力度，最高人民检察院于1994年5月在河南郑州召开了全国检察机关查办徇私舞弊案件现场会，会议推广了河南省人民检察院查办徇私舞弊案件的经验，研究加强这项工作的措施，推动了查办此类案件工作的开展。1993年全国检察机关立案查办徇私舞弊案件30件以上的仅有河南（91件）一个省，1994年达到了六个省。查办司法人员和行政执法人员徇私舞弊犯罪案件是1994年法纪检察工作的一个显著特点，也是1994年反腐败斗争深入的一个突出表现。海南省检察机关查办了为"南霸天"王英汉充当保护伞的澄迈县公安局原局长黎文岗、原副局长陈明成受贿、徇私舞弊案。辽宁省检察机关查办了徇私舞弊、包庇称霸一方为非作歹的"刘氏五兄弟"犯罪团伙的数名公安、司法人员。这些案件的查办，都产生了很好的社会效果，得到人民群众的拥护。

第三，加大了查办玩忽职守和重大责任事故犯罪案件的力度。全年共立案侦查玩忽职守案件3604件，重大责任事故案件4665件。1994年全国发生多起影响恶劣的重大金融诈骗和重大火灾、煤矿爆炸、沉船等案件。为维护国家和人民生命财产安全，检察机关都迅速组成办案组，对构成犯罪的有关领导人员和直接责任人员依法以玩忽职守罪和重大责任事故罪坚决予以查办。

第四，严肃查办了伪证、包庇、窝藏等犯罪案件和打击报复举报人的犯罪案件。共立案侦查伪证、包庇、窝藏等罪案377件，打击报复举报人罪案27件。通过查办上述犯罪案件，排除阻力和干扰，改善执法环境，保障了反腐败斗争的顺利开展。

此外，还立案侦查刑讯逼供案409件，非法拘禁案4441件，非法搜查、非法侵入他人住宅、非法管制案1772件，妨害邮电通讯和侵犯公民通信自由案104件。

第五，查办县处级以上干部犯罪和司法、行政执法人员犯罪案件有一定增加，担任领导职务的占有一定比例。1994年查办的"侵权"、渎职案件中，共涉及县处级干部138人，司局级以上干部9人、司法人员1658人，分别比1993年增长31.4%、28.6%、29.2%。在各地查办的徇私舞弊案件中，主要涉及基层司法、行政执法部门的主要领导干部，其中有公安局长、刑警队长、预审科长、看守所所长、派出所所长、法院院长、审判员、检察员、工商局局长、税务局局长等。

（最高人民检察院法纪检察厅
王伦轩）

【铁路运输检察】 1994年，全国各级铁路运输检察机关继续深入开展反贪污贿赂斗争，依法从重从快打击危害铁路治安秩序的刑事犯罪活动，加强执法监督，全面开展其他专门检察业务工作，有力地促进了铁路系统的廉政勤政建设，保障了铁路治安秩序的稳定。

一、惩治贪污贿赂等经济犯罪。1994年，全国各级铁路运输检察机关把查处贪污贿赂等经济犯罪作为对铁路运输生产最重要、最直接的服务，作为铁路检察工作的重点，精心组织，集中力量查办了一批危害严重的具有铁路行业特点的贪污贿赂大案要案。全年共受理贪污贿赂等经济犯罪线索1295件，立案侦查665件734人。在立案侦查的案件中，贪污案276件，贿赂案308件，两项共占立案总数的87.8%。立案侦查万元以上大案331件，县处级以上干部犯罪要案24件27人，两项共占立案总数的53.4%。查处以车、以票谋私案163件，占立案总数的24.5%。已侦查终结597件658人，其中，向铁路法院提起公诉463人，决定免予起诉148人，撤销案件31人。通过办案，为国家和集体挽回经济损失3064.08万元。在工作中，各级铁路运输检察机关首先解决思想认识问题，用"严格执法，狠抓办案"的检察工作方针统一干警思想。同时，各级检察长身先士卒，带领干警真抓实干，突出重点，加大打击力度，广辟案源，强化初查，讲究侦查策略，使查处铁路党政领导部门、司法机关、行政执法机关和经济管理部门工作人员中的以车、以票谋私等贪污贿赂犯罪案件以及领导干部犯罪要案的工作取得明显突破。

二、打击严重刑事犯罪。1994年，全国各级铁路运输检察机关把严重破坏铁路运输生产、危害旅客人身和财产安全的抢劫、杀人、强奸、重大盗窃、重大伤害、贩运毒品、破坏铁路交通工具和设备等犯罪作为打击的重点。全年共受理铁路公安机关提请批准逮捕人犯11207名，经审查批准逮捕9997名。其中，重特大案犯4182名，占批准逮捕总数的41.8%；批捕抢劫和盗窃案犯1699名和6263名，分别占批捕总数的17%和62.6%。受理铁路公安机关移送起诉的人犯12711名，经审查决定提起公诉10576名。其中，起诉重特大案犯4409名，占起诉总数的41.7%。全国各级铁路运输检察机关坚持对重特大案件实行提前介入制度，确保办案质量，提高工作效率。在批准逮捕阶段提前介入1020件。此外，还普遍重视和加强了出庭公诉工作，使公诉人的业务素质不断提高。

三、执法监督工作。1994年，全国各

级铁路运输检察机关加强执法监督，在促进铁路系统严格执法方面取得新的进展。1、加强侦查监督和审判监督工作。侦查监督重点抓了有案不立、以罚代刑等问题；审判监督重点抓了有罪不究、重罪轻判和轻罪重判案件的抗诉工作。全年共追捕人犯46名，追诉被告人68名，不批准逮捕1256名，不起诉64名，对铁路公安机关侦查活动中的违法行为提出纠正意见45件次；对铁路法院审判活动中的违法行为提出纠正意见43件次，对确有错误的刑事判决、裁定依法提出抗诉36件。2、加强法纪检察监督。始终把查处"侵权"、渎职犯罪案件作为法纪检察的主要任务。重点查办了社会危害性大，群众反映强烈的铁路司法和行政执法人员徇私舞弊、刑讯逼供、非法拘禁、玩忽职守、重大责任事故等案件。全年共受理"侵权"、渎职犯罪案件线索219件，立案侦查39件。通过办案，为国家挽回经济损失612.32万元。3、加强监所检察。全国各级铁路运输检察机关认真履行监所检察职能，逐步完善了驻所检察制度，加强对监所执法活动的监督，及时检查纠正在办理减刑、假释、保外就医等工作中出现的违法情况，全年共发现和纠正各种违法行为792件次，配合公安机关进行安全检查995次，发现不安全隐患1029起，有效地防止了被羁押人员行凶、脱逃、自杀等事故20起。4、积极开展控告申诉检察工作。全年共受理公民控告、举报4146件，向自侦部门提供各类案件线索2554件。受理公民申诉337件，其中，不服人民法院判决裁定的36件；不服检察机关免予起诉的67件，经审查改变原决定的11件。维护了公民的合法权益。同时，还及时和妥善处理了一些"告急"案件和影响较大的上访案件，维护了社会的稳定。

四、加强铁路运输检察队伍建设。1994年，全国各级铁路运输检察机关认真贯彻从严治检的方针，进一步加强队伍建设，在建设一支政治强、业务精、作风硬、纪律严的铁路运输检察队伍上狠下功夫。不断提高广大干警的政治和业务素质，增强拒腐防变能力。同时，要求有关省级人民检察院加强对铁路检察工作的领导，确定了各省级人民检察院主管铁路运输检察工作的检察长和联系铁路运输检察工作的人员。一些铁检机关还进行了人事制度改革的尝试，普遍加强了机关的规范化建设。

（最高人民检察院铁路运输检察厅
张　巍）

【监所检察】　1994年，全国检察机关严肃查处发生在监管改造场所的贪污、受贿和"侵权"、渎职等犯罪案件，重点纠正不按法律规定交付执行以及在办理减刑、假释、保外就医工作中出现的以钱抵刑等违法情况，严厉打击被监管改造人员的各种犯罪活动，积极参加社会治安综合治理，为维护监管改造秩序的稳定，促进监管改造机关依法、文明管理和廉政建设，维护被监管改造人员的合法权益做出了新的贡献。

一、狠抓办案，取得显著成绩。各级监所检察部门，重点查办了看守所、监狱、劳教所监管干警利用为罪犯办理减刑、假释、保外就医和为劳教人员办理减期、提前解教、所外执行、所外就医等职权索贿、受贿案件，以及私放罪犯、徇私舞弊等案件。1994年，全国监所检察部门共立案侦查监管干警贪污、受贿、徇私舞弊、私放罪犯等案件723件826人。其中，贪污、受贿案件251件；"侵权"、渎职案件127件；大案要案88件。是检察机关重建以来查处监管干警职务犯罪案件最多的一年。

二、加强执法监督，认真纠正违法。重

点检察纠正影响刑事判决、裁定的正确执行和侵犯被监管改造人员合法权益的违法行为。1994年，全国各级监所检察部门对看守所、监狱、劳教所无证关押、违反规定取保候审、违反规定暂予监外执行，违法减刑、假释、保外就医，不按规定交付执行，违反规定释放、解教等违法情况，共提出纠正意见46709件次，有关部门已纠正20177件。在执法监督工作中，各地注重抓纠正效果。如黑龙江省监所检察部门的纠正违法率已达85%以上。

三、严厉打击被监管改造人员犯罪，维护监管秩序稳定。各级监所检察部门把暴狱、组织越狱、报复杀害干警、集体脱逃或脱逃后又流窜作案的犯罪作为重点打击对象，坚持“提前介入”制度，及时审查批准逮捕和审查起诉，从重从快予以打击。1994年，各级监所检察部门共批准逮捕劳教人员、刑满和解除劳教留场就业人员犯罪的841人，依法起诉上述人员和劳改犯又犯罪的4929人。许多地区的监所检察部门还积极参加打击“牢头狱霸”的专项斗争，有效地维护了监管改造秩序的稳定。各级监所检察部门在严厉打击被监管改造人员的犯罪活动的同时，还积极协助有关机关对在押人员开展法制宣传教育，敦促他们坦白交待和检举揭发犯罪线索。1994年被监管改造人员共坦白交待犯罪问题21084条，检举揭发他人犯罪线索57569条，已从中查实和破获各类犯罪案件7582件，其中重大案件1534件。

四、认真办理控告申诉案件，维护在押人员的合法权益。全国各级监所检察部门普遍加强了对控告、申诉案件的查处工作。一是对有冤错可能的申诉案，进行调卷审查；二是对查处有阻力的案件，派人下去督办或参办。1994年，全国监所检察部门共受理被监管改造人员及其家属的控告案2001件，按照案件管辖分工转请有关部门处理1367件，对构成犯罪的立案查处259件；共受理被监管改造人员及其家属提出的申诉案4195件，转请有关部门处理的2925件，自行立案复查531件，经复查向有关部门提出抗诉或纠正368件，原审判或审批机关已改判或纠正178件。

五、加强安全防范检察工作。各级监所检察部门经常深入监管改造场所的“劳动、教育、生活”三大现场，进行安全防范检察，发现不安全隐患及时向有关部门提出纠正意见。尤其在元旦、春节等节假日期间，积极配合主管部门做好在押犯的思想稳定工作。1994年，各级监所检察部门共发现监管场所不安全隐患30127起；协助监管场所消除不安全隐患26284起；提出检察建议43358件次。各级监所检察部门还从保障人权和维护监所稳定的高度，积极协助监管改造场所搞好被监管人员的生活管理，并加强了对这项工作的检察。

六、继续加强监所检察工作的经常化、制度化和规范化建设。1994年，最高人民检察院监所检察厅制定印发了《人民检察院派驻监管改造场所检察院（室）条例（征求意见稿）》和《关于驻监所检察先进集体、优秀驻监所监所检察干部评比的标准和办法（讨论稿）》，对推动监所检察工作的“三化”建设起到了促进作用。各地检察机关继续贯彻执行《人民检察院看守所检察规范化（试行）》和《关于劳改、劳教检察工作实行经常化、制度化的意见》。上海、江苏、宁夏、内蒙古、黑龙江、河北、吉林、浙江、河南、广西、广东、甘肃、青海、新疆、江西等省、自治区、直辖市人民检察院，1993年制定了“三化”建设实施细则及验收标准，1994年在狠抓落实上下功夫。湖南省检察机关在全省监所检察部门开展了“达标争先”活动。云南、陕西、湖北、四川等省人民检察院还把“三化”建设的内容与岗位责任制和“百分考核”结合起来，措施具体，效果显著。

七、加强了调查研究工作。为更好地履行法律赋予监所检察部门的职责，各地积极开展了调查研究工作。内蒙、山东、甘肃、湖北、云南、江西、北京、吉林、四川、浙江、河南、安徽、江苏等13个省、自治区、直辖市人民检察院监所检察部门，针对劳教检察工作和劳教工作存在的问题以及劳教工作干警职务犯罪等问题，开展调查研究，撰写了专题调查报告。最高人民检察院监所检察厅于1994年在哈尔滨市召开了有11个省（市）人民检察院参加的劳教检察工作研讨会。陕西、甘肃、青海、宁夏、新疆等西北五省区，在乌鲁木齐市召开了第三次监所检察理论研讨会。通过上述活动，推动了监所检察各项业务工作的深入开展。

八、进一步加强派驻检察机构建设。1994年，全国检察机关监所检察派驻机构建设又有很大发展。据统计，截止1994年底，全国已有95.91%的看守所实现了驻所检察，监狱的派驻检察已达到94.7%，劳教场所的派驻检察已达到93.5%。

（最高人民检察院监所检察厅
李永清）

【民事行政检察】 1994年，全国检察机关共受理公民、法人和其他组织不服法院民事、行政生效裁判的申诉18421件，比1993年增长41.5%；立案审查6102件，比1993年增长43%。

一、重点抓了对裁判明显不公的民事、行政判决、裁定的抗诉工作。1994年，全国检察机关的下级检察院向上级检察院提请抗诉1379件；上级检察院对587件裁判明显不公的民事、行政判决、裁定向同级人民法院提出了抗诉，提出抗诉案件的数量超过1991年至1993年三年的总和；向人民法院提出改判建议1477件。

二、严肃查处了一些审判人员徇私舞弊、索贿受贿的犯罪案件。1994年，全国检察机关共立案侦查审判人员在民事和行政案件审判活动中徇私舞弊、索贿受贿案件65件76人。甘肃省人民检察院从受理的甘肃省医疗保健品进出口公司申诉案中，发现裁判明显不公。他们从此入手，查明了甘肃省高级人民法院审判员丁子和、陇南中级人民法院审判员王新武索贿受贿的犯罪事实，并已移送兰州市城关区人民检察院起诉。对于甘肃省高级人民法院错误的民事判决，最高人民检察院已于1994年8月向最高人民法院提出抗诉。

三、1994年，全国各级民事行政检察部门认真抓基层建设，抓调查研究，抓干部培训，抓建章立制，使民事行政检察干部队伍的政治、业务素质有了较大提高，保证了办案工作的需要。

（最高人民检察院民事行政检察厅
石小申）

【控告申诉检察】 1994年，全国检察机关控告申诉检察和举报工作取得了较好成绩。

1994年，全国检察机关共受理举报线索329672件，其中：贪污、贿赂等经济犯罪案件线索182803件；侵权、渎职犯罪案件线索58411件；举报县处级以上干部的线索12624件；举报党政机关、司法部门工作人员的线索121037件。各级人民检察院举报中心加强了对举报线索的统一管理，充分发挥举报中心的职能和作用，把初查作为举报工作的中心环节。全年检察机关共初查贪污贿赂等经济犯罪线索9.3

万件，从中立案侦查4.9万件，占已立案的经济犯罪案件总数的81%，为检察机关在深入开展反腐败斗争和查办大案要案中发挥了重要作用。

各级人民检察院进一步建立健全保护公民举报权利的激励机制。在做好为举报人保守秘密的同时，从严从快查处打击报复举报人案件。全年共受理打击报复举报人的控告1714件，初查272件，立案27件。坚持“双保护”原则。对举报失实的，认真做好“正名”工作，消除影响，保护被举报人的合法权益；对利用举报故意诬告陷害的，坚决查处。1994年全国检察机关共奖励举报有功人员821名，发放奖金总额达29万余元。最高人民检察院奖励了13名举报有功人员，奖励金额11.9万元。各级检察机关还采取多种形式加强举报宣传工作，在举报宣传强有力的震慑下，全年共有1307名违法犯罪分子到检察机关投案自首。

1994年全国检察机关共受理各类申诉案件65696件，其中刑事申诉案件20830件。在查办刑事申诉案件中，各级检察机关重点复查了不服检察机关处理决定的申诉案件，其中立案复查不服免于起诉的申诉案件2052件，复查后撤销原决定的460件。同时立案复查不服人民法院刑事判决、裁定的申诉案件679件，通过向人民法院提出纠正意见和按照审判监督程序提出抗诉，已改变原判决、裁定的24件。各级控告申诉检察部门还注重做好结案后的息诉疏导和善后落实工作，巩固办案成果。

1994年，全国检察机关认真处理群众来信来访，维护社会稳定。全年共受理群众来信来访669268件，其中来信548321件，来访120947件。妥善处理集体上访3000多件。各级人民检察院继续开展创建文明接待室活动，坚持和完善检察长接待制度，开展了首次省级人民检察院“文明接待室”评比活动。

1994年，各级人民检察院积极做好《国家赔偿法》实施前的准备工作。最高人民检察院于5月和10月两次发出通知，要求各级人民检察院切实做好《国家赔偿法》的实施准备工作，并召开了贯彻实施《国家赔偿法》研讨会，下发了《人民检察院刑事赔偿工作办法（试行）》。最高人民检察院决定，检察机关的刑事赔偿工作由控告申诉检察部门承担。最高人民检察院和23个省级人民检察院已成立了刑事赔偿工作办公室。

1994年，控告申诉检察信息工作有所加强。在全系统大范围地建立了控告申诉信息联络员和信息联络点制度，形成了信息网络。加快了办公自动化步伐，推广了《举报线索和控申检察计算机管理信息系统》。

（最高人民检察院控告申诉检察厅
齐占州）

【法律政策研究】 1994年，全国检察机关紧紧围绕“严格执法，狠抓办案”的工作方针，领导带头，抓住检察工作中的重点、难点、薄弱环节和工作进程中的突出问题，深入实际，大兴调查研究之风，扎扎实实开展专题调研和适用法律问题的研究工作，取得了可喜的成果。

1、专题调研工作。为了使检察工作适应社会主义市场经济新体制需要，进一步强化法律监督职能，全国各级检察机关进一步贯彻《最高人民检察院关于加强调查研究工作的决定》，积极探索新形势下开拓检察工作新局面的有效措施，完成了一大批专题调研报告，保证了各级领导机关客观、全面、及时地掌握新情况、新问题，为领导科学决策提供了参考和依据，对推动检察工作的开展起到了积极的作用。最高人民检察院研究室在抓好自身专题调研工作的同时，还积极组织、指导、协调了全国检察机关的专题调研工作。1994年初，研究室根据最高人民检察院的工作部署提出了15个专题调研的重点题目，并落实到全国各省级检察院。随着检察工作的开展，研究室还随时提出新的调研题目组织各地调研。为了推动专题调研工作的开展，提高全国检察机关专题调研工作的水平，1993年7月，最高人民检察院决定对1992—1993年度的优秀调研成果进行表彰。最高人民检察院研究室专门发出通知，对评选范围、评选对象、评选标准、评选办法以及奖励办法等都作了具体规定。各省、自治区、直辖市人民检察院在本地区范围内组织初评的基础上，向最高人民检察院推荐了194篇专题调研文章参加全国的评选。最高人民检察院组织专家进行了认真的终评，共评选出优秀调研文章57篇。其中，特别奖6篇，一等奖11篇，二等奖17篇，三等奖23篇。1994年5月，最高人民检察院向全国检察机关发布了关于表彰1992—1993年度全国检察机关优秀调研成果的通报。通过对优秀调研成果的表彰，鼓励了先进，引导了方向，调动了积极性，在全国检察系统产生了广泛的影响。全国大部分省、自治区、直辖市检察院和一些分、州、市检察院也相继建立了调研成果评比表彰制度。通过这一活动，推动了全国检察机关调研工作的深入开展。

2、司法解释工作。1994年，最高人民检察院紧紧围绕党和国家的工作大局，针对在建立社会主义市场经济体制和经济建设中出现的新情况、新问题，对检察工作如何具体适用法律的一些重要问题，在调查研究，总结司法实践经验的基础上，共制发司法解释及相关业务性文件24件。其中，最高人民检察院单独制发的有15件，与最高人民法院、公安部等部门联合制发的有9件。在作出的司法解释性文件中，围绕检察机关反贪污贿赂工作重点，制发了《关于办理科技活动中经济犯罪案件的意见》、《关于查办贪污贿赂等案件应注意的几个问题》、《关于认真做好贪污、贿赂等大案要案案犯潜逃、脱逃备案工作的通知》、《关于奖励举报有功人员暂行办法》，有力地推动了检察机关查办贪污贿赂案件工作的深入；围绕查处法人犯罪案件的工作重点，发布了《关于加强法人犯罪检察工作的通知》，较好地解决了查处法人犯罪工作中的若干疑难问题；针对全国税制改革后利用发票犯罪，特别是利用增值税发票犯罪日益严重的情况，制发了《关于办理伪造、倒卖、盗窃发票刑事案件适用法律的规定》等文件，为司法实践中惩治利用发票犯罪提供了有力的法律武器，遏制了利用发票犯罪的势头，保障了税制改革的顺利进行；发布《关于加强刑事抗诉工作的通知》，对强化检察机关审判监督职能，加强刑事抗诉工作起了重要的作用；制发《关于认真做好〈国家赔偿法〉实施准备工作的通知》及《人民检察院刑事赔偿工作办法（试行）》，为检察机关正确贯彻实施《国家赔偿法》作了准备；就检察机关适用刑法、刑事诉讼法中的其他问题制发了《关于受监管机关正式聘用或委托履行监管职务的人员能否构成体罚、虐待人犯罪和私放罪犯罪犯罪主体的批复》、《关于严格执行人民代表大会代表执行职务司法保障规定的通知》等文件，进一步保证了案件查办中适用法律的正确性；为正确执行全国人大及其常委会新颁布的法律，制发了《关于严格执行〈全国人大常委会关于严惩组织、运送他人偷越国（边）境犯罪的补充规定〉和〈台湾同胞投资保护法〉的通知》、《关于严格执行〈中华人民共和国对外贸易法〉的通知》以及《关于认真贯彻执行〈全国人大常委会关于惩治侵犯著作权犯罪的决定〉的通知》等文件，就违反这些法律规定构成犯罪如何适用刑法追究刑事责任等问题进行了解释；继续进行司法解释及规范性文件的清理工作，同最高人民法院联合发文废止了第一批已失效的“两院”联合发布的司法解释文件。

（最高人民检察院法律政策研究室

陈国庆　王利民　李记华）

附：

1992—1993年度全国检察机关优秀调研成果获奖名单

特别奖6篇

1、加强法制建设是发展社会主义市场经济的重要保障　广东省人民检察院检察长王　骏

2、论当前检察工作中的十个关系　福建省人民检察院检察长郑义正

3、新旧体制转换条件上强化法律监督职能的思考　天津市人民检察院检察长张德铨

4、贯彻严格执法新思路，推进检察工作新发展　湖北省人民检察院检察长钟澍钦

5、关于检察机关强化法律监督职能若干问题的调查报告　最高人民检察院研究室

6、当前贪污、贿赂等经济犯罪的新情况、新问题及我们的对策　最高人民检察院研究室

一等奖11篇

1、当前贪污贿赂等经济犯罪的特点及对策　湖北省人民检察院研究室

2、对中央直属机关单位司局级以上干部犯罪的透视　北京市人民检察院张树池

3、关于举报工作上新台阶的思考　天津市人民检察院陈以毅

4、金融活动、炒房地产活动中经济犯罪大要案中罪与非罪的几个政策法律问题　湖南省人民检察院研究室

5、关于毒品犯罪问题的调研报告(一)、(二)、(三)　甘肃省人民检察院研究室

6、当前贿赂活动的新形式综述　广东省人民检察院研究室

7、建立错漏案责任追究制度的思考　陕西省人民检察院王浩　冯耀辉

8、关于全省检察机关查处贪污受贿大要案情况的调查分析及建议　浙江省人民检察院研究室调查组

9、检察机关在严格执法中遇到的问题及对策　黑龙江省人民检察院杜凯丰　刘兴东　孙宝民

10、本市证券工作人员违法犯罪的情况调查　上海市人民检察院陈宝富

11、当前检察工作中需着重解决的几个问题　最高人民检察院黄海龙　王光辉

二等奖17篇

1、试论检察长列席讨论决定刑事案件审判委员会会议的地位、作用、职责及程序　吉林省舒兰市人民检察院吴日魁

2、对“打假”斗争中存在问题的调查与思考　河南省人民检察院杨叙安　常凤琳

3、市场经济中的犯罪趋势预测　辽宁省沈阳市人民检察院郑允歧　孙永利

4、几种经济犯罪新情况新问题的调查与思考　江苏省人民检察院陈继南　刘兵

5、全省检察机关一九九二年自侦案件撤案和无罪判决情况的调查报告　海南省人民检察院李世祥

6、当前反贪斗争遇到的若干法律政策问题综述　广东省人民检察院研究室

7、海峡两岸有关司法方面联系与协作问题初探　福建省人民检察院涉台刑事案件个案协查课题组

8、对兰州市工行系统以贷谋私涉及到违纪、违法、犯罪问题的调查报告　甘肃省人民检察院研究室　办公室

9、利用银行承兑汇票进行犯罪的特点、危害、原因、对策探讨　山西省太原市南郊区人民检察院孙小平

10、检察机关反贪污贿赂工作中遇到的新情况、新问题　最高人民检察院韩晓峰　程新慧

11、以罚代刑现状及成因的调查与思考　湖北省公安县人民检察院钟大松　汪辉

12、对影响检察机关严格执法问题的思考　江西省景德镇市珠山区人民检察院刘振生　占剑

13、试析当前贿赂犯罪总量上升与打击失调的原因及其对策　安徽省人民检察院六安分院陈浩民

14、房产交易中违法犯罪突出，管理监督机制亟需加强——浦东新区今年以来商品房交易中贪污、贿赂犯罪透析　上海市浦东新区人民检察院朱康　顾正明

15、内蒙古自治区金融系统贪污贿赂等犯罪情况的调查分析　内蒙古自治区人民检察院研究室

16、关于办理科技人员经济犯罪案件的探索　北京市海淀区人民检察院项明　李玲

17、关于我省部分司法机关在执法活动中以各种名目收取费用情况的调查报告　四川省人民检察院监所检察处

三等奖23篇

1、新疆边境开放口岸地区检察工作的新问题及对策　新疆维吾尔自治区人民检察院陈德惠　阎文义

2、对青海省少数民族地区执行法律中存在问题的思考　青海省人民检察院马忠民

3、对禁毒决定几个问题的探讨　陕西省西安市人民检察院王朝勇

4、浅淡当前反贪污贿赂斗争中遇到的新情况新问题　江西省南昌市人民检察院许坚　张恒立

5、政法机关利用职权乱收费问题的调查　湖北省人民检察院监所检察处　研究室

6、浅论检察机关对行政诉讼的法律监督　北京市大兴县人民检察院孙占京

7、关于当前假冒商标犯罪的调查报告　天津市和平区人民检察院李新民

8、对错案责任追究制度几个问题的法律思考　山东省济宁市人民检察院陈贵程　田峰　张振高

9、社会主义市场经济条件下经济犯罪的新情况、新特点及其对策　山东省枣庄市人民检察院葛效文　郑浩然

10、试论股份制企业内贪污罪主体的认定　广东省广州市东山区人民检察院卞永超

11、股份制企业发展中涉及刑法问题探讨　海南省人民检察院许玉民　李永利

12、关于当前超期羁押人犯的新情况和法律问题的调查报告　广西壮族自治区人民检察院陆福平　李桂华

13、关于完善审查起诉、支持公诉的

立法思考　云南省普洱哈尼族彝族自治县人民检察院易宁

14、论共同贪污案件的处罚问题　四川省宣汉县人民检察院李仲永

15、关于我省金融系统贪污、受贿、挪用犯罪情况的调查　浙江省人民检察院研究室调查组

16、也谈擅自转让职务技术成果中的罪与非罪　江苏省常州市人民检察院徐仁和

17、对惩治贪污贿赂犯罪中四大难点的思考　辽宁省营口市人民检察院刘铁鹰

18、检察机关应转换侦查机制　黑龙江省鸡西市人民检察院曲汝柏

19、科学设置检察机关内部机构的总体设想　河南省人民检察院冯中华

20、经济检察与股份经济的几个问题　吉林省长春市人民检察院刘晓春

21、社会主义市场经济与刑法观念变革　上海市杨浦区人民检察院唐周绍　龚培华

22、论市场经济条件下经济犯罪的几个问题　湖南省人民检察院何素斌

23、关于当前开展监所检察工作中遇到的新情况新问题的报告　山西省人民检察院赵振玉　贺志刚

【检察技术工作】　1994年，全国各级检察技术部门充分发挥科学技术在办案中的作用，取得了较大成绩。全年共受理各类检验鉴定61938件，比1993年增长24.6%；出具各类鉴定书和检验报告57911份；受理文证审查14488件，其中改变原鉴定结论的1506件，占受理总数的10.4%；参与各类现场勘验21676件，比1993年增长25.3%。司法会计鉴定办案量大幅度上升，1994年办案量比1993年增长58.8%，在配合查办贪污贿赂犯罪案件中发挥了不可替代的作用。视听技术工作的重点由过去的法制宣传和一般性服务转向为办案服务，运用声像技术搜集视听证据，全年共承担视听任务40561件。

检察技术基础建设有了新的进展。截止1994年底，全国检察机关共建立技术机构1562个，比1993年增长9.8%。其中，省级人民检察院建立30个，分、州、市人民检察院建立335个，县、区人民检察院建立1196个。山东、河南、湖南等省三级检察机关已基本建立了技术机构。全国共有检察专业技术人员5804名。其中，司法会计鉴定人员1139人。各级检察技术部门累计投资已达15238.8万元。在检验鉴定、计算机、视听等方面已拥有一批较先进的技术器材。

全国检察信息系统建设开始起步。(1) 确定了全国检察信息系统建设首期工程和首批试点单位。确定广东省、深圳市、顺德市、北京市、北京市海淀区、北京市通县、烟台市、寿光市、淄博市淄川区、上海市、吉林省、武汉市人民检察院为首批试点单位。1994年5月在广东顺德市召开了试点单位座谈会。到1994年底，已基本建成上海市检察院计算机管理网络、淄博市淄川区检察院计算机管理网络。(2) 最高人检察院颁发了《国家检察信息系统总体规划纲要》、《检察系统计算机应用软件开发管理规定》、《检察系统计算机应用软件评审办法》和《中华人民共和国最高人民检察院检察信息系统标准体系》，确立了检察信息系统建设"五个统一"(统一规划、统一编码、统一机型、统一软件设计规范、统一数据格式) 的原则，设计出了检察机关四级局域网建设方案，为检察信息系统建设的规范化、标准化奠定了基础。

检察技术科研工作有了较大发展。《ZJ—941剥离剂》、《举报线索和控申检察

计算机管理信息系统》、《金融计算机监测系统》等项科研成果通过了专家鉴定。

1994年，全国检察机关新成立检察技术科研机构7个，使科研机构总数达到48个，拥有专业技术人员506名。科技交流进一步活跃，最高人民检察院技术局（所）于1994年9月在辽宁阜新举办了煤矿重大责任事故现场勘验研讨班；11月在云南昆明召开了第二届全国检察系统法医学术交流会，会上交流论文163篇。吉林、江苏、浙江、湖南、云南等省也开展了法医、文检、司法会计鉴定等技术门类的学术交流和研讨活动。

（最高人民检察院技术局 曾永涛）

【检察队伍建设】 1994年，全国检察机关以邓小平同志建设有中国特色社会主义理论为指针，认真贯彻党的十四大、十四届三中、四中全会精神，依法建院，从严治检，大力加强领导班子建设和党的基层组织建设，积极开展有检察特色的思想政治工作，进一步加大干部人事管理制度改革的力度，较好地调动了全体干警的积极性和创造性，保证了各项任务的顺利完成。

一、坚持以学习《邓小平文选》为基本内容的政治理论教育，用建设有中国特色社会主义的理论武装干警头脑。一年来，全国检察机关高度重视政治理论学习，把学习《邓小平文选》摆在加强思想建设和干部理论教育的首位，精心组织，周密部署，掀起了学习热潮。共举办理论研讨班2416期，参加人数达51400余人，组织学习经验交流会4100余次，撰写心得、体会8100余篇。学习中，坚持把学习《邓小平文选》与学习马列主义、毛泽东思想结合起来，与学习党的十四大、十四届三中、四中全会精神结合起来，与学习市场经济理论、现代科学知识结合起来，联系当前形势，联系工作和思想实际开展学习，使干警进一步明确了全党全国的工作大局，坚定了走有中国特色社会主义道路的信心，增强了贯彻执行党的基本路线的自觉性。

二、以领导班子建设为重点，狠抓了党的建设。各级人民检察院按照以加强党的建设带动检察队伍建设的基本思路，把领导班子建设当作党的建设的核心内容和队伍建设的关键，进一步加强了各级领导班子的思想、组织和作风建设，使各级领导成员的理论素养进一步提高，班子的年龄、文化、专长等结构更加合理，领导作风和工作作风更加深入扎实。与此同时，各级人民检察院还狠抓了党的基层组织建设和党员教育管理工作，并取得了新的进展，又有一批党组织和党员受到表彰。

三、切实加强具有检察特点的思想政治工作，进一步调动、发挥了广大干警的积极性。各级人民检察院坚持开展以宣传全党全国工作大局为主要内容的形势、任务教育，全心全意为人民服务的宗旨教育，坚定共产主义、社会主义信念的理想教育，弘扬民族精神、献身祖国建设事业的爱国主义教育以及职业道德、职业责任、职业纪律教育。特别是针对检察机关的工作特点，开展了“严格执法，狠抓办案”方针教育和廉政勤政教育。同时，积极开展争先创优活动，一年来，共有10264个先进集体和36882名先进个人受到表彰。

四、引进竞争激励机制，解决难点、热点问题，积极探索了干部人事管理和检察体制改革。各级人民检察院较为普遍地建立了岗位责任制，大多数检察院制定了目标管理责任制。有的地方试行了责任制、聘任制以及双向选择制和错案追究制。部分检察院实行了检察员办案责任制和实绩登记制。

最高人民检察院继续抓紧起草和修改《检察官法》和《人民检察院组织法》，按照中央的部署和要求，拟定《检察机关机构改革方案》。

改革了检察机关增编进人办法，使考试录用干部工作实现了制度化。1994年全国检察机关增编8915人，绝大部分是经过严格考试并按照择优原则录用的。

进一步加强司法警察工作。1994年，全国检察机关共转干8875名，完成了下达指标的94％；其中转司法警察4916名，授衔4158名。

继续采取“整、撤、停、建”的办法，清理整顿检察室。已撤销1771个，占应撤销总数的46％。乡镇检察室增加345个，总数已达1549个；税务检察室增加112个，总数已达2366个。

五、加快了年轻干部的培养步伐，加强了后备干部工作。一年来，各级人民检察院高度重视培养年轻干部工作，尤其重视培养选拔年轻领导干部，加速各级领导集体年轻化。采取送党校学习、到基层挂职锻炼等方式促使年轻干部尽快成长。全国现有35岁以下的正副检察长610人，检察员16785人。

各地还切实加强了后备干部工作。有2501个检察院建立了后备干部名单，共有后备干部7226人，其中省级人民检察院146人，分、州、市人民检察院1073人，基层人民检察院5818人。

六、政工部门和政工队伍自身建设进一步加强。1994年是检察机关政治工作发展较快的一年。表现在：政工机构进一步健全，政工干部素质有新提高，政工基础建设和制度建设也有了发展。最高人民检察院编纂了《检察机关人事干部工作手册》、研制了《检察机关干部人事信息软件》，为促进干部管理工作正规化奠定了基础。

1994年10月，最高人民检察院在上海市召开了全国检察机关第二次政治工作会议。会议回顾总结了检察机关恢复设立政治工作机构以来队伍建设的情况，分析了政治工作面临的形势和任务，研究了进一步加强检察机关党的建设和队伍建设的意见和措施，讨论修改了《人民检察院政治工作纲要》，部署了今后一个时期的政治工作。

（最高人民检察院政治部
王少峰）

【纪检监察】 1994年，全国检察机关纪检监察部门紧紧围绕贯彻中纪委第三、四次全会精神和最高人民检察院的工作部署，继续深入开展自身反腐败斗争，为保证“严格执法、狠抓办案”、“依法建院、从严治检”方针的落实，推动检察队伍廉政和纪律建设发挥了重要作用。

一、按照中纪委的要求和最高人民检察院的部署，狠抓了“三项任务”的落实。一是抓了领导干部的廉洁自律。全国监察系统共有12456名处以上领导干部参加了专题民主生活会，占应参加人数的97.4％。其中厅级干部651人，占应参加人数的98％。有16个省、自治区自查出超标准的小汽车49辆，并按规定更换完毕。二是严肃查处了一批违法违纪案件。共查处违法违纪干警567人，其中构成犯罪被立案侦查的83人，内有18人已被判刑。三是开展专项治理，纠正行业不正之风工作取得成效。制止乱收费、乱罚款的工作成果得到巩固；向企业索要赞助和无偿占用企业车辆、通信及其他设备的不正之风初步得到清理；针对出现的插手经济纠纷、追款讨债等不正之风，最高人民检察院重申了有关纪律，并严肃查处这一类案件。为加强赃款赃物的管理，最高人民检察院下发了《关于开展赃款赃物管理情况检查的通知》。据不完全统计，共查出违反管理规定的问题54件，涉及金额达381万余元；办理违反赃款赃物管理规定构成违法违纪的案件10案；与所办经济实体的脱钩工作已基本完成。

二、坚持标本兼治，保障了自身反腐败斗争的深入进行。首先开展了各种形式的党风党纪和廉政教育。最高人民检察院于1994年10月发出通知，要求各地集中进行检察队伍的教育整顿，组织学习《党章》、《准则》及中纪委的有关规定，学习《检察人员纪律》和最高人民检察院的有关规定。在抓好教育的同时，各级检察机关都注重了制度建设。最高人民检察院制定了《最高人民检察院机关领导干部个人及家庭重要事项报告制度》，推广了上海市人民检察院向社会公布廉政监督电话的做法。黑龙江省人民检察院党组制定了《党组廉洁制度》，江西省人民检察院制定了反腐倡廉十三条整改措施。这些制度对加强检察机关廉政、勤政建设发挥了积极作用。

三、纪检监察部门的自身建设有了加强。分、州、市检察院设立纪检监察机构的达到337个，比1993年增加14.5%，占分、州、市检察院总数的92.1%，有16个省、自治区的分、州、市检察院全部建立了纪检监察机构。纪检监察干部已达1847人，比1993年增加157人。为提高纪检监察干部的业务素质，适应工作的需要，最高人民检察院和上海、福建、天津、江苏等省级检察院分别举办了纪检监察干部培训班或研讨班。黑龙江省检察院纪检组对业务工作实行了量化管理，山西省检察院制定了《关于检察系统党纪案件查处工作的具体规定》，山东省检察院制定了《纪检监察工作制度》。湖南、江苏、四川等省检察院对纪检监察工作先进集体、先进个人进行了表彰。

1994年3月，最高人民检察院在北京召开了全国检察机关第二次纪检监察工作会议。会议以邓小平建设有中国特色社会主义的理论和党的十四大、十四届三中全会精神为指导，认真贯彻中纪委第三次全体会议精神和全国检察长工作会议精神，回顾总结1993年检察机关开展反腐败斗争的情况，部署今后自身反腐败斗争的任务，讨论制定进一步加强检察机关纪检监察工作的措施。

（最高人民检察院监察局
张振海）

【干部教育培训】 1994年，检察干部教育培训工作按计划、有步骤地开展了岗位职务培训、任职资格培训和各项专业培训，为提高检察人员的理论水平和业务素质做出了新的贡献。

一、集中力量，重点抓好岗位职务培训。1994年，检察教育培训工作根据即将通过的《检察官法》的要求，突出把对部分检察人员进行的“适应性”培训作为岗位职务培训的主要内容。最高人民检察院干部教育局下发了《关于实施检察人员“适应性”培训的通知》，召开了全国检察系统专业证书教育和“适应性”培训工作座谈会。根据各地反映的意见，及时下发了“适应性”培训有关问题的说明，对这项工作提出了一系列原则性要求，制定了指导性教学计划。各地培训机构克服了时间紧、任务重的困难，圆满完成了对3万余人的培训，为将来《检察官法》的顺利实施提供了保证。全国检察机关各级培训机构，按照各项岗位职务培训制度，认真完成了各项规范性培训。中央检察官管理学院、中国高级检察官培训中心各分部、省级培训中心共培训各级新任检察长1100多名，轮训基层人民检察院正副检察长、拟任地方各级人民检察院检察员、助理检察员职务的人员以及培训增编新进人员共7000余人。同时，开展了各项专项业务培训。最高人民检察院举办各类业务培训班15期，培训各级人民检察院业务骨干、专业技术干部共758人。

二、完成了检察系统首次自主举办的《法律（检察）专业证书》教育第一期的教学任务和结业工作。全国检察系统共有18722人参加了第一期专业证书学习，结业17978人。检察系统专业证书结业人数的比例上升了5个百分点。

三、学历教育和高层次人才的培养取得新的进展。经国家教委批准，中央检察官管理学院从1994年起设置了大学法律专科。首届大专班招收的44名检察系统的在职干部于9月正式入学。各地检察机关也自办或依托其他大学，有计划地开展了多渠道、多形式的“专业证书”升专科、专科升本科的教育，优化检察队伍的知识结构和文化结构。最高人民检察院委托中国政法大学、西南政法学院和华西医科大学等院校，举办了检察系统定向研究生教育，并在中国政法大学举办了考前外语强化培训班，共招收38人。通过举办学历教育，到1994年底，检察队伍中大专以上学历的干部已占干部总数的49%。

四、加快外语人才的培养。1994年，最高人民检察院委托中国政法大学举办了外语强化班，有20名检察业务骨干参加了培训，提高了外语水平。11月，组织全国检察系统的11名干部参加了英国高级政府奖学金进修学科的考试。

五、加快培养少数民族地区干部。1994年，最高人民检察院对新疆、西藏、内蒙古、青海、四川等地少数民族干部的文化知识结构和教育培训状况作了调查了解；组织邻近条件较好的省帮助少数民族地区承担部分培训任务；对西藏、青海等确有困难的地区积极争取补助其培训经费；继续资助蒙古、维吾尔等少数民族干部培训教材的编译工作；继续选送少数民族地区检察干部参加各类培训，选送到中央党校学习的10人次。中央检察官管理学院民族班培训了少数民族地区的检察长和业务骨干113人。

六、提高教育管理人员的自身素质和管理水平。1994年8月，最高人民检察院在黑龙江省牡丹江市举办了首届全国检察系统教育管理研讨班。全国28个省级人民检察院的教育处长或培训中心主任及检察学校负责同志参加了研讨班。这次研讨班就贯彻落实第二次全国教育工作会议精神，使岗位职务培训与检察官管理制度接轨，进一步提高教育培训管理水平等问题进行了研讨，还学习了有关成人教育的方针、政策和管理理论，为提高教育管理人员的理论水平和管理水平打下了较好的基础。

七、培训机构、基地建设取得突破性进展。1994年，全国30个省级人民检察院建立了检察官培训中心或检察学校，有157个培训任务较重、有一定条件的分、州、市人民检察院也建立了培训中心，检察教育三级培训体系进一步完善。中央检察官管理学院的教学楼、图书馆相继破土动工。省级人民检察院培训基地已建成10家，正在建设的5家，已选址征地即将动工的10家。检察教育在全国正逐步从根本上摆脱过去那种依托他人办学的被动局面。

八、认真贯彻《教师法》，加速教师队伍建设。1994年1月，《中华人民共和国教师法》开始施行，最高人民检察院干部教育局下发了学习贯彻《教师法》的通知，就提高检察系统教师地位、加强教师培养等问题提出了要求。明确提出了教师队伍建设的目标是建设一支具有良好政治素质和业务素质、结构合理、数量相当、相对稳定的专兼聘相结合，以专职教师为主的教师队伍。最高人民检察院对全国检察系统教师队伍的现状进行了调查，建立了省级人民检察院培训机构骨干教师的业务档案，规定了专职教师任职条件。截止1994年底，全国检察系统共有专职教师452人，教职员工1053人。中央检察官管理学院聘请了首批兼职教授。检察系统教师队伍在数量和质量上都有了一定提高。

九、教材建设取得了阶段性成果。1994年，检察系统第一次面向自身培训、自主编缉的“检察业务系列教材”全部出齐，整套教材共17本。中央检察官管理学院已着手修订专业证书教育的6本教材，编写部分大学专科学历教育教材。

（最高人民检察院干部教育局
刘　新）

第五部分　　检察文件选载

最高人民检察院
关于印发《1994 年检察工作计划要点》的通知

（1994 年 1 月 20 日）

各省、自治区、直辖市人民检察院，军事检察院：

现将《1994 年检察工作计划要点》印发给你们，请认真贯彻执行。

1994 年检察工作计划要点

1994 年检察工作的主要任务是：坚持以邓小平同志建设有中国特色社会主义理论为指导，贯彻党的十四大和十四届三中全会精神，坚持“两手抓、两手都要硬”的方针，强化法律监督职能，严格执法，狠抓办案，集中力量查办贪污贿赂等犯罪大案要案，打击各种犯罪活动，保障公民合法权益，维护政治稳定和社会安定，为改革开放和现代化建设创造良好的法制环境，保障社会主义市场经济体制的建立和发展。

一、贪污贿赂检察工作

1、坚持把惩治贪污贿赂等经济犯罪作为检察机关对经济建设最重要、最直接的服务，思想上要毫不动摇，工作决不能松劲。要树立长期作战的思想，又要增强紧迫感，把查办大案要案作为重大政治任务进一步抓紧抓好，不断取得新进展。

2、集中力量查办大案要案。重点查办：发生在党政领导机关、司法部门、行政执法部门和经济管理部门工作人员中的贪污、贿赂等经济犯罪案件。要在查办要案方面有新的突破，对于涉及领导机关和县处级以上领导干部犯罪的要案，要发现一件，坚决查办一件，不论涉及什么人都要一查到底。

3、认真查办法人犯罪案件。对机关、团体、企事业单位行贿、受贿、走私、偷税、抗税、骗税和假冒注册商标等犯罪活动，要选择典型，重点突破，依法追究。要注意深挖和查处与法人犯罪有关的国家工作人员贪污、受贿、徇私舞弊、玩忽职守等职务犯罪。

4、加强举报工作。对群众举报的案件线索，要严格保密，统一管理，及时进行分类排队，凡属检察机关管辖构成犯罪的案件线索，都要及时查办，真查真办，并注意反馈，答复举报人，取信于民。对重点部门的大案要案线索特别是厅局级以上干部的要案线索，要逐件登记，专人管理，检察长直接掌握，亲自组织先查先办；对可能失去破案条件的，要不失时机地果断查办。要严格执行要案线索的备案和管理制度，经过筛选，有可查价值的要案线索，必须按规定报上一级检察院直至最高人民检察院备案，并及时报告查办情况。任何单位或个人不得瞒案不报、压案不查、拖着不办、顶着不处理。要注意宣传根据群众举报线索侦破的典型案例，激发群众举报热情。积极开展奖励举报有功人员工作，设立举报奖励基金，兑现奖励政策，对举报有功人员从精神上和物质上给予奖励。要严肃查处打击报复举报人案件，特别是对残害举报人的，要坚决追究刑事责任。要依法查处利用举报诬告陷害他人的案件，保护无辜者不受追究。

5、加强初查工作。要案线索初查，应秘密进行，实行专案专人负责。要严格执行《关于进一步加强大案要案查处工作的通知》，凡有重大犯罪嫌疑的要案线索一律要查，构成犯罪的，及时立案侦查。

6、加强侦查工作。要增强侦查意识，在获取证据上下功夫，提高发现犯罪和综合、灵活运用各种法定侦查手段收集证据的能力。要注意掌握反腐败重点部门、行业的违法犯罪动向，掌握犯罪的一般规律，善于从不正常现象中发现犯罪。要善于掌握侦查工作的技巧、策略和方法，提高预审水平，防止以捕代侦，严禁刑讯逼供。要加强侦查工作的集中统一指挥和协调配合，对涉及跨省（市、区）、跨地（州、市）、跨县（区、市）的大案要案，必要时由最高人民检察院、有关省级院和分、市院统一指挥和协调。重大案件要选调得力干部，专案专办。有关检察院要有全局观念和“一盘棋”思想，紧密配合，通力协作，严肃认真地执行上级的决定和指示，不准借故推诿，更不允许相互掣肘。要经常总结、推广侦破大案要案的经验，努力培养更多的侦查能手和专家。加强情报工作和侦查工作的基础建设，在特区城市和大城市进行计算机情报管理的试点，逐步建立侦查工作情报网络。

7、加强对查办大案要案工作的领导。查办大案要案工作要领导抓、抓领导，上级抓下级、一级帮一级。各级检察长要亲自组织和参加办案，搞好力量的调配和后勤保障，确保大案要案的初查、立案、侦查、起诉等各个环节的顺畅。对要案线索以及数额特别巨大的案件线索，要逐案抓落实，把责任落实到领导，集中领导精力，集中办案骨干，抓紧侦结、起诉。坚持查办要案的分级负责制度，该由上级检察院查办的，上级检察院要切实负起责任，直接组织查办。最高人民检察院和省院要带头办理有重大影响的案件。有的案件下级院查办确有困难的，上一级检察院要派人参与办理，也可以直接查办。上级检察院要加强对办案工作的领导，支持下级院秉公执法，帮助排除阻力和干扰；加强督促检查和分类指导，对工作搞得好的地方，上级院要帮助总结经验，不断提出新的目标和要求；对工作打不开局面、查办要案缩手缩脚的，要有针对性地进行具体指导和督促协办，予以推动和帮助。

8、坚持“一要坚决，二要慎重，务必搞准”的原则，严格依法办案。首先要态度坚决，积极办案，同时要把工作做细，把证据搞齐全，正确把握法律和政策，严格区分罪与非罪界限，把案件搞准。罪与非罪界限难以分清的案件，要慎重，并及时向上级检察院请示。要注意工作方式和领导艺术，讲究工作策略，避免因工作方法不当给工作造成被动和损失。要坚持惩办与宽大相结合的政策，对贪污贿赂等职务犯罪要从严从重惩治，该判刑的一定要起诉到法院，该重判的要建议法院依法重判；对具有法定从轻情节的，依法从轻处理。

9、抓好对案犯携款潜逃的抓捕和防范工作。要加强防范措施，防止罪犯携款潜逃、自杀等事件的发生。发现贪污贿赂等重大案犯可能携款潜逃的，应迅速查证，依法及时立案，不失时机地果断采取逮捕等强制措施。对已经潜逃的重大案犯，要商请公安部门发布通缉令，采取措施缉捕归案。对案犯携款潜逃的案件要按规定逐级上报；携款潜逃国（境）外的，实行专案报告制度，并随时报告工作进展情况和遇到的问题。要与公安、国家安全部门在缉捕、境外取证等方面加强协作配合；积极探索涉外案件的取证工作，有计划地与有关国家和地区的反贪机构建立个案协查制度。

10、积极开展预防犯罪工作。要选择发案突出的行业或单位，解剖典型案例，分析犯罪产生的主客观原因，研究预防和减少犯罪发生的对策，向党委和有关部门提出有针对性的意见。结合办案，推动有关部门建立健全防范贪污贿赂犯罪的机制；帮助发案单位健全规章制度，堵塞漏洞。有条件的地方要建立贪污贿赂犯罪预防机构。

11、自觉把反贪污贿赂斗争纳入党委反腐败斗争的统一部署中，加强与纪检、监察、公安、国家安全、法院等部门的联系与配合，互相协商，互相支持，形成反腐败的合力。要积极争取党委的领导和支持，依靠党委排除办案中的阻力和干扰。认真执行与纪检、监察等部门联席例会制度和案件移送制度，对不构成犯罪的线索，及时移送纪检、监察部门处理；构成犯罪的属于检察机关管辖的线索，检察机关要按刑事先理的原则，依法查办。对查办难度大的案件，必要时可同纪委和其他有关部门一起调查，工作上既各司其职，又加强配合、协调。

二、刑事检察工作

1、坚持依法从重从快严厉打击严重刑事犯罪的方针，加强批捕、起诉工作，与公安、法院、司法行政等部门密切配合，“稳、准、狠”地打击反革命犯罪和严重刑事犯罪活动，切实纠正和防止打击不力。

2、重点打击杀人、抢劫、爆炸、强奸、盗抢枪支等暴力犯罪和团伙犯罪；“车匪路霸”、盗窃团伙、流氓团伙特别是其中带有黑社会性质的犯罪团伙；毒品、淫秽物品犯罪和拐卖、绑架妇女、儿童犯罪；盗窃、破坏重要生产资料和通讯、电力、交通设备等犯罪。

3、在党委统一领导下，积极参加“破大案、打团伙、追逃犯”斗争和反盗窃、围歼“车匪路霸”、“扫黄”、除“六害”等专项斗争，以及对治安混乱、问题较多的地区、地段、路段进行的重点治理活动。结合办案认真落实检察环节上的各项综合治理措施，把专项打击与重点治乱结合起来。

4、对重特大刑事犯罪案件，要提前介入公安机关的现场勘查、侦查和预审活动，坚持基本事实清楚，基本证据确凿的原则，不纠缠枝节问题，及时批捕、起诉。

5、加强侦查监督，重点解决对刑事犯罪有罪不究、以罚代刑问题。严格履行对公安机关侦查活动实施法律监督的职责，对重大刑事犯罪要开展立案监督，对有关部门该立不立，搞以罚代刑的，检察机关应依法督促纠正，必要时，应根据刑事诉讼法第十三条的有关规定，直接立案侦查、提起公诉。要加强对采取强制措施情况的监督，及时检察纠正该报捕不报、批捕后不执行的现象；对于批捕人犯在逃的案件，要注意掌握情况，分析原因，督促有关部门抓紧缉捕。在检察环节上该追捕的要追捕，该追诉的要追诉，切实防错防漏。

6、加强刑事审判监督，重点解决有罪判无罪、重罪轻判和轻罪重判等错判问题。要加强抗诉工作，对确有错误的刑事判决、裁定，依法应当抗诉的，都要坚决抗诉。坚持实事求是，依法办案，不以是否改判作为衡量抗诉工作成效的标准。凡是下级检察院抗诉有理的，上级院要给予有力的支持。对抗诉案件，检察机关都应派员出庭支持抗诉。要开展对二审、再审和死刑复核的监督工作，总结经验，建立健全监督工作制度。对审判活动中发生的违法情况，要及时提出纠正意见。发现审判人员贪赃枉法、徇私舞弊构成犯罪的要坚决追究。

7、加强出庭公诉工作，特别是对贪污贿赂、徇私舞弊等职务犯罪大案要案和重大刑事犯罪案件，要认真组织研究案情，及时起诉，并选派有经验、熟悉案情的检察员出庭支持公诉。涉及本地区有影响的贪污贿赂大案要案及重大刑事案件，必要时检察长或主管副检察长要亲自出庭。要采取多种形式培养优秀公诉人，注重提高出庭支持公诉的论辩水平和应变能力。

8、加强检察机关的内部制约，对直接立案侦查的案件要严格审查，保证办案质量。对贪污受贿案件的免予起诉，要严格执行最高人民检察院的有关规定，从严掌握免诉条件，依法正确行使免诉权、撤案权。要加强上级院对下级院的监督，发现问题及时纠正。

9、加强国家安全检察工作，要增强政治敏感性，深入研究隐蔽敌情动态，警惕境外敌对势力的渗透、破坏和窃密活动，注视境内敌对分子的造谣、煽动和破坏活动，非法宗教组织的民族分裂和骚乱活动，对构成犯罪的，要及时批捕、起诉，与公安、国家安全机关密切配合，坚决依法打击。要经常研究和掌握沿海、沿江、沿边开放地区治安状况和敌情、社情动态，提高应付各种突发事件的能力。要加强对危害国家安全的犯罪案件及有关事件的报告、备案工作。

10、按照教育、感化、挽救的方针，不断改进未成年人犯罪案件的批捕、起诉工作，从严打击教唆未成年人犯罪的教唆犯。加强对未成年人犯罪的调查研究，探索并逐步建立未成年人犯罪案件的检察体制，预防和减少未成年人犯罪。

三、法纪检察工作

1、进一步重视和加强法纪检察工作，把它作为反腐败斗争、保护人权和推动严格执法的一项重要工作来抓。要突出查办大案要案，对大案要案实行领导办案责任制。

2、重点查办国家工作人员尤其是司法人员、行政执法人员滥用职权、徇私舞弊、刑讯逼供、非法拘禁以及玩忽职守和重大责任事故等犯罪案件。

对于国家工作人员（无论是否司法人员）利用职务包庇、窝藏走私、贩毒、贪污、贿赂、假冒商标、骗税等犯罪分子，不如实作证或作伪证，隐瞒、掩饰他们的犯罪事实的；有追究责任的国家工作人员徇私舞弊或玩忽职守，不依法履行追究职责的；国家工作人员滥用职权、假公济私，对举报人实行报复陷害的，应根据全国人大常委会《关于严惩严重破坏经济的罪犯的决定》第一条第（三）、（四）项、《关于惩治走私罪的补充规定》第十三条、《关于严禁卖淫嫖娼的决定》第九条、《关于惩治假冒注册商标犯罪的补充规定》第四条、《关于惩治生产、销售伪劣商品犯罪的决定》第十条的规定，坚决依法追究；不构成犯罪的，要移送有关部门严肃处理。

对私设“黑牢”，滥用强制措施随意扣押人大代表、任意关押无辜公民，构成犯罪的，要坚决依法追究有关人员的刑事责任。

3、进一步加强法纪案件的侦查工作，注意总结和推广侦查工作经验，努力改变法纪案件侦查工作薄弱状况。

4、对在改革开放中敢于试验、大胆创新而受到诬告陷害的人，要依法予以保护，坚决查办诬陷者。对因过失而构成玩忽职守、重大责任事故等犯罪的被告人，除情节特别严重者外一般不采取逮捕的强制措施。对商贸流通领域和涉及重大科技问题的玩忽职守案件，要反复论证，慎重处理，严格区分罪与非罪的界限，使查办的案件经得起历史检验。

四、铁路运输检察工作

重点查办具有铁路行业特点的贪污贿赂犯罪案件，集中力量查办以车谋私、以票谋私和工程建设、多种经营中的贪污贿赂大案要案；依法从重从快打击发生在车站和旅客列车上的抢劫、杀人、爆炸、强奸、重大盗窃以及破坏铁路交通运输工具、设备等严重刑事犯罪活动，积极参加围歼“车匪路霸”专项斗争和铁路治安综合治理工作；认真查办铁路工作人员中的“侵权”、渎职犯罪案件。

五、监所检察工作

认真履行对刑事判决、裁定执行情况和监管改造场所执法活动的监督职责，重点查办不按法律规定交付执行、以钱抵刑等违法犯罪案件，及时检察纠正办理减刑、假释、保外就医过程中的违法情况；认真查办监管改造工作人员贪污、受贿、徇私舞弊、私放罪犯、体罚虐待被监管人员等犯罪案件；严厉打击被监管改造人员的重新犯罪活动，配合监管部门坚决打击“牢头狱霸”；切实保障被监管人员的合法权益，维护监管改造秩序，促进监管改造场所依法管理和文明管理。加强检察纠正超期羁押、乱收费等违法现象，对久押不决超期羁押的案件，要督促办案部门组织力量，抓紧办理，或建议办案部门依法变更强制措施。对以钱抵刑的，要抓住典型案件，该抗诉的抗诉，该立案查处的要立案查处。要认真办理劳改、劳教人员及其家属提出的申诉和控告案件。要加强监管场所的安全防范检察，注意掌握狱情动态，严防劳改犯脱逃等重大事件发生。

六、控告申诉检察工作

把复查刑事申诉案件和办理控告司法人员犯罪的案件当作一项重要的法律监督工作来抓。要认真查办不服检察机关免诉决定和人民法院已生效的刑事判决、裁定的申诉案件，坚持实事求是、有错必纠的原则，处理正确的要维持，确实办错了的要依法纠正或提出抗诉。要不断完善复查刑事申诉案件的工作制度。

要按照最高人民检察院的有关规定，认真查处社会危害较大、影响极坏、群众和社会反映强烈的重婚案件。

认真受理、妥善处理群众来信来访，尤其要处理好上访老户问题和集体上访、矛盾有可能激化的案件，做好疏导工作，避免矛盾激化，努力减少重复信访、越级上访和集体上访。搞好群众来信来访的动态分析，注意发现和反映执法活动中存在的突出问题。要不断改进对群众举报的接待工作，为案件的初查、立案的侦查打下良好的基础。要改进工作作风，坚持检察长亲自批阅来信、接待来访制度；开展文明接待室的评比活动，并将此项工作纳入正轨。

加强基础建设，改善接待条件，加快办公自动化进程，逐步实现举报线索和控申案件管理微机化。

七、民事行政检察工作

要在领导精力、人员配备上进一步重视和加强民事行政检察工作。对已发生法律效力的、确有错误的民事、经济、行政判决和裁定，要由上级检察院依法向同级法院提出抗诉。坚持原则，依法办案，同时讲究工作方法，加强与法院的联系。要注意从判决、裁定明显不公、群众反映强烈的民事、经济、行政案件中发现审判人员贪赃枉法、索贿受贿和徇私舞弊等犯罪行为，对构成犯罪的，坚决依法查办。要抓好业务培训，提高业务素质，逐步建立健全各项工作制度。

八、军事检察工作

依法打击危害国家军事利益和国防设施的刑事犯罪活动，认真查办军队内部发生的贪污贿赂犯罪和军人渎职犯罪案件，保卫国防安全、保障国家军事利益，促进部队的廉政勤政建设。

九、检察技术工作

充分运用科技手段，做好现场勘验、检验鉴定、情报搜集和文证审查等工作，协助侦查部门做好取证工作，从技术角度保证办案质量和效率。继续抓好各级检察技术科研机构和以分市院为重点的三级技术网点的建设，加强情报工作的基础建设，在调研、论证、试点的基础上，逐步把计算机情报网络系统建立起来。改善技术装备，加强检察技术人员的培训及以应用为主的检察技术研究工作，加速科技成果的开发和应用，促进高新技术在检察工作中的运用。

十、检察信息和统计工作

围绕党的中心工作和检察工作重点，加强对重大工作部署及其贯彻落实情况的信息反馈。重点反映：检察机关贯彻执行党和国家重大部署的情况和遇到的问题；严格执法，纠正违法的情况和问题；狠抓办案，集中力量查办大案要案尤其是查办重点部门的大案要案的情况和问题；在建立社会主义市场经济条件下检察工作遇到的新情况、新问题及其新对策等。要加强纵向和横向多方面的联系，开阔视野，拓宽信息渠道，增强敏感性，及时收集和反映新情况、新经验。

要把信息工作和统计工作有机地结合起来，加强综合分析，反映情况做到有分析、有对策、有新意、有深度。

要加强信息、统计基础建设，加快办公自动化进程。积极推广使用《检察机关案件辅助管理系统》软件，促进分市院、基层院配备微机；推进最高人民检察院与省级院统计微机联网，为今后实现数据资料共享创造条件；努力改善信息传递条件，及时向上级院报告情况。

十一、检察宣传工作

重点宣传邓小平同志关于端正党风、加强廉政建设、反对腐败的重要论述和党中央反腐败的决心和行动；检察机关严格执法，狠抓办案，集中力量查办大案要案的情况；检察机关根据举报线索破获案件的情况和依法保护公民举报权利的规定；检察机关狠抓自身建设的情况和在查办大案要案中涌现的先进人物和事迹。要自觉把宣传工作纳入当地党委宣传工作的总体规划中，严守宣传纪律，把握宣传适度，正确引导舆论导向，切忌因不当宣传给敌对势力以攻击我们党和国家的口实。案例宣传要慎重选择，以个案报道为主。

要加大新闻宣传力度，增强检察工作透明度。充分利用电视、广播、报刊等新闻媒介；适时举办展览、宣传栏等，拓宽宣传面，扩大宣传效果。要坚持和完善新闻发言人制度，适时召开新闻发布会。继续办好《中国检察报》、《人民检察》、《检察理论研究》和地方检察报刊，各级院对所办刊物要加强管理，提高报刊质量。积极开展检察和法制题材的文学、艺术创作和影视作品的摄制。进一步搞好检察出版工作，努力提高图书的编辑质量。

十二、调查研究和检察理论研究工作

要围绕“严格执法，狠抓办案”的主题和检察工作重点，抓住工作中的难点、薄弱环节，组织开展调查研究，研究解决检察工作进程中出现的新情况、新问题，总结检察工作为经济建设服务的新经验；要加强检察机关在体制、机构设置、人事管理、规章制度等方面的调查研究，制定机构改革的实施办法和意见；积极探索如何进一步强化法律监督职能，纠正有法不依、执法不严、违法不究等问题的措施；掌握犯罪的新动向，摸索犯罪的新特点和规律，研究新对策，提高执法水平。各级检察长要加强对调研工作的领导，带头和发动干警深入实际开展调研活动。专职调研部门要发挥职能作用，做好组织协调工作。各业务部门要围绕本职工作，下大力气搞好专题调研。各地要及时将调研成果报最高人民检察院。最高人民检察院将及时总结和推广各地实践经验和调研成果，进一步做好司法解释工作，或提出立法建议。要适时开展优秀调研成果评选活动，调动检察干警开展调研活动的积极性。

最高人民检察院要继续研究《人民检察院组织法（修正案）》；总结检察机关执行《刑法》、《刑事诉讼法》等有关法律的经验和遇到的问题，向立法机关提出修改方案。

要深入开展检察理论研究。组织力量写出有份量、有深度的文章，探讨检察机关在建立社会主义市场经济体制新形势下如何强化法律监督职能和完善有中国特色的社会主义检察制度，探讨推进司法制度改革，严格执法、狠抓办案的理论与实践问题。要加强对反腐败的理论与实践问题、刑法、刑事诉讼法的修改等方面的理论研究。要注意法学界的理论动态，对涉及检察权的问题，要有针对性地阐述正确观点。采取内外结合、上下结合等多种形式，鼓励开展理论研究，活跃学术交流，加强自身经验的总结和宣传，注意借鉴国外检察制度的合理成份和有益经验，努力培养和造就检察理论专家，把检察理论研究提高到一个新水平。

十三、计划财务和装备工作

最高人民检察院要认真总结《检察机关计划财务装备工作五年规划（1989—1993）》的执行情况，研究制订《检察机关计划财务装备工作五年规划（1994—1998）》，进一步推进检察机关的物质装备建设。

继续争取业务经费，保证办案需要。分、州、市级以上检察院都要继续向当地财政部门申请一定数量的补贴经费用于支持基层院建设。坚持和完善专项资金跟踪反馈制度。最高人民检察院要争取国家计委对“两社两所”的基本建设给予投资，逐步进行建设。要认真执行最高人民检察院、财政部修订的《检察业务开支范围和管理办法的规定》，加强财务管理。

继续争取车辆指标，增加和更新检察业务用车，改善交通装备，并与有关部门协商解决检察特种车免税和专用标志问题。继续完善全系统二级专线通讯网，并积极向三级专线网发展。力争年内建立以分、州、市院为中心的无线通讯网。进一步解决好办公自动化中的保密问题。力争年内各基层院均配齐现场勘查箱，努力配备其它侦查技术器材设备。加强枪支弹药的管理，各级检察院要继续配备枪弹保险柜，逐步实现“三铁一器”（铁门、铁窗、铁柜、报警器）。加强对检察制服的管理，搞好1994年度的换装工作。

十四、检察外事工作

有计划、有组织地开展对外交往与合作，安排好出国访问、考察和接待来访及有关资料的收集、编译工作。配合打击贪污贿赂等经济犯罪，做好赴港、澳地区的个案协查工作以及与有关国家的司法协助工作。支持和协助地方检察机关有组织地与国外检察机关开展多层次的交往，鼓励和支持中外检察学术交流与互访活动。

十五、特约检察员工作

进一步加强特约检察员工作，组织特约检察员对检察机关贯彻党中央反腐败指示精神的情况进行调查研究；组织他们参与办理一些大案要案；及时总结、交流特约检察员参政议政的工作情况和经验，充分发挥特约检察员在反腐败斗争中的作用。

十六、组织与队伍建设工作

1、把组织检察人员认真学习《邓小平文选》第三卷，作为思想政治工作的中心环节和政治理论教育的首要任务，抓紧抓实抓好，增强贯彻执行党的基本路线的自觉性和坚定性。学习要理论联系实际，特别要注意把“两手抓、两手都要硬”的方针和反对腐败的指示精神贯彻落实到检察工作中去。要把学习《邓小平文选》第三卷同学习党的十四届三中全会通过的《决定》结合起来，了解建立社会主义市场经济体制的基本理论、政策和措施，使检察工作更好地服务于经济建设和改革开放。

2、加强各级检察院领导班子建设。在1993年省级院领导班子换届选举工作的基础上，抓好分市院、县院的换届工作。最高人民检察院将有计划地对省级院领导班子进行考察，省级院和分、州、市院也要有计划地对下级院班子进行考察，并协助地方党委抓好领导班子的调整充实工作。要大胆选拔优秀的中青年干部进领导班子，加强后备干部的培养。要坚持有计划地实行干部交流和到基层挂职锻炼的制度。

加强各级院领导干部的思想作风建设。各级院领导班子要十分重视贯彻民主集中制，坚持集体领导和分工负责相结合的原则。领导成员要精诚团结，胸怀全局，不断改进领导方法和工作作风。一把手要增强政治敏感性，熟悉各项业务，要培养民主作风和宽阔的胸怀，要有务实、创新的精神和敢于碰硬的勇气，不断提高驾驭全局、科学决策的能力，独立地、积极地、创造性地开展工作。

3、加强具有检察特点的思想政治工作，经常开展有中国特色社会主义理论教育，全心全意为人民服务的宗旨教育和廉政勤政教育，职业道德和纪律教育，引导广大干警发扬奉献精神和敬业精神，抵制拜金主义等腐朽思想的影响。切实加强检察机关党的建设特别是基层党组织建设。发挥党组织的战斗堡垒作用和共产党员的先锋模范作用。要把思想政治工作同解决思想上、工作上、生活上的实际问题结合起来，尽可能地改善干警的工作、生活条件，充分调动广大干警献身检察事业的积极性。

4、坚持把教育培训工作作为一项长期的战略任务来抓。重点抓好任职资格培训、晋升职务培训和知识更新培训。对换届前未经培训的新任检察长，要在上半年补训完毕。继续分批对拟任地方各级检察院检察员（助理检察员）、书记员职务的人员进行任职前培训，优先做好增编后新调入人员的上岗培训。继续抓好专业证书教育、学历教育及专项业务培训，努力提高培训质量。认真贯彻《教师法》和最高人民检察院《关于进一步改革和发展检察教育的意见》。加强少数民族地区检察干部的培训、选拔和使用。继续加强培训基地建设，使培训基地建设和教师队伍建设有较大发展。

5、进一步加强上级检察院对下级检察院的领导。上级检察院要加强和改进领导，负责地帮助下级检察院解决业务工作特别是办案中遇到的实际问题和困难，经常检查监督工作部署的落实情况和存在问题，支持下级检察院秉公执法，帮助排除阻力和干扰，保护秉公执法的干警。最高人民检察院的重要部署，要及时传达到基层。下级检察院必须认真贯彻执行上级检察院的部署和决定，做到政令畅通，令行禁止；对上级检察院交办的工作和案件，应当认真办理，做到事事有回音，件件报结果。

6、抓好表彰工作，大力开展争先创优活动。对工作中尽职尽责，做出突出贡献的，特别是对办理大案要案的有功人员，要及时予以表彰。

7、按照依法建院精神，抓好检察体制改革。结合《公务员条例》的实施，研究制定相应的贯彻措施；积极配合全国人大常委会审议《检察官条例》，抓好试点工作，总结经验，做好《检察官条例》的实施和干部人事制度改革问题的调查研究工作。

要正确把握检察工作的改革方向。改革的目标必须有利于强化法律监督职能，重在理顺关系，提高效率。反对任何削弱或取消检察职能的主张。改革要依法进行。对有关部门提出的涉及检察工作的改革，要及时层报最高人民检察院，最高人民检察院没有作出部署的，各地不能试点。发现有关部门的改革有违法问题，检察机关要依法提出纠正。

要以改革精神，加强检察机关制度建设，完善和落实有关工作制度。各级检察院都要建立健全党组议事制度、检察委员会议事制度等。要在改革中加强基层派出机构建设，尤其要加强乡镇检察室建设，严格管理，完善制度。

8、根据中组部、人事部、最高人民法院、最高人民检察院《关于做好地方各级人民法院、人民检察院增编补充干部有关问题的通知》的规定，继续做好增编工作。严格把好进人关，严格审批程序，保证新进人员素质，防止进人工作中的不正之风。

十七、自身反腐败与廉政勤政建设

坚持从严治检方针，严格纪律，抓好自身的反腐败和廉政勤政建设。要严格执行中央政法委员会《关于政法部门严肃纪律严格执法的通知》和最高人民检察院制定的《检察人员纪律》。坚持教育为主，预防为主的方针。特别要抓好领导干部的廉洁自律。对自查自纠不力的，上级院要进行督促帮助。凡对照中央提出的廉洁自律的五条规定检查出的问题，要切实纠正，清理出的乱收费、乱罚款、乱拉赞助等，该清退的要清退，不准敷衍塞责。对边禁边犯、纠后又犯的，要严肃处理，追究有关领导的责任。要按中央的要求抓紧检察机关所办经济实体的脱钩、划转工作，在6月30日前办完脱钩、划转手续。要严肃查办检察人员的贪污、受贿、徇私舞弊等违法乱纪案件。要加强办案纪律，坚决纠正越权办案、非法插手经济纠纷、参与绑架扣押“人质”等违法违纪现象，对不顾最高人民检察院三令五申，仍发生此类违法现象的，要从严查办，对负有责任的领导干部，要严肃处理，并予以通报。要强化监督制约机制，进一步加强检察机关纪检、监察部门的建设，建立健全各项廉政勤政制度和内部监督制约机制，并保证各项纪律和制度落到实处。各级领导要加强对纪检监察工作的领导，在机构设置、人员配备、技术装备方面给予支持和帮助。

最高人民检察院关于认真学习贯彻中纪委第三次全体会议和江泽民总书记重要讲话精神的通知

（1994 年 3 月 4 日）

各省、自治区、直辖市人民检察院，军事检察院：

刚刚闭幕的中国共产党中央纪律检查委员会第三次全会是一次十分重要的会议。全会以邓小平同志建设有中国特色社会主义理论和党的基本路线为指导，围绕抓住机遇、深化改革、扩大开放、促进发展、保持稳定这个全党工作的大局，按照中央关于深入、持久、更有成效地开展反腐败斗争的要求，研究部署了今年反腐败斗争的任务，江泽民总书记在全会上作了重要讲话。这对于检察机关在反腐败斗争中，本着“严格执法，狠抓办案”的工作方针，集中力量查办大案要案和进一步加强自身反腐败工作，促进检察队伍建设，都具有非常重要的指导意义。现就有关事项通知如下：

一、认真组织广大检察干警学习贯彻中纪委三次全会和江泽民总书记的重要讲话精神，提高对开展反腐败斗争重要性、长期性的认识。

江泽民总书记在全会上的重要讲话非常深刻，具有很强的针对性和指导意义。全会公报回顾总结了去年 8 月以来反腐败斗争情况，对今年反腐败工作提出了明确要求。各地要组织检察干警认真反复地学习好、传达好、贯彻好。要通过学习讨论，实事求是地对本地区的反腐败斗争进行一次认真分析，从而“肯定成绩，看到问题，总结经验，保持清醒的头脑，继续下功夫把反腐败工作做得更好”。要使广大干警认识到：深入开展反腐败斗争，是改革开放和建立社会主义市场经济体制的必要条件和重要保障，是检察工作服从于、服务于“抓住机遇，深化改革，扩大开放，促进发展，保持稳定”这个全党工作大局的一项最重要的任务。去年 8 月中纪委二次全会以来，全国检察机关集中精力查办大案要案，取得了显著的成绩，自身反腐败工作成效也很明显。但是同实际存在的问题、同党和广大人民群众的要求相比，仍有不小差距。一定要提高对开展反腐败斗争重要性和长期性的认识，发挥检察机关在反腐败斗争中不可替代的重要作用，发扬敢于斗争、顽强拼搏和连续作战的作风，深入、持久、更有成效地把查办大案要案工作进行下去。

二、采取坚决有力措施，继续集中力量查办大案要案。

按照中央指示，今年反腐败三项工作的格局不变，根据形势特点赋予新的内容。各级检察机关要贯彻“严格执法，狠抓办案”的工作方针，继续集中力量，把查办党政领导机关、领导干部和司法部门、行政执法部门、经济管理部门及其工作人员中的大案要案作为重点，尤其要把大案中的要案和要案中的大案作为重中之重，认真查办。今年要力争在查办领导干部犯罪的要案、法人犯罪案件和执法犯法的犯罪案件方面有新突破。要加强举报和举报线索初查工作，努力提高侦查工作水平，善于排除办案中遇到的阻力和干扰，加强大要案侦查工作的集中统一指挥和协调，保证办案进度和质量。3月7日，最高人民检察院将专门就查办大要案问题召开电话会议，进行部署。请各地认真贯彻落实。

三、结合检察机关实际，持续、深入、更有成效地开展自身反腐败工作。

检察机关县（处）级以上领导干部，应当严格遵守党中央、国务院关于加强党风廉政建设的各项规定，按照中央去年提出的领导干部廉洁自律的五条规定和今年提出的新的五条规定，逐条进行对照，认真进行自查自纠。各级人民检察院党组要加强思想作风建设，认真开好民主生活会。会前，广泛征求群众和有关部门意见，做好准备。会后，要通报情况，由群众进行评议，自觉接受党内外的监督，及时、认真地解决自查和群众反映出来的问题。要严肃查处检察人员违法违纪案件，重点查处利用检察职权贪赃枉法、索贿受贿、敲诈勒索、泄露案件机密、徇私舞弊等以权谋私行为和滥用职权、非法拘禁、刑讯逼供、乱用枪支戒具、耍特权、逞威风，严重侵害群众利益的行为。继续纠正乱收费、乱拉赞助、违法插手经济纠纷和追款讨债、挪用赃款赃物以及有令不行、有禁不止等不正之风，开展专项治理。3月下旬，最高人民检察院将召开全国检察机关第二次纪检、监察工作会议，专门研究部署开展自身反腐败工作。

四、坚持标本兼治，经常性地开展廉政勤政教育，不断推进各项制度建设。

为巩固和发展反腐败斗争的成果，各级检察院要坚持不懈地对广大检察人员进行树立共产主义理想、走社会主义道路的信念以及为人民服务宗旨的教育，进行遵纪守法、严格执法和文明办案的教育，进行检察人员纪律和职业道德的教育。要结合本地区、本单位的实际，建立健全并实行检察人员廉政、勤政的具体规定、办案责任制、错案追究制、赃款赃物管理办法以及加强内部监督制约机制的各项规章制度，通过完备制度建设，保障检察工作和检察机关自身反腐败斗争的健康发展。

五、加强对检察机关自身反腐败工作的领导。

各级人民检察院党组，要把自身反腐败工作列入重要日程，切实加强领导。把这项工作抓实、抓好。各级检察长要真正负起领导责任，抓部署，抓督促检查，抓实际成效，一级抓一级，一级帮一级，一级带一级，狠抓落实。目前，最高人民检察院已成立由陈明枢副检察长为组长，赵虹副检察长和党组成员、中纪委驻最高人民检察院纪检组组长王克同志为副组长的反腐败工作领导小组，有政治部、纪检组和机关党委等部门负责同志参加，专抓这项工作。各级检察院也要切实加强领导力量，保证自身反腐败工作扎扎实实、卓有成效地进行下去。

最高人民检察院关于认真学习贯彻党的十四届四中全会精神的通知

（1994年10月6日）

各省、自治区、直辖市人民检察院，军事检察院：

刚刚结束的党的十四届四中全会，是我党历史上又一次十分重要的会议。全会通过的《中共中央关于加强党的建设几个重大问题的决定》，是以江泽民同志为核心的党中央，在我国改革开放和社会主义现代化建设的关键时刻，抓住有全局意义和长远意义的重大问题作出的。《决定》充分体现了邓小平同志建设有中国特色社会主义理论特别是党的建设的思想，贯彻了十四大精神，是新形势下加强党的建设的纲领性文件。认真学习贯彻落实全会精神，必将对进一步加强党的建设，促进党的团结统一，提高党的领导水平和执政水平，推进改革开放和社会主义现代化建设，产生重大而深远的影响。现就学习贯彻全会精神提出以下几点意见：

一、要认真学习《决定》。各级检察机关要把学习《决定》作为当前和今后一段时期政治理论学习的重要内容，集中时间，集中精力，周密组织，精心安排。重点领会把握党的建设面临的形势和任务、坚持和健全民主集中制、加强和改进党的基层组织建设以及培养和选拔德才兼备的领导干部问题。要把学习《决定》与学习邓小平同志建设有中国特色社会主义理论特别是党的建设的思想结合起来，与学习十四大和十四届三中全会精神结合起来，与学习江泽民同志在四中全会上的讲话和四中全会公报结合起来。要联系当前的形势，联系检察机关的实际，充分认识加强党的建设的重要性和紧迫性，提高抓紧抓好党的建设的自觉性，增强执行党的基本路线的坚定性，促进检察机关党的建设。

二、要坚持和健全民主集中制。民主集中制是我们党的根本组织制度和领导制度，也是这次全会突出强调的组织建设的重要方面。要贯彻落实好会议精神，必须在坚持民主集中制方面有更大的进展。一是要进一步发展党内民主，活跃党内生活。要继续完善检察机关民主科学决策制度。坚持从群众中来，到群众中去，积极疏通和拓宽下级机关和党员向上级反映情况和意见的渠道，切实保护党员的民主权利，努力造成“知无不言，言无不尽”，“言者无罪，闻者足戒”，“有则改之，无则加勉”的生动局面。二是要加强民主基础上的集中。坚持个人服从组织，下级服从上级，少数服从多数，全党服从中央的原则。各级检察机关都要努力维护中央的权威，保证中央政令在检察机关的畅通。对上级检察院的决定，下级检察院有异议的可以反映，但必须执行，坚决纠正并杜绝一些地方仍然存在的有令不行、有禁不止，对有些案件压着不办、顶着不处理的现象。三是要坚持并完善集体领导与个人分工负责相结合的制度。对重大决策、重大案件及干部任免等重大事项，都要由集体决定。各级检察长要努力成为执行民主集中制的表率。分管检察长要具有敢于负责的精神，既要切实履行自己的职责，又要关心全局，积极参与集体领导。四是要逐步建立党内监督体系。要不断健全党内生活的各项制度，广泛开展谈心活动，坚持开展批评与自我批评，把党内监督与群众监督、民主党派和无党派人士监督、舆论监督结合起来，促进检察机关党的建设和队伍建设，保障法律监督活动顺利开展。

三、要加强和改进检察机关党的基层组织建设。基层党组织直接担负着联系群众、宣传群众、组织群众、团结群众，把党的路线、方针、政策落实到基层的重任。各级检察院特别是领导同志，要增强对加强基层党组织建设重要性和紧迫性的认识，以严肃负责的态度对本单位党的建设的状况进行总结和检查，既要肯定取得的成绩，更要正视存在的问题，要找出在党的建设特别是组织建设方面存在哪些差距和问题，深入分析原因，并根据自身特点，采取有效措施，重点抓好班子建设，抓好有行业特点的思想政治工作，推动基层党组织建设的进一步发展，充分发挥基层党组织的战斗堡垒作用和党员的先锋模范作用，保证各项检察任务的完成。

四、要加强各级检察机关领导干部的培养和选拔工作。培养和选拔德才兼备的领导干部是关系检察工作、检察事业发展的重大问题。新形势对检察机关领导干部提出了新的更高的要求。根据检察机关现有领导干部的素质和结构状况，检察系统领导班子建设的主要任务是：不断提高现有领导干部的政治、业务素质；加紧培养选拔优秀年轻干部。为此，必须注意三点：一是检察长要做明白人，在理论上、政治上始终保持清醒，坚定地执行党的基本路线，经得起各种风浪的考验；要坚持民主集中制，讲究领导艺术，审时度势，驾驭全局；要廉洁勤政，艰苦创业，全心全意为人民服务。二是要把培养教育领导干部特别是年轻干部作为一项事关全局的基础性工作坚持不懈地抓下去。各级领导干部要努力学习马克思列宁主义、毛泽东思想，中心内容是学习和掌握邓小平同志建设有中国特色社会主义理论；继续学习社会主义市场经济基本理论和基础知识，学习世界历史、中国历史特别是近代史和中共党史；制定切实可行的培训教育规划，分期分批培训各级领导干部；坚持下派挂职锻炼、易地交流、岗位轮换等培养措施，不断提高领导干部的素质。三是要全面正确地贯彻干部队伍“四化”方针和德才兼备原则。加快选拔任用干部制度的改革，抓紧完善领导干部考核制度，并与升降、奖惩相衔接，逐步建立能者上、平者让、庸者下、功者奖、过者罚、劣者出的富有生机和活力的用人机制。

加强党的建设是推进社会主义现代化建设的关键所在。各级检察机关要在以江泽民同志为核心的党中央领导下，全面贯彻落实党的十四届四中全会提出的各项任务，推动检察机关党的建设，为建设有中国特色社会主义的伟大事业作出积极贡献！

最高人民检察院关于贯彻执行《中共中央办公厅、国务院办公厅关于党政机关工作人员在国内公务活动中食宿不准超过当地接待标准的通知》的通知

（1994 年 5 月 9 日）

各省、自治区、直辖市人民检察院，军事检察院：

中共中央办公厅、国务院办公厅最近发出的《关于党政机关工作人员在国内公务活动中食宿不准超过当地接待标准的通知》（中办厅字〔1994〕16 号文件），是新形势下加强党风廉政建设，密切党同人民群众联系的一个重要文件，各级检察机关要认真贯彻执行。

一、各级检察机关要尽快把《通知》精神传达到全体检察干警，结合贯彻中纪委三中全会精神和领导干部廉洁自律的有关规定，把贯彻执行《通知》精神作为当前加强检察机关自身廉政建设的一项重要措施，认真落实，注重实效。

二、上级检察机关工作人员特别是领导干部到下级检查指导工作、参与查办或督办案件、调查研究，各地检察机关之间协查案件、理论研讨、参观学习等业务往来，食宿要严格执行当地接待标准，不得提出任何过分要求。要主动向接待部门交纳食宿费用，接待部门要按规定收取。

三、各级检察机关的接待工作要坚持有利公务、节俭实在、杜绝浪费的原则，严格执行当地政府批准的接待标准，不得超标准接待。食宿要安排在内部指定的宾馆、招待所，不得住非指定的豪华宾馆、涉外旅游饭店。

四、要把执行接待标准作为检察机关的一项纪律，动员群众监督落实。凡搞超标准接待的，超标准的费用，不得用公款报销。对严重浪费，在群众中造成恶劣影响的要严肃处理，直至追究接待检察院有关领导人的责任。

最高人民检察院
关于贯彻《中共中央办公厅、国务院办公厅关于转发〈国务院纠正行业不正之风办公室关于清理党政机关及其工作人员利用职权无偿占用企业钱物的实施意见〉的通知》的通知

（1994年8月23日）

各省、自治区、直辖市人民检察院，军事检察院：

最近，中共中央办公厅、国务院办公厅转发了《国务院纠正行业不正之风办公室关于清理党政机关及其工作人员利用职权无偿占用企业钱物的实施意见》(中办发〔1994〕10号)。这个文件就清理党政机关及其工作人员利用职权无偿占用企业钱物的工作提出了明确的要求，各级检察院要坚决贯彻执行。

一、要充分认识清理利用职权无偿占用钱物的工作，是检察机关纠正不正之风的一项重要内容，对于深入开展自身反腐败斗争，保持检察机关清正廉洁，具有重要意义。各级检察机关特别是各级领导干部要认真学习文件精神，把思想统一到党中央和国务院的要求上来，坚决克服片面强调小团体利益的错误认识，防止和杜绝以工作需要或经费紧张为由，对清理工作敷衍推拖的现象，更不准弄虚作假，隐瞒不报，务必把这项工作抓紧抓好，抓出成效。

二、要把清理工作与贯彻全国检察机关第二次纪检监察工作会议精神结合起来，在具体工作上要统一安排，统一部署。清理工作要对照文件确定的重点，以各级检察院和检察干警自查为主；在自查的基础上，上级检察院要进行抽查。对自查或抽查中发现的问题，要严格按照文件规定的处理原则认真纠正和处理。凡是群众或单位举报这方面问题而又不自查自纠的，要逐件查清；经查属实的，要做好清退工作，并视情对主管领导和直接责任人员给予相应的党纪、政纪处分，构成犯罪的，依法追究刑事责任。

三、要把清理工作与制度建设结合起来。坚持边清边改，针对揭露出来的问题和管理上、制度上存在的漏洞，认真总结经验教训，制定整改措施。

四、各级检察院要加强对清理工作的领导，确定一名院领导同志负责这项工作，必要时可成立临时工作班子负责实施。纪检监察部门负责督促检查。

各省、自治区、直辖市人民检察院要在10月底前将清理情况报告最高人民检察院。

最高人民检察院关于印发《人民检察院政治工作纲要》的通知

（1994年11月25日）

各省、自治区、直辖市人民检察院：

现将《人民检察院政治工作纲要》印发给你们，请结合实际认真贯彻执行。

人民检察院政治工作纲要

为进一步加强和改进检察机关政治工作，搞好党的建设，带动队伍建设，使检察工作更好地为党的中心工作服务，根据《中共中央关于加强党的建设几个重大问题的决定》和党的十四大、十四届三中全会关于加强政法队伍建设、强化法律监督职能的精神，以及《最高人民检察院关于进一步强化法律监督职能，保障社会主义市场经济体制建立和发展的意见》，结合检察机关政治工作实践，制定本纲要。

一、政治工作的指导思想和基本任务

1、检察政治工作是中国共产党为实施对检察工作的领导而在检察机关中进行的思想工作和组织工作，是保持人民检察院人民民主专政机关的性质、坚定正确的政治方向和履行法律监督职能的根本保证，是检察工作的生命线。

2、检察政治工作要以马克思列宁主义、毛泽东思想，特别是邓小平建设有中国特色社会主义理论为指导，坚持党的基本路线，贯彻“依法建院，从严治检”的方针，围绕党的工作大局和检察任务，加强党建工作，搞好领导班子建设，大力培养和选拔优秀年轻干部，加强和改进思想政治工作，改革完善检察体制和干部人事管理制度，提高检察人员政治、业务素质，建设一支政治强、业务精、纪律严、作风正的检察队伍，保证“严格执法，狠抓办案”方针的落实和各项检察任务的完成。

3、检察政治工作要坚持党的政治工作原则；坚持解放思想，实事求是；坚持群众路线；坚持理论联系实际；坚持改革创新。

4、检察政治工作要根据检察机关特点进行。人民检察院是人民民主专政工具，是国家法律监督机关，履行法律监督职能的主要方式是依法查办各种犯罪案件，基层人民检察院是履行法律监督职能的前沿和基础，检察人员既是反腐败的尖兵，又是受腐蚀的重要目标。政治工作必须在宪法和法律的范围内进行，要面向基层，深入第一线，加强严格执法教育，强化监督管理，严格执行纪律，鼓舞激励干警工作热情，解决干警实际困难，增强干警敬业精神和拒腐防变能力，保证全面、正确地履行法律监督职能。

5、上级检察院既要抓好本院的政治工作，又要协助地方党委抓好所属下级检察院的政治工作。下级检察院必须认真贯彻执行上级检察院的政治工作部署。

二、加强理论学习和思想政治工作

6、认真抓好政治理论学习。始终把党

的思想建设放在首要地位，努力提高广大干警特别是领导干部的政治理论水平。检察院党组要建立健全中心组学习制度，带头并组织检察人员认真学习马克思列宁主义、毛泽东思想，中心内容是用邓小平建设有中国特色社会主义理论武装头脑，使干警自觉坚持党的基本路线一百年不动摇。要用三年的时间，有计划、有步骤地开展一次建设有中国特色社会主义理论和党章的学习活动。学习要联系检察工作实际，重点领会和把握关于"两手抓、两手都要硬"、加强社会主义民主与法制建设、加强检察工作、反腐败靠法制、加强廉政建设等思想，提高在新形势下履行法律监督职责的能力。

7、深入开展各种思想教育:党的路线、方针、政策教育和党史教育；形势、任务教育；爱国主义教育和近、现代史教育；全心全意为人民服务的宗旨教育；共产主义理想信念教育；党的优良传统作风教育；检察人员职业道德、职业责任、职业纪律教育，特别是严格执法、廉政勤政教育，使干警胸怀全局，立足本职，公正廉明，无私奉献。

8、实行领导干部"一岗双责制"，强化思想政治工作。思想政治工作要坚持经常性，增强针对性，发挥其在引导方向、化解矛盾、协调关系、理顺情绪、调动积极性等方面的作用，使干警自觉抵制利的诱惑，防止权的滥用，排除情的干扰，警惕色的腐蚀，顶住势的压力，秉公执法，尽职尽责。

9、增强思想政治工作的吸引力和实效性。思想政治工作应当渗透、融于各项检察工作之中。要关心、尊重、理解干警，定期分析思想动态，及时发现和解决苗头性、倾向性以及深层次思想问题，开展批评与自我批评，旗帜鲜明地支持正确思想，批驳错误观点，澄清糊涂认识，树立良好风尚，弘扬革命精神。

10、思想政治工作要同解决实际问题相结合。要创造条件，多办实事，努力解决干警的实际困难。把思想政治工作延伸到工作时间以外，延伸到家属中，筑起拒腐防变的第二道防线。开展丰富多彩、健康向上的文体娱乐活动，陶冶干警的思想情操。

三、严格执行民主集中制

11、民主集中制是党和国家的根本组织制度和领导制度，也是检察工作的法定原则，必须认真贯彻执行，以保证检察系统上下一致，步调统一，正确履行法律监督职能，维护法律的正确统一实施，维护社会主义法制尊严，保证中央政令畅通，维护中央权威。

12、充分发扬民主。以完成各项检察任务为目的，紧密结合检察机关的各级党组织、各个机构的职能和党员的权利、义务及干警的职责，采取有效措施，创造发扬民主的良好环境，鼓励党员、干警解放思想，实事求是，勇于探索，开拓创新，坚持原则，敢讲真话，充分调动干警的积极性和创造性。坚持从群众中来，到群众中去的群众路线，充分尊重广大干警的首创精神，及时总结来自基层和实践的经验，增强决策的民主化和科学性。

13、加强民主基础上的集中。严格执行个人服从组织、少数服从多数、下级服从上级、全党服从中央的原则，认真贯彻党的路线方针政策，始终保持与党中央在政治、思想、组织、行动上的高度一致；正确处理个人利益同集体利益、局部利益同整体利益、眼前利益同长远利益的关系；增强组织观念，坚决执行集体和上级的决定；增强纪律观念，严格执行党的纪律和检察工作纪律，令行禁止。

14、加强民主集中制的制度建设。制定和完善党组和检察委员会议事制度，下级对上级、个人对组织的重要事项报告制度，规范并严格执行干部任免、查办案件等工作规则和程序，保障民主集中制的贯彻执行。

四、加强领导班子建设

15、领导班子建设是检察机关党的建设的核心内容，应当高标准、严要求，切实加强各级院领导班子的思想、组织和作风建设。要按照四中全会《决定》提出的五条要求，努力提高领导干部素质，改善班子群体结构，坚持集体领导和个人分工相结合，把领导班子建设成为政治坚定、思想解放、严格执法、廉洁务实、结构合理、团结高效的坚强集体。

16、领导班子成员要认真学习掌握邓小平同志建设有中国特色社会主义理论和党的路线、方针、政策，提高理论素养、政策水平和领导艺术；牢固树立全局观念，自觉与党中央保持一致；坚持民主集中制，力求决策民主化和科学化；增强严格执法观念，提高法律监督水平；加强组织纪律性，做到令行禁止；发扬优良传统作风，全心全意为人民服务；深入调查研究，及时发现新情况、解决新问题；开展批评与自我批评，提高解决自身问题的能力；搞好班子团结，增强凝聚力和战斗力；奋发有为，建功立业。

17、检察长是领导班子建设和队伍建设的关键，要懂业务，善党务，带头发扬民主，坚持正确集中，当好"班长"。要坚持原则，敢于碰硬，率先垂范，忠于职守，不断提高适应形势、统揽全局的能力。

18、上级检察院要加大"协管"力度，积极协助地方党委建设好下级检察院的领导班子。要紧密结合检察业务考察、考核下级院班子成员，及时调整充实，提高整体效能。要逐步建立完善规章制度，总结推广新鲜经验。

上级检察院要主动协同党委认真做好检察长人选的推荐、考核和协商确定等工作，搞好拟任和新任检察长的专门培训，支持和保护下级院检察长依法行使职权。

五、大力培养选拔优秀年轻干部

19、大力培养和选拔德才兼备的领导干部，是建设一支坚决而有效地执行党的基本路线的检察干部队伍，保证检察事业顺利发展的紧迫性、战略性任务。各级检察院都要十分重视并切实抓好这一工作，解放思想，更新观念，明确目标，制定规划，落实措施，大力选拔和培养优秀年轻干部，加快班子年轻化进程，为建设好能够跨世纪担当重任的领导班子奠定基础。

20、培养选拔年轻干部，要以邓小平同志关于新时期干部队伍建设的一系列论述为指针，全面贯彻干部队伍"四化"方针和德才兼备的原则。按照公开、平等、竞争、择优的原则选人、用人。坚持群众路线，拓宽识人视野和选人渠道，搞好民主推荐，进行科学考评，改进干部选拔办法，做到知人善任，任人唯贤。重视选拔任用既有理论基础又有实践经验的优秀年轻干部，重视培养妇女干部和少数民族干部。

要破除论资排辈、求全责备、迁就照顾等思想障碍，对政治合格、思想敏锐、秉公执法、政绩突出但有一些缺点、毛病的干部，要敢于提拔，合理使用，并帮助其克服不足；对不称职的领导干部要建议党委及时调整，调不出去的应予免职或降职使用；对跑官、要官的干部，绝不能提拔重用。防止和纠正用人上的不正之风，逐步形成优胜劣汰，使优秀人才脱颖而出、富有生机活力的用人机制。

21、选拔年轻干部要坚持以革命化为前提，又要重视知识化、专业化和实际工作能力。注意从重要台阶、关键岗位发现和选拔年轻干部。要坚持选拔干部必须经过一定台阶锻炼，也要敢于破格提拔使用特别优秀的年轻干部。近一两年内分、州、市院和省级院，都要配有三十岁左右和四十岁左右的领导干部。同时，也要合理安排使用其他年龄层次的干部，充分发挥他们的作用。经过三、五年的努力，逐步形成年龄梯次、结构合理、后备充足、自然更替的领导班子更新机制。

22、加强后备干部工作。这项工作要列入地方党委的统一规划，上级检察院要加强督促指导。后备干部名单实行动态管理，本着“全面锻炼提高、缺什么补什么”的原则，因人制宜落实离岗培训、岗位轮换和到下级检察院、党政部门挂职锻炼等培养措施，适时提拔使用。

六、加强党的基层组织建设

23、检察机关党的基层组织的主要任务：组织党员带头学好政治理论；围绕党的中心工作和检察任务，做好经常性的思想政治工作，保证党的路线方针政策的贯彻执行；对党员领导干部和党员履行法律监督职责中是否真正发挥表率作用、先锋模范作用进行监督；组织党员积极参加各种精神文明建设活动；加强对机关工会、共青团、妇女组织等群众组织的领导；活跃机关文化生活；加强纪律检查；做好新党员的发展工作。

24、各级检察院党组要加强对机关和直属单位党组织工作的指导。健全组织机构，加强党员教育管理，严格组织生活，提高党员素质，特别要搞好基层党组织班子建设和制度建设，充分发挥基层党组织的战斗堡垒作用和党员的先锋模范作用。

按照党章和《党内政治生活的若干准则》等有关规定，严格党内政治生活。党员领导干部要以普通党员身份参加基层组织的活动，过好双重组织生活，自觉接受基层组织和党员群众的监督。

根据办案和其它检察工作的需要，独立活动有三名以上党员的办案组、工作组，应建立临时党小组或党支部，并采取相应措施加强教育管理。

25、各级检察院都要努力提高基层党组织工作的水平，争取在两、三年内走在当地的前列，使党的思想作风建设大大加强，先进党组织和优秀党员的比例增多，党员素质明显提高，基层党组织的战斗力显著增强。

七、加强教育培训工作

26、教育培训是检察队伍建设的战略任务。制定切实可行的中长期教育培训规划，分期组织实施。积极开展以检察官资格培训和岗位职务培训为近期重点，高层次岗位培训、大学后继续教育为长期任务的多形式、多层次的教育培训，不断更新拓展检察人员的知识，改善检察队伍专业文化结构，提高业务技能和工作水平，培养一大批精通各项检察工作的专门人才。

27、坚持专、兼、聘相结合，建立一支素质良好、结构合理、相对稳定的教师队伍，逐步形成具有检察特色、多层次、高质量的教材体系，加强教育培训的基础工作，加快中央检察官管理学院和省级检察院培训中心的建设。

28、组织干警学习社会主义市场经济基本理论、基础知识和现代科技知识，学习掌握新的法律、法规，开展以老带新的岗位练兵活动，抓好基本功训练，进行写作、外语和使用现代办公、交通、通讯等装备技能的培训，力求一专多能，适应形势发展的需要。

制定标准，采取措施，培养和评选各种检察业务骨干，造就一支以优秀公诉人、优秀侦查员和优秀书记员为主体的业务骨干队伍。

八、强化队伍管理

29、坚持“依法建院，从严治检”的方针，坚持党管干部原则，带好队伍、管好队伍。防止重使用、轻教育管理的倾向。认真贯彻实施《检察官法》，建立科学的检察官管理制度。依据有关法律法规，对检察书记官、司法警察、专业技术人员以及其它人员逐步实行分类管理。努力创造条件，使各种专业技术人员的资格考试、职称评定和职务评聘纳入国家统一管理；强化司法警察的训练管理，充分发挥其职能作用；制定检察人员职务规范，促使检察队伍管理规范化、科学化和法制化。

30、严格掌握进人条件，坚持考试与考核相结合，认真审核、审批，确保进人质量。建立完善辞退、清调不适合做检察工作人员的制度，保证队伍的纯洁和战斗力。认真做好离、退休老干部的工作。

31、建立竞争激励机制。建立健全岗位责任制、办案责任制、错案追究制等考评奖惩制度，坚持领导与群众相结合，以考绩为重点，全面考核干警的德、能、勤、绩，逐步形成能者上、平者让、庸者下、功者奖、过者罚、劣者出的竞争激励机制。

32、建立对秉公执法干警的保护机制。各级检察院领导负有支持、保护干警秉公执法的责任和义务。对因依法办案而遭受打击报复或不公正对待的干警，要及时报告党委、人大常委会和上级检察院，主持公道，予以保护。非经法定程序，不得随意调动、罢免检察人员。对挟嫌报复干警的，应予追究。

33、大力开展争先创优活动和表彰奖励工作，加大检察宣传力度。深入开展学先进、赶先进、争创模范检察院和争当优秀检察官活动，及时地、分层次地表彰奖励查办大案要案及其它工作中的有功集体和人员。要善于发现、培养、树立和宣传典型，关心、爱护、帮助典型，更好地发挥典型的激励示范作用。要充分利用各种新闻媒介，广泛宣传检察机关严格执法、狠抓办案的成绩，使社会各界理解、支持检察工作。

34、加强反腐败和廉政建设。教育干警反腐保廉，严格遵守《检察人员纪律》。加强廉政制度建设，完善监督制约机制。开展党内监督和机关内部的制约监督，主动接受人民代表大会及其常委会的监督，自觉接受人民群众和社会舆论的监督。定期进行执法执纪检查，严肃查处违法违纪案件，坚决清除腐败分子。深入持久地开展自身反腐败工作，不断增强检察队伍的反腐蚀能力。

35、根据统一领导、分级管理的原则，加强机构编制管理。人民检察院的机构设置、人员编制由政工部门具体管理。上级检察院要加强检查监督。

36、完善劳改、劳教场所派出院的设置，改进对工矿区、林区、农垦区检察机构的管理，加强对经济技术开发区等区域设置派出院的调查论证和审批工作。积极而有重点地设置乡镇检察室，巩固完善驻“两劳”场所和税务检察室，整顿撤销其它各类检察室。

九、搞好政工部门建设

37、人民检察院设置政工机构，作为院党组的工作机构。人数较少的基层检察院，可不设政工机构，但要配备政治协理员。政工机构的主要负责人或政治协理员，应由副检察长级干部担任。选配党性强、业务熟、作风严谨的干部加强政工部门。

38、政工干部要努力学习政工和检察业务，增强党性修养，坚持原则，公道正派，以身作则，联系群众，热爱本职工作，成为广大干警的贴心人，使政工部门真正成为“干部之家”。

39、建立健全规章制度，逐步实现政治工作的制度化。加强政工信息工作，为领导决策提供依据。运用计算机技术、档案微缩、电化教育等现代科技手段，提高工作效率。重视总结实践经验，逐步创立检察政工理论。

40、各级院党组要切实加强对政治工作的领导，定期研究部署，重视政工部门建设，关心政工干部成长，提供开展工作的必要条件，努力开创政治工作的新局面。

最高人民检察院关于印发《人民检察院监察工作暂行条例》和《人民检察院监察部门调查处理案件办法》（试行）的通知

（1994年1月4日）

各省、自治区、直辖市人民检察院，军事检察院：

几年来，各级检察机关监察部门认真履行职责，努力工作，在保证检察机关严格执法，加强检察队伍廉政建设等方面，发挥了重要作用。当前，随着我国经济的发展，在建立社会主义市场经济体制的条件下，检察机关法律监督的任务将更加繁重，为切实保障检察机关严格执法，必须进一步加强纪律监督。为此，最高人民检察院制定了《人民检察院监察工作暂行条例》和《人民检察院监察部门调查处理案件办法》（试行）。这是加强检察机关内部监督的一项重大措施，是当前检察机关深入开展反腐败斗争的迫切需要。这两个条规的制定不仅标志着检察机关监察工作将进入一个新的发展阶段，而且对建立具有中国特色的社会主义检察制度有着十分重要的意义。广大检察人员尤其是各级领导要充分认识检察机关监察工作的重要性，切实重视监察工作，把贯彻落实这两个条规作为一件大事来抓。要从机构、人员、装备等方面来支持和加强监察部门的建设，尽快建立起一支与工作需要相适应的监察队伍，确保各项监察职能的履行。

《人民检察院监察工作暂行条例》和《人民检察院监察部门调查处理案件办法》（试行），已经最高人民检察院第八届二十三次检察长办公会讨论通过，现印发给你们，请结合实际贯彻执行。

人民检察院监察工作暂行条例

第一条 为了加强检察机关的监察工作，保证检察机关和检察人员忠实履行法律监督职责，正确执行国家法律和政策，廉洁奉公，遵纪守法，提高工作效能，根据《人民检察院组织法》，特制定本条例。

第二条 人民检察院的监察部门，是检察机关负责监察工作的专门机构，依照本条例和国家有关法律、法规、政策，对检察机关及所属部门、单位和检察人员执行和违反国家法律、法规、政策和上级检察机关的决定、规定、指示以及违反检察纪律的情况和行为进行监察。

第三条 监察工作必须坚持实事求是，重证据，重调查研究；必须坚持群众路线，接受广大检察人员和人民群众的监督；必须坚持纪律处罚与思想教育相结合；必须坚持纠正违法违纪与改进工作相结合；必须坚持在纪律面前人人平等的原则。

第四条 人民检察院监察部门通过监察活动，教育全体检察人员遵纪守法，积极同违法违纪行为作斗争，维护检察机关的纪律，保护国家利益和公民的合法权益，保证检察机关各项工作的正常进行。

第五条 人民检察院监察部门在本院检察长和上级人民检察院监察部门的领导下行使职权。

第六条 最高人民检察院设监察局。

省、自治区、直辖市人民检察院设监察处。

省、自治区人民检察院分院、自治州和省辖市人民检察院设监察处。

县、市、自治县和市辖区人民检察院设置相应的监察机构或确定专人负责监察工作。

第七条 监察部门的负责人应当参加检察委员会，不是检察委员会委员的，应当列席检察委员会。

监察部门的工作人员，具备条件的，应分别任命为检察员、助理检察员、书记员。

第八条 人民检察院监察部门主要职责是：

(一)对检察机关和检察人员贯彻执行国家法律、法规、政策和上级检察机关的决定、规定、指示的情况实行内部监督。

(二)受理对检察机关和检察人员违反纪律行为的检举、控告。

(三)调查处理检察人员违反纪律的案件。

(四)审理违纪案件，并按干部管理权限具体办理纪律处分的呈批手续等事项。

(五)受理检察人员不服纪律处分的申诉。

(六)完成检察长交办的其它任务。

第九条 各级人民检察院监察部门对本院所属各部门、单位和检察人员进行监察。

上级人民检察院监察部门对下一级人民检察院及其检察长、副检察长进行监察。

第十条 上级检察机关监察部门认为必要时可以办理下级检察机关监察部门管辖范围内的监察事项。

第十一条 监察部门以下列方式履行监察职责：

(一)通过参加或列席会议、调阅文件资料和对有关人员调查了解等进行监督检查。

(二)根据检察长或上级检察机关监察部门的决定，或者根据工作需要，进行专项检查。

(三)对违法违纪行为进行立案调查和处理。

第十二条 人民检察院监察部门在检查、调查中，认为有必要并经检察长批准，有权采取下列措施：

(一)查阅、复制与监察事项有关的文件、资料，了解其他有关情况；

(二)暂予扣留、封存可以证明违法违纪行为的文件、资料、物品和非法所得；

(三)对与查处案件有直接关系的人员在银行或其他金融机构的存款进行查核，并可以通知银行或其他金融机构暂停支付；

(四)要求被监察部门和有关人员提供与监察事项有关的文件、资料及其他必要情况；

（五）责令有关人员在规定的时间、地点就监察事项涉及的问题作出解释和说明；

（六）责令被监察部门和人员停止正在或者可能损害国家利益和公民合法权益的行为；

（七）暂停有严重违法违纪嫌疑人员的公务活动或者职务。

第十三条 被监察的部门和人员有下列行为之一的，监察部门应予批评或提出警告，情节严重的，经检察长批准，可以给予直接责任人相应的处分：

（一）隐瞒事实真相、出具伪证，或者隐匿、毁灭证据的；

（二）利用职权包庇违法违纪行为的；

（三）拒绝提供有关文件、资料和证明材料的；

（四）拒绝在规定时间和地点就监察部门所提问题作出解释和说明的；

（五）拒不执行监察决定的；

（六）阻挠监察人员依法行使职权的；

（七）打击报复揭发、检举人和监察人员的。

第十四条 人民检察院监察部门检查、调查结束后，应根据检查、调查结果，分别采取下列办法处理：

（一）对于不执行、不正确执行或者拖延执行国家法律、法规、政策以及上级检察机关的决定、命令、指示的；对于发布不适当的决议、指示的；对于录用、任免、奖惩决定明显不适当的，应及时向检察长报告，建议采取措施，予以纠正。

（二）对于有违法违纪行为应予纪律处分的检察人员，经检察长或主管检察长批准，给予其警告、记过、记大过、降级、撤职、开除处分。

（三）对于模范执行国家法律、法规和政策，忠于职守、秉公执法、清正廉洁、政绩突出的检察人员，对于控告检举严重违法违纪的有功人员，可以建议其所在单位或主管部门给予奖励。

第十五条 人民检察院监察部门查处违纪案件和受理检举控告、复查申诉案件的办法，根据本条例另行制定。

第十六条 监察工作中的重大问题、重大案件、疑难案件以及其它需要讨论的问题，可提请检察长办公会议讨论决定。

第十七条 案件承办人或近亲属与本案有利害关系，或者有其他关系，可能影响案件公正查处的，案件承办人应当回避。

第十八条 人民检察院监察部门的工作人员必须遵纪守法，忠于职守，清正廉洁，秉公执纪，保守秘密。

第十九条 人民检察院监察部门的工作人员违反本条例有下列行为之一的，视情节轻重分别给予批评教育或相应的纪律处分，不适宜在监察部门工作的，应予调离；构成犯罪的，移交司法机关依法处理。

（一）利用职权包庇或者陷害他人的；

（二）利用职权谋取私利的；

（三）玩忽职守，贻误工作，造成损失的；

（四）滥用职权侵犯他人民主权利、人身权利的；

（五）泄露机密的。

第二十条 本条例由最高人民检察院监察局负责解释。

第二十一条 本条例自颁布之日起施行。

人民检察院监察部门调查处理案件办法（试行）

第一章 总 则

第一条 为了保证检察机关监察部门准确、及时地调查处理检察机关及所属部门、单位和检察人员违法违纪案件，正确执行纪律，根据《人民检察院监察工作暂行条例》，特制定本办法。

第二条 本办法所指的案件，是根据国家法律、法规和政策以及人民检察院纪律的规定，对检察机关、检察人员违法违纪的行为，进行调查处理的案件。

第三条 人民检察院监察部门调查处理案件的任务是：查明案件事实，作出结论，执行纪律，保障国家法律、法规、政策和检察机关的决定、规定、指示的正确实施，维护检察机关的纪律，保证检察机关各项工作的正常进行。

第四条 调查处理案件，必须遵循以下原则：

（一）重证据，重调查研究，以事实为依据，以法律、纪律为准绳，坚持在法律、纪律面前人人平等；

（二）坚持惩前毖后，治病救人，处罚与教育相结合；

（三）依靠群众，加强与有关部门的联系和配合；

（四）审议案件实行民主集中制；

（五）分级立案，分级调查，分级处理。

第五条 案件承办人员遇有下列情况之一的，应当自行回避；案件当事人及与案件有利害关系的公民、法人或者其它组织有权申请案件承办人回避：

（一）是案件当事人近亲属的；

（二）本人或近亲属与案件有利害关系的；

（三）与案件当事人有其它关系，可能影响对案件公正调查处理的。

第六条 案件承办人的回避由其所在的监察部门负责人决定；监察部门负责人的回避由本院主管检察长决定。

对案件承办人员的回避作出决定前，案件承办人员不能停止对案件的调查。

对驳回申请回避的决定，案件当事人及有关公民、法人或其它组织可以申请复议一次。

第七条 调查终结需作出处理的案件，必须做到事实清楚，证据确凿，定性准确，处理恰当，程序合法，手续完备。

第二章 管辖和受理

第八条 各级人民检察院的监察部门或监察人员负责调查处理本院所属部门、单位和检察人员的案件。

第九条 上一级人民检察院的监察部门负责调查处理所属的下一级人民检察院及其检察长、副检察长的案件。

第十条 上级人民检察院监察部门认为有必要，可以参与或者直接调查处理下级人民检察院监察部门管辖的案件。

第十一条 人民检察院监察部门分别受理下列涉及检察机关及所属部门、单位和检察人员违法违纪行为的线索、材料：

（一）公民、法人或其它组织检举、控告的；

（二）上级机关或领导交办的；

（三）有关机关移送的；

（四）违法违纪行为人自述的；

（五）监察部门发现的。

第十二条 检举、控告用书面或口头均可。监察人员接受行为人自述或口头检举、控告，应作笔录，经核对无误后，由陈述人签名或盖章。

检举、控告人不愿公开自己姓名的，应为其保密。

第十三条 对检举、控告材料，应按管辖权限交由有管辖权的人民检察院监察部门办理。

有管辖权的人民检察院监察部门受理检举控告后，可以自己进行初步调查核实，也可以交由被检举、控告人的主管部门进行初步调查核实。

第三章 立 案

第十四条 经初步调查核实，证明确有违法违纪事实存在并可能给予纪律处分的，应立案调查并向上级检察机关监察部门备案。反映失实或虽有违法违纪行为但情节轻微不需要给予纪律处分的，不予立案。

构成犯罪的，司法机关立案后，监察部门也应立案。

第十五条 需立案调查处理的案件，由承办人写出立案报告，填写立案审批表，并附检举、控告材料和初步调查核实材料，按下列立案审批权限审批，经批准后立案。

（一）下级检察机关及其检察长、副检察长需要立案的，由上一级检察院监察部门报请本院检察长审查批准；

（二）检察机关所属部门、单位及其负责人或职级相当（含以上）人员需要立案的，由监察部门报请本院检察长审查批准；

（三）其他检察人员需要立案的，由监察部门报请本院主管检察长审查批准。

第十六条 上级人民检察院监察部门可以直接立案调查处理属于下级人民检察院监察部门管辖的重大或疑难案件，也可以要求下级人民检察院监察部门立案调查处理并报告结果。

第十七条 对检举、控告检察机关及检察人员枉法办理刑事、民事、行政等案件的，应先对该案件进行复查，确定该案件办理是否正确，是否存在枉法问题，然后监察部门视具体情况决定是否需要立案。

对刑事、民事、行政等案件的复查应报请主管检察长批准，由有关部门进行；监察部门认为必要的，也可直接进行复查。

第四章 调 查

第十八条 对决定立案的案件，监察部门要制定调查方案。调查方案主要包括调查人员的组成；应当查明的问题和线索；调查步骤、方法和措施等内容。

必要时，监察部门可会同有关部门组成联合调查组进行调查。

第十九条 能够证明案件客观真实情况的一切事实都是证据。包括书证、物证、证人证言、被调查人的检查交代和辩解、视听材料、调查勘验笔录、鉴定结论。证据必须经查证属实，才能作为定案的根据。

第二十条 调查人员应当依法全面、客观地收集证据。对于能够证实被调查人有违法违纪行为或者无违法违纪行为，以及违法违纪行为情节轻重的各种证据都应当收集。

严格禁止以威胁、引诱、欺骗以及其他非法手段收集证据。

第二十一条 监察部门有权向有关单位和个人收集、调取证据。调查取证时，调查人员应当出示有关证明文件。调查取证人员不得少于二人。

第二十二条 调查取证时，应当问明证人的身份、证人与被调查人之间的关系，并告知证人应当如实提供证据，以及有意作伪证或者隐匿证据应负的责任。

第二十三条 询问证人应当个别进

行；必要时经证人同意可以录音、录像。

调查人员应当当场制作调查笔录，也可由证人用钢笔、毛笔书写证言，没有书写能力的证人可由他人代为书写，经核对无误后，由其签名或者盖章。如果证人要求对原证作部分或全部更改时，可允许在注明更改原因的情况下另行作证，但不退还原证。

第二十四条 收集证据应当取得原物、原件。如果不能收取原物、原件时，可以拍照、影印、复制，但应注明原物、原件的保存单位或者出处，并由提供原物、原件的单位或个人签名或者盖章。

第二十五条 现场勘验、检查情况，应制作笔录或勘验、检查报告，由参加勘验、检查的人员和见证人签名或者盖章；必要时可以拍照、录像。

第二十六条 对具有专业技术性的证据，可指派或者聘请具有专门知识、技术的人员参加调取；需要进行鉴定的，由鉴定人写出书面结论，并签名或者盖章。

第二十七条 监察部门应当询问被调查人，听取其陈述和辩解。

第二十八条 对有关机关提供、移送的证明材料，监察部门应当进行审查核实。

第二十九条 涉及国家或案件机密的证据，必须保密。

第三十条 调查中，监察部门可以按照《人民检察院监察工作暂行条例》第十二条和第十三条的规定，采取相应的调查措施。

第三十一条 监察部门应当将认定的违法违纪事实形成书面材料与被调查人见面，并允许其申辩。必要时应当重新调查或者补充调查。对查证属实的应当采纳。

被调查人应当在见面材料上签署意见并签字或者盖章，也可以另附书面意见。拒绝签署意见或者拒绝签字、盖章的，由调查人员在见面材料上注明，并由被调查人所在单位负责人签署意见。

第三十二条 调查终结后，应当制作案件调查报告。案件调查报告的内容包括：被调查人基本情况；立案依据；违法违纪事实、性质；被调查人和有关人员的责任；被调查人的态度和对见面材料的意见；被调查人所在单位的意见；处理意见；调查人员签字或者盖章；报告时间等。

第三十三条 调查后发现检举、控告失实的，应写出撤销案件报告，报批准立案的检察院和领导审批，同时报上一级检察院监察部门备案。

第三十四条 调查后发现被调查人的行为构成犯罪的，应移送司法机关依法处理。

第五章 审　　理

第三十五条 案件调查终结需做出审查结论和处理决定的，在做出审查结论和处理决定前要指定专人进行审理。

第三十六条 审理人员应仔细审阅案件所有材料。如发现案情不清、证据不足、手续不全等情况，应予查清或增补。

第三十七条 审理结束后，要写出审理报告，说明案件的事实是否调查清楚，证据是否确凿，定性是否准确，连同调查报告和其他有关材料一并送监察部门领导审议。审议后，应提出审查结论意见，报请检察长、主管检察长或检察长办公会决定。

第六章 处　　理

第三十八条 被调查的单位、部门，违法违纪情节较轻的，可予以通报批评；情节严重的，应追究负责人和直接责任人的责任，给予通报批评或相应的行政处分。

第三十九条 对违法违纪检察人员，根据情节轻重给予相应的行政处分。行政处分分为：警告、记过、记大过、降职、撤职、开除。

处分决定按干部管理权限分别以院或监察部门的名义下达。

第四十条 需给予地方各级人民检察院检察长、副检察长以纪律处分的，其处分决定应按照干部管理权限，征得有关部门同意后，由上一级人民检察院检察长办公会议决定，经检察长批准，以院名义下达。其中严重违反纪律不宜继续担任现职，并需给予撤职、开除处分的，应依法罢免或免去其职务后，再执行处分决定。

第四十一条 需给予地方各级人民检察院检察委员会委员、检察员纪律处分的，应按照干部管理权限，征求有关部门意见后再执行处分决定。其中严重违反纪律不宜继续担任现职并需要给予撤职、开除处分的，应依法免去其职务后，再执行处分决定。

第四十二条 对违法犯罪的检察人员，在公安、司法机关和其它执法部门依法作出处理后，仍有必要给予纪律处分的，其证据材料可以作为检察机关监察部门定案的依据。并按本办法规定的程序，给予其相应的纪律处分。

第四十三条 处分决定应向本人宣布，由受处分人签字并听取其意见，其意见要归档存查。受处分人的意见不影响处分决定的执行。

第四十四条 对案件作出结论或执行处分后，即可结案。结案时，应将处分决定按干部管理权限，抄送有关部门，并报上级检察机关监察部门备案。调查处理案件过程中形成的材料应整理立卷，及时归档。

第四十五条 立案调查的案件一般应当在三个月以内结案，重大复杂的案件可以延长办案期限三个月。因特殊原因需要延长期限的，须经检察长批准并向上一级检察机关监察部门说明理由。

第七章 附 则

第四十六条 本办法由最高人民检察院监察局负责解释。

第四十七条 本办法自颁布之日起施行。

最高人民检察院关于加强司法警察工作的通知

（1994 年 3 月 10 日）

各省、自治区、直辖市人民检察院：

检察机关司法警察实行警衔制以来，各级人民检察院以评授警衔和吸收录用以工代警人员为契机，从组织上、思想上、作风上对法警队伍进行教育和整顿，调动了广大干警的积极性，促进了司法警察队伍的建设，使这支队伍在严格执法，狠抓办案，开展各项检察业务中，较好地发挥了职能作用，取得了一定的成绩。但也必须看到，当前司法警察队伍建设仍然比较薄弱：大多数检察院还没有专门的管理机构；一些领导对法警工作重视不够；管理教育不严；业务训练大都没有开展起来，法警的业务素质偏低。这种状况，同司法警察的性质和所担负的任务很不适应。为了进一步加强司法警察队伍建设，充分发挥司法警察的职能作用，特通知如下：

一、切实加强对司法警察工作的领导

人民检察院的司法警察是我国人民警察的警种之一，是人民检察院行使检察权、履行法律监督职能的组成人员。法警队伍是检察队伍的组成部分，加强这支队伍的建设是加强检察队伍建设的重要内容。各级领导要进一步提高对加强法警工作重要性的认识，切实加强对这项工作的领导，把法警队伍建设列入领导的议事日程，定期研究，经常检查，采取有力措施，加强这支队伍的组织、思想、作风和业务建设，提高其政治和业务素质，以适应检察事业发展的要求。

二、逐步建立司法警察工作机构

随着检察事业的发展，司法警察队伍不断壮大，目前全国已有15000余人。司法警察的性质、任务和职能，要求必须有专门的机构来进行严格的管理。因此，各省级院要主动商地方编委，积极创造条件，按本院内设机构的规格成立法警管理机构。一时有困难的，可成立临时工作机构，配好领导干部和工作人员，尽快开展工作，把法警队伍建设全面抓起来。

三、大力加强教育训练工作

长期以来，由于各种原因，检察机关司法警察缺乏系统、严格的训练，素质偏低。为了适应检察事业不断发展的新形势，必须尽快改变这种状况，大力加强教育训练工作，全面提高法警队伍的整体素质。各省级院要结合本地实际，把司法警察培训纳入检察干警的培训计划，并认真组织实施，力争在三年内对现有法警轮训一遍。今后，各级人民检察院吸收录用司法警察和司法警察警衔晋级时，都要坚持先培训后上岗和先培训后晋级的原则，按照《关于按照吸收录用干部程序录用人民警察的通知》和《人民警察警衔工作管理办法》的要求，经培训考试合格后才能上岗执行任务和晋升警衔。通过几年的努力，把检察机关的法警队伍建设成一支政治可靠、训练有素，精通业务，纪律严明，作风过硬的有战斗力的队伍。

四、建立健全各项规章制度

各级人民检察院要认真贯彻依法治警、从严治警的方针，从本单位的实际情况出发，建立健全法警工作的各项规章制度，加强制度化建设。认真贯彻《中华人民共和国人民警察警衔条例》、《人民警察警衔工作管理办法》和最高人民检察院关于司法警察工作的各项通知、规定，加强对警衔、着装、武器装备、警械警具和警容风纪的管理，严明纪律，依法治警。

以上通知，请各地结合实际，研究提出贯彻意见，并将贯彻落实情况报最高人民检察院政治部。

最高人民检察院关于各级检察机关升挂国旗悬挂国徽的通知

（1994年2月23日）

各省、自治区、直辖市人民检察院：

现将最高人民检察院关于各级人民检察院、专门人民检察院升挂国旗、悬挂国徽的有关事项通知如下：

一、各级人民检察院应当按照国旗法的有关规定升挂国旗。

二、根据国徽法的规定，各级人民检察院、专门人民检察院应当按下列规定悬挂国徽：

在各级人民检察院、专门人民检察院机关正门上方正中处悬挂国徽；

在各级人民检察院、专门人民检察院的检察委员会会议室内适当处悬挂国徽。

国徽直径的通用尺度为：

基层人民检察院（含同级专门人民检察院）：60厘米；

省辖市人民检察院、人民检察院分院（含同级专门人民检察院）：60厘米；

省、自治区、直辖市人民检察院：80厘米；

最高人民检察院：100厘米。

三、各级检察机关悬挂的国徽由最高人民检察院办公厅统一制作。

以上通知请遵照执行。

最高人民检察院关于受监管机关正式聘用或委托履行监管职务的人员能否成为体罚虐待人犯罪和私放罪犯罪主体的批复

（1994年1月10日）

四川省人民检察院：

你院川检（研）〔1992〕8号《关于在监管场所从事监管工作的非国家工作人员是否构成体罚、虐体人犯罪和私放罪犯罪主体的请示》收悉。经研究，我们认为，根据刑法第八十四条和第一百八十九条、第一百九十条的规定，受监管机关正式聘用或委托实际履行监管职务的人员是有监管人犯职务的人员。上述人员违反监管法规，体罚、虐待被监管人犯，情节严重的，或者私放罪犯的，应分别以体罚、虐待人犯罪或私放罪犯罪追究刑事责任。

此复。

劳动部　监察部　最高人民检察院 全国总工会关于必须严肃查处煤矿重大恶性事故的通知

（1994年2月5日）

各省、自治区、直辖市人民政府，国务院有关部门：

1993年，全国煤矿共发生一次死亡十人以上重大恶性事故56起，死亡1059人，分别比1992年同类事故上升9.8%和2.6%。特别是第四季度，煤矿重大恶性事故频繁，安全生产形势更加严峻。10月发生6起，死亡177人；11月发生7起，死亡162人；12月发生10起，死亡170人。

煤矿重大恶性事故的频繁发生，给国家和人民生命财产造成巨大损失，严重影响改革开放和经济建设的发展。事故多发固然有对安全生产重视不够、安全管理松懈等多方面的因素，但对事故的查处不力，执法不严是一个十分重要的原因。这一问题应当引起各级政府及有关部门领导，特别是煤矿企业领导的高度重视。发生了事故，一些地区、部门和煤矿企业不是认真地查找事故原因、依法追究事故的责任者、制定预防事故的对策，而是在事故调查处理过程中，对事故处理不及时或对事故的责任者迁就袒护，处理偏轻；有的推诿扯皮，推卸事故责任，淡化事故性质，致使一些事故迟迟不能结案；更有甚者是不依法办事，置国法与职工生命于不顾，发生事故拖延或隐瞒不报。当前查处煤矿重大恶性事故，并非无法可依，而是有些单位和地区过分强调特殊性，我行我素，有法不依，一些执法部门疏于检查监督，致使一些事故长期得不到处理，以至不能使煤矿企业及有关部门从已经发生的事故中吸取教训、改进工作。特别值得指出的是，1993年1月20日安徽省淮南矿务局潘一矿和5月8日河南省平顶山矿务局十一矿的两起瓦斯爆炸事故，都死亡了39人，因有关部门不依法办事，干扰了正常的事故处理程序，致使前一起事故拖延了11个月才得以结案，后一起事故至今仍未能结案。

据统计，在1993年全国煤矿共发生的一次死亡十人以上的56起重大恶性事故中，已经批复结案的只有25起，结案率仅为44.6%，尚有31起未结案。

为了认真贯彻执行《矿山安全法》，落实各项责任制度，从技术上、管理上和执法监督上采取措施，有效地遏制煤矿重大恶性事故频发的势头，切实保障煤矿职工的生命安全，使国家和人民生命财产免遭重大损失，现根据国务院领导同志的指示精神，针对煤矿重大恶性事故查处工作中存在的一些问题，提出要求如下：

一、各地要立即行动起来，对本地区煤矿重大伤亡事故，特别是重大恶性事故的查处情况进行一次检查。认真贯彻落实《国务院关于加强安全生产工作的通知》（国发〔1993〕50号）和《国务院关于控制重大、特大恶性事故的紧急通知》（国发明电〔1993〕17号）以及最高人民检察院和劳动人事部《关于查处重大责任事故的暂行规定》等精神，强化各类煤矿的安全工作，严肃查处煤矿重大伤亡事故。对于严重官僚主义和忽视安全生产工作造成重大恶性伤亡事故的责任者要从重处理，不得姑息迁就。凡构成犯罪的，必须绳之以法。对已处理结案的事故要进行复查，对事故的处理决定未予落实的应督促尽快落实。对于在事故查处工作中玩忽职守、徇私舞弊和弄虚作假的，要依照国家有关的法律和法规给予严肃处理，触犯刑律的，由司法机关依法追究刑事责任。请各地按照《国务院办公厅关于煤矿连续发生重大伤亡事故的通报》（国办发明电〔1992〕5号）要求，将1993年煤矿重大伤亡事故的查处情况于1994年4月1日前报国务院，抄报劳动部、监察部、最高人民检察院、全国总工会。

二、煤矿企业及各级管理煤矿的主管部门，必须认清当前煤矿安全生产的严峻形势，认真贯彻执行《矿山安全法》及国家有关安全法规，严格履行安全管理职责，自觉学习法律、法规，用法律、法规规范言行，接受法律、法规的约束，对重大的事故隐患和危害采取切实有效的技术和管理措施，迅速扭转煤矿安全生产不断恶化的局面。发生了重大恶性伤亡事故，必须按规定程序向有关部门报告，并认真查明原因，吸取教训，制定防范措施，改进安全管理工作，并按照国务院《企业职工伤亡事故报告和处理规定》及劳动部根据国务院授权所作的《解释》等，认真执行对事故有关责任人员的行政处分决定和组织实施防范措施。

三、各级劳动行政主管部门、行政监察部门、人民检察院和工会组织，要特别注意强化对煤矿重大恶性伤亡事故查处的监督工作。各级劳动行政主管部门，必须严格履行《矿山安全法》所赋予的监督职责，做到有法必依，执法必严，违法必究，坚持“三不放过”的原则。在监督法律实施的同时，必须改进工作作风，讲究工作实效，廉洁奉公；必须遵守法纪和接受人民群众的监督。

四、各级劳动行政主管部门、行政监察部门、人民检察院和工会组织，在查处煤矿重大恶性伤亡事故工作中，要及时沟通情况，加强联系，密切配合，各司其职，各尽其责，注意刑事处罚与行政处分的衔接，共同依法做好煤矿重大恶性伤亡事故的查处工作，对触犯刑律的责任者，人民检察院必须依法行使检察权，维护国家法律、法规的严肃性和权威性。

五、各地要选择一些损失大、影响坏、典型的煤矿重大恶性事故，进行公开查处，一抓到底，对忽视矿山安全生产，草菅人命的人员要严肃处理，并利用新闻媒介予以曝光，造成声势，让全社会都来关心、重视和监督煤矿伤亡事故的查处工作，以及关系到国计民生的安全生产工作。

附：1993年全国煤矿一次死亡十人以上事故及查处情况表（略）

最高人民检察院
关于加强刑事抗诉工作的通知

（1994年3月1日）

各省、自治区、直辖市人民检察院，军事检察院：

1993年，各地检察机关认真贯彻“严格执法，狠抓办案”的工作方针，积极开展刑事审判监督工作，依法提起刑事抗诉案件1879件，为维护国家法律的统一正确实施，保障判决、裁定的严肃性和公正性，发挥了作用。为了进一步做好刑事抗诉工作，现通知如下：

一、要把刑事抗诉工作作为检察机关强化法律监督职能，“严格执法，狠抓办案”的一项重要任务，突出重点，加强领导。在当前反腐败和严厉打击严重刑事犯罪斗争中，刑事抗诉工作的重点是有罪判无罪和重罪轻判的贪污贿赂犯罪大要案和严重危害社会治安的刑事犯罪案件及其他有重大影响的犯罪案件。对这些案件一审、二审的判决、裁定均应由承办案件的检察员专门审查并报告分管检察长，逐步完善分管检察长、承办案件检察员依法审查判决、裁定的工作制度。经检察委员会讨论决定抗诉时即报告上级、通报下级，做好出庭准备。

二、上诉程序的抗诉，务必在法定时限内提出，审判监督程序的抗诉也要在判决、裁决生效后及时提出。要加强对死刑案件抗诉工作的领导。地方各级人民检察院认为同级人民法院或上级人民法院终审判处死刑立即执行的案件确有错误，应当依法改判的，要在判决、裁定作出后，立即提请上级检察院按照审判监督程序提起抗诉并建议法院暂缓执行死刑。对终审判处死刑缓期二年执行的案件，省、自治区、直辖市人民检察院认为应当判处死刑立即执行的，要在接到判决、裁定书后，一个月内提请最高人民检察院审查，最高人民检察院将在两个月内审结，作出是否抗诉的决定。

三、依法抗诉，极为严肃。要规范抗诉工作，增强抗诉效力，进一步规范抗诉书的格式，下力气提高抗诉书的水平。抗诉书要明确指出原判决、裁定在事实认定、法律适用上的错误，载明抗诉的理由和根据，讲法讲理，以理服人。

四、依法承办案件，严格工作制度。提起抗诉或提请上级检察院抗诉的案件，必须是判决、裁定确有错误，抗诉理由充分，有抗诉必要的。审查案件时，应由检察员专人阅卷、刑检部门讨论提出意见，报检察长提请检察委员会讨论决定。为准确地掌握法院对案件的判处情况，及时进行抗诉工作，各级检察院应依法列席同级法院讨论重大、疑难案件的审判委员会会议。法院决定开庭审理的抗诉案件，同级检察院要选派业务素质好、有经验的检察员出庭；必要时，检察长应亲自出庭。

五、各地检察机关要及时总结开展刑事抗诉工作的经验，研究抗诉工作中的问题，及时向上级检察机关报告抗诉工作的重大情况和问题；上级检察院主管业务部门要加强对下级检察院抗诉工作的指导，不断完善刑事抗诉工作制度。

以上通知，希遵照执行。

最高人民检察院关于
加强法人犯罪检察工作的通知

（1994年3月17日）

各省、自治区、直辖市人民检察院，军事检察院：

近一个时期，法人犯罪活动相当严重，破坏社会主义经济基础和市场秩序，腐蚀干部，败坏党风和社会风气。依法严肃查办法人犯罪案件，是建立和完善社会主义市场经济体制的必然要求，是保证严格执法的有效措施，是深入开展反腐败斗争的重要步骤。为加强对法人犯罪的检察工作，特通知如下：

一、各级检察机关应当对当前法人犯罪活动的严重性和查办法人犯罪案件的重要性有充分的认识。认真学习和掌握有关的政策和法律，切实履行检察机关的法律监督职责，加强对各类法人犯罪案件的检察工作，包括直接立案侦查和对公安机关侦查案件的批捕、起诉工作。对法人犯罪案件，必须依法严肃查办，并将其作为今后检察机关的重点工作之一，力争今年在查办法人犯罪案件工作方面取得大的进展。

二、依照法律和有关案件管辖的规定，对下列法人犯罪案件，检察机关应当直接立案侦查：1、受贿案、行贿案；偷税案；骗取国家出口退税款案；妨碍追缴欠税案；假冒注册商标案、销售假冒注册商标的商品案、伪造、擅自制造他人注册商标标识案、销售伪造、擅自制造的商标标识案；为组织他人偷越国（边）境骗取出境证件案等案件。2、检察机关查办国家工作人员职务犯罪案件牵连出的其他法人犯罪案件。3、已经构成犯罪，依法应当追究刑事责任而没有追究，或者有关部门作了其他处理的其他法人犯罪案件（如法人走私犯罪案件），依据刑事诉讼法第十三条第二款规定，人民检察院应当直接立案侦查。对非法人单位犯罪案件，亦应根据法律规定和本通知精神办理。

三、各级检察机关在查办法人犯罪案件中，要严格依法办事。要严格掌握法律规定的各类法人犯罪的构成条件，凡法律规定应当追究犯罪法人刑事责任的，均应在法律文书中将法人和直接负责的主管人员和其他直接责任人员列为被告人。在有关法律文书中要同时载明法人及有关责任人员的犯罪事实，分清法人和有关直接负责的主管人员及其他直接责任人员各自应负的法律责任。

四、各级检察机关在查办各类法人犯罪案件中，要敢于碰硬，善于碰硬。特别是对一些党政领导干部和其他国家工作人员隐瞒、掩饰、包庇犯罪法人，阻挠、威胁对犯罪法人案件查办的，要及时向上级检察机关、法人主管领导机关报告。对其中构成犯罪的，要依法追究刑事责任。

五、继续完善检察机关查办各类法人犯罪案件的工作制度。对法人犯罪案件的立案侦查，应当层报省级检察院备案，其中对机关法人犯罪案件的立案侦查，要层报省级检察院批准，并报最高人民检察院备案。各省级检察院要逐月向最高人民检察院报告查办法人犯罪案件的工作情况。上级检察机关要加强对下级检察机关查办法人犯罪案件的督促、检查和指导，并帮助解决工作中的困难和问题。查办法人犯罪案件涉及县处级以上干部的，按照最高人民检察院关于要案分级管辖的规定办理。在立案时应按规定向党委报告，积极争取党委的支持和指导。各级检察机关要加强同党的纪检机关、行政监察机关等有关部门及法人主管部门的协调配合，及时通报情况，依法相互移送案件。各级检察机关通过查办法人犯罪案件，要及时总结经验，重要情况要及时向最高人民检察院报告。

附：刑事法律有关惩治法人犯罪的规定（略）

最高人民法院　最高人民检察院　公安部　国家税务总局关于开展打击伪造、倒卖、盗窃发票专项斗争的通知

（1994年3月28日）

各省、自治区、直辖市高级人民法院、人民检察院、公安厅（局）、税务局：

近一时期，伪造、倒卖、盗窃发票的违法犯罪活动在一些地方，特别是南方沿海开放城市相当猖獗，并已向内地发展蔓延，在局部地区已经泛滥成灾，成为社会公害。一些不法分子利用发票虚报冒领骗取多抵扣税款以及进行贪污、走私、投机倒把等违法犯罪活动，大肆侵吞和诈取国家财产，严重扰乱经济秩序。更为严重的是，一些不法分子利用假增值税专用发票直接偷税、骗税，严重干扰了税制改革的正常进行，这一问题已经引起各级党政部门的高度重视和社会各界的广泛关注。

为了维护国家税收秩序和社会治安秩序，保证税制改革的顺利实施，坚决刹住伪造、倒卖、盗窃发票违法犯罪活动的发展势头，现决定在全国范围内开展集中打击伪造、倒卖、盗窃发票活动的专项斗争。现将有关事项通知如下：

一、工作范围、重点和行动时间

这次专项斗争主要是在伪造、倒卖、盗窃发票违法犯罪活动比较严重的大中城市和地区开展，其他地区可结合日常工作进行。打击的重点是：伪造、倒卖、盗窃发票的犯罪团伙特别是利用地下印刷厂大量印刷假发票的；以伪造、倒卖发票为常业或牟取暴利的；利用假发票从事偷税、骗取出口退税的违法犯罪分子。对伪造、倒卖、盗窃增值税专用发票的，应及时惩处，以确保新税制的顺利推行。各地应当结合具体情况，在1994年4月至6月间开展集中打击行动。

二、措施和步骤

（一）加强学习，提高认识。各级审判、检察、公安、税务机关要组织有关工作人员，认真学习《中华人民共和国刑法》、《中华人民共和国税收征收管理法》、《中华人民共和国发票管理办法》和最高人民法院、最高人民检察院即将下发的《关于办理伪造、倒卖、盗窃发票等犯罪案件适用法律的规定》等有关法律、法规和司法解释的有关规定，充分认识当前伪造、倒卖、盗窃发票违法犯罪活动的严重性和危害性，深刻领会严厉打击这类违法犯罪，对于保证税制改革，遏制偷税、骗取出口退税，维护税收秩序，促进廉政建设，保证改革开放和经济建设顺利进行的重要意义。

（二）切实加强组织领导。为推动和指导这次专项斗争的顺利开展，由国家税务总局、公安部会同最高人民法院、最高人民检察院成立打击伪造、倒卖、盗窃发票专项斗争协调办公室。各地审判、检察、公安、税务机关要及时向当地党委、政府汇报此专项斗争的情况，主要领导应当亲自抓这项工作。各地审判、检察、公安、税务机关要组成临时领导小组，并设临时办

公室，负责协调、组织专项斗争的日常工作。行动前要制订行动方案，严密部署，精心组织，抽调精干力量，确保这次专项斗争的顺利开展。地区之间要加强联系，互通情况，协同作战。

（三）摸清线索，为统一行动作好准备。各地要根据近期伪造、倒卖、盗窃发票违法犯罪活动的情况、特点和规律，清理、汇集已有线索，认真分析研究，确定重点地区和重点对象，发动群众检举揭发，摸清有关动向情况，采取公开与秘密相结合的方法，搞好调查摸底，搜集必要的证据。

（四）突出打击重点，狠抓大案要案。各级审判、检察、公安、税务机关在专项斗争中要充分履行各自职责，坚持排除地方保护主义和部门保护主义以及行业腐败现象的干扰，严格执法，秉公办案，认真查处每一起案件。要加快办案速度，对于已经查明的案件，检察机关应当及时提起公诉，审判机关应当及时审理。在具体办案过程中，要坚持犯罪基本事实清楚、基本证据确凿的原则，及时查处，不要纠缠不影响定罪量刑的枝节问题，更不允许扯皮推诿贻误查处。

（五）注意总结交流、通报情况。各地要切实掌握这次专项斗争的工作情况，及时通报工作进展及重大案件的查处情况。工作结束后，由各省、自治区、直辖市专项斗争临时领导小组写出总结报告，于1994年8月15日前报国家税务总局、公安部、最高人民法院、最高人民检察院专项斗争协调办公室。

三、正确适用法律，严肃执法

在这次专项斗争中，要严格掌握法律、法规和政策界限。对伪造、倒卖、盗窃发票或利用发票从事不法活动构成犯罪的，应当依照刑法、全国人大常委会《关于惩治偷税、抗税犯罪的补充规定》和最高人民法院、最高人民检察院即将下发的《关于办理伪造、倒卖、盗窃发票等犯罪案件适用法律的规定》追究刑事责任。对于伪造、倒卖、盗窃发票或利用发票从事不法活动，尚不够刑事处罚的，由税务机关根据《中华人民共和国税收征收管理法》、《中华人民共和国发票管理办法》及其实施细则进行处理；对于构成违反治安管理行为的，由公安机关根据《中华人民共和国治安管理处罚条例》的规定处罚；符合劳动教养条件的，予以劳动教养。

四、加强宣传教育工作

在专项斗争中，必须做好宣传教育工作。对处理的大案要案和重大统一行动，要及时通过电视、电台、报刊等新闻媒介报道。这类案件的多发地区，人民法院应当选择一些典型案例公开宣判，以形成强大的舆论攻势，震慑不法分子，教育鼓舞人民群众。要采取多种形式广泛宣传税法和有关司法解释，教育公民遵纪守法，增强全社会依法使用发票的意识，提高对发票的“识伪”、“防伪”能力。

五、加强经常性管理，巩固斗争成果

要通过这次专项斗争，进一步加强发票管理。严格执行《中华人民共和国发票管理办法》，对发票的印刷、使用和保管实行严格监督和管理，防止偷税、骗取出口退税和侵吞国家财产等违法犯罪案件的发生，消除产生此类违法犯罪的诱因和条件，控制和减少违法犯罪，保障正常的经济秩序和税收秩序。专项斗争结束后，各地还要不断开展打击伪造、倒卖、盗窃发票的工作，做到常抓不懈，决不放松，并可根据当地的实际情况，适时开展此类专项斗争，以巩固专项斗争的成果。

行动中有何具体问题，请及时报告各上级主管部门。

最高人民检察院关于严格执行《全国人大常委会关于严惩组织、运送他人偷越国（边）境犯罪的补充规定》和《台湾同胞投资保护法》的通知

（1994 年 3 月 31 日）

各省、自治区、直辖市人民检察院，军事检察院：

第八届全国人大常委会第六次会议通过了《全国人大常委会关于严惩组织、运送他人偷越国（边）境犯罪的补充规定》（以下简称《补充规定》）和《台湾同胞投资保护法》。各级检察机关要按这两个法律的规定，依法严惩组织、运送他人偷越国（边）境等犯罪活动；依法保护台湾同胞投资。

一、各级人民检察院要提高对组织、运送他人偷越国（边）境等犯罪活动严重危害性的认识，增强同这类犯罪作斗争的紧迫感和责任感。要组织检察干警认真学习《补充规定》，全面、深刻、准确地领会立法精神和具体条款，在办理有关案件中准确适用。特别是此类犯罪案件发生较多的地区，检察机关要集中时间，组织力量，重点打击，遏制这类犯罪活动的发生。

各级人民检察院要加强对依法保护台湾同胞投资重要性的认识。在检察工作中，依照《台湾同胞投资保护法》的规定，依法保护台湾同胞投资者的投资、投资收益和其他合法权益不受侵犯。

二、各级人民检察院要认真履行法律监督职能，加强对《补充规定》中所规定的各种犯罪案件的检察工作。对《补充规定》第一条、第三条、第四条、第五条规定的组织他人偷越国（边）境，为他人提供伪造、变造的护照、签证等出入境证件，倒卖护照、签证等出入境证件，运送他人偷越国（边）境，偷越国（边）境等犯罪案件，检察机关要依法严格做好批捕、起诉工作，对公安机关的工作予以积极配合。

根据《刑事诉讼法》第十三条有关检察机关管辖案件的规定，对《补充规定》第二条规定的个人或者单位以劳务输出、经贸往来或者其他名义，弄虚作假，骗取护照、签证等出境证件，为组织他人偷越国（边）境使用的犯罪案件；第六条规定的负责办理护照、签证以及其他出入境证件的国家工作人员对明知是企图偷越国（边）境的人员予以办理出入境证件和边防、海关等国家工作人员对明知是偷越国（边）境的人员予以放行等与国家工作人员的职务有关的犯罪案件，检察机关应直接立案侦查。

三、《补充规定》自公布之日（1994 年 3 月 5 日）起施行。对于《补充规定》公布施行后发生的犯罪行为，应当依照《补充规定》办理，对《补充规定》公布施行前发生的犯罪行为，按照刑法第九条规定的原则办理。

四、各级人民检察院在贯彻执行《补充规定》和《台湾同胞投资保护法》中，要注意调查研究，不断总结积累经验。对执

行这两个法律中遇到的问题，要及时层报最高人民检察院。

最高人民法院　最高人民检察院　公安部　国家计委关于统一赃物估价工作的通知

（1994年4月22日）

各省、自治区、直辖市高级人民法院，人民检察院，公安厅（局），物价局（委员会）：

为了进一步做好赃物估价工作，统一估价原则和估价标准，正确办理刑事案件，现就赃物估价工作的有关事项通知如下：

一、人民法院、人民检察院、公安机关在办理刑事案件过程中，对于价格不明或者价格难以确定的赃物应当估价。案件移送时，应附《赃物估价鉴定结论书》。

二、国家计委及地方各级政府物价管理部门是赃物估价的主管部门，其设立的价格事务所是指定的赃物估价机构。

三、人民法院、人民检察院、公安机关在办案中需要对赃物估价时，应当出具估价委托书，委托案件管辖地的同级物价管理部门设立的价格事务所进行估价。估价委托书一般应当载明赃物的品名、牌号、规格、数量、来源、购置时间、以及违法犯罪获得赃物的时间、地点等有关情况。

四、价格事务所应当参照最高人民法院、最高人民检察院1992年12月11日《关于办理盗窃案件具体应用法律的若干问题的解释》第三条的规定估价。价格事务所应当在接受估价委托后七日内作出估价鉴定结论，但另有约定的除外。

五、价格事务所对赃物估价后，应当出具统一制作的《赃物估价鉴定结论书》，由估价工作人员签名并加盖价格事务所印章。

六、委托估价的机关应当对《赃物估价鉴定结论书》进行审查。如果对同级价格事务所出具的《赃物估价鉴定结论书》提出异议，可退回价格事务所重新鉴定或者委托上一级价格事务所复核。经审查，确认无误的赃物估价鉴定结论，才能作为定案的根据。国家计委指定的直属价格事务所是赃物估价的最终复核裁定机构。

七、赃物估价是一项严肃的工作。各级政府价格主管部门及其价格事务所应积极配合人民法院、人民检察院、公安机关认真做好这项工作。一些尚未组建价格事务所的地区，赃物估价工作暂由物价管理部门承担。

八、关于赃物估价的具体规定和办法，另行制定。

本通知自下达之日起执行。

最高人民检察院关于认真做好贪污贿赂等大案要案案犯潜逃、脱逃备案工作的通知

（1994年5月11日）

各省、自治区、直辖市人民检察院，军事检察院：

为及时准确地掌握贪污贿赂等经济案犯潜逃、脱逃的动向，分析案犯潜逃、脱逃的特点、规律，研究抓捕逃犯的对策，指挥协调抓捕逃犯的工作，确保大案要案查办工作的顺利进行，现就做好贪污贿赂等大案要案案犯潜逃、脱逃的备案工作，提出如下要求：

一、各级检察机关在办案中一经发现贪污贿赂等经济案犯潜逃、脱逃，应逐级层报省、自治区、直辖市人民检察院贪污贿赂检察部门和税务检察部门备案。其中，对立案前，有重大犯罪嫌疑，贪污贿赂五万元以上，挪用公款十万元以上，偷税三十万元以上，骗取出口退税一百万元以上，假冒商标非法所得五十万元以上；对立案后，贪污贿赂一万元以上，挪用公款五万元以上，偷税十万元以上，骗取出口退税五十万元以上，假冒商标非法所得二十万元以上；县处级以上干部携款潜逃、脱逃的案犯，应上报最高人民检察院贪污贿赂罪案侦查指挥中心（以下简称“指挥中心”）备案。

二、上报备案应逐案填写“贪污贿赂等大案要案案犯潜逃、脱逃报告表”，注明案犯的基本情况，是否持有出国护照及立案、采取强制措施情况，主要犯罪事实、家庭成员及主要社会关系的工作单位、住址情况，可能潜逃、脱逃的方向和采取缉捕措施情况。备案材料应附二张案犯近期照片。

三、上报贪污贿赂等经济案犯潜逃、脱逃情况要做到及时、迅速、保密。县区院在发现案犯潜逃、脱逃后的三天内向应向分州市院报告（边远和交通不便的地区可延长至五天）；分州市院在接到县区院报告或自己在办案中发现案犯潜逃、脱逃的，应在两天内向省、自治区、直辖市院报告；省、自治区、直辖市院接到分州市院报告或自己在办案中发现案犯潜逃、脱逃的，应在两天内向“指挥中心”报告。情况特别紧急需采取边控、堵截等措施的，应加密电传直报最高人民检察院“指挥中心”。

四、各级检察机关对1992年以来潜逃、脱逃至今尚未抓获的贪污贿赂等经济案犯亦应参照上述一、二、三条的规定逐级向上级院报告。此项工作应于7月底前完成。

五、负责查办案件的检察机关对已潜逃的案犯应及时立案，并组织力量缉捕。对潜逃、脱逃后被抓获或潜逃、脱逃中死亡的案犯，应写出简要情况，逐级上报最高人民检察院“指挥中心”销号。

六、各级人民检察院贪污贿赂检察部门和税务检察部门要重视做好潜逃、脱逃案犯的备案工作并指定专人负责。“指挥中心”将对各地备案工作定期进行检查。

七、各省、自治区、直辖市人民检察院对原“贪污贿赂等案犯潜逃自杀情况统计专报表”，仍应继续执行，按月统计填写，上报“指挥中心”。

附：贪污贿赂等大案要案案犯潜逃、脱逃个案报告表（略）

最高人民检察院
关于印发《最高人民检察院奖励举报有功人员暂行办法》的通知

（1994年5月11日）

各省、自治区、直辖市人民检察院，军事检察院：

现将《最高人民检察院奖励举报有功人员暂行办法》印发给你们，请参照执行。

最高人民检察院
奖励举报有功人员暂行办法

（1994年5月7日第八届最高人民检察院检察长办公会第三十二次会议通过）

为了鼓励人民群众举报贪污、贿赂等犯罪，特制定本办法。

第一条 向最高人民检察院举报国家工作人员贪污、贿赂、挪用公款、偷税抗税等经济犯罪和“侵权”、渎职等法纪犯罪的大案要案，经侦查属实，被举报人被依法追究刑事责任的，对举报有功人员和单位给予精神、物质奖励。

第二条 对举报经济犯罪的有功人员和单位，按其贡献大小和追缴赃款赃物数额发给奖金。有重大贡献的，要给予重奖。

第三条 对举报法纪犯罪的有功人员和单位，视具体情况，比照第二条给予奖励。

第四条 拟予奖励的人员和单位名单，由举报中心会同贪污贿赂检察厅、法纪检察厅和省、自治区、直辖市人民检察院审查提出，报检察长审批。

第五条 发放奖金由举报中心负责。受奖人员，在北京的可通知本人到最高人民检察院或其认为方便的地方领取；在外地的可委托其所在的省（自治区、直辖市）人民检察院代发。

第六条 奖励举报有功人员，应在对被举报人作出有罪终审判决或免诉决定以后进行。

第七条 奖励情况要适时向社会公布，以弘扬正气，扩大影响，激励群众举报积极性。

第八条 宣传报道奖励工作，要注意保密，非经本人同意，不得公开受奖人的姓名、单位。

第九条 建立最高人民检察院举报奖励基金。奖励基金可以接受企业、事业单位和个人的捐赠。在奖励基金建立之前，奖励经费从业务费列支。

第十条 各省、自治区、直辖市人民检察院可参照本办法，制定本地区的奖励办法。

第十一条 本办法自公布之日起施行。

国家计划委员会 最高人民检察院 公安部 关于依法惩处妨碍物价检查人员执行公务的违法犯罪活动的通知

（1994年5月21日）

各省、自治区、直辖市及计划单列市物价局（委员会）、人民检察院、公安厅（局）：

今年3月国务院发出了《关于开展全国物价大检查的通知》，这是从“抓住机遇，深化改革，扩大开放，促进发展，保持稳定”大局出发所采取的一项重要举措。各地物价部门为此做了大量工作。但是，最近一个时期，围攻、殴打执行公务的物价检查人员的恶性事件时有发生，给物价检查人员执行公务造成严重威胁，直接妨碍了物价大检查工作的正常进行，社会影响很坏。为认真贯彻国务院的通知精神，保证物价大检查工作的顺利进行，依法惩处以暴力手段妨碍物价检查人员执行公务的违法犯罪活动，特作如下通知：

一、提高认识，依法打击妨碍物价检查人员依法执行公务的违法犯罪活动。各级物价部门和公安、检察机关要从维护社会稳定，保障人民群众切身利益的高度，充分认识物价检查工作的重要性。对伤害物价检查人员和以暴力、威胁手段妨碍物价检查人员依法执行公务的案件，要发现一件，查处一件，坚决依法处理，以确保物价检查人员的人身安全，保证物价检查工作的顺利进行。

二、各地物价部门要与当地公安、检察机关加强配合，密切协作，建立情况通报制度。各级公安、检察机关要严格执法，依法办案。对妨碍物价检查人员依法执行公务，构成违反治安管理行为的案件，公安机关要依照《治安管理处罚条例》的有关规定处罚；对以暴力、威胁方法阻碍物价检查人员依法执行公务构成犯罪的案件，只要基本事实清楚，基本证据确凿，公安机关要及时移送审查批捕、移送审查起诉，检察机关要及时批捕、起诉，依法追究犯罪分子的刑事责任。

三、各地物价部门和公安、检察机关要结合办案加强宣传教育工作，广泛宣传国家各项物价政策法规和《治安管理处罚条例》、《刑法》等法律法规，增强公民的法制观念和守法意识。要教育经营者自觉遵守国家各项物价政策法规，守法经营，主动接受物价检查人员的检查。各级物价检查机构要加强对物价检查人员的法制教育，提高执法水平，坚决依法办事。

最高人民检察院
关于认真做好《国家赔偿法》实施准备工作的通知

（1994 年 5 月 30 日）

各省、自治区、直辖市人民检察院，军事检察院：

《中华人民共和国国家赔偿法》（以下简称《国家赔偿法》）已经第八届全国人大常委会第七次会议审议通过，将于 1995 年 1 月 1 日起施行。这部法律对于进一步健全社会主义民主和法制，保护公民、法人和其他组织的合法权益，促进国家机关及其工作人员依法行使职权，推进廉政建设，维护政治稳定和社会安定，具有重要意义。《国家赔偿法》中对刑事赔偿作了专章规定，与检察工作关系密切。为了严格贯彻执行这部法律，现就检察机关做好《国家赔偿法》实施准备工作的有关问题通知如下：

一、各级检察机关和全体检察干警要认真学习《国家赔偿法》，充分认识制定这部法律的重要性和必要性，转变执法观念。对国家机关及其工作人员侵犯公民权利所造成的损失要求赔偿是宪法赋予公民的权利。司法机关及其工作人员在刑事诉讼中违法行使职权侵犯了公民、法人或者其他组织的合法权益，就应当实事求是，有错必纠，对侵权行为造成的后果勇于负责，赔偿受害人的损失，使不当行使或滥用司法权力造成的危害尽可能地减少，这样才能体现司法机关对人民的负责精神，维护和提高司法机关的威信，才能赢得人民群众的信任和支持。要清除“官打民挨”、“只有民错，没有官错”的封建专制司法观念的影响，纠正那种认为刑事赔偿会损害司法机关威信，影响同犯罪作斗争，挫伤司法人员积极性的错误认识。检察机关作为国家法律监督机关要模范地遵守国家的法律，在刑事赔偿问题上也应当严格执法。

二、全面领会和掌握《国家赔偿法》关于刑事赔偿的规定。根据《国家赔偿法》的规定，检察机关对于没有犯罪事实的人错误批准或者决定逮捕的，违法对财产采取查封、扣押、冻结、追缴等措施的，检察人员刑讯逼供或者以殴打等暴力或者唆使他人以殴打等暴力造成公民身体伤害或者死亡的，以及违法使用武器、警械造成公民身体伤害或者死亡的要承担赔偿责任。全体检察干警要通过学习《国家赔偿法》，熟悉和掌握刑事赔偿的范围、条件、赔偿义务机关、赔偿程序、赔偿方式和标准的规定，深刻领会立法精神，明确检察机关在刑事赔偿中的责任，以保护严格、准确地适用法律，正确办理刑事赔偿案件。

三、切实做好《国家赔偿法》实施的准备工作。从现在起各级检察机关就应当按照《国家赔偿法》规定的精神，严格执法，在办案中要重事实、重证据，严格区分罪与非罪的界限，严格掌握采取强制措施特别是逮捕的条件，严防错捕错押。同时，要对正在查处办理中的案件进行一次清理检查，对以捕代侦、不当关押的要加以纠正；对超期限羁押或久押不决的要抓紧审查结案，对不应关押的应当予以释放。

要坚持有错必纠的原则，认真负责地对待刑事申诉案件。

四、要建立健全各项办案责任制和错案追究制度，以增强检察人员的责任感和负责精神，提高严格执法、依法办事的自觉性，有效地减少和防止错案的发生。《国家赔偿法》实施后，对于贪赃受贿、徇私舞弊、枉法渎职造成错案的，以及刑讯逼供、违法使用武器、警械等造成公民身体伤害或者死亡的检察人员，除根据情节依法追究其行政或刑事责任外，还要向其追偿向受害人支付的赔偿费用的部分或者全部。

五、最高人民检察院将根据《国家赔偿法》的规定，结合检察工作的实际，制定检察机关办理刑事赔偿案件的具体办法，各级检察机关对在复查纠正错案中积累和总结的经验，以及学习、研究《国家赔偿法》和实施准备工作中发现的情况和问题，要及时层报最高人民检察院。

最高人民法院　最高人民检察院 印发《关于办理伪造、倒卖、盗窃发票刑事案件适用法律的规定》的通知

（1994年6月3日）

各省、自治区、直辖市高级人民法院、人民检察院：

现将《最高人民法院、最高人民检察院办理伪造、倒卖、盗窃发票刑事案件适用法律的规定》印发给你们，请在工作中遵照执行。执行中有什么问题，请及时报告。

最高人民法院　最高人民检察院 关于办理伪造、倒卖、盗窃发票 刑事案件适用法律的规定

为了保障税制改革和经济建设的顺利进行，依法惩处伪造、倒卖、盗窃发票的犯罪分子，特作如下规定：

一、以营利为目的，非法印制（复制）、倒卖发票（含假发票）或者非法制造、倒卖发票防伪专用品，情节严重的，以投机倒把罪追究刑事责任。

具有下列情形之一的，应当认定为“情节严重”：

1. 非法印制（复制）、倒卖增值税专用发票二十五份以上的，或者非法印制（复制）、倒卖其他发票二百五十份以上的；

2. 违法所得数额在三千元以上的；

3. 曾经因伪造、倒卖、盗窃发票受过刑事处罚或者两次以上行政处罚，又进行这类违法活动的；

4．具有其他严重情节的。

二、以营利为目的，非法为他人代开、虚开发票金额累计在五万元以上的，或者非法为他人代开、虚开增值税专用发票抵扣税额累计在一万元以上的，以投机倒把罪追究刑事责任。

三、以营利为目的，伪造、变造增值税专用发票的，依照刑法第一百二十四条的规定，以伪造税票罪追究刑事责任。

四、盗窃增值税专用发票的，以盗窃罪追究刑事责任。盗窃数量在二十五份以上的，依照刑法第一百五十一条的规定处罚；盗窃数量在二百五十份以上的，依照刑法第一百五十二条的规定处罚；情节特别严重的，依照《全国人民代表大会常务委员会关于严惩严重破坏经济的罪犯的决定》第一条第（一）项的规定处罚。

五、单位实施本规定第一、二条所列的行为，数量（数额）达到第一条第二款第1、2项和第二条规定的五倍以上，或者具有其他特别严重情节的，对直接负责的主管人员和其他直接责任人员，依法追究刑事责任。

六、本规定自发布之日起执行。规定发布前已经处理的案件，不再变动；尚未处理或者正在处理的案件，一律适用本规定。

最高人民检察院　国家科学技术委员会
关于印发《关于办理科技活动中
经济犯罪案件的意见》的通知

（1994年6月17日）

各省、自治区、直辖市人民检察院、科学技术委员会：

为了依法保护科技单位和科技人员的合法权益，维护正常的科技秩序，正确办理科技活动中经济犯罪案件，更好地促进科学技术为经济建设服务，现将《关于办理科技活动中经济犯罪案件的意见》印发给你们，请参照执行。对执行中遇到的问题请分别及时报告。

最高人民检察院　国家科学技术委员会
关于办理科技活动中经济犯罪案件的意见

一、科学技术是第一生产力，科学技术的进步在我国社会主义现代化建设中起着决定性的作用。检察机关要将依法促进科技进步作为一项重要任务，依法保护科技单位和科技人员的合法权益，严惩在科技活动中贪污、受贿，侵害科技成果使用权、转让权，非法窃取技术成果等犯罪行为，推动科学技术为经济建设服务。

二、办理涉及科技活动的经济犯罪案件，要贯彻“一要坚决，二要慎重，务必搞准”的方针。各级检察机关要注意了解科技体制改革的情况，掌握和执行国家关于科技发展的方针政策；对于破坏科技体制改革，严重侵害科研单位和科技人员的合法权益，触犯刑法的犯罪分子，依法追究刑事责任；对于技术开发、技术转让、技术咨询、技术服务中出现的一般违法、违纪行为，应交由有关部门通过民事、行政方法处理。

三、国家工作人员、集体经济组织工作人员或者其他从事公务的人员，在技术成果转让活动中，利用职务上的便利，擅自转让单位的职务技术成果，从中索取或者非法收受他人财物的，以受贿论处。

国家工作人员、集体经济组织工作人员或者其他经手、管理公共财物的人员，非法占有职务技术成果或者职务技术成果的转让收益的，以贪污论处。

为非法获取技术成果和技术秘密，给予国家工作人员、集体经济组织工作人员或者其他经手、管理职务技术成果的人员以财物的，以行贿论处。

对于单位职务技术成果的完成人擅自转让该技术成果，获取非法利益的案件；或者个人转让本人完成的非职务技术成果而与单位发生纠纷的案件，应交由有关部门依照国家有关规定处理。依法保护科技人员在技术转让中的合法权益。

四、国家工作人员、集体经济组织工作人员或者其他经手、管理公共财物的人员，在技术开发、技术服务、技术咨询等职务技术活动中，利用职务上的便利，将属于单位的收入占为已有的，以贪污论处。

国家工作人员、集体经济组织工作人员或者其他从事公务的人员，在上述职务技术活动中，利用职务上的便利，索取或者收受对方财物的，以受贿论处。

对于在单位职务技术活动中，个人向对方提供合同规定以外的技术咨询、技术服务获取财物，侵害单位利益而发生纠纷的案件，应交由有关部门依照国家有关规定处理。

科技人员从事非职务技术活动和业余兼职活动，应当在法律和有关政策规定的范围内进行。从事非职务技术活动和业余兼职活动，侵害本单位技术权益发生纠纷的，由有关部门依照国家有关规定处理。依法保护科技人员从事业余兼职和非职务技术活动获取的合法收入。

五、对假冒他人专利，情节严重的，比照《全国人大常委会关于惩治假冒注册商标犯罪的补充规定》追究刑事责任。对非法窃取技术秘密，情节严重的，以盗窃罪追究刑事责任。

上述技术秘密，是指不为公众所知悉，具有实用性、能为拥有者带来经济利益或竞争优势，并为拥有者采取保密措施的技术信息、计算机软件和其他非专利技术成果。

六、检察机关要加强对侵害科研单位、科技人员合法权益的民事案件审判活动的法律监督，认真受理科研单位和科技人员的申诉，对确有错误的判决、裁定要依法提出抗诉。

七、检察机关办理涉及科技人员的案件，要加强与各级科委的配合和联系，对于技术成果的性质、用途、归属等专业技术问题，应当委托省级以上科委推荐的专家进行鉴定。对于其中的重大、疑难案件，可以听取科委和有关专家的意见。

各级科委要积极配合检察机关工作，及时提供有关科技咨询，解释有关专业技术问题，协助检察机关组织专家对技术问题进行鉴定和评估。

最高人民检察院关于严格执行人民代表大会代表执行职务司法保障规定的通知

（1994年6月22日）

各省、自治区、直辖市人民检察院，军事检察院：

《中华人民共和国全国人民代表大会和地方各级人民代表大会代表法》对人民代表大会代表（以下简称人大代表）执行职务的司法保障作了规定。近来，有的地方和部门法制观念淡薄，非法侵犯人大代表人身权利的现象时有发生，严重影响了人大代表依法执行职务。为严格执行法律有关人大代表执行职务司法保障的规定，保障人大代表的权利不受侵犯，正确履行法律监督职责，现通知如下：

一、人大代表代表人民的利益和意志，依照宪法和法律赋予本级人民代表大会的职权，参加行使国家权力。人民检察院要依法为人大代表执行代表职务提供司法保障，对于非法拘禁人大代表或以其他方法非法剥夺人大代表人身自由的，以暴力、威胁方法阻碍代表依法执行代表职务的，国家工作人员对人大代表依法执行代表职务进行打击报复构成犯罪的，应当严肃追究有关人员的法律责任。在办案中，遇有违反法律规定限制人大代表人身自由情形时，应当及时予以纠正，切实保障人大代表依法行使职权。

二、审查公安机关、安全机关提请批准逮捕的刑事案件被告人为县级以上人大代表时，经审查符合逮捕条件的，应当按照《中华人民共和国全国人民代表大会和地方各级人民代表大会代表法》第三十条的规定报告并经许可后再办理批捕手续。

三、各级人民检察院直接立案侦查的刑事案件，依法需要对本级人大代表决定采取逮捕，或者监视居住、取保候审、拘传等限制人身自由措施的，应当报经同级人民代表大会主席团或人民代表大会常务委员会许可。

各级人民检察院办理直接立案侦查的案件，对人大代表依法拘留的，应当由执行拘留的机关立即向该代表所属的人民代表大会主席团或者常务委员会报告。

四、各级人民检察院办理本级人大代表的案件，依法决定立案、决定提起公诉、免予起诉、不予起诉或撤销案件决定的，应当向本级人民代表大会主席团或人民代表大会常务委员会通报。

五、办理上级人大代表的案件，需要履行本通知第二、三、四条程序的，应当层报人大代表所属人民代表大会同级的人民检察院办理。

办理下级人大代表的案件，需要履行本通知第二、三、四条程序的，可以自行直接办理，也可以委托人大代表所属人民代表大会同级的人民检察院办理。

对于乡、民族乡、镇的人民代表大会代表依法决定或者批准逮捕，采取监视居住、取保候审、拘传等限制人身自由的措施，由人民检察院执行的，应当由县级人民检察院或上级人民检察院委托县级人民检察院立即报告乡、民族乡、镇的人民代表大会。

六、各级人民检察院办理有关人大代表的案件应报上一级人民检察院及人民代表所属的人民代表大会同级的人民检察院备案。

七、各级人民检察院在办理有关人大代表的案件中，遇到执行法律方面的问题，要及时层报最高人民检察院。

附：

《全国人民代表大会和地方各级人民代表大会代表法》的有关规定

第三十条　县级以上的各级人民代表大会代表，非经本级人民代表大会主席团许可，在本级人民代表大会闭会期间，非经本级人民代表大会常务委员会许可，不受逮捕或者刑事审判。如果因为是现行犯被拘留，拘留的机关应当立即向该级人民代表大会主席团或者人民代表大会常务委员会报告。

对县级以上的各级人民代表大会代表，如果采取法律规定的其他限制人身自由的措施，应当经该级人民代表大会主席团或者人民代表大会常务委员会许可。

乡、民族乡、镇的人民代表大会代表，如果被逮捕、受刑事审判、或者被采取法律规定的其他限制人身自由的措施，执行机关应当立即报告乡、民族乡、镇的人民代表大会。

最高人民检察院关于开展赃款赃物管理情况检查的通知

（1994年6月28日）

各省、自治区、直辖市人民检察院，军事检察院：

根据全国检察机关第二次纪检监察工作会议的部署，最高人民检察院决定第三季度在检察系统开展赃款赃物专项检查。现将有关事项通知如下：

一、近年来，各级检察机关在认真贯彻执行“严格执法，狠抓办案”工作方针，惩治贪污贿赂等严重经济犯罪斗争中，依法追缴赃款赃物，为国家和集体挽回了巨额经济损失，取得了很好的社会效果。在赃款赃物管理方面，绝大多数检察机关和办案人员能严格遵守纪律，按规定办事。但是，在一些地方和少数干警身上也屡屡出现违反赃款赃物管理规定的现象。有的院领导擅自决定挪用赃款经商牟利；有的动用赃款发放奖金；有的长期使用追缴的赃物，以致损毁；有的将赃款私存，取息私分；有的贪污、挪用赃款，沦为罪犯等等，造成的影响很坏。应当认识到，严格管理赃款赃物绝不是单纯的经济问题，而是检察机关严格执法的重要组成部分，是严肃的政治纪律问题。各级检察院领导一定要充分认识这项工作的重要性和严肃性，作为当前自身反腐败斗争的一项重要内容，从思想上高度重视，工作上加强领导。开展专项检查，各级院都要确定一名院领导负责，组成由政工、纪检监察、有关业务处（科）、赃款赃物管理部门参加的检查组，抽调财务等专业人员，有计划、分步骤地进行。上级院要领导、监督下级院的检查工作。

二、这次专项检查的重点是1992年7月以来，检察机关受理的各类刑事案件中追缴的赃款赃物和没收的其他非法所得。对1992年7月以前存在严重问题的，也应进行检查。检查内容包括：（一）赃款赃物管理制度是否健全；（二）赃款赃物是否确定专人管理，帐、物是否分人管理；（三）扣押、收缴赃款赃物是否依法进行，有关法律文书、清单是否齐全；（四）赃款是否有专用帐户，分案登记，存取手续是否严格，清单、帐目、银行对帐单是否一致；（五）赃物的移交登记、存放保管手续是否完备，特定赃物、证物是否封存保管，清单与封存物是否一致；（六）应上交财政或发还有关单位的赃款赃物，以及折价处理的赃物是否按规定办理；（七）依法应发还当事人的被扣押财物是否已发还。

通过检查应注意发现有无违法违纪问题，如单位或个人贪污、私分、挪用、截留赃款赃物的；单位或个人搞赃款私存，取息谋利的；单位或个人擅自动用赃物和扣押物品，甚至损毁的；违法调换外汇赃款和赃物的；擅自折价或低价处理赃物，谋取私利的，等等。

这次专项检查，以业务部门自查和本单位自查为主。在本院内部门之间也可以进行交叉检查。上级院在检查本院的同时，还应组织对下级院的抽查或交叉检查。对问题较多且涉及院领导的，上一级院要派人进行检查。

三、对检查中发现的问题，按问题性质分别处理：属于贪污、私分、挪用赃款赃物，构成犯罪的，移送有关部门依法查处；属于领导决定，违反规定动用赃款赃物的，视情节轻重追究领导者的责任，该处分的处分，该检查的检查；属于一般性问题，应限期纠正，对责任者进行批评，总结教训。各级检察院纪检监察部门对检查中发现的问题要严肃对待，依法依纪作出处理。

四、要把发现问题，解决问题和总结经验教训，整章建制紧密结合起来。通过专项检查，各单位要组织有关人员认真分析研究，找出赃款赃物管理工作中的簿弱环节，针对性地建立或完善规章制度，加强监督制约，减少和杜绝违法违纪问题的发生。

五、这次赃款赃物专项检查在第三季度进行。有些地方在近期已对赃款赃物进行过检查，这次也应对照本通知的要求进行复查或抽查。各省级院应在10月15日前将检查情况报最高人民检察院纪检组、监察局。检查中发现严重违法违纪问题时应随时上报。

最高人民检察院关于严格贯彻执行《中华人民共和国对外贸易法》的通知

（1994年8月2日）

各省、自治区、直辖市人民检察院，军事检察院：

《中华人民共和国对外贸易法》（以下简称《对外贸易法》）已经第八届全国人民代表大会常务委员会第七次会议通过，并于今年7月1日起施行。为保证该法的正确贯彻实施，依法严惩对外贸易经营活动中的犯罪行为，特通知如下：

一、《对外贸易法》是从我国国情出发，促使我国经济与世界经济接轨，促进我国社会主义市场经济法制建设的一部重要经济法律，对于规范对外贸易行为，维护对外贸易秩序都具有十分重要的意义。各级人民检察院要提高对该法重要性的认识，组织检察干警认真学习，掌握有关外贸管理的法律规定。在检察工作中，充分发挥法律监督职能作用，依法保护对外贸易秩序，更好地为我国对外开放和经济建设服务。

二、各级人民检察院要切实履行职责，加强对破坏对外贸易的犯罪案件的检察工作，依法打击对外贸易经营活动中侵犯我国知识产权、不正当竞争、骗取出口退税等构成犯罪案件。对触犯《对外贸易法》第三十八条、第三十九条第三款和第四十条之规定，走私禁止进出口或者限制进出口的货物；明知是伪造、变造的进出口许可证而用以进口或者出口货物；进口或者出口禁止进出口或者限制进出口的技术，构成走私罪的案件，要依照《全国人民代表大会常务委员会关于惩治走私罪的补充规定》办理。对违反《对外贸易法》第三十九条第一、二款规定，伪造、变造或者买卖进出口原产地证明、进出口许可证，构成伪造、变造或者买卖证件罪的案件，要根据刑法第一百六十七条的规定追究刑事责任。对违反《对外贸易法》的犯罪案件，检察机关要依法做好批捕、起诉工作，对公安机关的工作予以积极配合，必要时可提前介入。对于国家对外贸易工作人员利用职务上的便利索贿、受贿，以及玩忽职守、徇私舞弊、滥用职权，构成犯罪的，要依法立案查处，追究其刑事责任。

三、各级人民检察院要根据《对外贸易法》和最高人民检察院《关于加强法人犯罪检察工作的通知》，切实加强查处对外贸易经营活动中法人走私、伪造、变造或者买卖进出口原产地证明、进出口许可证、骗取出口退税等法人犯罪案件的工作，既要追究有关责任人员的刑事责任，也要追究法人组织的刑事责任。对任何隐瞒、掩饰、包庇犯罪法人，阻挠、威胁查办工作，构成犯罪的，要坚决依法追究。

四、各级人民检察院在贯彻执行《对外贸易法》中，要注意调查研究，不断总结积累经验，对执行该法中遇到的问题，要及时层报最高人民检察院。

最高人民检察院关于严厉打击走私、制作、贩卖、传播淫秽物品和非法出版物的通知

（1994 年 8 月 26 日）

各省、自治区、直辖市人民检察院，军事检察院：

当前，走私、制作、贩卖、传播淫秽书刊、影片、录像带、录音带、图片或其他淫秽物品，出版非法书刊的违法犯罪活动十分猖獗，违法犯罪分子从中牟取暴利。其中一些非法出版物内容反动，有严重政治问题。为严厉打击这类违法犯罪活动，现通知如下：

一、要充分认识“扫黄”、“打非”工作的重要性。黄色书刊、影片、录像片、录音带、图片或者其他淫秽物品以及非法出版物的泛滥，不仅毒化人们心灵，腐化社会风气，而且危害政治稳定和民族团结。依法严厉打击这类违法犯罪活动，从严从重惩治犯罪分子，是加强社会主义精神文明建设，抵制资产阶级腐朽思想的侵蚀，维护社会治安秩序和巩固人民民主专政政权的有力手段。要不断提高对“扫黄”、“打非”斗争必要性、长期性、艰巨性的认识，牢固树立常抓不懈的思想，反复抓、抓反复。各级检察院领导要切实负起责任，把“扫黄”、“打非”工作摆上重要位置，切实抓出实效。

二、要突出打击重点，坚决贯彻依法从重从快的方针。“扫黄”、“打非”的重点是：犯罪集团的首要分子；向未成年人传播淫秽物品，构成犯罪的；非法出版、印制有攻击党的领导、煽动颠覆政府、有意制造民族矛盾以及泄露国家秘密等出版物，构成犯罪的。情节严重的法人犯罪，对其直接负责的主管人员和其他直接责任人员，也要依法追究刑事责任。要抓紧批捕、起诉工作，加大打击力度，真正体现从重精神，防止和纠正打击不力。

三、要加强同新闻出版、广播电视、文化、工商等部门以及公安、法院等执法机关的配合与协调，充分发挥职能作用，形成打击合力。

四、要积极开展调查研究，加强综合治理。要结合办案，掌握犯罪规律，积累办案经验。注意发现有关部门和环节上的漏洞，开展检察建议活动，帮助有关部门健全制度，加强管理，预防和减少犯罪。

五、要加强信息工作。对重大的有影响的案件和一些政策性、法律性较强的案件、问题，要及时报告最高人民检察院。

最高人民法院　最高人民检察院关于废止1993年底以前联合发布的部分司法解释的通知

（1994年8月29日）

各省、自治区、直辖市高级人民法院，人民检察院，解放军军事法院、军事检察院：

自1993年起，最高人民法院、最高人民检察院共同对1979年至1993年两院联合发布的司法解释进行了全面清理。现将经最高人民法院审判委员会、最高人民检察院检察委员会讨论通过的第一批予以废止的司法解释目录印发给你们。这批予以废止的4件司法解释从本通知发布之日起不再适用（有的早已自行失效）。在此之前适用上述司法解释对有关案件作出的判决、裁定不再变动。清理司法解释工作尚在进行中，应当废止的联合发布的司法解释，今后还将陆续分批通知你们。有些司法解释只有部分内容不适应当前司法实践需要的，我们将在全面清理的基础上研究修改，各地有什么意见请及时报告我们。

最高人民法院　最高人民检察院予以废止的1993年底以前联合发布的司法解释目录（第一批）

序号	司法解释名称	发布日期、文号	废止理由
1	最高人民法院　最高人民检察院关于办理淫秽物品刑事案件具体应用法律的规定	1990年7月6日法（研）发（1990）11号	1990年12月28日全国人大常委会已通过《关于惩治走私、制作、贩卖、传播淫秽物品的犯罪分子的决定》，原依据刑法有关规定作出的上述解释不再适用。
2	最高人民法院　最高人民检察院关于非法种植罂粟构成犯罪的以制造毒品罪论处的规定	1990年7月9日法（研）发（1990）14号	1990年12月28日全国人大常委会已通过《关于禁毒的决定》，原依据刑法有关规定作出的上述解释不再适用。

3	最高人民法院　最高人民检察院关于依法严惩盗窃通讯设备犯罪的规定	1990年7月10日法（研）发（1990）15号	已被1992年12月11日最高人民法院、最高人民检察院发布的《关于办理盗窃案件具体应用法律的若干问题的解释》代替。
4	最高人民法院　最高人民检察院关于修改盗窃犯罪数额标准的通知	1991年12月30日法（研）发〔1991〕47号	已被1992年12月11日最高人民法院、最高人民检察院发布的《关于办理盗窃案件具体应用法律的若干问题的解释》代替。

林业部　公安部　最高人民法院　最高人民检察院关于严厉打击破坏森林资源违法犯罪活动的通知

（1994年9月12日）

各省、自治区、直辖市林业（农林）厅（局）、公安厅（局）、人民检察院、高级人民法院，各国有森工（集团）总公司（总局）：

多年来，乱砍滥伐森林、乱捕滥猎野生动物的违法犯罪活动屡禁不止。党中央、国务院对此十分重视，曾多次发出明令禁止的通知。但是，1993年下半年以来，破坏森林资源的违法犯罪活动又趋猖獗，一些地方的不法分子明目张胆地哄抢、哄砍国家、集体所有的林木；非法猎杀国家保护的野生动物，甚至倒卖、走私珍贵稀有的野生动植物及其产品；无证运输木材并强行冲关闯卡，暴力伤害公安干警及护林执法人员；强占林地并对林场、保护区管理机关进行“打、砸、抢”。这些违法犯罪活动不仅破坏了森林及野生动物资源，给国家造成巨大的经济和生态损失，而且严重地影响林区社会秩序的稳定，有的案件甚至造成了极坏的国际影响。针对这一严重状况，国务院办公厅于1994年5月16日发出《国务院办公厅关于加强森林资源保护管理工作的通知》(国办发〔1994〕64号)，要求各级人民政府进一步加强森林资源管理，制止破坏森林资源的行为，严厉打击违法犯罪活动。为了进一步加强森林资源保护，遏制破坏森林和野生动物资源违法犯罪活动的势头，各地要把打击破坏森林资源违法犯罪活动纳入中央政法委（政法〔1994〕22号）文件部署的严打整治斗争之中，统一安排，统一部署，把严重破坏森林和野生动物资源的犯罪分子，作为严打斗争的主要打击对象之一。一些重点林区和破坏森林及野生动物资源严重的地方，要结合各自的实际情况，从10月至12月组织开展打击破坏森林资源违法犯罪活动的专项斗争。现将有关问题通知如下：

一、要充分认识保护森林资源、严厉打击破坏森林资源违法犯罪活动的重要性和紧迫性。森林是陆地生态系统的主体，林业是国民经济的重要组成部分。严厉打击破坏森林资源的违法犯罪活动，保护好森林及野生动物资源，维护林区的正常秩序，对于发展林业、促进社会主义市场经济的健康发展、保持生态平衡、保障社会主义现代化建设事业顺利进行，具有重要意义。切实保护森林资源，是一件利于当代、造福子孙的大事。各级林业部门、公安机关、检察院、法院都要高度重视，认真履行自己的职责，通力配合，采取有力措施，狠抓落实，以确保斗争的顺利开展，收到实效。

二、各级林业部门、公安机关、检察院、法院要按当地党委和政府的统一部署，精心组织。问题较多的地方，可提请政法委员会牵头，组织林业、公安、法院、检察、工商等有关部门，成立领导小组，统一指挥，协调行动，增加打击力度。在森林和野生动物资源较多的地方，可提请以省、自治区政府名义发布通知或布告，造成声势，震慑犯罪。各级林业、公安、检察、法院部门要搞好摸底调查，当好领导参谋，提出打击行动方案。

三、突出重点，集中力量，抓紧查处一批重、特大案件。根据全国林区的治安状况，这次专项打击的重点是：哄抢、盗伐、滥伐林木，破坏珍贵稀有植物，盗窃木材，非法猎杀、倒卖、走私国家重点保护的野生动物及其产品，殴打、伤害执法护林人员和非法运输、倒卖木材以及伪造、倒卖林业票证的违法犯罪活动。各地要结合实际，确定重点打击对象，进行分类指导。对重、特大案件，各部门要密切协作、主动配合。公安机关要快侦快破，检察机关要提前介入，快捕、快诉，审判机关要抓紧审理，林业部门要抽调力量，协助政法机关办案工作。各个环节都要尽量加快办案速度。要根据林业部、公安部有关森林案件、野生动物案件的立案标准和最高人民法院、最高人民检察院有关司法解释，抓紧处理一批大案，依法从重从快地打击犯罪分子。要坚决抵制地方保护主义，严禁以罚代刑、重罪轻判。特别对涉及某些领导干部的案件，必须坚决排除干扰，严格依法查处。对一些久拖不决的积案，要引起高度重视，抽调力量，组成专案组，克服困难，尽快突破，依法查处。

四、坚持“打防并举，标本兼治，重在治本”的综合治理方针，认真整治林区治安秩序。各地要把林区治安的综合治理纳入整治农村社会治安工作中去。对那些破坏森林资源的“热点”地区要实行专项治理，消除隐患，稳定林区秩序。要继续贯彻落实最高人民法院、最高人民检察院、林业部、公安部、国家工商管理局《关于严厉打击非法捕杀、收购、倒卖、走私野生动物活动的通知》和林业部、国家工商管理局《关于加强林区木材经营、加工单位监督管理的通知》等有关文件规定，进一步加强森林及野生动物资源的管理，以达到综合整治林区治安秩序的目的。

五、广泛宣传，大造舆论，教育群众，震慑犯罪。保护森林资源，打击破坏森林资源违法犯罪活动，必须依靠群众，动员社会各方面的力量。各地要通过报刊、电视、电台等各种新闻媒体，采用标语、板报等多种宣传形式，大力宣传《森林法》、《野生动物保护法》等法律法规，提高和增强广大干部群众的爱林护林意识。要公开曝光一些典型案件，揭露犯罪活动的严重恶果。在犯罪活动突出的地方，要选择有代表性的案件，适时召开宣判大会，以震慑犯罪、教育群众。

以上通知，请各地认真贯彻落实。

最高人民检察院关于认真贯彻执行《全国人大常委会关于惩治侵犯著作权的犯罪的决定》的通知

（1994 年 9 月 14 日）

各省、自治区、直辖市人民检察院，军事检察院：

第八届全国人民代表大会常务委员会第八次会议于 1994 年 7 月 5 日通过了《全国人大常委会关于惩治侵犯著作权的犯罪的决定》（以下简称《决定》），并于同日公布施行。这是我国有关知识产权刑法保护的又一部重要法律，对于保护著作权人的著作权和与著作权有关的权益，惩治严重侵犯著作权的犯罪活动，维护我国的国际声誉，都具有重要意义。为保证各级检察机关正确执行《决定》，办理有关案件，特通知如下：

一、各级人民检察院要组织检察干警认真学习《决定》，并配合学习 1987 年公布的《著作权法》，提高对依法保护著作权重要意义的认识，了解我国著作权保护的法律规定，准确领会和掌握《决定》的立法精神和具体条款，通过检察工作，依法保护著作权人的著作权和与著作权有关的权益，惩办侵犯著作权的犯罪。

二、各级人民检察院要认真做好对侵犯著作权犯罪案件的检察工作。对《决定》第一条规定的以营利为目的，未经著作权人许可，复制发行其作品；出版他人享有专有出版权的图书；未经录音、录像制作者许可，复制发行其制作的录音、录像；制作、出售假冒他人署名的美术作品和第二条规定的以营利为目的，销售明知是第一条规定的侵权复制品的犯罪案件，检察机关要依法做好批捕、起诉工作，履行法律监督职责。

要重视对《决定》第三条规定的单位侵犯著作权犯罪案件的检察工作，严格按照法律和最高人民检察院有关通知的规定，依法分别追究有关单位的刑事责任及直接负责的主管人员和其他直接责任人员的刑事责任。

三、对于《决定》公布施行后发生的犯罪行为，应当依照《决定》办理；对于《决定》公布施行前发生的行为，按照刑法第九条规定的原则办理。

四、以营利为目的，从事非法出版物的出版、印刷、发行、销售活动，侵犯他人著作权构成犯罪的，应当依照《决定》的有关规定追究刑事责任；未侵犯他人著作权的，根据案件的具体情况，分别依照《全国人大常委会关于惩治走私、制作、贩卖、传播淫秽物品的犯罪分子的决定》的有关规定和刑法关于投机倒把罪的规定，追究刑事责任。

五、各级人民检察院对在执行《决定》中遇到的问题，要及时层报最高人民检察院。

最高人民检察院
关于积极配合全国税收财务物价大检查严厉打击涉税犯罪的通知

（1994年9月29日）

各省、自治区、直辖市人民检察院，军事检察院：

最近，国务院发出《关于开展1994年税收财务物价大检查的通知》。税收财务物价大检查是维护改革、发展和稳定大局的一项重要措施，对于及时发现和查处各种违反财经法纪行为，平抑物价，推进廉政建设，保证财税体制改革和其他各项改革措施的顺利实施，具有重要意义。各级检察机关要充分发挥职能作用，积极配合大检查工作，严厉打击从中揭露和发现出来的涉税犯罪活动。

一、主动参与大检查工作，坚决查办涉税犯罪案件。目前，偷税、骗税等各种违法犯罪活动相当严重，尤其是今年实施新税制以来，虚开代开增值税专用发票犯罪活动十分猖獗，利用增值税专用发票偷税、骗税案件大幅度上升，造成国家税款的大量流失。对这类犯罪活动必须依法严厉打击。各级检察机关要按照当地党委、政府的统一部署，积极主动地参加大检查工作，对发现的涉税犯罪案件线索，要及时组织专门力量坚决查处，确保国家财政收入和税制改革的顺利进行。

二、对查办大检查中发现的涉税犯罪案件，要坚决执行“严格执法，狠抓办案”的工作方针，该立案的立案，该采取强制措施的采取强制措施；坚决纠正和防止有罪不究、以罚代刑等打击不力的现象。查处的重点应放在税制改革和新旧财务制度接轨期间发生的偷税、骗税案件，特别是对虚开代开增值税专用发票的团伙犯罪案件和法人犯罪案件要一查到底，依法从严惩处。办案中要积极追缴税款和违法所得，绝不能让犯罪分子在经济上占便宜。

三、要把查处涉税犯罪案件同反腐败斗争紧密结合起来，注意追究与这些犯罪案件相关联的贪污、贿赂、伪证、包庇、徇私舞弊、玩忽职守等犯罪行为。同时，要重视排除地方保护主义、部门利益和行业腐败现象的干扰，对于阻挠办案，情节严重，构成犯罪的，要坚决依法追究。

四、要结合办案，积极宣传税法，提高全社会依法纳税意识，自觉监督和抵制偷税、骗税、虚开代开增值税专用发票等犯罪行为。对影响较大的案件要进行公开曝光，以教育人民群众，震慑犯罪分子，遏制和减少涉税犯罪。

最高人民检察院关于进一步抓紧做好《国家赔偿法》实施准备工作的通知

（1994年10月26日）

各省、自治区、直辖市人民检察院，军事检察院：

为了切实保障《国家赔偿法》的顺利实施，今年5月30日最高人民检察院下发了《关于认真做好国家赔偿法实施准备工作的通知》。各地根据通知精神，正在积极行动，抓紧各方面的准备。目前，国家赔偿法正式实施在即。为了进一步做好实施的准备工作，再作如下通知：

一、要始终坚持严格执法，狠抓办案的工作方针，强调敢于办，依法办，认真办。对今年以来检察机关拘留和批准逮捕的在押案犯进行一次排查清理，重点检查属于国家赔偿法规定赔偿范围内的案件。对于那些不能认定有犯罪事实或者没有事实证明有犯罪重大嫌疑的人已经拘留或者逮捕的，以及超期羁押和久押未决的案件要立即依法采取措施，该改变强制措施的要改变强制措施。对那些插手经济纠纷扣押人质，违法拘留、逮捕侵犯人身权利的案件必须坚决纠正。

二、检察机关及其工作人员在办案中严禁刑讯逼供，坚决杜绝暴力殴打或者违法使用武器、警械等造成当事人伤残或者死亡的案件的发生，对已经发生的问题应抓紧查清，妥善处理。对被害人该治病的要给予治疗，对违法违纪人员应给予党政纪处分，需追究刑事责任的要追究刑事责任。

三、办案中采取查封、扣押、冻结、追缴犯罪分子财物的措施，要严格依法办事。对赃款赃物要严格管理制度。对检察机关及其工作人员违法采取查封、扣押、冻结、追缴等措施的，要立即纠正，逐案逐件核清，区分不同情况抓紧进行处理，该返还的返还，该解冻的解冻。

四、各级检察机关可对近两年来办案情况，如对撤案案件、不诉案件、无罪判决案件以及错捕、错诉案件进行一次认真的分析，总结经验教训。针对办案中出现的问题和漏洞，建立完善各项办案责任制和错案追究制，不断提高执法水平。

各级检察机关、全体检察人员要以积极的态度，严肃认真地做好国家赔偿法的准备工作。各地在准备工作中遇有重要情况和问题，请及时向最高人民检察院请示报告。

最高人民检察院
关于认真查办利用增值税专用发票犯罪案件的通知

（1994年10月28日）

各省、自治区、直辖市人民检察院，军事检察院：

全国打击伪造、倒卖、盗窃发票专项斗争开展以来，各级检察机关认真贯彻中央的工作部署，与税务、公安等职能部门密切配合，查处了一批利用发票犯罪的案件，为保护税制改革的顺利进行作出了积极贡献。

据不完全统计，今年4月至6月，全国检察机关共受理利用发票犯罪案件1104件，其中立案侦查604件，抓获犯罪分子623人，目前已侦查终结138件，直接追缴赃款6121.5万元。各级检察机关积极参加地方组织的统一行动，捣毁印制、销售假发票窝点136个，收缴各类发票3720余万份、发票监制章290余枚、印刷机29台、印刷铅板44块。在专项斗争中各地检察机关查办了一批数额特别巨大的虚开、代开增值税专用发票犯罪案件，有力地打击了犯罪分子的嚣张气焰。

当前，利用发票犯罪活动仍然较严重。一是犯罪数额越来越大。检察机关立案查处虚开、代开增值税发票金额在一千万元以上的案件就有53件，其中上亿元的19件。二是沿海地区的犯罪分子流窜内地作案并潜逃的情况十分突出，造成极大隐患。据了解在上述53件特大案件中，涉及汕头、深圳等地的中间犯罪分子135人，占98.1%，目前仅抓获11人，占8.5%。湖南省检察机关查处的12件虚开发票案件涉及广东的中间犯罪分子27名，全部在逃。三是查处工作尚未形成打击合力。虚开、代开发票犯罪活动通常是跨省（区）、市作案，从目前办案情况看，立案查处的多是开票环节的案件；对那些组织、策划的犯罪分子打击不力。

针对当前利用增值税专用发票犯罪活动的严重情况，中央领导同志曾多次批示，要求严厉打击此类犯罪活动，依法从严从重处理。为此，特作如下通知：

一、进一步提高认识统一思想，把打击利用增值税专用发票犯罪作为检察机关为改革开放和经济建设服务的一项重要任务，进一步抓紧抓好。凭借增值税专用发票注明抵扣税款制度，是税制改革的重要环节。这项制度执行的好坏，关系到税制改革的成败。利用增值税专用发票犯罪不仅造成税款抵扣秩序的混乱，而且为偷税、骗税、贪污、走私等犯罪提供了条件，使国家税收和财产蒙受巨大损失。事实表明，这种犯罪直接破坏改革和经济建设，危害极大，必须予以严厉打击。各级检察机关一定要进一步提高对打击此类犯罪活动重要性的认识，与有关职能部门密切配合，抓出成效，为税制改革和社会主义市场经济建设服务。

二、突出工作重点，加大打击力度。在当前出现的各种利用发票犯罪活动中，虚开、代开增值税专用发票是危害最严重的一种。这种犯罪涉及金额大，并且与偷税、骗取出口退税等涉税犯罪有直接联系。各级检察机关在打击利用增值税发票犯罪中，要以查处虚开、代开增值税专用发票犯罪为重点。对重大复杂的案件，检察长要亲自抓，上级检察院要给予积极支持和具体指导。要把查处虚开、代开增值税专用发票犯罪同反腐败工作紧密结合起来，严肃查究与案件相关的贪污、贿赂、伪证、包庇、徇私舞弊和玩忽职守等犯罪。要坚决排除地方保护主义，对于推诿、刁难或阻挠办案，情节严重，构成犯罪的，也要依法追究刑事责任。

三、加强地区间的配合与协作，形成打击合力。虚开、代开增值税专用发票是一种多环节、跨地区的新型犯罪，在办案中各地检察机关要注意密切配合，对每个环节上的犯罪案件都要积极查办，并加强对在逃人犯的追捕工作。对虚开、代开增值税发票和利用虚开、代开的增值税发票偷税、骗税的，原则上分别由当地检察院立案侦查。承办这类案件的检察院在办案中发现有相关犯罪线索的，也要主动立案查处。如果几个同级人民检察院都有权管辖的犯罪线索，由最初受理的人民检察院立案侦查。涉及的犯罪线索较多时，也可移送主要犯罪地的人民检察院立案侦查。任何地方都不得压案不查。

四、要加强请示报告。凡虚开、代开增值税发票金额在一百万元以上的重大案件，一律向省一级检察机关报告；凡虚开、代开发票金额在二百万元以上的案件要及时向最高人民检察院报告。上级检察机关要加强对跨地区重大案件侦查工作的组织指挥和协调，保证办案工作的顺利进行。

五、严格执法，注意挽回经济损失。对虚开、代开增值税专用发票数额达到“两高”规定的犯罪数额标准的，必须坚决依法追究刑事责任，不是以任何形式和借口“以罚代刑”、“以税代刑”。对此类犯罪案件要从严掌握免诉条件。对重大案件的被告人要及时采取强制措施，防止被告人逃跑、自杀或串供等情况的发生。

对企业事业单位（法人）虚开、代开增值税专用发票以及偷税、骗税犯罪案件，除依法追究有关直接责任人员的刑事责任外，还应当对该法人单位依法追究刑事责任。在办案中，要注意挽回损失。对犯罪单位和个人的偷税、骗税和其他违法所得款项，要依法追缴，把国家损失减少到最低限度。

六、要加强税法宣传。采取多种形式，广泛宣传新税制和发票管理法规，提高全社会依法纳税和依法管理发票意识，充分调动群众检举发票违法犯罪行为的积极性。特别要抓住时机，及时向社会公布查办的典型案件，震慑犯罪分子，教育人民群众。要结合办案，注意研究当前利用发票进行违法犯罪活动的特点和规律，针对发票管理中的薄弱环节，适时提出检察建议，帮助有关单位堵塞漏洞，建章立制，从根本上消除发票违法犯罪的隐患，保障税制改革和社会主义市场经济的健康发展。

各地执行本通知的工作情况和有关问题，请及时报告最高人民检察院。

中共中央纪委　最高人民法院
最高人民检察院　公安部　监察部
关于采取有力措施保护执纪执法办案人员合法权利的通知

（1994 年 11 月 21 日）

各省、自治区、直辖市党委、政府、纪委、高级人民法院、人民检察院、公安厅（局）、监察厅（局），中央各部委，中央和国家机关各部委党组（党委）、纪检组（纪委）、监察局，中央纪委各派驻纪检组，监察部各派驻监察局、监察专员办公室，中直机关和中央国家机关工委、纪工委，军委纪委：

随着反腐败斗争的深入，各级纪检监察机关、公安司法机关和法律监督部门充分发挥职能作用，加大了查办违纪违法案件，尤其是大案要案的力度。广大执纪执法办案人员不畏困难，排除阻力，坚持原则，秉公办案，迅速查办了一批违纪违法犯罪案件，惩处了一批违纪人员和违法犯罪分子，为惩治腐败作出了重要贡献。但是，近一个时期以来，执纪执法办案人员及其家属受到打击报复的事件屡有发生，有的受到恐吓威胁，有的被谩骂殴打，有的甚至遭到报复杀害。这不仅直接危害了执纪执法办案人员及其家属的人身安全，而且严重干扰了执纪执法机关正常的办案工作，影响了反腐败斗争的顺利开展。对此，各级党委、政府及有关部门必须予以高度重视和警惕。为了保护执纪执法办案人员的合法权利，保证反腐败斗争尤其是查办大案要案工作的顺利进行，特就有关问题通知如下：

一、切实采取有效的防范措施，防止打击报复事件的发生。各级党委、政府及有关部门要采取切实有效的措施，加强对执纪执法办案人员的保护。一旦发现打击报复的苗头，或者执纪执法办案人员的人身安全受到威胁，公安司法机关必须及时实施相应的保护，保证办案人员不受到伤害。同时，本单位的领导要认真负责地做好有关当事人的教育疏导工作，对预谋报复伤害办案人员者，迅速、果断地采取相应的控制措施，把可能发生的打击报复事件消除在萌芽状态。对于放任打击报复事件的发生，不采取相应措施予以制止，导致严重后果的，要严肃追究有关党政负责人和其他人员的责任。各级纪检监察机关、公安司法机关和法律监督部门要加强保密纪律教育，严守有关保密规定。在查办违纪违法案件过程中，严禁任何组织和个人泄露案情，严禁任何组织和个人以任何方式向涉案人泄露直接办案人员的有关情况。在宣传报道各类案件以及表彰办案有功人员时，对办案人、举报人以及知情人的情况，要严格遵守保密规定；需要公开报道的，也应注意方式方法，掌握好分寸。要坚决防止由于泄密导致的打击报复事件的发生。

二、依法从严从快查处打击报复案件。对由于受到举报和查处，而对举报人、办案人在精神上施加压力，在工作中无理刁难，给予种种不公正待遇，肆意进行打击报复的，各级党委、政府和有关部门要采取有力措施，坚决制止和纠正。对进行打击报复的人员要进行严肃的批评教育和组织处理。对于已经发生的打击报复案件，各级纪检监察机关、公安司法机关和法律监督部门要高度重视，及时受理，并投入力量迅速查清事实，严肃处理。对因打击报复构成犯罪的人员，由司法机关依法从重惩处；违反治安处罚条例的，由公安机关给予相应的治安处罚；违犯党纪政纪的，由纪检监察机关从严查处。要选择一些影响大、危害严重的典型案件公开处理，以儆效尤。

三、旗帜鲜明地支持执纪执法人员依法办案。查处违纪违法案件，维护党纪国法的尊严，是深入开展反腐败斗争的重要环节，是各级执纪执法机关的神圣使命。自觉接受法纪监督是每一个公民应尽的义务。要加强法纪教育，增强广大人民群众的法纪观念，支持执纪执法机关履行职责。要大力宣传执纪执法人员坚持原则、无私无畏、敢于斗争的事迹和精神，弘扬正气，鼓舞广大人民群众同各种违纪、违法现象作斗争的勇气，树立执纪执法机关的威信，为查办案件工作创造一个良好的社会环境。各级党委、政府要加强对查办案件工作的领导，旗帜鲜明地支持办案人员依法办案。要从政治上、思想上、工作上、生活上关心和支持办案人员，帮助他们排忧解难。要研究和制定有关法规，从制度上保证办案人员的合法权益不受任何侵犯，以确保反腐败斗争尤其是查办大案要案工作的顺利进行。

最高人民检察院关于印发《人民检察院刑事赔偿工作办法（试行）》的通知

（1994年12月24日）

各省、自治区、直辖市人民检察院，军事检察院：

国家赔偿法1995年1月1日起施行，这是我国社会主义民主法制建设中的一件大事。为了正确执行国家赔偿法，切实做好刑事赔偿工作，最高人民检察院《人民检察院刑事赔偿工作办法（试行）》，已经第八届检察委员会第二十二次会议讨论通过，现印发试行。

一、各级检察机关要认真组织全体检察人员学习国家赔偿法，充分认识完善国家赔偿制度的重大意义，以积极严肃的态度对待刑事赔偿工作。在刑事诉讼中，检察机关及检察人员发生侵犯公民、法人和其他组织的合法权益造成损害时，要主动赔，认真赔，依法赔。要尽快建立和完善办案责任制和错案追究制，严肃执法纪律，提高执法水平，严格执法，秉公办案。

二、抓紧抓好刑事赔偿工作任务的落实，各级人民检察院的控告申诉检察部门要切实负起责任，认真承办刑事赔偿工作，保证这项工作有人管，有着落。最高人民检察院和各省级院在控告申诉检察部门内设立刑事赔偿工作办公室，配备相适应的业务骨干。

三、各级检察机关的领导对这项工作要予以高度重视，亲自抓。上级检察院要及时了解和掌握下级院执行国家赔偿法的情况，加强业务指导。各地对执行国家赔偿法和《人民检察院刑事赔偿工作办法（试行）》过程中遇到的问题，要加强调查研究，及时总结办理刑事赔偿案件的经验。有关实施国家赔偿法工作的部署、工作情况以及工作中遇到的问题，应及时向最高人民检察院报告。

人民检察院刑事赔偿工作办法（试行）

（1994 年 12 月 2 日最高人民检察院
第八届检察委员会第二十二次会议讨论通过）

第一章　总　　则

第一条　为保护公民、法人和其他组织的合法权益，促进严格执法，狠抓办案，根据国家赔偿法的有关规定，制定本办法。

第二条　人民检察院刑事赔偿工作坚持实事求是、有错必纠的原则。

第三条　人民检察院办理刑事赔偿案件，实行专人审查，承办部门审核，检察长或检察委员会决定的制度。

第二章　确　　认

第四条　对依法确认有国家赔偿法第十五条、第十六条规定情形，根据国家赔偿法第十九条的规定，检察机关负有赔偿义务的，应给予赔偿。

第五条　有下列情形之一的，应及时作出决定，主动向受害人进行赔偿：

（一）对已经拘留、逮捕的人作出撤销拘留、逮捕决定、不起诉决定、复查纠正决定，或者人民法院判决无罪已经发生法律效力的；

（二）对检察机关工作人员刑讯逼供或者以殴打等暴力行为或者唆使他人以殴打等暴力行为以及违法使用武器、警械造成公民身体伤害、死亡，已作出处理决定的；

（三）对违法查封、扣押、冻结、追缴财产予以纠正的。

第六条　赔偿请求人要求确认检察机关工作人员刑讯逼供、违法使用武器等造成身体伤害、死亡或者确认违法查封、扣押、冻结、追缴等造成财产损失的，被要求的人民检察院应当予以确认。

确认要求应当向认为有侵权行为的人民检察院提出。

第七条　赔偿请求人对不予确认的，有权向上一级人民检察院提出申诉。

对不予确认的申诉，上级人民检察院可以自行复查，也可以责成下级人民检察院复查。

第八条　对不予确认的申诉，经过复查认定侵权事实存在的，应作出确认决定；对侵权事实不存在的，驳回申诉。

第九条　人民检察院对赔偿请求人提出的确认要求，依法确认有国家赔偿法第十五条、第十六条规定情形的，应直接向受害人赔偿。

第三章　受　　理

第十条　赔偿请求人以书面或口头方式要求赔偿的，应予受理，填写《刑事赔偿申请登记表》。

对于赔偿请求人以口头方式提出赔偿申请的，应问明有关情况并记入笔录。

第十一条 受理赔偿申请，即应查明：

（一）请求人是否符合国家赔偿法第六条的规定；

（二）检察机关是否为赔偿义务机关；

（三）是否本院负有赔偿义务；

（四）赔偿请求是否已过时效；

（五）请求赔偿的有关材料是否齐备。

第十二条 经初步审查后，应分别不同情况予以处理：

（一）对本院负有赔偿义务的申请，经部门负责人批准，予以立案；

（二）对本院不负有赔偿义务的申请，应通知赔偿请求人向负有赔偿义务的人民检察院提出，或移送负有赔偿义务的人民检察院；

（三）对不属于人民检察院赔偿的申请，应告知赔偿请求人向负有赔偿义务的机关提出；

（四）对赔偿请求已过赔偿时效，或者不符合国家赔偿法第六条规定的，不予立案，并通知请求人；

（五）对刑事赔偿申请材料不齐备的，可告知请求人补充有关材料后予以立案。

第十三条 对已立案的刑事赔偿案件，应指定专人进行审查。承办人接到案件后应及时、全面地审查案件材料，必要时可以调取有关的案卷材料。

第十四条 审查刑事赔偿案件，应查明以下事项：

（一）损害是否检察机关及其工作人员违法行使职权造成；

（二）侵权起止时间和造成损害的程度；

（三）是否符合国家赔偿法第十五条、第十六条规定的刑事赔偿范围；

（四）是否属于国家赔偿法第十七条规定的不承担赔偿责任的情形。

第十五条 对刑事赔偿案件进行审查后，认为证明材料不足或不能证明有关赔偿的事实时，可以要求赔偿请求人或者有关部门补充证明材料，也可以自行调查。

第十六条 对事实清楚，符合法定赔偿条件，应予赔偿的，承办人应提出予以赔偿以及赔偿的方式和数额的具体意见，经部门负责人审核并报检察长批准后，制作《刑事赔偿决定书》，送达赔偿请求人。

对不符合法定赔偿条件的，制作《不予赔偿决定书》，送达赔偿请求人。

《刑事赔偿决定书》和《不予赔偿决定书》由检察长签署，加盖人民检察院院印。

第十七条 人民检察院对依法应予赔偿的，应自收到刑事赔偿申请之日起二个月内作出决定，并给予赔偿。

第四章 复 议

第十八条 赔偿请求人依据国家赔偿法第二十一条规定提出复议的，上一级人民检察院应予受理，并应自收到复议申请之日起二个月内作出复议决定。

第十九条 复议申请可以直接向上一级人民检察院提出，也可以通过原承办案件的人民检察院提出。

第二十条 上一级人民检察院收到复议申请后，应及时调取案卷和有关的材料进行审查。对事实不清的，可以要求原承办案件的人民检察院补充调查，也可以自行调查。

第二十一条 复议刑事赔偿申请，实行一次复议制。

第二十二条 复议决定作出前，赔偿请求人可以撤回复议申请，但是复议申请确有理由和依据，依法应予支持的除外。

第二十三条 对复议申请进行复议后，应作出复议决定：

（一）原决定事实清楚，适用法律正确的，予以维持；

（二）原决定在事实认定，适用法律或者赔偿方式、数额不当的，作出赔偿决定。

第二十四条 复议决定作出后，应当制作《刑事赔偿复议决定书》。复议决定书由检察长签署，加盖人民检察院院印。

第二十五条 复议决定书可以直接送达，也可以委托赔偿请求人所在地的人民检察院代为送达。

第五章 执 行

第二十六条 负有赔偿义务的人民检察院负责赔偿决定的执行。

第二十七条 给予受害人赔偿应根据刑事赔偿决定书执行。

赔偿请求人提出复议的，按复议决定书执行。

赔偿请求人不服复议决定或者对逾期不作决定，向人民法院赔偿委员会申请的，按人民法院赔偿委员会作出的赔偿决定书执行。

第二十八条 负有赔偿义务的人民检察院作出的赔偿决定应当在收到赔偿申请之日起二个月内执行。

对复议机关作出的复议决定，赔偿请求人自收到复议决定起三十日内未向人民法院赔偿委员会提出申请的，负有赔偿义务的人民检察院应当执行。

人民法院赔偿委员会作出赔偿决定的，收到赔偿决定书即应执行。

第二十九条 对返还财产或恢复原状的，由控告申诉检察部门督促原案件承办部门办理；对支付赔偿金的，由控告申诉检察部门办理。

第三十条 负有赔偿义务的人民检察院对造成受害人名誉权、人身权损害的，应当在侵权行为影响的范围内，为受害人消除影响，恢复名誉，赔礼道歉。

第六章 附 则

第三十一条 检察机关工作人员具有国家赔偿法第二十四条规定情形之一的，应予追偿。追偿的办法另行规定。

第三十二条 人民检察院和人民法院负有共同赔偿义务的，按照国家赔偿法的规定办理。

第三十三条 本办法自 1995 年 1 月 1 日起试行。

最高人民检察院关于认真执行《劳动法》、《城市房地产管理法》和《预算法》的通知

（1994 年 12 月 30 日）

各省、自治区、直辖市人民检察院，军事检察院：

第八届全国人大常委会第八次会议通过的《中华人民共和国劳动法》（简称《劳动法》）、《中华人民共和国城市房地产管理法》（简称《城市房地产管理法》）和第八届全国人民代表大会第二次会议通过的《中华人民共和国预算法》（简称《预算法》），将于 1995 年 1 月 1 日起实施。为保障这三部法律得到及时、认真的贯彻执行，特通知如下：

一、《劳动法》、《城市房地产管理法》

和《预算法》是为适应我国逐步建立社会主义市场经济体制和加强宏观调控的实际需要制定的。这三部法律的实施对于我国的改革和发展具有重要意义。《劳动法》将进一步促进我国劳动体制改革，有利于规范劳动关系主体的行为和劳动力市场秩序，保护劳动者合法权益；《城市房地产管理法》对于加强对城市房地产的管理，维护城市房地产市场秩序，保障房地产权利人的合法权利，促进房地产业的健康发展具有重要作用；《预算法》将强化预算的分配和监督，健全国家对预算的管理，加强国家宏观调控，促进经济和社会健康发展。各级人民检察院要认真组织干警学习这三部法律，充分认识这三部法律对保障和促进经济体制改革，建立和健全社会主义市场经济法律体系的重要意义。要准确领会这三部法律中规定的基本内容，并紧密结合检察工作实际，做好贯彻执行工作，保证其正确实施。

二、各级人民检察院要认真履行法律监督职能，加强对有关犯罪行为的检察工作。根据《劳动法》第九十二条的规定，用人单位对事故隐患不采取措施，致使发生重大事故，造成劳动者生命和重大财产损失的，对责任人员要比照刑法第一百八十七条的规定，以玩忽职守罪立案侦查；根据《劳动法》第九十三条的规定，用人单位强令劳动者违章冒险作业，发生重大伤亡事故，造成严重后果的，对责任人员要根据刑法第一百一十四条的规定，以重大责任事故罪立案侦查；根据《劳动法》第九十六条的规定，用人单位以非法限制人身自由的手段强迫劳动或非法拘禁、非法搜查劳动者，构成犯罪的，对责任人员要分别根据刑法第一百四十三条、第一百四十四条的规定，以非法拘禁罪、非法搜查罪立案侦查；根据《劳动法》第一百零一条的规定，用人单位打击报复举报人员，构成犯罪的，对责任人员要根据刑法第一百四十六条的规定，以报复陷害罪立案侦查。根据《劳动法》第一百零三条、第一百零四条的规定，对于劳动行政部门或者有关部门的工作人员滥用职权、玩忽职守、徇私舞弊，或者国家工作人员和社会保险基金经办机构的工作人员利用职务之便挪用社会保险基金，构成玩忽职守、挪用公款等犯罪的案件，检察机关要立案侦查，严肃查办。对于用人单位违犯《劳动法》第九十六条的规定，以暴力手段强迫劳动或体罚、殴打劳动者，构成伤害罪的案件；或者违犯《劳动法》第一百零一条的规定，无理阻挠劳动行政部门、有关部门及其工作人员行使监督检查权，构成妨害公务罪的案件，检察机关要对有关责任人员依法作好批捕、起诉工作，并加强同公安机关的联系和配合。

根据《城市房地产管理法》第七十条规定，对于房产管理部门、土地管理部门工作人员玩忽职守、滥用职权，或者利用职务上的便利，索取他人财物，或者非法收受他人财物为他人谋取利益，构成玩忽职守、受贿等犯罪的，检察机关要依法立案查处，追究其刑事责任。

三、各级人民检察院在贯彻执行《劳动法》、《城市房地产管理法》和《预算法》的过程中，要注意调查研究，认真总结经验，对执行中遇到的问题，及时层报最高人民检察院。

第六部分　案例选载

李效时贪污、受贿案

被告人李效时，男，53岁，汉族，原系国家科学技术委员会副主任（副部级）。

李效时贪污、受贿案于1993年5月22日由北京市人民检察院立案侦查，1993年9月15日侦查终结。此案由北京市人民检察院分院起诉，认定犯罪事实如下：

一、被告人李效时在担任国家科学技术委员会副主任期间，于1992年6月至7月对北京长城公司的扩大非法集资活动作过肯定性批示和讲话。为此，该公司总裁沈太福于1993年3月3日与《科技日报》记者孙树兴（另案处理）商定，并通过孙树兴将4万元现金转换为北京长城公司"技术开发合同书"和"分红结算卡"交给李效时。沈太福案发后，李于4月4日晚，将"技术开发合同书"和"分红结算卡"退给孙树兴。

二、被告人李效时于1990年8月与港商潘坤泰、梁少银夫妇相识后，曾利用职务便利，为潘坤泰、梁少银在大陆开办公司提供过帮助。李效时及其子于1991年8月、1993年2月先后两次出国，收受梁少银给予的港币5000元（折合人民币3453元），美元1000元（折合人民币5740元）。

三、被告人李效时利用职务便利，于1992年7月向北京市同力制冷设备公司索要同力牌KF—25G分体式空调器（价值人民币3500元）1台自用。

四、被告人李效时在担任科技日报社社长期间，于1990年7月至9月在办理《科技日报》刊登"防治地质灾害"专版文章过程中，利用职务之便，将长江三峡链子崖、黄腊石地质灾害防治现场指挥部付给科技日报社的专版宣传费人民币2万元据为己有。

被告人李效时收受、索要钱物共计价值人民币52693元；贪污人民币2万元。

1994年3月4日，北京市中级人民法院经审理判决李效时犯受贿罪，判处有期徒刑十五年，剥夺政治权利三年，没收个人部分财产；犯贪污罪，判处有期徒刑七年，剥夺政治权利一年；决定执行有期徒刑二十年，剥夺政治权利四年，没收个人部分财产；在案赃款人民币2万元、港币5000元、美元1000元予以没收；同力牌KF—25G分体式空调器1台，发还北京市同力制冷设备公司。

李效时不服一审判决，上诉至北京市高级人民法院，经北京市高级人民法院审理，于1994年4月11日裁定驳回上诉，维持原判。

（最高人民检察院贪污贿赂检察厅
霍亚鹏）

沈太福、孙继红贪污、行贿案

被告人沈太福，男，39岁，汉族，原系北京市长城机电科技产业公司总裁。

被告人孙继红（沈太福之妻），40岁，

汉族，原系北京市长城机电科技产业公司副总裁兼财务部部长。

沈太福、孙继红贪污案由北京市人民检察院立案侦查，于1993年9月18日移交北京市人民检察院分院审查起诉。北京市人民检察院分院经审查，于1994年2月21日向北京市中级人民法院提起公诉。北京市中级人民法院经公开审理查明：

一、沈太福、孙继红在分别担任北京长城公司总裁、副总裁兼财务部部长期间，沈太福于1993年3月2日以借电机款的名义，填写了人民币100万元的借款单1张，指使孙继红从该公司集资部提取集资款现金人民币100万元。后孙继红以自己的名字将该款分别存入银行。为了销毁罪证，孙继红令财务部会计将沈太福个人借款的记帐凭证销毁，重新填写了付深圳太福公司电机款的记帐凭证下帐。从而，沈、孙将北京长城公司的集资款人民币100万元占为己有。

二、1993年2月，沈太福指使深圳太福公司总裁尤成顺等人，开具该公司同年1、2月份销售机电产品20500万元的虚假发票，并向国家税务机关谎报上述销售额。2月21日和23日，沈太福以借取专利提成费为名，先后填写了2张各100万元的科目为专利费的借款单，沈太福用其中的1张从深圳太福公司支取现金100万元。沈将其中的40万元交给孙继红，孙继红以自己的名字存入北京长城公司集资部（案发后全部追回）；另60万元沈给了张某某等人（已追回48.2万元）。3月，沈指使尤成顺拟定了沈个人可按销售额的10%提取专利提成费的董事会决议，并把日期倒签为1月4日。沈太福又将另100万元的借款单交尤成顺为其提出现金。沈太福被羁押后，尤成顺等人决定用此款为沈太福交纳了个人收入调节税32万元，另68万元冲抵了沈在深圳太福公司的部分个人借款。

三、1989年至1993年3月，沈太福在北京长城公司及其下属公司进行非法集资等活动期间，先后向国家科学技术委员会副主任李效时等20余名国家工作人员（均另行处理）行贿钱、物，共计价值人民币255791.9元。

沈太福、孙继红身为集体经济组织负责人，利用职务之便，共同或单独采取欺骗等手段，侵吞公款，其行为侵犯了集体财产的所有权，已构成贪污罪，且数额特别巨大，情节特别严重，均应依法严惩。沈太福为北京长城公司谋取不正当利益，向国家工作人员大肆行贿，情节严重，其行为侵犯了国家机关的正常活动，依法应以行贿罪追究其刑事责任。孙继红在共同犯罪中起次要作用，是本案从犯，在案发前，主动交回其参与共同贪污的全部赃款，应依法比照主犯对孙继红从轻处罚。

1994年3月4日，北京市中级人民法院依法判决：

被告人沈太福犯贪污罪，判处死刑，剥夺政治权利终身，没收个人全部财产；犯行贿罪，判处有期徒刑四年；决定执行死刑，剥夺政治权利终身，并处没收个人全部财产。

被告人孙继红犯贪污罪，判处有期徒刑十五年，剥夺政治权利三年。

二被告人不服一审判决上诉至北京市高级人民法院。北京市高级人民法院于1994年4月4日裁定：驳回上诉，维持原判。经最高人民法院1994年4月8日核准，沈太福被处决。

（最高人民检察院刑事检察厅
赵忠实）

阎健宏贪污、挪用公款、投机倒把、受贿案

被告人阎健宏，女，61岁，河南省开封市人，原系贵州省政协常委、贵州省信托投资公司董事长。

被告人阎健宏贪污、挪用公款、投机倒把、受贿一案，由贵州省人民检察院立案侦查，侦查终结后，移交贵阳市人民检察院审查起诉。经审查查明：

一、1992年6月，贵州侨谊实业总公司（以下简称侨谊公司）经理黄某某向被告人阎健宏提出在贵州省国际信托投资公司（以下简称贵信公司）贷款500万元人民币。被告人阎健宏提出，贷款除按约收取利息和收益外，要侨谊公司再付40万元人民币用作购买宝马汽车款。6月6日侨谊公司与贵信公司以“经济联合合同”的形式签订了合同，期限为5个月，利息为人民币22.5万元，收益为人民币20万元，合同之外，另支付40万元人民币给贵信公司。11月20日，侨谊公司将500万元人民币本金归还贵信公司，并于12月4日将贷款利息收益及另付的40万元共计人民币82.5万元汇入贵信公司。

1992年6月，香港东永实业有限公司（以下简称东永公司）程某某以挂靠贵信公司为由，向被告人阎健宏提出办理赴港单程证。阎健宏给程办理了赴港单程证后，于6月20日向程某某提出，其子刘博要在美国买房子，向程借15万美元，并提供了刘博在美国的帐号。6月24日，程从香港将15万美元分三笔汇至美国刘博处。

1992年12月5日，被告人阎健宏指使贵信公司会计张某将侨谊公司多付给贵信公司的40万元人民币直接抵扣程某某所欠贵信公司的贷款101.97万元人民币中的一部分，作为刘博偿还程某某15万美元的部分债务。将40万元人民币占为己有。

二、1992年12月28日，贵信公司副总经理宋立权（另案处理）经被告人阎健宏同意到海口市签订了贵信公司与海南世通房地产开发有限公司（以下简称世通公司）借款合同。其间，宋立权向世通公司总经理高天国（另案处理）提出要10万元人民币给贵信公司职工发奖金。高天国于1993年1月2日将10万元人民币交给宋立权。同日下午，宋立权和贵信职工张某某返回贵阳后，将10万元人民币现金交给了阎健宏。1993年1月5日，被告人阎健宏将宋立权上述10万元人民币再加上其他款项2.5万元人民币以化名“王艺民”存入贵信公司营业部。2月5日，阎健宏将该款交给广东湛江市霞山区燃料公司经理吴某某兑换成外汇后，将其中的8万美元汇给了阎健宏之子刘博，至今未还。

三、1993年3月下旬，被告人阎健宏以高天国要借款为由，向宋立权索要10万元人民币。4月12日，通达公司会计彭某某根据宋立权的安排从通达公司提取人民币10万元，交给了阎健宏。阎健宏将10万元人民币占为已有。

四、1993年5月，侨谊公司在向建设银行贵州省分行贷款100万美元和向中国租赁公司贷款170万美元时，找贵信公司作担保。贵信公司按被告人阎健宏的旨意收取了担保费1.85万美元。5月24日，宋立权以“阎董事长归还境外借款”为由取走该款，将其中的1.43万美元交给了被告人阎健宏。1993年9月，被告人阎健宏让高天国为其出具“收到贵信公司1.43万美元”假收据1张，将收据上的时间提前到7月2日。同时，被告人阎健宏也给高天国

出具了“借高天国17万港币”的假借据1张，将借据时间提前到1993年3月10日，随后，被告人阎健宏把高天国的假收据交会计作帐，将1.43万美元占为己有。

五、1993年6月，世通公司向中国投资银行北京市分行拆借人民币500万元，要贵信公司为其担保。被告人阎健宏同意并按1%收取担保费。同时叫高玉成（贵信公司信贷部经理，另案处理）办理担保事宜。7月3日晚，办完了担保手续。7月5日，高天国将5万美元担保费送到被告人阎健宏在北京的家中。被告人阎健宏将此款占为己有。

六、1992年12月28日，宋立权经阎健宏批准自带信汇2000万元到海口市，与世通公司签订了一份借款合同，合同约定月息为12‰，期限三个月。合同之外，双方口头约定由世通公司另付人民币150万元包干利润。1993年3月28日，合同到期后，双方又签订了延期三个月的借款合同及协议，由世通公司再付给贵信公司包干利润150万元人民币。6月3日，高天国将150万元人民币的包干利润和两期利息计136万元人民币共计286万元汇入海南贵信实业公司帐户。6月4日，被告人阎健宏和宋立权、高玉成商议，把收到的286万元人民币中的276万元转汇给海南北龙投资有限公司（以下简称北龙公司），其中的136万元人民币作为贵信拆借给湖北省建始县工商银行的贷款，140万元借给北龙公司孙泉波使用。剩余10万元留在海南贵信实业公司帐上。9月15日，被告人阎健宏与宋立权、高玉成、高天国等人共谋，由被告人阎健宏提出将高天国所借2000万元的包干利润两个150万元人民币免除。四人将世通公司申请免除的报告时间提前到1993年4月8日，由高玉成、宋立权签署同意免除的意见，也将签字时间提前到5月3日和5月4日。至此，高天国已付给贵信的150万元人民币包干利润脱离贵信。与此同时，由高玉成给北龙公司孙泉波打电话，安排孙泉波和高天国签订140万元人民币的借贷合同。孙泉波按高玉成的要求给高天国出具了借据。同时，高天国按孙泉波的要求出具了“这张借据凭证在任何时候都不生效”的证明，双方将借据时间提前到6月3日。11月12日，高玉成将留在海南贵信实业公司帐上的10万元人民币汇到世通公司。1993年底，高玉成在向贵信汇报资金情况时，只提及136万元人民币，隐瞒了150万元人民币。至此，被告人阎健宏和宋立权、高玉成隐匿、转移150万元人民币的行为全部完成，贵信公司的公款150万元人民币为阎健宏、宋立权、高玉成所支配。

七、1992年8月，香港东永公司程某某来贵信公司换取30万美元外汇，并约定接1∶7.25的比价折合人民币217.5万元借给被告人阎健宏之子刘博与吴某某，购买三星债券。在此期间，程某某因购买房屋，需交购房定金200.64万元。程提出要刘博卖掉债券偿还借款。刘博以债券要增值为由，要程找阎健宏想办法解决。9月15日，被告人阎健宏叫贵信公司会计人员为香港东永公司代付了购房款人民币200.64万元。12月21日、28日，被告人阎健宏用吴某某从湛江汇来的卖三星债券的140万元和从黔磷组合公司帐上划来的60.64万元人民币抵还了挪用的200.64万元人民币。

八、1993年6月19日，被告人阎健宏叫贵信公司国际业务部经理苗某某拟写因购宝马小轿车需支付美元的报告。经阎健宏签字同意后，由苗某某从贵信公司国际业务部提取4万美元现金交给了阎健宏。6月26日，被告人阎健宏等人到北京，苗某某按阎健宏的旨意将另携带送礼的1万美元现金交给了阎，由阎送给华能公司王某某，王拒收。7月5日，被告人阎健宏在北京家中将上述5万美元现金，加上其他款项以刘博的名义，借给了世通公司高天国。9月13日，被告人阎健宏指使高玉成拟写贷款5万美元给北海办事处王某的假合同。同时，阎健宏又打电话给世通公司高天国，要高作伪证，证明以上借款情况，并要求高天国以代北海办事处还款为由，汇5万美元到贵信公司帐上。1993年10月4日，高天国照此办理，偿还了阎健宏挪用的5万美元公款。

1992年7月，被告人阎健宏在云南参加"五省七方"会议期间结识了港商陈宝聘（另案处理），即与陈商议在云南做卷烟生意，由陈宝聘向阎健宏提供一封山东省某地级烟草公司的介绍信。被告人阎健宏持此介绍信找到中共云南省委某领导，要其在介绍信上批示，请玉溪卷烟厂解决购烟事宜。被告人阎健宏得此批条后即交给陈宝聘。陈宝聘、田某某持此批条到玉溪卷烟厂批到1000件"红塔山"香烟供应指标后，转手倒卖牟利80余万元人民币。陈宝聘将其中的40万元人民币交给田某某带回贵阳，由田某某分两次汇入被告人阎健宏指定的帐户。至此，被告人阎健宏从中牟利40万元。

九、1992年10月，被告人阎健宏结识了深圳新王朝酒店副董事长、外商股东金凯利。阎健宏任命金凯利为贵信公司驻深圳代表处主任，并同意给金凯利贷款、拆借7000万元人民币。金凯利得到上述款项后，为表示感谢，邀请被告人阎健宏到香港游玩。1993年1月中旬，被告人阎健宏与其子刘博到香港，除一切费用均由金凯利支付外，被告人阎健宏还收受金凯利贿赂的港币1万元以及先锋牌CLD—1750型影碟机1台，"中华卡拉OK大家唱"影碟8张，男式皮猎装1件，女式羊绒大衣1件等物品，价值人民币1.7万余元。

贵阳市人民检察院认为，被告人阎健宏利用担任贵州省国际信托投资公司董事长的职务便利，采取收款不入帐、公款充抵私人债务、公款私存、转移隐匿等手段，直接侵吞公款人民币65万元、美元1.43万元，伙同他人共同贪污人民币150万元；挪用公款200.64万元和5万美元给他人使用；伙同他人倒卖香烟指标，个人从中牟利40万元人民币；利用职务之便收受他人贿赂港币1万元及价值人民币1.7万余元的衣物、物品，其行为已构成贪污罪、挪用公款罪、投机倒把罪、受贿罪。1994年11月26日，贵阳市人民检察院依法对阎健宏提起公诉。

贵阳市中级人民法院于1994年12月10日、11日进行公开审理后作出判决：

一、被告人阎健宏犯贪污罪，判处死刑，剥夺政治权利终身；犯挪用公款罪，判处有期徒刑十四年，剥夺政治权利四年；犯投机倒把罪，判处有期徒刑十二年，剥夺政治权利三年；犯受贿罪，判处有期徒刑八年；决定执行死刑，剥夺政治权利终身。

二、随案移送的赃款人民币151万元及利息13.058万元、美元1.43万元、港币1万元依法予以没收，上缴国库。

三、随案移送的赃物宝马730i型小轿车1辆，先锋牌CLD—1750型影碟机1台、"中华卡拉OK大家唱"影碟8张、男式皮猎装1件、女式羊绒大衣1件，依法予以没收。

被告人阎健宏不服一审判决，向贵州省高级人民法院提出上诉。贵州省高级人民法院经审查于1995年1月3日作出裁定：驳回上诉，维持原判。

经最高人民法院1995年1月14日核

准，阎健宏被处决。

（最高人民检察院刑事检察厅
聂建华）

郭政民受贿案

被告人郭政民，男，51岁，河北省灵寿县人。原系贵州省公安厅厅长，省武警总队第一政委。

被告人郭政民受贿一案，经贵州省人民检察院侦查终结后，于1994年5月19日移交贵阳市人民检察院审查起诉，经审查查明：

1992年9月，被告人郭政民经他人介绍认识了外商金凯利（另案处理）。郭政民应金凯利的要求，在贵州为金凯利之妻及其生意合伙人异地办理了二份《前往港澳通行证》。1992年12月4日，郭政民将办好的二份《前往港澳通行证》交给了金凯利，于当晚在贵州丽晶公司二楼丽宫厅收受金凯利送的人民币3万元。此后，郭政民应金凯利的要求，继续为其谋取非法利益，并于1993年3月20日和5月17日两次收受金凯利送的人民币共计14万元。1993年12月3日，郭政民为掩盖其受贿事实，将13万元赃款以公安业务经费为名交给他人使用，并指使领款人将领款时间倒签为1993年3月26日。案发后，17万元赃款分别在贵阳、北京被查获追缴。

贵阳市人民检察院于1994年5月20日，对被告人郭政民以受贿罪向贵阳市中级人民法院提起公诉。贵阳市中级人民法院经审理于1994年9月5日作出判决：被告人郭政民犯受贿罪，判处死刑，剥夺政治权利终身。郭政民不服一审判决，上诉至贵州省高级人民法院。贵州省高级人民法院经审理认为，原审判决认定被告人郭政民犯罪事实清楚，证据确实、充分，定罪准确，审判程序合法。郭政民收受贿赂数额特别巨大，情节特别严重，一审判处其死刑，剥夺政治权利终身是适当的。但在二审期间，发现郭政民检举揭发他人犯罪，有重大立功表现。据此，贵州省高级人民法院于1995年7月9日改判被告人郭政民死刑，缓期二年执行，剥夺政治权利终身。

（最高人民检察院刑事检察厅
王小新）

郭子文、邹燕飞受贿、投机倒把案

被告人郭子文，男，52岁，山西省山阴县人。原系中国煤炭销售运输总公司经理（正厅级）。

被告人邹燕飞（郭子文之女婿），男，28岁，湖南省祁东县人。原系中国对外贸易运输总公司北京海通商贸服务中心经理。

郭子文、邹燕飞受贿、投机倒把一案，由北京市东城区人民检察院立案侦查。侦查终结后，依照《刑事诉讼法》第十五条之规定，于1994年2月15日移送北京市人民检察院分院审查起诉。经审查查明：

1993年4月至6月，被告人郭子文先后五次批准中国煤炭销售运输总公司（以下简称中煤公司）借款给江苏省连云港振海煤矿机械设备供应公司，共计人民币3410万元。此后，郭子文在办公室和家中先后两次收受该公司经理李永纪（另案处理）的贿赂款人民币6万元。案发后，郭子文批准借出之款尚有417万余元未能归还。

1993年5月至7月，被告人郭子文将

中煤公司 212 万美元留成额度，分两次调剂给北京瑞得实业公司。郭子文在办公室向端得实业公司索要人民币 10 万元。随后又在家中收受瑞得实业公司的贿赂款人民币 20 万元。郭子文将上述赃款分别交给其子女存入银行。

1993 年 5 月，被告人郭子文将中煤公司人民币 500 万元存入中国新技术创业投资公司大连办事处。之后，郭子文在办公室收受该办事处的贿赂款人民币 5 万元。

1993 年 5 月至 6 月，被告人郭子文将中煤公司人民币 2500 万元分三次转存入北京市海淀区中关村城市信用社。其间，郭子文在办公室收受该社以他人名字开户的人民币 5 万元半年定期存款单 1 张。

1993 年 6 月至 7 月，被告人郭子文将中煤公司人民币 10 万元赞助给“93 中国企业文化节”组委会。之后，郭子文在办公室和人民大会堂先后收受该组委会给予的“回扣”人民币 8000 元。当郭子文得知检察机关对上述事实进行调查时，于 9 月中旬将 8000 元赃款退还。

综上，被告人郭子文利用职务之便，索要和收受贿赂款共计人民币 46.8 万元。案发后，上述赃款已全部被查获。

1993 年 5 月，被告人郭子文经被告人邹燕飞提供信息，得知中化国际化工品有限公司急需购买美元额度，且 1 美元额度可卖到人民币 3.50 元至 3.70 元。郭子文表示可将中煤公司的 200 万美元留成额度调剂给该公司，每 1 美元额度只收人民币 3.20 元，并让邹燕飞出面交易。邹燕飞以每 1 美元额度人民币 3.70 元的价格，将中煤公司的 200 万美元额度出售给中化国际化工有限公司，获销售款人民币 749 万元，其中支票 739 万元，现金 10 万元。5 月 28 日，邹燕飞将人民币 739 万元存入郭子文个人建立的帐户内。6 月 3 日，邹燕飞从此帐户内提出人民币 620 万元支票 1 张及 20 万元现金，交付给了中煤公司。郭子文、邹燕飞非法获取人民币 109 万元，存入邹燕飞私设的帐户。此款案发后被追缴。

北京市人民检察院分院认为，被告人郭子文利用职务之便，单独或伙同他人索要、收受贿赂，数额特别巨大，情节特别严重；被告人邹燕飞伙同他人索取、收受贿赂，数额特别巨大，情节特别严重，二被告人的行为触犯了《中华人民共和国刑法》第一百八十五条及《全国人大常委会关于惩治贪污罪贿赂罪的补充规定》第四条、第五条之规定，均已构成受贿罪。

1994 年 3 月 4 日，北京市人民检察院分院对被告人郭子文、邹燕飞以受贿罪向北京市中级人民法院提起公诉。

北京市中级人民法院经公开审理后认为，被告人郭子文身为国家工作人员，利用其职务上的便利，在经营活动中索取或收受贿赂 46.8 万元人民币，其行为已构成受贿罪，且受贿数额特别巨大，情节特别严重，使国家利益遭受重大损失；伙同邹燕飞违反国家外汇管理法规，私自加价买卖外汇额度，牟取暴利，中饱私囊达 109 万元，严重扰乱国家外汇管理秩序，二被告人均已构成投机倒把罪，且非法经营额、获利额均特别巨大，情节特别严重。1994 年 6 月 7 日，北京市中级人民法院依法判决：

被告人郭子文犯受贿罪，判处死刑，剥夺政治权利终身，没收个人全部财产；犯投机倒把罪，判处死刑，剥夺政治权利终身；决定执行死刑，剥夺政治权利终身，没收个人全部财产。

被告人邹燕飞犯投机倒把罪，判处死刑，缓期二年执行，剥夺政治权利终身，没收个人全部财产。

随案移送的赃款人民币 193.6 万元予以没收，其他扣押款、财物继续追缴予以没收。

被告人郭子文、邹燕飞均不服一审判决，上诉至北京市高级人民法院。

北京市高级人民法院经审理于1994年6月22日作出裁定：驳回上诉，维持原判。并依法报请最高人民法院复核。

最高人民法院于1994年6月29日，核准北京市高级人民法院的刑事裁定。1994年7月4日，被告人郭子文被处决。

（最高人民检察院刑事检察厅

王小新）

李善有受贿、诬告陷害案

被告人李善有，男，54岁，原系海南省人民政府副秘书长。

李善有贪污、诬告陷害案，于1993年7月9日由海南省人民检察院立案侦查，1993年10月5日侦查终结。1994年5月16日，海口市人民检察院向海口市中级人民法院提起公诉。起诉书认定李善有犯罪事实如下：

1991年，被告人李善有任海南省政府副秘书长期间，向原海南新能源股份有限公司总裁陈宇光（另案处理）提出购买2万股的股票，并提供一张身份证复印件。1993年3月，李善有兼任海南省证券委员会副主任后，在《关于海南新能源股份有限公司债转股及资扩股的批复》上签署了审批意见并报省证券委员会审定。陈宇光为了感谢李善有，对李说，你要的2万股新能源股票已按每股19元价格卖出，要李去领款。李善有于同年5月26日带徐某到陈宇光之弟陈宇安处，由徐某填写了股票卖出委托单，领取了以马月波的户名存入海口市工商银行金山储蓄所存款额38万元人民币的活期存折，随即徐将存折交给了李善有。

1992年11月，被告人李善有利用职务之便，为谢强帮忙购买了海南省航空公司10万元职工内部股股票。谢强为感谢李善有，送给李以张艳的名字登记的2万元职工内部股股金收据。不久，航空公司股票在黑市炒卖价格上涨，谢又于1993年3月9日，将以李善有的女儿李威户名存入海口科技城市信用社的5万元人民币活期存折送给李。

1993年5月，被告人李善有结识了海南南洋船务实业股份有限公司（以下简称南洋公司）总经理唐某及证券部经理宋某。唐、宋请李在南洋公司股票上市问题上给予帮助，李善有表示南洋公司的行业是符合国家产业政策的，该公司股票上市是没有问题的。为取得李善有的支持，经唐某同意，宋某在同年5月的一天，将4万元南洋公司股金收据送给李善有。

1993年5月，海南南希实业有限公司总经理常某请求当时兼任省证券委员会副主任的李善有为南希公司股票上市帮忙。随后，李善有接受了常某送给的健身器1台（价值港币1151元），以及2万元南希公司股金收据。

1992年7月，被告人李善有为了诬陷原海南省政府主要领导，唆使其同乡刘刚、情妇章某写信，诬告省政府主要领导有男女作风问题，并使某女青年怀孕堕胎。“揭发”材料均经李善有转交省委、中纪委。当原省委主要领导二次提出要见揭发人时，李善有便与章某策划，让章的女婿贺某冒充黑龙江餐厅的老板，女青年刘某冒充该餐厅服务员，先后二次向原省委主要领导和中纪委调查组作了伪证。

1994年8月24日，海口市中级人民法院审理比案。认为：被告人李善有在任海南省副秘书长兼任省证券委员会副主任、省股份制改革领导小组副组长期间，利用职务之便，为他人谋取利益，非法收受人民币43万元、股票8万元，健身器1台(价值港币1151元)，构成受贿罪。且受贿数额巨大，情节特别严重，论罪该判处死刑。但其归案后能主动坦白交代政法机关尚未掌握的受贿犯罪事实，并全部退清赃款，具备从轻处罚条件；李善有为了诬陷省政府主要领导，唆使他人捏造犯罪事实进行诬陷，构成诬告陷害罪。依照《中华人民共和国刑法》第一百八十五条第一款、第一百三十八条第一款、第一百四十三条第一款、第六十四条、第五十三条第一款及全国人大常委会《关于惩治贪污罪贿赂罪的补充规定》第四条、第五条第一款、第二条第（1）项、第十二条的规定，判决被告人李善有犯受贿罪，判处死刑，缓期二年执行，剥夺政治权利终身；犯诬告陷害罪，判处有期徒刑三年；决定执行死刑，缓期二年执行，剥夺政治权利终身。此案已经海南省高级人民法院核准。

（最高人民检察院贪污贿赂检察厅

霍亚鹏）

山东乳山市商业局走私、行贿及刘起山等人走私、受贿、行贿、徇私舞弊案

被告人山东省乳山市商业局；法定代表人孙龙熙，现任乳山市商业局局长；委托代理人曲延安，乳山市商业局纪委书记。

被告人刘起山，男，49岁，山东省海阳县人，原系乳山市商业局局长。

被告人范占武，男，41岁，山东省昌邑县人，原系威海市公安局边防保卫分局政委。

被告人刘宁，男，38岁，山东省乳山市人，原系威海市公安局边防保卫分局业务处副处长。

被告人王建智，男，47岁，山东省文登市人，原系乳山市市委书记。

被告人孙锡平，男，44岁，山东省乳山市人，原系乳山市公安局副局长。

被告人王雪峰，男，38岁，山东省荣成市人，原系乳山市边防大队政治教导员。

被告人颜世礼，男，40岁，山东省荣成市人，原系威海市公安局边防保卫分局业务处处长。

被告人王卫东，男，41岁，山东省海阳县人，原系威海市公安局边防保卫分局副参谋长。

被告人邱国建，男，39岁，福建省石狮市人，原系石狮市祥芝镇东埔一村村民。

被告人姜海，男，31岁，山东省乳山市人，原系乳山市商业局职工。

被告人乳山市商业局走私、行贿案及被告人王起山、范占武等走私、受贿、行贿、徇私舞弊案由威海市公安局侦查终结，移送威海市人民检察院审查起诉。经审查，查明犯罪事实如下：

被告人刘起山在1992年10月任乳山市商业局局长期间，结识了被告人范占武、刘宁、颜世礼等人。之后，刘起山为使乳山市商业局系统走私便利，多次向范占武、刘宁等人行贿并宴请。对此，范占武、刘宁等人允诺对乳山市商业系统的走私给予方便。1993年7月上旬，被告人范占武为了使本单位能以罚款的形式从其他单位的走私活动中获取非法利益，并使走私活动合法化，伙同刘宁制定了《关于走私单位按规定主动投案自首问题的紧急通知》。“通知”规定，单位走私只能向威海市边防分局“投案自首”，走私物品在保本的原则下作罚款处理。范占武、刘宁在该“通知”下发前，先后将“通知”内容透露给

了刘起山。刘起山遂与商业局副局长李乃明（现在逃）等人积极与福建、香港走私分子联系走私香烟事宜。7月16日，被告人邱国建受香港走私分子的指派到达乳山，使用乳山市商业局下属单位私设的电台与海上的走私船取得联系后，告知李乃明装载香烟的走私船已在海上，要求派员出海接船。刘起山得知后，即与范占武商量走私一批香烟。范占武告诉刘起山“硬上”不行，要其按照“通知”的规定到边防保卫分局办理“投案自首”手续。刘起山答应派人投案，同时要求范占武派员到海上将走私船“押回”并与海关交涉。范占武同意并表示让被告人颜世礼与海关交涉。随后，刘起山派李乃明持乳山市城市信用社出具的假汇款凭证到威海市公安局边防保卫分局刘宁处办理“投案自首”手续。刘宁告诉李乃明办理“投案自首”手续要有汇款存根或复印件。7月17日上午，刘起山、李乃明派被告人姜海持变造的汇票存根复印件再次找到刘宁办理了“投案自首”手续。接着，被告人刘宁建议范占武立即派兵出海接船，范占武遂指派被告人王卫东带领三人持四支冲锋枪到乳山市接运走私船。王卫东等人到乳山后，刘起山以辛苦费为名交给王卫东人民币5000元，并要求少报走私香烟的数量。刘起山还与被告人孙锡平联系，要求派人到码头为卸售走私香烟“维持秩序”。7月18日下午，王卫东、姜海等人乘被告人王雪峰按照刘起山的要求租用的渔船在海上与走私船会合。王卫东等人登船后根据航海日记和货运单，得知该船共运载将军、希尔顿等四种牌号的走私香烟9900余箱，经与同行的接船人员商议，决定谎报走私香烟数额为3000至4000箱，并将收受的5000元人民币分给其他随行接船人员2000元。7月19日上午，刘起山得知走私船下午到港，即组织人员到港卸货销售，并与乳山市公安局局长刘同晓（在逃）和孙锡平联系要求派员到码头“维持秩序”。下午3时许，走私船停靠乳山口港码头，孙锡平、王雪峰带领20余名武装干警，分乘三辆警车到码头“维持秩序”。威海市海关人员获悉走私船靠港即赶到现场，执行缉私公务。王卫东即刻报告了范占武。范占武经与海关交涉，致使海关人员撤离现场。王卫东将走私船所载走私烟的实际数量告诉了刘起山，并与刘商定只谎报走私香烟3000箱。下午4时许，青岛海关缉私艇赶到乳山口港码头制止卸烟，范占武再次出面阻止海关执行缉私公务。海关人员为防止发生冲突，经与范占武等人交涉商定：不准卸烟，走私船不准离开码头，派人监管。而后于7月21日撤离。海关人员撤离后，负责监管走私船的王雪峰立即打电话通知了刘起山。刘起山立即组织人员，在孙锡平等人的保护下将走私香烟卸售一空。其间，颜世礼接到上级不准卸烟的指示，但仍同意刘起山等人将走私香烟全部卸完。同时，颜世礼明知走私香烟的数量超过3000箱，却仍按刘起山的意图只封存了3000箱，致使其余走私香烟全部销售。乳山市商业局此次共走私香烟9953箱，走私价额人民币22082820元。

乳山市商业局走私香烟事件暴露后，为了对付有关部门的调查，被告人颜世礼、王雪峰等人根据范占武的授意，编造了一个乳山市商业局走私香烟3000箱以及由他们几人决定卸烟的假证明材料，以掩饰、减轻乳山市商业局走私香烟的事实和责任。7月20日，被告人王建智听取了刘起山对此次走私香烟活动的汇报。他在明知乳山市商业局走私香烟的全部真实情况后，仍支持刘起山等人谎报少报走私香烟的真实数量，并一再对刘起山说：“报3000

箱走私香烟就要有报3000箱的理由，保护自己就要有保护自己的办法。”当刘起山被羁押后，王建智授意范占武等人承担卸售走私香烟的责任，并指使范占武到看守所通知刘起山及其他知情人员和责任人员，统一口径，掩盖事实真相。

被告人刘起山自1992年12月至1993年6月，先后3次指使并参与乳山市商业局下属人民商场、酿造厂等单位走私香烟13800余箱，走私价额人民币2700余万元；1993年3月至7月，先后5次用公款向范占武、刘宁、颜世礼等人行贿现金及物品折价共计人民币41230.55元；1993年2月至7月，先后8次收受乳山市商业局下属单位及个人贿赂的人民币3.2万元以及电视机、空调机、照相机、落地音响等物品，其收受现金及物品折款共计人民币62127.5元。

被告人范占武自1992年11月至1993年6月，利用职务之便，先后多次接受乳山市商业局等走私单位及个人贿赂的人民币114600元，美金1000元及电视机、空调机、摄像机、金首饰等物品，其收受现金及物品折款共计人民币154064.35元。

被告人刘宁伙同颜世礼于1993年4月购买3辆走私轿车进行贩卖，走私轿车价值人民币13.5万元，刘宁获违法所得2.5万元。1993年3月至6月，刘宁多次收受乳山市商业局等走私单位及个人贿赂的人民币233500元及摩托车、空调机、电视机、金首饰等物品，其收受现金及物品折款共计人民币258087.6元。

被告人王建智自1990年5月至1993年6月，利用职务之便先后多次接受有关单位及个人贿赂的人民币136790元，美金6000元及摄像机、电视机、摩托车、金首饰等物品，其收受现金及物品折款共计人民币221319元。

被告人孙锡平自1992年至1993年6月，利用职务之便多次为走私单位提供便利，从中接受走私单位和走私分子贿赂的人民币6.32万元及电视机、金首饰等物品，其收受现金及物品折款共计人民币76968.9元。

被告人王雪峰自1993年1月至6月，先后4次购买6辆走私旧轿车进行贩卖，走私轿车价值人民币56万余元，获违法所得9.5万元；利用职务之便，多次为有关单位走私提供方便，从中接受走私单位贿赂的人民币2.64万元。

被告人颜世礼于1993年4、5月份，伙同刘宁等人购买5辆走私旧轿车进行贩卖，走私轿车价值人民币28万元，颜世礼获违法所得7.5万元。1993年3月至7月，颜世礼利用职务之便收受乳山市商业局等走私单位及个人贿赂的人民币8500元及摩托车、金首饰等物品，其收受现金及物品折款共计人民币3.62万余元。

被告人邱国建于1993年3月至5月，受福建走私分子的雇佣，先后4次为乳山市商业局等单位的走私活动进行通讯联络。

山东省威海市人民检察院认为，被告人乳山市商业局利用被告人范占武、刘宁等人非法制定的关于走私单位“投案自首”的违法通知，采取假投案，利用范占武、刘宁等人提供武装掩护等手段走私香烟，数额特别巨大，并为了走私方便多次向他人行贿，其行为已分别构成走私罪、行贿罪；被告人刘起山系乳山市商业局及其下属单位走私香烟和行贿的直接负责的主管人员，组织策划、指挥走私，并以假投案自首掩饰走私行为，同时要求范占武、刘宁、孙锡平等人为乳山市商业局走私香烟提供武装掩护，为谋取不正当利益，多次向范占武、刘宁等人行贿，并利用职务之便收受贿赂，其行为已分别构成走私罪、行贿罪、受贿罪，系乳山市商业局走私香烟犯罪活动的主犯，且走私、受贿数额特别巨大，情节特别严重；被告人范占武为谋取非法利益，主持炮制了《关于走私单位按规定主动投案自首问题的紧急通知》，积极参与乳山市商业局走私香烟的犯罪活动，并指派武装人员进行武装掩护，案发后又一再隐瞒、掩饰犯罪事实，系本案直接负责的主管人员，同时还利用职务之便收受贿赂，其行为已分别构成走私罪、受贿罪，系乳山市商业局走私香烟犯罪活动的主犯，且走私、受贿数额特别巨大，情节特别严重；被告人刘宁积极参与乳山市商业局走私香烟的犯罪活动，并鼓动范占武派兵进行武装掩护，系本案的直接责任人员，同时还伙同颜世礼收购贩卖走私汽车，并利用职务之便收受和索取贿赂，其行为已分别构成走私罪、受贿罪，且受贿数额特别巨大，情节特别严重；被告人王建智在乳山市商业局走私活动案发后，明知其事实真相，却一再为其出谋划策，隐瞒、掩盖，包庇乳山市商业局的走私犯罪行为，并利用职务之便收受贿赂，其行为已分别构成徇私舞弊罪、受贿罪，且受贿数额特别巨大，情节特别严重；被告人孙锡平为乳山市商业局卸售、运输走私香烟进行武装掩护，系本案的直接责任人员，同时还利用职务之便，多次掩护走私单位卸售走私货物，收受走私单位贿赂，其行为已分别构成走私罪、受贿罪，且受贿数额特别巨大，情节特别严重；被告人王雪峰在乳山市商业局进行的走私香烟犯罪活动中，放弃监管职责，任凭乳山市商业局卸售走私香烟，事后又参与编造假材料，掩饰乳山市商业局的走私犯罪事实，同时还收购贩卖走私汽车，非法获利，数额特别巨大，并利用职务之便收受贿赂，数额巨大，其行为已分别构成徇私舞弊罪、走私罪、受贿罪；被告人颜世礼在乳山市商业局进行的走私香烟犯罪活动中，放弃职守，纵容乳山市商业局卸售走私香烟，事后又编造假材料掩饰乳山市商业局的走私犯罪事实，并伙同他人收购贩卖走私汽车，从中获利，利用职务之便收受、索取走私单位贿赂，数额巨大，其行为已分别构成徇私舞弊罪、走私罪、受贿罪；被告人王卫东积极参与乳山市商业局走私香烟的犯罪活动，接受走私分子贿赂，带领武装人员接运走私船，并利用职务之便隐瞒走私货物数量，致使大部分走私香烟未被查封而销售，是本案的直接责任人员，其行为已分别构成走私罪、受贿罪；被告人邱国建受走私分子的雇佣，为乳山市商业局走私香烟及其他单位的数次走私活动进行通讯联系，其行为已构成走私罪；被告人姜海积极参与乳山市商业局走私香烟的犯罪活动，是本案的直接责任人员，其行为已构成走私罪。威海市人民检察院于1993年11月27日将该案向威海市中级人民法院提起公诉。

威海市中级人民法院经公开审理，于1994年2月8日作出判决：

被告人乳山市商业局犯走私罪，判处罚金10万元；犯行贿罪判处罚金1万元；决定执行罚金10万元。

被告人刘起山犯走私罪，判处死刑，剥夺政治权利终身；犯受贿罪，判处无期徒刑，剥夺政治权利终身；犯行贿罪，判处有期徒刑三年；决定执行死刑，剥夺政治权利终身。

被告人范占武犯走私罪，判处死刑，剥夺政治权利终身；犯受贿罪，判处死刑，剥夺政治权利终身；决定执行死刑，剥夺政治权利终身。

被告人刘宁犯走私罪，判处无期徒刑，剥夺政治权利终身；犯受贿罪，判处死刑，剥夺政治权利终身；决定执行死刑，剥夺政治权利终身。

被告人王建智犯徇私舞弊罪，判处有期徒刑三年；犯受贿罪，判处死刑，缓期二年执行，剥夺政治权利终身；决定执行死刑，缓期二年执行，剥夺政治权利终身。

被告人孙锡平犯走私罪，判处有期徒刑十五年；犯受贿罪，判处无期徒刑，剥夺政治权利终身；决定执行无期徒刑，剥夺政治权利终身。

被告人王雪峰犯走私罪，判处有期徒刑十五年，剥夺政治权利五年；犯徇私舞弊罪，判处有期徒刑三年；犯受贿罪，判处有期徒刑八年；决定执行有期徒刑二十年，剥夺政治权利五年。

被告人颜世礼犯徇私舞弊罪，判处有期徒刑三年；犯走私罪，判处有期徒刑十五年，剥夺政治权利三年；犯受贿罪，判处有期徒刑十五年；决定执行有期徒刑二十年，剥夺政治权利三年。

被告人王卫东犯受贿罪，判处有期徒刑一年；犯走私罪，判处有期徒刑五年；决定执行有期徒刑五年。

被告人邱国建犯走私罪，判处有期徒刑五年。

被告人姜海犯走私罪，判处有期徒刑三年，缓刑三年。

被告人刘起山、范占武、刘宁、王建智、颜世礼、王卫东不服一审判决，向山东省高级人民法院提出上诉。山东省高级人民法院于1994年5月11日裁定：驳回上诉，维持原判。最高人民法院于1994年5月23日依法核准山东省高级人民法院维持一审对被告人刘起山、范占武、刘宁判处死刑的刑事裁定。

被告人刘起山、范占武、刘宁已被处决。

（最高人民检察院刑事检察厅
林　瑾）

杨发雄、黄楚尧、司徒柏练、钟湾、李文友、宋宝华以车谋私受贿案

被告人杨发雄，男，50岁，广东省汕头市人，原系羊城铁路总公司调度所协理，因受贿罪于1993年10月12日被逮捕。

被告人黄楚尧，男，62岁，广东省台山县人，原系羊城铁路总公司运输科协理，因受贿罪于1993年11月1日被逮捕。

被告人司徒柏练，男，57岁，广东省开平县人，原系羊城铁路总公司运输部协理，因受贿罪于1993年10月12日被逮捕。

被告人钟湾，男，44岁，广东省梅县人，原系羊城铁路总公司运输部主任货运组织员，因受贿罪于1993年10月27日被逮捕。

被告人李文友，男，60岁，湖南省酃县人，原系羊成铁路总公司主任货运计划员，因受贿罪于1993年10月27日被逮捕。

被告人宋宝华，男，34岁，山东省莱阳市人，原系羊城铁路总公司实业开发公司贸易部主任业务员，因受贿罪于1993年12月24日被逮捕。

上列被告人以车谋私受贿案由广州铁路运输检察院于1993年9月陆续立案侦查。经侦查查明：

被告人杨发雄于1991年1月至1993年9月，在担任羊城铁路总公司调度所主任货调员、协理期间，利用主管货物列车调度、下达装车命令的职务便利，收受货

主贿赂的财物共计折合人民币251488.40元。其中，收受樟木头镇合和建材店连伟荣贿赂的人民币4.8万元；收受樟木头建材购销部黄伟平贿赂的人民币3.7万元；收受友诚建材营业部黄容球贿赂的人民币2.5万元；收受物资供销部黄新强贿赂的人民币3.7万元；收受永隆建材店蔡爱学贿赂的人民币3.6万元；收受横沥物装公司煤炭经营部朱淑红、邓志华贿赂的人民币2万元；收受合兴建材公司黄监明贿赂的人民币1.5万元、港币2000元；收受中宏建材购销部宋建辉贿赂的人民币8200元；收受中发建材供销部周明贿赂的人民币5000元；收受横沥水泥厂番莲旺、洪炳全贿赂的人民币1.1万元；收受华悦建材营业部冯文华贿赂的人民币7800元。

被告人黄楚尧于1991年至1993年3月在担任羊城铁路总公司运输科协理期间，利用其审批货物运输计划的职权，以及在1993年4月退休后至同年9月间，仍利用原有职权形成的便利条件，先后为货主朱淑红、陈镜湖、张国凡、蔡容安、番莲旺等审批要车计划及帮助落实装车发运货物，从中非法收受货主贿赂的财物共计折合人民币19.2万元。其中，收受横沥物资公司煤炭经营部朱淑红贿赂的人民币11万元；收受望牛墩燃料公司陈镜湖贿赂的人民币3.3万元、港币7000元；收受三江贸易公司张国凡贿赂的人民币1.4万元；收受樟木头镇华盛建材店蔡容安贿赂的人民币1万元；收受横沥镇水泥厂番莲旺、洪炳全贿赂的人民币1.3万元、港币1万元。

被告人司徒柏练于1991年1月至1993年9月，在担任羊城铁路总公司运输部协理，主管审批月度货物承运要车计划的工作期间，利用职务的便利，为货主批车皮，从中收受货主贿赂的财物共计折合人民币17.97万元。其中，收受横沥物资公司煤炭经营部朱淑红、邓志华贿赂的人民币1.3万元；收受横沥镇水泥厂番莲旺贿赂的人民币4000元；收受樟木头镇合和建材店、清溪镇鹿鸣建材门市部连伟荣贿赂的人民币4万元；收受樟木头镇友诚建材营业部黄容球贿赂的人民币3万元；收受樟木头镇物资供销部黄新强贿赂的人民币4.31万元；收受樟木头镇华悦建材营业部冯文华贿赂的人民币2.3万元；收受樟木头镇建材购销部黄伟平贿赂的人民币1.8万元及影碟机、BP机等物共计价值人民币2.66万元。此外，被告人司徒柏练还于1991年至1993年春节、中秋节，先后四次非法收受望牛墩镇工业燃料公司陈镜湖送的“红包”，共计人民币4000元。行贿人冯文华还于1993年2月在司徒柏练家中委托其女儿司徒某某将贿赂款人民币3000元转交司徒柏练，后被其女儿擅自挥霍。

被告人钟湾于1990年春至1993年9月，在担任羊城铁路总公司运输部主任货运组织员期间，利用其主管货运组织的便利，为货主排定装车或者通过他人为货主审批计划外车皮，从中收受货主贿赂的财物共计折合人民币10.4万元。其中，收受横沥物资公司煤炭经营部朱淑红、邓志华贿赂的人民币4.2万元；收受望牛墩镇工业燃料公司陈镜湖贿赂的人民币2.8万元；收受石滩镇三江贸易公司张国凡贿赂的人民币1万元；收受樟木头镇永隆建材店蔡爱学贿赂的人民币9000元；收受横沥水泥厂番莲旺贿赂的人民币6000元；通过其妻子郑某某收受樟木头镇友诚建材营业部黄容球贿赂的人民币9000元。

被告人李文友于1992年6月至1993年9月，在任羊城铁路总公司运输部主任货运计划员期间，利用主管卸车、货运计划等工作的职务便利，为货主办理货车变更到站手续和审批补充要车计划，从中收受货主贿赂的财物共计折合人民币4.4万元。其中，收受横沥物资公司煤炭经营部朱淑红、邓志华贿赂的人民币2.8万元；收受石滩镇三江贸易公司张国凡贿赂的人民币1000元；收受塘厦生利建材店黄见兴贿赂的人民币1000元；收受粤深企业建材公司建材门市部黄树祥贿赂的人民币6000元；收受羊城铁路总公司机保段退休人员夏金照贿赂的人民币6000元；收受樟木头镇建材购销部黄伟平贿赂的人民币1000元；收受塘厦工业公司蔡寿如贿赂的人民币1000元。

被告人宋宝华于1993年1月至9月，在担任羊城铁路总公司实业开发公司贸易部主任业务员期间，利用其负责经办公司煤炭车皮计划业务的职务便利，为货主分配煤炭车皮和申报车皮计划，从中收受货主贿赂的财物共计人民币1.1万元。其中，收受望牛墩镇工业燃料公司陈镜湖贿赂的人民币5000元；收受横沥物资公司煤炭经营部朱淑红、邓志华贿赂的人民币6000元。此外，被告人宋宝华还收受望牛墩镇工业燃料公司陈镜湖送的礼品券1000元。

广州铁路运输检察院侦查终结后，按照审判管辖的规定，将被告人杨发雄、黄楚尧移送广东省人民检察院广州铁路运输分院审查起诉，广东省人民检察院广州铁路运输分院于1994年4月7日和5月18日分别以受贿罪依法向广州铁路运输中级人民法院提起公诉；对被告人司徒柏练、钟湾、李文友、宋宝华由广州铁路运输检察院以受贿罪向广州铁路运输法院提起公诉。

广州铁路运输中级人民法院经公开审理认为，被告人杨发雄、黄楚尧利用职务的便利，以车谋私，非法收受贿赂，数额特别巨大，均已构成受贿罪。1994年6月15日，广州铁路运输中级人民法院依法判处杨发雄无期徒刑，剥夺政治权利终身；并处没收个人财产人民币1.2万元；赃款人民币251488.40元以及电视机、组合音响、空调机、金手饰等均予以没收。1994年7月5日，广州铁路运输中级人民法院依法判处黄楚尧有期徒刑十五年，剥夺政治权利五年；并处没收个人财产人民币5万元；退赔的赃款人民币18万元、港币1.7万元予以没收。

广州铁路运输法院经公开审理认为，被告人司徒柏练、钟湾、李文友、宋宝华利用职务的便利，以车谋私，多次非法收受他人的财物，均已构成受贿罪。广州铁路运输法院分别于1994年6月14日、7月6日、7月25日和6月7日对上列被告人作出了判决：判处被告人司徒柏练有期徒刑十三年，剥夺政治权利四年；并处没收个人财产人民币5万元；赃款人民币28050元，退赔款人民币143050元，以及赃物影碟机、BP机各1台，均上缴国库；扣押被告人司徒柏练的非法所得款人民币4000元及追缴被告人司徒柏练的女儿司徒某某非法所得款人民币3000元，均予以没收。判处被告人钟湾有期徒刑十年，剥夺政治权利三年；并处没收个人财产人民币4万元；扣押被告人钟湾的退缴款11.9万元，其中赃款10.4万元，上缴国库。判处被告人李文友有期徒刑六年零六个月，并处没收个人财产人民币2万元；退缴的赃款人民币4.8万元，上缴国库。判处被告人宋宝华有期徒刑三年，缓刑三年零六个月；并处没收个人财产人民币1万元；退缴款1.1万元上缴国库；非法所得款1000元，予以没收。

被告人李文友不服一审判决，提出上诉。广州铁路运输中级人民法院于1994年9月24日作出二审判决：撤销一审判决对被告人李文友的量刑部分，判处李文友有期徒刑六年。

（最高人民检察院铁路运输检察厅

彭　东）

马艳勋、李仕华、李金贵徇私舞弊案

被告人李仕华，男，40岁，湖北省黄梅县人，原系河南省平顶山市新华区人民法院副院长。

被告人李金贵，男，59岁，河南省鲁山县人，原系河南省平顶山市中级人民法院告诉申诉庭庭长。

被告人马艳勋，男，32岁，河南省开封县人，原系河南省平顶山市新华区人民法院经济审判庭审判员。

河南省平顶山市人民检察院分别于1991年5月7日、8月10日、10月15日对马艳勋、李仕华、李金贵三被告人徇私舞弊案立案侦查，1992年5月20日侦查终结。经侦查查明：

1989年7月至8月间，河南省平顶山市矿业公司经理娄宝泰（另案处理），以订立供煤合同为手段，诈骗湖南省安化县土产公司45万元货款。8月26日，湖南省益阳地区中级人民法院受理安化县土产公司诉安化县人民法院劳动服务公司及第三人平顶山市矿业公司购销合同纠纷案件后，依法扣押了矿业公司在武汉舵落口港埠公司的2815吨原煤，冻结了矿业公司在平顶山市建设银行煤炭专业支行11万元存款。1989年8月31日至9月6日期间，益阳地区中级人民法院办案人员两次找到被告人李金贵，请求依法协助执行，但李金贵借故推诿。9月6日，益阳地区中级人民法院书面委托平顶山市中级人民法院执行矿业公司在煤炭专业支行的存款。至9月12日，因执行不能实施，益阳地区中级人民法院被迫将有关法律文书留给河南省高级人民法院经济庭，让其督促平顶山市中级人民法院执行。娄宝泰得知其款物被扣押、冻结后，便串通被告人李仕华、李金贵、马艳勋等人，共同预谋，故意违背事实和法律，捏造了所谓的“平顶山市工业化工厂诉矿业公司购销设备欠款44万元的经济纠纷案”假案，企图阻挠益阳地区中级人民法院裁定的执行，追回被依法扣押、冻结的款物。9月11日，娄宝泰将虚构的“河南省平顶山市工业化工厂诉河南省平顶山市矿业公司经济诉状”等材料送到平顶山市新华区人民法院，被告人马艳勋责成内勤党某某填写了立案审批表，并交待不要填写日期。随后，被告人李仕华拿此表找到经济审判庭庭长仇某某签了字。为将立案时间赶在益阳地区中级人民法院受理案件之前，李仕华在立案审批表“院长批示”一栏内签了“同意立案”，同时填写了“8月5日”的日期，将实际立案日期前移月余。尔后，在没有开庭审理的情况下，马艳勋炮制了（1989）平新法经字第93号经济调解书，李仕华审核签发后由马艳勋交给平顶山市矿业公司打印，调解书落款日期为1989年9月1日。9月13日，李仕华安排马艳勋等人前往武汉舵落口港埠公司重复扣押了已被益阳地区中级人民法院扣押的2815吨原煤。

1989年9月中旬，被告人李金贵收到河南省高级人民法院转来的益阳地区中级人民法院有关委托执行的4份法律文书，李金贵不仅不协助扣划冻结款项，反而将先行给付裁定书等法律文书隐匿。随后，李利用益阳地区中级人民法院附条件的解冻通知书，将煤炭支行的11万元款项和舵落口港埠的原煤非法解冻和解除扣押，并责成煤炭支行将11万元划到平顶山市新华区人民法院的帐户上。同时，李金贵还派被告人马艳勋再次去武汉，以益阳地区中级人民法院已解除扣押为由，委托港埠公司将矿业公司的2815吨原煤拍卖，然后分两次将拍卖款47万余元汇入平顶山市新华区人民法院的帐户上。此后，马艳勋伙同李仕华将非法追回的总计58万余元分三次划拨给平顶山市工业化工厂及留取诉讼费共计44万余元。被告人李仕华违背河南、湖南两省高级人民法院协调会关于剩余款项不再动用的决定，指示内勤于1990年1月至4月分四次将余款转给矿业公司及业务对象83000元。之后，李还指使他人涂改收款单据，欺骗河南、湖南两省高级人民法院调查组。

平顶山市人民检察院认为：被告人李仕华、李金贵、马艳勋身为国家司法工作人员，利用职权，执法犯法，捏造假案，颠倒黑白，枉法裁判，致使湖南省益阳地区中级人民法院已生效的法律文书不能依法执行，给国家和集体造成重大经济损失，其行为严重地危害了国家司法机关的正常活动，损害了司法机关的形象，在人民群众中造成了十分恶劣的影响，三被告人的行为触犯了《中华人民共和国刑法》第一百八十八条之规定，均已构成徇私舞弊罪。

平顶山市人民检察院根据《刑事诉讼法》第十四条之规定将该案移交郏县人民检察院审查起诉。郏县人民检察院于1992年10月6日向郏县人民法院提起公诉。

河南省郏县人民法院经审理于1994年8月10日作出判决：被告人李仕华犯徇私舞弊罪，判处有期徒刑八年；被告人李金贵犯徇私舞弊罪，判处有期徒刑七年；被告人马艳勋犯徇私舞弊罪，判处有期徒刑七年。三被告人不服一审判决上诉至平顶山市中级人民法院。1994年10月10日，平顶山市中级人民法院二审裁定：驳回上诉，维持原判。

（最高人民检察院法纪检察厅
董同会）

黄国光等六人重大责任事故、玩忽职守、受贿案

被告人黄国光，男，60岁，广东深圳葵涌镇新围村人，原系深圳葵涌致丽工艺制品厂厂长。

被告人劳钊泉，男，49岁，广东顺德市人，原系香港致高实业有限公司董事、经理（深圳葵涌致丽工艺制品厂资方）。

被告人梁建国，男，40岁，广东中山市人，原系深圳葵涌致丽工艺制品厂经理。

被告人刘光万，男，28岁，湖南隆回县人，深圳葵涌致丽工艺制品厂电工。

被告人吴星辉，男，33岁，广西平南县人，原系深圳市公安局八处田贝消防中心队干部。

被告人刘鉴钊，男，29岁，广东罗定市人，原系深圳市公安局八处沙头角消防中队干部。

1993年11月19日下午1时25分，位于深圳市龙岗区葵涌镇的港商来料加工企业致丽工艺制品厂一楼仓库电线短路引起大火。由于工厂未安装自动报警系统和自动喷淋装置，门窗也被封死或销住，致使正在现场作业的325名工人难于迅速疏散逃生，酿成死亡87人、伤51人和直接经济损失800余万元的惨重后果。

事故发生后，深圳市人民检察院于1993年12月28日对黄国光、劳钊泉、梁建国、刘光万、吴星辉、刘鉴钊等六名被告人立案侦查。经侦查查明：

被告人劳钊泉于1989年2月从香港

到深圳葵涌镇投资办致丽工艺制品厂。建厂期间，劳钊泉为节省资金而不顾安全，从顺德市农村雇用农民为该厂架设电线。其中控制厂房、宿舍、写字楼电源的6个石板保险开关全部用2.01毫米的铜线做保险线；违反消防安全的有关规定，把保管易燃材料的仓库设在厂房一楼车间之中，只用木板隔离；为便于管理和防盗，把厂房一楼的两个防火疏散卷闸门一个用电焊焊死，另一个长期用锁锁住；违反消防检查规定的每层楼容纳50名工人作业的规定，安置了230名工人，衣车之间的距离前后只有0.65米，行距不足1米。1993年3月9日，消防人员到该厂进行防火安全检查，指出了13条火险隐患，并发了整改通知书，限期整改。其中主要意见有：一楼仓库与车间之间要改用砖墙分隔；厂内电源线要全部改用绝缘良好的金属套管；安装火灾自动报警系统和自动喷淋装置等。事后，由被告人梁建国告知了厂长黄国光并用电传告知劳钊泉。但劳怕整改要影响生产，故提出拖延整改。5月24日，劳钊泉通过电话指示该厂厂长黄国光、车间主管丁铭良送3000元港币给消防检查人员，通过不正当手段，于5月27日领取了消防合格证。此后，便对该厂存在的严重火险隐患不再整改。

被告人梁建国于1992年5月被聘任为该厂经理后，对该厂的安全防火工作极端不负责任。当年6月，被告人刘光万曾向梁建国提出将6个石板保险开关更换为漏电保护开关，梁未予理睬，致使这些石板开关的熔断器全部用2.01至3.33毫米的铜线作为保险线，一直没有更换。对消防人员到该厂进行防火安全检查时提出的13条火险隐患和整改意见，梁亦消极对待，不认真组织落实。当该厂以不正当手段取得消防合格证后，梁还讲“火险隐患以后可以不理了”。

被告人黄国光于1989年由村委会派到致丽工艺品厂任厂长，并明确是该厂的防火责任人。但黄对该厂的安全防火工作极端不负责任，1993年4月，黄在消防人员提出火险隐患和整改意见后写给消防部门的整改报告上，谎称该厂已组织了义务消防队，电线套管已改装。同年6月，葵涌镇政府有关部门再次到该厂检查防火工作，发现该厂仓库堆放的布料距日光灯只有30多公分，电线乱拉乱接，当即向黄提出整改意见，黄不但拒绝整改，还说“我厂已领了消防合格证，你们不要经常来麻烦我，若你们再来，我水都不给你们喝”。态度极其恶劣。

被告人刘光万于1992年6月到致丽工艺制品厂担任电工工作后，就发现该厂电工房原有电气设备6个石板开关的熔断器用一根或两根2.01毫米的铜线作保险线。刘明知这种作法严重违反用电安全的规定，却不予纠正。1993年10月间，其中第6个石板开关损坏，刘亲自将此开关板拆除，换上一个较小的开关板，熔断器仍用一根比原来更粗的3.33毫米铜线作保险线。11月19日，该厂一楼通过东北角仓库上方的三根电源线短路打火（石板开关处于合闸状态），由于用铜线作保险线不能熔断，电源不能及时中断，电线打火不断喷溅的熔珠引燃仓库内堆放的布料、海棉等可燃物，导致了特大火灾的发生。

被告人吴星辉在1993年3月至6月间，任葵涌镇消防整治工作组组长。3月9日，被告人李鉴钊（工作组组员）在检查葵涌镇致丽工艺制品厂防火安全时，指出了该厂的火险隐患并提出了应采取的13条整改措施，同时限期在一个月内整改完毕。被告人吴星辉严重违反公安部发布的《消防监督程序规定》第六条和第七条的规定，对该厂的整改情况不进行监督检查，期限届满时也不进行复查验收。特别是吴星辉在接受了致丽工艺制品厂黄国光贿赂的3000元港币后，在被告人李鉴钊提出该厂没有整改、也没复查，不同意发给该厂合格证的情况下，吴星辉还强令李鉴钊给该厂发了消防合格证。致使该厂领到合格证后，认为已经过了关，且以有合格证为借口，拒绝葵涌镇有关部门对该厂防火安全的检查，结果酿成了特大火灾事故。被告人吴星辉在1993年3月至6月间，利用担任葵涌镇消防整治工作组组长之便，以生活补贴和旅游为借口，以刁难被检查单位等手段，向有关单位索贿共计人民币5.8万元，港币1.3万元，吴星辉个人获得人民币2.45万元，港币1.2万元。

被告人刘鉴钊严重违反公安部发布的《消防监督程序规定》第六条、第七条的规定，在对致丽工艺制品厂进行防火安全检查并发出整改通知后，没有对该厂的整改情况进行监督检查，且对工作极端不负责任。在检查致丽工艺制品厂防火安全时，已发现该厂的两扇卷闸门封死和开关板用铜线作保险线的问题，但只在口头提出了整改意见，没有写在整改通知书上，致使该厂根本没有考虑这两项火险隐患的整改，而这两项火险隐患正是导致发生特大火灾的要害。另外，1993年3月至6月间，被告人李鉴钊从吴星辉的索贿款中，分得贿赂款人民币2.35万元。

深圳市人民检察院认为，被告人黄国光、劳钊泉、梁建国对安全防火工作极端不负责任，致使发生特大火灾，造成严重伤亡后果，根据刑法第一百一十四条规定和最高人民法院、最高人民检察院《关于刑法第一百一十四条规定的犯罪主体的适用范围的联合通知》的规定，均已构成重大责任事故罪；被告人刘光万违反《工厂安全卫生规程》的规定，其行为触犯了刑法第一百一十四条规定，构成重大责任事故罪；被告人吴星辉、李鉴钊的行为触犯刑法第一百八十七条，第一百八十五条的规定，构成玩忽职守罪和受贿罪。据此，深圳市人民检察院根据《刑事诉讼法》有关案件管辖的规定，移交龙岗区人民检察院审查起诉。龙岗区人民检察院经审查后，于1994年5月13日向龙岗区人民法院提起公诉。

龙岗区人民法院对该案进行了公开审理，于1994年12月15日作出一审判决：被告人黄国光犯重大责任事故罪，判处有期徒刑六年；被告人劳钊泉犯重大责任事故罪，判处有期徒刑二年；被告人梁建国犯重大责任事故罪，判处有期徒刑三年；被告人刘光万犯重大责任事故罪，判处有期徒刑二年；被告人吴星辉犯玩忽职守罪，判处有期徒刑五年，犯受贿罪判处有期徒刑十三年，剥夺政治权利四年，决定执行有期徒刑十七年，剥夺政治权利四年；被告人李鉴钊犯玩忽职守罪，判处有期徒刑五年，犯受贿罪，判处有期徒刑六年，决定执行有期徒刑十年。

（最高人民检察院法纪检察厅
刘旭红）

中国农业银行衡水中心支行赵金荣、徐志国等人玩忽职守案

被告人赵金荣，男，53岁，汉族，河北省深县人，原系中国农业银行衡水中心支行行长。

被告人徐志国，男，47岁，汉族，河北省深县人，原系中国农业银行衡水支行副行长。

被告人赵永强，男，30岁，汉族，河

北省深县人，原系衡水师范专科学校英语教师，中国农业银行衡水中心支行聘用的翻译。

被告人刘淑红，女，33岁，汉族，河北省饶阳县人，原系中国农业银行衡水中心支行外汇业务科副科长。

1993年11月12日，河北省衡水市公安局以被告人赵金荣犯诈骗罪，徐志国、赵永强犯诈骗罪、泄露国家重要机密罪，刘淑红犯玩忽职守罪移送衡水市人民检察院审查起诉。衡水市人民检察院审查后，依照《中华人民共和国刑事诉讼法》关于案件管辖的规定，于1994年1月11日报送河北省人民检察院衡水分院审查起诉。经审查查明：

1993年3月，被告人赵金荣、徐志国经人介绍，与自称美国亚联（集团）有限公司（以下简称亚联集团）董事长的梅直方（美国籍，另案处理）、财务主管李卓明（美国籍，另案处理）和海南中水长城国际投资集团（以下简称中水集团）副总经理常景山（另案处理）取得联系。3月16日、27日，常景山和海南华丰贸易公司驻天津办事处负责人于芝来（另案处理）等人先后到达衡水，代表亚联集团与赵金荣、徐志国商谈利用备用信用证“引资”事宜，并带来了梅直方签署的两份承诺书和《亚联集团简介》、《备用信用证》格式。承诺书中虚构的引资条件和虚假的《亚联集团简介》并未引起赵金荣、徐志国的怀疑。3月31日，赵金荣、徐志国在衡水与梅直方、李卓明洽谈合作“引资”事宜。赵金荣、徐志国轻信梅直方、李卓明能从国外引进巨额资金，中国农业银行衡水中心支行（以下简称衡水农行）对所引入资金不还本、不付息，只需开具备用信用证作为引资手续，且不须承担任何开证责任的谎言，在未按国家有关外汇业务管理法规向上级银行请示的情况下，于1993年4月1日、2日由赵金荣与梅直方、李卓明签订了3份《合作引进外资投资开发协议书》（以下简称协议书），约定衡水农行开具总金额100亿美元的备用信用证，亚联集团负责引入外资，并对衡水农行开具的备用信用证提供担保。4月4日，赵金荣指派徐志国到中国农业银行（以下简称农总行）询问。徐志国先到农总行政策研究室，该室有关人员让其到主管外汇业务的国际业务部请示，徐未去国际业务部即返回衡水，向赵金荣片面汇报“引资是好事”。赵金荣、徐志国对梅直方、李卓明的资信未做任何咨询，在梅、李没有提出担保，也未核对由梅、李制作的备用信用证内容的情况下，未经主管部门批准，超越本级银行的职权，于4月5日由赵金荣以行长身份签字开出了以亚联集团为申请人，衡水农行为开证行，一年期可转让、不可撤销、到期即付的200份总计金额100亿美元的备用信用证。编号为1101号至1200号计100份，每份项下金额2500万美元；2101号至2150号计50份，每份项下金额5000万美元；3101号至3150号计50份，每份项下金额1亿美元。被告人刘淑红按赵金荣、徐志国的要求，以金融官员的身份在该200份备用信用证上签了字，由李卓明全部寄往国外。1993年4月7日，被告人赵金荣收到了国外一家公司对编号为1101、2101、3101号3份计1.75亿美元备用信用证的查询函，赵金荣要求梅直方、李卓明制作了以衡水农行的名义对200份计100亿美元备用信用证全部予以确认的确认函，并称“我们进一步以银行的全部责任代表亚联集团保证：上述备用信用证的全部金额会如期按要求支付，绝不延期、不推迟、不减少、到期即付”。赵金荣、刘淑红在确认函上签了字。4月15日，被告人赵金荣没有收到任何函电，仅凭梅直方、李卓明口头要求，就让刘淑红与其一起在梅、李制作的确认函上签字。4月16日，中国农业银行河北省分行（以下简称省农行）国际业务部负责人批评赵金荣、刘淑红无权开具备用信用证后，4月21日，被告人赵金荣仍为香港一家公司对200份备用信用证的查询拟定了确认函并签字，被告人刘淑红也以金融官员的身份签字。上述3份确认函均加盖公章后发出。

1993年4月17日，省农行通知被告人赵金荣、徐志国汇报开出备用信用证之事。赵金荣、徐志国为掩盖其玩忽职守行为，向梅直方、李卓明索要担保文件。梅、李即伪造了一张以不存在的"联合国家共和银行"名义开具的100亿美元的备用信用证作为担保，赵金荣、徐志国要求将落款时间提前到3月30日。赵金荣明知该担保无效，仍以此向上级银行汇报。

衡水农行开具的备用信用证被梅直方、李卓明寄往国外做为贷款的低押品。中国农业银行为追回备用信用证，遭受了巨大的经济损失，其金融信誉亦受到了损害。

1993年5月26日，被告人赵金荣参加了中国农业银行召开的会议，会上做出了成立专案组，报告公安机关审查梅直方、李卓明诈骗等决定。会后被告人赵金荣违反保密法规，将会议决定的主要秘密事项透露给了徐志国。5月28日，徐志国在深县家中向被告人赵永强交代了向国外发否定备用信用证的电函后，又将写有"5·26会议"关于审查梅、李诈骗等内容的字条交给赵，让其告知梅直方。赵永强把字条上的内容密告给梅直方，并按梅提供的传真号码和地点将否定函发出，使这一消除备用信用证风险的措施失去了作用。

河北省人民检察院衡水分院认为：被告人赵金荣身为国家工作人员，违反金融法规和金融工作管理制度，盲目轻信诈骗分子的谎言，越权开出200张计100亿美元的备用信用证，并违反保密法规，泄露国家秘密，严重损害了国家的利益，扰乱了国家的金融工作秩序，已触犯了《中华人民共和国刑法》第一百八十七条、第一百八十六条之规定，构成玩忽职守罪、泄露国家秘密罪；被告人徐志国身为国家工作人员，违反金融法规和金融工作管理制度，盲目轻信诈骗分子的谎言，积极参与越权开出备用信用证，并违反保密法规，向境外人员非法提供国家秘密，其行为已触犯了《中华人民共和国刑法》第一百八十七条和全国人民代表大会常务委员会《关于惩治泄露国家秘密罪的补充规定》，构成玩忽职守罪、向境外人员非法提供国家秘密罪；被告人赵永强无视国家利益，违反保密法规，积极向境外人员非法提供国家秘密，并破坏我金融机关消除风险措施的实施，其行为已触犯了全国人民代表大会常务委员会《关于惩治泄露国家秘密罪的补充规定》，构成向境外人员非法提供国家秘密罪，且情节特别严重；被告人刘淑红身为国家工作人员，违反金融法规和金融工作管理制度，参与签署备用信用证和确认函，其行为已触犯了《中华人民共和国刑法》第一百八十七条之规定，构成玩忽职守罪。

据此，河北省人民检察院衡水分院于1994年1月31日依法向河北省衡水地区中级人民法院提起公诉。

衡水地区中级人民法院经公开审理，于1994年4月25日作出判决：

被告人赵金荣犯玩忽职守罪，判处有期徒刑五年；犯泄露国家秘密罪，判处有期徒刑七年，剥夺政治权利二年；决定执行有期徒刑十一年，剥夺政治权利二年。

被告人徐志国犯玩忽职守罪，判处有

期徒刑五年；犯为境外人员非法提供国家秘密罪，判处有期徒刑十五年，剥夺政治权利三年；决定执行有期徒刑十九年，剥夺政治权利三年。

被告人赵永强犯为境外人员非法提供国家秘密罪，判处有期徒刑十四年，剥夺政治权利三年。

被告人刘淑红犯玩忽职守罪，判处有期徒刑一年。

被告人赵金荣、徐志国、赵永强、刘淑红不服一审判决，向河北省高级人民法院提出上诉。河北省高级人民法院经审理，于 1994 年 5 月 12 日裁定：驳回上诉，维持原判。

（最高人民检察院刑事检察厅
张惠民）

河北衡水金融诈骗案

被告人梅直方（FRANCISCO HUNG MOY），男，44 岁，美国籍，原系美国纽约市亚联（集团）有限公司董事长。

被告人李卓明（RAYMOND C LEE），男，43 岁，美国籍，原系美国纽约市亚联（集团）有限公司秘书兼财务主管。

被告人常景山，男，54 岁，汉族，原系海南中水长城国际投资集团副总经理兼贸易部业务经理。

被告人于芝来，男，49 岁，汉族，原系海南华丰贸易公司驻天津办事处负责人。

被告人梅直方、李卓明、常景山、于芝来诈骗和伪造公文、印章一案，由河北省衡水市公安局立案侦查，侦查终结后，移送衡水市人民检察院。衡水市人民检察院审查后，依照《中华人民共和国刑事诉讼法》第十五条之规定，于 1994 年 1 月 11 日将案件移送河北省人民检察院衡水分院审查起诉。经审查查明：

被告人梅直方、李卓明经人介绍于 1993 年 3 月底来到河北省衡水市以“引资”为名进行诈骗信用证的犯罪活动。梅直方、李卓明先后向中国农业银行衡水中心支行（以下简称衡水农行）行长赵金荣、副行长徐志国（均另案处理）提交了虚假的“引资”承诺书以及美国亚联（集团）有限公司（以下简称亚联）的简介等材料，谎称亚联有雄厚的经济实力和众多合作伙伴，以亚联财团的金票作抵押，可在国际金融市场上为衡水农行引入巨额资金，衡水农行只须开具备用信用证作为引资的必要手续，不承担任何经济及法律责任，引入的资金不还本、不付息等等，骗取了赵金荣、徐志国的信任。赵金荣于 1993 年 4 月 1 日、2 日代表衡水农行工会下属的恒融实业公司与梅直方、李卓明签订了 3 份数额分别为 50 亿、16 亿、34 亿美元的《合作引进外资投资开发协议书》。继后，梅直方、李卓明向衡水农行出具了《开证委托书》。为了掩盖其诈骗真相，李卓明将备用信用证英文本译为中文提供给赵金荣、徐志国审查时，故意把英文本中“证明开具的汇票金额代表与给予亚联（集团）公司贷款融资相关的债务”一段内容不译。梅直方、李卓明在没有向衡水农行提供任何担保和抵押的情况下骗使赵金荣、徐志国于 4 月 5 日开出了以亚联为申请人，衡水农行为开证行，一年期不可撤销可转让的 200 份总计金额 100 亿美元的备用信用证。其编号为 1101 号至 1200 号计 100 份，每份项下金额 2500 万美元，共 25 亿美元；2101 号至 2150 号计 50 份，每份项下金额 5000 万美元，共 25 亿美元；3101 号至 3150 号计 50 份，每份项下金额为 1 亿美元，共 50 亿美元。信用证上载明：本信用证依据国际商会400号出版物1983年修订之《跟单信用证统一惯例》为准。根据和按照本证条款开立的汇票，在到期向我们提示时均可兑付。4月6日，被告人李卓明按被告人梅直方提供的地点，将上述备用信用证寄往国外。4月7日，当澳大利亚一家公司查询1101、2101、3101号3份备用信用证的真实、可靠性时，梅直方、李卓明继续以衡水农行所开信用证不承担风险和资金很快就能引进衡水的谎言，诱使赵金荣以衡水农行的名义，将梅直方、李卓明拟定的“我们特以银行的全部责任证明：上述信用证是有效的、真实的、可转让的。我们进一步以银行的全部责任代表亚联集团保证：上述备用信用证的全部金额会如期按要求支付，绝不延期、不推迟、不减少，到期即付”对200份备用信用证的确认函发往国外。4月15日，梅直方以同样手段将上述确认函的内容发往国外一家银行。在衡水农行按协议规定多次要求出具担保文件时，梅直方、李卓明于4月18日以根本不存在的“联合国家共和银行”的名义，制作了一张金额为100亿美元的备用信用证，作为对衡水农行开具100亿美元备用信用证的担保，继续进行欺骗。

1993年3月，被告人梅直方在广州为保兑伪造的“中国农业银行三亚分行0014、0015”号总额为16.8亿美元的备用信用证，经被告人常景山提议，梅直方、李卓明同意后，常景山找人私刻了“中国农业银行河北省分行”等单位的印章。随后，梅直方、李卓明、常景山、于芝来用私刻的印章共同伪造了“中国农业银行河北省分行”对0014、0015号备用信用证的保兑函，并由常景山以“中国农业银行河北省分行行长徐志国”，于芝来以“国际金融部王扶林”名义在保兑函上签字。梅直方将伪造的保兑函寄往国外。1993年4月，被告人梅直方、李卓明、常景山、于芝来在衡水市以剪贴、复印的方法再次伪造了“中国农业银行河北省分行”对0015号16亿美元备用信用证的保兑函发往国外。

河北省人民检察院衡水分院认为，被告人梅直方、李卓明虚构事实，隐瞒真相，骗取巨额备用信用证，进行诈骗；并与常景山、于芝来私刻公章，伪造中国农业银行河北省分行保兑函。其行为触犯了《中华人民共和国刑法》第一百五十二条、第一百六十七条之规定，构成诈骗罪和伪造公文、印章罪；被告人常景山、于芝来与梅直方、李卓明共同伪造保兑函的行为触犯了《中华人民共和国刑法》第一百六十七条之规定，构成伪造公文、印章罪。

据此，河北省人民检察院衡水分院于1994年1月31日依法向河北省衡水地区中级人民法院提起公诉。

衡水地区中级人民法院经公开审理，于1994年4月25日依照《中华人民共和国刑法》第一百五十二条、第一百六十七条、第六十四条、第五十二条、第三十九条、第六十条之规定，作出判决：

被告人梅直方犯诈骗罪，判处有期徒刑十五年，驱逐出境，没收美金2000元、金项链1条；犯伪造公文、印章罪，判处有期徒刑七年；决定执行有期徒刑二十年，驱逐出境，没收美金2000元、金项链1条。

被告人李卓明犯诈骗罪，判处有期徒刑十年，驱逐出境；犯伪造公文、印章罪，判处有期徒刑六年；决定执行有期徒刑十四年，驱逐出境。

被告人常景山犯伪造公文、印章罪，判处有期徒刑七年，剥夺政治权利二年。

被告人于芝来犯伪造公文罪，判处有期徒刑二年。

被告人梅直方、李卓明、常景山不服

一审判决，向河北省高级人民法院提出上诉。

河北省高级人民法院经审理，于1994年5月12日裁定：驳回上诉，维持原判。

（最高人民检察院刑事检察厅
张惠民）

邓革、邓广新、吴胜锋、胡泉珍、胡中华、肖继承、杨文强非法印制、倒卖增值税专用发票、其他发票案

被告人邓革，男，26岁，湖北省武汉市人，系个体印刷业者。

被告人邓广新，男，48岁，湖北省武汉市人，系个体印刷业者。

被告人吴胜锋，男，24岁，武汉市蔡甸区郭徐岭乡石岭村农民。

被告人胡泉珍，女，46岁，四川省三台县泉峰乡农民。

被告人胡中华，女，42岁，四川省岳池县裕民乡农民。

被告人肖继承，男，25岁，湖北省武汉市人，原系武汉市汉南区棉纺厂工人。

被告人杨文强，女，44岁，四川省武胜县双星乡农民。

被告人邓革、邓广新、吴胜锋、胡泉珍、胡中华、肖继承、杨文强等七人非法印制、倒卖增值税发票及其他发票，投机倒把一案，由湖北省武汉市蔡甸区人民检察院立案侦查，侦查终结后，于1994年7月1日移送武汉市人民检察院审查起诉。武汉市人民检察院经审查，于1994年7月31日向武汉市中级人民法院提起公诉。武汉市中级人民法院经公开审理查明：

一、非法印制、倒卖湖北省增值税专用发票。

1994年2月，被告人邓革自行排版非法印制了“湖北省增值税专用发票”16本，每本50份计800份。邓以每本7元的价格卖给被告人胡泉珍。胡泉珍又以每本7至9元的价格在武昌火车站倒卖775份，余25份案发后被查获。

1994年3月，被告人邓广新自行排版在家中非法印制“湖北省增值税专用发票”90本，每本50份计4500份，以每本10元的价格卖给被告人胡泉珍。胡泉珍又以每本10至11元的价格在武昌火车站倒卖60本，其余30本因销路不好又退给了邓广新。同月，被告人邓广新将非法印制的“湖北省增值税专用发票”100本，每本50份计5000份，以每本10元的价格卖给被告人胡中华。胡中华以每本10至11元的价格在武昌火车站倒卖87本，退还邓广新12本，案发后被查获1本。

1994年3月，被告人吴胜锋非法印制“湖北省增值税专用发票”126本，每本50份计6300份，卖给被告人邓革。邓革将其中的40本，以每本10元的价格倒卖给刘明全（另案处理）、张海兵（在逃），其余86本倒卖给他人。

1994年3月中旬，被告人肖继承和刘明全、张海兵从解德兵（另案处理）处以每本10本的价格购得“湖北省增值税专用发票”50本计2500份。肖等三人以每本11元的价格在武昌火车站倒卖给他人。同月，被告人肖继承和刘明全、张海兵从解德兵处以每本5元的价格购买了“湖北省增值税专用发票”60本计3000份，以每本9元的价格倒卖给胡中华的女儿王秀等人。王秀等人在武昌火车站倒卖1500份。因销路不好，王秀又将30本还给了肖继承和解德兵等人。

二、非法印制、倒卖其他发票。

1992年12月，被告人邓革按照王新

桥（另案处理）的要求和提供的票样，非法印制了“武汉市普通定额统一发票”100本，每本100份计1万份，以每本0.55元的价格卖给了王新桥。1993年9月至1994年1月间，被告人邓革应王新桥的要求和提供的票样，非法印制“武汉市普通定额统一发票”620本，每本100份计6.2万份；印制“武汉市公路运输装卸搬运统一发票”20本，每本50份计1000份；印制“武汉市公路运输服务业专用发票62本，每本50份计3100份，分别以每本0.60元、2元和3元的价格卖给王新桥。1993年9月，被告人邓革先后2次将自己非法印制的“武汉市普通定额统一发票”260本，每本100份计2.6万份，以每本0.60元的价格卖给了余汉红（另案处理）。1993年10月，被告人邓革应原黄陵镇治安联防队长王善桥（另案处理）的要求和提供的票样，非法印制“武汉市工业企业统一发票”73本，每本50份计3650份；印制“武汉市饮食行业专用发票”100本，每本50份计5000份。分别以每本5元、3元的价格卖给王善桥。1993年10月中旬，被告人邓革将其非法印制的“武汉市工商企业统一发票”80本，每本50份计4000份，伙同被告人肖继承以每本4元的价格卖给被告人胡泉珍50本，卖给他人30本。被告人胡泉珍以每本5至7元的价格在武昌火车站倒卖。此后，被告人邓革又将非法印制的“武汉市工商企业统一发票”、“武汉市商业批发统一发票”各65本，每本50份计6500份，以及“武汉市普通定额统一发票”600本，每本100份计6万份，分别以每本5元、1.5元的价格倒卖给被告人胡泉珍。胡泉珍又以每本2至9元的价格在武昌火车站倒卖57450份，余11550份于案发后被查获。1993年10月，被告人邓革将其非法印制的“武汉市商业零售统一发票”150本，每本50份计7500份，伙同被告人肖继承以每本4至5元的价格卖给被告人胡中华。胡中华在武昌火车站倒卖50本；余100本因销路不好，退给了邓革。1994年2月，被告人邓革将其非法印制的“武汉市工业企业统一发票”40本，每本50份计2000份，“武汉市饮食行业专用发票”50本，每本50份计2500份，分别以每本4元、5元的价格倒卖给被告人胡中华。胡中华在武昌火车站倒卖7本，余83本于案发后被查获。1994年2月，被告人邓革将其非法印制的“武汉市商业零售统一发票”130本，每本50份计6500份，分别以每本4元、5元的价格卖给被告人杨文强，杨文强在武昌火车站倒卖给了他人。1994年3月，被告人邓革提供票样和税务监制章，要被告人吴胜锋非法印制“武汉市饮食行业专用发票”118本，每本50份计5900份。吴胜锋印好后将发票交给邓革，案发后全部被查获。1993年12月，被告人邓革将其非法印制的“武汉市工商企业统一发票”和“武汉市商业零售统一发票”各25本，每本50份计2500份，伙同被告人肖继承和刘明全以每本5元的价格卖给被告人胡泉珍。

1994年2月，被告人邓广新从被告人邓革处借得票样和监制章，非法印制“武汉市工业企业统一发票”和“武汉市商业零售统一发票”共100本，每本50份计5000份，以每本4元的价格卖给被告人胡泉珍。1994年2月至4月间，被告人邓广新将其非法印制的“天津市普通定额统一发票”600本，每本100份计6万份，“武汉市工商企业统一发票”和“武汉市商业零售统一发票”320本，每本50份计1.6万份，分别以每本1.5元、5元的价格卖给被告人胡泉珍。胡泉珍在武昌火车站倒卖。后因销路不好，胡泉珍将“武汉市工商企业统一发票”和“武汉市商业零售统一发票”90本，退还给了邓广新。1994年3月初，被告人邓广新将其非法印制的“武汉市商业零售统一发票”100本，每本50份计5000份，以每本5元的价格卖给被告人胡中华。胡中华在武昌火车站倒卖48本，余52本案发后被查获。1994年3月，被告人邓广新将其非法印制的“武汉市工商企业统一发票”和“武汉市商业零售统一发票”共100本，每本50份计5000份，以每本5元的价格卖给被告人杨文强，杨文强在武昌火车站倒卖给了他人。1994年3月，被告人邓广新将其印制的“武汉市工商企业统一发票”和“武汉市商业零售统一发票”共80本，每本50份计4000份，以每本3.5元的价格卖给被告人肖继承和刘明全、张海兵，肖继承等三人在武昌火车站倒卖给了他人。1994年3月，被告人邓广新将其非法印制的“武汉市普通定额统一发票”1万份和“武汉市商业零售统一发票”5000份，交给被告人吴胜锋套印税务监制章，又将其印制发票的花纹纸交给吴胜锋，非法印制“武汉市工商企业统一发票”5000份，并套印税务监制章。吴胜锋印好后交给了邓广新。

1993年10月，被告人吴胜锋与他人非法印制“武汉市公路运输服务业发票”100本，每本50份计5000份，以每本3元的价格卖给了王新桥。

1993年12月，被告人肖继承和刘明全从解德兵处以每本4元的价格购得“武汉市工商企业统一发票”和“武汉市商业零售统一发票”各50本，共100本，每本50份计5000份，以每本5元的价格倒卖给被告人胡泉珍。1994年3月中旬，被告人肖继承和刘明全、张海兵又从解德兵处以每本5元的价格购买了“武汉市公路运输机动车运费统一发票”40本，每本50份计2000份，以每本6元的价格倒卖给他人。

综上，被告人邓革非法印制、倒卖“湖北省增值税专用发票”共计7100份。其中，自印自卖800份，倒卖他人印制的“湖北省增值税专用发票”6300份；非法印制其他发票共计202250份，其中卖出197250份，未售出的5900份；非法所得赃款人民币共3800余元。被告人邓广新非法印制“湖北省增值税专用发票”共计9500份，其中倒卖7400份；非法印制其他发票共计11.5万份，其中倒卖9万份，非法所得赃款人民币5980元。被告人吴胜锋非法印制、倒卖“湖北省增值税专用发票”共计6300份；非法印制其他发票共计30900份，其中倒卖10900份。非法所得赃款人民币650元。被告人胡泉珍非法倒卖“湖北省增值税专用发票”共计3775份；倒卖其他发票136400份。被告人胡中华倒卖“湖北省增值税专用发票”计4350份；倒卖其他发票5250份。被告人肖继承伙同他人倒卖“湖北省增值税发票”共计4000份；伙同他人倒卖其他发票共计2万份。被告人杨文强倒卖其他发票共计11500份。

武汉市中级人民法院认为，被告人邓革、邓广新、吴胜锋以营利为目的，非法印制、倒卖增值税专用发票和其他发票，被告人胡泉珍、胡中华、肖继承以营利为目的，非法倒卖增值税专用发票和其他发票，被告人杨文强以营利为目的，非法倒卖其他发票，数量特别巨大，均已构成投机倒把罪。被告人肖继承有立功表现，可以减轻处罚。被告人吴胜锋案发后主动到公安机关投案自首，可以从轻处罚。被告人邓广新虽向检察机关投案，但投案后销毁罪证，不接受司法机关审查，其行为不属于自首，且罪行特别严重，本应判处死刑，但鉴于其具有主动投案及协助检察机关抓捕同案犯的情节，可不必立即执行。

据此，武汉市中级人民法院于1994年8月26日判决：被告人邓革犯投机倒把罪，判处死刑，剥夺政治权利终身；被告人邓广新犯投机倒把罪，判处死刑，缓期二年执行，剥夺政治权利终身，并处没收财产人民币2000元；被告人吴胜锋犯投机倒把罪，判处死刑，缓期二年执行，剥夺政治权利终身，并处没收财产人民币800元；被告人胡泉珍犯投机倒把罪，判处无期徒刑，剥夺政治权利终身；被告人胡中华犯投机倒把罪，判处有期徒刑十五年，剥夺政治权利三年；被告人肖继承犯投机倒把罪，判处有期徒刑五年；被告人杨文强犯投机倒把罪，判处有期徒刑十一年，剥夺政治权利一年。

被告人邓革、胡泉珍、杨文强不服一审判决，向湖北省高级人民法院提出上诉。

湖北省高级人民法院经审理于1994年10月13日作出二审判决：维持一审刑事判决中对被告人邓革、邓广新、胡中华、肖继承的定罪处刑部分；撤销一审刑事判决中对被告人吴胜锋、胡泉珍、杨文强的处刑部分。以投机倒把罪判处被告人吴胜锋无期徒刑，剥夺政治权利终身，并处没收财产人民币800元；以投机倒把罪判处被告人胡泉珍有期徒刑十五年，剥夺政治权利三年；以投机倒把罪判处被告人杨文强有期徒刑五年。

被告人邓革经最高人民法院核准，于1994年10月27日被执行死刑。

（最高人民检察院贪污贿赂检察厅
刘桂平）

吴黎宏等人抢劫、故意杀人案

被告人吴黎宏，男，22岁，浙江省淳安县人，经营个体摩托艇营运。

被告人胡志瀚，男，24岁，浙江省淳安县人。原系巴陵石油化工公司研究院杭州联营厂职工，1994年3月自动离厂。

被告人余爱军，男，23岁，浙江省淳安县人，经营个体摩托艇营运。

被告人吴黎宏、胡志瀚、余爱军抢劫、故意杀人一案，由浙江省淳安县公安局侦查终结，移送淳安县人民检察院审查起诉。根据《刑事诉讼法》第十五条之规定，淳安县人民检察院将案件移送杭州市人民检察院审查起诉。经审查查明：

被告人吴黎宏、胡志瀚、余爱军为图谋钱财，曾多次预谋抢劫他人财物，并策划了作案的时间、地点、路线、手段及沉船杀人灭口的实施方案，准备了炸药、猎枪、子弹、斧头等作案工具。

1994年3月31日下午4时许，被告人吴黎宏、胡志潮、余爱军携带上述作案工具，从千岛湖西园码头乘坐吴黎宏的摩托艇驶到猴岛附近水域窥测目标，伺机作案。5时30分左右，三被告人见"海瑞号"载客游船经猴岛驶向毛竹源方向，便驾艇尾随于后。当"海瑞号"游船行驶到阿慈岛附近水域时，天色已暗，周围亦无过往船只，三被告人即驾艇靠上该游船。被告人余爱军手持猎枪，被告人胡志瀚手持斧头，二人蒙面先登上"海瑞号"游船，被告人吴黎宏手持猎枪也随即登上游船。三被告人上船后迅即冲入客舱，先将6名船员、2名导游逼入底舱，同时用猎枪、斧头威逼客舱内的游客，以"拿出钱来不伤害生命”相欺骗，迫使他们交出钱、物。嗣后将船上24名游客全部赶入底舱。胡志瀚手持斧头把守底舱出口，余爱军驾驶“海瑞号”游船驶到预定的沉船地点——黄泥岭水域深水区，随后二被告人一起把下底舱的铁梯抽出扔入湖中。被告人吴黎宏驾驶摩托艇到达深水区后，即登上游船与被告人余爱军一起将劫得的钱、物装入包内放在摩托艇上。之后，三被告人为不留“活口”，按预定的沉船方案，打开游船上的消防栓，欲向底舱灌水沉船，因消防栓不能出水而未得逞。被告人吴黎宏即向底舱扔了三包炸药，炸药爆炸后引起底舱起火。被告人吴黎宏、余爱军还向底舱内开枪射击。吴黎宏又让胡志瀚从摩托艇上取来一桶汽油，倒入游船底舱，致“海瑞号”游船猛烈燃烧。游船上32名遇难者全被烟熏烧烤致死。三被告人作案后驾艇潜逃。途中，将斧头等作案工具扔进湖中。当晚，三被告人逃到胡志瀚住处，将劫得的美元5000余元、台币15万余元、人民币3000余元、港币110元、戒指9枚、项链1条、照相机6架、摄像机1台、玉镯1只、手表3只等钱、物进行分赃。

杭州市人民检察院认为，被告人吴黎宏、胡志瀚、余爱军以非法占有为目的，有预谋地采用暴力相威胁的手段劫取他人巨额财物的行为，以及为掩盖罪行，采用爆炸、纵火的手段故意非法剥夺他人生命的行为，触犯了《中华人民共和国刑法》第一百五十条、第一百三十二条之规定，均已构成抢劫罪、故意杀人罪，且犯罪情节特别严重，社会危害极大。1994年6月3日，杭州市人民检察院对被告人吴黎宏、胡志瀚、余爱军以抢劫罪、故意杀人罪向杭州市中级人民法院提起公诉。

杭州市中级人民法院对该案进行了公开审理，于1994年6月12日作出判决：

被告人吴黎宏犯抢劫罪，判处死刑，剥夺政治权利终身；犯故意杀人罪判处死刑，剥夺政治权利终身；决定执行死刑，剥夺政治权利终身。

被告人胡志瀚犯抢劫罪，判处死刑，剥夺政治权利终身；犯故意杀人罪，判处死刑，剥夺政治权利终身；决定执行死刑，剥夺政治权利终身。

被告人余爱军犯抢劫罪，判处死刑，剥夺政治权利终身；犯故意杀人罪，判处死刑，剥夺政治权利终身；决定执行死刑，剥夺政治权利终身。

1994年6月16日，浙江省高级人民法院依法核准杭州市中级人民法院一审对被告人吴黎宏、胡志瀚、余爱军判处死刑、剥夺政治权利终身的判决。被告人吴黎宏、胡志瀚、余爱军已被处决。

（最高人民检察院刑事检察厅

林　瑾）

牛顿等八人国际旅客列车抢劫案

被告人牛顿，男，36岁，北京市人，无业。

被告人刑忠实，男，20岁，河北省人，无业。

被告人秦之彤，男，31岁，河南省人，无业。

被告人张文骥，男，40岁，北京市人，无业。

被告人李秋华，女，32岁，北京市人，无业。

被告人姜明华，女，36岁，北京市人，原系中俄贸易进出口公司职员。

被告人杨珍春，女，21岁，四川省人，无业。

被告人张宝辉，男，33岁，山东省人，无业。

被告人牛顿、邢忠实、秦之彤、张文骥、李秋华、姜明华、杨珍春、张宝辉抢劫一案，由北京铁路公安局侦查终结，移送北京铁路运输检察分院审查起诉。经审查查明：

1993年1月的一天，被告人牛顿、李秋华伙同杨彤、王平（均另案处理），在莫斯科持凶器窜入两个四川人的住处，抢劫被害人100美元。牛顿、李秋华各分得50美元。

1993年1月27日晚10点多，被告人牛顿伙同他人，持凶器窜入莫斯科莫大旅馆一旅客房间，抢劫一北京人5万卢布，并将被害人头部、肩部等处砍伤。

1993年3月的一天，被告人牛顿伙同虞曾珍、张占臣（均另案处理）、徐志庭（在逃），在莫斯科日出旅馆持凶器抢劫一福建旅客1860美元。牛顿分得1260美元。

1993年4月的一天，被告人牛顿、邢忠实伙同张占臣、张继强（另案处理）、虞曾珍持凶器在莫斯科火车站待发的4次国际旅客列车上抢劫一北京旅客300美元和50元人民币。牛顿、邢忠实各分得100美元。

1993年5月3日，被告人牛顿、秦之彤、杨珍春伙同王琪（另案处理）、虞曾珍和绰号叫“大傻”（在逃）的歹徒持凶器在北京至莫斯科的3次国际列车上抢劫一包房旅客800美元，10万卢布，1台单放机。牛顿分得260美元和8万卢布，秦之彤分得260美元，杨珍春分得1万卢布。同日在同次列车上，被告人牛顿、秦之彤伙同王琪持凶器抢劫一包房旅客400美元；被告人牛顿伙同“大傻”抢劫一包房旅客20件皮夹克。牛顿卖掉皮夹克将钱挥霍。

1993年5月9日，被告人牛顿、邢忠实伙同朱永利（另案处理）、关宏安（在逃），持凶器在北京至莫斯科的3次国际旅客列车上，连续抢劫三个包房旅客500美元。牛顿分得300美元，邢忠实分得100美元。同日在同次车上，被告人牛顿持凶器抢劫一包房旅客1800美元。

1993年5月16日，被告人牛顿、秦之彤伙同田利民（在逃）在北京至莫斯科的3次国际旅客列车上，持凶器抢劫两个包房旅客600美元，牛顿、秦之彤各分得200美元；被告人牛顿、杨珍春伙同虞曾珍抢劫一包房旅客两包乞丐包、一包沙洗衬衣，杨珍春分得10件衬衣。

1993年5月24日，被告人牛顿伙同李德民（另案处理）持凶器在北京至莫斯科的3次国际旅客列车上，连续两次抢劫一包房旅客120美元，10万卢布；被告人牛顿、秦之彤、张宝辉伙同李德民、闫春友（另案处理），持凶器抢劫一包房旅客124万卢布，牛顿分得1万卢布，秦之彤分得10万卢布，张宝辉分得7万卢布。

1993年7月28日，被告人牛顿、张文骥、姜明华伙同虞曾珍，持凶器在莫斯科某被害人房内抢劫时，被先后抓获。

北京铁路运输检察分院经审查认为，被告人牛顿、邢忠实、秦之彤、张文骥、李秋华、姜明华、杨珍春、张宝辉目无国法，在国际列车上及莫斯科市区抢劫中国公民财物，其行为触犯了《中华人民共和国刑法》第一百五十条之规定，均已构成抢劫罪。其中牛顿、邢忠实、秦之彤所犯罪行情节严重。牛顿在共同犯罪中起主要作用，系主犯。秦之彤揭发他人犯罪有立功表现。1994年6月10日，北京铁路运输检察分院将此案向北京铁路运输中级法院提起公诉。

北京铁路运输中级法院经公开审理，于1994年10月7日依照《中华人民共和国刑法》第一百五十条第一、二款、第五条、第二十条、第二十二条第一款、第二十三条、第二十四条、第五十三条第一款、第五十一条第一款、第五十二条、第六十条、第六十七条第一款、第六十八条第二、三款和《中华人民共和国铁路法》第六十五条之规定，作出如下判决：

被告人牛顿犯抢劫罪，判处死刑，剥夺政治权利终身。

被告人邢忠实犯抢劫罪，判处无期徒刑，剥夺政治权利终身。

被告人秦之彤犯抢劫罪，判处无期徒刑，剥夺政治权利终身。

被告人张文骥犯抢劫罪，判处有期徒刑十四年，剥夺政治权利三年。

被告人李秋华犯抢劫罪，判处有期徒刑三年。

被告人姜明华犯抢动罪，判处有期徒刑三年。

被告人杨珍春犯抢劫罪，判处有期徒刑三年，缓刑三年。

被告人张宝辉犯抢劫罪，判处有期徒刑三年。

被告人牛顿、邢忠实、秦之彤、张文骥、姜明华、张宝辉不服一审判决，向北京市高级人民法院提出上诉。

北京市高级人民法院经审理，于1994年12月5日作出裁定：驳回上诉，维持原判。并根据最高人民法院授权高级人民法院核准部分死刑案件的规定，核准对牛顿以抢劫罪判处死刑，剥夺政治权利终身的裁定。1994年12月7日，对被告人牛顿执行死刑。

（最高人民检察院铁路运输检察厅

李晓光）

吴国政诉武进县电子器材厂承包合同纠纷民事审判监督抗诉案

1987年11月12日，江苏省武进县卜弋镇周家村村民吴国政与武进县电子器材厂签订了一份承包协议。协议约定：吴国政承包经营电子器材厂开办的武进县卜弋第一汽车修配厂，承包期一年，自1988年1月1日起至1988年12月31日止。承包方在经济上按财务规定独立核算，并承担所有职工的工资、福利和劳保待遇。承包方年上交利润5000元。电子器材厂负责提供车间二间、仓库一座、宿舍一间及场地，并提供必要的设备和流动资金。协议签订后双方按约履行，吴国政未要求电子器材厂提供流动资金。1988年10月吴国政与电子器材厂发生矛盾，导致在承包期满后双方未能结帐。1989年1月13日吴国政向武进县人民法院起诉，要求电子器材厂兑现22409.34元承包利润，返还价值5700元的库存材料、工具及多收上交利润4900元。武进县人民法院审理后认为：吴国政与电子器材厂签订的承包协议有效。吴国政在承包期间应得利润8712.03元，在承包期间，吴国政向电子器材厂借款10725.32元，两款相抵，吴国政应归还电子器材厂欠款2013.29元。吴国政不服该判决，于1991年12月9日向常州市中级人民法院提出上诉。常州市中级人民法院审理认为：一审法院计算汽车修理成本费用不实，有虚报材料、虚支工资等情况。遂撤销一审判决，判令电子器材厂偿付吴国政承包利润及利息计34121.65元。二审判决作出后，电子器材厂向常州市人民检察院提出申诉。

常州市人民检察院审查认为：二审法院认定电子器材厂计算汽车修理成本不实，有虚报借款、虚支工资等情况，经调查核实，均有确凿的证据证明。二审判决认定事实的证据不足，适用法律存在错误。常州市人民检察院于1992年9月依法向江苏省人民检察院提请抗诉。本案提请抗诉后，检察人员对二审法院的审理产生了疑问。本案纠纷数目仅有3万余元，证据也十分清楚，但同一案件，为何两级法院却做出了截然相反的判决？为此检察机关进行了深入调查。经立案查明：常州市中级人民法院经济审判庭审判员徐中辰在本案审理过程中收受当事人吴国政贿赂款2000元，导致其做出枉法判决。同时检察机关还查明，徐中辰在1992年7月至1993年4月间，利用其担任国家审判人员职务之便，先后收受案件当事人贿赂款物价值38257.20元；经济庭庭长夏金海收受案件当事人贿赂款物价值10878元；该庭书记员张国洪收受案件当事人贿赂款物价值11257.20元。1993年10月，江苏省人民检察院就本案的民事部分，以常州市中级人民法院作出的二审判决确有错误，依法向江苏省高级人民法院提出抗诉。对于本案的刑事部分，经指定管辖，1994年7月18日，江苏省镇江市人民检察院对夏金海、徐中辰、张国洪以受贿罪依法向镇江市中级人民法院提起公诉。1994年9月26日，镇江市中级人民法院作出如下判决：夏金海犯受贿罪，判处有期徒刑三年；徐中辰犯受贿罪，判处有期徒刑八年，剥夺政治权利二年；张国洪犯受贿罪，判处有期徒刑五年。对于检察机关提出抗诉的民事部分，1994年12月20日，人民法院依法组成合议庭作出如下判决：一、撤销常州市中级人民法院和武进县人民法院就本案作出的一、二审判决；二、电子器材厂支付给吴国政承包利润15159.69元，吴国政偿还给电子器材厂个人借款6352.32元，两项相互抵销后电子器材厂应付给吴国政8807.37元；三、吴国政返还给电子器材厂原二审判决后已执行的29000元，赔偿利息损失6746.67元，第二、三项相抵后，吴国政应付给器材厂26939.33元。

（最高人民检察院民事行政检察厅
赵文科）

第七部分　对外交流与合作

【1994年检察外事工作】 1994年，最高人民检察院贯彻党和国家的外交方针和政策，围绕检察机关的中心工作，积极开展对外交往，进一步推动了检察外事工作的全面发展。1994年，最高人民检察院先后派出6个代表团及考察团访问了罗马尼亚、朝鲜、德国、奥地利、法国、韩国、波兰、斯洛伐克、荷兰等9个国家，派员参加中国司法代表团访问了哥伦比亚。另外，还派出8批10人前往美国、巴西、加拿大、香港、澳门、韩国等国家和地区进行学术交流、讲学、考察或出席国际会议。全年共接待了越南、哈萨克斯坦、乌孜别克斯坦、白俄罗斯、新加坡、蒙古、匈牙利、埃及等8个国家的检察代表团及前来我国进行讲学的奥地利总检察长、途经我国的泰国副总检察长一行和来华参加第七届国际反贪污大会磋商会的代表。最高人民检察院参与办理了5件我国与外国签订的有关司法方面的国际条约，参加了对我国《引渡法》草案的讨论和修改，办理了最高人民检察院与哈萨克斯坦、蒙古、罗马尼亚、白俄罗斯、乌克兰等5个国家检察机关签订两国检察机关合作协定的有关事项。与哈萨克斯坦总检察院的合作协定已正式签署。同时，协调办理了俄罗斯、哈萨克斯坦、蒙古、罗马尼亚等国司法机关请求我国提供司法协助的案件10起。内地检察机关与香港廉政公署之间办理协查案件25起。

（最高人民检察院办公厅
赵铮铮）

【中国检察考察团访问奥地利、德国和法国】 1994年4月15日至22日，应奥地利总检察院的邀请，以最高人民检察院干部教育局局长、中央检察官管理学院院长雷铣为团长的中国检察考察团一行5人，对奥地利进行了考察。考察团成员包括：最高人民检察院政治部组织部副部长张有海，最高人民检察院政治部处长毕为，最高人民检察院干部教育局处长于萍（女），最高人民检察院外事局副处长赵铮铮（女）。考察团在奥考察期间，奥地利国民议会副议长兼奥中友好协会副主席，国民议会法律委员会主席和副主席，司法部部长，最高法院院长会见了考察团。考察团分别同奥总检察长，司法部主管刑事、教育、人事官员，萨尔茨堡州检察院检察长，进行了工作会谈和经验交流，在维也纳旁听了刑事法庭庭审，参观了监狱，考察了维也纳大学培养法律人才的情况。

中国检察考察团一行结束了对奥地利的考察后，应德国司法部的邀请，于1994年4月22日至30日对德国进行了考察。在德国考察期间，德国总检察长会见了考察团。考察团分别与德国司法部主管刑事、教育、人事的官员进行了座谈，并对德国检察制度进行了了解，考察了波恩大学培养法律人才的情况。考察团还对卡尔斯鲁厄中等法律事务学校和巴伐利亚邦总检察院进行了工作访问和座谈。

中国检察考察团结束了对德国的考察后，应法国司法部的邀请，于1994年5月

4日至13日对法国进行了考察。在法考察期间，法国总检察长和最高法院院长会见了考察团。考察团与巴黎上诉法院检察长、波尔多市各级检察长就检察官的职责、执法活动管理进行了座谈讨论，重点了解了法国审判官任职资格、检察官的培训和再教育、法国的司法和检察制度。参观了波尔多市监狱、看守所，旁听了不同级别法院的刑事、民事案件庭审，考察了法国国立审判官学校，与法各级法官进行了广泛的交流与接触。

（最高人民检察院办公厅
赵铮铮）

【中国检察代表团访问朝鲜】 1994年5月12日至21日，应朝鲜中央检察所的邀请，以最高人民检察院副检察长梁国庆为团长的中国检察代表团一行6人，对朝鲜进行了友好访问。代表团成员包括：广西壮族自治区人民检察院检察长韦家能，甘肃省人民检察院检察长李德奎，最高人民检察院民事行政检察厅副厅长王开洞，最高人民检察院政治部宣传部部长郝银飞（女），延边朝鲜族自治州人民检察院副检察长兼译员赵秉哲。代表团访朝期间，朝鲜劳动党中央政治局委员、书记桂应泰会见了代表团，同朝中央检察所举行了工作会谈。代表团参观了平壤市容，西海水闸，金刚山和板门店，并与平壤市、南埔市、江源道和开城市检察所的领导进行了接触。

（最高人民检察院办公厅
赵铮铮）

【中国检察代表团访问韩国】 1994年8月29日至9月2日，应韩国大检察厅检察总长金道彦的邀请，以最高人民检察院副检察长赵虹为团长的中国检察代表团一行4人，首次访问了韩国。代表团成员包括：黑龙江省人民检察院检察长于万岭，最高人民检察院贪污贿赂检察厅厅长罗辑，最高人民检察院行政管理局副局长江世好。访韩期间，代表团先后会见了韩国大检察厅检察总长金道彦、法务部长金斗善和副部长金基锡、国会法制司法委员长朴熺太、最高法院司法行政长官和汉城高等检察厅、地方检察厅、南部地方高等检察厅和庆州地方检察厅的检察长。参观了汉城高等检察厅和地方检察厅。

（最高人民检察院办公厅
赵铮铮）

【中国检察代表团访问罗马尼亚】 1994年9月7日至14日，应罗马尼亚公共部总检察长马奈·德勒古林的邀请，以最高人民检察院检察长张思卿为团长的中国检察代表团一行7人，对罗马尼亚进行了友好访问。代表团成员包括：天津市人民检察院检察长张德铨，山西省人民检察院检察长左祥，最高人民检察院贪污贿赂检察厅副厅长叶惠伦，最高人民检察院举报中心副主任姚世根，最高人民检察院检察长秘书顾义友和外交部译员甄淑琴。代表团在访罗期间，罗总统扬·伊利埃斯库、总理沃克罗尤、参议院议长奥利维乌·盖尔曼、众议院议长阿德里安·讷斯塔塞、外交部长特奥多尔·梅列什卡努、司法部国务秘书卢契安·斯登古和最高法院代院长等分别会见了代表团。罗马尼亚总检察长和公共部官员与代表团举行了工作会谈。代表团参观了布加勒斯特市和康斯坦察、布拉索夫两县（相当于我国的省），会见了两县县长，并同两县司法、检察机关的领导人进行了会谈。

（最高人民检察院办公厅
赵铮铮）

【中国检察代表团访问白俄罗斯和乌克兰】 1994年9月16日至23日，应白俄罗斯最高检察院检察长绍洛汤诺夫的邀请，以最高人民检察院副检察长赵登举为团长的中国检察代表团一行6人，对白俄罗斯进行了友好访问。代表团成员包括：山东省人民检察院检察长赵长风，最高人民检察院干部教育局副局长苑玉民，最高人民检察院法纪检察厅副厅长张恩福，最高人民检察院检察长办公室副主任童建明和外交部欧亚司翻译常旭红（女）。访问期间，代表团与白俄罗斯最高检察院领导人进行了工作会谈，拜会了白俄罗斯最高苏维埃副主席、苏维埃法制委员会主席、最高经济法院院长、内务部部长，考察了军事检察院、交通检察院和市、州、区检察院，参观了集体农庄等。

中国检察代表团一行在结束了对白俄罗斯的友好访问之后，应乌克兰总检察院的邀请，于1994年9月23日至30日对乌克兰进行了友好访问。访乌期间，代表团与乌克兰最高检察院总检察长费拉基米罗维奇进行了两次工作会谈，拜会了乌克兰内务部长、最高法院副院长、司法部副部长、安全局副局长等，考察了乌军事检察院、交通检察院和市、州及区检察院，参观了监狱。

（最高人民检察院办公厅
赵铮铮）

【中国检察代表团访问波兰和斯洛伐克】 1994年10月14日至20日，应波兰总检察长沃·切莫舍维奇的邀请，以最高人民检察院副检察长王文元为团长的中国检察代表团一行6人，对波兰进行了友好访问。代表团成员包括：吉林省人民检察院检察长李向武，江苏省人民检察院检察长张品华，最高人民检察院控告申诉检察厅副厅长张德章，最高人民检察院外事局干部龙梅（女）和外交部翻译朱永生。代表团访波期间，拜会了波兰最高法院院长、宪法法院院长、最高行政法院院长、司法部长等司法界高级官员。波兰副总理兼司法部长、总检察长切莫舍维奇会见了代表团，并与代表团举行了工作会谈。代表团访问了三个高级检察院和省检察院，参观了司法专家鉴定研究所和一个临时拘留所；参观了克拉科夫盐矿。

中国检察代表团一行在结束了对波兰的友好访问之后，应斯洛伐克总检察长沃伊杰赫·巴霍的邀请，于1994年10月22日至28日对斯洛伐克进行了友好访问。此次访问，是我国检察机关与斯洛伐克1993年独立后检察机关的首次接触。代表团访问期间，与斯洛伐克总检察长进行了工作会谈，会见了斯洛伐克民族议会第一副主席、最高法院院长、宪法法院院长、最高行政法院院长、司法部长。斯洛伐克总统米哈尔·科瓦奇接见了代表团全体成员。代表团还访问了两个州的检察院，参观了两所监狱和一所开放监狱。

（最高人民检察院办公厅
赵铮铮）

【中国检察代表团访问荷兰】 1994年11月20日至27日，应荷兰王国司法部的邀请，以最高人民检察院副检察长陈明枢为团长的中国检察代表团一行6人，对荷兰进行了友好访问。这是最高人民检察院与荷兰检察机关的首次交往。代表团成员包括：辽宁省人民检察院检察长杨业勤，福建省人民检察院检察长郑义正，最高人民检察院控告申诉检察厅副厅长何晔晖（女），最高人民检察院政治部检察员张仲方和外交部翻译陈传东。在访荷期间，代表团会见了荷兰司法大臣，同最高法院总检察长、司法部2个总司和部分司局负责人以及由荷兰5个上诉法院检察长组成的检察官委员会办公室主任、鹿特丹地区法院总检察长进行了工作会谈，考察了鹿特丹地区法院检察官办公室的工作情况，访问了荷兰国家警察局全国犯罪情报资料处(CRI)，参观了位于荷兰北部的埃斯荷姆监狱和本坎汉斯科开放式监狱，旁听了鹿特丹地区法院的庭审。

(最高人民检察院办公厅
赵铮铮)

【哈萨克斯坦检察代表团访华】 应最高人民检察院检察长张思卿的邀请，以哈萨克斯坦共和国总检察长图雅克巴耶夫为团长的哈萨克斯坦检察代表团一行5人，于1994年4月5日至12日对我国进行了友好访问。代表团成员包括：东哈萨克州检察长克尔兹曼，江布尔州总检察长马姆别托夫、谢米巴拉金斯克州总检察长柏图克巴耶夫，总检察院综合监察局副局长海鲁林。张思卿检察长与图雅克巴耶夫总检察长举行了工作会谈。双方各自介绍了本国当前的政治、经济形势，以及检察机关的工作情况。4月10日，张思卿检察长与图雅克巴耶夫总检察长分别代表中哈两国检察机关签署了《中华人民共和国人民检察院和哈萨克斯坦共和国检察院合作协议》。4月8日下午，全国人大常委会副委员长雷洁琼会见了哈总检察长一行。最高人民法院副院长刘家琛，司法部副部长肖建章分别会见了代表团。代表团由最高人民检察院副检察长赵虹陪同，访问了天津、乌鲁木齐。天津市人大常委会副主任鲁学会及新疆维吾尔自治区人大常委会主任阿木冬·尼牙孜分别会见了图雅克耶夫总检察长一行。天津市人民检察院检察长张德铨、新疆维吾尔自治区人民检察院检察长米吉提·库尔班同哈总检察长进行了座谈。

(最高人民检察院办公厅
赵铮铮)

【匈牙利检察代表团访华】 应最高人民检察院检察长张思卿的邀请，以匈牙利总检察长捷尔吉·卡尔曼为团长的匈牙利检察代表团一行3人，于1994年4月24日至5月1日对我国进行了友好访问。代表团成员包括：匈牙利最高检察院秘书长劳瓦特·奥迪劳，匈牙利最高检察院调查司司长朗哥·拉斯洛。张思卿检察长与捷尔吉总检察长进行了工作会谈，双方相互介绍了各自国家的政治、经济形势和改革开放、法制建设的情况。4月26日，国家副主席荣毅仁在人民大会堂会见了捷尔吉总检察长一行。最高人民法院副院长祝铭山、司法部部长肖扬、北京市人民检察院检察长何访拔也分别会见了代表团。捷尔吉总检察长一行由最高人民检察院熊传震同志陪同，访问了四川等地，并与当地的检察机关进行了座谈。

(最高人民检察院办公厅
赵铮铮)

【蒙古检察代表团访华】 应最高人民检察院检察长张思卿的邀请，以蒙古国家副总检察长扎木茨·乔依姜仓为团长的蒙古检察代表团一行5人，于1994年5月2日至9日对我国进行了友好访问。代表团成员包括：前杭爱省检察长扎格德苏伦·希尔钦，额尔登特市检察长巴达木·达希尼亚木，乌兰巴托市副检察长奥登·尼玛(女)，国家检察署外事检察员策德·达木丁。张思卿检察长与扎木茨·乔依姜仓副总检察长举行了工作会谈。张思卿检察长向蒙古客人介绍了我国建立社会主义市场经济体制的基本情况和近年来检察工作的情况。乔依姜仓副总检察长提出希望蒙中两国最高检察机关签订合作协议，以此推动两国检察机关的交流与合作。在北京期间，最高人民法院副院长端木正、司法部副部长张耕和北京市人民检察院检察长何访拔分别会见了代表团。代表团在最高人民检察院办公厅副主任林有海的陪同下，访问了杭州、上海等地。浙江省人大常委会副主任杨彬会见了代表团。代表团同上海市人民检察院负责同志进行了座谈，重点了解了上海深化改革、加速发展的情况。

（最高人民检察院办公厅
赵铮铮）

【越南检察代表团访华】 应最高人民检察院检察长张思卿的邀请，以越南最高人民检察院总检察长黎清道为团长的越南检察代表团一行6人，于1994年5月14日至21日对我国进行了友好访问。代表团成员包括：越南最高人民检察院干部组织司司长陈文禄，越南检察工作科学院院长屈文俄，越南最高人民检察院刑事案审判检察司司长阮氏北，越南最高人民检察院经济案调查检察司副司长文名红，越南谅山省人民检察院检察长郑玉。张思卿检察长与黎清道总检察长举行了工作会谈，双方各自介绍了本国当前的政治、经济形势，检察机关打击经济犯罪的情况，提出了两国检察机关交流合作的意向。5月17日，全国人大常委会副委员长李锡铭在人民大会堂会见了黎清道总检察长一行。最高人民法院副院长祝铭山、司法部部长肖扬、北京市人民检察院检察长何访拔也分别会见了黎清道总检察长一行。代表团由最高人民检察院副检察长赵登举陪同，访问了广州、顺德、南宁等地，并与当地人民检察院的负责同志进行了座谈和交流。

（最高人民检察院办公厅
赵铮铮）

【乌兹别克斯坦检察代表团访华】 应最高人民检察院检察长张思卿的邀请，以乌兹别克斯坦总检察长穆斯塔法耶夫为团长的乌兹别克斯坦检察代表团一行6人，于1994年6月8日至15日对我国进行了友好访问。代表团成员包括：乌兹别克斯坦总统办公室法律顾问霍尔马托夫·奥，布哈拉州检察长别克米尔扎耶夫·布，撒马尔罕州检察长纳扎罗夫·萨·扬，费尔干纳州检察长扎拉多夫·雅·茹，乌兹别克斯坦总检察院处长萨利霍夫·阿·穆。张思卿检察长与穆斯塔法耶夫总检察长进行了工作会谈，双方相互介绍了各自国家当前的形势和司法、检察制度及工作情况。全国人大常委会副委员长王汉斌在人民大会堂会见了代表团。最高人民法院副院长王景荣、司法部副部长王巨禄也分别会见了穆斯塔法耶夫总检察长一行。代表团由最高人民检察院副检察长王文元陪同，访问了天津、上海，并与当地的检察机关进行了座谈。

（最高人民检察院办公厅
赵铮铮）

【新加坡检察代表团访华】 应最高人民检察院检察长张思卿的邀请，以新加坡总检察长陈锡强为团长的新加坡检察代表团一行4人，于1994年10月17日至20日对我国进行了友好访问。代表团成员包括：新加坡国会法律顾问吴沛镇，副高级政府律师李兴立，政府律师谢伟杰。张思卿检察长与陈锡强总检察长进行了工作会谈，双方相互介绍了各自国家检察工作方面的情况及成功的经验。10月19日，全国人大常委会委员长乔石在人民大会堂会见了陈锡强总检察长一行。最高人民法院院长任建新、司法部部长肖扬和北京市人民检察院检察长何访拔也分别会见了代表团。代表团在华期间，参观了定陵、颐和园、雍和宫等名胜古迹。

（最高人民检察院办公厅
赵铮铮）

【埃及检察代表团访华】 应最高人民检察院检察长张思卿的邀请，以阿拉伯埃及共和国总检察长拉加·阿拉比为团长的埃及检察代表团一行3人，于1994年11月3日至9日对我国进行了友好访问。代表团成员包括：埃及最高检察院副总检察长穆罕默德·阿卜杜·哈库姆大法官，埃及最高检察院公关主任萨米·姆西。张思卿检察长与埃及总检察长进行了工作会谈，相互介绍了各自国家的政治、经济及检察机关的基本情况和目前形势下检察机关所面临的主要任务。11月5日，全国人大常委会副委员长王汉斌在人民大会堂会见了阿拉比总检察长一行。最高人民法院副院长王景荣、司法部部长肖扬也分别会见了埃及代表团。阿拉比总检察长一行由最高人民检察院办公厅副主任林有海陪同，访问了福州和厦门。福建省省长、厦门市人大常委会主任分别会见了代表团，福建省人民检察院检察长郑义正与代表团进行了座谈。

（最高人民检察院办公厅
赵铮铮）

【白俄罗斯检察代表团访华】 应最高人民检察院的邀请，以白俄罗斯检察院副总检察长萨谢科·伊尼·菲利波维奇为团长的白俄罗斯检察代表团一行6人，于1994年11月17日至22日对我国进行了友好访问。代表团成员包括：白俄罗斯总检察院处长多罗谢维奇·德米特里·谢尔盖耶维奇，白俄罗斯总检察院总检察长主任助手沙勃雷科，明斯克交通检察长谢尔基延科，卡林科维奇区检察院高级侦察员叶尔莫连科，鲍勃卢伊斯克市列宁区检察长高级助手尼奥别尔金。张思卿检察长与菲利波维奇副总检察长举行了工作会谈，相互介绍和通报了各自国家检察机关的工作情况。11月19日，全国人大常委会副委员长陈慕华在人民大会堂会见了菲利波维奇副总检察长一行。最高人民法院副院长刘家琛、司法部副部长王巨禄也分别会见了白俄罗斯检察代表团。菲利波维奇副总检察长一行由最高人民检察院副检察长赵登举陪同，访问了天津、深圳，并与当地检察院进行了工作座谈。

（最高人民检察院办公厅
赵铮铮）

中华人民共和国最高人民检察院和古巴共和国总检察院合作协定

（1992年10月1日）

中华人民共和国最高人民检察院和古巴共和国总检察院（以下简称“双方”），本着发展两国检察院友好合作关系的愿望，并根据两国检察工作的实际需要，愿在平等、互利的原则基础上，进一步促进两国检察院之间在检察工作及理论研究、教育方面的交流与合作，达成协议如下：

第一条

本协定的宗旨是：

一、有助于完善中华人民共和国最高人民检察院和古巴共和国总检察院的工作；

二、促进两国检察机关在检察工作中的合作关系；

三、促进两国检察机关在法律教学与研究方面的交流。

第二条

一、双方应按照两国司法协助协定和双方均参加的国际公约的有关规定，在检察工作中互相提供协助。

二、组织正式的专业代表团（组）互访，讨论两国检察机关共同感兴趣的问题，交流经验，并了解双方检察院的组织和有关活动。

三、互派检察人员，进行专业研究和培训，了解检察机关工作的形式和方法。这种交换计划和条件将通过信函确定。

第三条

一、双方同意其工作人员可作为访问学者在对方国家进行学术交流，以交流经验，提高他们的法律水平和业务能力。

二、在本协定有效期间，为执行以上条款，双方同意每二年互派二名访问学者。

三、互派访问学者的费用，由接受方负担在当地的费用，派出方负担其往返旅费。

第四条

为互相了解对方法律的发展情况，双方同意互相交换各自编辑的法律文件和出版物。

第五条

双方代表将根据需要举行会谈或通过信函，协商本协定执行中出现的有关问题和执行本协定的方法。

第六条

双方可通过协商对本协定的内容进行修改和补充。

第七条

本协定自签字之日起生效，有效期为三年。如任何一方未在期满三个月前以书面形式通知另一方要求终止本协定，则本协定的有效期将自动延长三年，并依此法顺延。

本协定于1992年10月1日在哈瓦那签订，一式两份，每份均用中文和西班牙文写成，两种文本同等作准。

中华人民共和国	古巴共和国
最高人民检察院	总检察院
代表	代表
陈明枢	拉·德拉克鲁斯·奥乔亚

中华人民共和国人民检察院和哈萨克斯坦共和国检察院合作协议

（1994 年 4 月 10 日）

中华人民共和国人民检察院和哈萨克斯坦共和国检察院（以下简称双方），根据《中华人民共和国和哈萨克斯坦共和国关于民事和刑事司法协助的条约》的有关规定和两国检察工作的实际需要，愿在相互尊重国家主权和平等、互利的原则下，进一步发展和促进两国检察机关之间的友好合作关系，特议定以下各条：

第一条 双方检察机关应严格遵守《中华人民共和国和哈萨克斯坦共和国关于民事和刑事司法协助的条约》，并依照该条约的规定，加强合作，相互积极提供司法协助。

第二条 双方互派正式或专业代表团（组）访问，讨论两国检察工作中共同感兴趣的问题。

第三条 双方互派检察人员，进行专业研究和培训。这种计划和条件通过双方具体确定。

第四条 双方互相交流共同感兴趣的法律文件和检察工作的情报，应对方要求，交换法学出版物。

第五条 本协议执行中出现的问题，由双方代表本着互相谅解和互相尊重的精神予以协商解决。

第六条 根据任何一方的要求和另一方的同意，可通过谈判对本协议的内容进行修改和补充。

第七条 本协议自签定之日起生效。任何一方可书面通知另一方要求终止本协议。本协议在发出终止通知之时起十个月以后失效，否则本协议无限期有效。

本协议于 1994 年 4 月 10 日在北京签字。本协议一式两份，每份用中文和哈萨克文写成，两种文本同样作准。本协议附俄文正式译本。

代表中华人民共和国人民检察院	代表哈萨克斯坦共和国检察院
中华人民共和国最高人民检察院	哈萨克斯坦共和国
检察长	总检察长
张思卿	图雅克巴耶夫

中华人民共和国最高人民检察院与外国检察院签订的合作协议一览表

顺序号	合作协议名称	签字日期	签字地点	我方签字人	对方签字人	生效日期	备注
1	中华人民共和国最高人民检察院和波兰人民共和国检察院合作议定书	1988年6月7日	华沙	中华人民共和国最高人民检察院副检察长王晓光	波兰人民共和国总检察长约瑟夫·热塔	1988年6月7日	
2	中华人民共和国最高人民检察院和古巴共和国总检察院合作协定	1992年10月1日	哈瓦那	中华人民共和国最高人民检察院副检察长陈明枢	古巴共和国总检察院检察长拉·德拉克鲁斯·奥乔亚	1992年10月1日	
3	中华人民共和国人民检察院和哈萨克斯坦共和国检察院合作协议	1994年4月10日	北京	中华人民共和国最高人民检察院检察长张思卿	哈萨克斯坦共和国检察院总检察长图雅克巴耶夫	1994年4月10日	

（最高人民检察院办公厅提供）

第八部分　理论研究、报刊、出版

【1994年检察理论研究概况】 1994年，检察理论研究工作以邓小平同志建设有中国特色社会主义的理论为指导，坚持理论联系实际的原则，在1993年的基础上取得了新的进展。

（一）突出重点、注重实效

1994年，检察理论研究重点探讨检察机关在建立社会主义市场经济体制新形势下，如何强化法律监督职能和完善有中国特色的社会主义检察制度的理论与实践问题。中国检察学会、中国检察理论研究所确定了15个科研选题，下发全国检察机关进行研究。选题题目为：1、强化法律监督职能的理论意义与现实意义；2、人民检察院体制的优越性；3、外国检察体制剖析；4、强化法律监督的当务之急与对策；5、人民检察院作为查办贪污贿赂犯罪案件职能机构的理论依据、法律依据和意义；6、人民检察院反贪局模式的优势；7、国外反贪模式剖析；8、检察权的定义与渊源；9、人民检察院具有侦查权的必要性和必然性；10、人民检察院具有免予起诉权的理论意义和现实意义；11、最高人民检察院司法解释权的依据和意义；12、完善检察权的当务之急与对策；13、国内外法制改革的动向研究；14、我国检察制度改革的目的与对策；15、公安、审判等方面的法制政策对检察制度的影响及对策。

据不完全统计，1994年全国各级检察机关和各地检察学会围绕上述重点课题共撰写理论文章1.8万余篇，发表1万余篇。其中，黑龙江、河南、四川、江西、福建、吉林、江苏、广东、浙江等省均撰写了1000余篇。通过对上述问题的研讨，解决了检察工作中一些重大理论问题。许多文章既注重对检察工作自身经验的总结和宣传，又注意借鉴国外检察制度的合理成份和有益经验，为完善和发展具有中国特色的社会主义检察制度服务。一些理论文章，积极探讨刑法、刑诉法等法律的修改问题，参与检察工作中的一些重大实践问题的讨论，提出了有一定理论水平的意见和建议，具有较高的理论参考价值。

1994年，天津、江西、湖南、海南、新疆、上海、内蒙古、黑龙江、吉林、辽宁、广东、北京、四川、青海等省（自治区、直辖市）检察院评选了优秀检察理论论文，表彰了优秀论文作者。

（二）开展学术活动，活跃研究气氛

1994年，全国检察理论研究活动频繁，学术气氛活跃。主要学术活动有：1、中国检察学会于1994年10月在成都市召开了“金融、证券、期货交易领域犯罪问题研讨会”，会议收到论文43篇。研讨会围绕金融、证券、期货交易领域犯罪的表现形式、特点、危害性、适用法律、立法建议及预防犯罪等问题进行了研讨。2、广东、海南、广西、江西、湖南、湖北、河南、福建等八省（自治区）检察学会于1994年5月在福建省厦门市召开了以“社会主义市场经济与检察监督”为主题的第三届协作理论研讨会。研讨会对社会主义市场经济体制下检察监督的地位和作用以及如何强化检察监督，市场经济条件下的犯罪构成以及科研、金融、证券、期货领域的犯罪等问题进行了研讨。3、黑龙江、吉林、辽宁、内蒙古、天津五省（自治区、直辖市）于1994年8月在天津召开了第二届检察理论研讨会。会议交流论文45篇。着重研讨了检察工作如何为经济建设服务，当前股份制企业金融证券企业违法犯罪的新情况、新问题及对策，完善法律监督立法和机制，关于法人犯罪等问题。4、陕西、甘肃、青海、宁夏、新疆等五省（自治区）于1994年7月在乌鲁木齐市召开了第三届监所检察工作研讨会。会议交流论文28篇。研讨会对看守所违法超期羁押人犯进行监督纠正，社会主义市场经济体制下的监所检察监督，以及实现监所检察工作经常化、制度化、规范化等专题进行了研讨。5、上海市人民检察院、上海市检察学会于1994年3月联合召开了"法人犯罪问题研讨会"。研讨会围绕法人犯罪的概念及行为特征，法人犯罪的主体认定，如何界定法人犯罪中主管人员和直接责任人员，法人犯罪与共同犯罪的区别等问题，展开了研讨。

另外，沿海开放城市检察机关1994年检察工作协作研讨会，华东六省（市）检察调研协作研讨会，长江流域检察刊物协作研讨会，华东十市检察工作研讨会，广西检察学会"市场经济与检察监督"理论研讨会，广西沿海开放城市检察理论研讨会，北京市检察学会"刑事诉讼法修改问题研讨会"，山西省检察学会"法人犯罪研讨会"，浙江省检察学会"股份（合作）制企业政策法律研讨会"，河南省豫北、豫东、豫南三个协作区研讨会，天津市检察学会第四届年会，安徽省检察学会"强化检察职能理论研讨会"，湖南省、江西省检察学会联合举办的"社会主义市场经济下不正当竞争犯罪问题研讨会"，海南省检察学会"社会主义市场经济与强化法律监督职能研讨会"，上海市检察学会"金属期货交易市场中经济犯罪研讨会"和"学习贯彻《国家赔偿法》研讨会"，湖北省检察学会"《检察官法》（草案）座谈会"，河北省检察学会检察理论研讨会等，都极大地调动了检察干警参与检察理论研究的积极性，取得了较为显著的成果，促进了检察工作的开展。

（三）组织力量攻关，承担国家重点课题的研究工作

1、贪污贿赂犯罪心态研究课题工作进展顺利。根据中央领导同志的指示，最高人民检察院承担了"贪污贿赂犯罪心态研究"课题。该课题由最高人民检察院副检察长梁国庆挂帅，最高人民检察院检察理论研究所、检察学会、检察官管理学院、研究室、反贪污贿赂法起草研究小组、贪污贿赂检察厅以及北京、内蒙古、黑龙江、上海、江西、山东、河南、湖北、广东、海南、四川、贵州、青海等13个省级检察院参加攻关。成立了以上述单位为成员单位的贪污贿赂犯罪心态研究小组。1994年8月，研究小组在北京召开了第一次成员单位代表会议，研究了调研提纲，明确了分工和各自的工作任务。本课题的具体组织、实施工作由检察理论研究所负责。在最高人民检察院领导和各成员单位的支持下，理论所设计和下发了万余份调查表格和调查问卷，组织人力赴广东、湖南、江西等地实地调查研究，并协调和指导各省、自治区、直辖市检察院的调研工作。参加课题研究的13个省、自治区、直辖市检察院，皆组建了贪污贿赂犯罪心态研究领导小组，由1名主管副检察长任组长，反贪局、研究室、检察学会等单位有经验的研究人

员和办案人员组成，并在交通、通讯上予以保障。1994年研究小组完成了该课题的问卷调查工作，共回收问卷1万余份，理论所对回收的问卷全部进行了计算机处理。

2、继续做好国家重点课题的研究工作。最高人民检察院承担的国家重点课题“职务犯罪问题研究”已按期完成，并通过了专家评审和国家社科研规划办公室的验收；“中国执法问题研究”和“检察工作与人权保护”课题的研究工作继续深入，完成了1994年度的研究工作。

3、申请国家重点课题。1994年，最高人民检察院决定由中国检察理论研究所作为最高人民检察院机关和在京直属单位的社科研管理机关，负责国家社科研项目的管理工作。理论研究所向国家社科研规划办公室申报了“国内外文化市场法制建设研究”和“中外反腐败比较研究”两个课题，其中“国内外文化市场法制建设研究”已被批准，并获国家资助。

(四)编辑出版检察理论刊物和图书资料，推动检察理论研究

1994年中国检察学会、中国检察理论研究所编辑出版《检察理论研究》(季刊)4期，《检察学会通讯》7期，《海外反贪动态》18期，《研究动态》26期，共100余万字。《检察理论研究》发表理论文章100余篇。《检察学会通讯》报道了各地检察学会的学术活动，并为中央档案馆作为资料收藏。《海外反贪动态》及时报道了世界各地的反贪污贿赂活动和动向。《研究动态》介绍了当前法学研究动态和主要学术观点。

全国省级人民检察院大都主办了检察刊物，发表了一大批检察论文。最高人民检察院主办、主管的《中国检察报》、《人民检察》和《中央检察官管理学院学报》、《检察学文摘》等以及各省级检察院主办的检察刊物，为推动检察理论研究做出了重要贡献。

1994年，最高人民检察院组织编写的《中华人民共和国人民检察院概览》(1000万字）已完成组稿和编辑工作。中国检察学会、中国检察理论研究所编辑了《毛泽东法制思想论集》(30万字)、《中外反腐败实用全书》(254万字)、《邓小平论反腐败》(10万字)、《邓小平同志民主与法制思想概论》(6.5万字)，编译了《国外反腐败法规》(50万字)，录制了法制专题电视教育片《改革开放与反腐倡廉》。广东省检察学会编辑了《检察官文集》，江苏省检察学会编辑了《毛泽东法制思想论文集》，黑龙江省检察学会编辑了《司法理论与实务》，浙江省检察学会编辑了《强化检察机关法律监督职能论文集》，四川省人民检察院编辑了《四川反腐败大案要案》，天津市检察学会编辑了《举报必读》，安徽省检察学会会同有关部门联合研制开发了《中国法律检索系统》，江西省检察学会编辑了《重大责任事故犯罪与预防》，广西检察学会编著了《冤狱赔偿立法论》、《刑法实用实务》和《中国法律文书写作大全》，湖南省检察学会编辑了《市场经济刑法学理论与实践论文集》、《法学论文写作》、《国际反贪》和《反不正当竞争法概论》，青海省检察学会编著了《藏区习惯法研究》，湖北省人民检察院编辑了《新中国反贪污贿赂理论研究与实践》，甘肃省人民检察院编著了《重大事故现场制图》以及湖南、江西等18省(自治区、直辖市)检察学会联合编辑了《当代中国大要案公诉词评析》等著作。1994年是检察理论专著丰收的一年。

(五)广泛开展对外学术交流，拓宽检察理论研究领域

1994年，中国检察学会、中国检察理

论研究所受最高人民检察院委托，广泛开展了对外学术交流活动。积极参与了中国法学会、中国监察学会、中国警察学会、中国法官协会等社团组织的学术活动，参加了亚太法协劳动法研讨会、中芬司法研讨会等国际学术会议，派员到英国进修研究西方司法制度，接待了英中文化协会、伦敦大学、香港大学、香港律政司等单位的访问学者。

各地检察学会除积极参加各地方的社团组织和科研、教育等部门举办的学术活动外，有的还开展了一些对外学术交流活动。1994年，广东省检察学会与香港廉政公署合作编写了《粤港投资者指南》一书，拟用中文简体版、中文繁体版、英文版印刷，在广州、香港同时发行。1994年10月，广东省检察学会副会长余万宁受最高人民检察院检察长 张思卿的委派，作为葡萄牙共和国总检察长多德基博士的特邀代表，参加了在澳门举行的国际刑事及感化基金会第八次年会，并向大会提交了题为《中国刑事侦查期间警察羁押人犯的权力和被羁押者的基本人权保护》的论文。1994年6月，上海市检察学会接待了来访的香港本地检察官协会会长曾宪徽等一行10人，相互交流了学会和协会的性质、组织机构以及两地的司法制度。

(六)检察理论研究队伍建设进一步加强

1994年，全国检察理论研究队伍建设有了新的发展。中国检察理论研究所等专业理论研究单位得以加强，理论研究人员逐步增加。以检察理论研究为主要任务的社会团体——检察学会又有进一步发展。1994年，中国检察学会常务理事会审议批准安徽省、浙江省、内蒙古自治区、河北省、甘肃省检察学会为团体会员，中国检察学会的团体会员已达到26个；批准个人会员117名，截止1994年底，中国检察学会的个人会员达1384名。1994年，河北省、甘肃省检察学会成立，山东省、云南省、陕西省成立了检察学会筹备组，积极筹建检察学会组织。河南省、福建省、新疆维吾尔自治区检察学会召开了会员代表大会，选举产生了新一届检察学会领导集体。截止1994年底，已成立的省级检察学会有：山西、辽宁、吉林、江西、黑龙江、青海、江苏、上海、广东、四川、湖北、宁夏、广西、新疆、河南、北京、天津、福建、海南、湖南、贵州、浙江、内蒙古、安徽、甘肃、河北等26个省（自治区、直辖市）检察学会。据不完全统计，1994年各地检察学会新发展会员4000余人，目前全国检察学会会员已有近3万人。

（中国检察理论研究所
石京学）

【中国检察报社工作概况】 1994年，中国检察报社在最高人民检察院党组的领导和中央宣传部的指导下，报社全体同志团结一心、勇于开拓、克服困难，较好地完成了报纸由周二刊向周四刊的改革，报纸期发行量达到30万份。

继续坚持“立足检察，面向社会”的办报思路。在保持办好正报的同时，自1994年1月，还推出了每周一期的《明镜周刊》。该刊一创办便具鲜明特色：介入社会，文章旗帜鲜明；干预生活，重在引导潮流和时尚；强调关怀，意在突出服务性；娱乐大众，体现休闲价值；启迪人生，做到以案警世。一年来，《明镜周刊》以其鲜明的个性赢得了越来越多的读者，在众多的报纸星期刊中独树一帜。

为了使报纸更加贴近读者，贴近生活，正报和《明镜周刊》增设开辟了近百个专刊、专栏。其中一版的“社会热点”、“四海传真”，二版的“企业家看台”、“人大代表在人民中”，三版的“经济与法制”、“警钟”，四版的“环球司法”、“侦破纪实”；《明镜周刊》的“每周曝光”、“每周观察”、“法制纵横”、“社会博采”等专刊和专栏都受到了广大读者的好评。

坚持正确导向，紧紧围绕党和国家的中心工作，围绕最高人民检察院的工作部署开展工作。一是加大反腐败斗争宣传力度。1994年，报纸继续将查处大案要案作为报道重点，特别加强了对党政机关、司法部门、行政执法部门和经济管理部门中发生的贪污贿赂、徇私舞弊等大案要案，处以上干部犯罪案件以及法人走私、偷税、骗税、假冒商标等犯罪案件的报道，并选择有教育意义的典型案件进行深入剖析。通过揭露剖析大案要案，鞭挞了犯罪，教育了群众。二是加大打击严重刑事犯罪，搞好社会治安综合治理的宣传力度。根据中央的部署，及时报道各地“严打”斗争战果，剖析严重刑事犯罪案例，特别是下半年，加强了对社会治安综合治理的形势、经验和先进事迹的报道，对维护社会稳定起到了积极的推动作用。三是加强对检察机关法律监督职能作用的宣传报道。全面宣传检察机关的任务、侦查监督、审判监督职能，以树立检察机关权威。四是加强了对检察官严格执法先进事迹的报道。开辟了“检察官速写”、“执法英苑”等栏目，发表了一批有份量的通讯、报道，并配发了评论，弘扬了检察官一身正气，两袖清风，刚正不阿，秉公执法的精神面貌，歌颂了检察官在反腐斗争中无私无畏的先进事迹，产生了良好的社会效果，同时也为检察官创造了良好的执法环境。五是加强新闻评论工作，进一步发挥舆论导向作用。为了用正确的舆论引导执法、守法，1994年先后刊登了近百篇社论、评论、短评和小言论。年初为了系统论述最高人民检察院“严格执法，狠抓办案”的工作方针，报纸发表了“四论”严格执法，狠抓办案；为了配合宣传全国综合治理工作，发表了“五谈”社会治安综合治理。此外，为了配合专项斗争先后发表了“严厉打击涉税犯罪活动”等一批评论员文章，都产生了良好的社会效果。六是加强检察理论的探讨与研究，增强报纸指导性。针对市场经济体制下立法、执法中遇到的新情况、新问题，中国检察报发表了一批有深度的理论文章，对检察业务起到了指导作用。

进一步加大了新闻改革的步伐。一是增强了新闻时效。年初与新华通讯社联网，每天接收新华社两次新闻稿，加快了发排时间，缩短了报纸付印时间，同时在哈尔滨和西安又增设了两个分印点，提高了报纸投递速度。二是开展了新闻、摄影、理论专刊的征文、竞赛活动。1994年，开展了“人大代表在人民中”、“德敏杯二版头条大赛”、“法制新闻摄影大赛”、“大案要案征文”、“反不正当竞争大家谈”、“公民观察言论征文”、“舆论监督鼓与呼征文”等，编发了一批质量较高的作品，一年共有近百篇作品被新华社、人民日报、中央人民广播电台、光明日报、报刊文摘等新闻媒介转发、转播、转载。三是积极参加中国记协、全国法制记协、全国人大、全国政协、中央综治委等全国性好新闻评选活动。1994年，共有8件作品分别获全国法制好新闻、全国人大、全国政协和全国社会治安好新闻二等奖和三等奖。四是积极参加每年一次的“两会”报道。1994年“两会”期间共发稿95篇，受到了全国人大办公厅的表扬。五是国庆期间开展了一次“庆祝建国45周年专稿”采访活动，共派出记者20多人到全国部分开放地区、革命老区和边远地区的检察院进行采访，发表了50多篇稿件。六是和人民日报、中国工商报、中国税务报等单位共同举办了“打假知识竞赛”和“中华餐饮食宿文化大众调查”活动。

1994年6月13日至18日，中国检察报在海口召开了全国记者工作会议。会上宣读了最高人民检察院副检察长梁国庆写给大会的贺信，中国检察报社党委书记、总编辑刘佑生代表报社党委和编委会向大会作了工作报告。

1994年8月23日至25日，最高人民检察院在北京召开了中国检察报宣传工作会议，最高人民检察院检察长张思卿到会并作重要讲话，梁国庆副检察长主持了开幕式并讲话，陈明枢副检察长主持了闭幕会，赵虹副检察长和新华社常务副总编辑朱承修出席了会议。全国20多个省级检察院和军事检察院分管宣传工作的副检察长及宣传发行中国检察报成绩突出的先进地区、县（市）负责同志出席了会议。中国检察报社党委书记、总编辑刘佑生作了工作报告。

1994年，最高人民检察院主办的《人民检察》杂志、《最高人民检察院公报》和中国检察报社主办的《方圆》杂志从内容到形式都有了很大改观，发行量也均有上升。其中《人民检察》6.5万份，《公报》近3万份，《方圆》4万份。

（中国检察报社　王宪福）

【检察出版概况】　1994年，中国检察出版社的出版工作有新进步、新发展，取得了新成绩。

一、组织全社编辑出版人员认真学习中央宣传思想工作会议和党的十四届四中全会精神，坚持用邓小平同志建设有中国特色社会主义的理论和党的基本路线指导出版工作，紧紧围绕党的工作大局和检察工作的中心开展检察出版工作。按照江泽民同志提出的以科学的理论武装人，以正确的舆论引导人，以高尚的精神塑造人，以优秀的作品鼓舞人的方针，坚持出好书，不出坏书，出质量高的书，不出质量低的书，把社会效益放在首位，实现经济效益和社会效益的统一，保障检察出版工作健康开展。全年共出版各类书籍51种，10140千个印张。发排2908万字，出书472500册，其中新书37种，再版重印14种。《刑事犯罪案例丛书》、《新中国司法解释大全》、《医药卫生法律全书》、《经济犯罪学》等书，分别获1994年全国“泛达杯”优秀法律图书二、三等奖和提名奖。《水电将军》一书获水电部优秀水电作品大奖。在社会上产生了较好的影响。

二、抓重点选题的落实，保证重点图书按时出版。在制订选题计划和抓选题过程中，注意突出重点，优化选题，提高质量，提高效益，重点图书优先出版。八·五重点图书，千位名家用十年心血编写出来的1000多万字10卷宏篇巨著《中华法学大辞典》已陆续出版印刷。其中《宪法卷》、《民法卷》、《诉讼法卷》已征订发行，《新中国司法解释大全》（1992—1994）、《中国赔偿法全书》、《反不正当竞争法概论》、《国内外重大伤亡事故案例》、《职务犯罪监督论》、《新编实用法学全书》等一批重点图书都已出版发行。

1月6日至8日，中国检察出版社在海南省海口市召开了选题研讨会。最高人民检察院副检察长赵登举就案例丛书编写及图书发行工作在会上作了讲话。中共海南省委副书记兼海口市委书记陈玉益、海南省人民检察院检察长秦醒民分别讲话。会议由中国检察出版社副社长苏德永主持。

三、抓宣传征订工作。采取多种形式，

广开渠道，广泛宣传，广泛征订，使图书发行取得较好的成效。全年发行图书码洋达450多万元，超过预期的目标。为落实中央支持贫困地区建设的指示，积极向西藏等省、区无偿捐赠了99种1000多册图书。按照新闻出版署的要求，积极参加了全国社会发展成就展览展销活动，宣传了中国检察出版社的成果，扩大了社会影响。

四、认真落实目标管理责任制。遵照最高人民检察院领导的批示，中国检察出版社学习和借鉴兄弟出版社的做法和经验，结合本社实际，修改和充实了检察出版社目标管理责任制实施方案，进一步激发和调动了全社编辑和出版人员的积极性。

（中国检察出版社　彭年贵）

第九部分　大事记

1994年检察机关大事记

一月

4日　最高人民检察院印发《人民检察院监察工作暂行条例》和《人民检察院监察部门调查处理案件办法》(试行)。

28日　最高人民检察院印发《江泽民总书记在接见全国检察长工作会议代表时的讲话》。

29日　最高人民检察院作出《关于追授叶子新同志"模范检察长"称号的决定》。

二月

23日　最高人民检察院发出《关于各级检察机关升挂国旗悬挂国徽的通知》。

三月

7日　最高人民检察院在北京召开全国检察机关查办大要案工作电话会议，张思卿检察长，梁国庆、赵登举副检察长在会上讲了话。会议部署1994年查办大要案工作，要求各级检察机关严格执法、狠抓办案，各级检察长要亲自办案，一级抓一级，层层抓落实，把反腐败斗争查办大要案工作抓紧抓好。

15日　最高人民检察院检察长张思卿在第八届全国人民代表大会第二次会议上作《最高人民检察院工作报告》。3月22日，大会通过决议，批准了这个报告。

25日　最高人民检察院作出《关于追授岳从昆同志"模范检察干部"称号的决定》。

25日至28日　最高人民检察院在北京召开全国检察机关第二次纪检监察工作会议。中共中央政治局委员、书记处书记、中央纪律检查委员会书记尉建行出席会议并接见了与会代表；最高人民检察院检察长张思卿在会上作了重要讲话；副检察长陈明枢作了总结讲话；中纪委驻最高人民检察院纪检组组长王克作了工作报告。

28日　最高人民检察院、最高人民法院、公安部、国家税务总局联合发出《关于开展打击伪造、倒卖、盗窃发票专项斗争的通知》。

29日　最高人民法院、最高人民检察院、公安部、国家工商行政管理局、铁道部、电力部、国内贸易部、中国石油天然气总公司联合召开打击盗窃、破坏铁路、油田、电力、通讯器材设备的犯罪活动电话会议。

四月

5日至12日　应最高人民检察院检察长张思卿的邀请，以总检察长图雅克巴耶夫为团长的哈萨克斯坦检察代表团对我国进行友好访问。

10日　最高人民检察院检察长张思卿和哈萨克斯坦共和国总检察长图雅克巴

耶夫在北京签署《中华人民共和国人民检察院和哈萨克斯坦共和国检察院合作协议》。

15日至5月13日　最高人民检察院干部教育局局长、中央检察官管理学院院长雷铣率中国检察考察团对奥地利、德国、法国进行考察。

18日至21日　最高人民检察院在上海召开全国铁路检察长会议。最高人民检察院副检察长陈明枢主持会议并讲话。

24日至5月1日　应最高人民检察院检察长张思卿的邀请，以总检察长捷尔吉·卡尔曼为团长的匈牙利检察代表团对我国进行友好访问。

五月

2日至9日　应最高人民检察院检察长张思卿的邀请，以副总检察长扎木茨·乔依姜仓为团长的蒙古检察代表团对我国进行友好访问。张思卿检察长在会见代表团时宣布：第七届国际反贪污大会将由中国主办。这届反贪污大会将于1995年10月在北京召开。

10日至14日　最高人民检察院在河南省郑州市召开全国检察机关查办徇私舞弊案件现场会。最高人民检察院副检察长赵虹出席会议并讲了话。

11日　第七届国际反贪污大会组委会在北京正式成立并召开了第一次会议。最高人民检察院检察长张思卿任组委会主席；监察部部长曹庆泽任第一副主席；最高人民检察院副检察长梁国庆任副主席兼秘书长；监察部副部长李至伦、最高人民检察院副检察长赵登举任副主席。

12日至21日　应朝鲜民主主义人民共和国中央检察所的邀请，最高人民检察院副检察长梁国庆率中国检察代表团对朝鲜进行友好访问。

14日至21日　应最高人民检察院检察长张思卿的邀请，以总检察长黎清道为团长的越南检察代表团对我国进行友好访问。

20日至30日　应中央检察官管理学院的邀请，奥地利总检察长奥托·傅·米勒博士及其助手来我国讲学。

26日至30日　最高人民检察院在安徽省黄山市召开全国检察机关第三次刑事检察工作会议。最高人民检察院副检察长梁国庆主持会议并作了总结讲话。

六月

2日　最高人民检察院、最高人民法院联合发布《关于办理伪造、倒卖、盗窃发票刑事案件适用法律的规定》。

6日　最高人民检察院检察长张思卿在全国打击经济犯罪电话会议上讲话。

8日至15日　应最高人民检察院检察长张思卿的邀请，以总检察长穆斯塔法耶夫为团长的乌兹别克斯坦检察代表团对我国进行友好访问。

17日　最高人民检察院、国家科学技术委员会发出《关于办理科技活动中经济犯罪案件的意见》。

最高人民检察院举行新闻发布会，赵虹副检察长主持会议，赵登举副检察长通报了1994年以来查办大案要案情况和公布《最高人民检察院奖励举报有功人员暂行办法》。

七月

10日至14日　最高人民检察院在北戴河召开全国检察长座谈会。

八月

23日至25日　最高人民检察院在北京召开了中国检察报宣传工作会议。

26日　最高人民检察院发出《关于严厉打击走私、制作、贩卖、传播淫秽物品和非法出版物的通知》。

29日至9月2日　应韩国大检察厅检察总长金道彦的邀请，最高人民检察院副检察长赵虹率中国检察代表团对韩国进行友好访问。

30日　最高人民检察院副检察长、第七届国际反贪污大会组委会副主席兼秘书长梁国庆在国务院新闻办公室举行的中外记者招待会上介绍第七届国际反贪污大会的筹备情况。

九月

7日至14日　应罗马尼亚共和国总检察长德勒古林的邀请，最高人民检察院检察长张思卿率中国检察代表团对罗马尼亚进行友好访问。

12日　林业部、公安部、最高人民法院、最高人民检察院联合发出《关于严厉打击破坏森林资源违法犯罪活动的通知》。

16日至30日　应白俄罗斯总检察长绍洛汤诺夫和乌克兰总检察院的邀请，最高人民检察院副检察长赵登举率中国检察代表团对白俄罗斯、乌克兰进行友好访问。

20日至24日　最高人民检察院在北京召开全国检察机关第三次计划财务装备工作会议。会议总结了1989年第一次全国检察装备工作会议以来，各级检察机关实施《检察机关计划财务装备工作五年规划(1989—1993)》的基本情况和主要经验，研究制订了《检察机关计划财务装备工作第二个五年计划（1994—1998)》，表彰了检察装备工作取得突出成绩的先进单位。

十月

6日　最高人民检察院发出《关于认真学习贯彻党的十四届四中全会精神的通知》。

11日至16日　最高人民检察院在安徽省黄山市召开全国检察机关第四次反贪污贿赂侦查工作会议。最高人民检察院检察长张思卿、副检察长赵登举出席会议并讲话。

14日至28日　应波兰总检察长和斯洛伐克总检察长的邀请，最高人民检察院副检察长王文元率中国检察代表团对波兰和斯洛伐克进行友好访问。

17日至20日　应最高人民检察院检察长张思卿的邀请，以总检察长陈锡强为团长的新加坡检察代表团对我国进行友好访问。

22日至26日　最高人民检察院在上海召开全国检察机关第二次政治工作会议。最高人民检察院副检察长陈明枢主持会议并作了《认真贯彻党的十四届四中全会精神，加强检察机关党的建设》的报告。政治部副主任王克就1990年全国检察机关第一次政治工作会议以来的政治工作情况作了总结，张思卿检察长作了重要讲话。

十一月

3日至11日　最高人民检察院在云南省昆明市召开全国监所检察派出机构工作座谈会。最高人民检察院副检察长王文元主持会议并讲话。

3日至9日　应最高人民检察院检察长张思卿的邀请，以总检察长拉加·阿拉比为团长的埃及检察代表团对我国进行友好访问。

17日至22日　应最高人民检察院检察长张思卿的邀请，以副总检察长萨谢科·伊尼·菲利波维奇为团长的白俄罗斯检察代表团对我国进行友好访问。

17日　中国女检察官协会成立大会在北京举行。全国人大常委会副委员长、全国妇联主席、中国女检察官协会名誉会长陈慕华，全国政协副主席、中国女检察官协会名誉会长钱正英和全国妇联第一副主席、中国女检察官协会特邀顾问黄启璪，最高人民检察院检察长张思卿、副检察长梁国庆、陈明枢、王文元到会祝贺。陈慕华、张思卿在会上讲了话。大会选举最高人民检察院刑事检察厅厅长张凤阁为协会会长，北京市人民检察院副检察长曾岫萍、河北省人民检察院副检察长高文英、天津市人民检察院副检察长陈以毅为副会长，最高人民检察院政治部宣传部部长郝银飞为秘书长。

20日至27日　应荷兰司法部的邀请，最高人民检察院副检察长陈明枢率中国检察代表团对荷兰进行友好访问。

25日　最高人民检察院印发《人民检察院政治工作纲要》。

十二月

22日至26日　最高人民检察院在四川省成都市召开全国检察长工作会议。

（最高人民检察院办公厅）

第十部分　统计资料

全国检察机构统计表

截止 1994 年 12 月底　　单位：个

院别		机构数
合计		3662
最高人民检察院		1
省级人民检察院		31
分、州、市检察院	小计	403
	分、州、盟、市检察院	380
	军事检察院分院	11
	铁路运输检察分院	12
县级检察院	小计	3057
	县（市、旗、区）检察院	2935
	军事检察院	64
	铁路运输检察院	58
派出检察院	小计	170
	工矿区检察院	12
	农垦区检察院	10
	林区检察院	65
	驻劳改劳教场所检察院	68
	其他检察院	15

全国检察机关人员统计表

截止 1994 年 12 月底　　单位：人

职务		人数
合计		194456
检察人员	小计	185171
	正副检察长	12290
	检察员	87221
	助理检察员	47591
	书记员	17962
	法警	10451
	其他干部	9656
工勤人员		9285

1994年全国检察机关办理自行侦查案件统计表

表一

项目 / 单位 / 案件类别	受案	立案				结案			
		合计		其中		合计		其中	
				大案	要案			大案	要案
	件	件	人	件	人	件	人	件	人
合计	169355	77956	92206	32003	1915	79812	95055	30269	1534
经济案件小计	122545	60312	68792	28626	1768	62875	72492	27578	1429
贪污	51923	21674	26057	11430	363	22725	27719	11455	343
贿赂	27696	14797	15839	7625	1173	15266	16366	7447	907
挪用公款	22493	13603	14661	4922	177	14322	15639	4479	140
偷税抗税	12074	6841	7562	3696	21	7180	8016	3507	16
其他	8359	3397	4673	953	34	3382	4752	690	23
法纪案件小计	46810	17644	23414	3377	147	16937	22563	2691	105
其中渎职案	23981	9068	10725	2702	125	8807	10534	2138	89

表二

项目 / 单位 / 办案部门	受案	立案		结案	
	件	件	人	件	人
合计	169355	77956	92206	79812	95055
贪污贿赂检察部门	119471	59379	67754	62016	71565
法纪检察部门	46114	17329	22956	16648	22129
监所检察部门	349	331	412	280	349
控告申诉检察部门	3421	917	1084	868	1012

1994年全国检察机关批准、决定逮捕人犯统计表

表一

案件分类	合计		批准公安机关提请逮捕		检察机关自行侦查决定逮捕	
	件	人	件	人	件	人
合计	381098	629331	355108	598633	25990	30698
危害公共安全案	14127	17789	13617	17156	510	633
破坏社会主义经济秩序案	11738	17346	5458	10160	6280	7186
侵犯公民人身民主权利案	79191	99039	77164	95881	2027	3158
侵犯财产案	240789	428737	231179	417464	9610	11273
妨害社会管理秩序案	27276	57118	27276	57118		
妨害婚姻家庭案	52	69	52	69		
渎职案	6939	7565			6939	7565
其他	986	1668	362	785	624	883

表二

办案部门	合计	
	件	人
合计	381098	629331
检察机关立案侦查	25990	30698
贪污贿赂检察部门立案	21728	24706
法纪检察部门立案	3748	5376
监所检察部门立案	199	235
控告申诉检察部门立案	315	381
公安、安全机关立案侦查	355108	598633
刑事检察部门审查	354868	598275
监所检察部门审查	240	358

1994年全国检察机关提起公诉案件统计表

表一

案件分类	合计		公安机关移送案件		检察机关自行侦查案件	
	件	人	件	人	件	人
合计	385271	610495	353121	570693	32150	39802
危害公共安全案	16148	19863	14855	18241	1293	1622
破坏社会主义经济秩序案	10880	15693	4800	8561	6080	7132
侵犯公民人身民主权利案	83727	104241	81112	100094	2615	4147
侵犯财产案	236587	405859	223799	389650	12788	16209
妨害社会管理秩序案	28115	53318	28115	53318		
妨害婚姻家庭案	77	110	77	110		
渎职案	8812	9878			8812	9878
其他	925	1533	363	719	562	814

表二

办案部门	合计	
	件	人
合计	385271	610495
检察机关立案侦查	32150	39802
贪污贿赂检察部门立案	26275	31391
法纪检察部门立案	5430	7781
监所检察部门立案	184	258
控告申诉检察部门立案	261	372
公安、安全机关立案侦查	353121	570693
刑事检察部门审查	350407	567173
监所检察部门审查	2714	3520

1994 年全国检察机关免予起诉案件统计表

表一

案件分类	合计		公安机关移送案件		检察机关自行侦查案件	
	件	人	件	人	件	人
合计	44250	67661	18929	37851	25321	29810
危害公共安全案	4621	5207	2079	2308	2542	2899
破坏社会主义经济秩序案	14752	16959	666	1292	14086	15667
侵犯公民人身民主权利案	6471	8906	3524	4713	2947	4193
侵犯财产案	14128	26189	10154	21329	3974	4860
妨害社会管理秩序案	2451	8095	2451	8095		
妨害婚姻家庭案	10	21	10	21		
渎职案	1498	1797			1498	1797
其他	319	487	45	93	274	394

表二

办案部门	合计	
	件	人
合计	44250	67661
检察机关立案侦查	25321	29810
贪污贿赂检察部门立案	17976	20425
法纪检察部门立案	7106	9063
监所检察部门立案	96	120
控告申诉检察部门立案	143	202
公安、安全机关立案侦查	18929	37851
刑事检察部门审查	18860	37742
监所检察部门审查	69	109

1994年全国检察机关出庭支持公诉情况统计表

单位:件

办案部门	合计	一审	二审		
			小计	上诉案	抗诉案
合计	326664	324791	1873	1338	535
检察机关立案侦查	21251	20955	296	165	131
贪污贿赂检察部门立案	17731	17461	270	152	118
法纪检察部门立案	3234	3208	26	13	13
监所检察部门立案	112	112			
控告申诉检察部门立案	174	174			
公安、安全、劳改机关立案侦查	305413	303836	1577	1173	404
刑事检察部门审查起诉	303199	301630	1569	1166	403
监所检察部门审查起诉	2214	2206	8	7	1

1994年全国检察机关抗诉情况统计表

单位:件

办案部门	提出抗诉	撤回抗诉	审判结果			
			合计	改判	改判率(%)	维持原判
合计	2226	119	804	468	58.2	336
检察机关立案侦查	600	24	176	76	43.2	100
贪污贿赂检察部门立案	542	24	155	67	43.2	88
法纪检察部门立案	55		20	9	45.0	11
监所检察部门立案	3		1			1
控告申诉检察部门立案						
公安、安全、劳改机关立案侦查	1626	95	628	392	62.4	236
刑事检察部门审查起诉	1621	95	627	391	62.4	236
监所检察部门审查起诉	5		1	1	100	

1994年全国检察机关纠正违法统计表

单位:件次

项目	合计	书面通知纠正	口头通知纠正
合计	140914	21952	118962
侦查监督	11047	5274	5773
审判监督	2228	577	1651
监所监督	127639	16101	111538

1994年全国检察机关处理申诉案件统计表

单位:件

案件分类	受理	立案复查	结案	
			合计	其中改变原决定
合计	65696	7634	2576	743
不服不立案	819	215	86	17
不服撤案	407	182	98	29
不服刑事拘留	1429	83	13	4
不服逮捕	2509	428	68	17
不服不批捕	597	190	98	24
不服不起诉	342	160	86	15
不服免予起诉	3182	2052	1299	460
不服判刑	11545	679	233	24
不服劳教	550	37	7	3
不服民事判决	11428	1004	142	8
不服行政判决	1377	114	10	
其他	31511	2490	436	142

1994 年全国检察机关受理人民来信来访统计表

单位：件次

类　　别	数　　量
合　　计	669268
来　　信	548321
来　　访	120947

1994 年全国检察干警培训情况统计表

单位：人

类　别		正在学习	其中 本年入学
合　计		51806	6416
研究生	小　计	86	29
	其中法律专业	49	
大学本科	小　计	4936	1710
	其中法律专业	4377	
大学专科	小　计	15067	2109
	其中法律专业	14252	
中专	小　计	394	41
	其中法律专业	117	
专业证书	小　计	12141	2527
	其中法律专业	11642	
业务培训		19182	

（本部分均为最高人民检察院办公厅统计处提供）

第十一部分　附　录

最高人民检察院检察长、副检察长名单

检察长　张思卿

副检察长　梁国庆　陈明枢　王文元　赵登举　赵　虹

最高人民检察院检察委员会委员名单

张思卿　梁国庆　陈明枢　王文元　赵登举　赵　虹　王　克
张　穹　罗　辑　雷　铣　张凤阁　陈为典　陈振东　陈大豪
江礼友

最高人民检察院咨询委员会主任、副主任、委员名单

主　任　李士英

副主任　王晓光　冯锦汶

委　员　王　甫　郗占元　关山复　张灿明　江　文　侯　政
蔺子安　袁恭稳　王振中　刘志启　刘砚青　王　兴
秦　杰　张世祥　陈克光　赵文隆　房昭义　马纯一
赵　练　张复海　高振中　盛北光　何　侠　洛　林
吴　濂

最高人民检察院各部门负责人名单

政治部

主　任　陈明枢（兼）

副主任　王　克

办公厅

主　任　张　穹

副主任　林有海　张德利

刑事检察厅

厅　长　张凤阁

副厅长　戴玉忠　闫敏才

贪污贿赂检察厅

厅　长　罗　辑

副厅长　叶惠伦　邱学强　黄立志
　　　　　刘立宪

法纪检察厅

厅　长　陈为典

副厅长　柯汉民　张恩福

铁路运输检察厅

厅　长　陈振东

副厅长　杨振江

监所检察厅

厅　长　陈大豪

副厅长　陈燕麟

民事行政检察厅

副厅长　王开洞

控告申诉检察厅

厅　长　江礼友

副厅长　张德章　何晔晖

技术局

副局长　陈柯钧　刘长春（兼）

法律政策研究室

副主任　赵汝琨

干部教育局

局　长　雷　铣

副局长　苑玉民

中纪委驻最高人民检察院纪检组

组　长　王　克

副组长　李保唐

监察局

局　长　李保唐

老干部局

局　长　刘本月

副局长　张绍俊

计划财务装备局

局　长　郭纪文

副局长　朱广信

机关事务管理局

副局长　江世好　吴松寿

直属机关党委

书　记　赵　虹（兼）

副书记　王正义（常务）
　　　　　勾清明

中央检察官管理学院

名誉院长　刘复之

院　　长　雷　铣

副 院 长　李春亮　江礼华

中国检察报社

社　长　张　穹（兼）

副社长　刘佑生（兼）
　　　　　王冀平

总　编　刘佑生

副总编　袁其国

中国检察出版社

副社长　苏德永（兼）
　　　　　雷广明

副总编　苏德永

中国检察理论研究所

副所长 叶 峰 韩绍金　　　　　**副所长** 刘长春

检察技术科学研究所

最高人民检察院检察员名单

（按任命时间排列）

乔积蓄	张 穹	姬青云	曹庆晨	王正义	费惠杰	陈燕麟
陈振东	张凤阁	赵登举	张德章	何晔晖	苏德永	陈又胜
刘立宪	叶惠伦	杨振江	王鸿翼	柯汉民	徐 森	姚世根
戴玉忠	仲金福	张德利	闫敏才	王小新	赵景喜	王 路
唐宝森	孙佩生	王钢平	赵建平	何生清	吴建平	石小申
罗 辑	仝保宇	尹晋华	韩绍金	赵汝琨	刘长春	陈柯钧
王开洞	张肇祜	张惠民	傅志安	黄立志	张恩福	杨 军
张发启	孙文禄	马丽莉	李永清	刘佑生	雷 铣	陈为典
林有海	郝银飞	于 斌	李树崑	陈大豪	李振华	黄明性
晋 普	杨正江	毕 为	孙 谦	雷广明	叶 峰	王晓军
孙胜歌	王庆新	杨世明	戚同俊	荣礼瑾	夏道虎	童建明
彭 伟	王 京	江礼友	王书臣	宋寒松	刘永胜	俞元华
路 飞	于国庆	郭素芬	吴锦遂	卢平权	敬大力	邱学强
蔡子玉	张建军	那书元	彭 东	李保唐	张仲芳	李淑芳
王 晋	曹 康	徐海法	刘益德	王哲昌	谢胜利	韩长明
于 萍	王建明	张书文	刘小青	张志杰	宋志伟	石秀琴
王洪祥	陈国庆	王少峰	刘伟东			

最高人民检察院特约检察员名单

党 派	姓 名	性别	所在单位及职务
民 革	王存厚	男	北京大学法律系教授
	朱维究	女	中国政法大学比较法学所所长、教授
	温崇真	女	国家外汇管理局总经济师
民 盟	王罔求	男	北京经济学院副教授
	王舜华	男	中国社会科学院法学研究所特约研究员
	陈祖仁	男	中国人民大学教授

	黄景钧	男	民盟中央副秘书长兼宣传部部长
民　建	迮永清	女	国家建材局科技中心专利处处长
	曾广宇	男	中央财政金融学院图书馆常务副馆长
	高文杰	男	中国水利电力对外公司港源公司驻北京总代表
民　进	郭正谊	男	中国科普研究所研究员
	杨学纯	男	世界知识出版社编审
农工党	蒋春松	男	农工党中央组织部原副部长
	翟胜德	男	中国社会科学院民族研究所《民族译丛》、《世界民族》副主编
致公党	司徒擎	男	致公党中央组织部巡视员
九三学社	王丙戍	男	九三学社北京市委副主委
台　盟	徐萌山	男	台盟中央评议委员会副主席
全国工商联	周文仁	男	全国工商联会员部顾问

地方各级（专门）人民检察院检察长名单

北　京　市

北京市人民检察院检察长　何访拔
北京市人民检察院副检察长　曾岫萍（女）
王招生
叶上诗
赵　扬
马剑光
赵云阁（女）
北京市人民检察院分院检察长
曾岫萍（女，兼）

东城区人民检察院检察长　田玉龙
西城区人民检察院检察长　俞新根
崇文区人民检察院检察长　赵志建
宣武区人民检察院检察长　于美娟（女）
朝阳区人民检察院检察长　冯文生
丰台区人民检察院检察长　潘英藏
海淀区人民检察院检察长　项　明
房山区人民检察院检察长　赵世如
石景山区人民检察院检察长　申志法
门头沟区人民检察院检察长　赵讨安
昌平县人民检察院检察长　王书合
顺义县人民检察院检察长　张森有
通县人民检察院检察长　岳振勇
大兴县人民检察院检察长　刘连长
平谷县人民检察院检察长　耿绍岩
怀柔县人民检察院检察长　范淑玲（女）
密云县人民检察院检察长　吴同平
延庆县人民检察院检察长　周成维

市人民检察院北京铁路运输分院检察长　赵宝善

北京铁路运输检察院检察长　郑　煜（代）
天津铁路运输检察院检察长　王金贤
石家庄铁路运输检察院检察长　李子刚（代）
大同铁路运输检察院检察长　徐　檪（女，代）
太原铁路运输检察院检察长　任绍林（代）
临汾铁路运输检察院检察长　张兴明

天 津 市

天津市人民检察院检察长　张德铨

天津市人民检察院副检察长

陈以毅（女）

马世民

高　勇

天津市人民检察院分院检察长

骆秀英（女）

和平区人民检察院检察长　李新民

河东区人民检察院检察长　姚　津

河西区人民检察院检察长　张宝亮

南开区人民检察院检察长　王瑞明

河北区人民检察院检察长　崔贺队

红桥区人民检察院检察长　雷实和

塘沽区人民检察院检察长　张梦华

汉沽区人民检察院检察长　李玉恩

大港区人民检察院检察长　孙　敏

东丽区人民检察院检察长　周洪起

西青区人民检察院检察长　戴永年

津南区人民检察院检察长　张平发

北辰区人民检察院检察长　王瑞林

宁河县人民检察院检察长　李洪增

武清县人民检察院检察长　李洪发

静海县人民检察院检察长　王炳祥

宝坻县人民检察院检察长　顾晓春

蓟县人民检察院检察长　高凤明

河 北 省

河北省人民检察院检察长　刘宗欣

河北省人民检察院副检察长

高文英（女）

张殿山

马景健

孟宪昌

石家庄市人民检察院检察长　朱进才

长安区人民检察院检察长　赵志生

桥东区人民检察院检察长　赫　铭

桥西区人民检察院检察长　宁尔成

新华区人民检察院检察长　张　健

郊区人民检察院检察长　尹安华

井陉矿区人民检察院检察长　刘惠明

辛集市人民检察院检察长　陈增起

藁城市人民检察院检察长　王新民

晋州市人民检察院检察长　郭兴敏

新乐市人民检察院检察长　王世青

井陉县人民检察院检察长　尹拴科

获鹿县人民检察院检察长　马建忠

正定县人民检察院检察长　梁瑞琴（女）

栾城县人民检察院检察长　翟银书

高邑县人民检察院检察长　陈金锁

元氏县人民检察院检察长　席振声

赞皇县人民检察院检察长　韩昭明

平山县人民检察院检察长　高漫岗

灵寿县人民检察院检察长　杨金来

行唐县人民检察院检察长　曹爱国（代）

深泽县人民检察院检察长　刘长生

无极县人民检察院检察长　王顺通

赵县人民检察院检察长　韩瑞堂

邯郸市人民检察院检察长　张书清

邯山区人民检察院检察长　张秀平

丛台区人民检察院检察长　杨建社

复兴区人民检察院检察长　霍金海

峰峰矿区人民检察院检察长　韩宝林

武安市人民检察院检察长　李永安

邯郸县人民检察院检察长　李正仕

大名县人民检察院检察长　赵光明

魏县人民检察院检察长　李秀连

曲周县人民检察院检察长　王世海

丘县人民检察院检察长　刘秀章

鸡泽县人民检察院检察长　杜永河

肥乡县人民检察院检察长　行　林

广平县人民检察院检察长　申国安

成安县人民检察院检察长　解德勤

临漳县人民检察院检察长　江景堂
磁县人民检察院检察长　申全福
涉县人民检察院检察长　江天来
永年县人民检察院检察长　郑金秀
馆陶县人民检察院检察长　王林智
邢台市人民检察院检察长　艾才国
　桥东区人民检察院检察长　杨士良
　桥西区人民检察院检察长　朱德友
南宫市人民检察院检察长　梁之才
沙河市人民检察院检察长　赵新法
邢台县人民检察院检察长　贺南伟
临城县人民检察院检察长　樊五申
内丘县人民检察院检察长　崔　耀
柏乡县人民检察院检察长　王洪起
隆尧县人民检察院检察长　刘贞海
任县人民检察院检察长　贾振林
南和县人民检察院检察长　赵玉辰
宁晋县人民检察院检察长　李仁坤
巨鹿县人民检察院检察长　牛保臣
新河县人民检察院检察长　林儒仁
广宗县人民检察院检察长　宋中印
平乡县人民检察院检察长　贾万超
威县人民检察院检察长　王长生
清河县人民检察院检察长　齐玉海
临西县人民检察院检察长　刘占杰
保定市人民检察院检察长　张玉祥
　新市区人民检察院检察长　刘庆田
　北市区人民检察院检察长　吴宪书
　南市区人民检察院检察长　李景仁
满城县人民检察院检察长　杨建忠
清苑县人民检察院检察长　郭建新
张家口市人民检察院检察长　李定元
　桥东区人民检察院检察长　冯　年
　桥西区人民检察院检察长　田　靖
　宣化区人民检察院检察长　张占国
　下花园区人民检察院检察长　付全德
宣化县人民检察院检察长　王汉文
张北县人民检察院检察长　李润林
康保县人民检察院检察长　刘　才
沽源县人民检察院检察长　田　普
尚义县人民检察院检察长　王天富
蔚县人民检察院检察长　刘玉亭
阳原县人民检察院检察长　李　俊
怀安县人民检察院检察长　杨志兴
万全县人民检察院检察长　刘尚勤
怀来县人民检察院检察长　武建忠
涿鹿县人民检察院检察长　张汉明
赤城县人民检察院检察长　郭　利
崇礼县人民检察院检察长　许福智
承德市人民检察院检察长　苏凤池
　双桥区人民检察院检察长　张贵增
　双滦区人民检察院检察长　赵会亭
　鹰手营子矿区人民检察院检察长　王占义
承德县人民检察院检察长　王诵章
兴隆县人民检察院检察长　马敬芝（女）
平泉县人民检察院检察长　苏振福
滦平县人民检察院检察长　付淑琴（女）
隆化县人民检察院检察长　李孟申
丰宁满族自治县人民检察院检察长　杨玉林
围场满族蒙古族自治县人民检察院检察长　赵新民
宽城满族自治县人民检察院检察长　宗文志
唐山市人民检察院检察长　尹海波
　路南区人民检察院检察长　毕玉福
　路北区人民检察院检察长　林生禄
　东矿区人民检察院检察长　刘士勋
　开平区人民检察院检察长　王富强
　新区人民检察院检察长　刘彦山
遵化市人民检察院检察长　刘保荣
丰南市人民检察院检察长　任　贺
丰润县人民检察院检察长　王哲贤
滦县人民检察院检察长　安成学
滦南县人民检察院检察长　姚连进

乐亭县人民检察院检察长　夏国文
迁安县人民检察院检察长　王福田
迁西县人民检察院检察长　赵万忠
玉田县人民检察院检察长　郭印民
唐海县人民检察院检察长　李仕勋
秦皇岛市人民检察院检察长　刘向东
海港区人民检察院　刘景勤
山海关区人民检察院检察长　王志军
北戴河区人民检察院检察长　张玉林
昌黎县人民检察院检察长　卢佑春
卢龙县人民检察院检察长　李兴荣
抚宁县人民检察院检察长　王祖良
青龙满族自治县人民检察院检察长　杨志敞
沧州市人民检察院检察长　张国良
新华区人民检察院检察长　赵长琪
运河区人民检察院检察长　朱景文
郊区人民检察院检察长　李学中
泊头市人民检察院检察长　李进友
任丘市人民检察院检察长　刘五苓
黄骅市人民检察院检察长　张中路
河间市人民检察院检察长　南贵卿
沧县人民检察院检察长　赵在会
青县人民检察院检察长　张文照
肃宁县人民检察院检察长　李俊峰
献县人民检察院检察长　许敬达
吴桥县人民检察院检察长　贾信友
东光县人民检察院检察长　冯玉顺
南皮县人民检察院检察长　徐国章
盐山县人民检察院检察长　赵增强
海兴县人民检察院检察长　张义昌
孟村回族自治县人民检察院检察长　吴爱农
廊坊市人民检察院检察长　王德恭
安次区人民检察院检察长　杨景和
霸州市人民检察院检察长　李　曙
三河县人民检察院检察长　蒋志忠
香河县人民检察院检察长　杨秀廷
永清县人民检察院检察长　黄景森
固安县人民检察院检察长　闫锡良
文安县人民检察院检察长　毕泗安
大城县人民检察院检察长　王安营
大厂回族自治县人民检察院检察长　祁福旺
省人民检察院保定分院检察长　王成群
定州市人民检察院检察长　霍新毅
涿州市人民检察院检察长　张维民
高碑店市人民检察院检察长　张彦平
安国市人民检察院检察长　杨福昌
易县人民检察院检察长　孙林堂
徐水县人民检察院检察长　王云峰
高阳县人民检察院检察长　孟文凯
涞源县人民检察院检察长　傅满海
涞水县人民检察院检察长　赵大明
定兴县人民检察院检察长　王　祥
顺平县人民检察院检察长　刘文善
唐县人民检察院检察长　孙进生
望都县人民检察院检察长　李彦来
安新县人民检察院检察长　赵文光
雄县人民检察院检察长　赵文征
容城县人民检察院检察长　张建平
曲阳县人民检察院检察长　刘周法
阜平县人民检察院检察长　张大华
博野县人民检察院检察长　孟斐章
蠡县人民检察院检察长　宋长在
省人民检察院衡水分院检察长　尹久成
衡水市人民检察院检察长　李惠超
冀州市人民检察院检察长　曹广柱
深州市人民检察院检察长　解玉书
枣强县人民检察院检察长　张俊峰
武邑县人民检察院检察长　李双田
武强县人民检察院检察长　焦凤楼
饶阳县人民检察院检察长　刘春阳
安平县人民检察院检察长　张玉民
故城县人民检察院检察长　张喜民
景县人民检察院检察长　夏同起

阜城县人民检察院检察长　周长生

山西省

山西省人民检察院检察长　左　祥

山西省人民检察院副检察长　刘新康

许家泽

郭建华

太原市人民检察院检察长　徐德新

南城区人民检察院检察长　郭尚宝

北城区人民检察院检察长　刘兰英（女）

河西区人民检察院检察长　李志堂

南郊区人民检察院检察长　王忠昌

北郊区人民检察院检察长　宋辉升

古交市人民检察院检察长　武发国

清徐县人民检察院检察长　张　骍

阳曲县人民检察院检察长　王树塘

娄烦县人民检察院检察长　曹文珠

西峪地区人民检察院检察长　李　清

大同市人民检察院检察长　段江风

城区人民检察院检察长　周保山

矿区人民检察院检察长　张国忠

南郊区人民检察院检察长　齐　议

新荣区人民检察院检察长　杨兴科

阳高县人民检察院检察长　李文英（女）

天镇县人民检察院检察长　吕　瑞

广灵县人民检察院检察长　董　奎

灵丘县人民检察院检察长　刘长岁

浑源县人民检察院检察长　张秉元

左云县人民检察院检察长　寇润宝

大同县人民检察院检察长　张月英（女）

阳泉市人民检察院检察长　毛联银

城区人民检察院检察长　李达茂

矿区人民检察院检察长　刘　俭

郊区人民检察院检察长　苏密生

平定县人民检察院检察长　郭　和

盂县人民检察院检察长　张建俊

荫营地区人民检察院检察长　（缺）

长治市人民检察院检察长　蔡成生

城区人民检察院检察长　郭祥龙

郊区人民检察院检察长　晋德元

潞城市人民检察院检察长　陈勤学

长治县人民检察院检察长　金永胜

襄垣县人民检察院检察长　宋海秀

屯留县人民检察院检察长　刘来顺

平顺县人民检察院检察长　申宽平

黎城县人民检察院检察长　李德琴

壶关县人民检察院检察长　丁芳胜

长子县人民检察院检察长　张　波

武乡县人民检察院检察长　姚俊先

沁县人民检察院检察长　史凤翔

沁源县人民检察院检察长　张景明

晋城市人民检察院检察长　姬银富

城区人民检察院检察长　魏红丹

郊区人民检察院检察长　张新民

高平市人民检察院检察长　牛胜喜

沁水县人民检察院检察长　李兴国

阳城县人民检察院检察长　王洪瑞

陵川县人民检察院检察长　郭继清

晋普山地区人民检察院检察长　傅章富

朔州市人民检察院检察长　张长城

朔城区人民检察院检察长　杜生耀

平鲁区人民检察院检察长　李　忠

山阴县人民检察院检察长　韩秀岐

应县人民检察院检察长　沈志贤

右玉县人民检察院检察长　马增荣

怀仁县人民检察院检察长　韩　发

省人民检察院忻州分院检察长　李万有

忻州市人民检察院检察长　王晓宁

定襄县人民检察院检察长　王观明

五台县人民检察院检察长　张志成

原平县人民检察院检察长　杨兰田

代县人民检察院检察长　丁　荣

繁峙县人民检察院检察长　刘继良

宁武县人民检察院检察长　王生才

静乐县人民检察院检察长　张柱柱
神池县人民检察院检察长　陈　荣
五寨县人民检察院检察长　华生荣
岢岚县人民检察院检察长　王智明
河曲县人民检察院检察长　邬学荣
保德县人民检察院检察长　赵水清
偏关县人民检察院检察长　李生贵
省人民检察院晋中分院检察长　宁克安
榆次市人民检察院检察长　郝海贵
介休市人民检察院检察长　刘宝钦
榆社县人民检察院检察长　秦继昌
左权县人民检察院检察长　刘敬贤
和顺县人民检察院检察长　焦文葵
昔阳县人民检察院检察长　李新生
寿阳县人民检察院检察长　周吉福
太谷县人民检察院检察长　石润魁
祁县人民检察院检察长　胡新民
平遥县人民检察院检察长　武景宝
灵石县人民检察院检察长　彭良贵
省人民检察院吕梁分院检察长　宋喜连
孝义市人民检察院检察长　黄世镭
汾阳县人民检察院检察长　徐培德
文水县人民检察院检察长　王泽刚
交城县人民检察院检察长　康世林
兴县人民检察院检察长　宋桂贵
临县人民检察院检察长　高淡贵
柳林县人民检察院检察长　雒相泽
石楼县人民检察院检察长　高羊生
岚县人民检察院检察长　王林旺
方山县人民检察院检察长　雒章保
离石县人民检察院检察长　张志刚
中阳县人民检察院检察长　李　琳
交口县人民检察院检察长　白文兴
省人民检察院临汾分院检察长　马金龙
临汾市人民检察院检察长　卢金城
侯马市人民检察院检察长　杨志英
霍州市人民检察院检察长　张志忠
曲沃县人民检察院检察长　翟永华
翼城县人民检察院检察长　徐　勇
襄汾县人民检察院检察长　贾成杰
洪洞县人民检察院检察长　吉国惠
古县人民检察院检察长　卫建国
安泽县人民检察院检察长　冯福星
浮山县人民检察院检察长　李金刚
吉县人民检察院检察长　李竹贤（女）
乡宁县人民检察院检察长　贺文杰
蒲县人民检察院检察长　（缺）
大宁县人民检察院检察长　曹玉生
永和县人民检察院检察长　吴玉珠
隰县人民检察院检察长　李桂珍（女）
汾西县人民检察院检察长　王学平
省人民检察院运城分院检察长　王俊喜
运城市人民检察院检察长　荆雪艳（女）
永济市人民检察院检察长　李鸿水
河津市人民检察院检察长　张俊明
芮城县人民检察院检察长　相明升
临猗县人民检察院检察长　解兴业
万荣县人民检察院检察长　肖海宝
新绛县人民检察院检察长　陈浩龙
稷山县人民检察院检察长　于　波
闻喜县人民检察院检察长　王小平
夏县人民检察院检察长　翟北安（女）
绛县人民检察院检察长　姚立庆
平陆县人民检察院检察长　卫建国
垣曲县人民检察院检察长　张青兆
董村地区人民检察院检察长　张　杰

内蒙古自治区

内蒙古自治区人民检察院检察长　张鹤松
内蒙古自治区人民检察院副检察长
马云凌
于　江
管炳东
呼和浩特市人民检察院检察长　文　达
新城区人民检察院检察长　云忠孝

回民区人民检察院检察长　赵玺英
玉泉区人民检察院检察长　张殿福
郊区人民检察院检察长　云岚柱
土默特左旗人民检察院检察长　解雨生
托克托县人民检察院检察长　乔青山
小黑河地区人民检察院检察长　（缺）
包头市人民检察院检察长　席广禄
东河区人民检察院检察长　朱乐宁
昆都仑区人民检察院检察长　韩昌有
青山区人民检察院检察长　韩　苏（女）
郊区人民检察院检察长　任效黎
石拐矿区人民检察院检察长　罗　克
白云矿区人民检察院检察长　吴建芬（女）
土默特右旗人民检察院检察长　齐福海
固阳县人民检察院检察长　刘玉兰（女）
乌海市人民检察院检察长　刘五才
海勃湾区人民检察院检察长　李尚志
海南区人民检察院检察长　宝　柱
乌达区人民检察院检察长　柏连江
赤峰市人民检察院检察长　韩学东
红山区人民检察院检察长　潘国志
元宝山区人民检察院检察长　杨雨宽
松山区人民检察院检察长　吕　昆
林西县人民检察院检察长　吴怀志
宁城县人民检察院检察长　马连瑞
巴林右旗人民检察院检察长　达木仁
阿鲁科尔沁旗人民检察院检察长　刘殿峰
巴林左旗人民检察院检察长　关其格
翁牛特旗人民检察院检察长　王文玉
克什克腾旗人民检察院检察长　赵学祺
敖汉旗人民检察院检察长　孙晓冬
喀喇沁旗人民检察院检察长　李树合
自治区人民检察院乌兰察布盟分院检察长　云布雨
集宁市人民检察院检察长　白乙拉
丰镇市人民检察院检察长　冯　涛
武川县人民检察院检察长　彭德柱
和林格尔县人民检察院检察长　王　瑞
清水河县人民检察院检察长　张文利
卓资县人民检察院检察长　傅守清
化德县人民检察院检察长　张振晋
商都县人民检察院检察长　郭玉富
兴和县人民检察院检察长　李世亮
凉城县人民检察院检察长　刘文秀
察哈尔右翼前旗人民检察院检察长　燕　乐
察哈尔右翼中旗人民检察院检察长　郑计斗
察哈尔右翼后旗人民检察院检察长　德力格尔尼玛
达尔罕茂明安联合旗人民检察院检察长　武迎玺
四子王旗人民检察院检察长　徐平世
自治区人民检察院锡林郭勒盟分院检察长　额日和穆
锡林浩特市人民检察院检察长　许瑞生
二连浩特市人民检察院检察长　武金孝
阿巴嘎旗人民检察院检察长　苏　河
苏尼特左旗人民检察院检察长　（缺）
苏尼特右旗人民检察院检察长　计新民
东乌珠穆沁旗人民检察院检察长　包守仁
西乌珠穆沁旗人民检察院检察长　扎木苏
太仆寺旗人民检察院检察长　李文江
正镶白旗人民检察院检察长　哈斯敖其尔
多伦县人民检察院检察长　郁盛彬
镶黄旗人民检察院检察长　那顺巴图
正蓝旗人民检察院检察长　牛世杰
自治区人民检察院呼伦贝尔盟分院检察长　林　诚
海拉尔市人民检察院检察长　焦永安
满洲里市人民检察院检察长　何魁远
牙克石市人民检察院检察长　邵吉祥
扎兰屯市人民检察院检察长　张相武
额尔古纳市人民检察院检察长　杨永亭
根河市人民检察院检察长　杨柏祥

阿荣旗人民检察院检察长　谭宏宇
莫力达瓦达斡尔族自治旗人民检察院检察长　郭凤琴（女）
鄂伦春自治旗人民检察院检察长　敖根顺
鄂温克族自治旗人民检察院检察长　通拉嘎
新巴尔虎右旗人民检察院检察长　毅力布舍
新巴尔虎左旗人民检察院检察长　布仁巴雅尔
陈巴尔虎旗人民检察院检察长　图日根巴雅尔
满洲里市扎赉诺尔矿区人民检察院检察长　李庆森
鄂伦春自治旗大杨树地区人民检察院检察长　刘福俊
自治区人民检察院哲里木盟分院检察长　赵成玮
通辽市人民检察院检察长　郭宝元
霍林郭勒市人民检察院检察长　董明山
科尔沁左翼中旗人民检察院检察长　消劲波
科尔沁左翼后旗人民检察院检察长　王洪勋
开鲁县人民检察院检察长　闫　闯
奈曼旗人民检察院检察长　李孝武
库伦旗人民检察院检察长　白玉顺
扎鲁特旗人民检察院检察长　马玉琴（女）
自治区人民检察院伊克昭盟分院检察长　赵庆荣
东胜市人民检察院检察长　金国章
准格尔旗人民检察院检察长　于永海
鄂托克旗人民检察院检察长　李万义
乌审旗人民检察院检察长　巴布道尔吉
达拉特旗人民检察院检察长　杨　志
鄂托克前旗人民检察院检察长　王宝山
杭锦旗人民检察院检察长　朝鲁巴根
伊金霍洛旗人民检察院检察长　白玉善
自治区人民检察院巴彦淖尔盟分院检察长　文　格
临河市人民检察院检察长　吴寿山
磴口县人民检察院检察长　王秉礼
乌拉特中旗人民检察院检察长　康旭明
杭锦后旗人民检察院检察长　李文彪
五原县人民检察院检察长　张志兴
乌拉特前旗人民检察院检察长　张永良
乌拉特后旗人民检察院检察长　包扎木苏
自治区人民检察院阿拉善盟分院检察长　吉木彦扎布
阿拉善左旗人民检察院检察长　马述照
阿拉善右旗人民检察院检察长　官其格
额济纳旗人民检察院检察长　马西巴图
自治区人民检察院兴安盟分院检察长　乌鹏飞
乌兰浩特市人民检察院检察长　孟令贵
科尔沁右翼前旗人民检察院检察长　孔海宝
科尔沁右翼中旗人民检察院检察长　董瑞峰
扎赉特旗人民检察院检察长　赵胜志
突泉县人民检察院检察长　孙万兴
保安沼地区人民检察院检察长　格日勒图
自治区人民检察院呼和浩特铁路运输分院检察长　边久余
包头铁路运输检察院检察长　罗裕祖
集宁铁路运输检察院检察长　刘祖星

辽宁省

辽宁省人民检察院检察长　杨业勤
辽宁省人民检察院副检察长　周恩耀
王春芝（女）
王振华
沈阳市人民检察院检察长　张福礼
和平区人民检察院检察长　曹德宝
沈河区人民检察院检察长　邱贵生

大东区人民检察院检察长　李　丹
皇姑区人民检察院检察长　孙保祝
铁西区人民检察院检察长　王建国
东陵区人民检察院检察长　任希全
于洪区人民检察院检察长　王　玉
苏家屯区人民检察院检察长　于　津
新城子区人民检察院检察长　李玉良
新民市人民检察院检察长　郑兰卿
辽中县人民检察院检察长　韩文娟（女）
康平县人民检察院检察长　温凤霞（女）
法库县人民检察院检察长　傅国军
大北地区人民检察院检察长　于大千
马三家子地区人民检察院检察长　董万禄
康平三家子地区人民检察院检察长　石志阳
沈阳开发区人民检察院检察长　万向东
大连市人民检察院检察长　张富锦
中山区人民检察院检察长　张友春
西岗区人民检察院检察长　王安盛
沙河口区人民检察院检察长　郝宝崑
金州区人民检察院检察长　王宝刚
甘井子区人民检察院检察长　王家玺
旅顺口区人民检察院检察长　于庆春
瓦房店市人民检察院检察长　曲克良
庄河市人民检察院检察长　刘成波
普兰店市人民检察院检察长　曲天恒
长海县人民检察院检察长　吴忠庆
南关岭地区人民检察院检察长　侯桂山
大连市人民检察院大连港分院检察长　王志君
大连经济技术开发区人民检察院检察长　陈学武
鞍山市人民检察院检察长　屈润芳
铁东区人民检察院检察长　王忠学
铁西区人民检察院检察长　卢景山
立山区人民检察院检察长　王志恒
旧堡区人民检察院检察长　周维城
海城市人民检察院检察长　冯晓光
台安县人民检察院检察长　刘加强
岫岩满族自治县人民检察院检察长　傅玉忱
抚顺市人民检察院检察长　陈　福
新抚区人民检察院检察长　李宝森
露天区人民检察院检察长　王佐玉
望花区人民检察院检察长　庄　平
顺城区人民检察院检察长　吴俊广
抚顺县人民检察院检察长　李　建
新宾满族自治县人民检察院检察长　宫喜良
清原满族自治县人民检察院检察长　张静洁（女）
河北地区人民检察院检察长　孟振坤
抚顺矿区人民检察院检察长　王　谦
本溪市人民检察院检察长　吴继福
平山区人民检察院检察长　张荣生
溪湖区人民检察院检察长　曹吉友
明山区人民检察院检察长　周德辉
南芬区人民检察院检察长　郭智翼
本溪满族自治县人民检察院检察长　杜生民
桓仁满族自治县人民检察院检察长　刘志年
丹东市人民检察院检察长　陈国法
元宝区人民检察院检察长　王庆才
振兴区人民检察院检察长　宋守宏
振安区人民检察院检察长　赵春山
东港市人民检察院检察长　滕　虎
凤城市人民检察院检察长　代玉本
宽甸满族自治县人民检察院检察长　刘作山
锦州市人民检察院检察长　李树岩
古塔区人民检察院检察长　敖英华
凌河区人民检察院检察长　顾书山
太和区人民检察院检察长　于成河
凌海市人民检察院检察长　陈凤杰
黑山县人民检察院检察长　张贵昌

义县人民检察院检察长　李均福

北镇满族自治县人民检察院检察长　常学忠

南山地区人民检察院检察长　苏海福

天桥地区人民检察院检察长　滕英才

葫芦岛市人民检察院检察长　王明喜

连山区人民检察院检察长　何润芝

南票区人民检察院检察长　杨隽义

龙港区人民检察院检察长　常宝权

兴城市人民检察院检察长　焦希云

建昌县人民检察院检察长　陈之阳

绥中县人民检察院检察长　安　钢

营口市人民检察院检察长　朱子滨

站前区人民检察院检察长　李福田

西市区人民检察院检察长　马振义

鲅鱼圈区人民检察院检察长　杨凤生

老边区人民检察院检察长　魏绍华

大石桥市人民检察院检察长　孙万祯

盖州市人民检察院检察长　彭善维

石佛地区人民检察院检察长　李庆林

盘锦市人民检察院检察长　张德顺

双台子区人民检察院检察长　赵善奎

兴隆台区人民检察院检察长　韩兴元

大洼县人民检察院检察长　张宝德

盘山县人民检察院检察长　王克志

陆家地区人民检察院检察长　苏鹏宽

阜新市人民检察院检察长　温建国

海州区人民检察院检察长　周忱元

太平区人民检察院检察长　王　信

清河门区人民检察院检察长　赵伟良

新丘区人民检察院检察长　回景全

细河区人民检察院检察长　王国权

彰武县人民检察院检察长　赵国忠

阜新蒙古族自治县人民检察院检察长　包玉泉

辽阳市人民检察院检察长　吴连庸

白塔区人民检察院检察长　张福庆

文圣区人民检察院检察长　王寿成

宏伟区人民检察院检察长　李丹鸿

弓长岭区人民检察院检察长　黄永常

太子河区人民检察院检察长　朱世家

辽阳县人民检察院检察长　李东升

灯塔县人民检察院检察长　陈家荣

华子石门地区人民检察院检察长　王俊贤

铁岭市人民检察院检察长　吴志成

银州区人民检察院检察长　胡成彦

清河区人民检察院检察长　王文祥

铁法市人民检察院检察长　王连东

开原市人民检察院检察长　方世田

铁岭县人民检察院检察长　郭东林

西丰县人民检察院检察长　李景惠

昌图县人民检察院检察长　刘文才

朝阳市人民检察院检察长　李志华

双塔区人民检察院检察长　王宪会

龙城区人民检察院检察长　申昭海

北票市人民检察院检察长　秦树富

凌源市人民检察院检察长　凡　平

朝阳县人民检察院检察长　卢绍起

建平县人民检察院检察长　陈万仓

喀喇沁左翼蒙古族自治县人民检察院检察长　董学富

凌河地区人民检察院检察长　聂德安

省人民检察院沈阳铁路运输分院检察长　王恩祥

沈阳铁路运输检察院检察长　韩国忠

锦州铁路运输检察院检察长　王　磊

长春铁路运输检察院检察长　郭安军

通化铁路运输检察院检察长　陈玉生

通辽铁路运输检察院检察长　梁学文

吉林铁路运输检察院检察长　张同有

大连铁路运输检察院检察长　王树平

丹东铁路运输检察院检察长　肖明月

图们铁路运输检察院检察长　吕世斌

白城铁路运输检察院检察长　孙长山

省人民检察院辽河油田分院检察长　刘成荣

辽河油田人民检察院检察长 韩兴元

吉林省

吉林省人民检察院检察长 李向武

吉林省人民检察院副检察长 索维东

杜兆清

王启业

张金锁

长春市人民检察院检察长 刘永泰

南关区人民检察院检察长 陈玉学

宽城区人民检察院检察长 范亚威

朝阳区人民检察院检察长 陈宝山

二道河子区人民检察院检察长 高学章

郊区人民检察院检察长 李振洪

城郊地区人民检察院检察长 朱庆红

长春市朝阳区汽车厂厂区人民检察院检察长 李凤君

九台市人民检察院检察长 范国权

榆树市人民检察院检察长 高凤桐

德惠市人民检察院检察长 张　清

农安县人民检察院检察长 张显义

双阳县人民检察院检察长 封文清

吉林市人民检察院检察长 尚文岐

昌邑区人民检察院检察长 何宝玺

龙潭区人民检察院检察长 魏　力

船营区人民检察院检察长 翟保民

丰满区人民检察院检察长 刘贵喜

城西地区人民检察院检察长 房爱军（代）

桦甸市人民检察院检察长 王　捷（代）

蛟河市人民检察院检察长 王桐业

舒兰市人民检察院检察长 尹庆华

永吉县人民检察院检察长 王昌茂

磐石县人民检察院检察长 金光熙

四平市人民检察院检察长 季胜玉

铁西区人民检察院检察长 霍金祥

铁东区人民检察院检察长 王登伦

公主岭市人民检察院检察长 高洪林

双辽县人民检察院检察长 张国平

梨树县人民检察院检察长 孙一飞

伊通满族自治县人民检察院检察长 尚文富

辽源市人民检察院检察长 侯家庚

龙山区人民检察院检察长 车全华

西安区人民检察院检察长 张昌栋

东丰县人民检察院检察长 李君芝

东辽县人民检察院检察长 赵振清

通化市人民检察院检察长 刘　义

东昌区人民检察院检察长 原炳林

二道江区人民检察院检察长 常　捷

梅河口市人民检察院检察长 王　杰

集安市人民检察院检察长 宫福林

通化县人民检察院检察长 罗显东

辉南县人民检察院检察长 胡可强

柳河县人民检察院检察长 陈贵林

白山市人民检察院检察长 纪　锋

八道江区人民检察院检察长 汲传彬

三岔子区人民检察院检察长 丛云枝

临江市人民检察院检察长 侯德彦

抚松县人民检察院检察长 刘荣江

靖宇县人民检察院检察长 邓百德

长白朝鲜族自治县人民检察院检察长 姜玉利

松原市人民检察院检察长 韩　勇

扶余区人民检察院检察长 陆玉民

长岭县人民检察院检察长 冀宪文

乾安县人民检察院检察长 刘秉春

前郭尔罗斯蒙古族自治县人民检察院检察长 关　军

白城市人民检察院检察长 卢炳建

洮北区人民检察院检察长 唐凤忠

洮南市人民检察院检察长 （缺）

大安市人民检察院检察长 刘金才

镇赉县人民检察院检察长 付鹏飞

通榆县人民检察院检察长 赵德全

四方坨子人民检察院检察长 李万山

延边朝鲜族自治州人民检察院检察长 **郑成哲**
延吉市人民检察院检察长 马青松
图们市人民检察院检察长 夏春才
敦化市人民检察院检察长 李　生
龙井市人民检察院检察长 权善道
珲春市人民检察院检察长 尹基锡
和龙市人民检察院检察长 李得松
汪清县人民检察院检察长 李明九
安图县人民检察院检察长 武裕民（代）

省人民检察院延边林区分院检察长 **姜国桐**
大兴沟林区人民检察院检察长 齐文富
天桥岭林区人民检察院检察长 惠宪臣
汪清林区人民检察院检察长 马金鸣
和龙林区人民检察院检察长 刘智才
八家子林区人民检察院检察长 田玉璞
白河林区人民检察院检察长 陈贵田
敦化林区人民检察院检察长 董发成
大石头林区人民检察院检察长 刘振华
黄泥河林区人民检察院检察长 张乃雨

省人民检察院白山林区分院检察长 **纪　锋**
临江林区人民检察院检察长 牛万红
三岔子林区人民检察院检察长 辛连生
泉阳林区人民检察院检察长 孙玉程
露水河林区人民检察院检察长 门吉和
松江河林区人民检察院检察长 杜建新
湾沟林区人民检察院检察长 郭胤鹏

省人民检察院吉林林区分院检察长 **孟范生**
白石山林区人民检察院检察长 孙传璞
红石林区人民检察院检察长 刘光荣

黑龙江省

黑龙江省人民检察院检察长 **于万岭**
黑龙江省人民检察院副检察长 **张俊岐**
焦喜贵
荣振声
王国栋

哈尔滨市人民检察院检察长 **赵国胜**
道里区人民检察院检察长 杨占玉
道外区人民检察院检察长 邹作连
南岗区人民检察院检察长 杨纯麟
太平区人民检察院检察长 蒋文有
香坊区人民检察院检察长 孟令明
动力区人民检察院检察长 刘春国
平房区人民检察院检察长 陈东易
阿城市人民检察院检察长 耿　山
呼兰县人民检察院检察长 刘长志
方正县人民检察院检察长 于连友
宾县人民检察院检察长 费德喜
依兰县人民检察院检察长 孙德福
滨江地区人民检察院检察长 王树名

齐齐哈尔市人民检察院检察长 **张　波**
龙沙区人民检察院检察长 刘凤池
建华区人民检察院检察长 李维群
铁锋区人民检察院检察长 高　富
昂昂溪区人民检察院检察长 鲁显堂
富拉尔基区人民检察院检察长 刘永忠
碾子山区人民检察院检察长 闫殿弼
梅里斯达斡尔族区人民检察院检察长 吴振堂
讷河市人民检察院检察长 吕志文
龙江县人民检察院检察长 沈连贵
依安县人民检察院检察长 东振江
泰来县人民检察院检察长 王保岩
甘南县人民检察院检察长 吴国良
富裕县人民检察院检察长 杨固山
克山县人民检察院检察长 张跃先
克东县人民检察院检察长 潘玉林
拜泉县人民检察院检察长 宋占河

牡丹江市人民检察院检察长 **夏国才**
东安区人民检察院检察长 高文祥
阳明区人民检察院检察长 马先兰（女）

爱民区人民检察院检察长	郑志清
西安区人民检察院检察长	段以成
郊区人民检察院检察长	李友萱
绥芬河市人民检察院检察长	张景俊
宁安市人民检察院检察长	李文启
海林市人民检察院检察长	郭世昌
穆棱县人民检察院检察长	高喜文
东宁县人民检察院检察长	张万江
林口县人民检察院检察长	孟庆堂
佳木斯市人民检察院检察长	**徐贵深**
永红区人民检察院检察长	张万才
向阳区人民检察院检察长	明广文
前进区人民检察院检察长	徐　军
东风区人民检察院检察长	宋永璎
郊区人民检察院检察长	张志民
同江市人民检察院检察长	路永清
富锦市人民检察院检察长	潘新吉
桦南县人民检察院检察长	王志民
桦川县人民检察院检察长	玄兆林
汤原县人民检察院检察长	滕佩华
抚远县人民检察院检察长	肖洪发
大庆市人民检察院检察长	**张东京**
萨尔图区人民检察院检察长	付传山
龙凤区人民检察院检察长	黄守顺
让胡路区人民检察院检察长	王春芳
红岗区人民检察院检察长	刘洪范
大同区人民检察院检察长	岳宪忠
林甸县人民检察院检察长	肖文生（代）
杜尔伯特蒙古族自治县人民检察院检察长	巩树栋
肇源县人民检察院检察长	崔兆荣
肇州县人民检察院检察长	曹永庆
鸡西市人民检察院检察长	**曲汝柏**
鸡冠区人民检察院检察长	经奎生
恒山区人民检察院检察长	王显良
滴道区人民检察院检察长	马恒仁
梨树区人民检察院检察长	张　杰
城子河区人民检察院检察长	安丰太
麻山区人民检察院检察长	郭明春
密山市人民检察院检察长	隋明科
鸡东县人民检察院检察长	安振海
虎林县人民检察院检察长	田　丰
双鸭山市人民检察院检察长	**宁树翰**
尖山区人民检察院检察长	朱坤海
岭东区人民检察院检察长	刘景喜
四方台区人民检察院检察长	梁　政
宝山区人民检察院检察长	刘文明
集贤县人民检察院检察长	关云鹏
宝清县人民检察院检察长	金盛源
友谊县人民检察院检察长	张仁库
饶河县人民检察院检察长	李兰英（女）
伊春市人民检察院检察长	**谷连君**
伊春区人民检察院检察长	赵长山
南岔区人民检察院检察长	王德纯
友好区人民检察院检察长	胡景臣
西林区人民检察院检察长	张　维
翠峦区人民检察院检察长	王春发
新青区人民检察院检察长	王占军
美溪区人民检察院检察长	雷　安
汤旺河区人民检察院检察长	吕传珠
金山屯区人民检察院检察长	周国辉
五营区人民检察院检察长	苏在宪
乌马河区人民检察院检察长	刘锡惠
带岭区人民检察院检察长	张学富
乌伊岭区人民检察院检察长	张玉田
红星区人民检察院检察长	姜　彦
上甘岭区人民检察院检察长	郭学益
铁力市人民检察院检察长	汪吉胜
嘉荫县人民检察院检察长	李富平
朗乡林区人民检察院检察长	王治国
双丰林区人民检察院检察长	张　基
桃山林区人民检察院检察长	李庆祥
铁力林区人民检察院检察长	冯　林
七台河市人民检察院检察长	**周炳贤**
新兴区人民检察院检察长	尹殿升
桃山区人民检察院检察长	柳运奇

茄子河区人民检察院检察长　刘喜贵
勃利县人民检察院检察长　魏金生
鹤岗市人民检察院检察长　赵悦邦
向阳区人民检察院检察长　张维君
工农区人民检察院检察长　陈文琴（女）
南山区人民检察院检察长　杨晓礼
兴安区人民检察院检察长　袁玉卿
东山区人民检察院检察长　罗仁维
兴山区人民检察院检察长　苏玉松
绥滨县人民检察院检察长　姜庆志
萝北县人民检察院检察长　安云峰
黑河市人民检察院检察长　姚富喜
爱珲区人民检察院检察长　徐志斌
北安市人民检察院检察长　莫兴堂
五大连池市人民检察院检察长　窦文学
嫩江县人民检察院检察长　冯国华
德都县人民检察院检察长　潘文学
逊克县人民检察院检察长　于树仁
孙吴县人民检察院检察长　杨　岩
省人民检察院松花江分院检察长　赵明成
双城市人民检察院检察长　李立奎
尚志市人民检察院检察长　陈剑声
五常市人民检察院检察长　张　录
巴彦县人民检察院检察长　于长发（代）
木兰县人民检察院检察长　张永新
通河县人民检察院检察长　伊同彪
延寿县人民检察院检察长　耿长山
省人民检察院绥化分院检察长　邹绍钧
绥化市人民检察院检察长　公德山
安达市人民检察院检察长　滕喜彬
肇东市人民检察院检察长　常　发
海伦市人民检察院检察长　田项福
望奎县人民检察院检察长　东　江
兰西县人民检察院检察长　张向阳
青冈县人民检察院检察长　赵忠富
庆安县人民检察院检察长　李明信
明水县人民检察院检察长　任吉明
绥棱县人民检察院检察长　杨诚信
省人民检察院大兴安岭分院检察长　迟仁太
呼玛县人民检察院检察长　王子坤
塔河县人民检察院检察长　胡景学
漠河县人民检察院检察长　孙殿富
加格达奇区人民检察院检察长　李凤海
松岭区人民检察院检察长　王永录
新林区人民检察院检察长　王占国
呼中区人民检察院检察长　李明忠
图强林区人民检察院检察长　耿久祥
阿木尔林区人民检察院检察长　李桂兴
十八站林区人民检察院检察长　尹相廷
省人民检察院农垦区分院检察长　刘念策
宝泉岭农垦区人民检察院检察长　李旭东
建三江农垦区人民检察院检察长　董超群
红兴隆农垦区人民检察院检察长　牛福林
九三农垦区人民检察院检察长　李　志
绥化农垦区人民检察院检察长　赵振华
北安农垦区人民检察院检察长　卜海飞
嫩江农垦区人民检察院检察长　蔡胜义
牡丹江农垦区人民检察院检察长　孙国荣（女）
省人民检察院松花江林区分院检察长　程柏玖
亚布力林区人民检察院检察长　张克力
苇河林区人民检察院检察长　季恩生
兴隆林区人民检察院检察长　李　凯
清河林区人民检察院检察长　吴振东
山河屯林区人民检察院检察长　王国贤
方正林区人民检察院检察长　王鸿友
沾河林区人民检察院检察长　王景州
绥棱林区人民检察院检察长　王延中
通北林区人民检察院检察长　邹震雅
省人民检察院牡丹江林区分院检察长　宋继贤
穆棱林区人民检察院检察长　赵庆祥
八面通林区人民检察院检察长　金京善

东方红林区人民检察院检察长　钟长山
绥阳林区人民检察院检察长　李世铭
东京城林区人民检察院检察长　陈永德
大海林林区人民检察院检察长　王兴琦
海林林区人民检察院检察长　庞兆有
柴河林区人民检察院检察长　李顺祖
林口林区人民检察院检察长　姚灵君
迎春林区人民检察院检察长　柏盛志
省人民检察院合江林区分院检察长　王忠学
桦南林区人民检察院检察长　韩树滨
双鸭山林区人民检察院检察长　鞠有德
鹤北林区人民检察院检察长　张成栋
鹤立林区人民检察院检察长　张龙福
省人民检察院哈尔滨铁路运输分院检察长　施向林
哈尔滨铁路运输检察院检察长　王景芳
牡丹江铁路运输检察院检察长　周宝成
海拉尔铁路运输检察院检察长　李培富
佳木斯铁路运输检察院检察长　牟玉涛
齐齐哈尔铁路运输检察院检察长　詹铁男
加格达奇铁路运输检察院检察长　解金成
伊图里河铁路运输检察院检察长　方明刚

上　海　市

上海市人民检察院检察长　倪鸿福
上海市人民检察院副检察长　漆世贵
倪维尧
李思根
俞云波
罗发勤
张黎明
齐　奇
上海市人民检察院分院检察长　漆世贵
浦东新区人民检察院检察长　李思根（兼）
黄浦区人民检察院检察长　叶　青
南市区人民检察院检察长　计秋荣
卢湾区人民检察院检察长　陈三宝
徐汇区人民检察院检察长　吴新田
长宁区人民检察院检察长　张明德
静安区人民检察院检察长　徐礼满
普陀区人民检察院检察长　陈乃保
闸北区人民检察院检察长　何　青
虹口区人民检察院检察长　徐六弟
杨浦区人民检察院检察长　唐周绍
宝山区人民检察院检察长　曹志明
闵行区人民检察院检察长　华关根
嘉定区人民检察院检察长　王经长
奉贤县人民检察院检察长　张品涛
南汇县人民检察院检察长　金柳根
金山县人民检察院检察长　周其凡
松江县人民检察院检察长　张汝皋
崇明县人民检察院检察长　康　家
青浦县人民检察院检察长　张寿松
青东农场区人民检察院检察长　杨长根
上海市石化总厂地区人民检察院检察长　钱进来
白茅岭农场区人民检察院检察长　周国伟（代）
军天湖农场区人民检察院检察长　苏东贵
四岔河农场区人民检察院检察长　杨根如（代）
川东农场区人民检察院检察长　徐茂兴
市人民检察院上海铁路运输分院检察长　王健德
上海铁路运输检察院检察长　金殿元
南京铁路运输检察院检察长　沈齐元
蚌埠铁路运输检察院检察长　赵为奎（代）
杭州铁路运输检察院检察长　胡松涛
南昌铁路运输检察院检察长　洪英明
福州铁路运输检察院检察长　吴训渠

江 苏 省

江苏省人民检察院检察长　张品华
江苏省人民检察院副检察长　王东辉
吴汝信
王继华
南京市人民检察院检察长　程从武
玄武区人民检察院检察长　杨源泽
白下区人民检察院检察长　冯祖福
秦淮区人民检察院检察长　王连山
建邺区人民检察院检察长　徐福华
鼓楼区人民检察院检察长　竺　彪
下关区人民检察院检察长　周凤荣
浦口区人民检察院检察长　冯甫生
大厂区人民检察院检察长　陈普照
栖霞区人民检察院检察长　张启昌
雨花台区人民检察院检察长　臧继成
江宁县人民检察院检察长　邵长生
江浦县人民检察院检察长　任国栋
六合县人民检察院检察长　杨子华
溧水县人民检察院检察长　诸长新
高淳县人民检察院检察长　张兴有
无锡市人民检察院检察长　王立人（代）
崇安区人民检察院检察长　蒋伟亮
南长区人民检察院检察长　陈良钢
北塘区人民检察院检察长　顾尧坤
马山区人民检察院检察长　朱惠良
郊区人民检察院检察长　陆丕杰（代）
江阴市人民检察院检察长　顾柏生
宜兴市人民检察院检察长　蒋宪平
无锡县人民检察院检察长　戴根兴
徐州市人民检察院检察长　朱继荣
鼓楼区人民检察院检察长　苏则功
云龙区人民检察院检察长　潘　力
矿区人民检察院检察长　卞玉琦（代）
贾汪区人民检察院检察长　袁金义
泉山区人民检察院检察长　刘希传
新沂市人民检察院检察长　吴允江
邳州市人民检察院检察长　刘成民
丰县人民检察院检察长　邱兆英
沛县人民检察院检察长　陆明德
铜山县人民检察院检察长　朱士香
睢宁县人民检察院检察长　项　超
常州市人民检察院检察长　蒋　峰
天宁区人民检察院检察长　杨方大
钟楼区人民检察院检察长　丁国光
戚墅堰区人民检察院检察长　吴阿南
郊区人民检察院检察长　王官华
溧阳市人民检察院检察长　史腊松
金坛市人民检察院检察长　王汉忠
武进县人民检察院检察长　袁金彪
社渚竹箐地区人民检察院检察长　鞠汉民
苏州市人民检察院检察长　万昌立
沧浪区人民检察院检察长　周聚兴
平江区人民检察院检察长　蔡来荣
金阊区人民检察院检察长　赵国安
郊区人民检察院检察长　居　了
张家港市人民检察院检察长　韦建庄
常熟市人民检察院检察长　徐冶清
昆山市人民检察院检察长　唐幕祥
吴江市人民检察院检察长　孙炳南
吴县人民检察院检察长　许金魁
太仓市人民检察院检察长　朱富瑾
南通市人民检察院检察长　魏秉勤
崇川区人民检察院检察长　钱兰忠
港闸区人民检察院检察长　邹广祥
开发区人民检察院检察长　任淑琴（女）
启东市人民检察院检察长　钱锦元
如皋市人民检察院检察长　范广有
通州市人民检察院检察长　黄振林
海门市人民检察院检察长　刘炳生
海安县人民检察院检察长　张日富
如东县人民检察院检察长　高广忠
连云港市人民检察院检察长　杨文彬
连云区人民检察院检察长　于从山

云台区人民检察院检察长　孙学林
新浦区人民检察院检察长　陈学标
海州区人民检察院检察长　王复新
赣榆县人民检察院检察长　杨友珍（女）
东海县人民检察院检察长　刘胜利
灌云县人民检察院检察长　陈光亚
淮阴市人民检察院检察长　刘　群
清河区人民检察院检察长　袁启如（女）
清浦区人民检察院检察长　鲁云东
宿迁市人民检察院检察长　王润范
淮安市人民检察院检察长　王金牛
淮阴县人民检察院检察长　孙德梅（女）
灌南县人民检察院检察长　袁保南
沭阳县人民检察院检察长　卢思平
泗阳县人民检察院检察长　季如祥
涟水县人民检察院检察长　黄俊连
泗洪县人民检察院检察长　周继明
洪泽县人民检察院检察长　鲍永生
盱眙县人民检察院检察长　戴鼎生
金湖县人民检察院检察长　周思民
车路口地区人民检察院检察长　蒋仁德
盐城市人民检察院检察长　徐寿宝
城区人民检察院检察长　孙保龙
郊区人民检察院检察长　吴长煜
东台市人民检察院检察长　路可明
响水县人民检察院检察长　岳效飞
滨海县人民检察院检察长　丁加宏
阜宁县人民检察院检察长　戴登国
射阳县人民检察院检察长　庄文斌
建湖县人民检察院检察长　周林华
大丰县人民检察院检察长　谭兴隆
大中地区人民检察院检察长　胡善华
扬州市人民检察院检察长　崔如松
广陵区人民检察院检察长　任光耀
郊区人民检察院检察长　陈瑞荣
仪征市人民检察院检察长　严　俊
泰州市人民检察院检察长　张秋收
兴化市人民检察院检察长　殷有珍
高邮市人民检察院检察长　左　瑚
泰兴市人民检察院检察长　孙宝德
靖江市人民检察院检察长　苏增耀
江都市人民检察院检察长　方广明
姜堰市人民检察院检察长　张富银
宝应县人民检察院检察长　杨应顺
邗江县人民检察院检察长　佘名喜
镇江市人民检察院检察长　郑宏章
京口区人民检察院检察长　仲陆生
润州区人民检察院检察长　盛学贵（代）
丹阳市人民检察院检察长　朱宝林
扬中市人民检察院检察长　周志华
丹徒县人民检察院检察长　卜顺华
句容县人民检察院检察长　苏超麒
湾山地区人民检察院检察长　殷建兵
大湾地区人民检察院检察长　陶太平
丁卯桥地区人民检察院检察长　吴庭祥

浙　江　省

浙江省人民检察院检察长　葛圣平
浙江省人民检察院副检察长　朱孝清
陈亨光
钱中贤
杭州市人民检察院检察长　李木天
上城区人民检察院检察长　陈合达
下城区人民检察院检察长　胡叶高
江干区人民检察院检察长　张银松
拱墅区人民检察院检察长　郑惠明
西湖区人民检察院检察长　章月华
建德市人民检察院检察长　胡世乾
萧山市人民检察院检察长　金福泉
富阳市人民检察院检察长　刘秀文
余杭市人民检察院检察长　王乐琪
桐庐县人民检察院检察长　边关水
临安县人民检察院检察长　郑初勤
淳安县人民检察院检察长　刘　飞

宁波市人民检察院检察长 **李植安**
海曙区人民检察院检察长 戴友定
江东区人民检察院检察长 林福南
江北区人民检察院检察长 王国明
北仑区人民检察院检察长 梅克伦
镇海区人民检察院检察长 毕锡明
余姚市人民检察院检察长 李桂清
慈溪市人民检察院检察长 胡张宏
奉化市人民检察院检察长 宋武定
象山县人民检察院检察长 郑德兵
宁海县人民检察院检察长 俞五湖
鄞县人民检察院检察长 虞显河
温州市人民检察院检察长 **赵建平**
鹿城区人民检察院检察长 谢向理
龙湾区人民检察院检察长 南宪伟
瓯海区人民检察院检察长 林玉昆
乐清市人民检察院检察长 倪宗杰
瑞安市人民检察院检察长 薛　政
洞头县人民检察院检察长 周爱萍（女）
永嘉县人民检察院检察长 金可县
平阳县人民检察院检察长 吴寿珊
苍南县人民检察院检察长 赖登赞
文成县人民检察院检察长 胡志升
泰顺县人民检察院检察长 高建山
嘉兴市人民检察院检察长 **朱立乔**
秀城区人民检察院检察长 李建平
郊区人民检察院检察长 陈圣时
桐乡市人民检察院检察长 虞金官
海宁市人民检察院检察长 董根荣
平湖市人民检察院检察长 王　献
嘉善县人民检察院检察长 周瑞明
海盐县人民检察院检察长 张立臣
湖州市人民检察院检察长 **徐江荣**
城郊人民检察院检察长 张文先
德清县人民检察院检察长 姚高生
长兴县人民检察院检察长 徐孝洪
安吉县人民检察院检察长 邹明旺
长兴县长广煤矿矿区人民检察院检察长 （缺）
绍兴市人民检察院检察长 **李永生**
越城区人民检察院检察长 陈康年
上虞市人民检察院检察长 杨国祥
诸暨市人民检察院检察长 黄秋生
绍兴县人民检察院检察长 童志敏
嵊县人民检察院检察长 王立全
新昌县人民检察院检察长 陈文标
金华市人民检察院检察长 **吴效芳**（代）
婺城区人民检察院检察长 郑志毅
兰溪市人民检察院检察长 龚寿康
东阳市人民检察院检察长 杜海木
义乌市人民检察院检察长 陈业对
永康市人民检察院检察长 朱寿安
金华县人民检察院检察长 陈柏松
武义县人民检察院检察长 顾汤华
浦江县人民检察院检察长 潘学先
磐安县人民检察院检察长 陈凤岩
衢州市人民检察院检察长 **张光键**
柯城区人民检察院检察长 汪太云
江山市人民检察院检察长 徐日红
衢县人民检察院检察长 孟建一
常山县人民检察院检察长 刘建军
开化县人民检察院检察长 许国建（代）
龙游县人民检察院检察长 翁樟根
舟山市人民检察院检察长 **余志德**
定海区人民检察院检察长 吕勤业
普陀区人民检察院检察长 黄鞍钢
岱山县人民检察院检察长 张明飞
嵊泗县人民检察院检察长 朱孝坤
台州市人民检察院检察长 **李岳保**
椒江区人民检察院检察长 刘化国
黄岩区人民检察院检察长 缪国强
路桥区人民检察院检察长 陈光辉
临海市人民检察院检察长 刘维湘
温岭市人民检察院检察长 黄心正
仙居县人民检察院检察长 王兴建（代）
天台县人民检察院检察长 孙兆禄

三门县人民检察院检察长　潘谱盛
玉环县人民检察院检察长　张海平（代）
省人民检察院丽水分院检察长　赵碧春
丽水市人民检察院检察长　邢长海
龙泉市人民检察院检察长　林伯福
青田县人民检察院检察长　李明祥
云和县人民检察院检察长　张　和
庆元县人民检察院检察长　叶寿生
缙云县人民检察院检察长　陈景才
遂昌县人民检察院检察长　钭革非
松阳县人民检察院检察长　徐成康
景宁畲族自治县人民检察院检察长　叶传兴

安　徽　省

安徽省人民检察院检察长　刘　生
安徽省人民检察院副检察长　陈绪德
刘永欣（女）
杨承忠
合肥市人民检察院检察长　武　巍
东市区人民检察院检察长　郑书礼
中市区人民检察院检察长　杜惠楷
西市区人民检察院检察长　贾成际
郊区人民检察院检察长　朱习成
长丰县人民检察院检察长　徐忠富
肥东县人民检察院检察长　黄华孝
肥西县人民检察院检察长　张　平
淮南市人民检察院检察长　满文刚
大通区人民检察院检察长　谭邦华
田家庵区人民检察院检察长　张伯伦
谢家集区人民检察院检察长　贾运昌
八公山区人民检察院检察长　郭家春
潘集区人民检察院检察长　李化敏
凤台县人民检察院检察长　李元辉
淮北市人民检察院检察长　孙建尧
杜集区人民检察院检察长　高春峰
相山区人民检察院检察长　杨传文
烈山区人民检察院检察长　李化庭
濉溪县人民检察院检察长　任启超
芜湖市人民检察院检察长　胡劭端
镜湖区人民检察院检察长　金祥圣
马塘区人民检察院检察长　吴明友
新芜区人民检察院检察长　吴学智
鸠江区人民检察院检察长　徐　全
芜湖县人民检察院检察长　杨瑞金
繁昌县人民检察院检察长　杨良胜
南陵县人民检察院检察长　朱国宝
铜陵市人民检察院检察长　秦秀科
铜官山区人民检察院检察长　黄文化
狮子山区人民检察院检察长　张文友
郊区人民检察院检察长　孙章鹏
铜陵县人民检察院检察长　方继春
蚌埠市人民检察院检察长　高念松
东市区人民检察院检察长　钟深贤
中市区人民检察院检察长　金善仓
西市区人民检察院检察长　田道生
郊区人民检察院检察长　袁士洪
怀远县人民检察院检察长　张福信
五河县人民检察院检察长　胡开延
固镇县人民检察院检察长　刘纪章
马鞍山市人民检察院检察长　刘　恩
金家庄区人民检察院检察长　魏帮贵
花山区人民检察院检察长　翟光荣
雨山区人民检察院检察长　阮丰平
向山区人民检察院检察长　陈芝水
当涂县人民检察院检察长　张志明
安庆市人民检察院检察长　刘玉杰
迎江区人民检察院检察长　江辅洲
大观区人民检察院检察长　汪文生
郊区人民检察院检察长　王光壁
怀宁县人民检察院检察长　刘立杰
桐城县人民检察院检察长　陈厥华
潜山县人民检察院检察长　金友苗
枞阳县人民检察院检察长　安永康
宿松县人民检察院检察长　贺立新

太湖县人民检察院检察长　黄佇政（代）
岳西县人民检察院检察长　韩可仕
望江县人民检察院检察长　李志义
九成坂人民检察院检察长　张大德
黄山市人民检察院检察长　许世柯
　黄山区人民检察院检察长　王礼和
　屯溪区人民检察院检察长　朱仕文
　徽州区人民检察院检察长　刘宏军
歙县人民检察院检察长　李卫东
休宁县人民检察院检察长　金阿筱
黟县人民检察院检察长　洪大钧
祁门县人民检察院检察长　谢长庚
滁州市人民检察院检察长　王胜先（女）
　琅琊区人民检察院检察长　祁长前
　南谯区人民检察院检察长　张晓光
明光市人民检察院检察长　袁立祥
来安县人民检察院检察长　田恒洲
全椒县人民检察院检察长　赵维林
定远县人民检察院检察长　杨平衡
凤阳县人民检察院检察长　汤云华
天长市人民检察院检察长　何玉利
省人民检察院宿县分院检察长　陈怀安
宿州市人民检察院检察长　刘成振
砀山县人民检察院检察长　丁界民
萧县人民检察院检察长　马　刚
灵璧县人民检察院检察长　尹明浩
泗县人民检察院检察长　祝建华
省人民检察院巢湖分院检察长　洪连文
巢湖市人民检察院检察长　李念武
庐江县人民检察院检察长　张宗明
无为县人民检察院检察长　吴从华
含山县人民检察院检察长　褚昌耀
和县人民检察院检察长　魏建民
白湖人民检察院检察长　曹承泽
省人民检察院宣城分院检察长　潘焕敏
宣州市人民检察院检察长　孙善瑞
郎溪县人民检察院检察长　蒋兴隆
广德县人民检察院检察长　戴天中
宁国县人民检察院检察长　徐德惠
绩溪县人民检察院检察长　程立仁
旌德县人民检察院检察长　潘鸿淼
泾县人民检察院检察长　刘光生
南湖人民检察院检察长　刘伟强
省人民检察院池州分院检察长　周　纲
贵池市人民检察院检察长　吕根才
东至县人民检察院检察长　李青云
石台县人民检察院检察长　陈百平
青阳县人民检察院检察长　施庆龙
省人民检察院六安分院检察长　胡　勋
六安市人民检察院检察长　蔡治平
寿县人民检察院检察长　冯克林
霍邱县人民检察院检察长　李永友
舒城县人民检察院检察长　彭本源
金寨县人民检察院检察长　叶正宽
霍山县人民检察院检察长　谢荣寿
省人民检察院阜阳分院检察长　李富国
阜阳市人民检察院检察长　刘维生
亳州市人民检察院检察长　赵洪生
界首市人民检察院检察长　丁　康
临泉县人民检察院检察长　方友模
太和县人民检察院检察长　张品德
涡阳县人民检察院检察长　李远平
蒙城县人民检察院检察长　牛青山
阜南县人民检察院检察长　谷维富
颍上县人民检察院检察长　殷德厚
利辛县人民检察院检察长　李栋海

福　建　省

福建省人民检察院检察长　郑义正
福建省人民检察院副检察长　毕振东
林文衡
王明道
福州市人民检察院检察长　李孙英
　鼓楼区人民检察院检察长　欧仁惠
　台江区人民检察院检察长　蔡永泉

仓山区人民检察院检察长　陈天灯
马尾区人民检察院检察长　林　泉
郊区人民检察院检察长　黄贤光
福清市人民检察院检察长　陈季词
长乐市人民检察院检察长　林　耕
闽侯县人民检察院检察长　林和平
连江县人民检察院检察长　魏积祥
罗源县人民检察院检察长　林钟钦
闽清县人民检察院检察长　陈绍钦
永泰县人民检察院检察长　汪幼妹（女）
平潭县人民检察院检察长　袁朝明
厦门市人民检察院检察长　林智忠
鼓浪屿区人民检察院检察长　王清祥
思明区人民检察院检察长　孟鲁宁
开元区人民检察院检察长　颜才毅
杏林区人民检察院检察长　尤有土
湖里区人民检察院检察长　李运志
集美区人民检察院检察长　曹锦彪
同安县人民检察院检察长　王建队
三明市人民检察院检察长　黄永发
梅列区人民检察院检察长　赵令广
三元区人民检察院检察长　孙学海
永安市人民检察院检察长　黄国强
明溪县人民检察院检察长　沈有国
清流县人民检察院检察长　张河仁
宁化县人民检察院检察长　王金长
大田县人民检察院检察长　周隆超
尤溪县人民检察院检察长　林观祥
沙县人民检察院检察长　裴水生
将乐县人民检察院检察长　曹金泉
泰宁县人民检察院检察长　林玉祥
建宁县人民检察院检察长　许金池
莆田市人民检察院检察长　陈金玉
城厢区人民检察院检察长　陈文通
涵江区人民检察院检察长　曾金才
莆田县人民检察院检察长　张文焰
仙游县人民检察院检察长　陈元忠
泉州市人民检察院检察长　肖立根
鲤城区人民检察院检察长　吴永福
石狮市人民检察院检察长　王胜平
晋江市人民检察院检察长　蔡敦琛
南安市人民检察院检察长　洪加肴
惠安县人民检察院检察长　何纪欣
安溪县人民检察院检察长　李朝宗
永春县人民检察院检察长　尤端正
德化县人民检察院检察长　林玉城
漳州市人民检察院检察长　陈汝文
芗城区人民检察院检察长　石港木
龙海市人民检察院检察长　苏天元
云霄县人民检察院检察长　陈传生
漳浦县人民检察院检察长　许渭北
诏安县人民检察院检察长　钟桂顺
长泰县人民检察院检察长　汤盈森
东山县人民检察院检察长　张苏平
南靖县人民检察院检察长　何柳枝
平和县人民检察院检察长　李绍山
华安县人民检察院检察长　李振德
南平市人民检察院检察长　齐裕辉
延平区人民检察院检察长　陈瑞庆
邵武市人民检察院检察长　卓振炎
武夷山市人民检察院检察长　江纪发
建瓯市人民检察院检察长　李水生
建阳市人民检察院检察长　杨仁忠
顺昌县人民检察院检察长　郭木村
浦城县人民检察院检察长　蔡宗杰
光泽县人民检察院检察长　吴灿芳
松溪县人民检察院检察长　范兴余
政和县人民检察院检察长　魏敦贵
省人民检察院宁德分院检察长　忻少祥
宁德市人民检察院检察长　高良斌
福安市人民检察院检察长　牛建波
福鼎县人民检察院检察长　王润秋
霞浦县人民检察院检察长　黄裕泰
古田县人民检察院检察长　黄建国
屏南县人民检察院检察长　蔡信江
寿宁县人民检察院检察长　孙鲁训

周宁县人民检察院检察长　陆修德
柘荣县人民检察院检察长　李良华
省人民检察院龙岩分院检察长　端木霖
龙岩市人民检察院检察长　郑霖清
漳平市人民检察院检察长　江庆生
长汀县人民检察院检察长　童灏章
永定县人民检察院检察长　王辉明
上杭县人民检察院检察长　吴超英
武平县人民检察院检察长　卢启炜
连城县人民检察院检察长　林拂扬
青草盂地区人民检察院检察长　谢金木

江西省

江西省人民检察院检察长　阙贵善
江西省人民检察院副检察长　高佩德
杜宝国
林　海
邓文定
南昌市人民检察院检察长　杨香源
东湖区人民检察院检察长　姚长生
西湖区人民检察院检察长　万祥太
青云谱区人民检察院检察长　熊传伟
湾里区人民检察院检察长　杨功勤
郊区人民检察院检察长　万发连
南昌县人民检察院检察长　罗炳贵
新建县人民检察院检察长　谌员根
安义县人民检察院检察长　詹美金
进贤县人民检察院检察长　吴成福
长埈地区人民检察院检察长　杨德元
景德镇市人民检察院检察长　马博维
昌江区人民检察院检察长　陈林生
珠山区人民检察院检察长　刘振生
乐平市人民检察院检察长　俞桂模
浮梁县人民检察院检察长　李　煌
浮南地区人民检察院检察长　盛国忠
萍乡市人民检察院检察长　黄建生
安源区人民检察院检察长　彭雪凡
上栗区人民检察院检察长　刘建国
芦溪区人民检察院检察长　王培尧
湘东区人民检察院检察长　王树泉
莲花县人民检察院检察长　龙在田
新余市人民检察院检察长　黄绵水
渝水区人民检察院检察长　刘文兵
分宜县人民检察院检察长　刘根雅
九江市人民检察院检察长　刘云汉
庐山区人民检察院检察长　周宝珊
浔阳区人民检察院检察长　廖林华
瑞昌市人民检察院检察长　柯大忠
九江县人民检察院检察长　娄明勋
武宁县人民检察院检察长　熊未喜
修水县人民检察院检察长　胡承义
永修县人民检察院检察长　黄泗宝
德安县人民检察院检察长　陈妙雍
星子县人民检察院检察长　黄纪良
都昌县人民检察院检察长　王法贵
湖口县人民检察院检察长　徐　鹏
彭泽县人民检察院检察长　王晓阳
鹰潭市人民检察院检察长　林升泰
月湖区人民检察院检察长　伍志成
贵溪县人民检察院检察长　李佳寿
余江县人民检察院检察长　蔡先初
省人民检察院上饶分院检察长　王继兑
上饶市人民检察院检察长　程民康
德兴市人民检察院检察长　刘树渊
上饶县人民检察院检察长　朱金泉
广丰县人民检察院检察长　郑德龙
玉山县人民检察院检察长　杨景生
铅山县人民检察院检察长　闽洪达
横峰县人民检察院检察长　刘春庆
弋阳县人民检察院检察长　陈来法
余干县人民检察院检察长　王福茂
波阳县人民检察院检察长　徐　迅
万年县人民检察院检察长　蔡有田
婺源县人民检察院检察长　舒光水
珠湖地区人民检察院检察长　叶章全

省人民检察院宜春分院检察长　　姚发野
宜春市人民检察院检察长　　范春华
丰城市人民检察院检察长　　徐荣华
樟树市人民检察院检察长　　刘泉根
高安市人民检察院检察长　　罗会乐
奉新县人民检察院检察长　　胡章兰
万载县人民检察院检察长　　朱水兴
上高县人民检察院检察长　　王茂生
宜丰县人民检察院检察长　　黄松全
靖安县人民检察院检察长　　晏人节
铜鼓县人民检察院检察长　　谌承兴
新华地区人民检察院检察长　　周晓林
省人民检察院抚州分院检察长　　刘志高
抚州市人民检察院检察长　　周锡禧
临川县人民检察院检察长　　陈恩茨（女）
南城县人民检察院检察长　　林德豪
黎川县人民检察院检察长　　陈　文
南丰县人民检察院检察长　　李光球
崇仁县人民检察院检察长　　陈才生
乐安县人民检察院检察长　　董华春
宜黄县人民检察院检察长　　谢仁康
金溪县人民检察院检察长　　周宽民
资溪县人民检察院检察长　　熊德健
东乡县人民检察院检察长　　周华阶
广昌县人民检察院检察长　　王万兴
省人民检察院吉安分院检察长　　郭荣腊
吉安市人民检察院检察长　　庄振近
井冈山市人民检察院检察长　　黄克余
吉安县人民检察院检察长　　郭平平
吉水县人民检察院检察长　　龚安生
峡江县人民检察院检察长　　肖申根
新干县人民检察院检察长　　陈其仔
永丰县人民检察院检察长　　金文辉
泰和县人民检察院检察长　　刘景义
遂川县人民检察院检察长　　范诗鑫
万安县人民检察院检察长　　俞云樟
安福县人民检察院检察长　　张新文
永新县人民检察院检察长　　贺祥麟
宁冈县人民检察院检察长　　刁观生
省人民检察院赣州分院检察长　　刘运明
赣州市人民检察院检察长　　吴　群
瑞金市人民检察院检察长　　李秀辉
赣县人民检察院检察长　　刘瑞诚
南康县人民检察院检察长　　朱新平
信丰县人民检察院检察长　　兰师行
大余县人民检察院检察长　　龙富机
上犹县人民检察院检察长　　刘重发
崇义县人民检察院检察长　　张继忠
安远县人民检察院检察长　　毛学帆
龙南县人民检察院检察长　　袁德情
定南县人民检察院检察长　　赖永芳
全南县人民检察院检察长　　马仁煌
宁都县人民检察院检察长　　古华荣
会昌县人民检察院检察长　　文基明
寻乌县人民检察院检察长　　严能礼
石城县人民检察院检察长　　郭震华
兴国县人民检察院检察长　　肖文活
于都县人民检察院检察长　　凌和清

山　东　省

山东省人民检察院检察长　　赵长风
山东省人民检察院副检察长　　李春田
王国庆
李敬武
于冠杰
济南市人民检察院检察长　　姜永生
　历下区人民检察院检察长　　王清礼
　市中区人民检察院检察长　　张福荣
　槐荫区人民检察院检察长　　张红齐
　天桥区人民检察院检察长　　吴庆海
　历城区人民检察院检察长　　傅光仁
章丘市人民检察院检察长　　郭绪庭
长清县人民检察院检察长　　魏来贵
平阴县人民检察院检察长　　刘振江
商河县人民检察院检察长　　苏化谋

济阳县人民检察院检察长　孟宪海
青岛市人民检察院检察长　梁有新
市南区人民检察院检察长　于铭先
市北区人民检察院检察长　王立源
城阳区人民检察院检察长　成原琨
四方区人民检察院检察长　张本正
李沧区人民检察院检察长　胡启德
黄岛区人民检察院检察长　韩高贵
崂山区人民检察院检察长　吴建民
即墨市人民检察院检察长　王大展
胶州市人民检察院检察长　刘西山
平度市人民检察院检察长　张炳臣
胶南市人民检察院检察长　王　群
莱西市人民检察院检察长　程显章
淄博市人民检察院检察长　于润义
淄川区人民检察院检察长　姚文淮
张店区人民检察院检察长　宋程旭
博山区人民检察院检察长　孙其录
临淄区人民检察院检察长　徐国斌
周村区人民检察院检察长　王远明
桓台县人民检察院检察长　魏衍华
高青县人民检察院检察长　殷在俭
沂源县人民检察院检察长　贾振华
城郊地区人民检察院检察长　陆康义
枣庄市人民检察院检察长　曹友林
市中区人民检察院检察长　徐曰洪
薛城区人民检察院检察长　杨家明
峄城区人民检察院检察长　贾广勤
台儿庄区人民检察院检察长　田永富
山亭区人民检察院检察长　张士宇
滕州市人民检察院检察长　丁祥闯
东营市人民检察院检察长　李长君
东营区人民检察院检察长　阚　伟
河口区人民检察院检察长　张瑞迎
垦利县人民检察院检察长　王春爱（女）
利津县人民检察院检察长　李胜昌
广饶县人民检察院检察长　黄龙江
潍坊市人民检察院检察长　王福金
潍城区人民检察院检察长　赵继明
寒亭区人民检察院检察长　王志昌
坊子区人民检察院检察长　魏常禄
奎文区人民检察院检察长　李洪文
诸城市人民检察院检察长　孙增田
青州市人民检察院检察长　刘廷杰
寿光市人民检察院检察长　郝新阶
安丘市人民检察院检察长　李文国
昌邑市人民检察院检察长　尹庆和
高密市人民检察院检察长　吕尧胜
临朐县人民检察院检察长　王建增
昌乐县人民检察院检察长　刘金昌
烟台市人民检察院检察长　王庆才
芝罘区人民检察院检察长　王学喜
福山区人民检察院检察长　宋卫宁
莱山区人民检察院检察长　高　进
牟平区人民检察院检察长　隋　敏
烟台经济技术开发区人民检察院检察长　吕锡桓
莱州市人民检察院检察长　毛建国
龙口市人民检察院检察长　宋延茂
莱阳市人民检察院检察长　张福泉
蓬莱市人民检察院检察长　王玉江
招远市人民检察院检察长　郭盛瑞
栖霞县人民检察院检察长　崔洪敏
海阳县人民检察院检察长　张书建
长岛县人民检察院检察长　吴隆义
威海市人民检察院检察长　陈守纲
环翠区人民检察院检察长　毛长志
荣成市人民检察院检察长　梁荣初
文登市人民检察院检察长　刘玉峰
乳山市人民检察院检察长　丛仁祯
济宁市人民检察院检察长　迟法松
市中区人民检察院检察长　程殿光
任城区人民检察院检察长　王耀勇
曲阜市人民检察院检察长　孔祥河
兖州市人民检察院检察长　庄其方
邹城市人民检察院检察长　尹科祥

微山县人民检察院检察长　赵显鹏
鱼台县人民检察院检察长　姜广仁
金乡县人民检察院检察长　王元杰
嘉祥县人民检察院检察长　杜其勋
汶上县人民检察院检察长　伊长春
泗水县人民检察院检察长　陈立民
梁山县人民检察院检察长　李文汉
欢城地区人民检察院检察长　张林端
泰安市人民检察院检察长　公丕汉
泰山区人民检察院检察长　路少先
郊区人民检察院检察长　董绍德
新泰市人民检察院检察长　唐崇兴
肥城市人民检察院检察长　侯存玉
宁阳县人民检察院检察长　王启亮
东平县人民检察院检察长　许美蓉（女）
日照市人民检察院检察长　何克睦
东港区人民检察院检察长　赵焕玺
五莲县人民检察院检察长　郑昭曦
莒县人民检察院检察长　刘　振
莱芜市人民检察院检察长　马友才
莱城区人民检察院检察长　刘汝清
钢城区人民检察院检察长　王延明
省人民检察院德州分院检察长　邓　辉
德州市人民检察院检察长　吕廷增
乐陵市人民检察院检察长　潘维明
禹城市人民检察院检察长　田绍亭
陵县人民检察院检察长　宋广山
平原县人民检察院检察长　孙长玉
夏津县人民检察院检察长　孙道铸
武城县人民检察院检察长　张慎行
齐河县人民检察院检察长　张广生
临邑县人民检察院检察长　崔向荣
宁津县人民检察院检察长　刘顺兴
庆云县人民检察院检察长　徐立棋
省人民检察院滨州分院检察长　李新华
滨州市人民检察院检察长　杨春生
惠民县人民检察院检察长　孙金祥
阳信县人民检察院检察长　崔华岭
博兴县人民检察院检察长　刘春明
沾化县人民检察院检察长　丁福祥
无棣县人民检察院检察长　鞠云亭
邹平县人民检察院检察长　高曙光
省人民检察院临沂分院检察长　刘广伦
临沂市人民检察院检察长　王佃乐
郯城县人民检察院检察长　杨玉金
苍山县人民检察院检察长　薛振岭
莒南县人民检察院检察长　徐淑余
沂水县人民检察院检察长　孙明忠
蒙阴县人民检察院检察长　王焕明
平邑县人民检察院检察长　李景才
费县人民检察院检察长　薛峥溪
沂南县人民检察院检察长　贺法贵
临沭县人民检察院检察长　于家珍
省人民检察院菏泽分院检察长　朱献瑞
菏泽市人民检察院检察长　彭　杰（代）
曹县人民检察院检察长　李志军
定陶县人民检察院检察长　韩方景
成武县人民检察院检察长　刘建国
单县人民检察院检察长　梁法民
巨野县人民检察院检察长　申兆明
郓县人民检察院检察长　倪华刚
鄄城县人民检察院检察长　刘树田
东明县人民检察院检察长　曹衍印
省人民检察院聊城分院检察长　王学武
聊城市人民检察院检察长　路庆钫
临清市人民检察院检察长　高汝明
阳谷县人民检察院检察长　李　峰
莘县人民检察院检察长　赵万真
茌平县人民检察院检察长　宋士高
东阿县人民检察院检察长　周庆森
冠县人民检察院检察长　许长进
高唐县人民检察院检察长　徐传亮
省人民检察院济南铁路运输分院检察长　冯庆汶
济南铁路运输检察院检察长　于兆和
青岛铁路运输检察院检察长　董有忠

徐州铁路运输检察院检察长　李谦民

河南省

河南省人民检察院检察长　李学斌
河南省人民检察院副检察长　赵岩松
江清彬
陈钢印
郑州市人民检察院检察长　杨柏林
中原区人民检察院检察长　侯耀生
二七区人民检察院检察长　王天迎
金水区人民检察院检察长　刘和平
上街区人民检察院检察长　崔建华
邙山区人民检察院检察长　魏兆贞
管城回族区人民检察院检察长　王梦岭
巩义市人民检察院检察长　韩石头
荥阳市人民检察院检察长　冯文生
新郑市人民检察院检察长　白保迎
登封市人民检察院检察长　高海清
新密市人民检察院检察长　张书铭
中牟县人民检察院检察长　张志超
新密地区人民检察院检察长　武明宝
开封市人民检察院检察长　李国尤
龙亭区人民检察院检察长　华文章
顺河回族区人民检察院检察长　孔子厚
鼓楼区人民检察院检察长　韩炳和
南关区人民检察院检察长　陈福祥
郊区人民检察院检察长　周玉民
杞县人民检察院检察长　李德新
通许县人民检察院检察长　乔茂军
尉氏县人民检察院检察长　刘广林
开封县人民检察院检察长　朱士成
兰考县人民检察院检察长　齐植民
洛阳市人民检察院检察长　段松茂
老城区人民检察院检察长　张明方
西工区人民检察院检察长　王建召
瀍河回族区人民检察院检察长　任　峰
涧西区人民检察院检察长　丁泽民
吉利区人民检察院检察长　马在田
郊区人民检察院检察长　常　康
偃师市人民检察院检察长　王长明
孟津县人民检察院检察长　黄忠堂
新安县人民检察院检察长　张洪祥
栾川县人民检察院检察长　宋　武
嵩县人民检察院检察长　丁成栓
汝阳县人民检察院检察长　任立刚
宜阳县人民检察院检察长　郭绍安
洛宁县人民检察院检察长　吴延祥
伊川县人民检察院检察长　海战通
平顶山市人民检察院检察长　李满圈
湛河区人民检察院检察长　甄国兴
新华区人民检察院检察长　孙栓定
卫东区人民检察院检察长　李甲胜
西区人民检察院检察长　王新友
舞钢市人民检察院检察长　高宝山
汝州市人民检察院检察长　杨占柱
宝丰县人民检察院检察长　李宗甫
叶县人民检察院检察长　孙忠民
鲁山县人民检察院检察长　李建云
郏县人民检察院检察长　李栓勤
襄城县人民检察院检察长　苏国杰
焦作市人民检察院检察长　主永道
解放区人民检察院检察长　刘利宝
中站区人民检察院检察长　李文祥
马村区人民检察院检察长　王善中
山阳区人民检察院检察长　毛宏昌
济源市人民检察院检察长　翁国志
沁阳市人民检察院检察长　李忠模
修武县人民检察院检察长　窦银峰
博爱县人民检察院检察长　闫德金
武陟县人民检察院检察长　陆晓流
温县人民检察院检察长　耿全怀
孟县人民检察院检察长　董怀玉
鹤壁市人民检察院检察长　翟庆骥
鹤山区人民检察院检察长　王永恒
山城区人民检察院检察长　齐　晓

郊区人民检察院检察长　郑本卿
浚县人民检察院检察长　杨法周
淇县人民检察院检察长　党安喜
新乡市人民检察院检察长　王振亚
红旗区人民检察院检察长　王建国
新华区人民检察院检察长　李绍君
北站区人民检察院检察长　王传常
郊区人民检察院检察长　谭海军
卫辉市人民检察院检察长　李延亮
辉县市人民检察院检察长　赵景如
新乡县人民检察院检察长　朱东培
获嘉县人民检察院检察长　张宝生
原阳县人民检察院检察长　刘新安
延津县人民检察院检察长　方　豪
封丘县人民检察院检察长　张安民
长垣县人民检察院检察长　安秀廷
安阳市人民检察院检察长　郝东亚
文峰区人民检察院检察长　谢爱峰
北关区人民检察院检察长　樊桂芬（女）
铁西区人民检察院检察长　江子未
郊区人民检察院检察长　刘全京
林州市人民检察院检察长　黄赢章
安阳县人民检察院检察长　桑晓峰
汤阴县人民检察院检察长　张　兵
滑县人民检察院检察长　李翠萍（女）
内黄县人民检察院检察长　郭相川
濮阳市人民检察院检察长　孙国祥
市区人民检察院检察长　杨文东
濮阳县人民检察院检察长　程师军
清丰县人民检察院检察长　武自忠
南乐县人民检察院检察长　贾桂忠
范县人民检察院检察长　张景振
台前县人民检察院检察长　徐长奇
许昌市人民检察院检察长　孟水昌
魏都区人民检察院检察长　刘永贵
禹州市人民检察院检察长　李全振
长葛市人民检察院检察长　刘绍卿
许昌县人民检察院检察长　张明山
鄢陵县人民检察院检察长　刘喜安
漯河市人民检察院检察长　李俊明
源汇区人民检察院检察长　张丙钦
舞阳县人民检察院检察长　吴英基
临颍县人民检察院检察长　臧纪周
郾城县人民检察院检察长　陈东卿
三门峡市人民检察院检察长　孟少辉
湖滨区人民检察院检察长　李敬禄
义马市人民检察院检察长　司玉新
灵宝市人民检察院检察长　王志勇
渑池县人民检察院检察长　李振高
陕县人民检察院检察长　陈景奎
卢氏县人民检察院检察长　雷金平
省人民检察院商丘分院检察长　宋孝思
商丘市人民检察院检察长　张永建
虞城县人民检察院检察长　韩丹云
商丘县人民检察院检察长　陈传彬
民权县人民检察院检察长　赵西安
宁陵县人民检察院检察长　司兴明
睢县人民检察院检察长　余方沼
夏邑县人民检察院检察长　门飞武
柘城县人民检察院检察长　刘祖文
永城县人民检察院检察长　吴德法
省人民检察院周口分院检察长　张　军
周口市人民检察院检察长　李清俭
项城市人民检察院检察长　李国义
扶沟县人民检察院检察长　郭同敏
西华县人民检察院检察长　袁奇伟
商水县人民检察院检察长　马文忠
太康县人民检察院检察长　李世清
鹿邑县人民检察院检察长　郭子金
郸城县人民检察院检察长　张明山
淮阳县人民检察院检察长　黄增灵
沈丘县人民检察院检察长　朱殿超
省人民检察院驻马店分院检察长　李淑闾（女）
驻马店市人民检察院检察长　陈　华（女）

确山县人民检察院检察长　王保山
泌阳县人民检察院检察长　杨书文
遂平县人民检察院检察长　赵　剑
西平县人民检察院检察长　赵平文
上蔡县人民检察院检察长　陈克明
汝南县人民检察院检察长　冯振龙
平舆县人民检察院检察长　李会青
新蔡县人民检察院检察长　关学彦
正阳县人民检察院检察长　李景太
省人民检察院信阳分院检察长　朱泽宏
信阳市人民检察院检察长　贺碧英（女）
息县人民检察院检察长　朱广清
淮滨县人民检察院检察长　陈世勋
信阳县人民检察院检察长　黎卫国
潢川县人民检察院检察长　方舜平
固始县人民检察院检察长　刘德金
光山县人民检察院检察长　谢正中
商城县人民检察院检察长　雷德华
罗山县人民检察院检察长　陈合一
新县人民检察院检察长　耿新生
省人民检察院南阳分院检察长　朱保生
南阳市人民检察院检察长　毕文歧
邓州市人民检察院检察长　全振歧
南召县人民检察院检察长　申兆江
方城县人民检察院检察长　宋福庆
西峡县人民检察院检察长　李广成
南阳县人民检察院检察长　李建中
镇平县人民检察院检察长　孙秀歧
内乡县人民检察院检察长　李兴华
淅川县人民检察院检察长　李春长
社旗县人民检察院检察长　李华根
唐河县人民检察院检察长　宁志高
新野县人民检察院检察长　王遂臣
桐柏县人民检察院检察长　胡培兰
省人民检察院郑州铁路运输分院检察长　王廷基
郑州铁路运输检察院检察长　刘丰新（代）
洛阳铁路运输检察院检察长　孙维景
武汉铁路运输检察院检察长　王建华
襄樊铁路运输检察院检察长　任绍卿
安康铁路运输检察院检察长　施丕汉
西安铁路运输检察院检察长　李文辉

湖北省

湖北省人民检察院检察长　钟澍钦
湖北省人民检察院副检察长　靳　军
董良才
武汉市人民检察院检察长　孙德华
江岸区人民检察院检察长　曹祖惠
江汉区人民检察院检察长　王顺来
硚口区人民检察院检察长　段友生
汉阳区人民检察院检察长　侯周湘
武昌区人民检察院检察长　郑正仁
青山区人民检察院检察长　刘良银
洪山区人民检察院检察长　李开虞
东西湖区人民检察院检察长　戚水清
汉南区人民检察院检察长　尹　健
蔡甸区人民检察院检察长　陈顺尧
武昌县人民检察院检察长　熊才胜
黄陂县人民检察院检察长　李本焱
新洲县人民检察院检察长　方传琪
黄石市人民检察院检察长　熊守章
黄石港区人民检察院检察长　余建春
石灰窑区人民检察院检察长　陈焕才
下陆区人民检察院检察长　陆隆富
铁山区人民检察院检察长　马启发
大冶市人民检察院检察长　周劲松
襄樊市人民检察院检察长　张明声
襄城区人民检察院检察长　王敬贤
樊东区人民检察院检察长　李德刚
樊西区人民检察院检察长　谭国富
郊区人民检察院检察长　吴开林
随州市人民检察院检察长　周本祥
老河口市人民检察院检察长　许忠魁

枣阳市人民检察院检察长 刘明才
宜城市人民检察院检察长 陈德忠
襄阳县人民检察院检察长 胡贵明
南漳县人民检察院检察长 王光华
谷城县人民检察院检察长 李顺祥
保康县人民检察院检察长 陈远强
襄北农场检察院检察长 张大军
邓林农场检察院检察长 曲 波
十堰市人民检察院检察长 王卫真
茅箭区人民检察院检察长 陶文忠
张湾区人民检察院检察长 钱开美
丹江口市人民检察院检察长 徐家龙
郧县人民检察院检察长 王崇贵
郧西县人民检察院检察长 王显成
竹山县人民检察院检察长 柯尊鹏
竹溪县人民检察院检察长 赵显美
房县人民检察院检察长 王汉鼎
神农架林区人民检察院检察长 杨世民
荆沙市人民检察院检察长 黄振纲
沙市区人民检察院检察长 张运清
荆州区人民检察院检察长 鲁恩德
江陵区人民检察院检察长 昌登保
仙桃市人民检察院检察长 赵复木
石首市人民检察院检察长 鲁尔英（女）
洪湖市人民检察院检察长 沈焕炳
天门市人民检察院检察长 彭生元
潜江市人民检察院检察长 尹啟香
钟祥市人民检察院检察长 黄兴烈
松滋县人民检察院检察长 尹超信
公安县人民检察院检察长 钟大松
监利县人民检察院检察长 何新明
京山县人民检察院检察长 李泽沛
沙洋农场检察院检察长 唐胜海
江北农场检察院检察长 陈玉明
宜昌市人民检察院检察长 雷森策
西陵区人民检察院检察长 马光和
伍家岗区人民检察院检察长 张 青（女）
点军区人民检察院检察长 王书文
枝城市人民检察院检察长 李昌宽
当阳市人民检察院检察长 张永成
宜昌县人民检察院检察长 范承吉
枝江县人民检察院检察长 祁必清
远安县人民检察院检察长 胡仁义
兴山县人民检察院检察长 余祖光
秭归县人民检察院检察长 王祖绍
长阳土家族自治县人民检察院检察长 周厚全
五峰土家族自治县人民检察院检察长 张承福
荆门市人民检察院检察长 吴方清
东宝区人民检察院检察长 罗明发
沙洋区人民检察院检察长 王昌林
鄂州市人民检察院检察长 何志善
鄂城区人民检察院检察长 何本利
华容区人民检察院检察长 严开华
梁子湖区人民检察院检察长 夏 乡
孝感市人民检察院检察长 杨甲明
孝南区人民检察院检察长 王家安
应城市人民检察院检察长 陈树生
安陆市人民检察院检察长 黄世华
广水市人民检察院检察长 刘安猛
孝昌县人民检察院检察长 刘汉平
大悟县人民检察院检察长 毛国鹏
云梦县人民检察院检察长 王东明
汉川县人民检察院检察长 李锦清
省人民检察院黄冈分院检察长 黄清明
麻城市人民检察院检察长 程克超
武穴市人民检察院检察长 伍光益
黄州市人民检察院检察长 汪孝阶
英山县人民检察院检察长 陈灿中
红安县人民检察院检察长 李其保
罗田县人民检察院检察长 文盛堂
浠水县人民检察院检察长 朱源江
蕲春县人民检察院检察长 陈又丹
黄梅县人民检察院检察长 郭普生

省人民检察院咸宁分院检察长　徐善清
咸宁市人民检察院检察长　洪班福
浦圻市人民检察院检察长　何柏青
嘉鱼县人民检察院检察长　周宗斌
通城县人民检察院检察长　葛国平
崇阳县人民检察院检察长　丁锡珍
通山县人民检察院检察长　吴连山
阳新县人民检察院检察长　黄龙强
恩施土家族苗族自治州人民检察院检察长　（缺）
恩施市人民检察院检察长　李美堂
利川市人民检察院检察长　成　宜
来凤县人民检察院检察长　何守敏
建始县人民检察院检察长　覃章武
巴东县人民检察院检察长　朱宗雄
宣恩县人民检察院检察长　刘红武
咸丰县人民检察院检察长　唐井泉
鹤峰县人民检察院检察长　曹安民

湖 南 省

湖南省人民检察院检察长　张树海
湖南省人民检察院副检察长　李志辉
何素斌（女）
陈祖吉
长沙市人民检察院检察长　杨　哲
东区人民检察院检察长　白贵泉
南区人民检察院检察长　曾腾辉
西区人民检察院检察长　彭炳泉
北区人民检察院检察长　吴谋明
郊区人民检察院检察长　袁强明
浏阳市人民检察院检察长　谭志达
长沙县人民检察院检察长　李彪慧
望城县人民检察院检察长　熊正杰
宁乡县人民检察院检察长　孙赐林
株洲市人民检察院检察长　彭　盛
东区人民检察院检察长　吴功传
北区人民检察院检察长　谭炬华
南区人民检察院检察长　周万仕
郊区人民检察院检察长　符振明
醴陵市人民检察院检察长　曾祥发
株洲县人民检察院检察长　汤正辉
攸县人民检察院检察长　刘富生
茶陵县人民检察院检察长　谭二生
炎陵县人民检察院检察长　李兆斌
湘潭市人民检察院检察长　邱昭开
雨湖区人民检察院检察长　王国栋
岳塘区人民检察院检察长　张松泉
韶山市人民检察院检察长　苏石华
湘乡市人民检察院检察长　喻英友
湘潭县人民检察院检察长　谭妙江
衡阳市人民检察院检察长　王同庆
江东区人民检察院检察长　廖永述
城南区人民检察院检察长　邵长征
城北区人民检察院检察长　周光宇
郊区人民检察院检察长　李元邦
南岳区人民检察院检察长　屈新科
耒阳市人民检察院检察长　梁中鼎
衡阳县人民检察院检察长　刘夫生
衡南县人民检察院检察长　陈功元
衡山县人民检察院检察长　刘友成
衡东县人民检察院检察长　谭经根
常宁县人民检察院检察长　张永兴
祁东县人民检察院检察长　李元升
上堡地区人民检察院检察长　谢少剑
邵阳市人民检察院检察长　孙孝思
东区人民检察院检察长　刘技员
西区人民检察院检察长　袁武山
郊区人民检察院检察长　罗栋良
邵东县人民检察院检察长　李　斌
新邵县人民检察院检察长　周康华
邵阳县人民检察院检察长　刘高生
隆回县人民检察院检察长　颜秋堂
洞口县人民检察院检察长　唐章水
武冈县人民检察院检察长　邓隆宝
绥宁县人民检察院检察长　毛祖能

新宁县人民检察院检察长　张成灿
城步苗族自治县人民检察院检察长　刘承烈
岳阳市人民检察院检察长　刘罗英（女）
南区人民检察院检察长　李　锋（女）
北区人民检察院检察长　姜桂初
郊区人民检察院检察长　黄南生
汨罗市人民检察院检察长　易国光
临湘市人民检察院检察长　陈太平
岳阳县人民检察院检察长　骆四保
华容县人民检察院检察长　吴绍衡
湘阴县人民检察院检察长　欧双田
平江县人民检察院检察长　徐石坚
茅斯铺地区人民检察院检察长　周正雄
常德市人民检察院检察长　李文耀
武陵区人民检察院检察长　贾云庆
鼎城区人民检察院检察长　彭子荣
津市市人民检察院检察长　谢圣美
桃源县人民检察院检察长　胡新建
石门县人民检察院检察长　唐纯型
澧县人民检察院检察长　黄秋武
临澧县人民检察院检察长　黄生昌
汉寿县人民检察院检察长　谢贵爱
安乡县人民检察院检察长　王建国
白洋堤地区人民检察院检察长　张瑞祥
张家界市人民检察院检察长　甘其受
永定区人民检察院检察长　黎　跃
武陵源区人民检察院检察长　王跃双
桑植县人民检察院检察长　卓儒桔
慈利县人民检察院检察长　谢汉初
省人民检察院郴州分院检察长　齐大德
郴州市人民检察院检察长　李指华
资兴市人民检察院检察长　黄常斌
郴县人民检察院检察长　唐任松
桂阳县人民检察院检察长　傅光盛
永兴县人民检察院检察长　李先礼
宜章县人民检察院检察长　黎甫阳
嘉禾县人民检察院检察长　郑运发
临武县人民检察院检察长　王灿榜
汝城县人民检察院检察长　宋玉艳（女）
桂东县人民检察院检察长　郭发古
安仁县人民检察院检察长　李华金
省人民检察院零陵分院检察长　卢腊庆
永州市人民检察院检察长　侯昌燕
冷水滩市人民检察院检察长　伍拱伸
东安县人民检察院检察长　杨传海
道县人民检察院检察长　张楚清
宁远县人民检察院检察长　杨东万
江永县人民检察院检察长　黄先觉
蓝山县人民检察院检察长　李安昌
新田县人民检察院检察长　郑枝福
双牌县人民检察院检察长　秦　政
祁阳县人民检察院检察长　刘昌茂
江华瑶族自治县人民检察院检察长　蒋联英
省人民检察院娄底分院检察长　赵光华
娄底市人民检察院检察长　颜维和
冷水江市人民检察院检察长　程在华
涟源市人民检察院检察长　刘华江
双峰县人民检察院检察长　李秋来
新化县人民检察院检察长　刘国华
省人民检察院怀化分院检察长　蔡世强
怀化市人民检察院检察长　曾昭荣
洪江市人民检察院检察长　朱应昌
黔阳县人民检察院检察长　舒振碧
沅陵县人民检察院检察长　姜宏县
辰溪县人民检察院检察长　魏臣兴
溆浦县人民检察院检察长　刘克校
会同县人民检察院检察长　唐自政
新晃侗族自治县人民检察院检察长　杨正胜
芷江侗族自治县人民检察院检察长　杨天林
麻阳苗族自治县人民检察院检察长　王连德
靖州苗族侗族自治县人民检察院

检察长　杨良万

通道侗族自治县人民检察院检察长　姚吉信

益阳市人民检察院检察长　胡旭曦

资阳区人民检察院检察长　鲁乐之

赫山区人民检察院检察长　姚立章

沅江市人民检察院检察长　杨屏凡

南县人民检察院检察长　李耀先

桃江县人民检察院检察长　姚永建

安化县人民检察院检察长　姚蒲初

湘西土家族苗族自治州人民检察院检察长　向邦柱

吉首市人民检察院检察长　钟子荣

泸溪县人民检察院检察长　杨昌和

凤凰县人民检察院检察长　吴太和

花垣县人民检察院检察长　石建秋

保靖县人民检察院检察长　贾顺成

古丈县人民检察院检察长　张安生

永顺县人民检察院检察长　王锡祥

龙山县人民检察院检察长　陈新政

广 东 省

广东省人民检察院检察长　王　骏

广东省人民检察院副检察长　张学军

许天祥

余万宁

董平波

广州市人民检察院检察长　王定中

东山区人民检察院检察长　潘继仁

荔湾区人民检察院检察长　刘文良

越秀区人民检察院检察长　李昔贤

海珠区人民检察院检察长　刘树选

芳村区人民检察院检察长　谭炳坤

天河区人民检察院检察长　梁炳雄

黄埔区人民检察院检察长　蔡汉标

白云区人民检察院检察长　刘少英（女）

番禺市人民检察院检察长　黄建强

花都市人民检察院检察长　毕汇洪

增城市人民检察院检察长　伍东明

从化市人民检察院检察长　徐杰铭

广州南沙经济技术开发区人民检察院检察长　郑乃智

深圳市人民检察院检察长　熊秉权

罗湖区人民检察院检察长　佟　丹

福田区人民检察院检察长　林石喜

南山区人民检察院检察长　侯黎明

宝安区人民检察院检察长　杨志强

龙岗区人民检察院检察长　曾繁沛

南山区蛇口人民检察院检察长　欧观清（代）

罗湖区沙头角人民检察院检察长　邹亿军

珠海市人民检察院检察长　毛存英

香洲区人民检察院检察长　赵振军

斗门县人民检察院检察长　林耀汉

汕头市人民检察院检察长　许宽汉

达濠区人民检察院检察长　王萃明

龙湖区人民检察院检察长　夏兆元

金园区人民检察院检察长　杨勇钦

升平区人民检察院检察长　林潮深

潮阳市人民检察院检察长　郑喜宣

澄海市人民检察院检察长　蔡保红

南澳县人民检察院检察长　吴培坚

韶关市人民检察院检察长　赵　军

北江区人民检察院检察长　杨　剑

武江区人民检察院检察长　黎荣海

浈江区人民检察院检察长　高汉金

黄岗地区人民检察院检察长　柳远昌

乐昌中山地区人民检察院检察长　郭光生

乐昌市人民检察院检察长　李雄涛

曲江县人民检察院检察长　傅庆华

始兴县人民检察院检察长　卢道均

南雄县人民检察院检察长　张　平

仁化县人民检察院检察长　何超常
翁源县人民检察院检察长　龙奎明
新丰县人民检察院检察长　陈实盟
乳源瑶族自治县人民检察院检察长　丘剑勇
河源市人民检察院检察长　黄其粤
源城区人民检察院检察长　李柏桐
东源县人民检察院检察长　唐桂华
紫金县人民检察院检察长　赖百蕴
和平县人民检察院检察长　叶日运
连平县人民检察院检察长　曾绍清
龙川县人民检察院检察长　叶德新
梅州市人民检察院检察长　陈林荣
梅江区人民检察院检察长　林　平
兴宁市人民检察院检察长　唐振森
梅县人民检察院检察长　古应琅
大埔县人民检察院检察长　刘亦明
丰顺县人民检察院检察长　冯流燕
五华县人民检察院检察长　陈法贤
平远县人民检察院检察长　谢艳凤
蕉岭县人民检察院检察长　徐云贤
惠州市人民检察院检察长　吴玉甫
惠城区人民检察院检察长　吴尤光
惠阳市人民检察院检察长　叶俊青
博罗县人民检察院检察长　陈灶培
惠东县人民检察院检察长　杨华高
龙门县人民检察院检察长　吴　佚
大亚湾经济技术开发区人民检察院检察长　黄友宏
汕尾市人民检察院检察长　尚　德
城区人民检察院检察长　林艺群
陆丰县人民检察院检察长　李广英
海丰县人民检察院检察长　曾广记
陆河县人民检察院检察长　朱蔚梓
东莞市人民检察院检察长　黄沛伦
市区人民检察院检察长　黄汝深
中山市人民检察院检察长　谢汉茂
市区人民检察院检察长　吴保文
江门市人民检察院检察长　林明枢
江海区人民检察院检察长　叶永雄
蓬江区人民检察院检察长　黄国流
新会市人民检察院检察长　林华观
台山市人民检察院检察长　黄传芳
开平市人民检察院检察长　冯益坚
鹤山市人民检察院检察长　赖恢先
恩平市人民检察院检察长　吴郁宁
佛山市人民检察院检察长　林宇焕
城区人民检察院检察长　范沃良
石湾区人民检察院检察长　吴　光
顺德市人民检察院检察长　梁桂洪
南海市人民检察院检察长　谭其乐
三水市人民检察院检察长　周恩琪
高明市人民检察院检察长　吴兆宗
阳江市人民检察院检察长　冯远仁
江城区人民检察院检察长　郑元焱
阳春市人民检察院检察长　陈永洲
阳东县人民检察院检察长　冯家均（代）
阳西县人民检察院检察长　关则钦
湛江市人民检察院检察长　张石清
赤坎区人民检察院检察长　劳勤先
霞山区人民检察院检察长　吴尚群
坡头区人民检察院检察长　黎土玉
郊区人民检察院检察长　陈　伍
廉江市人民检察院检察长　王　伟
吴川市人民检察院检察长　罗鸿华
雷州市人民检察院检察长　黄培承
遂溪县人民检察院检察长　陈兆明
徐闻县人民检察院检察长　钟廷荣
茂名市人民检察院检察长　吴杰斌（代）
茂南区人民检察院检察长　陈均夏
高州市人民检察院检察长　张培深
化州市人民检察院检察长　黎　权
信宜县人民检察院检察长　杨俊祥
电白县人民检察院检察长　黄冠斌
肇庆市人民检察院检察长　谢相榴
端州区人民检察院检察长　黄福明

鼎湖区人民检察院检察长　黄卓略
高要市人民检察院检察长　江中焕
四会市人民检察院检察长　马庆松
罗定市人民检察院检察长　廖其雄
广宁县人民检察院检察长　黄玉珍
怀集县人民检察院检察长　范逊球
封开县人民检察院检察长　李汝群
德庆县人民检察院检察长　林伯茂
云浮市人民检察院检察长　刘怡新
云城区人民检察院检察长　黄炳枢
新兴县人民检察院检察长　温德光
郁南县人民检察院检察长　徐炳桂
清远市人民检察院检察长　钟镇添
清城区人民检察院检察长　刘汉生
英德市人民检察院检察长　吴开仪
连州市人民检察院检察长　方安明
清新县人民检察院检察长　陈国林
阳山县人民检察院检察长　何荣球
佛冈县人民检察院检察长　李功积
连南瑶族自治县人民检察院检察长　房建民
连山壮族瑶族自治县人民检察院检察长　尹承法
龙头影地区人民检察院检察长　罗伟泉
潮州市人民检察院检察长　陈瑞章
湘桥区人民检察院检察长　孙俊侠
潮安县人民检察院检察长　陈功照
饶平县人民检察院检察长　郑臣除
揭阳市人民检察院检察长　江奕元
榕城区人民检察院检察长　罗　盛
普宁市人民检察院检察长　周光林
揭东县人民检察院检察长　刘绍城
揭西县人民检察院检察长　高族廉
惠来县人民检察院检察长　曾令乾
省人民检察院广州铁路运输分院检察长　李会同
广州铁路运输检察院检察长　涂光哲
长沙铁路运输检察院检察长　孙培泉
怀化铁路运输检察院检察长　余惠顺
衡阳铁路运输检察院检察长　张用林

广西壮族自治区

广西壮族自治区人民检察院检察长　韦家能
广西壮族自治区人民检察院副检察长　蔡玉瑜
唐茂清
石然龙
南宁市人民检察院检察长　陈伯章
兴宁区人民检察院检察长　韦耀华
城北区人民检察院检察长　原锦文
永新区人民检察院检察长　罗继成
新城区人民检察院检察长　许桂森
江南区人民检察院检察长　林少平（女）
市郊区人民检察院检察长　林远祝
茅桥地区人民检察院检察长　陆治德
邕宁县人民检察院检察长　陈祥江
武鸣县人民检察院检察长　梁冠武
柳州市人民检察院检察长　李大任
城中区人民检察院检察长　黄华添
柳南区人民检察院检察长　刘道山
柳北区人民检察院检察长　韦吉甫
市郊区人民检察院检察长　李庆荣
鱼峰区人民检察院检察长　韦安宝
柳江县人民检察院检察长　钟少敖
柳城县人民检察院检察长　刘建伟
桂林市人民检察院检察长　谭圣禹
秀峰区人民检察院检察长　邓成珍
象山区人民检察院检察长　莫继成
市郊区人民检察院检察长　丘国杨
叠彩区人民检察院检察长　吴谋强
七星区人民检察院检察长　谢运有
临桂县人民检察院检察长　余权中
阳朔县人民检察院检察长　谢学峰
梧州市人民检察院检察长　龙耀强

蝶山区人民检察院检察长　郑贝章
万秀区人民检察院检察长　黄国光
市郊区人民检察院检察长　郭炳华
苍梧县人民检察院检察长　温寿华
北海市人民检察院检察长　陈振良
海城区人民检察院检察长　余海燕（女）
市郊区人民检察院检察长　许立新
合浦县人民检察院检察长　温世金
防城港市人民检察院检察长　施显仁
防城区人民检察院检察长　阮茂兴
港口区人民检察院检察长　温焕章
上思县人民检察院检察长　欧作明
自治区人民检察院南宁分院检察长
卢　强
凭祥市人民检察院检察长　许秀峰
宾阳县人民检察院检察长　谭汝仁
隆安县人民检察院检察长　韦庆龙
扶绥县人民检察院检察长　陆荣历
大新县人民检察院检察长　黄青云
宁明县人民检察院检察长　黄锦耀
横县人民检察院检察长　何德楷
上林县人民检察院检察长　韦显德
马山县人民检察院检察长　罗安坤
崇左县人民检察院检察长　陈远南
天等县人民检察院检察长　黄胜兴
龙州县人民检察院检察长　凌天南
自治区人民检察院柳州分院检察长
农嘉勤
合山市人民检察院检察长　兰桂练
鹿寨县人民检察院检察长　林福光
象州县人民检察院检察长　莫崇鲜
武宣县人民检察院检察长　李　坚
来宾县人民检察院检察长　蒙国壮
融安县人民检察院检察长　吴　刚
忻城县人民检察院检察长　蒋光泽
融水苗族自治县人民检察院检察长
贾文勋
金秀瑶族自治县人民检察院检察长
覃驰东
三江侗族自治县人民检察院检察长
刘德才
自治区人民检察院桂林分院检察长
杨子江
灵川县人民检察院检察长　莫英珍（女）
全州县人民检察院检察长　闫鼎洋
兴安县人民检察院检察长　蒋昌倬
永福县人民检察院检察长　李仁生
灌阳县人民检察院检察长　吕荣保
资源县人民检察院检察长　熊家清
平乐县人民检察院检察长　李世荣
荔浦县人民检察院检察长　饶富峰
龙胜各族自治县人民检察院检察长
陈立群
恭城瑶族自治县人民检察院检察长
卢义书
自治区人民检察院梧州分院检察长
李树书
岑溪县人民检察院检察长　陈开棫
藤县人民检察院检察长　韦裕炳
昭平县人民检察院检察长　卢　钢
蒙山县人民检察院检察长　唐显杨
贺县人民检察院检察长　陈远明
钟山县人民检察院检察长　廖升喜
富川瑶族自治县人民检察院检察长
黄崇政
自治区人民检察院玉林分院检察长
王贵文
玉林市人民检察院检察长　冯传国
贵港市人民检察院检察长　麦建祥
北流市人民检察院检察长　曾信昌
桂平市人民检察院检察长　苏建强
平南县人民检察院检察长　莫启文
容县人民检察院检察长　韦传庆
陆川县人民检察院检察长　陈可辉
博白县人民检察院检察长　刘庆能
钦州市人民检察院检察长　韦富国

钦南区人民检察院检察长 黄辉才
钦北区人民检察院检察长 苏承富
灵山县人民检察院检察长 邓有亮
浦北县人民检察院检察长 廖永春
自治区人民检察院百色分院检察长 韦绍球
百色市人民检察院检察长 王志军
田阳县人民检察院检察长 郭荣杰
田东县人民检察院检察长 宋室安
平果县人民检察院检察长 黄照仁
德保县人民检察院检察长 徐值勇
靖西县人民检察院检察长 杨兴真
那坡县人民检察院检察长 赖文辉
凌云县人民检察院检察长 彭武华
乐业县人民检察院检察长 陆宁燕
田林县人民检察院检察长 廖伟登
西林县人民检察院检察长 黄通兴
隆林各族自治县人民检察院检察长 黄宏司
自治区人民检察院河池分院检察长 覃禄英
河池市人民检察院检察长 韦文建
宜州市人民检察院检察长 韦庆芳
南丹县人民检察院检察长 利振轩
天峨县人民检察院检察长 岑仕开
凤山县人民检察院检察长 罗永翻
东兰县人民检察院检察长 罗　强
罗城仫佬族自治县人民检察院检察长 朱　江
环江毛南族自治县人民检察院检察长 谭瑞豪
巴马瑶族自治县人民检察院检察长 刘义庭
都安瑶族自治县人民检察院检察长 张　强
大化瑶族自治县人民检察院检察长 韦永见
自治区人民检察院柳州铁路运输分院检察长 李日珣
柳州铁路运输检察院检察长 孙玉田
南宁铁路运输检察院检察长 葛杨华

海南省

海南省人民检察院检察长 秦醒民
海南省人民检察院副检察长 王锦芳
舒慧明
王英杰
省人民检察院海南分院检察长 张连才
海口市人民检察院检察长 李金山
振东区人民检察院检察长 龚　维
新华区人民检察院检察长 黄守成
秀英区人民检察院检察长 林道玉
三亚市人民检察院检察长 李振安
城郊人民检察院检察长 黄　涛
通什市人民检察院检察长 梁振寰
琼海市人民检察院检察长 李宗炳
儋州市人民检察院检察长 麦万红
琼山市人民检察院检察长 王儒明
文昌县人民检察院检察长 符史逢
万宁县人民检察院检察长 林　荣
定安县人民检察院检察长 黎家庆
屯昌县人民检察院检察长 陈亚春
澄迈县人民检察院检察长 李育谋
临高县人民检察院检察长 王善富
东方黎族自治县人民检察院检察长 刘之新
昌江黎族自治县人民检察院检察长 朱瑞金
乐东黎族自治县人民检察院检察长 陈健明
陵水黎族自治县人民检察院检察长 邓昌柏
白沙黎族自治县人民检察院检察长 庄芝和
琼中黎族苗族自治县人民检察院

检察长　吴亚雄

保亭黎族苗族自治县人民检察院

检察长　朱永盛

四 川 省

四川省人民检察院检察长　龚读纶

四川省人民检察院副检察长　谭洪信

庞先玉

李　锋

苟兴和

成都市人民检察院检察长　赵惠民

锦江区人民检察院检察长　王　建

青羊区人民检察院检察长　何志军

金牛区人民检察院检察长　冯明成

龙泉驿区人民检察院检察长　陈富华

武侯区人民检察院检察长　李满洋

成华区人民检察院检察长　康从平

青白江区人民检察院检察长　张义金

都江堰市人民检察院检察长　何锡智

彭州市人民检察院检察长　宁佐福

崇州市人民检察院检察长　杨平山

邛崃市人民检察院检察长　盛文治

金堂县人民检察院检察长　何树明

双流县人民检察院检察长　高中锁

温江县人民检察院检察长　陈寿明

郫县人民检察院检察长　全大明

新都县人民检察院检察长　祝明述

大邑县人民检察院检察长　李成国

蒲江县人民检察院检察长　刘国良

新津县人民检察院检察长　彭学礼

重庆市人民检察院检察长　秦信联

市中区人民检察院检察长　冒长路

大渡口区人民检察院检察长　唐超安

江北区人民检察院检察长　牟应国

沙坪坝区人民检察院检察长　段世华

九龙坡区人民检察院检察长　龚家风

南岸区人民检察院检察长　陈宗钰

北碚区人民检察院检察长　桑开文

万盛区人民检察院检察长　岳建忠

双桥区人民检察院检察长　吴锡荣

江津市人民检察院检察长　彭安荣

合川市人民检察院检察长　向　阳

永川市人民检察院检察长　涂道陆

长寿县人民检察院检察长　范春元

巴县人民检察院检察长　张福昌

綦江县人民检察院检察长　熊志荣

江北县人民检察院检察长　郭荣信

潼南县人民检察院检察长　袁世东

铜梁县人民检察院检察长　周家模

大足县人民检察院检察长　吴桂发

荣昌县人民检察院检察长　陈在洪

璧山县人民检察院检察长　李顺富

新胜地区人民检察院检察长　李尊杰

自贡市人民检察院检察长　董超名

自流井区人民检察院检察长　钟　建

贡井区人民检察院检察长　宋　继

大安区人民检察院检察长　舒　展

沿滩区人民检察院检察长　戴文章

荣县人民检察院检察长　余伯科

富顺县人民检察院检察长　兰集君

攀枝花市人民检察院检察长　杨通成

东区人民检察院检察长　李文魁

西区人民检察院检察长　孔凡示

仁和区人民检察院检察长　雷中文

米易县人民检察院检察长　杜登贵

盐边县人民检察院检察长　沈　昌

泸州市人民检察院检察长　祝昌焱

市中区人民检察院检察长　周德时

泸县人民检察院检察长　程建荣

合江县人民检察院检察长　张奎生

纳溪县人民检察院检察长　张朝毕

叙永县人民检察院检察长　李华学

古蔺县人民检察院检察长　王从万

德阳市人民检察院检察长　张炳林

市中区人民检察院检察长　彭心庆

广汉市人民检察院检察长　唐建民
绵竹县人民检察院检察长　邱世达
中江县人民检察院检察长　齐家成
什邡县人民检察院检察长　曾凡禄
绵阳市人民检察院检察长　杜万成
涪城区人民检察院检察长　顾有发
游仙区人民检察院检察长　尹大兴
江油市人民检察院检察长　张正阳
三台县人民检察院检察长　陈松林
盐亭县人民检察院检察长　王元秉
安县人民检察院检察长　褚远清
梓潼县人民检察院检察长　姜　志
北川县人民检察院检察长　赖昌安
平武县人民检察院检察长　王正雄
广元市人民检察院检察长　张玉德
市中区人民检察院检察长　李天才
朝天区人民检察院检察长　沈国富
元坝区人民检察院检察长　王丕越
旺苍县人民检察院检察长　蒲勤之
青川县人民检察院检察长　都仁俊
剑阁县人民检察院检察长　赵子光
苍溪县人民检察院检察长　樊忠福
荣山地区人民检察院检察长　姚永明
嘉川地区人民检察院检察长　李万贵
遂宁市人民检察院检察长　李万莲（女）
市中区人民检察院检察长　汪家国
蓬溪县人民检察院检察长　冯大润
射洪县人民检察院检察长　王国卿
内江市人民检察院检察长　何宗志
市中区人民检察院检察长　严光亮
东兴区人民检察院检察长　廖厚良
资阳市人民检察院检察长　凌宗元
简阳市人民检察院检察长　陈修胜
乐至县人民检察院检察长　杨大胜
安岳县人民检察院检察长　王华智
威远县人民检察院检察长　晋华彩
资中县人民检察院检察长　许蜀宗
隆昌县人民检察院检察长　卓先栋
乐山市人民检察院检察长　牟刚俊
市中区人民检察院检察长　郭继明
沙湾区人民检察院检察长　刘吉宣
五通桥区人民检察院检察长　王新棱
金口河区人民检察院检察长　吴万林
峨眉山市人民检察院检察长　高仕俊
仁寿县人民检察院检察长　彭子如
眉山县人民检察院检察长　胡方中
犍为县人民检察院检察长　舒元贵
井研县人民检察院检察长　张德金
夹江县人民检察院检察长　杨晓梅（女）
洪雅县人民检察院检察长　胡海清
彭山县人民检察院检察长　谢正华
沐川县人民检察院检察长　谭治华
青神县人民检察院检察长　陈义志
丹棱县人民检察院检察长　胡高元
峨边彝族自治县人民检察院检察长　陈乐庆
马边彝族自治县人民检察院检察长　朱万清
万县市人民检察院检察长　董世祥
龙宝区人民检察院检察长　沈远富
天城区人民检察院检察长　徐刚斌
五桥区人民检察院检察长　熊道海
开县人民检察院检察长　魏贻兴
忠县人民检察院检察长　蒋崇秋
梁平县人民检察院检察长　周成林
云阳县人民检察院检察长　刘代树
奉节县人民检察院检察长　杨前和
巫山县人民检察院检察长　王家学
巫溪县人民检察院检察长　李德全
城口县人民检察院检察长　王永和
南充市人民检察院检察长　罗自省
顺庆区人民检察院检察长　谢凡举
高坪区人民检察院检察长　肖明金
嘉陵区人民检察院检察长　何建忠
阆中市人民检察院检察长　陈菊芳（女）
南部县人民检察院检察长　王益龄

营山县人民检察院检察长　杨润珉
蓬安县人民检察院检察长　曹学群
仪陇县人民检察院检察长　许期慎
西充县人民检察院检察长　扬子富
省人民检察院涪陵分院检察长　蒋定才
涪陵市人民检察院检察长　林蜀鲁
南川市人民检察院检察长　程在国
垫江县人民检察院检察长　葛民生
丰都县人民检察院检察长　牟兴春
武隆县人民检察院检察长　罗亚华
省人民检察院黔江分院检察长　帅秀芝（女）
石柱土家族自治县人民检察院检察长　李　江
秀山土家族苗族自治县人民检察院检察长　覃和平
黔江土家族苗族自治县人民检察院检察长　杨再芳
酉阳土家族苗族自治县人民检察院检察长　杨光海
彭水苗族土家族自治县人民检察院检察长　李敦华
省人民检察院宜宾分院检察长　骆德富
宜宾市人民检察院检察长　陈家齐
宜宾县人民检察院检察长　周志坚
南溪县人民检察院检察长　战学安
江安县人民检察院检察长　肖建荣
长宁县人民检察院检察长　殷贤忠
高县人民检察院检察长　凌生平
筠连县人民检察院检察长　李联聪
珙县人民检察院检察长　何建军
兴文县人民检察院检察长　赵　华（女）
屏山县人民检察院检察长　唐国和
珙县芙蓉地区人民检察院检察长　戴世万
省人民检察院广安分院检察长　武家荣（代）
华蓥市人民检察院检察长　伍平述
岳池县人民检察院检察长　戴鸣川
广安县人民检察院检察长　刘良忠
武胜县人民检察院检察长　陈邦友
邻水县人民检察院检察长　周永清
省人民检察院达川分院检察长　邓光德
达川市人民检察院检察长　李发金
万源市人民检察院检察长　刘启安
达县人民检察院检察长　黄多文
宣汉县人民检察院检察长　李仲永
开江县人民检察院检察长　夏永菊（女）
大竹县人民检察院检察长　陈万祥
渠县人民检察院检察长　张发文
省人民检察院巴中分院检察长　向守万
巴中市人民检察院检察长　谭新民
通江县人民检察院检察长　张尚友
南江县人民检察院检察长　王道先
平昌县人民检察院检察长　苟中岳
省人民检察院雅安分院检察长　刘占起
雅安市人民检察院检察长　钟世森
名山县人民检察院检察长　李兴洪
荥经县人民检察院检察长　吴月平
汉源县人民检察院检察长　何新林
石棉县人民检察院检察长　成荣富
天全县人民检察院检察长　赵为民
芦山县人民检察院检察长　陈德中
宝兴县人民检察院检察长　舒乾祥
苗溪地区人民检察院检察长　张德生
阿坝藏族羌族自治州人民检察院检察长　李光明
汶川县人民检察院检察长　王明远
理县人民检察院检察长　廖青山
茂县人民检察院检察长　李永林
松潘县人民检察院检察长　敏耀辉
南坪县人民检察院检察长　陈仕良
金川县人民检察院检察长　扎　西
小金县人民检察院检察长　牟安友
黑水县人民检察院检察长　严木学
马尔康县人民检察院检察长　李清贵
壤塘县人民检察院检察长　列　根

阿坝县人民检察院检察长　格　戈
若尔盖县人民检察院检察长　更秋学
红原县人民检察院检察长　蒋成华
甘孜藏族自治州人民检察院检察长　祃红火
康定县人民检察院检察长　王光华
泸定县人民检察院检察长　陈　平
丹巴县人民检察院检察长　彭元福
九龙县人民检察院检察长　阿扎木呷
雅江县人民检察院检察长　诸建明
道孚县人民检察院检察长　赵振林
炉霍县人民检察院检察长　邛　巴
甘孜县人民检察院检察长　生龙降措
新龙县人民检察院检察长　严光玉
德格县人民检察院检察长　黄格登
白玉县人民检察院检察长　根　秋
石渠县人民检察院检察长　李成敏
色达县人民检察院检察长　曾　雄
理塘县人民检察院检察长　青　绕
巴塘县人民检察院检察长　夏尼玛
乡城县人民检察院检察长　阿　麦
稻城县人民检察院检察长　张泽洲
得荣县人民检察院检察长　吴中降巴
凉山彝族自治州人民检察院检察长　敬伍堂
西昌市人民检察院检察长　张代缨
盐源县人民检察院检察长　刘联贵
德昌县人民检察院检察长　宋瑞丰
会理县人民检察院检察长　王弟云
会东县人民检察院检察长　叶　建
宁南县人民检察院检察长　余顺全
普格县人民检察院检察长　王正友
布拖县人民检察院检察长　殷　杰
金阳县人民检察院检察长　贾巴史呷
昭觉县人民检察院检察长　毛　强
喜德县人民检察院检察长　吉布木呷
冕宁县人民检察院检察长　朱万科
越西县人民检察院检察长　夏再正
甘洛县人民检察院检察长　呷呷解放
美姑县人民检察院检察长　王霖生
雷波县人民检察院检察长　商尔天
木里藏族自治县人民检察院检察长　钟保差
西宁地区人民检察院检察长　熊文华
省人民检察院成都铁路运输分院检察长　胡文彬
成都铁路运输检察院检察长　刘　刚
重庆铁路运输检察院检察长　杨春胜
贵阳铁路运输检察院检察长　张秀杰
西昌铁路运输检察院检察长　陶长华
昆明铁路运输检察院检察长　孔和平
开远铁路运输检察院检察长　刘德蔚

贵　州　省

贵州省人民检察院检察长　胡克惠（女）
贵州省人民检察院副检察长　王安新
蒲其林
贵阳市人民检察院检察长　张德葵
南明区人民检察院检察长　钱建民
云岩区人民检察院检察长　胡维林
花溪区人民检察院检察长　申万荣
乌当区人民检察院检察长　魏　冀
白云区人民检察院检察长　王春贵
六盘水市人民检察院检察长　夏琼英（女）
钟山区人民检察院检察长　李学朋
盘县特区人民检察院检察长　舒筱德
六枝特区人民检察院检察长　胡国勤
水城县人民检察院检察长　杨秀明
省人民检察院遵义分院检察长　吴强华
遵义市人民检察院检察长　林茂前
赤水市人民检察院检察长　段建设
遵义县人民检察院检察长　蒲廷清
桐梓县人民检察院检察长　王福礼
绥阳县人民检察院检察长　李瑞渊
正安县人民检察院检察长　陈光荣
习水县人民检察院检察长　王跃民

凤冈县人民检察院检察长　杨承显
湄潭县人民检察院检察长　陈立忠
余庆县人民检察院检察长　赵安福
仁怀县人民检察院检察长　吴亚松
务川仡佬族苗族自治县人民检察院检察长　朱先坤
道真仡佬族苗族自治县人民检察院检察长　罗万发

省人民检察院铜仁分院检察长　吕玉堂

铜仁市人民检察院检察长　刘启发
江口县人民检察院检察长　黄忠国
德江县人民检察院检察长　陈志烈
石阡县人民检察院检察长　杨剑奎
思南县人民检察院检察长　赵茂衡
印江土家族苗族自治县人民检察院检察长　霍　英（女）
玉屏侗族自治县人民检察院检察长　綦书桐
沿河土家族自治县人民检察院检察长　王　猛
松桃苗族自治县人民检察院检察长　张贵发
万山特区人民检察院检察长　陈尚庆

省人民检察院毕节分院检察长　朱世全

毕节市人民检察院检察长　高焕荣
大方县人民检察院检察长　黄　宇
黔西县人民检察院检察长　唐纪忠
金沙县人民检察院检察长　张播海
织金县人民检察院检察长　谢向祥
纳雍县人民检察院检察长　赵贵荣
赫章县人民检察院检察长　刘万红
威宁彝族回族苗族自治县人民检察院检察长　马新琼

省人民检察院安顺分院检察长　高大明

安顺市人民检察院检察长　张廷德
清镇市人民检察院检察长　韦忠琪
开阳县人民检察院检察长　刘正德
息烽县人民检察院检察长　童德权
修文县人民检察院检察长　聂廷良
平坝县人民检察院检察长　牛桂英（女）
普定县人民检察院检察长　张永达
关岭布依族苗族自治县人民检察院检察长　伍隆升
镇宁布依族苗族自治县人民检察院检察长　杨　斌
紫云苗族布依族自治县人民检察院检察长　陈仲昌

黔西南布依族苗族自治州人民检察院检察长　韦永学

兴义市人民检察院检察长　伍元柱
兴仁县人民检察院检察长　陈林彪
普安县人民检察院检察长　周方兴
晴隆县人民检察院检察长　邓召顺
贞丰县人民检察院检察长　田应华
望谟县人民检察院检察长　李泽会
册亨县人民检察院检察长　周国锋
安龙县人民检察院检察长　吴朝刚

黔东南苗族侗族自治州人民检察院检察长　姚本模

凯里市人民检察院检察长　高茂贵
黄平县人民检察院检察长　雷国学
施秉县人民检察院检察长　刘太安
三穗县人民检察院检察长　张祥国
镇远县人民检察院检察长　莫远江
岑巩县人民检察院检察长　舒万木
天柱县人民检察院检察长　杨德美
锦屏县人民检察院检察长　单锡忠
剑河县人民检察院检察长　田景熊
台江县人民检察院检察长　姜文富
黎平县人民检察院检察长　吴永福
榕江县人民检察院检察长　黄　波
从江县人民检察院检察长　李玉光
雷山县人民检察院检察长　李天舜
麻江县人民检察院检察长　莫宗祥
丹寨县人民检察院检察长　李化来

黔南布依族苗族自治州人民

检察院检察长　　文淑云（女）
都匀市人民检察院检察长　　黄仲生
荔波县人民检察院检察长　　谭义勇
贵定县人民检察院检察长　　林建祥
福泉县人民检察院检察长　　帅开洋
瓮安县人民检察院检察长　　罗开发
独山县人民检察院检察长　　黄明金
平塘县人民检察院检察长　　熊福钧
罗甸县人民检察院检察长　　罗德勤
长顺县人民检察院检察长　　韩小全
龙里县人民检察院检察长　　许建新
惠水县人民检察院检察长　　罗兴全
三都水族自治县人民检察院检察长韦育品

云南省

云南省人民检察院检察长　　和占钧
云南省人民检察院副检察长　　张泰礼
吴广文
张顺安
孟苏铁
昆明市人民检察院检察长　　崔向新
五华区人民检察院检察长　　陈登贵
盘龙区人民检察院检察长　　周树廉
官渡区人民检察院检察长　　张继铣
西山区人民检察院检察长　　姜永智
呈贡县人民检察院检察长　　李琼忠
晋宁县人民检察院检察长　　张忠明
安宁县人民检察院检察长　　段仕聪
富民县人民检察院检察长　　张朝贵
宜良县人民检察院检察长　　郭勤伟
嵩明县人民检察院检察长　　王定中
路南彝族自治县人民检察院检察长
李万全
禄劝彝族苗族自治县人民
检察院检察长　　李志荣（代）
东川市人民检察院检察长　　黄志远
城郊人民检察院检察长　　李庆龙

省人民检察院昭通分院检察长　　陈恩康
昭通市人民检察院检察长　　陈俊荣
鲁甸县人民检察院检察长　　王德智
巧家县人民检察院检察长　　言文法
盐津县人民检察院检察长　　贺文发
大关县人民检察院检察长　　蒲世云
永善县人民检察院检察长　　吴启林
绥江县人民检察院检察长　　凌建国
镇雄县人民检察院检察长　　吴学应
彝良县人民检察院检察长　　曾树银
威信县人民检察院检察长　　童发聪
水富县人民检察院检察长　　陈正勤
省人民检察院曲靖分院检察长　　潘家和
曲靖市人民检察院检察长　　王保成
马龙县人民检察院检察长　　王　鸿
宣威县人民检察院检察长　　符应广
富源县人民检察院检察长　　马敏护
罗平县人民检察院检察长　　李　省
师宗县人民检察院检察长　　顾永兴
陆良县人民检察院检察长　　李永怀
会泽县人民检察院检察长　　陈定文
寻甸回族彝族自治县人民检
察院检察长　　鲁德贵
省人民检察院玉溪分院检察长　　王洪林
玉溪市人民检察院检察长　　张洪宝
江川县人民检察院检察长　　艾建明
澄江县人民检察院检察长　　闫国福
通海县人民检察院检察长　　李建昌
华宁县人民检察院检察长　　梅士厚
易门县人民检察院检察长　　李友恭
峨山彝族自治县人民检察院
检察长　　张鸿明
新平彝族傣族自治县人民检
察院检察长　　喻　勇
元江哈尼族彝族傣族自治县
人民检察院检察长　　杨光生
省人民检察院思茅分院检察长　　孙友华
思茅市人民检察院检察长　　周　才（代）

西盟佤族自治县人民检察院检察长　杨　勇
景东彝族自治县人民检察院检察长　鲁益光
墨江哈尼族自治县人民检察院检察长　杨绍先
澜沧拉祜族自治县人民检察院检察长　张炳森
景谷傣族彝族自治县人民检察院检察长　付开文
江城哈尼族彝族自治县人民检察院检察长　罗玉成
普洱哈尼族彝族自治县人民检察院检察长　自德会
孟连傣族拉祜族佤族自治县人民检察院检察长　岩　行
镇沅彝族哈尼族拉祜族自治县人民检察院检察长　孔继能
省人民检察院临沧分院检察长　洪　流
临沧县人民检察院检察长　杨绍忠
凤庆县人民检察院检察长　叶海康
云县人民检察院检察长　汤明昌
永德县人民检察院检察长　杨子荣
镇康县人民检察院检察长　张根毛
沧源佤族自治县人民检察院检察长　赵开昌
耿马傣族佤族自治县人民检察院检察长　杨兆昌
双江拉祜族佤族布朗族傣族自治县人民检察院检察长　刀成祥
省人民检察院保山分院检察长　杨柏林
保山市人民检察院检察长　寸正喜
施甸县人民检察院检察长　李树坤
腾冲县人民检察院检察长　杨相时
龙陵县人民检察院检察长　夏润德
昌宁县人民检察院检察长　赵海深
省人民检察院丽江分院检察长　刘振华
永胜县人民检察院检察长　王云林
华坪县人民检察院检察长　陈其信
宁蒗彝族自治县人民检察院检察长　马海子农
丽江纳西族自治县人民检察院检察长　年志武
文山壮族苗族自治州人民检察院检察长　韦光荣
文山县人民检察院检察长　陈国忠
砚山县人民检察院检察长　陆玉山
西畴县人民检察院检察长　周德芳
麻栗坡县人民检察院检察长　李明福
马关县人民检察院检察长　刘明禄
丘北县人民检察院检察长　何跃祥
广南县人民检察院检察长　农必广
富宁县人民检察院检察长　倪文英（女）
红河哈尼族彝族自治州人民检察院检察长　李进忠
个旧市人民检察院检察长　李维俊
开远市人民检察院检察长　龙耀祥
蒙自县人民检察院检察长　马义德
绿春县人民检察院检察长　范光云
建水县人民检察院检察长　余嘉发
石屏县人民检察院检察长　毛文经
弥勒县人民检察院检察长　段树林
泸西县人民检察院检察长　马思古
元阳县人民检察院检察长　李克龙
红河县人民检察院检察长　李播周
屏边苗族自治县人民检察院检察长　陶玉昌
河口瑶族自治县人民检察院检察长　杨怀义
金平苗族瑶族傣族自治县人民检察院检察长　吴光华
西双版纳傣族自治州人民检察院检察长　杨忠明
景洪市人民检察院检察长　岩　康
勐海县人民检察院检察长　何声良
勐腊县人民检察院检察长　杨川云

楚雄彝族自治州人民检察院检察长
赵家栋
楚雄市人民检察院检察长　李成泰
双柏县人民检察院检察长　钟学恒
牟定县人民检察院检察长　果发贤
南华县人民检察院检察长　陈　俊
姚安县人民检察院检察长　聂　会
大姚县人民检察院检察长　车宜学
永仁县人民检察院检察长　周道洪
元谋县人民检察院检察长　李光俊
武定县人民检察院检察长　李发富
禄丰县人民检察院检察长　李定荣
大理白族自治州人民检察院检察长
邓存富
大理市人民检察院检察长　杨枝昌
祥云县人民检察院检察长　杨文华
宾川县人民检察院检察长　陶建军
弥渡县人民检察院检察长　谢春祚
永平县人民检察院检察长　董从云
云龙县人民检察院检察长　杨瑞昌（代）
洱源县人民检察院检察长　宋传壁
剑川县人民检察院检察长　杨仕奇
鹤庆县人民检察院检察长　张煌武
漾濞彝族自治县人民检察院检察长
施俊品
南涧彝族自治县人民检察院检察长
牛龙江
巍山彝族回族自治县人民检
察院检察长　冯建新
德宏傣族景颇族自治州人民
检察院检察长　孔文忠
畹町市人民检察院检察长　马赵明
瑞丽市人民检察院检察长　李国邦
潞西县人民检察院检察长　目建国
梁河县人民检察院检察长　段吉永
盈江县人民检察院检察长　董德正
陇川县人民检察院检察长　杨小行
怒江傈僳族自治州人民检察
院检察长　吴金福
泸水县人民检察院检察长　安南才
福贡县人民检察院检察长　吴　南
贡山独龙族怒族自治县人民
检察院检察长　赵存凤
兰坪白族普米族自治县人民
检察院检察长　和润才
迪庆藏族自治州人民检察
院检察长　卢银富
中甸县人民检察院检察长　孙甸鹤
德钦县人民检察院检察长　鲁　茸
维西傈僳族自治县人民检察
院检察长　赵耕田

西藏自治区

西藏自治区人民检察院检察长　杨有才
西藏自治区人民检察院副检察长　兰日丰
扎西洛布
黄一品
宋康宁
拉萨市人民检察院检察长　土登群培
城关区人民检察院检察长　旦　增
林周县人民检察院检察长　陈继伦
当雄县人民检察院检察长　江　措
尼木县人民检察院检察长　索朗次仁
曲水县人民检察院检察长　贾永茂
堆龙德庆县人民检察院检察长　钱福泉
达孜县人民检察院检察长　（缺）
墨竹工卡县人民检察院检察长　孙　涛
省人民检察院那曲分院检察长　魏建堂
那曲县人民检察院检察长　旺秋次旦
嘉黎县人民检察院检察长　牟光明
比如县人民检察院检察长　旺　钦
聂荣县人民检察院检察长　次仁占堆（代）
安多县人民检察院检察长　拉　加
申扎县人民检察院检察长　扎　江
索县人民检察院检察长　索朗旺堆

班戈县人民检察院检察长　才　多
巴青县人民检察院检察长　益西次仁
尼玛县人民检察院检察长　次仁彭措
自治区人民检察院昌都分院检察长　洛桑仁青
昌都县人民检察院检察长　吴永林
江达县人民检察院检察长　阿　布
贡觉县人民检察院检察长　江永仁青
类乌齐县人民检察院检察长　尼玛泽仁
丁青县人民检察院检察长　嘎　鲁
察雅县人民检察院检察长　丹增洛丹
八宿县人民检察院检察长　达瓦次仁
左贡县人民检察院检察长　谢文超
芒康县人民检察院检察长　多　洛
洛隆县人民检察院检察长　旦　达
边坝县人民检察院检察长　尼　夏
自治区人民检察院山南分院检察长　谢绕多吉
乃东县人民检察院检察长　见　参
扎囊县人民检察院检察长　土　登
贡嘎县人民检察院检察长　曲　桑
桑日县人民检察院检察长　次仁扎西
琼结县人民检察院检察长　江　村
曲松县人民检察院检察长　洛桑年扎
措美县人民检察院检察长　那　多
洛扎县人民检察院检察长　陈龙帅
加查县人民检察院检察长　索朗旺久
隆子县人民检察院检察长　高举东
错那县人民检察院检察长　益西次仁
浪卡子县人民检察院检察长　索朗央卓
省人民检察院日喀则分院检察长　嘎玛顿珠
日喀则市人民检察院检察长　扎　西
南木林县人民检察院检察长　其　美
江孜县人民检察院检察长　普布索朗
定日县人民检察院检察长　巴桑次仁
萨迦县人民检察院检察长　阿　索
拉孜县人民检察院检察长　普布次仁
昂仁县人民检察院检察长　次　欧
谢通门县人民检察院检察长　欧珠次仁
白朗县人民检察院检察长　罗　旦
仁布县人民检察院检察长　加央罗布
康马县人民检察院检察长　次仁旺堆
定结县人民检察院检察长　欧　珠
仲巴县人民检察院检察长　尼　玛
亚东县人民检察院检察长　达瓦桑珠
吉隆县人民检察院检察长　旦增罗布
聂拉木县人民检察院检察长　蔺　伟
萨嘎县人民检察院检察长　次　仁
岗巴县人民检察院检察长　南　加
省人民检察院阿里分院检察长　倪惠康
普兰县人民检察院检察长　旦　曲
札达县人民检察院检察长　石确旺扎
噶尔县人民检察院检察长　次仁群久
日土县人民检察院检察长　尼玛扎西
革吉县人民检察院检察长　杰索南
改则县人民检察院检察长　布拉姆
措勤县人民检察院检察长　悟　健
自治区人民检察院林芝分院检察长　苏泽云
林芝县人民检察院检察长　黄庭富
工布江达县人民检察院检察长　拥　加
米林县人民检察院检察长　丁增旺扎
墨脱县人民检察院检察长　多曲扎
波密县人民检察院检察长　贡布多吉
察隅县人民检察院检察长　次仁罗布
朗县人民检察院检察长　加　措

陕　西　省

陕西省人民检察院检察长　张文宣
陕西省人民检察院副检察长　宋蔚林
杨　光
赵郭海
西安市人民检察院检察长　魏玉博
新城区人民检察院检察长　史建泉

碑林区人民检察院检察长	呼延龙
莲湖区人民检察院检察长	刘继奎
灞桥区人民检察院检察长	王维华
未央区人民检察院检察长	张俊武
雁塔区人民检察院检察长	夏　龙
阎良区人民检察院检察长	王同印
长安县人民检察院检察长	史赞文
蓝田县人民检察院检察长	封新民
临潼县人民检察院检察长	蒋麦省
周至县人民检察院检察长	巩义琪
户县人民检察院检察长	吴天增
高陵县人民检察院检察长	吴　可
沙坡地区人民检察院检察长	曹忠厚
铜川市人民检察院检察长	**冀　军**
城区人民检察院检察长	韩碧天
郊区人民检察院检察长	孙长乐
耀县人民检察院检察长	陈玉琪
宜君县人民检察院检察长	刘志坚
崔家沟地区人民检察院检察长	靳宏儒
宝鸡市人民检察院检察长	**白保平（代）**
渭滨区人民检察院检察长	王鸣涛
金台区人民检察院检察长	李志伟
宝鸡县人民检察院检察长	朱保利
凤翔县人民检察院检察长	刘清溪
岐山县人民检察院检察长	武天虎
扶风县人民检察院检察长	张斌栋
眉县人民检察院检察长	舒永顺
陇县人民检察院检察长	王智瑛
千阳县人民检察院检察长	燕育文
麟游县人民检察院检察长	赵应堂
凤县人民检察院检察长	宿世铎
太白县人民检察院检察长	崔安国
咸阳市人民检察院检察长	**贾宏垣**
秦都区人民检察院检察长	胥志高
杨陵区人民检察院检察长	郑启志
渭城区人民检察院检察长	顾德镳
兴平市人民检察院检察长	陈远才
三原县人民检察院检察长	陈志坚
泾阳县人民检察院检察长	周继斌
乾县人民检察院检察长	葛　鹏
礼泉县人民检察院检察长	宋文凯
永寿县人民检察院检察长	张久明
彬县人民检察院检察长	郭彦超
长武县人民检察院检察长	孟开宇
旬邑县人民检察院检察长	翟建民
淳化县人民检察院检察长	王新民
武功县人民检察院检察长	刘启寅
省人民检察院榆林分院检察长	**卢智德**
榆林市人民检察院检察长	王忠耀
神木县人民检察院检察长	刘忠礼
府谷县人民检察院检察长	杨惠民
横山县人民检察院检察长	李　乙
靖边县人民检察院检察长	李俊岳
定边县人民检察院检察长	王向春
绥德县人民检察院检察长	王国斌
米脂县人民检察院检察长	曹曙翔
佳县人民检察院检察长	张学军
吴堡县人民检察院检察长	王秉花（女）
清涧县人民检察院检察长	张树亮
子洲县人民检察院检察长	任怀业
省人民检察院延安分院检察长	**田轮澍**
延安市人民检察院检察长	张汉武
延长县人民检察院检察长	丁成年
延川县人民检察院检察长	张有才
子长县人民检察院检察长	卫尚法
安塞县人民检察院检察长	拓希祥
志丹县人民检察院检察长	刘宏伟
吴旗县人民检察院检察长	马宜图
甘泉县人民检察院检察长	吴玉璋
富县人民检察院检察长	安　琳
洛川县人民检察院检察长	何贵昶
宜川县人民检察院检察长	郭天恩
黄龙县人民检察院检察长	张火山
黄陵县人民检察院检察长	刘来义
省人民检察院渭南分院检察长	**张百灵**
渭南市人民检察院检察长	赵军哲

韩城市人民检察院检察长　李印生
华阴市人民检察院检察长　吕银旭
华县人民检察院检察长　左福牢
潼关县人民检察院检察长　赵雪峰
大荔县人民检察院检察长　张　峰
蒲城县人民检察院检察长　陈宏璋
澄城县人民检察院检察长　李建荣
白水县人民检察院检察长　高德录
合阳县人民检察院检察长　杨复兴
富平县人民检察院检察长　王长生
省人民检察院商洛分院检察长　成传喜
商州市人民检察院检察长　罗书民
洛南县人民检察院检察长　容裕应
丹凤县人民检察院检察长　王丹阳
商南县人民检察院检察长　刘成华
山阳县人民检察院检察长　吉兴民
镇安县人民检察院检察长　徐东印
柞水县人民检察院检察长　杨善政
省人民检察院安康分院检察长　郭王泽
安康市人民检察院检察长　史洪喜
汉阴县人民检察院检察长　廖良树
石泉县人民检察院检察长　胡洪全
宁陕县人民检察院检察长　张铭轩
紫阳县人民检察院检察长　戴定舜
岚皋县人民检察院检察长　曾均德
平利县人民检察院检察长　董世林
镇坪县人民检察院检察长　吴世安
旬阳县人民检察院检察长　李　冰
白河县人民检察院检察长　鲁延清
省人民检察院汉中分院检察长　李　斌
汉中市人民检察院检察长　李钦华
南郑县人民检察院检察长　陆明鸿
城固县人民检察院检察长　杨俊善
洋县人民检察院检察长　吉长福
西乡县人民检察院检察长　刘朝海
勉县人民检察院检察长　王华德
宁强县人民检察院检察长　雷　鸣
略阳县人民检察院检察长　王长明
镇巴县人民检察院检察长　陈代高
留坝县人民检察院检察长　孟万明
佛坪县人民检察院检察长　胡维汉

甘肃省

甘肃省人民检察院检察长　李德奎
甘肃省人民检察院副检察长　忻杏华
郑长生
李来凤
兰州市人民检察院检察长　马学正
城关区人民检察院检察长　张贺林
七里河区人民检察院检察长　王远程
西固区人民检察院检察长　张铭坚
安宁区人民检察院检察长　康文宝
红古区人民检察院检察长　张立德
永登县人民检察院检察长　董　伟
皋兰县人民检察院检察长　冯裕庆
榆中县人民检察院检察长　金优和
大沙坪地区人民检察院检察长　杨国宝
金昌市人民检察院检察长　许瑞华
金川区人民检察院检察长　徐茂仁
永昌县人民检察院检察长　赵天山
白银市人民检察院检察长　魏永才
白银区人民检察院检察长　牛　璞
平川区人民检察院检察长　刘同国
靖远县人民检察院检察长　高祖忠
会宁县人民检察院检察长　蒿劲草
景泰县人民检察院检察长　郭永恒
寺儿坪地区人民检察院检察长　王满全
天水市人民检察院检察长　贠建民
秦城区人民检察院检察长　尹兴荣
北道区人民检察院检察长　杜振华
清水县人民检察院检察长　张　平
秦安县人民检察院检察长　杨积胜
甘谷县人民检察院检察长　尚　琦
武山县人民检察院检察长　张前平
张家川回族自治县人民检察院

检察长　李明著

嘉峪关市人民检察院检察长　陈　彦

省人民检察院定西分院检察长　黄　琨

定西县人民检察院检察长　李存科

通渭县人民检察院检察长　李俊德

陇西县人民检察院检察长　杨伯英

渭源县人民检察院检察长　王友瑞

临洮县人民检察院检察长　边明德

漳县人民检察院检察长　张树堂

岷县人民检察院检察长　刘志俊

省人民检察院平凉分院检察长　王　旭

平凉市人民检察院检察长　黄胜平

泾川县人民检察院检察长　张清录

灵台县人民检察院检察长　张学民

崇信县人民检察院检察长　侯世文

华亭县人民检察院检察长　苟宗信

庄浪县人民检察院检察长　郑德理

静宁县人民检察院检察长　陈贵录

省人民检察院庆阳分院检察长　张应堂

西峰市人民检察院检察长　张　驰

庆阳县人民检察院检察长　郭广玉

环县人民检察院检察长　许明义

华池县人民检察院检察长　李振荣

合水县人民检察院检察长　张文科

正宁县人民检察院检察长　苏世龙

宁县人民检察院检察长　朱书考

镇原县人民检察院检察长　曹步效

子午岭林区人民检察院检察长　秦望尧

省人民检察院陇南分院检察长　曾　琳

武都县人民检察院检察长　李百堂

宕昌县人民检察院检察长　刘　述

成县人民检察院检察长　赵维玺

康县人民检察院检察长　王生敬

文县人民检察院检察长　石清泉

西和县人民检察院检察长　刘　红

礼县人民检察院检察长　王居书

两当县人民检察院检察长　马俊祥

徽县人民检察院检察长　剡礼义

省人民检察院武威分院检察长　尚敏学

武威市人民检察院检察长　翟玉春

民勤县人民检察院检察长　魏生广

古浪县人民检察院检察长　史有全

天祝藏族自治县人民检察院检察长　刘志庆

省人民检察院张掖分院检察长　高新民

张掖市人民检察院检察长　殷占隆

肃南裕固族自治县人民检察院检察长　黄进荣

民乐县人民检察院检察长　杨　鹏

临泽县人民检察院检察长　张文有

高台县人民检察院检察长　谢福生

山丹县人民检察院检察长　何多敏

省人民检察院酒泉分院检察长　冯建新

玉门市人民检察院检察长　伍守齐

酒泉市人民检察院检察长　葛英俊

敦煌市人民检察院检察长　纪国武

金塔县人民检察院检察长　王金玉

肃北蒙古族自治县人民检察院检察长　胡　布

阿克塞哈萨克族自治县人民检察院检察长　罗　锋

安西县人民检察院检察长　杨德昌

甘南藏族自治州人民检察院检察长　杨晓峰

临潭县人民检察院检察长　张维统

卓尼县人民检察院检察长　张新民

舟曲县人民检察院检察长　李　聪

迭部县人民检察院检察长　杨敏谦

玛曲县人民检察院检察长　贡保杰

碌曲县人民检察院检察长　包廷贵

夏河县人民检察院检察长　马志远

临夏回族自治州人民检察院检察长　刘　辉

临夏市人民检察院检察长　马忠效

临夏县人民检察院检察长　周文林

康乐县人民检察院检察长　姚兆吉

永靖县人民检察院检察长　罗　文（女）
广河县人民检察院检察长　马福祥
和政县人民检察院检察长　秦明真
东乡族自治县人民检察院检察长　马卫东
积石山保安族东乡族撒拉族自治县人民检察院检察长　石万寿
省人民检察院白龙江林区分院检察长　钱子和
白水江林区人民检察院检察长　陈育民（代）
洮河林区人民检察院检察长　魏周礼
舟曲林区人民检察院检察长　王长庆
迭部林区人民检察院检察长　李耀东（代）
省人民检察院兰州铁路运输分院检察长　邓玉杰
兰州铁路运输检察院检察长　张武斌
西宁铁路运输检察院检察长　王　勇
武威铁路运输检察院检察长　谷树堂
银川铁路运输检察院检察长　张万骥
甘肃矿区人民检察院检察长　师春善

青　海　省

青海省人民检察院检察长　张济民
青海省人民检察院副检察长　索元德
云保华
陈国富
喻良新
文　格
西宁市人民检察院检察长　左志有
城东区人民检察院检察长　潘迎和
城中区人民检察院检察长　白占启
城西区人民检察院检察长　李保国
城北区人民检察院检察长　刘秀俊
大通回族土族自治县人民检察院检察长　韩国鸿
省人民检察院海东地区分院检察长李喜兰
平安县人民检察院检察长　白富林
乐都县人民检察院检察长　赵昌来
湟中县人民检察院检察长　孙存学
湟源县人民检察院检察长　叶德林
互助土族自治县人民检察院检察长　戴占福
化隆回族自治县人民检察院检察长　马有祯
循化撒拉族自治县人民检察院检察长　尹　祜
民和回族土族自治县人民检察院检察长　张生禄
海北藏族自治州人民检察院检察长　屈　军
祁连县人民检察院检察长　多扎西
海晏县人民检察院检察长　刘占和
刚察县人民检察院检察长　杨海林
门源回族自治县人民检察院检察长　孔宪辉
黄南藏族自治州人民检察院检察长　才　洛
同仁县人民检察院检察长　赵佐权
尖扎县人民检察院检察长　刘　敏
泽库县人民检察院检察长　郝林利
河南蒙古族自治县人民检察院检察长　周　加
李家峡人民检察院检察长　李树根
海南藏族自治州人民检察院检察长　尤拉才郎
共和县人民检察院检察长　马加布
贵德县人民检察院检察长　李明鑑
同德县人民检察院检察长　索南才让
兴海县人民检察院检察长　拉玛才让
贵南县人民检察院检察长　陈光炜
龙羊峡地区人民检察院检察长　张延忠
塘格木地区人民检察院检察长　文昌才郎
果洛藏族自治州人民检察院检察长　加木措
玛沁县人民检察院检察长　朱武成

班玛县人民检察院检察长　杨才智
甘德县人民检察院检察长　苏朋毛
达日县人民检察院检察长　桑　保（代）
久治县人民检察院检察长　当　热
玛多县人民检察院检察长　车德贤
玉树藏族自治州人民检察院
检察长　切　尕
玉树县人民检察院检察长　阿　宝
杂多县人民检察院检察长　马依沙
称多县人民检察院检察长　才　合
治多县人民检察院检察长　桑　昂
囊谦县人民检察院检察长　马生堂
曲麻莱县人民检察院检察长　才仁昂布
海西蒙古族藏族自治州人民
检察院检察长　陈映祥
格尔木市人民检察院检察长　赵德林
德令哈市人民检察院检察长　张鲁青
乌兰县人民检察院检察长　洪先锋
都兰县人民检察院检察长
才仁道力玛（女）
天峻县人民检察院检察长　桑　杰
大柴旦矿区人民检察院检察长　恒钦本
冷湖矿区人民检察院检察长　张　波
茫崖矿区人民检察院检察长　陈富祥
香日德地区人民检察院检察长　粟晓雅

宁夏回族自治区

宁夏回族自治区人民检察院检察长
马　钊（女）
宁夏回族自治区人民检察院副检察长
柳性德
龚明礼
张万仓
银川市人民检察院检察长　马勇霞（女）
城区人民检察院检察长　殷玉才
新城区人民检察院检察长　卢元明
郊区人民检察院检察长　苏远鼎
永宁县人民检察院检察长　杨作霖
贺兰县人民检察院检察长　张世清
石嘴山市人民检察院检察长　郁纪鸣
大武口区人民检察院检察长　李宝山
石嘴山区人民检察院检察长　温景辉
石炭井区人民检察院检察长　曹良明
惠农县人民检察院检察长　殷学儒
平罗县人民检察院检察长　刘四晓
陶乐县人民检察院检察长　丁林福
自治区人民检察院银南分院检察长
黄振诚
吴忠市人民检察院检察长　张生友
青铜峡市人民检察院检察长　张建国
中卫县人民检察院检察长　陈存先
中宁县人民检察院检察长　马　苏
灵武县人民检察院检察长　马光荣
盐池县人民检察院检察长　田银生
同心县人民检察院检察长　余维和
自治区人民检察院固原分院检察长
马德才
固原县人民检察院检察长　申耀全
海原县人民检察院检察长　李存俊
西吉县人民检察院检察长　罗　斌
隆德县人民检察院检察长　陈西仓
泾源县人民检察院检察长　鄢明生
彭阳县人民检察院检察长　王彦军

新疆维吾尔自治区

新疆维吾尔自治区人民检察院检察长
米吉提·库尔班
新疆维吾尔自治区人民检察院副检察长
李桂茂
阿不都热依木·卡德尔
肖　文
托列吾汉·玉德拜（女）
陈德惠

乌鲁木齐市人民检察院检察长
阿不都热合曼·买买提

天山区人民检察院检察长　杨福文
沙依巴克区人民检察院检察长　蔡　军
新市区人民检察院检察长　朱建章
水磨沟区人民检察院检察长　冯潜江
头屯河区人民检察院检察长　杨志杰
南山矿区人民检察院检察长　张惠成
东山区人民检察院检察长　王国荣
乌鲁木齐县人民检察院检察长　王永民
八家户地区人民检察院检察长　杨学智

克拉玛依市人民检察院检察长　刘基坤

克拉玛依区人民检察院检察长　龙鹤敏
独山子区人民检察院检察长　周忠保
白碱滩区人民检察院检察长　臧德俊
乌尔禾区人民检察院检察长
臧德俊（兼）
石河子市人民检察院检察长　王栓成

自治区人民检察院吐鲁番分院检察长
陈明锐

吐鲁番市人民检察院检察长
阿衣木汗·阿西木（女）
鄯善县人民检察院检察长　何文寿
托克逊县人民检察院检察长
艾合买提·胡加不都

自治区人民检察院哈密分院检察长董　剑

哈密市人民检察院检察长　雷洁群
伊吾县人民检察院检察长　富克勤
巴里坤哈萨克自治县人民检察
院检察长　成占生

自治区人民检察院和田分院检察长
阿不都克里木·土地

和田市人民检察院检察长
地里夏提·奴尔买买提
和田县人民检察院检察长
乃比江·阿不都肉甫
墨玉县人民检察院检察长　吐地·吐送
皮山县人民检察院检察长
肉孜买买提·卡马力
洛浦县人民检察院检察长
托乎提·库尔班
策勒县人民检察院检察长
买买库完·托乎提
于田县人民检察院检察长
买吐肉孜·吐送
民丰县人民检察院检察长　赛地·阿西木
于田卡尔汉地区人民检察院检察长　（缺）

自治区人民检察院阿克苏分院检察长
牙生·沙地尔

阿克苏市人民检察院检察长
尼牙孜·托乎提
温宿县人民检察院检察长
苏来曼·阿西木
库车县人民检察院检察长
米吉提·依不拉音
沙雅县人民检察院检察长
卡米力·克然木
新和县人民检察院检察长
阿不拉·木沙尤甫
拜城县人民检察院检察长
阿不都热合曼·达依木
乌什县人民检察院检察长
乌斯满·特外库里
阿瓦提县人民检察院检察长
牙牙·尕依提
柯坪县人民检察院检察长
阿不都热西提·毛拉克

自治区人民检察院喀什分院检察长
阿不都克里木·阿不都热衣木

喀什市人民检察院检察长　司马义·巴克
疏附县人民检察院检察长　艾沙·司马义
疏勒县人民检察院检察长　吾布力·塔西
英吉沙县人民检察院检察长
木沙·吾守尔
泽普县人民检察院检察长　吐逊·西里甫

莎车县人民检察院检察长　艾山·沙依提
叶城县人民检察院检察长　依拉木·艾沙
麦盖提县人民检察院检察长
司马义·吾拉音
岳普湖县人民检察院检察长
吐达阿吉·吾守尔
伽师县人民检察院检察长　买买提·肉孜
巴楚县人民检察院检察长　吾甫尔·依明
塔什库尔干塔吉克自治县人民检察院检察长　热合曼库力·艾力甫下
莎车牌楼地区人民检察院检察长
艾力·外力

克孜勒苏柯尔克孜自治州人民检察院检察长　吾尔哈力恰·卡的尔巴依

阿图什市人民检察院检察长
别克·阿不拉
阿克陶县人民检察院检察长
哈斯木江·买买提卡斯木
阿合奇县人民检察院检察长
哈孜别克·朱马洪
乌恰县人民检察院检察长
沙吾提·亚克甫

巴音郭楞蒙古自治州人民检察院检察长　王益先

库尔勒市人民检察院检察长　刘炜东
轮台县人民检察院检察长　冉　鹏
尉犁县人民检察院检察长　王建新
若羌县人民检察院检察长　王新忠
且末县人民检察院检察长　肉孜·巴拉提
和静县人民检察院检察长　刘　刚
和硕县人民检察院检察长　鞠静栋（女）
博湖县人民检察院检察长　孙朝俊
焉耆回族自治县人民检察院检察长
路延平

昌吉回族自治州人民检察院检察长　杨德泰

昌吉市人民检察院检察长　李　琨（女）
阜康市人民检察院检察长　刘　明
米泉县人民检察院检察长　李　明
呼图壁县人民检察院检察长　崔　琪
玛纳斯县人民检察院检察长　刘忠信
奇台县人民检察院检察长　于　忠
吉木萨尔县人民检察院检察长　赵云龙
木垒哈萨克自治县人民检察院检察长　哈　米

博尔塔拉蒙古自治州人民检察院检察长　郭秉成

博乐市人民检察院检察长　阿吉·艾塔洪
精河县人民检察院检察长　王建华
温泉县人民检察院检察长　蔡金林

伊犁哈萨克自治州人民检察院检察长　托合塔森·阿瓦力拜

奎屯市人民检察院检察长　赵秉哲

伊犁哈萨克自治州人民检察院伊犁分院检察长　艾力·色依提

伊宁市人民检察院检察长　王秀章
伊宁县人民检察院检察长
伊明阿孜·肉孜
霍城县人民检察院检察长　刘晋广
巩留县人民检察院检察长
阿合买提·吾斯曼
新源县人民检察院检察长奴尔·木哈买提
昭苏县人民检察院检察长　李振宇
特克斯县人民检察院检察长
克里木江·阿尤甫
尼勒克县人民检察院检察长　对山·别克
察布查尔锡伯自治县人民检察院检察长　卓南昆

伊犁哈萨克自治州人民检察院塔城分院检察长　伊布拉音·乌买尔

塔城市人民检察院检察长　吾甫尔·肉孜
额敏县人民检察院检察长
托呼达生·伊力克拜
乌苏县人民检察院检察长
依玛木·买买提
沙湾县人民检察院检察长　缪才喜

托里县人民检察院检察长　朱曼·哈汉
裕民县人民检察院检察长　孟庆海
和布克赛尔蒙古自治县人民检察院检察长　马加·奎玉克

伊犁哈萨克自治州人民检察院阿勒泰分院检察长　吾木提·伊曼拜

阿勒泰市人民检察院检察长　叶尔朗·强开
布尔津县人民检察院检察长　佐　伦
富蕴县人民检察院检察长　哈巴斯
福海县人民检察院检察长　塔拉甫汉
哈巴河县人民检察院检察长　哈比多拉
青河县人民检察院检察长　卡吉木拉提
吉木乃县人民检察院检察长　江艾兰

自治区人民检察院乌鲁木齐铁路运输分院检察长　张敏儒

乌鲁木齐铁路运输检察院检察长　季克亮
库尔勒铁路运输检察院检察长　李宝亮
哈密铁路运输检察院检察长　苏贵发

新疆生产建设兵团人民检察院检察长　彭玉泉

新疆生产建设兵团人民检察院农一师分院检察长　李仲文
阿拉尔垦区人民检察院检察长　徐德芬
喀拉玉尔滚垦区人民检察院检察长　刘占亭
沙井子垦区人民检察院检察长　刁家璜

新疆生产建设兵团人民检察院农二师分院检察长　张万禄
焉耆垦区人民检察院检察长　黎　明
乌鲁克垦区人民检察院检察长　尹存奋
布古西库勒垦区人民检察院检察长　孙荣庆

新疆生产建设兵团人民检察院农三师分院检察长　李　静
图木休克垦区人民检察院检察长　秦建山
草湖垦区人民检察院检察长　罗开泉

新疆生产建设兵团人民检察院农四师分院检察长　李维城
昭苏垦区人民检察院检察长　赖乾孝
伊宁垦区人民检察院检察长　张守亮
霍城垦区人民检察院检察长　高建中

新疆生产建设兵团人民检察院农五师分院检察长　苏永成
青得里垦区人民检察院检察长　郑勤芳
塔斯尔海垦区人民检察院检察长　卜凤阳

新疆生产建设兵团人民检察院农六师分院检察长　聂青山
芳草湖垦区人民检察院检察长　（缺）
奇台垦区人民检察院检察长　彭正全
五家渠垦区人民检察院检察长　谷士清

新疆生产建设兵团人民检察院农七师分院检察长　柴士永
车排子垦区人民检察院检察长　赵兴明
奎屯垦区人民检察院检察长　谢张生

新疆生产建设兵团人民检察院农八师分院检察长　张明法
下野地垦区人民检察院检察长　孟昭荣
莫索湾垦区人民检察院检察长　唐学勤

新疆生产建设兵团人民检察院农九师分院检察长　韩廷贵
额敏垦区人民检察院检察长　柳德亮
叶尔盖提垦区人民检察院检察长　彭建强

新疆生产建设兵团人民检察院农十师分院检察长　宋纪福
巴里巴盖垦区人民检察院检察长　徐大富
北屯垦区人民检察院检察长　刘瑞卿
哈密垦区人民检察院检察长　彭江华

军事检察院

解放军军事检察院检察长　刘宝臣

解放军总直属队军事检察院检察长 **石吉洲**

北京军区军事检察院检察长 **姜吉初**

北京军事检察院检察长 蒋继光

天津军事检察院检察长 强光田

石家庄军事检察院检察长 王端耀

太原军事检察院检察长 齐振风

呼和浩特军事检察院检察长 张凤高

张家口军事检察院检察长 孟志军

大同军事检察院检察长 秦加成

保定军事检察院检察长 高良友

沈阳军区军事检察院检察长 **关景昌**

沈阳军事检察院检察长 苗　青

长春军事检察院检察长 王信喜

哈尔滨军事检察院检察长 陈家法

大连军事检察院检察长 苏　宁

81043 部队军事检察院检察长 雷明君

81054 部队军事检察院检察长 翟景奇

济南军区军事检察院检察长 **武效义**

济南军事检察院检察长 柳济生

山东省军区军事检察院检察长 李丹明

郑州军事检察院检察长 李顺新

54631 部队军事检察院检察长 黄河振

54685 部队军事检察院检察长 逄志坚

54774 部队军事检察院检察长 史永利

54862 部队军事检察院检察长 姚炳常

南京军区军事检察院检察长 **陆永义**

南京军事检察院检察长 吴文康

上海军事检察院检察长 张永恒

杭州军事检察院检察长 赵　军

福州军事检察院检察长 安进敏

合肥军事检察院检察长 张德林

83011 部队军事检察院检察长 吴谊峰

32404 部队军事检察院检察长 （缺）

广州军区军事检察院检察长 **秦国光**

广州军事检察院检察长 王春陪

广东省军区军事检察院检察长 孟庆胜

广州军区后勤军事检察院检察长 高广松

53010 部队军事检察院检察长 李家凯

53200 部队军事检察院检察长 （缺）

长沙军事检察院检察长 李木生

武汉军事检察院检察长 李晓景

海口军事检察院检察长 黄宏杰

南宁军事检察院检察长 郝湘峰

成都军区军事检察院检察长 **曲大成**

成都军事检察院检察长 黄常超

云南省军区军事检察院检察长 高云富

西藏军事检察院检察长 肖必钊

35201 部队军事检察院检察长 范志刚

重庆军事检察院检察长 王丛林

兰州军区军事检察院检察长 **侯洛生**

兰州军事检察院检察长 赵宝利

甘肃军事检察院检察长 幸安华

陕西军事检察院检察长 刘国胜

宁夏军事检察院检察长 李玉民

青海军事检察院检察长 王炳虎

新疆军事检察院检察长 刘学智

南疆军事检察院检察长 侯德山

84810 部队军事检察院检察长 刘国荣

84870 部队军事检察院检察长 张发明

国防科工委 89720 部队军事检察院检察长 刘日民

国防科工委 89800 部队军事检察院检察长 韩伏虎

海军军事检察院检察长 **周子良**

海军直属军事检察院检察长 房　波

北海舰队军事检察院检察长 殷玉景

东海舰队军事检察院检察长 郭志评

南海舰队军事检察院检察长 潘连虎

空军军事检察院检察长 **邵永成**

空军直属军事检察院检察长 张凤廷

北京军区空军军事检察院检察长 沈海珍

沈阳军区空军军事检察院检察长 张秉军

济南军区空军军事检察院检察长

章国方

南京军区空军军事检察院检察长

高承湘

广州军区空军军事检察院检察长

高建一

成都军区空军军事检察院检察长

尹德才

兰州军区空军军事检察院检察长

黄国彩

最高人民检察院表彰的先进集体和个人

授予英模称号的先进个人事迹简介

“模范检察长”叶子新

叶子新同志生前系湖北省荆门市人民检察院检察长。1966年入伍，1967年入党。曾任解放军某部宣传科长、宣传处长、兰州军区政治部组织部副部长、炮兵某部政委。1987年转业后，任中共荆门市委宣传部副部长、市委副秘书长。1992年10月调任荆门市人民检察院副检察长、党组副书记，1993年3月任检察长。同年11月17日夜11时，因连续工作疲劳过度，猝发心肌梗塞去世，年仅47岁。1994年1月29日，最高人民检察院追授叶子新“模范检察长”称号，并颁发特级奖章和证书。

叶子新同志在部队期间，由于工作努力，表现突出，曾五次荣立三等功，20余次受嘉奖。转业到地方后，依然保持旺盛的革命干劲和工作热情，发扬人民解放军的优良传统作风，处处事事勇作表率，不计个人得失，在各个工作岗位上尽职尽责，奋发进取。特别是在任检察长的短短八个月时间里，他以忘我拼搏的精神，不畏风险，勇挑重担，坚决贯彻执行党中央关于开展反腐败斗争的指示精神和最高人民检察院的要求，亲自受理群众举报，查阅100余封举报信件，从中排出重要线索30余件，指挥查办了一批很有影响的大案要案。对涉及县（处）级以上领导干部的11起犯罪案件和6起政法干警犯罪案件，他都亲自过问，排除干扰和阻力，依法查办。其中有与他共事相识几年的荆门市委原副秘书长受贿案，市税务局长、副局长等11人贪污受贿和骗取国家出口退税款案，有其爱人所在单位的上级公司经理受贿和参与骗税案，有湖北省高级法院某庭长徇私舞弊案等。叶子新同志不畏权势，敢于碰硬，善于开展工作。在他的带领下，全市检察机关共立案查办了贪污贿赂等犯罪案件90余件，其中大案要案60余件，为国家和集体挽回经济损失3900余万元，开创了荆门地区检察机关反贪污贿赂斗争的新局面。

作为检察长，叶子新同志十分重视机关建设和队伍建设。坚决贯彻“依法建院，从严治检”方针。对干警队伍中存在的问题，不徇私，不护短，严肃查处，并有针对性地组织制定和完善了有关规章制度。对干警的疾苦则满腔热情，爱护倍至，认真帮助解决各种困难问题。

叶子新同志一向严以律己，生活朴素，清廉为政。始终保持“把乌纱帽看淡一点，把金钱看淡一点，把生命看淡一点”的高尚情操，树立和维护了党员领导干部和人民检察官的良好形象。

“模范检察干部” 岳从昆

岳从昆同志生前系云南省通海县人民检察院法纪检察科科长。

岳从昆同志1939年6月出身于农民家庭。1958年参军，1963年入党，在部队期间任战士、班长、司务长、助理员，1982年转业到通海县人民检察院。1993年8月30日，在制止一场因民族纠纷而引发的大规模群众械斗中，为维护民族团结和社会稳定，英勇献身。1994年3月25日，最高人民检察院追授岳从昆“模范检察干部”称号，并颁发特级奖章和证书。

岳从昆同志到检察院工作11年来，牢记全心全意为人民服务的宗旨，始终保持一个共产党员的“公仆”本色，以旺盛的工作热情，为做好法纪检察工作竭尽全力。他克服儿子瘫痪15年给家庭造成的诸多困难，严格自律，廉洁奉公，团结同志，乐于助人，曾多次被评为县、州先进工作者和优秀党员。

1993年8月30日，通海县境内兴蒙乡和河西镇下回村的蒙、回村民间因民事纠纷而引发了一起较大规模的群众械斗。岳从昆参加了由县委统一组织的联合工作组，并主动要求到情况最复杂、工作难度最大的下回村开展制止、疏导工作。他面对少数不法分子的挑唆和上千不明真相的群众，耐心宣讲党的政策，并深入了解发生械斗的原因。8月31日在少数不法分子抢劫工作组武器，企图制造大规模血案的紧急情况下，岳从昆不顾个人安危，挺身而出，向群众大呼：“乡亲们，大家都是一家人，不能相互残杀。”不法分子见状，即把岳从昆挟持到一辆东风牌卡车上，并用钝器击打、锐器刺切岳从昆的身体，将岳从昆残害得遍体鳞伤，血肉模糊，直至停止呼吸。岳从昆同志为了党和人民的利益，英勇牺牲在械斗现场，深为地方党政领导和人民群众敬重，被誉为“真正的共产党人”。

记一等功的先进集体名单

兰州军区军事检察院
辽宁省铁岭市人民检察院
黑龙江省人民检察院牡丹江林区分院

记一等功的先进个人名单

刘玉波　天津市宝坻县人民检察院经济检察科副科长
吴志成　辽宁省铁岭市人民检察院检察长
刘　英（女）　辽宁省铁岭市人民检察院副检察长
王之昌　辽宁省铁岭市人民检察院纪检组组长

通令嘉奖的先进集体名单

福建省云霄县人民检察院
成都军区昆明军事检察院
山西省人民检察院吕梁分院
山东省梁山县人民检察院

附：授予“全国检察机关计划财务装备工作先进集体”称号的名单

北　京　北京市人民检察院基建处
　　　　丰台区人民检察院
天　津　河西区人民检察院
河　北　廊坊市人民检察院
　　　　邢台市人民检察院
　　　　石家庄市人民检察院

山　西　襄垣县人民检察院
孝义市人民检察院
内蒙古　内蒙古自治区人民检察院行政装备处
自治区人民检察院伊克昭盟分院
包头市人民检察院
辽　宁　沈阳市人民检察院
大连市人民检察院
抚顺市人民检察院
省人民检察院辽河油田分院
吉　林　吉林省人民检察院行政装备处
白山市人民检察院
磐石县人民检察院
黑龙江　牡丹江市人民检察院
鸡西市人民检察院
鹤北林区人民检察院
上　海　上海市人民检察院行政装备处
嘉定区人民检察院
黄浦区人民检察院
江　苏　无锡市人民检察院
昆山市人民检察院
武进县人民检察院
浙　江　萧山市人民检察院
江山市人民检察院
安　徽　马鞍山市人民检察院
太和县人民检察院
砀山县人民检察院
福　建　厦门市人民检察院
漳浦县人民检察院
平潭县人民检察院
江　西　南康县人民检察院
丰城市人民检察院
山　东　省人民检察院临沂分院
青州市人民检察院
淄博市淄川区人民检察院
河　南　开封市人民检察院
淅川县人民检察院
安阳县人民检察院
湖　北　湖北省人民检察院行政装备处
黄石市人民检察院
汉川县人民检察院
宜城县人民检察院
湖　南　湖南省人民检察院计划财务装备处
常德市人民检察院
株洲市北区人民检察院
资兴市人民检察院
广　东　汕头市人民检察院
深圳市人民检察院
广州市白云区人民检察院
海　南　琼海市人民检察院
广　西　桂林市人民检察院
梧州市人民检察院
南宁市人民检察院
四　川　四川省人民检察院行政装备处
乐山市人民检察院
德阳市人民检察院
省人民检察院达川分院
郫县人民检察院
贵　州　省人民检察院毕节分院
遵义市人民检察院
云　南　昆明市人民检察院
漾濞县人民检察院
鹤庆县人民检察院
西　藏　自治区人民检察院日喀则分院
陕　西　西安市人民检察院
宝鸡市人民检察院
甘　肃　兰州市人民检察院
白银市人民检察院
青　海　西宁市人民检察院
宁　夏　固原县人民检察院
新　疆　石河子市人民检察院
泽普县人民检察院
最高人民检察院　计划财务装备局计划财务处

（本部分为最高人民检察院政治部提供）

本 卷 索 引

使 用 说 明

一、本索引采用内容分析索引法编制，除“大事记”外，年鉴中有实际检索意义的内容均予以标引。

二、本索引按汉语拼音音序排列，同音字再按音调顺序排列。首字相同则以第二个字排列，以此类推。

三、索引标目后的数字表示内容所在的页码，数字后面的拉丁字母 a、b 表示正文中的栏别，即指该页码及左右两个版面区域。

四、索引标目有从属关系的，以二级标目表示，即在上级标目之下，缩二格后再按汉语拼音音序排列，以体现其内在关系。

A

B

C

D

E

F

G

H

J

K

L

M

N

P

Q

R

S

T

W

X

Y

Z

编制人：陈　雅
刘冬云
王彦祥

CONTENTS OF PROCURATORIAL YEARBOOK OF CHINA 1995

Part Ⅰ Special Feature

Part Ⅱ Working Reports and Speechs

Part Ⅲ Working Reports of People's Procuratorates of Provinces, autonomous Regions and Municipatities directly Under the Central Government

Part Ⅳ A Survey of Procuratorial Work

Part V Selection of the Procuratorial Documents

Part Ⅵ Selection of Cases

Part Ⅶ Foreign Exchange and Cooperation

Part Ⅷ Research of Procuratorial Theory, Procuratorial Newspapers, Magazines and Press

Part Ⅸ Chronicle

Part Ⅹ Key Statistics

Part Ⅺ Appendix

京新登字 109 号

图书在版编目（CIP）数据

中国检察年鉴　1995 年刊/《中国检察年鉴》编辑部编；孙文禄主编

北京：中国检察出版社，1995. 12

ISBN 7—80086—336—0

Ⅰ. 中…

Ⅱ. ①中…②孙…

Ⅲ. 检察机关—中国—年鉴—1995

Ⅳ. D926. 3—54

责任编辑：许维民

中国检察年鉴（1995）

中国检察年鉴编辑部

中国检察出版社出版发行

北京市东城区东总布胡同 10 号

新华书店经销

京安印刷厂印刷

787×1092 毫米　16 开　30. 5 印张　插页 12　707 千字

1996 年 4 月第一版　　1995 年 4 月第一次印刷

印数：1-2000 册

ISBN7-80086-336-0/D · 337

定价：70. 00 元

ISBN 7-80086-336-0

9 787800 863363 >